YANIS VAROUFAKIS

# ADULTOS NA SALA

Traduzido por Daniel Corral

AUTONOMIA LITERÁRIA

Esta obra foi publicada originalmente em inglês sob o título de Adults in the Room: My Battle with Europe's Deep Establishment por Bodley Head, 2017.

Conselho Editorial: Caue Ameni, Hugo Albuquerque & Manuela Beloni
Tradução: Daniel Corral
Revisão: Tarcila Lucena
Revisão Técnica: Leda Maria Paulani
Preparação Final: Hugo Albuquerque
Capa: Rodrigo Correa
Diagramação: Manuela Beloni

***Fundação Perseu Abramo***
Instituída pelo Diretório Nacional do Partido dos Trabalhadores em maio de 1996.

Diretoria
Presidente: Marcio Pochmann
Diretoras: Isabel dos Anjos e Rosana Ramos
Diretores: Artur Henrique e Joaquim Soriano
Editora da Fundação Perseu Abramo

Coordenação editorial: Rogério Chaves
Assistente editorial: Raquel Maria da Costa

**Dados Internacionais de Catalogação na Publicação (CIP)**
**(eDOC BRASIL, Belo Horizonte/MG)**

V324a Varoufakis, Yanis.
Adultos na sala: minha batalha contra o establishment / Yanis Varoufakis; tradutor Daniel Corral. – São Paulo, SP: Autonomia Literária, 2019.
648 p. : 16 x 23 cm

Título original: Adults in the Room: My Battle with Europe's Deep Establishment
ISBN 978-85-69536-64-2

1. Grécia – Relações econômicas internacionais – União Europeia. 2. União Europeia – Política econômica. 3. Varoufakis, Yanis. I. Corral, Daniel. II. Título.
CDD 337.14209495

**Elaborado por Maurício Amormino Júnior – CRB6/2422**

Autonomia Literária
Rua Conselheiro Ramalho 945
01325-001 São Paulo - SP
www.autonomialiteraria.com.br

Fundação Perseu Abramo
Rua Francisco Cruz, 234
04117-091 São Paulo - SP
www.fpabramo.org.br

YANIS VAROUFAKIS

# ADULTOS NA SALA

## MINHA BATALHA CONTRA O ESTABLISHMENT

AUTONOMIA LITERÁRIA 2019

# Sumário

# Apresentação à edição brasileira: Varoufakis para Adultos.

*Por Hugo Albuquerque*

*Adultos na sala - minha batalha contra o establishment* é a terceira obra de Yanis Varoufakis publicada pela *Autonomia Literária*. Antes dela, tivemos o *Minotauro global* em 2016 – uma belíssima e didática explanação sobre o funcionamento do sistema capitalista internacional e como chegamos à crise de 2008 – e, depois, *E os fracos sofrem o que devem?*, publicado em 2017 – o qual tratou das origens, defeitos de nascença e contradições da União Europeia.

Pois bem, esta obra que o leitor brasileiro finalmente tem em mãos se trata de uma narrativa de bastidores, rica em detalhes e diálogos, sobre as cenas e personagens que tornaram Varoufakis mundialmente conhecido, a saber, sua breve, polêmica e intensa experiência como ministro das Finanças da Grécia – cargo para o qual ele foi nomeado na história da vitória do Syriza, partido de esquerda radical, nas eleições de janeiro de 2015.

Eleito deputado pelo partido vitorioso, pelo qual atuou como comandante da área econômica nas eleições, Varoufakis, um economista experimentado e com sólida carreira acadêmica no mundo anglófono, foi nomeado imediatamente para comandar as débeis finanças gregas: afinal, aquela vitória eleitoral se deu como resposta popular à profunda crise econômica, social e política deflagrada na esteira da crise mundial de 2008 – a qual levou a União Europeia a permitir que o povo grego fosse estrangulado pela política de austeridade imposta pelos seus credores.

Em um contexto no qual corporações foram resgatadas com faraônicas injeções de dinheiro público e seus executivos, ironicamente, quase sempre foram protegidos de devidas sanções legais, os gregos, particulares vítimas de sua oligarquia nacional, inconscientes vítimas das disfunções da zona do euro e do déficit democrático da União Europeia, se tornaram os vilões da história: e Varoufakis ascendeu como seu maior – e quase solitário – defensor. Assim como a célebre resistência grega foi um ponto central da Segunda Grande Guerra, a nova resistência grega à austeridade foi, novamente, um capítulo central do nada admirável mundo novo pós-2008.

O Syriza, sigla grega para Coligação da Esquerda Radical, nasce de um racha do Partido Comunista Grego que se ampliou com a adesão de movimentos sociais e ex-socialistas – os quais desertaram da centro-esquerda grega tradicional, o Pasok, depois de seu papel trágico na crise – até se unificar; mas a narrativa em questão vai além da disputa entre as estruturas do sistema mundo e a nobre ou idealista postura de um partido radical: como se verá, há mais nuances entre o preto e o branco do que pode supor nossa vã filosofia – e Varoufakis descobriu na prática, justamente por ser um elemento "de fora" seja do insano sistema global e europeu ou, até mesmo, da burocracia partidária.

Portanto, poderíamos dizer que *Adultos na sala* é a terceira parte de uma trilogia em forma de *matrioshka*, as célebres bonecas russas que se abrem revelando dentro de si outras bonecas: esta trilogia começa no mundo – ou pelo menos no mundo capitalista – com o *Minotauro global* chega à Europa com *E os Fracos* e, por fim, desemboca na Grécia com *Adultos na sala*; do geral para o específico em termos geográficos, mas o específico, a derradeira boneca descoberta é a expressão da universalidade da primeira boneca.

No entanto, talvez caiba aqui uma advertência: as duas primeiras obras são narrativas panorâmicas de economia política, as quais – recorrendo ao mito do minotauro e à historiografia de Tucídides, respectivamente – explicam o funcionamento do capitalismo global e, depois, da União Europeia, sobretudo da zona do euro, enquanto aqui temos um testemunho e um ensaio sobre a arte política em relação a um fato histórico nada trivial.

Varoufakis fez do *Minotauro global* uma história sobre o período de 1971-2008 – ainda que lido à luz deste sombrio e enigmático período pós-crise, o qual lhe serve como epílogo e chave de leitura, considerando as desditas dos acordos de Bretton Woods como prólogo. Já *E os Fracos* é uma história ainda em aberto, iniciada no pós-guerra, embora com um prólogo no entreguerras, mas *Adultos na sala* é sobre o presente, da Grécia enquanto palco, por excelência, da política.

E venhamos e convenhamos, foram os gregos que inventaram a economia e a política. Assim como foram eles que inventaram o teatro: em seu testemunho, Varoufakis constitui quase uma peça teatral sofocliana, isto é, uma narrativa cujo tema é o encobrimento e a revelação da verdade – e a verdade só interessa aos oprimidos ou, como gostaria o próprio Varoufakis remetendo ao seu compatriota remoto Tucídides, *aos fracos*.

Varoufakis, nesta obra, é autor, ator e personagem, narrando a história recente da Grécia como drama: o drama histórico à maneira como Marx o fez tão bem. E não é que Varoufakis revele aqui "a verdade", mas que a verdade se revele por meio de sua narrativa e de sua atuação. É preciso ler desconfiando do narrador-personagem assim como se deve desconfiar de Bentinho em *Dom Casmurro*, do mestre brasileiro Machado de Assis.

Embora Varoufakis cite Macbeth no prefácio, em matéria de Shakespeare talvez estejamos mais próximos de Otelo, no qual Varoufakis poderia ser o personagem central e o premiê a quem servia, uma figura como Iago; a fraqueza de Varoufakis não é, contudo, o ciúme, mas a vaidade, enquanto Alex Tsipras, o premiê grego no período, sofre de uma inveja desdobrada, uma vez que ao contrário de Iago, ele não era subalterno a Otelo-Varoufakis.

Para além de uma leitura superficial, Otelo é sobretudo a respeito de poder e de como, pelas suas vias regulares ou não, sistemas estão prontos para depurarem ou eliminarem os "de fora" que, por ventura, vierem a ocupar cargos de comando. E Varoufakis foi e é justamente a figura que todos os políticos, nos turbulentos dias atuais, vendem que são, mas jamais ousariam ser, pois sabem bem o que os aguardaria: Varoufakis tornou real a pretensão de derrubar o abismo entre governantes e governados, tornou possível – com sua possante Yamaha XJR e suas camisas floridas – ser homem comum sem deixar de ser exótico e singular.

Enfim, ao legitimamente subir a um posto e assim exercê-lo, sem ser apenas mais um ator triste a encenar um personagem que ele jamais ousaria ser, ainda mais para roubar o fogo dos deuses e trazê-lo para os reles mortais, Varoufakis, como Otelo, foi vítima pôs em curto-circuito o jogo de aparências do poder: e o poder, para além da sua aparência ritual, jamais aceitaria realmente um comandante mouro em Veneza ou um sujeito realmente disposto a mudar as coisas – ainda mais a favor dos oprimidos, desmontando uma farsa burocrática barata, mas cuja operação encheu as burras do sistema financeiro europeu e global.

A questão, portanto, não é se o plano crível e racional que Varoufakis projetou era ou não a salvação da Grécia, mas como seu estratagema possa ter falhado pelos motivos errados: pelo fato de a Europa estar pouco disposta a se reformar e enfrentar suas falhas estruturais, mas, sobretudo, como a esquerda radical grega pode ter passado de um esquerdismo impressionante – que cogitava, fora do poder, até uma saída da zona do euro – e depois tenha se quedado acriticamente a um pseudorrealismo conformista que fez o Syriza manter a Grécia na moeda comum sob as piores condições.

No momento dos fatos narrados neste livro, quando a Grécia foi o país importante do mundo e da Europa, pois ela poderia implementar uma resposta efetiva, política e democrática à política de austeridade – a qual serviu para os ricos e poderosos passarem a conta da crise de 2008 para os fracos e oprimidos –, seu governo se acovardou quase em um *revival* em realidade expandida de *A Revolução dos bichos,* de Orwell – e nada melhor do que uma narrativa em primeira pessoa, feita desde os bastidores, para nos ajudar a entender isso.

É a análise fria e detida do que se segue que nos permite começar a entender como o antípoda de Varoufakis se tornou seu amigo, aliado primeiro-ministro Alex Tsipras e não a dura chanceler alemã Angela Merkel ou seu implacável ministro das Finanças Wolfgang Schauble – ou a *troika*, bizarra junção entre o Banco Central Europeu, Fundo Monetário Internacional e Comissão Europeia. Isso é a lição valorosa: como entre os fortes que oprimem e os fracos que são oprimidos há um terceiro elemento, o qual age ativamente enquanto fator da servidão voluntária.

Como entender o paradoxo do "governo que derrubou seu povo" sem nos recordamos de Varoufakis atravessando a pé a Praça Syntagma, onde fica localizado o palácio governamental grego, em meio à multidão que o aclamava? Mal poderia desconfiar que aquela vitória, aquela vitória dos povos e da História, seria rifada, talvez em um ponto-chave para entender como a nova esquerda radical cedeu espaço não só na Grécia como em todo o mundo desde então – mas o óbvio evidente daquilo, ainda mais visto em retrospectiva é central.

Inicialmente pensado para se chamar *Athens Spring*, Primavera de Atenas – em uma óbvia referência irônica à Primavera de Praga –, esta obra se tornou *Adultos na sala*, por sinal, em referência a um velho jargão político de Washington,[1] que aparece na trama repetido a Varoufakis por Madame Lagarde, a mandatária do FMI e mais uma das personagens cínicas e cinzentas de trama: os "adultos" são os tecnocratas, a gente do interior do sistema que controlaria políticos e seus eleitores, os quais aparecem como meras "crianças" que demandam tutela e cuidado. Tecnocratas e senhores do sistema, pois aparecem como fantásticos demiurgos que monitoram, comandam e, eventualmente, consertam o sistema democrático reduzido a um *playground*.

Sem querer, essa visão doméstica e paternalista da política, no fundo antidemocrática, alude ao economicismo que rege todas as formas autoritárias ou totalitárias contra as quais Varoufakis investe: não era a economia as "normas da casa", isto é, a instância doméstica na qual os patriarcas – o *despotes* grego ou o *dominus* romano – sujeitava, fundado no seu pátrio poder, mulheres, crianças, servos e demais formas de vida? Esse mesmo *despotes-dominus*, não era ele mesmo *politikon-civis*, uma vez que diante dos demais homens proprietários ele, grosso modo, deveria os tratar dentro de regras de direito e mediante contratos?

O economicismo – consequência natural da modernidade na qual vai ser parida pela economia política, isto é, uma forma de economia que transcende os muros da casas ou dos feudos para se espraiar nos territórios, cidades, campos e populações – é, enfim, o traço comum do neoliberalismo às formas mais estatais de opressão: por sinal, o fascismo não seria a redução do espaço público ao mito doméstico e, ainda, da nação à grande família – que rejeita os que não lhes sejam consanguíneos – com o líder político afigurado em uma personagem que encena um grande pai? E o fracassado socialismo burocrático, ainda que incomparável aos fascismos, não estaria fundado na impossibilidade de ele suportar em seu interior qualquer forma de democracia, justamente por tornar a economia um elemento onipresente, e, assim, se ver incapaz de trilhar a sonhada transição ao comunismo?

Ora, não estamos nem a falar da catástrofe fascista – que, no entanto, continua a nos espreitar nos becos obscuros do labirinto da crise ainda em curso – ou do fracasso do socialismo real no leste europeu, mas no

---

1 Nota de Edição: Sobre isso, ver o artigo *Adults in the Room*, de James Mann, publicado no *New York Review of Books*, disponível em <https://www.nybooks.com/articles/2017/10/26/trump-adult-supervision/>.

economicismo muitíssimo bem definido na orgulhosa União Europeia. A redução do patriarcalismo próprio dos modos de produção despóticos – do Antigo ao nosso Capitalismo de cada dia – a uma espécie de paternalismo infantilista parece a inevitável metáfora para um capitalismo tardio, mas cercado de eufemismos e novilínguas próprio do neoliberalismo: é um remédio amargo para o "nosso bem", embora sirva tanto mais para alimentar os ricos e poderosos que, por sinal, deram causa à crise em curso.

Impossível não pensar a relação entre isso e a ascensão de uma extrema-direita global, seja pela disfunção crônica do neoliberalismo triunfante ou pelo seu ódio a qualquer forma de esquerda ser maior do que a prudência lhe recomenda, abrindo espaço para Trumps para não ter seus Bernies. Do neoliberalismo aparentemente "democrático" ao *revival* global da extrema-direita, que Varoufakis anteviu com perfeição ao confrontar as políticas de austeridade, esses "adultos" são os operadores de um sistema cruel, capaz de gerar a própria ruína ou mesmo engendrar líderes como Trump e suas versões menores como Bolsonaro, tudo para manter a máquina de crueldades funcionando.

Subvertamos, pois, essa estranha concepção de adultos para, na verdade, rompermos com o verdadeiro infantilismo, que não é nossa condição de "meros" cidadãos, mas sim a ilusão de que as "instituições estão em funcionamento" – justamente o que permite que tecnocratas cinzas nos governem como cínicas babás.

Varoufakis, em sua difícil missão de salvar a Europa dela mesma, pode ser acusado de muitas coisas, mas não de não ter tentado e, no seu fracasso, ter escrito essa bela peça que nos ajuda a compreender as desventuras do sistema econômico e político europeu e global. Este livro, pois, é um manifesto apaixonado pela democracia e pela liberdade humana – a verdade que aqui vaza pelas frestas das entrelinhas é pura memória de lutas – e a cabe a nós fazer com que essa luta não tenha sido em vão. Celebremos a verdade, pois ela só interessa aos oprimidos.

***Hugo Albuquerque*** é advogado, mestre em Direito Constitucional pela PUC-SP e editor da Autonomia Literária

Para todos que buscam avidamente
um compromisso, mas preferem ser esmagados
a acabar comprometidos.

# Nota sobre as falas citadas

Em um livro dessa natureza, no qual tanta coisa depende de quem disse o que a quem, fiz todos os esforços para garantir a exatidão das falas citadas. Para esse fim, pude recorrer a gravações de áudio que fiz com meu telefone, bem como a anotações que fiz na época, das muitas reuniões e conversas oficiais que aparecem neste livro. Nos casos em que minhas próprias gravações ou anotações não estavam disponíveis, recorri à memória e, quando possível, à corroboração de outras testemunhas.

O leitor deve estar atento ao fato de que muitas das conversas relatadas neste livro aconteceram em grego. Isso inclui todas as conversas ocorridas com minha equipe no Ministério das Finanças, no Parlamento, nas ruas de Atenas, com o primeiro-ministro, no gabinete, e entre minha companheira Danae e eu. Necessariamente, traduzi essas conversas para o inglês.

As únicas conversas que relatei que não aconteceram nem em grego nem em inglês foram as que eu tive com Michel Sapin, o ministro francês das Finanças. Na verdade, o Sr. Sapin era o único membro do Eurogrupo que não falava inglês nas reuniões. Ou nos comunicávamos por meio de tradutores ou, com bastante frequência, ele se dirigia a mim em francês e eu respondia em inglês, nosso domínio da língua um do outro sendo bom o suficiente para levar adiante essas conversas.

Em todos os casos, restringi meu relato estritamente às conversas que são de interesse público e, portanto, incluí apenas aquelas que lançam luzes importantes sobre eventos que afetaram a vida de milhões de pessoas.

# Prefácio

Meu livro anterior, *E os fracos sofrem o que devem? Os bastidores da crise europeia,*[2] ofereceu uma explicação histórica de por que a Europa está hoje no processo, há décadas em preparação, de perder sua integridade e renunciar à sua alma. Justo quando eu terminava de escrevê-lo, em janeiro de 2015, tornei-me ministro das Finanças da Grécia e me vi impelido para o estômago da besta sobre a qual estivera escrevendo.

Ao aceitar o cargo de ministro das Finanças de um país europeu cronicamente endividado em meio a um confronto tumultuado com seus credores – os governos e instituições mais poderosos da Europa – testemunhei em primeira mão as circunstâncias particulares e as causas imediatas da derrocada de nosso continente rumo a um atoleiro, do qual pode ser que não escape, por muito, muito tempo.

Este novo livro conta essa história. Ele poderia ser descrito como a história de um acadêmico que se tornou ministro de Estado por algum tempo antes de fazer-se delator. Ou como um livro de memórias de fofocas protagonizadas por personagens poderosas tais como Angela Merkel, Mario Draghi, Wolfgang Schäuble, Christine Lagarde, Emmanuel Macron, George Osborne e Barack Obama.

Ou ainda como o conto de um pequeno país quebrado que encarou os Golias da Europa na busca de escapar da prisão dos devedores, antes de sofrer uma derrota esmagadora, ainda que razoavelmente honrosa. Contudo, nenhuma dessas descrições transmite minha verdadeira motivação para escrever este livro.

Pouco após a implacável supressão da rebelião grega em 2015, também conhecida como a Primavera Grega ou a Primavera de Atenas, o partido de esquerda Podemos perdeu impulso na Espanha; sem dúvida,

2 N. de E.: Obra publicada pela *Autonomia Literária*, com tradução de Fernando Santos, em 2017.

muitos eleitores potenciais ficaram com medo de um destino semelhante ao nosso nas mãos de uma impiedosa União Europeia. Tendo observado o insensível desprezo da União Europeia pela democracia na Grécia, muitos partidários do Partido Trabalhista no Reino Unido passaram a apoiar a sua saída do bloco. O Brexit impulsionou Donald Trump. O triunfo de Donald Trump soprou novos ventos nas velas de nacionalistas xenófobos em toda a Europa e no mundo. Vladimir Putin deve estar esfregando os olhos, incrédulo, com o modo com que o Ocidente vem se enfraquecendo tão fabulosamente.

A história neste livro não é apenas simbólica daquilo que a Europa, a Grã-Bretanha e os Estados Unidos estão se tornando; ela também fornece informações reais sobre como e porque nossos governos e economias sociais despedaçaram-se. À medida que o assim chamado *establishment* liberal protesta contra as *fake news* da Nova Direita [*Alt Right*] insurgente, é salutar lembrarmo-nos que, em 2015, este mesmo *establishment* lançou uma campanha de inversão da verdade e assassinato de reputações violentamente eficaz contra o governo pró-europeu e democraticamente eleito de um pequeno país na Europa.

No entanto, por mais úteis que tais informações, espero eu, possam ser, minha motivação para escrever este livro é mais profunda. Por detrás dos eventos específicos que vivenciei, reconheci uma história universal – a história daquilo que acontece quando seres humanos se encontram à mercê de circunstâncias cruéis geradas por uma rede desumana de relações de poder, invisível na sua maior parte.

É por esse motivo que não há "mocinhos" ou "vilões" neste livro. Em vez disso, ele é povoado por pessoas fazendo o seu melhor, conforme o entendem, sob condições que não foram escolha sua. Cada uma das pessoas com quem me deparei e sobre as quais escrevo nestas páginas acreditava estar agindo de forma adequada, mas, em conjunto, suas ações produziram desgraça em escala continental. Não é essa a substância de uma autêntica tragédia? Não é isso o que faz as tragédias de Sófocles e Shakespeare encontrarem eco em nós ainda hoje, centenas de anos depois dos eventos que elas relataram terem se tornado notícia velha?

À certa altura, Christine Lagarde, diretora-gerente do Fundo Monetário Internacional, comentou, em estado de exasperação, que para resolver aquele drama nós precisávamos de adultos na sala. Ela tinha razão. Havia uma escassez de gente grande em muitos dos palcos nos quais este drama se desenrolou. Como personagens, no entanto, eles se resumiam a duas categorias: os banais e os fascinantes.

Os banais iam cuidando de seus afazeres, marcando cruzinhas em listas de itens e instruções transmitidas a eles por seus mestres. Em muitos casos, entretanto, seus mestres – políticos como Wolfgang Schäuble e altos funcionários como Christine Lagarde e Mario Draghi – eram diferentes. Eles possuíam a capacidade de refletir sobre si mesmos e sobre o seu papel no drama, e essa habilidade de entrar em diálogo consigo mesmos os tornou fascinantemente suscetíveis à armadilha da profecia autorrealizável.

De fato, assistir aos credores da Grécia com a mão na massa era como assistir a uma versão de *Macbeth* se desenrolar na terra de Édipo. Da mesma forma que o pai de Édipo, o rei Laio de Tebas, provocou involuntariamente seu próprio assassinato por acreditar na profecia segundo a qual seria morto por seu filho, assim também os atores mais astutos e poderosos desse drama produziram sua própria desgraça por temer a profecia que a predisse.

Perfeitamente conscientes de quão fácil o poder poderia escorregar por entre os dedos, os credores da Grécia eram frequentemente dominados pela insegurança. Temendo que a falência não declarada da Grécia pudesse fazer com que perdessem o controle político sobre a Europa, eles impuseram medidas àquele país que gradualmente enfraqueceram seu controle político, não apenas sobre a Grécia, mas sobre a Europa.

Em dado momento, assim como Macbeth, sentindo seu poder se transformar em uma impotência insuportável, eles sentiram-se compelidos a fazer o seu pior. Houve momentos em que eu quase podia ouvi-los dizer:

> *A tal ponto atolado estou no sangue*
> *que, esteja onde estiver*
> *tão imprudente será recuar como seguir à frente.*
> *Tenho em mente uma ideia pervertida,*
> *que urge concretizar numa investida.*
> *Macbeth, Ato III, Cena IV*

O relato por qualquer um dos protagonistas de um drama implacável como este não poderia escapar de algum tipo de viés nem do desejo de justificação. Por isso, a fim de ser o mais justo e imparcial possível, tentei ver suas ações e as minhas próprias através das lentes de uma autêntica tragédia grega, ou shakespeariana, na qual personagens, que não são nem boas nem más, são sobrepujadas pelas consequências não intencionais de sua compreensão daquilo que deveriam fazer.

Suspeito ter ficado mais próximo de lograr essa tarefa no caso daquelas pessoas que achei fascinantes, e bem menos no caso daqueles cuja banalidade entorpeceu meus sentidos. Por isso acho difícil pedir desculpas, até porque, apresentá-los de outra forma, diminuiria a exatidão histórica deste relato.

# PARTE I

# INVERNO DE NOSSO DESGOSTO

# Introdução

A única cor que atravessava a penumbra daquele bar de hotel provinha do líquido âmbar que cintilava no copo diante dele. Conforme me aproximei, ele ergueu os olhos para me cumprimentar com um breve aceno de cabeça antes de retornar seu olhar para baixo, encarando seu copo de uísque. Eu afundei no sofá felpudo, esgotado.

No momento certo, sua voz familiar soou ostensivamente ranzinza. "Yanis", disse ele, "vocês cometeram um grave erro".

Na calada das noites de primavera, uma mansidão, inimaginável durante o dia, cai sobre Washington. À medida que os políticos, os lobistas e os aproveitadores de todo tipo evaporam, o ar se esvazia da tensão e os bares são abandonados àquelas poucas pessoas que não têm motivos para acordar cedo, e àqueles, ainda mais raros, cujo peso das responsabilidades não os deixa dormir. Naquela noite, como nas oitenta e uma noites que a precederam, ou nas oitenta e uma noites que estavam por vir, eu fazia parte desses últimos.

Eu havia levado quinze minutos para caminhar, envolto na escuridão, do número 700 da 19ª rua Noroeste de Washington, endereço da sede do Fundo Monetário Internacional (FMI), até o bar de hotel onde eu ficara de encontrá-lo.

Nunca havia imaginado que um pequeno passeio solitário na anódina cidade de Washington pudesse ser tão restaurador. A perspectiva de conhecer aquele grande homem aumentou a minha sensação de alívio: após quinze horas sentado à mesa de negociação frente a pessoas poderosas, porém banais ou amedrontadas demais para falar o que realmente pensam, eu estava prestes a encontrar uma figura de grande influência em Washington e mais, um homem que ninguém pode acusar de banalidade ou timidez.

Tudo isso mudou com aquela mordaz declaração de abertura, tornada mais horripilante pela luz fraca e pelas sombras que oscilavam.

Fazendo-me de durão, respondi: "E que erro foi esse, Larry?".

"Vocês venceram as eleições!", foi sua resposta.

Era 16 de abril de 2015, bem na metade do meu breve mandato como ministro das Finanças da Grécia. Menos de seis meses antes, eu vivia uma vida de professor universitário, lecionando na Escola de Assuntos Públicos Lyndon B. Johnson, na Universidade do Texas em Austin, enquanto estava de licença da Universidade de Atenas.

No entanto, em janeiro daquele ano, minha vida mudou completamente quando fui eleito membro do Parlamento grego. Eu havia feito uma única promessa de campanha: fazer tudo aquilo que estivesse a meu alcance para salvar o meu país da escravidão da dívida e da austeridade esmagadora, a qual lhe foi imposta por seus vizinhos europeus e pelo FMI. Fora essa promessa que me trouxera àquela cidade e – com o auxílio da minha colaboradora próxima, Elena Paraniti, que combinou o encontro e me acompanhou naquela noite – àquele bar.

Sorrindo com aquele seu humor seco e tentando esconder minha trepidação, meu pensamento imediato foi: *Será que é assim que ele pretende endurecer a minha determinação contra um império de inimigos?* Encontrei consolo na lembrança de que o septuagésimoprimeiro secretário do Tesouro Americano e vigésimosétimo presidente de Harvard não é conhecido pelo seu estilo reconfortante.

Determinado a adiar um pouco mais o papo sério que nos aguardava, fiz sinal ao *barman* para que me trouxesse um uísque e disse: "Antes de você me falar sobre meu 'erro', deixa eu lhe dizer, Larry, o quão importante foram as suas mensagens de apoio e os seus conselhos nessas últimas semanas. Sou muito grato, de verdade. Especialmente porque, durante anos, eu me referi a você como o Príncipe das Trevas".

Sem se abalar, Larry Summers respondeu: "Pelo menos você me chamou de príncipe. Já fui chamado de coisa pior".

Durante as horas que se seguiram, a conversa ficou séria. Conversamos sobre assuntos técnicos: *swaps* de dívidas,[3] política fiscal, reformas de mer-

---

3 N. de E.: *Hedge* é uma palavra inglesa para "troca" ou "permuta", cuja aplicação nas finanças dá conta da operação, mediada por uma instituição financeira, que, basicamente, consiste na troca de dívidas entre duas empresas ou investidores – de diferentes naturezas, seja em relação à moeda na qual elas estejam fixadas ou os tipos de taxa de juros – para

cado, *"maus bancos"*.[4] No *front* político, ele me advertiu de que eu estava perdendo a guerra de propaganda e que os "europeus", como ele chamava os manda-chuvas da Europa, estavam no meu encalço. Ele sugeriu, e eu concordei, que qualquer novo acordo para o meu tão sofrido país deveria ser um que a chanceler alemã pudesse apresentar aos seus eleitores como sendo ideia sua, seu legado *pessoal*.

O encontro estava indo melhor do que eu havia esperado, com ampla sintonia sobre todos os temas que realmente importavam. Não foi pouca coisa garantir o apoio do formidável Larry Summers na luta contra as poderosas instituições, governos e conglomerados de mídia exigindo a rendição do meu governo e a minha cabeça numa bandeja.

Finalmente, depois de entrarmos em acordo sobre nossos próximos passos, e antes que os efeitos da fadiga e do álcool combinados nos obrigassem a dar a noite por encerrada, Summers me olhou intensamente e fez uma pergunta tão bem ensaiada que suspeitei que já a havia usado para testar outros antes de mim.[5]

---

que ambas fiquem mais protegidas das variações de mercado.

4 Nota de Revisão Técnica.: "Maus Bancos", ou "*Bad Banks*", no jargão financeiro em inglês, são instituições que, em programas de reestruturação de dívidas, podem ser constituídas para absorver títulos podres, ou seja, riqueza financeira com más condições de efetivação. As aspas no adjetivo, deixadas pelo autor, indicam a natureza peculiar dessa "maldade".

5 Poucos meses depois de eu renunciar ao ministério, meu grande amigo e colega acadêmico Tony Aspromourgos, ao ouvir sobre minhas conversas com Larry Summers, confirmou minhas suspeitas ao me enviar a seguinte citação da senadora Elizabeth Warren, registrada em 2014:

> *Tarde da noite, Larry recostou-se em sua cadeira e me ofereceu alguns conselhos... Ele tentou colocar da seguinte forma: eu tinha uma escolha. Eu poderia ser "de dentro" ou eu poderia ser "de fora". Os de fora podem dizer o que quiser. Mas as pessoas que estão por dentro do sistema, os de dentro, não prestam atenção ao que eles dizem. Os de dentro, por sua vez, têm muito acesso e grandes chances de fazer avançar suas ideias. Pessoas (pessoas poderosas) escutam o que eles têm a dizer. Mas os de dentro também entendem uma regra inquebrável: eles não criticam outros de dentro. Eu havia sido avisada.*

John Cassidy (2014), "Elizabeth Warren's Moment", *New York Review of Books*, vol. 61 (n. 9), 22/5-4/6/14, pp. 4-8.

"Existem dois tipos de políticos", disse: "os de dentro do sistema [*insiders*] e os de fora dele [*outsiders*]. Os de fora dão prioridade a sua liberdade de contar sua própria versão da verdade. O preço de sua liberdade é que eles são ignorados pelos de dentro, que são os que tomam as decisões importantes.

Os de dentro, por sua vez, seguem uma regra sagrada: nunca se volte contra outro de dentro e nunca fale com os de fora sobre o que os de dentro dizem ou fazem. Sua recompensa? Acesso a informações privilegiadas e uma chance, ainda que sem garantias, de influenciar os rumos das coisas e pessoas poderosas. Com isso, Summers chegou a sua pergunta. "E então, Yanis", disse, "qual dos dois é você?".

Meu instinto me impelia a responder com uma única palavra; mas em vez disso, usei várias.

"Devido a meu gênio, sou naturalmente de fora", comecei dizendo, "mas, apressei-me a acrescentar, "estou disposto a sufocar o meu gênio, se isso for ajudar a firmar um novo pacto para a Grécia que tire o nosso povo da prisão da dívida. Não tenha dúvidas quanto a isso, Larry: vou me comportar como um genuíno de dentro o tempo que for preciso para colocar um acordo viável na mesa – para a Grécia, aliás para a Europa. No entanto, se os de dentro com os quais estou lidando demonstrarem não estarem dispostos a libertar a Grécia da eterna escravidão da dívida, não vou hesitar em denunciá-los – para voltar ao lado de fora, que é o meu habitat natural de qualquer modo".

"Justo", disse ele depois de uma pausa pensativa.

Levantamo-nos para sair. O tempo havia fechado enquanto conversávamos. Ao acompanhá-lo até um táxi, o aguaceiro encharcou minhas roupas de primavera em questão de segundos. Quando o seu táxi se afastou, tive a oportunidade de realizar um sonho selvagem meu, um sonho que vinha me dando forças para aturar as intermináveis reuniões dos dias e semanas anteriores: caminhar sozinho, sem ser notado, sob a chuva.

Atravessando aquela cortina aquosa em prístina solidão, fiz um balanço do encontro. Summers era um aliado, ainda que relutante. Ele não tinha tempo para as políticas de esquerda do meu governo, mas entendia que nossa derrota não era do interesse dos Estados Unidos. Ele sabia que as políticas econômicas da zona do euro eram não somente atrozes para a

Grécia, mas terríveis para a Europa e, por tabela, para os Estados Unidos também. E sabia que a Grécia era meramente o laboratório onde essas políticas falhas estavam sendo testadas e desenvolvidas antes de serem implementadas em toda a Europa.

Esse é o motivo pelo qual Summers ofereceu uma mão amiga. Nós falávamos o mesmo idioma econômico, apesar de termos diferentes ideologias políticas, e não tivemos dificuldade em chegar rapidamente a um acordo sobre quais deveriam ser nossos objetivos e táticas.

No entanto, minha resposta o havia claramente incomodado, mesmo que ele não o tivesse mostrado. Senti que ele teria entrado no táxi sendo um homem muito mais feliz caso eu tivesse demonstrado algum interesse em me *tornar* um de dentro. Como confirma a publicação deste livro, nunca houve muita chance disso acontecer.

De volta ao meu hotel, enquanto me secava e faltando apenas duas horas para que o despertador me convocasse de volta à linha da frente, refleti com grande inquietude: como teriam os meus camaradas, o círculo interno do nosso governo, respondido à pergunta de Summers no íntimo de seus corações? Naquela noite, estava determinado a acreditar que eles a teriam respondido do mesmo modo que eu.

Menos de duas semanas mais tarde comecei a ter sérias dúvidas.

## Supercaixas-pretas

Yiorgos Chatzis desapareceu em 29 de agosto de 2012. Ele foi visto pela última vez no serviço de previdência social da pequena cidade de Siatista, no norte da Grécia, onde foi informado de que sua pensão mensal por invalidez, de € 280, havia sido suspensa. Testemunhas oculares relataram que ele não emitiu uma só palavra de reclamação. "Ele parecia atordoado e ficou sem palavras", lia-se em um jornal. Pouco depois, usou seu celular pela última vez, para ligar para a sua esposa. Não havia ninguém em casa, então deixou uma mensagem: "Me sinto um inútil. Não tenho mais nada a te oferecer. Cuide das crianças". Alguns dias depois, seu corpo foi encontrado em uma remota área de floresta, pendurado pelo pescoço sobre um penhasco, seu celular caído no chão nas proximidades.

A onda de suicídios desencadeada pela grande depressão econômica grega chamara a atenção da imprensa internacional alguns meses antes, depois que Dimitris Christoulas, um farmacêutico aposentado de 77 anos, se matou com um tiro próximo a uma árvore no meio da Praça Sintagma de Atenas, deixando para trás um manifesto político contra a auteridade de partir o coração.

Era uma vez o tempo no qual o luto silencioso e digno dos entes queridos de Christoulas e Chatzis teria envergonhado e emudecido até mesmo o oficial de justiça mais empedernido, só que no Resgatistão, meu termo satírico para a Grécia pós-2010, nossos oficiais de justiça mantêm distância de suas vítimas, escondendo-se em hotéis cinco estrelas, zunindo por aí, em intermináveis cortejos de carros oficiais e acalmando seus esporádicos ataques de nervos com projeções estatísticas de recuperação econômica sem nenhum fundamento.

Durante aquele mesmo ano de 2012, três longos anos antes de Larry Summers me passar lições sobre os de dentro e os de fora, minha companheira Danae Stratou inaugurou uma instalação artística em uma galeria no centro de Atenas. Ela a chamou de, *Está na hora de abrir as caixas-pretas!* O trabalho compreendia cem caixas de metal pintadas de preto e dispostas geometricamente no chão. Cada uma delas continha uma palavra selecionada por Danae entre as milhares que os atenienses haviam enviado por meio das mídias sociais em resposta a sua pergunta: "Em uma única palavra, do que você tem mais medo, ou o que você mais gostaria de preservar?".

A ideia de Danae era que, ao contrário da caixa-preta de um avião acidentado, essas seriam abertas antes que fosse tarde demais. A palavra que os atenienses haviam escolhido com mais frequência do que qualquer outra não eram as palavras *emprego*, *pensão* ou *poupança*. O que mais temiam perder era a sua *dignidade*.

A ilha de Creta, cujos habitantes são conhecidos por seu orgulho, registrou o mais alto índice de suicídios quando a crise eclodiu. Quando uma depressão se agrava e as vinhas da ira vão se tornando "pesadas para a colheita",[6] é a perda de dignidade que traz o maior desespero.

---

6 N. de R. T.: Há aqui, claramente, uma alusão ao famoso livro *The Grapes of Warth*, de John Steinbeck, que se passa nos anos da depressão e que foi traduzido no Brasil como *As Vinhas da Ira*. Toda a expressão utilizada pelo autor aqui é de Steinbeck: "*and the grapes*

Na resenha que escrevi sobre a exposição, fiz uma comparação com um outro tipo de caixa-preta. No jargão dos engenheiros, escrevi, uma caixa-preta é um dispositivo ou sistema cujo funcionamento interno é opaco para nós, mas cuja capacidade de transformar insumos em produtos nós entendemos bem e usamos com fluidez.

Um telefone celular, por exemplo, converte de forma precisa movimentos de dedos em uma chamada telefônica ou na chegada de um táxi, mas para a maioria de nós, ainda que não para engenheiros elétricos, o que acontece dentro de um *smartphone* é um mistério. Como os filósofos observaram, as mentes dos outros são caixas-pretas por excelência: em última análise, não podemos ter a menor ideia do que se passa exatamente na cabeça de outra pessoa. (Ao longo dos 162 dias que este livro narra, diversas vezes me peguei desejando que as pessoas ao meu redor, meus companheiros de armas em particular, fossem menos como caixas-pretas neste aspecto.)

Mas tem ainda algo que chamei de "supercaixas-pretas", cujo tamanho e importância são tão descomunais que, mesmo aqueles que as criaram e controlam, não conseguem entender plenamente o seu funcionamento: por exemplo, derivativos financeiros cujos efeitos não são verdadeiramente compreendidos nem mesmo pelos engenheiros financeiros que os criaram, bancos globais e corporações multinacionais cujas atividades são raramente assimiladas por seus CEOs e, claro, governos e instituições supranacionais como o Fundo Monetário Internacional, liderados por políticos e burocratas influentes que podem até estar no cargo, mas raramente estão no comando.

Eles também convertem *inputs* – dinheiro, dívida, impostos, votos – em *outputs* – lucro, formas ainda mais complicadas de dívida, reduções nos gastos com assistência social, políticas de saúde e educação. A diferença entre essas supercaixas-pretas e o humilde *smartphone* – ou mesmo outros humanos – é que, enquanto a maioria de nós não tem quase nenhum controle sobre os seus *inputs*, os seus *outputs* dão forma às nossas vidas.

Essa diferença é resumida em uma única palavra: poder. Não o tipo de poder associado à energia elétrica ou à força esmagadora das ondas do

---

*of wrath grow 'heavy for the vintage"*.

oceano, e sim outro, mais sutil e sinistro: o poder detido pelos "de dentro" ao qual Larry Summers se referiu – mas que ele temia que eu não tivesse a disposição para abraçar –, o poder da informação oculta.

Durante o meu tempo no ministério, e mesmo depois, as pessoas constantemente me perguntavam: "O que o FMI quer da Grécia? Aqueles que se opunham a uma redução da dívida o faziam por causa de alguma agenda oculta de motivos escusos? Estariam eles trabalhando por conta de empresas interessadas em pilhar a infraestrutura da Grécia – seus aeroportos, estâncias balneárias, companhias de telefonia e assim por diante?". Quem me dera as coisas fossem tão simples.

Quando uma crise de grande escala nos atinge, é tentador atribuí-la a uma conspiração entre os poderosos. Imagens de salas cheias de fumaça vêm à mente, com homens ardilosos (e ocasionalmente uma mulher) tramando sobre como lucrar à custa dos fracos e do bem comum.

Essas imagens são, no entanto, delírios. Se o acentuado estado de deterioração das nossas condições de vida pode ser atribuído a uma conspiração, então é uma conspiração da qual seus próprios membros não estão cientes de que fazem parte. Aquilo que muitos sentem como sendo uma conspiração dos poderosos é simplesmente a propriedade emergente que possui qualquer rede de supercaixas-pretas.

As chaves para tais redes de poder são a exclusão e a opacidade. Lembre-se do mote "a ganância é boa" de Wall Street e da City de Londres nos anos que precederam a implosão de 2008. Muitos funcionários decentes de bancos estavam preocupadíssimos com as coisas que vinham testemunhando e fazendo.

Mas uma vez que colocavam suas mãos em provas ou informações que prenunciavam terríveis acontecimentos, viam-se confrontados com o dilema de Summers: vazar essas informações para os de fora e tornar-se irrelevante; guardá-las para si mesmo e tornar-se cúmplice; ou abraçar o seu poder e trocá-las por outras informações secretas mantidas por outro de dentro, resultando em uma aliança de improviso entre duas pessoas que veem o poder de ambos aumentar imensamente dentro da rede mais ampla de agentes de dentro.

À medida que outras informações confidenciais são permutadas, esta aliança entre dois indivíduos forja elos com outras alianças do mesmo tipo. O resultado é uma rede de poder dentro de outras redes preexistentes, envolvendo participantes que conspiram na prática, sem ter consciência de que são conspiradores.

Toda vez que um político bem informado dá um furo de notícia a um jornalista em troca de que este conte a história de modo compatível com seus interesses, aquele jornalista é incluído, mesmo que inconscientemente, a uma rede de agentes de dentro do sistema.

Quando o jornalista se recusa a fazer com que sua história seja tendenciosa em favor do político, ele corre o risco de perder uma fonte valiosa de informação e ser excluído daquela rede.

É assim que as redes de poder controlam o fluxo de informações: através da cooptação dos de fora e da exclusão daqueles que se recusam a jogar o jogo. Elas evoluem de forma orgânica e são guiadas por um impulso supraintencional que nenhum indivíduo pode controlar, nem mesmo o presidente dos Estados Unidos, o CEO do Barclays ou aqueles que ocupam posições cruciais no FMI ou em governos nacionais.

Uma vez capturado nesta rede de poder, é preciso uma disposição heroica para tornar-se um delator, especialmente quando não se consegue ouvir os próprios pensamentos em meio à cacofonia de tanto enriquecimento. E aqueles poucos que rompem a formação terminam como estrelas cadentes, rapidamente esquecidos por um mundo distraído.

Fascinantemente, muitos de dentro, especialmente aqueles que estão apenas frouxamente vinculados à rede, são alheios à teia que eles reforçam, por terem relativamente poucos contatos com ela. De modo similar, aqueles que estão incrustados no âmago da rede estão, via de regra, inseridos por demais profundamente para sequer perceber que existe um mundo lá fora. Raros são aqueles astutos o suficiente para se dar conta da caixa-preta quando vivem e trabalham dentro de uma. Larry Summers é um desses raros agentes de dentro. A sua pergunta para mim era na verdade uma invocação para que eu rejeitasse a atração que exerce o lado de fora. Subjacente ao seu sistema de crenças estava a convicção de que o mundo só pode ser melhorado a partir de dentro da caixa-preta.

Mas era nesse ponto que ele estava muito enganado, pensei.

## Teseu[7] antes do labirinto

Antes de 2008, enquanto as supercaixas-pretas estavam funcionando de forma estável, vivíamos em um mundo que parecia equilibrado e capaz de curar-se a si mesmo. Aqueles foram os tempos nos quais o primeiro-ministro britânico Gordon Brown comemorava o fim da época de "expansão e contração", e aquele que em breve se tornaria o presidente do *Federal Reserve*, como é chamado o Banco Central dos Estados Unidos, Ben Bernanke, anunciava a Grande Moderação.[8]

É claro que tudo não passava de uma ilusão gerada pelas supercaixas-pretas, cuja função ninguém entendia, especialmente os de dentro que as comandavam. E então, em 2008, elas falharam de maneira espetacular, produzindo a "Crise de 1929"[9] da nossa geração, para não mencionar a perdição da pequenina Grécia.

Considero que a crise financeira de 2008, que ainda está conosco quase uma década depois, se deve ao colapso derradeiro das supercaixas-pretas mundiais – das redes de poder, das conspirações sem conspiradores, que moldam nossas vidas.

A fé cega de Summers na ideia de que os remédios para esta crise brotarão dessas mesmas redes avariadas, por meio das costumeiras operações dos de dentro, pareceu-me, mesmo naquela época, comoventemente ingênua.

---

7 N. de E.: Teseu é o herói da lenda do Minotauro, o qual era destinado a ser apenas mais jovem sacrificado para alimentar o insaciável apetite da besta, mas que acabou a derrotando após a execução de um astucioso plano, com o qual contou com a ajuda de sua amada, Ariadne, filha do Rei Minos de Creta.

8 N. de E.: Nome de um famoso discurso de Ben Bernanke, sucessor de Alan Greenspan como banqueiro central dos Estados Unidos, no qual ele argumentava que a política monetária havia evoluído tanto que poderia eliminar a volatilidade da economia e, assim, evitar crises cíclicas.

9 N. de E.: a Grande Depressão, também conhecida como Crise de 1929, foi um longo período de queda do produto e da renda que afetou todo o mundo, mas principalmente os países mais desenvolvidos.Teve início em 1929 e persistiu ao longo de praticamente toda a década de 1930, terminando apenas com a Segunda Guerra Mundial. A Grande Depressão é considerada o pior e mais longo período de recessão econômica do século XX. Este período causou altas taxas de desemprego, quedas drásticas do produto interno bruto de diversos países, bem como quedas drásticas na produção industrial, nos preços de ações, e em praticamente todo indicador de atividade econômica, em diversos países no mundo

Talvez isso não seja surpreendente. Afinal de contas, três anos antes eu havia escrito na resenha da exposição de Danae que "abrir essas supercaixas-pretas tornou-se hoje um pré-requisito para a sobrevivência da decência, de camadas inteiras de nossos semelhantes, até mesmo do nosso planeta. Trocando em miúdos, ficamos sem desculpas. Por conseguinte, está na hora de abrir as caixas-pretas!". Mas o que isso implicaria na prática?

> *Em primeiro lugar*, precisamos estar prontos para reconhecer que podemos muito bem já ser, cada um de nós, um nódulo da rede; um ignorante conspirador de fato. *Em segundo lugar*, e este é o aspecto genial do Wikileaks,[10] se pudermos ter acesso ao interior da rede, como Teseu entrando no labirinto, e perturbar o fluxo de informações; se pudermos implantar o medo de incontroláveis vazamentos de informação na mente de tantos membros quanto for possível, então as redes de poder, defeituosas e impunes, irão ruir sob o próprio peso e irrelevância. *Em terceiro lugar*, resistindo a qualquer propensão a substituir antigas redes fechadas por outras, novas.

Ao entrar naquele bar em Washington, três anos mais tarde, eu já havia atenuado a minha postura. Minha prioridade não era vazar informações aos de fora, mas fazer o que fosse necessário para tirar a Grécia da prisão da dívida. Se isso significasse ter de fingir ser um de dentro, paciência, eu assim faria. Mas, no instante em que o preço da minha admissão no círculo dos de dentro se tornasse a aceitação do encarceramento permanente da Grécia, eu sairia. Colocar um fio de Ariadne[11] dentro do labirinto dos

---

10 N. de E.: WikiLeaks é uma organização transnacional sem fins lucrativos, sediada na Suécia, que publica, em sua página, postagens de fontes anônimas, documentos, fotos e informações confidenciais, vazadas de governos ou empresas, sobre assuntos sensíveis. Recentemente, seu fundador Julian Assange, que passou num incomum asilo político na embaixada equatoriana em Londres, foi detido: embora ele não tenha cometido crime algum no Reino Unido, os Estados Unidos tentam a todo custo sua extradição para julgá-lo e, possivelmente, condená-lo, embora ele nada mais tenha feito do que o livre exercício do jornalismo.

11 N. de E.: Referência ao mito do Minotauro, que inspira a primeira do autor publicada por esta editora, ainda em 2016 (ver o *O Minotauro global – a verdadeira origem da crise financeira e o futuro da economia*, Tradução de Marcela Werneck), fazendo referência à maneira como o herói Teseu pode escapar do labirinto de Creta quando ele mata o monstro: a ele foi entregue um novelo pela sua amada Ariadne, a qual lhe orientou a ir

de dentro e estar pronto para segui-lo até a saída é, a meu ver, um pré-requisito para a dignidade, sobre a qual a felicidade do povo grego se apoia.

No dia seguinte ao meu encontro com Larry Summers, encontrei-me com Jack Lew, então secretário do Tesouro americano. Após a nossa reunião no Departamento do Tesouro, um funcionário, ao me ver saindo da sala, surpreendeu-me ao me puxar de lado para um amigável aparte: "Ministro, sinto a necessidade de avisá-lo que, dentro de uma semana, você será alvo de uma campanha de assassinato de reputação partindo de Bruxelas". O discurso motivacional de Larry sobre a importância de permanecer no bom caminho, assim como o seu aviso de que estávamos perdendo a guerra midiática, entraram súbita e nitidamente em foco.

É claro que aquele comentário não foi nenhuma grande surpresa. Os de dentro, escrevi em 2012, reagiriam agressivamente contra qualquer um que se atrevesse a expor o conteúdo de suas supercaixas-pretas aos olhos dos de fora: "Nada disso será fácil. As redes responderão com violência, como já estão fazendo. Elas vão se tornar mais autoritárias, mais fechadas, mais fragmentadas. Elas vão se tornar cada vez mais preocupadas com sua própria 'segurança' e com o monopólio da informação, confiando cada vez menos nas pessoas comuns".[12]

Os capítulos a seguir contam a violenta reação das redes de poder à minha teimosa recusa em trocar a emancipação da Grécia por um lugar privilegiado dentro de uma de suas caixa-pretas.

## Assine aqui!

No fim das contas, tudo se resumia a alguns rabiscos em um pedacinho de papel, e se eu estaria preparado para colocar minha assinatura sobre a linha pontilhada de um novo acordo de resgate financeiro, contraindo um empréstimo fresquinho que empurraria a Grécia para ainda mais fundo em sua prisão labiríntica de dívidas.

A razão pela qual minha assinatura importava tanto era que, curiosamente, não cabe aos presidentes ou primeiros-ministros dos países em

---

lhe soltando à medida que entrasse no labirinto para saber o caminho da volta.

12 Citações tiradas da resenha sobre a exposição de Danae Stratou em 2012 *Está na hora de abrir as caixas-pretas!*

apuros assinar acordos de empréstimo com o FMI ou com a União Europeia. Esse privilégio envenenado fica com o infeliz ministro das Finanças.

É por esse motivo que se mostrava crucial para os credores da Grécia que eu me curvasse à sua vontade, que fosse cooptado ou, se isso não fosse possível, que fosse esmagado e substituído por um sucessor mais dócil. Caso eu tivesse assinado, mais um de fora teria se tornado de dentro e louvores teriam chovido sobre mim.

A enxurrada de adjetivos vis dirigidos à minha pessoa pela imprensa internacional, que chegou pontualmente, pouco mais de uma semana depois da minha visita a Washington exatamente como o funcionário do Tesouro americano me avisara, jamais teria caído na minha cabeça. Eu teria sido retratado como "responsável", um "parceiro digno de confiança", um "rebelde recuperado" que colocou os interesses de sua nação acima do seu "narcisismo".

A julgar pela sua expressão quando saíamos do hotel para entrar debaixo de chuva, Larry Summers parecia entender. Ele entendia que os "europeus" não estavam interessados em um acordo honorável comigo ou com o governo grego. Entendia que, ao fim e ao cabo, eu seria extremamente pressionado para assinar um documento de rendição, como preço para me tornar um autêntico de dentro. Entendia que eu não estava disposto a fazer isso. E acreditava que isso era uma pena, pelo menos para mim.

Quanto a mim, entendi que ele queria me ajudar a obter um acordo viável. Entendi também que ele faria o que pudesse para nos ajudar, desde que isso não violasse a sua regra de ouro: os de dentro nunca se voltam contra outros de dentro e nunca falam com os de fora sobre o que os de dentro dizem ou fazem.

O que eu não tinha certeza era se ele um dia entenderia o porquê de não haver nenhuma chance de eu assinar um novo empréstimo inviável de resgate financeiro. Teria demorado demais para explicar os meus motivos, e mesmo que houvesse tempo suficiente, eu temia que os nossos passados fossem diferentes demais para que minha explicação fizesse qualquer sentido para ele.

Minha explicação, caso eu a houvesse oferecido, teria vindo na forma de uma ou duas histórias.

A primeira delas provavelmente teria começado em uma delegacia de polícia de Atenas no outono de 1946, quando a Grécia estava à beira de uma insurreição comunista e na segunda fase de sua catastrófica guerra civil. Um estudante de química de 20 anos da Universidade de Atenas, chamado Yiorgos, havia sido preso pela polícia secreta, agredido e jogado em uma cela fria por algumas horas, até que um oficial de alto escalão o levou para o seu escritório, supostamente para apresentar suas desculpas. "Peço desculpa pelo tratamento áspero", disse o oficial. "Você é um bom rapaz e não merecia isso. Mas você sabe que estes são tempos perigosos e os meus homens estão no limite. Perdoe-os. Você só tem que assinar isso aqui e estará liberado. Com as minhas sinceras desculpas".

O policial parecia estar sendo sincero e Yiorgos ficou aliviado de que sua provação anterior nas mãos dos brutamontes tivesse terminado. Entretanto, quando leu a declaração datilografada que o oficial lhe pedira que assinasse, um calafrio lhe percorreu a espinha. No documento lia-se, "Venho por meio desta denunciar, de forma autêntica e com toda sinceridade, o comunismo, todos aqueles que o promovem e os seus vários companheiros de viagem".

Tremendo de medo, ele abaixou a caneta, reuniu toda a gentileza que sua mãe, Anna, havia incutido nele ao longo dos anos e disse: "Senhor, não sou budista, mas nunca assinaria um documento oficial denunciando o budismo. Não sou muçulmano, mas não acho que o Estado tenha o direito de me pedir para denunciar o Islã. Da mesma forma, não sou comunista, mas não vejo razão para que me peçam que denuncie o comunismo".

O argumento de Yiorgos, baseado na ideia de direitos civis, não tinha a menor chance. "Assine ou pode esperar sofrer tortura de forma sistemática e detenção por tempo indeterminado – a escolha é sua!", berrou o oficial enfurecido. A ira do policial baseava-se em expectativas perfeitamente razoáveis. Yiorgos possuía todos os ingredientes de um bom rapaz, um de dentro natural. Nascera no Cairo em uma família de classe média que fazia parte da grande comunidade grega, que, por sua vez, estava integrada em um enclave europeu cosmopolita de expatriados franceses, italianos e britânicos, e fora educado ao lado de armênios, judeus e árabes sofisticados. Na sua casa, falava-se francês, graças à sua mãe, grego era falado na escola, inglês no trabalho, árabe na rua e italiano na ópera.

Aos 20 anos, determinado a reconectar-se com suas raízes, Yiorgos abrira mão de um emprego seguro em um banco no Cairo e mudara-se para a Grécia para estudar química. Chegara em Atenas em janeiro de 1945, a bordo do navio *Coríntbia*, apenas um mês depois de concluída a primeira fase da guerra civil da Grécia, o primeiro episódio da Guerra Fria. Uma frágil, porém, perceptível, distensão pairava no ar e, por isso, pareceu-lhe razoável quando ativistas estudantis, tanto de esquerda como de direita, aproximaram-se dele para pedir que fosse o candidato de compromisso ao posto de presidente da associação estudantil de sua escola.

Contudo, pouco após sua eleição, as autoridades da universidade aumentaram o preço da matrícula, em uma época em que os alunos chafurdavam na mais absoluta pobreza. Yiorgos fez uma visita ao reitor, argumentando da melhor forma que podia contra aquele aumento. Quando deixou a sala do reitor, policiais à paisana agarraram-no e o arrastaram pela escadaria de mármore da escola até o interior de uma van que esperava na entrada, obrigando-o a fazer uma escolha que fazia o dilema de Summers parecer moleza.

Devido às origens burguesas do rapaz, a polícia tinha toda a expectativa de que Yiorgos assinaria com prazer ou sucumbiria rapidamente uma vez que a tortura começasse. No entanto, a cada nova paulada, Yiorgos sentia-se menos capaz de assinar o documento, pôr um fim àquela dor e ir para casa. Como resultado, terminou jogado em um monte de celas e presídios diferentes, dos quais poderia ter escapado a qualquer momento, simplesmente colocando sua assinatura em uma folha avulsa de papel. Quatro anos mais tarde, uma sombra daquele que um dia havia sido Yiorgos emergia da prisão rumo a uma sociedade lúgubre que nada sabia da sua peculiar escolha e tampouco realmente se importava.

Enquanto isso, durante o período em que Yiorgos permaneceu encarcerado, uma moçoila quatro anos mais jovem do que ele se tornara a primeira aluna do sexo feminino a ser admitida na Faculdade de Química da Universidade de Atenas, apesar dos grandes esforços de alguns professores para evitar que aquilo acontecesse. Eleni, era esse o seu nome, começou seus estudos como uma protofeminista rebelde, mas apesar disso sentia uma forte antipatia pela esquerda: durante os anos de ocupação nazista, fora raptada ainda muito menina por partidários de esquerda que a confundiram com uma parente de um colaborador nazista. Ao matricular-se na Universidade de Atenas, uma organização fascista de nome X recrutou-a devido à intensidade dos seus sentimentos anticomunistas. A sua primeira – e, como se revelaria mais tarde, também última – missão a serviço dessa organização era acompanhar um colega estudante de química que acabara de ser liberado dos campos de detenção.

Essa é, de forma sucinta, a história de como eu vim a ser. Pois Yiorgos é o meu pai, e Eleni, que acabou se tornando uma das lideranças do movimento feminista nos anos 1970, era a minha mãe. Abençoado com esta história, assinar sobre a linha pontilhada em troca da clemência demonstrada aos de dentro nunca foi uma opção para mim. Larry Summers teria entendido? Eu acho que não.

## Não por mim

A outra história é a seguinte. Conheci Lambros no apartamento que compartilho com Danae em Atenas, mais ou menos uma semana antes das eleições de janeiro de 2015 que me levaram ao gabinete. Era um dia ameno de inverno, a campanha estava a todo vapor, e eu tinha concordado em dar uma entrevista a Irene, uma jornalista espanhola. Ela veio ao apartamento, acompanhada de um fotógrafo e de Lambros, um tradutor do grego para o espanhol estabelecido em Atenas. Naquela ocasião, os serviços de Lambros foram desnecessários, pois Irene e eu conversamos em inglês. Mas ele ficou mesmo assim, observando e escutando intensamente.

Ao final da entrevista, quando Irene e o fotógrafo guardavam seus equipamentos e dirigiam-se até a porta, Lambros me abordou. Ele apertou a minha mão, recusando-se a soltá-la enquanto se dirigia a mim com a concentração de um homem cuja vida depende de conseguir passar a sua mensagem: "Espero que você não tenha se dado conta por causa da minha aparência. Faço o melhor que posso para disfarçar, mas na verdade sou um morador de rua". Ele então me contou a sua história da forma mais breve que conseguiu.

Outrora, Lambros já tivera um apartamento, um emprego de professor de línguas estrangeiras e uma família. Em 2010, quando a economia grega afundou, perdeu seu emprego e, quando foram despejados do apartamento, perdeu também sua família. Passou o ano seguinte morando na rua. Sua única fonte de renda provinha do fornecimento de pequenos serviços de tradução para jornalistas estrangeiros em visita, atraídos para Atenas por mais alguma manifestação na Praça Sintagma na qual a coisa ficou feia e, portanto, tornou-se digna de ser noticiada. Sua maior preocupação era descolar alguns trocados para recarregar o seu celular ordinário, para que as equipes de reportagem estrangeiras pudessem entrar em contato com ele.

Sentindo que devia concluir seu solilóquio, se apressou em dizer aquilo que realmente queria de mim:

> Quero lhe implorar que me prometa uma coisa. Tenho certeza de que você vai vencer as eleições. Eu falo com as pessoas na rua e não há dúvida de que você vai vencer. Por favor, quando vencer, quando estiver no gabinete, lembre-se dessas pessoas. Faça algo por elas. Não por mim! Eu já estou perdido. Aqueles de nós cuja crise derrubou, não podemos mais nos recuperar. Já é tarde demais para nós. Mas, por favor, faça algo por aqueles que ainda estão à beira do precipício. Os que estão pendurados pelas unhas. Os que ainda não caíram. Faça isso por eles. Não os deixe cair. Não vire as costas para eles. Não assine qualquer coisa que lhe derem nas mãos como os anteriores fizeram. Jure que não vai fazer isso. Você jura?

"Eu juro", foi minha resposta de duas palavras para ele.

Uma semana depois, estava prestando o meu juramento de posse como ministro das Finanças da Grécia. Durante os meses que se seguiram, cada vez que minha determinação enfraquecia, só precisava pensar de novo nesse momento. Lambros nunca ficará sabendo da sua influência nas horas mais sombrias daqueles 162 dias.

# 1 - Resgatistão

No início de 2010, cerca de uns cinco anos antes de eu assumir minhas funções de ministro, o Estado grego havia falido. Alguns meses mais tarde, a União Europeia, o Fundo Monetário Internacional e o governo grego organizaram o maior acobertamento de uma falência jamais visto. Como se acoberta uma falência? Jogando dinheiro limpo em cima de dinheiro sujo. E quem financiou este acobertamento? Pessoas comuns, os "de fora" do mundo inteiro.

O acordo de resgate, como ficou eufemisticamente conhecido o acobertamento, foi assinado e selado no início de maio de 2010. A União Europeia e o FMI concederam cerca de 110 bilhões de euros ao falido governo grego, o maior empréstimo da história.[13] Simultaneamente, um grupo de agentes responsáveis pela execução do acordo conhecidos como *troika* – chamados assim por representarem três instituições: a Comissão Europeia (CE), que é o órgão executivo da União Europeia, o Banco Central Europeu (BCE) e Fundo Monetário Internacional (FMI) – foi enviado a Atenas para impor medidas que garantiam a diminuição da receita fiscal grega e colocavam a maior parte do fardo da dívida nos ombros dos gregos mais vulneráveis. Uma criança esperta de oito anos de idade teria percebido que isso não podia acabar bem.

Forçar o ente falido a contrair novos empréstimos sob a condição de que ele encolha suas receitas é nada mais nada menos que uma punição cruel e inusual. A Grécia não foi resgatada. Com o seu empréstimo de "resgate" e a sua *troika* de verdugos cortando entusiasticamente as receitas, a União Europeia e o FMI condenaram na prática a Grécia a uma versão moderna da prisão dos devedores[14] de Dickens e depois jogaram a chave fora.

---

13 Um terço dos 110 bilhões de euros veio do FMI, o que significa que foi pago pelos contribuintes dos Estados-membros do FMI, que são mais ou menos todos os países do mundo. O restante foi pago pelos contribuintes dos Estados da União Europeia.

14 N. de E.: Referência ao romance *A Pequena Dorrit,* de Charles Dickens, o qual con-

As prisões para devedores foram finalmente abandonadas porque, apesar de sua crueldade, não conseguiam impedir o acúmulo de novas dívidas incobráveis nem ajudavam os credores a recuperar seu dinheiro. Para que o capitalismo pudesse avançar no século XIX, a ideia absurda de que todas as dívidas são sagradas teve que ser abandonada e substituída pelo conceito de responsabilidade limitada. Afinal de contas, se todas as dívidas são garantidas, por que os credores deveriam emprestar de maneira responsável? E por que algumas dívidas teriam uma taxa de juros mais alta do que outras, refletindo o maior risco de não serem pagas? A falência e a depreciação de dívidas se tornaram para o capitalismo aquilo que o inferno sempre fora para a doutrina cristã – desagradável, mas essencial –, no entanto, curiosamente, a negação da falência foi revivida no século XXI para lidar com a insolvência do Estado grego. Por quê? Será que a União Europeia e o FMI não perceberam o que estavam fazendo?

Eles sabiam *perfeitamente* o que estavam fazendo. Apesar da sua meticulosa propaganda, na qual insistiam estar tentando salvar a Grécia, tentando dar ao povo grego uma segunda chance, tentando ajudar a Grécia a reformar o seu Estado cronicamente corrompido e assim por diante, as instituições e governos mais poderosos do mundo não tinham ilusões.

Compreendiam que era mais fácil espremer sangue de uma pedra do que fazer uma entidade falida reembolsar seus empréstimos emprestando-lhe mais dinheiro, principalmente se, como parte do acordo, você reduzisse a sua receita. Eles podiam ver que, mesmo que a *troika* conseguisse confiscar a prataria do Estado arruinado, não poderia recuperar o dinheiro usado para refinanciar a dívida pública da Grécia. Sabiam que o tão celebrado pacote de "resgate" ou "socorro" não passava de um bilhete só de ida para a prisão dos devedores.

Como eu sei que eles sabiam? Porque eles me contaram.

---

tava a história da personagem homônima que cresceu num prisão de devedores, em virtude do seu pai, que faliu e foi encarcerado numa dessas instituições, que eram um dos símbolos do punitivismo da Inglaterra vitoriana.

## Prisioneiros de seu próprio artifício

Já como ministro das Finanças, cinco anos mais tarde, ouvi aquilo diretamente da fonte. Dos altos funcionários do FMI, ao ministro das Finanças da Alemanha, passando pelos figurões do BCE e da Comissão Europeia – todos admitiram, cada um a seu modo, que era verdade: eles haviam colocado a Grécia em uma situação impossível. Mas, uma vez que estava feito, não viam caminho de volta.

Menos de um mês após a minha eleição, no dia 11 de fevereiro de 2015, em uma dessas enfadonhas salas de reunião que atulham os edifícios da União Europeia em Bruxelas, sem janelas e iluminadas por luz néon, vi-me sentado frente a frente com Christine Lagarde, diretora-gerente do FMI, ex-ministra francesa das Finanças e ambiciosa ex-advogada de Washington. Mais cedo naquela manhã, ela desfilara ao entrar no prédio vestindo uma glamourosa jaqueta de couro, fazendo-me parecer monótono e convencional demais. Sendo aquele o nosso primeiro encontro, conversamos amigavelmente no corredor antes de entrar na sala de reuniões para a difícil discussão.

A portas fechadas, com alguns assessores de cada lado, a conversa ficou séria, mas se manteve tão amigável quanto antes. Lagarde me brindou com a oportunidade de apresentar minha análise básica sobre as causas e a natureza da situação grega, bem como minhas propostas para lidar com ela, acenando com a cabeça em sinal de aprovação na maior parte do tempo.

Parecíamos compartilhar uma linguagem comum, e a ambos interessava estabelecer uma boa relação. Ao final da reunião, caminhando em direção à porta, tivemos a oportunidade de um breve, descontraído, porém revelador *tête-à-tête*. Aproveitando a deixa dos pontos que eu havia levantado, Christine apoiou meu argumento de que uma redução da dívida e alíquotas tributárias mais baixas eram pré-requisitos para uma recuperação grega. Foi então que ela se dirigiu a mim com toda calma e mostrando uma gentil honestidade:

> É evidente que você tem razão, Yanis. Essas metas, nas quais eles insistem, não têm a menor chance de funcionar. Mas você tem que entender que

nós investimos demais nesse programa. Não podemos voltar atrás sobre ele. A sua credibilidade depende de você o aceitar e trabalhar dentro de seus limites.[15]

Então aí estava. A chefe do FMI estava dizendo ao ministro das Finanças de um governo falido que as políticas impostas ao seu país jamais poderiam funcionar. Não disse que seria difícil fazê-las funcionar. Não disse que era baixa a probabilidade de que elas funcionassem. Não, ela estava reconhecendo que, fizesse sol ou fizesse chuva, elas não funcionariam.

A cada reunião, especialmente aquelas com os funcionários mais inteligentes e menos inseguros da *troika*, ia crescendo em mim a impressão de que essa não era uma simples historinha de "nós contra eles", de bonzinhos contra malvados. Em vez disso, um autêntico drama estava em curso, evocando uma peça de Ésquilo ou de Shakespeare na qual poderosos fuxiqueiros acabam apanhados em uma armadilha que eles mesmos criaram.

No drama da vida real que eu estava testemunhando, a regra sagrada dos de dentro sobre a qual Summers havia falado começou a ter efeito no momento em que eles se deram conta de sua impotência. As escotilhas foram bem fechadas, a negação oficial prevaleceu, e as consequências do trágico impasse que eles criaram foram deixadas ao piloto automático, aprisionando-os mais ainda em uma situação que detestavam, pois enfraquecia o seu controle sobre os eventos.

Visto que eles – os chefes do FMI, da União Europeia, dos governos alemão e francês – haviam investido excessivo capital político em um programa que aprofundou a falência da Grécia, alastrou indescritível sofri-

15 "Programa" é a abreviação para as medidas de consolidação e reforma fiscais promovidas pela *troika* – as chamadas condicionalidades do empréstimo de resgate – cujo objetivo era a recuperação da economia grega e da capacidade de seu governo de contrair empréstimos de investidores privados. Na realidade, significava reduzir brutalmente os salários e benefícios, aumentar os impostos e vender a prataria da família em prol dos credores. Observe também o uso que faz Lagarde do pronome "eles" ao invés de "nós". Isso reflete o fato de que o FMI discordou consistentemente de importantes aspectos das condições impostas à Grécia pelos membros europeus da *troika*. Ainda assim, essas divergências nunca chegaram a desencadear o veto do FMI. Na análise final, depois de os funcionários do FMI terem manifestado suas reservas, e até mesmo suas desculpas à Grécia, o FMI apoiou sistematicamente as decisões absurdas das potências europeias.

mento e levou nossos jovens a emigrar aos montes, não havia alternativa: o povo da Grécia teria simplesmente que continuar sofrendo.

Quanto a mim, o político arrivista, minha credibilidade dependia de eu aceitar essas políticas, que os de dentro sabiam estar fadadas ao fracasso, e ajudar a vendê-las aos de fora, que me elegeram pensando precisamente que eu romperia com essas mesmas políticas fracassadas.

É difícil de explicar, mas em momento algum senti animosidade para com Christine Lagarde. Eu a achei inteligente, cordial, respeitosa. Eu não morreria do coração caso ficasse demonstrado que ela realmente tinha uma forte preferência por um acordo humano para a Grécia. Mas isso é irrelevante. Enquanto liderança do sistema, sua principal prioridade era preservar o capital político e minimizar qualquer contestação da autoridade coletiva dos de dentro.

No entanto, credibilidade, da mesma forma que as despesas, sempre vêm junto com *trade-offs*,[16] isto é, toda compra implica a perda de uma outra oportunidade. Reforçar minha posição ao lado de Christine e das outras figuras de poder significava sacrificar minha credibilidade com Lambros, o intérprete sem-teto que me fizera jurar defender a causa daqueles que, ao contrário dele, ainda não haviam se afogado na enxurrada de insolvências que assolava nossa terra. Essa escolha nunca passou nem perto de se tornar um dilema pessoal. E os poderosos se deram conta disso já logo no início, tornando essencial que eu fosse retirado de cena.

Pouco mais de um ano depois, no período que antecedeu o plebiscito de 23 de junho de 2016 no Reino Unido, eu estava viajando pela Grã-Bretanha, fazendo discursos em apoio a uma plataforma radical pela permanência na União Europeia – o argumento segundo o qual o Reino Unido deveria permanecer na União Europeia para se opor a *este* modelo de União Europeia, para salvá-la do colapso e para reformá-la. Era um argumento difícil de vender.

Convencer os de fora do sistema na Grã-Bretanha a votar a favor da permanência estava se provando uma luta árdua, especialmente no norte da Inglaterra, pois até mesmo meus próprios apoiadores na Grã-Bretanha,

---

16 N. de R. T.: *Trade-off* é uma expressão do jargão econômico, mas utilizada também fora dele, e que significa abrir mão de alguma coisa para poder ter outra.

mulheres e homens cuja essência e situação os tornava mais próximos de Lambros do que de Christine, estavam me dizendo que se sentiam na obrigação de dar uma surra no *establishment* global.

Certa noite ouvi na BBC que Christine Lagarde havia se juntado ao coro dos dirigentes das outras principais instituições financeiras do mundo (o Banco Mundial, a OCDE – Organização para a Cooperação e Desenvolvimento Econômico–, o BCE, o Banco da Inglaterra e assim por diante) para alertar os de fora do sistema na Grã-Bretanha contra o engodo do Brexit.[17] Enviei imediatamente uma mensagem a Danae, de Leeds, onde eu faria um discurso naquela noite: "Com aliados como esses, quem precisa de partidários do Brexit?".

A opção pelo Brexit venceu porque os de dentro exageraram na dose. Depois de décadas tratando pessoas como eu como confiáveis apenas na medida da nossa disposição em trair os de fora que haviam votado em nós, eles ainda tiveram a pachorra de pensar que esses mesmos de fora dariam qualquer importância que fosse para seus conselhos.

De cima a baixo nos Estados Unidos, Grã-Bretanha, França e Alemanha – por toda parte – os de dentro estão sentindo a autoridade lhes escapar. Prisioneiros de seu próprio artifício, escravos do dilema de Summers, estão condenados, assim como Macbeth, a acrescentar erro em cima de erro até perceberem que a sua coroa já não simboliza o poder que detêm, mas o poder que escapuliu. Nos poucos meses durante os quais lidei com eles, tive alguns vislumbres dessa trágica constatação.

## Foram os bancos (franceses e alemães), estúpido!

Amigos e jornalistas muitas vezes me pedem para descrever o pior aspecto das minhas negociações com os credores da Grécia. Não poder gritar aos quatro ventos aquilo que os alterosos e poderosos me diziam em privado

17 N. de E.: Brexit (*British Exit*, isto é, Saída Britânica) é como se refere ao processo de saída do Reino Unido da União Europeia, o que realmente ocorreu como fruto da consulta popular de 2016, quando meros 51,8% dos eleitores decidiram pelo abandono do bloco europeu. Essa ruptura, ainda em curso, jogou o Reino Unido numa grave crise que pode, inclusive, acabar com a unidade territorial do país.

era sem dúvida muito frustrante, mas pior ainda era ter que lidar com credores que, na realidade, não queriam o seu dinheiro de volta.

Negociar com eles, tentar argumentar de maneira razoável com eles, era como negociar um tratado de paz com generais obcecados por continuar uma guerra, seguros de que eles, seus filhos e suas filhas estão fora de perigo.

Qual era a natureza daquela guerra? Por que os credores da Grécia se comportavam como se não quisessem o seu dinheiro de volta? O que os levou a preparar a armadilha na qual agora se encontravam? O enigma pode ser resolvido em poucos segundos se dermos uma olhada na situação dos bancos franceses e alemães após 2008.

O subdesenvolvimento endêmico da Grécia, sua má gestão e corrupção, explicam sua permanente debilidade econômica. Mas sua recente insolvência se deve a falhas fundamentais na concepção mesma da União Europeia e da sua união monetária, o euro.

A União Europeia começou como um cartel de grandes empresas limitando a concorrência entre indústrias pesadas da Europa Central e garantindo para elas mercados de exportação em países periféricos como a Itália e, mais tarde, a Grécia.

Os déficits de países como a Grécia foram reflexo dos excedentes de países como a Alemanha. Enquanto o dracma se desvalorizava, esses déficits foram mantidos sob controle. Mas quando ele foi substituído pelo euro, empréstimos de bancos alemães e franceses empurraram os déficits gregos para a estratosfera.

A crise de crédito de 2008, que acompanhou o colapso de Wall Street, causou a falência de banqueiros na Europa, que cessaram todos os empréstimos até 2009. Incapaz de lidar com suas dívidas, a Grécia caiu no buraco da insolvência mais tarde naquele ano.

Subitamente, três bancos franceses sofreram perdas provenientes da dívida periférica, perdas essas de pelo menos duas vezes o tamanho da economia francesa. Números fornecidos pelo Banco de Compensações Internacionais revelam um quadro verdadeiramente assustador: a cada trinta euros de exposição em créditos concedidos, esses bancos tinham cobertura de apenas um. Isso significava que, se apenas 3% dessa exposição desse errado – isto é, se 106 bilhões de euros dos empréstimos que eles haviam dado aos governos periféricos, às famílias e às empresas não pudessem ser reembolsados – então os três principais bancos da França precisariam ser socorridos pelo governo francês.

Os empréstimos desses mesmos três bancos franceses aos governos italiano, espanhol e português chegavam, sozinhos, a 34% do total da economia francesa – 627 bilhões de euros para ser exato. Por precaução, esses bancos também haviam emprestado até 102 bilhões de euros ao Estado grego nos anos anteriores.

Se o governo grego não pudesse honrar seus empréstimos, os donos do dinheiro em todo o mundo ficariam assustados e deixariam de emprestar ao Estado português, e possivelmente aos Estados italiano e espanhol também, temendo que estes fossem os próximos a atrasar seus pagamentos. Incapazes de refinanciar sua dívida combinada de quase 1,76 trilhão de euros a taxas de juros acessíveis, os governos italiano, espanhol e português seriam duramente pressionados a pagar os empréstimos e respectivos juros aos três principais bancos franceses, deixando um buraco negro em seus registros contábeis. Da noite para o dia, os principais bancos da França sofreriam uma perda de 19% de seus "ativos" quando uma perda de apenas 3% já era suficiente para torná-los insolventes.

Para tapar esse rombo, o governo francês precisaria arranjar a fantástica quantia de 562 bilhões de euros de um dia para o outro. Mas, ao contrário do governo federal dos Estados Unidos, que pode transferir tais perdas para o seu Banco Central (o Fed), a França havia desmantelado o seu Banco Central em 2000, quando aderiu à moeda comum, e em vez disso tinha que confiar na bondade do banco central comum da Europa, o Banco Central Europeu. Infelizmente, o BCE foi criado com uma proibição expressa: nenhuma transferência de dívidas incobráveis greco-latinas, fossem elas públicas ou privadas, aos seus registros contábeis. Ponto final. Essa tinha sido a condição da Alemanha para que aceitasse compartilhar o seu tão estimado marco alemão com a gentalha da Europa, chamando-o de euro.

Não é difícil imaginar o pânico que tomou conta do presidente francês Nicolas Sarkozy e de sua ministra das Finanças Christine Lagarde ao perceberem que talvez tivessem de arranjar 562 bilhões de euros do nada. Também não é difícil imaginar a angústia de um dos predecessores de Lagarde no Ministério das Finanças francês, o notório Dominique Strauss-Kahn, então diretor-gerente do FMI e que pretendia usar dessa posição para lançar sua candidatura à presidência da França, cujas eleições aconteceriam dali a dois anos. Os mais altos funcionários franceses sabiam que a falência da Grécia forçaria o Estado francês a tomar emprestada uma quantia seis vezes maior do que o total de suas receitas fiscais anuais apenas para entregá-la a três bancos idiotas.

Era simplesmente impossível. Se os mercados tivessem sentido o menor cheiro de que isso estava em jogo, as taxas de juros sobre a dívida pública da própria França teriam sido impelidas para a estratosfera e, em segundos, 1,29 trilhão de euros da dívida do governo francês teria se tornado incobrável. Em um país que abrira mão da sua capacidade de imprimir notas (o único meio remanescente de gerar dinheiro do nada), isso significaria pobreza, que por sua vez traria abaixo toda a União Europeia, sua moeda comum, tudo.

Enquanto isso, na Alemanha, a situação da chanceler não era menos desgastante. Em 2008, quando os bancos de Wall Street e da City de Londres se desintegraram, Angela Merkel ainda estava promovendo sua imagem de Chanceler de Ferro, mão-fechada e prudente financeiramente. Apontando um dedo moralizante para os perdulários banqueiros da anglosfera, ela foi parar nas manchetes com um discurso que proferiu em Stuttgart, ao sugerir que os banqueiros americanos deveriam ter consultado uma dona de casa alemã, que os teria ensinado algumas coisinhas sobre como gerenciar suas finanças.

Imagine o seu pavor quando, pouco depois, recebeu uma enxurrada de telefonemas preocupados de seu Ministério das Finanças, seu Banco Central, seus próprios conselheiros econômicos, todos transmitindo uma mesma inescrutável mensagem: "Chanceler, nossos bancos também estão ferrados! Para manter os caixas eletrônicos funcionando, nós precisamos de uma injeção de 406 bilhões de euros do dinheiro daquelas donas de casa alemãs – e pra ontem!".

Era a definição mesma de veneno político. Como ela poderia aparecer em frente aos mesmos membros do Parlamento aos quais ela havia passado sermão, por anos a fio, sobre as virtudes de se discutir sobre cada centavo gasto quando se tratava de hospitais, escolas, infraestrutura, previdência ou meio ambiente, e implorar-lhes para que fizessem um cheque tão colossal para banqueiros que, até segundos antes, estavam nadando em rios de dinheiro?

Sendo a necessidade a mãe da humildade forçada, a chanceler Merkel respirou fundo, entrou no esplêndido Parlamento Federal em Berlim, projetado por Norman Foster e conhecido pelo nome de Bundestag, transmitiu aos seus perplexos parlamentares as más notícias e saiu de lá com o cheque solicitado. Pelo menos já acabou, deve ter pensado ela. Só que não. Alguns meses depois, outra enxurrada de telefonemas exigia um número similar de bilhões para aqueles mesmos bancos.

Por que o Deutsche Bank, o Finanzbank e os outros torreões de incompetência financeira de Frankfurt precisavam de mais? Porque o cheque de 406 bilhões de euros que receberam da sra. Merkel em 2009 mal foram o suficiente para cobrir suas operações em derivativos tóxicos baseados nos Estados Unidos.

Certamente, também não foram o suficiente para cobrir o que eles haviam emprestado aos governos de Itália, Irlanda, Portugal, Espanha e Grécia– um total de 477 bilhões de euros, dos quais 102 bilhões haviam sido emprestados a Atenas. Se a Grécia perdesse a capacidade de honrar seus compromissos,[18] bancos alemães sofreriam mais um prejuízo que exigiria da sra. Merkel outro cheque de algo entre de 340 bilhões e 406 bilhões de euros, mas sendo ela a política consumada que é, a chanceler sabia que estaria cometendo suicídio político caso retornasse ao Bundestag para solicitar tal quantia.

Entre si, os líderes da França e da Alemanha tinham cerca de 1 trilhão de euros em jogo para não permitir que o governo grego revelasse a verdade; isto é, para que não confessasse que estava falido. No entanto, eles ainda tinham que encontrar uma maneira de socorrer os seus banqueiros pela segunda vez sem contar aos seus parlamentos que era isso que estavam fazendo. Como disse certa vez Jean-Claude Juncker, então primeiro-

18 Os títulos gregos de dívida pública estavam sendo negociados a 19% do seu valor nominal, o que significava que os bancos alemães que desejassem se livrar da dívida grega vendendo-a para investidores teriam de arcar com um prejuízo de 81%.

-ministro de Luxemburgo e mais tarde presidente da Comissão Europeia: "Quando a coisa fica séria, você tem que mentir".[19]

Algumas semanas mais tarde eles haviam pensado numa boa lorota: apresentariam o segundo resgate de seus bancos como um ato de solidariedade para com os pródigos e preguiçosos gregos, que, embora indignos e insuportáveis, ainda eram membros da família europeia e, portanto, deveriam ser socorridos.

Convenientemente, isso exigia o fornecimento de um novo empréstimo gigantesco, que seria usado para pagar seus credores franceses e alemães, os bancos em apuros. Havia, no entanto, um entrave técnico que teria de ser superado primeiro: a cláusula do tratado fundador da zona do euro que proibia o financiamento de dívidas públicas pela União Europeia. Como poderiam contornar isso? O enigma foi resolvido por um típico *fudge* de Bruxelas, aquela sobremesa sem graça que os europeus, especialmente os britânicos, aprenderam a detestar.

Em primeiro lugar, os novos empréstimos não seriam europeus, mas internacionais, graças à inclusão do FMI no esquema. Para isso, seria necessário que o FMI quebrasse a sua regra mais sagrada: nunca emprestar a um governo falido antes que a sua dívida ganhe aquela repaginada – isto é, seja reestruturada. Mas o então diretor-gerente do FMI, Dominique Strauss-Kahn, desesperado por salvar os bancos do país que ele planejava liderar dali a dois anos, estava por perto e pronto para persuadir a burocracia interna do FMI a fazer vista grossa.

Com o FMI a bordo, os cidadãos europeus poderiam ser informados de que era a comunidade internacional, e não apenas a União Europeia, quem estava emprestando dinheiro aos gregos visando o elevado objetivo de alicerçar o sistema financeiro global. Nem pensar em dizer que este era um resgate de um Estado-membro da União Europeia pela própria União Europeia, e muito menos que era um resgate de bancos alemães e franceses!

Em segundo lugar, a maior parte dos empréstimos, que deveria ser obtida na Europa, não viria da União Europeia propriamente dita; eles

19 Conforme reportagem do Telegraph: <http://www.telegraph.co.uk/news/worldnews/europe/eu/10874230/Jean-Claude-Juncker-profile-When-it-becomes-serious-you-have-to-lie.html>.

seriam embalados como uma série de empréstimos bilaterais – isto é, da Alemanha para a Grécia, da Irlanda para a Grécia, da Eslovênia para a Grécia, e assim por diante – sendo cada empréstimo bilateral de um tamanho que refletisse a robustez econômica relativa do credor em questão, uma aplicação curiosa da máxima de Karl Marx segundo a qual "de cada qual, segundo sua capacidade; a cada qual, segundo suas necessidades".

Desse modo, de cada mil euros entregues a Atenas para que fossem transferidos aos bancos franceses e alemães, a Alemanha garantiria 270 euros, a França garantiria 200 euros, e os 530 euros restantes seriam garantidos pelos países menores e mais pobres.[20] Essa era a beleza do plano de resgate da Grécia, pelo menos para a França e para a Alemanha: ele jogou a maior parte do ônus de socorrer os bancos franceses e alemães em cima dos contribuintes de países ainda mais pobres do que a Grécia, como Portugal e Eslováquia. Juntamente com os contribuintes desavisados dos países cofinanciadores do FMI, como o Brasil e a Indonésia, eles seriam forçados a transferir dinheiro aos bancos de Paris e de Frankfurt.

Sem saber que estavam na verdade pagando pelos erros de banqueiros franceses e alemães, os eslovacos e os finlandeses, assim como os alemães e os franceses, acreditavam estar tendo que arcar com as dívidas de outro país. Assim, em nome da solidariedade com os detestáveis gregos, o eixo franco-alemão plantou as sementes da aversão entre povos orgulhosos.

## Da Operação Descarga à bancarrotocracia

Assim que os empréstimos de resgate jorraram no Ministério das Finanças grego, começou a Operação Descarga: o processo de bombear o dinheiro imediatamente de volta aos bancos franceses e alemães. Em outubro de 2011, a exposição dos bancos alemães à dívida pública grega havia sido reduzida em fantásticos 27,8 bilhões de euros, atingindo a marca de 91,4 bilhões.

Cinco meses depois, em março de 2012, havia caído para 795 milhões de euros. Enquanto isso, os bancos franceses estavam descarregando ainda

20 Esses números refletem o fato de que a Alemanha representa cerca de 27% da receita total da zona do euro, a França representa cerca de 20%, e assim por diante.

mais rápido: até setembro de 2011, haviam se aliviado do peso de 63,6 bilhões de euros em títulos da dívida pública grega, antes de eliminá-los totalmente de seus registros contábeis em dezembro de 2012. Desse modo, a operação foi concluída em menos de dois anos. Era *esse* o plano de resgate da Grécia, era *disso* que se tratava.

Será que Christine Lagarde, Nicolas Sarkozy e Angela Merkel eram ingênuos o suficiente para esperar que o Estado grego falido devolvesse esse dinheiro com juros? É claro que não. Eles viam as coisas exatamente como elas eram: uma cínica transferência do prejuízo da conta dos bancos franco-alemães para os ombros dos contribuintes mais vulneráveis da Europa. E aí estava o ponto: os credores da União Europeia com os quais negociei não davam prioridade a receber o seu dinheiro de volta porque, na realidade, não era seu dinheiro.[21]

Margaret Thatcher gostava de dizer que os socialistas estão fadados a fazer uma bagunça nas finanças, porque em algum momento acabam com o dinheiro dos outros.[22] Como será que a Dama de Ferro se sentiria caso soubesse que a sua máxima se revelaria uma descrição tão apropriada de seus próprios autoproclamados discípulos, os *apparatchiks*[23] neoliberais que gerenciavam a falência da Grécia? Não seria o plano de resgate da Grécia exatamente uma socialização dos prejuízos dos bancos franceses e alemães, pagos com o dinheiro de outras pessoas?

---

21 O FMI estava em uma posição ligeiramente diferente, uma vez que Christine Lagarde sentia imensa pressão da parte dos membros não europeus do fundo para que recuperasse cada centavo emprestado a Atenas. Esses membros, por exemplo o Brasil, estavam imensamente aborrecidos com a liderança europeia do FMI por tê-los envolvido em uma peleja que não era da sua conta ao quebrar a regra sagrada do FMI, comprometendo o seu dinheiro.

22 Essa é uma declaração que a sra. Thatcher fez com frequência e de várias maneiras. Por exemplo, em uma entrevista para a Thames TV (*This Week*, 5 de fevereiro de 1976) ela disse "...e os governos socialistas tradicionalmente fazem uma bagunça nas finanças. Eles [os socialistas] sempre acabam com o dinheiro dos outros. É bastante característico deles".

23 N. da R. T.: *Apparatchik* é um termo de origem russa que designava originalmente os funcionários do Partido Comunista da União Soviética, ou burocratas desse partido. Hoje é utilizado, com conotação um tanto pejorativa, para adjetivar pessoas que ocupam determinados cargos não por suas qualificações técnicas, mas por sua filiação a um determinado ideário ou partido político, que é o que lhe garante a indicação.

Em meu livro *O minotauro global*, que estava escrevendo em 2010, enquanto a Grécia implodia, argumento que a ideologia capitalista do livre mercado expirou em 2008, dezessete anos depois de o comunismo bater as botas. Antes de 2008, os entusiastas do livre mercado retratavam o capitalismo como uma selva darwiniana que opera sua seleção para o sucesso entre heróicos empreendedores.

Mas, após o colapso financeiro de 2008, o processo de seleção natural darwinista ficou de pernas para o ar: quanto mais insolvente fosse um banqueiro, especialmente na Europa, maiores as chances de se apropriar de grandes bocados da renda de todos os demais: dos que trabalham duro, dos que inovam, dos pobres e, obviamente, dos politicamente impotentes. *Bancarrotocracia* é o nome que dei a este novo regime.

A maioria dos europeus gosta de pensar que a bancarrotocracia americana é pior do que a de sua prima europeia, graças ao poder de Wall Street e à infame porta giratória entre os bancos americanos e o governo dos Estados Unidos. Eles estão redondamente enganados. Os bancos da Europa foram administrados de forma tão atroz nos anos que antecederam 2008 que os banqueiros ineptos de Wall Street quase parecem bons em comparação.

Quando a crise estourou, os bancos de França, Alemanha, Holanda e Reino Unido estavam descobertos em mais de 30 trilhões de dólares americanos, mais de duas vezes a renda nacional dos Estados Unidos, oito vezes a da Alemanha e quase três vezes a de Grã-Bretanha, Alemanha, França e Holanda reunidos.[24] Uma falência da Grécia em 2010 teria imediatamente exigido um resgate bancário pelos governos alemão, francês, holandês e britânico no valor de aproximadamente 10 mil dólares por cada criança, mulher e homem vivendo nesses quatro países.

---

24 Como se isso não bastasse, para cada dólar, libra ou euro para os quais os bancos da Europa tinham cobertura, eles haviam emprestado, ou apostado, inacreditáveis quarenta. Dado essa assim chamada "taxa de alavancagem" de 40:1, um cálculo aproximado revela que, se meros 10% dessas apostas ou empréstimos dessem errado e se tornassem incobráveis, alguém teria de injetar 2,25 trilhões de dólares americanos nos bancos, pois do contrário os seus caixas eletrônicos secariam e suas persianas fechariam de forma permanente.

Em comparação, uma virada de mercado similar contra Wall Street teria exigido um resgate relativamente minúsculo, de não mais de 258 dólares por cidadão americano. Se Wall Street merecia a ira da população americana, os bancos da Europa mereciam 38,8 vezes essa ira.

Mas não para por aí. Washington poderia colocar os ativos ruins de Wall Street nos livros do Federal Reserve e deixá-los lá até que eles começassem a ter bom desempenho novamente ou até que fossem esquecidos eventualmente, para serem descobertos pelos arqueólogos do futuro.

Dito de forma simples, os americanos não precisavam pagar com os seus impostos nem mesmo aqueles relativamente ínfimos 258 dólares por cabeça. Mas na Europa, onde países como a França e a Grécia tinham aberto mão de seus bancos centrais em 2000 e onde o BCE fora proibido de absorver dívidas incobráveis, o dinheiro necessário para salvar os bancos precisava ser retirado dos cidadãos.

Se você já se perguntou por que o *establishment* da Europa é tão mais entusiasta com a ideia de austeridade do que o dos Estados Unidos ou do Japão, eis aqui o motivo. É porque o BCE não tem permissão para abafar os pecados dos bancos em seus próprios registros contábeis, o que significa que os governos europeus não têm escolha senão financiar o socorro aos bancos por meio de cortes nos incentivos e aumentos de impostos.

Seria o terrível tratamento dado à Grécia uma grande conspiração? Se fosse, era uma conspiração sem conspiradores conscientes, pelo menos no início. Christine Lagarde e sua turma jamais planejaram fundar a bancarrotocracia da Europa. Quando os bancos franceses arriscavam uma morte certa, qual escolha ela tinha como ministra das Finanças da França, ao lado de seus homólogos europeus e do FMI, senão fazer tudo o que fosse necessário para salvá-los – mesmo que isso implicasse mentir para dezenove parlamentos nacionais europeus de uma só vez sobre a verdadeira finalidade dos empréstimos à Grécia? Mas, tendo mentido uma vez e em tal magnitude, eles logo foram forçados a agravar o embuste na tentativa de ocultá-lo sob camadas frescas de subterfúgios. Abrir o jogo teria sido suicídio profissional. Antes que eles se dessem conta, a bancarrotocracia também os havia engolido, tão seguramente quanto havia engolido os de fora do sistema da Europa.

Era isso que Christine estava tentando me dizer quando confiou a mim que "eles" haviam investido demais no malsucedido programa grego para voltar atrás. Ela bem que poderia ter usado as palavras mais graciosas de Lady Macbeth: "O que está feito não pode ser desfeito".

## "Traidor nacional" – as origens de uma acusação peculiar

Minha carreira como "traidor nacional" tem sua estreia em dezembro de 2006. Em um debate público organizado por um *think tank* convocado por um ex-primeiro-ministro, fui convidado para comentar o orçamento grego para 2007. Ao dar uma olhada nos números, algo me compeliu a rechaçá-los como um patético exercício de fachada:

> Hoje... estamos ameaçados pela bolha no mercado imobiliário americano e no mercado de derivativos... Se essa bolha estourar, e é certo que isso vai acontecer, nenhuma redução nas taxas de juros vai estimular os investimentos neste país de modo a remediar a situação e, desse modo, nenhum dos números que vemos nesse orçamento vai parar em pé... A questão não é se isso vai acontecer ou não, e sim com que rapidez isso irá resultar na nossa próxima Grande Depressão.

Meus companheiros de debate, que incluíam dois ex-ministros das Finanças, olharam-me do mesmo jeito que se olha para um pateta inconveniente.[25] Durante os dois anos seguintes, eu me depararia com aquele olhar por diversas vezes. Mesmo depois de o Lehman Brothers afundar, Wall Street enrugar, a crise do crédito eclodir e uma grande recessão tragar o Ocidente, as elites da Grécia estavam vivendo em uma bolha de felicidade autoiludida. Em jantares, em seminários acadêmicos, em galerias de arte, eles pavoneavam a invulnerabilidade da Grécia à "doença anglo-saxã", seguros na convicção de que nossos bancos eram suficientemente conservadores e a economia grega completamente isolada da tormenta. Ao

25 Um deles era por acaso Yannis Dragasakis, que viria a se tornar o vice-primeiro-ministro do governo Syriza no qual servi como ministro das Finanças.

apontar que nada poderia estar mais longe da verdade, eu soava como uma dissonância chocante, mas as coisas só iriam piorar.

Na realidade, os Estados nunca pagam a sua dívida. Eles fazem sua rolagem, o que significa que adiam eternamente o reembolso, pagando apenas os juros sobre os seus empréstimos. Enquanto puderem continuar a fazer isso, eles se mantêm solventes.[26]

Podemos pensar na dívida pública como um buraco no chão ao lado de uma montanha representando o total das receitas de um país. Dia após dia, o buraco fica cada vez mais profundo à medida que os juros se acumulam à dívida inicial, mesmo se o Estado não pegar mais nenhum dinheiro emprestado.

No entanto, durante os tempos de bonança, à medida que a economia cresce, a montanha de receitas fica cada vez mais alta. Enquanto a montanha crescer mais rápido do que o aprofundamento do buraco da dívida, a receita extra adicionada ao cume da montanha poderá ser atirada no buraco adjacente, mantendo a sua profundidade estável e o Estado solvente.

A insolvência nos acena quando a economia para de crescer ou começa a se contrair: a recessão passa a devorar a montanha de receitas do país, sem nada fazer para retardar o ritmo no qual o buraco da dívida continua a crescer. A essa altura, financistas alarmados exigirão taxas de juros mais elevadas sobre os seus empréstimos como preço para continuar refinanciando o Estado, mas as taxas de juros acrescidas operam como escavadoras fanáticas, cavando ainda mais rápido e tornando o buraco da dívida ainda mais profundo.

Antes da crise de 2008, a Grécia possuía, relativamente à altura da sua montanha de receitas, o buraco da dívida mais profundo da União Europeia. Mas, pelo menos, a montanha de receitas estava em ascensão mais rápida do que a velocidade com que o buraco ficava mais profundo, criando uma aparência de sustentabilidade.[27]

---

26 Para ilustrar esse ponto, em 2015, o Tesouro britânico reembolsou um título de dívida pública emitido durante a crise da Quebra dos Mares do Sul, uma bolha econômica devastadora na década de 1720.

27 Até o início de 2008, a montanha de receitas da Grécia estava crescendo a um saudável índice de 5,8%, enquanto o seu buraco da dívida aumentava em apenas 4,4%.

Tudo isso mudou de forma ameaçadora no início de 2009, uma vez que o tempo fechou para os bancos franceses e alemães como resultado de terem se empanturrado de derivativos americanos tóxicos tornados inúteis pela derrocada de Wall Street. O duplo infortúnio da Grécia era que o crescimento das receitas no país tinha sido alimentado até agora por empréstimos, portanto dívidas adicionais, dados às empresas (com frequência através do Estado grego) pelos mesmos bancos franceses e alemães que estavam emprestando ao Estado.[28] No momento em que esses bancos entrassem em pânico e parassem ao mesmo tempo de conceder empréstimos para os setores público e privado da Grécia, acabaria a festa. A montanha de receitas da Grécia desmoronaria ao mesmo tempo que o seu buraco da dívida se transformaria num abismo.[29] Era isso o que eu estava dizendo a quem quisesse ouvir.

No outono de 2009, um novo governo foi eleito na Grécia com a promessa de promover maiores gastos como uma forma de ajudar a recuperação da montanha de receitas, mas o novo primeiro-ministro e o seu ministro das Finanças, do partido social-democrata Pasok,[30] não entenderam a situação. O Estado estava irremediavelmente falido mesmo antes de eles serem empossados em seus cargos.

A crise global do crédito, que nada tinha a ver com a Grécia, estava prestes a impedir que os bancos europeus nos concedessem empréstimos. Para um país que tem seu crescimento impulsionado pela dívida – dívida essa denominada em uma moeda normalmente estrangeira, estando a política monetária do euro totalmente fora do controle da Grécia –, cercado por economias europeias em profunda recessão e incapaz de desvalorizar

28 O Estado tomava com frequência empréstimos de bancos estrangeiros e passava o dinheiro para empreiteiros para a construção de autoestradas e coisas do tipo.

29 O crescimento de 5,8% ao ano de antes se reduziu para 4,5%. Enquanto isso, o buraco da dívida passou a aumentar a uma taxa de 5,7%, acima dos 4,4% anuais anteriores.

30 N. de E.: Sigla em grego para *Partido Socialista Pan-Helênico*, agremiação social-democrata que comandou a esquerda grega por várias décadas até ser suplantando pelo Syriza, a *Coligação da Esquerda Radical* igualmente na sigla em grego. Varoufakis foi próximo aos socialistas, em virtude de sua mãe, uma aguerrida militante do Pasok, mas só veio mesmo a ser filiado ao Syriza, pelo qual foi deputado e ministro, e, recentemente, ao MeRA, *Frente de Desobediência Realista Europeia*, pelo qual se elegeu novamente deputado do Parlamento Grego.

sua moeda, a montanha de receitas da Grécia estava condenada a definhar a um ritmo tal que o buraco da dívida consumiria toda a nação.

Em janeiro de 2010, em uma entrevista a uma rádio, alertei o primeiro-ministro, a quem conhecia pessoalmente e com quem mantinha relações bastante amigáveis: "O que quer que você faça, não procure por empréstimos estatais de nossos parceiros europeus em uma vã tentativa de evitar nossa falência".

Na época, o Estado grego estava fazendo um esforço sobre-humano para tentar exatamente isso. Em poucos segundos, fontes do governo estavam me recriminando como um traidor – um tolo que não conseguia entender que tais prognósticos são autorrealizáveis: preservar a confiança do mercado na saúde financeira do Estado era a única maneira de continuar trazendo os empréstimos.

Convencido de que nossa bancarrota estava garantida independentemente dos ruídos tranquilizadores que emitíssemos, eu persisti. O fato de eu certa vez ter escrito discursos para o então primeiro-ministro grego Papandreou chamou a atenção da BBC e de outros órgãos de jornalismo estrangeiros. Manchetes como "Ex-conselheiro do primeiro-ministro grego diz que a Grécia está em falência" entusiasmaram os meios de comunicação e cimentaram minha reputação como o pior inimigo do *establishment* grego.

Upton Sinclair[31] disse certa vez que "É difícil conseguir que um homem compreenda algo quando o seu salário depende de ele não compreender". Neste caso, a renda e a riqueza da classe dominante grega dependiam de eles se convencerem de que a Grécia não estava falida.

Se cada homem, mulher e criança desta e da próxima geração tivessem que assumir empréstimos insustentáveis a fim de manter açucarado o relacionamento dos oligarcas gregos com banqueiros e governos estrangeiros, paciência. Nenhum argumento que apelasse para o interesse dos outros 99% dos gregos e dos seus descendentes poderia tê-los balançado. Mas quanto mais eles fechavam os seus ouvidos para os fatos dissonantes, mais eu me sentia na obrigação de alertar o nosso povo de que os empréstimos

---

31 N. de E.: Upton Sinclair (Baltimore, Estados Unidos, 1878 – Bound Brook, Estados Unidos , 1968) foi um reformista e escritor americano, sendo um dos principais expoentes do romance social de seu país.

que o *establishment* solicitava em seu nome agravariam a falência sob o pretexto de evitá-la e, como resultado, enviariam os gregos para a prisão dos devedores.

Amigos e colegas me avisaram que o meu pensamento poderia até estar correto, mas que era uma má ideia, no quesito política, falar em falência. Como não sou um político nato, eu respondia com uma frase emprestada de John Kenneth Galbraith: "Há momentos na política nos quais você tem que estar do lado certo e perder". Mal sabia eu o quão profética se provaria essa fala.

E assim continuei a minha luta solitária para convencer uma nação a abraçar a bancarrota, a fim de evitar a *workhouse*[32] que estava sendo preparada para ela caso eu não o fizesse. Em fevereiro de 2010, em rede nacional de televisão, sugeri que o problema com todos os empréstimos do tipo "prorroga e faz de conta" é que, como na brincadeira de dança das cadeiras, a música precisa parar em algum momento.

Nesse caso, esse momento seria quando os europeus mais fracos, aqueles cujos impostos e benefícios estivessem financiando os empréstimos, gritassem: "Basta!". Mas a essa altura já seríamos muito mais pobres, muito mais endividados, além de odiados pelos nossos colegas europeus.

Em abril de 2010, um mês antes do resgate, publiquei três artigos, rapidamente um atrás do outro. No primeiro deles, de 9 de abril, sob o título "Estamos falidos?", argumentei que, caso o Estado fingisse que não estava falido, por meio de empréstimos de resgate do tipo "prorroga e faz de conta", os gregos enfrentariam "a mais espetacular falência entre famílias e empresas de nossa história pós-guerra". Mas se o Estado confessasse estar falido e entrasse em negociações imediatas com seus credores, boa parte do fardo seria compartilhada com aqueles realmente responsáveis pela dívida: os bancos que se entregaram aos prazeres dos empréstimos predatórios antes de 2008.

A resposta do *establishment* foi simples e direta ao ponto: se o nosso governo exigisse a reestruturação da dívida, a Europa nos ejetaria da zona do euro. Minha tréplica também foi simples e direta ao ponto: se eles as-

32 Nota de Tradução: Na história britânica, uma *workhouse* era um lugar onde as pessoas pobres que não tinham com que subsistir podiam ir viver e trabalhar.

sim fizessem, destruiriam os sistemas bancários da França e da Alemanha, e com eles a própria zona do euro. Eles jamais fariam isso. Mas, mesmo que o fizessem, qual era o sentido de se estar em uma união monetária que esmaga as economias que a constituem?

Desse modo, ao contrário dos adversários do euro, que viam na crise uma oportunidade de fazer pressão pelo Grexit, minha posição era que o único caminho para permanecer dentro da zona do euro de forma sustentável era desobedecer diretrizes dadas por suas instituições.

Menos de dez dias antes da assinatura do acordo de resgate, disparei mais dois tiros de alerta à atenção do governo. No dia 26 de abril, em um artigo intitulado "O último tango da Europa", comparei os esforços do nosso governo para garantir um resgate àqueles feitos por sucessivos governos na Argentina que se empenharam por preservar, graças a grandes empréstimos em dólares com o FMI, a relação de 1/1 entre o peso argentino e o dólar americano, apenas pelo tempo suficiente para que os ricos e as multinacionais liquidassem suas propriedades argentinas, convertessem o produto das vendas em dólares e transferissem esses dólares para Wall Street – antes de abandonarem a economia e a moeda argentinas em ruínas e deixarem a dívida acumulada em dólares esmagar as desafortunadas massas argentinas. Dois dias mais tarde, não tive papas na língua em um artigo cujo título diz tudo: "Olhando pelo lado bom da falência".

Cinco dias depois, o acordo de empréstimo de resgate foi assinado. Tendo escolhido uma ilha idílica como pano de fundo para o seu discurso à nação, o primeiro-ministro saudou o acontecimento como sendo a segunda chance da Grécia, prova da solidariedade europeia, o alicerce da nossa recuperação, blá-blá-blá. Seria a sua perdição, e uma passagem só de ida da nação para a *workhouse*.

## Campeão da austeridade

Em setembro de 2015, depois que os meus dias de ministério tinham chegado ao fim, fiz minha primeira aparição no programa *Question Time* da BBC, gravado frente à uma plateia, em Cambridge. O anfitrião, David Dimbleby, apresentou-me como o campeão antiausteridade da Europa, um convite aberto para um sujeito meio valentão na plateia me confrontar com sua filosofia pró-austeridade: "A Economia é muito simples. Eu tenho dez libras no meu bolso. Se eu sair e comprar três canecas de chopp em Cambridge, provavelmente terei que pedir dinheiro emprestado. Se eu continuar fazendo isso, uma hora vou ficar sem dinheiro e vou quebrar. Não é difícil entender".

Um dos grandes mistérios da vida, pelo menos da minha vida, é o quão suscetíveis são as boas pessoas a essa lógica terrível. De fato, as finanças pessoais são uma péssima base para se compreender as finanças públicas, como expliquei na minha resposta:

> Na sua vida, você tem uma independência maravilhosa entre as suas despesas e a sua renda. Assim, quando você reduz as suas despesas, a sua renda em nada diminui. Mas se o país como um todo começa uma grande onda de poupança, então a renda total desse país vai cair.

A razão para isso é que, no nível nacional, o total das despesas e o total das receitas são exatamente iguais, pois toda e qualquer quantia embolsada por alguém foi gasta por outra pessoa. Desse modo, se cada pessoa e cada empresa no país estão reduzindo gastos, a única coisa que o Estado não deve fazer de maneira alguma é também reduzir os seus gastos.

Se ele os reduzir, a queda abrupta das despesas totais significa uma queda igualmente abrupta na renda nacional, o que, por sua vez, acarreta em menores impostos para o Tesouro e conduz ao espetacular objetivo próprio da austeridade: uma receita fiscal cada vez menor que torna impagável a dívida pública existente. É por esse motivo que a austeridade é sem dúvida a solução errada.

Se era necessária alguma prova disso, a Grécia a forneceu. Nosso resgate financeiro de 2010 tinha dois pilares: empréstimos gigantescos para financiar os bancos franceses e alemães, e uma austeridade brutal. Para colocar a austeridade grega em perspectiva: nos dois anos que se seguiram ao "resgate" da Grécia, a Espanha, outro país da zona do euro apanhado na mesma trapalhada, foi tratado com austeridade, o que representou uma redução de 3,5% nas despesas públicas.

Durante o mesmo período de dois anos, de 2010 a 2012, a Grécia experimentou uma estupenda redução de 15% nos gastos do governo. Qual foi o resultado? A renda nacional da Espanha diminuiu 6,4%, enquanto a da Grécia caiu 16%.

Enquanto isso, na Grã-Bretanha, o recém-nomeado chanceler George Osborne defendia uma austeridade branda como meio para alcançar seu sonho: um orçamento público equilibrado até 2020.[33]

Osborne foi um dos primeiros ministros das Finanças com quem me encontrei após minha eleição. O aspecto mais surpreendente desse encontro – pelo menos para aqueles jornalistas que esperavam uma reunião glacial ou abertamente exaltada – foi que encontramos muito pouco sobre o que discordar. Ainda nos primeiros minutos da nossa conversa, sugeri a ele que "Embora talvez discordemos quanto aos méritos da austeridade, a verdade é que você não tem realmente colocado ela em prática, não é mesmo George?".[34]

Ele concordou sorrindo. E como poderia não concordar? Se uma Olimpíada da Austeridade fosse organizada, a Grécia ganharia ouro em todas as modalidades, enquanto a Grã-Bretanha de Osborne não passaria de um pé-de-chinelo no fundo do quadro de medalhas.

Além disso, Osborne parecia apreciar a ajuda que estava recebendo do Banco da Inglaterra que, a partir do momento em que a City atravessou

33 É divertido imaginar o que um plano de austeridade plenamente aplicado teria feito com a economia britânica. Por volta de 2010, a dívida pública do Reino Unido chegou a quase 80%, ou quatro em cada cinco libras, da receita nacional. Ao mesmo tempo, as despesas totais do governo eram cerca de metade da renda nacional. Agora, suponhamos que o chanceler Osborne tivesse dado carta branca aos seus instintos pró-austeridade e entrado em um frenesi, cortando as despesas do governo pela metade, um corte equivalente a um quarto da renda nacional. Tamanho corte nas despesas do governo reduziria a renda nacional em pelo menos uma em cada cinco libras. Subitamente, a dívida pública passaria de 80% para 100%, da renda nacional, isso sem contar todo o dinheiro público que "deveria" ter sido dado aos banqueiros da City. É por isso que a austeridade, em tempos de consolidação do setor privado, fracassa segundo os seus próprios critérios – a consolidação da dívida pública.

34 De fato, os números são reveladores. Durante os seus dois primeiros anos no Tesouro (2010-12), Osborne na realidade aumentou as despesas do governo em 6,9%. Nesse sentido, absolutamente nenhuma austeridade de verdade foi praticada pelo governo Cameron-Osborne. Eles utilizaram a austeridade como cobertura para uma redistribuição substancial das despesas e para cortes de impostos que favoreceram os ricos e prejudicaram os pobres. Em termos simples, os 20% no topo se beneficiaram muito, enquanto os 20% na base sofriam ainda mais.

sua convulsão de crédito de 2008, imprimira bilhões visando desencalhar os bancos e manter a economia "líquida". Osborne referiu-se a esta generosidade da parte do Banco da Inglaterra combinada com cortes nos gastos do governo como "contração expansionista".

"Eles me apoiam ao longo de todo o caminho", disse-me ele, evidentemente aliviado por não estar na minha situação, refém de um Banco Central Europeu que fazia justamente o contrário.

"Eu te invejo, George", lamuriei. "Ao contrário de você, tenho um banco central me apunhalando pelas costas ao longo de todo o caminho. Você consegue imaginar como seria, aqui na Grã-Bretanha", perguntei, "se, ao invés da sua 'contração expansionista', você fosse forçado, assim como sou, a uma 'contração contracionista'?"

Ele assentiu com um sorriso, sinalizando, se não solidariedade, pelo menos simpatia.

O fato de a reunião entre um chanceler do Tesouro conservador e um ministro das Finanças representando a esquerda radical na Grécia ter transcorrido às mil maravilhas não é tão desconcertante quanto a imprensa gostaria que todos acreditassem.

Três anos antes, com a crise do euro a todo o vapor, uma câmara de contabilistas juramentados com sede na Austrália decidiu entreter os participantes de sua conferência anual em Melbourne organizando um debate entre uma personalidade europeia de esquerda e uma de direita. Para isso, convidaram Lord (Norman) Lamont, ex-chanceler do Tesouro do Reino Unido no governo de John Major, e eu para um debate, dando como certo que fogos de artifício resultariam desse encontro.

Infelizmente para eles, escolheram o tema errado: a crise da zona do euro. Tendo ocupado o palco frente a uma numerosa plateia que esperava uma briga de galo, descobrimos rapidamente que concordávamos em quase tudo.

A discussão foi de fato tão amigável, que depois de juntos termos deixado o palco, encontramos Danae do lado de fora e fomos os três almoçar juntos em um restaurante à beira-rio. Banhada no brilho solar, nossa amizade floresceu – com a ajuda de um delicioso vinho australiano, como Norman sempre me lembra. Depois disso, permanecemos em contato, trocando pontos de vista de uma maneira que confirmou que tínhamos mais em comum do que nós mesmos poderíamos ter imaginado.

Era dezembro de 2014 quando choquei Norman com a notícia de que assumiria o Ministério das Finanças da Grécia dali a um mês. Desde aquele dia, e ao longo dos meus tumultuados meses no cargo, mas também depois, Norman provou ser um pilar de força, um amigo confiável e um fiel apoiador. Na verdade, antes de eu entrar no número 11 da rua Downing para conhecer George Osborne em 2015, Norman havia lhe telefonado para preparar o terreno para a nossa reunião com algumas palavras carinhosas sobre mim.

Embora minha amizade com Lord Lamont parecesse estranha aos olhos de muitos, especialmente de meus camaradas de esquerda no governo, ela se encaixava muito bem dentro de um padrão mais amplo. Ao longo dos anos sombrios, de 2010 até hoje, fiquei continuamente espantado com o apoio que eu, um orgulhoso esquerdista, recebi de uma variedade de personalidades da direita – banqueiros de Wall Street e da City de Londres, economistas alemães de direita, até mesmo de libertários estadunidenses.

Para dar um exemplo de quão estranhas ficaram as coisas, em um único dia, no final de 2011, dirigi-me a três públicos bastante distintos na cidade de Nova Iorque – um em Occupy Wall Street,[35] outro no Federal Reserve (Banco Central) de Nova Iorque, e um terceiro composto por gerentes de *hedge funds* e representantes de bancos – e, quando contei aos três grupos a mesma história sobre a crise na Europa, recebi a mesma reação calorosa de cada um desses três campos de inimigos jurados.

O que agradou a autênticos libertários, banqueiros de Wall Street em recuperação e direitistas anglo-celtas em minhas posições de esquerda foi precisamente aquilo que os *establishments* grego e europeu detestaram:

---

35 N. de E.: Ocupe Wall Street, movimento que começa, naturalmente, em Wall Street (Rua do Muro), onde se encontra a Bolsa de Valores de Nova Iorque. Eram acampadas de protesto à crise que logo se espalharam por todos os Estados Unidos; sua composição girava em torno de *millenials*, os nascidos entre o começo dos anos 1980 e fins dos anos 1990, que em geral votaram e fizeram campanha para Obama em 2008, mas estavam desencantados com os rumos das coisas e, sobretudo, como a consolidação dos efeitos da crise mundial precedente, e irresoluta, a qual lhes condenou a ser a primeira geração de americanos a não experimentar os padrões de prosperidade que lhes permitissem superar seus pais.

uma clara oposição a empréstimos insustentáveis, do tipo "prorroga e faz de conta", que reapresentam a falência em nova embalagem como se fosse um problema de falta de liquidez.

Verdadeiros defensores do livre mercado são alérgicos à benevolência financiada pelos contribuintes. Eles rejeitam de todo o coração minhas opiniões sobre a conveniência de se fazer investimentos públicos substanciais em tempos de recessão e de se promover a distribuição de renda por meio de impostos o tempo todo.

Mas nós concordamos que estender uma falência para o futuro por meio de empréstimos financiados por contribuintes é um terrível desperdício de recursos e uma porta de entrada para a miséria em massa. Acima de qualquer outra coisa, os libertários entendem de dívida. Por conseguinte, estávamos de acordo quanto à falácia misantrópica por detrás do programa que Christine Lagarde estava, quatro anos mais tarde, pressionando-me a abraçar.

A explicação oficial sobre como o programa do *establishment* supostamente ajudaria a Grécia a se recuperar em 2015 poderia ser denominada "Operação Restaurar Competitividade". A ideia era basicamente a seguinte: a Grécia possui o euro e, portanto, não pode atrair investimentos do exterior por meio da desvalorização da sua moeda, que é a estratégia de costume quando se quer recuperar competitividade internacional.

Em vez disso, ela pode alcançar o mesmo resultado por meio de algo conhecido como desvalorização interna, que é provocada por uma austeridade massiva. Como? Cortes drásticos nas despesas do governo farão diminuir os preços e os salários. O azeite de oliva grego, os serviços de hotelaria em Mykonos e as tarifas de frete na Grécia ficarão, portanto, muito mais baratos para clientes alemães, franceses e chineses.

Com a competitividade grega assim restaurada, as exportações e o turismo serão retomados, e devido a essa milagrosa transformação, os investidores irão se precipitar sobre o país, consequentemente estabilizando a economia. Com o tempo o crescimento retorna e as receitas se recuperam. Missão cumprida.

Esse até poderia ter sido um argumento convincente, não fosse pelo elefante na sala – um elefante que os libertários reconhecem: nenhum investidor com a cabeça no lugar é atraído por um país cujo governo, bancos, empresas e famílias são *todos* insolventes ao mesmo tempo. À medida que os preços, os salários e os rendimentos diminuem, a dívida subjacente a sua insolvência não cai, ela aumenta. Diminuir a renda de alguém e ainda acrescentar novas dívidas só pode acelerar o processo. É isso, obviamente, o que aconteceu na Grécia de 2010 em diante.

Em 2010, para cada 100 euros de renda obtidos por um grego, o Estado devia 146 euros aos bancos estrangeiros. Um ano mais tarde, cada 100 euros de renda auferidos em 2010 encolheram para 91 euros antes de encolher novamente para 79 em 2012.

Enquanto isso, à medida que os empréstimos oficiais dos contribuintes europeus iam entrando, antes de serem canalizados para os bancos da França e da Alemanha, a dívida pública correspondente subia de 146 euros em 2010 para 156 em 2011. Mesmo que Deus e todos os anjos invadissem a alma de cada grego sonegador de impostos, nos transformando em uma nação de presbiterianos parcimoniosos, nossas rendas seriam baixas demais e nossas dívidas demasiadamente elevadas para reverter a falência. Os investidores entendiam isso e por isso não passaram nem perto de um projeto de investimento grego. O corolário foi uma crise humanitária que acabou por trazer pessoas como eu para dentro do governo.

Uma vez lá dentro, com a esquerda internacional em desordem permanente, os libertários norte-americanos e os defensores britânicos do livre mercado estavam entre os meus apoiadores mais eficazes. Curiosamente, o seu compromisso ideológico quase darwiniano em deixar perecer os perdedores do mercado os estava empurrando para o meu lado.

Cientes dos perigos do crédito em demasia, sua máxima segundo a qual "Para cada tomador de empréstimo irresponsável corresponde um credor irresponsável" levou-os a concluir que o fardo dos maus empréstimos deveria recair sobre os credores irresponsáveis, não sobre os contribuintes. Quanto aos tomadores de empréstimo irresponsáveis, eles também deveriam pagar o preço de sua irresponsabilidade, principalmente sendo-lhes negado crédito até que provassem novamente serem dignos de confiança.

## Na lista negra

Ao longo de 2010 e 2011, a impressão era de que eu aparecia no rádio e na televisão quase todo dia, implorando ao governo que enfrentasse a realidade e entrasse na difícil fase de aceitação de que a dívida pública grega tinha de ser reestruturada. Não havia nada de radical ou particularmente esquerdista nesta proposta.

Os bancos reestruturam as dívidas de empresas em dificuldade todos os dias, não por filantropia, mas por egoísmo esclarecido. O problema era que, agora que aceitáramos o plano de resgate da União Europeia e do FMI, não estávamos mais lidando com bancos, mas com políticos que haviam mentido aos seus parlamentos para convencê-los a liberar os bancos da dívida grega e assumi-la em seu lugar.

Uma reestruturação da dívida exigiria que eles voltassem aos seus parlamentos e confessassem seu pecado anterior, algo que jamais fariam por vontade própria, com medo das repercussões. A única alternativa era continuar o fingimento, dando ao governo grego outro maço de dinheiro com o qual poderia fazer de conta que cumpria o reembolso da dívida à União Europeia e ao FMI: um segundo resgate.

Eu estava determinado a estragar a festa deles: gritar do alto de qualquer telhado que conseguisse escalar que a nossa pior opção seria aceitar mais empréstimos. Eu tentei várias metáforas: "É como aceitar um cartão de crédito", disse uma vez na televisão, "para pagar as parcelas de uma hipoteca que você não pode honrar devido a uma queda no seu salário. É um crime contra a lógica. Apenas diga não. Uma reintegração de posse do lar de alguém é algo terrível, mas a eterna escravidão por dívida é ainda pior".

Certa noite, ao retornar ao nosso apartamento depois de uma enésima sessão na ERT, a cadeia de rádio e televisão públicas da Grécia, o telefone fixo tocou. Ao apanhar o aparelho ouvi uma voz familiar. Pertencia a Antonis Samaras, então líder do partido conservador Nova Democracia, partido oficial de oposição na época, e o homem que ajudei a derrotar quatro anos mais tarde, nas eleições gerais de janeiro de 2015.

"Nós nunca nos encontramos, sr. Varoufakis", disse ele, "mas depois de tê-lo observado na ERT, senti o impulso de ligar. Pois não consigo me lembrar da última vez que fiquei tão comovido com algo tão profundo que ouvi alguém dizer na televisão. Obrigado pelo seu posicionamento".

Ele não foi o único membro do *establishment* grego a me abordar. Na verdade, minha campanha havia levado a muitas discussões secretas entre ministros socialistas, parlamentares conservadores da oposição, líderes sindicais e outros do gênero, que sentiam que eu estava tramando algo.

Uma vez que expus minha análise básica, nenhum deles a contestou. Os socialistas falavam como suboficiais que sabem que o navio está indo rumo às rochas, mas têm medo demais para confrontar um capitão que se encontra em negação profunda. Os conservadores, pelo menos até novembro de 2011, eram uma turminha mais feliz: com o seu líder Antonis Samaras adotando uma posição antiausteridade e antirresgate, sentiram-se mais livres para endossar minhas reflexões.

Alguns dias depois, lá estava eu novamente nos estúdios da ERT, preparando-me para outra aparição no principal noticiário. Pouco antes, o diretor executivo da rede havia me abordado com uma oferta intrigante: um convite para que eu passasse a apresentar, quase que diariamente, um breve programa logo em seguida das notícias principais, no qual ofereceria meu comentário sobre os desdobramentos daquele drama econômico. "O governo não vai gostar nem um pouco, mas os seus pontos de vista são importantes e merecem ir ao ar", disse ele decididamente. Lisonjeado, mas também contente com o compromisso do chefe da rede pública de televisão para com o pluralismo, apesar da feroz oposição do governo aos meus pontos de vista, eu concordara em pensar sobre o assunto.

Naquela noite, dez minutos antes de o programa começar, o diretor executivo da emissora me convocou para um papo em seu escritório. Sentado em frente a ele estava a principal âncora da emissora, uma jornalista que há duas décadas vinha sendo a queridinha do *establishment* do Pasok, bastante conhecida por seus cabelos loiros tingidos, seus olhos azuis, sua voz cativante e seu jeito paquerador.

O diretor lembrou-me de sua oferta de um horário regular para mim, ao que a âncora acrescentou sua entusiástica aprovação. Pouco antes de nos dirigirmos para o estúdio, sob o olhar atento do diretor, ela levantou sua ressalva: "Eu sei que esse é o seu lance, mas por favor não mencione a reestruturação da dívida hoje à noite. Isso torna mais difícil manter você no ar. O governo fica furioso quando ouve essas palavras".

Sorri e prossegui rumo ao set de filmagem. Uma vez acomodados, e depois de ela ter lido as manchetes, ela se virou para mim com seu habitual tom familiar de fazer perguntas: "Sr. Varoufakis, o governo está nos dizendo que o programa terá sucesso. Mas nós ouvimos outros pontos de vista também. O que diz o sr.?".

Imediatamente respondi: "Sem uma reestruturação da dívida, não apenas esse, mas nenhum outro programa de resgate tem a menor chance de dar certo". Pensei ter detectado uma contração quase imperceptível sob a sua espessa maquiagem.

Ao final do programa, segui direto para o estacionamento, subi em minha motocicleta e dirigi até a minha casa, certo de que nunca mais seria convidado para participar dos programas da ERT novamente. De fato, sob as ordens do Ministro da Imprensa (cujo mero título enche de apreensão o coração de qualquer liberal), fui colocado na lista negra, mesmo que extraoficialmente.[36]

Quatro anos mais tarde, exatamente aquele mesmo pecado – insistir quanto a reestruturação da dívida – levaria os figurões da Europa a exigir o meu afastamento do Ministério da Finanças da Grécia e do Eurogrupo. Quem foi que disse que o *establishment* europeu não é constante?

---

36 A ordem não foi emitida imediatamente. Ela veio alguns dias mais tarde, em minha presença, quando participei de um painel juntamente com o dito ministro. Quando o programa terminou, ofendido pelas críticas que fiz, ele se voltou raivosamente para o produtor. "Nós pagamos seu salário e você continua convidando esse sujeito aqui para nos sabotar? Nunca mais!" Depois disso, os convites cessaram. No entanto, para minha grande surpresa, uma produtora da ERT me ligou algumas semanas depois com um convite para que eu aparecesse em seu programa no dia seguinte. Disse-lhe que, apesar de estar muito contente e disposto a aceitar aquele amável convite, talvez ela devesse examinar o assunto mais uma vez, e mencionei minha inclusão na lista negra. Sua reação foi de saudável incredulidade. "Os dias de fascismo na ERT estão bem e verdadeiramente terminados", pronunciou. "Seja lá como for", disse eu, "pergunte por aí, e caso você ainda queira que eu apareça no seu programa amanhã, pode me ligar que irei". Duas horas depois, meu telefone tocou novamente. De uma voz subjugada veio o triste reconhecimento. "Estive ausente, em licença maternidade e, como a ordem nunca foi passada por escrito, não fiquei sabendo. Sinto muitíssimo. Por nós mais do que por você. Obrigada por ter me protegido".

A interdição de aparecer na ERT em 2011 foi o meu primeiro gostinho do autoritarismo incompetente que caracterizava a abordagem da União Europeia para com a crise da zona do euro. Pois a atitude deles em relação à crise era essencialmente moralista. Austeridade é uma péssima política econômica que, como explicado anteriormente, é fracasso na certa quando aplicada em tempos difíceis.

Mas, na realidade, a austeridade não é uma política econômica de verdade. Austeridade é uma encenação de moralidade posta a serviço da legitimação de cínicas transferências de riqueza em tempos de crise, daqueles que nada têm àqueles a quem nada falta, na qual devedores são pecadores que devem ser coagidos a pagar por seus crimes. Não satisfeitos com os gregos, com os espanhóis, com a submissão de seu povo a sua autoridade, a *troika* exigiu que os outros fracotes da Europa, inclusive os muitos alemães na luta contra a pobreza, levassem a culpa e a responsabilidade pela crise também.

O ministro alemão das Finanças, Wolfgang Schäuble, me disse certa feita que minha oposição à austeridade me colocava dentro de uma minoria de europeus, citando pesquisas de opinião que mostravam apoio aos cortes nos gastos do governo. Respondi que, mesmo que aquilo fosse verdade, uma maioria poderia estar enganada quanto às causas do seu mal-estar. Durante a Peste Negra no século XIV, lembrei-lhe, a maioria dos europeus acreditava que a praga fosse causada por uma vida pecaminosa e que poderia ser exorcizada por meio de sangria e de autoflagelação. E quando a sangria e a autoflagelação não funcionavam, isso era tido como evidência de que o arrependimento da pessoa não era suficientemente sincero, de que sangue suficiente ainda não havia sido derramado, de que a flagelação não contara com o entusiasmo necessário – exatamente como agora, quando o fracasso abissal da austeridade é citado como prova de que esta foi aplicada com pouca convicção.

Se Wolfgang achou o meu comentário engraçado, em todo caso não o demonstrou. Mas o ponto é bem esse: despojada do seu peso moral, a austeridade emerge como aquilo que realmente é, uma política econômica fracassada baseada em um moralismo antiético. A razão pela qual o *establishment* me achava tão exasperador era que tive certo sucesso na aplicação de uma lógica fria ao problema e, com isso, estava desmoralizando o debate sobre a dívida grega, utilizando argumentos que transcendiam as divisões entre esquerda e direita e que entravam vigorosamente em sintonia com segmentos de ambos os campos.

É por esse motivo que, caso tivessem sido capazes, eles teriam me colocado na lista negra não apenas da ERT, mas na de todos os fóruns públicos de debate do continente.

## Praça da esperança

Na mesma época em que a televisão estatal grega me colocava em sua lista negra por continuar fazendo campanha pela reestruturação da dívida pública, o FMI começava a trabalhar no sentido de uma... reestruturação da dívida pública. O governo alemão não queria saber de nada disso, mas o FMI, cada vez mais constrangido com a bagunça na qual os europeus o haviam metido, estava exercendo forte pressão.

Para apaziguar o FMI, o ministro grego das Finanças consultou tepidamente alguns especialistas em reestruturação de dívida em Washington, apesar de sua determinação em seguir à risca a linha dada por Berlim.[37] Enquanto isso, Berlim e Paris chegavam à conclusão de que a Grécia precisava de um novo empréstimo de resgate, uma "repaginada" de parte da sua dívida pública e um novo governo.

O raciocínio deles não era complicado: o primeiro empréstimo de resgate fora quase todo gasto no escoramento dos bancos franceses e alemães. O Estado grego logo precisaria de mais dinheiro – muito mais – para continuar fingindo ser solvente. Mas, assim como quando se usa um cartão de crédito para pagar uma hipoteca, fazendo com que a dívida global apenas aumente, também o tamanho da quantia principal a ser emprestada a Atenas como parte do segundo plano de resgate em 2012 teria causado um infarto coletivo nos já furiosos parlamentares em toda a Europa caso não fosse acompanhada de algum tipo de reestruturação.

O presidente Sarkozy e a chanceler Merkel já haviam se resignado com a ideia de uma reestruturação da dívida grega, com a condição de que esta

37 Eu viria a descobrir isso durante uma de minhas visitas ministeriais à cidade de Washington.

afetasse apenas os credores que não estivessem em posição de prejudicá-los demais. No verão de 2011, uma decisão havia sido tomada: a reestruturação atingiria principalmente os fundos de pensão, as entidades mistas, públicas e privadas, e os donos de poupança (que tivessem comprado títulos públicos) da Grécia, enquanto que os empréstimos concedidos pelo FMI e pelas instituições europeias em 2010 permaneceriam invioláveis, obviamente.[38]

O fato de que essa decisão significava o fim do famigerado governo Papandreou, governo que havia pressionado o Parlamento a aprovar o primeiro plano de resgate, foi considerado um preço aceitável a se pagar. Afinal de contas, o primeiro-ministro Papandreou, seu ministro das Finanças e todo o *establishment* grego só conseguiram fazer com que o Parlamento aprovasse o primeiro resgate porque afirmaram repetidamente que aquilo salvaria a pele da Grécia, que a reestruturação da dívida não era nem necessária nem desejável, e que qualquer um que afirmasse algo diferente merecia ter seu corpo coberto de piche e penas – ou ser, ao menos, colocado no ostracismo, ao antigo modo ateniense. Como poderia esse mesmo governo empurrar, menos de dois anos mais tarde, uma reestruturação da dívida e um empréstimo ainda maior do que o primeiro goela abaixo do mesmo exausto e humilhado Parlamento? Eles estavam perdidos.

A impotência do governo Papandreou era evidente não apenas no Parlamento, mas sobretudo fora dele, logo alí, na Praça Sintagma. Sintagma, em grego, significa "Constituição", e o nome da praça remete a uma revolta em 1843 contra o rei Otto, nascido na Baviera, na qual os rebeldes impuseram ao soberano estrangeiro a adoção de uma Constituição escrita.

A praça fica espremida entre o Parlamento, outrora palácio do rei Otto, de um lado, e o feioso edifício da década de 1970 no qual está sediado o Ministério das Finanças, do outro. A partir de certos pontos da pra-

38 Os fundos de pensão gregos, como na maioria dos países, eram obrigados por lei a manter boa parte de suas reservas na forma de títulos da dívida pública grega. De fato, os pensionistas foram forçados a emprestar reservas de seus fundos de pensão ao Estado. Os estatutos de órgãos profissionais, tais como a ordem dos advogados, também compeliam os seus gestores de fundos a investir em títulos do governo. Os banqueiros da Grécia também seriam atingidos, mas ao contrário dos pensionistas e dos investidores privados, eles seriam plenamente reembolsados com o dinheiro dos contribuintes europeus que o Estado grego tomaria emprestado como parte do segundo empréstimo de resgate e que devolveria aos banqueiros – em nome da estabilidade financeira, é claro.

ça é possível avistar a Acrópole, servindo como um lembrete das glórias passadas, mas também da ideia de que o *demos* – "o povo" – deveria ter mais importância.

Desde 1843, ano em que o rei Otto foi forçado a recuar, praticamente toda manifestação ou comício em Atenas começou, passou ou terminou na Praça Sintagma, em frente ao Parlamento. De fato, é o local onde eu, junto com outros tantos milhões de gregos da minha geração, aderi a minha primeira manifestação, no início dos anos 1970, experimentei os prazeres do gás lacrimogêneo e comecei a afiar minhas garrinhas políticas.

Durante a primavera de 2011, com o país já em meio a uma brutal recessão, teve início a ocupação espontânea da Praça Sintagma, possivelmente por influência de ocupações semelhantes de espaços públicos na Espanha pelos denominados *indignados* – que protestavam contra a austeridade e exigiam sua dignidade de volta. De início, apenas umas mil ou duas mil pessoas se reuniam ao anoitecer.

No entanto, noite após noite, as pessoas continuavam retornando, e cada nova noite contava com milhares de pessoas a mais do que a noite anterior. Essa situação continuou por três meses inteiros. No seu auge, cem mil pessoas se reuniram na praça. Apesar dos surtos ocasionais de violência de baixa intensidade causados por fascistas, tropas de choque e por anarquistas encapuzados, o que tornou essas manifestações tão especiais foram os seus debates, impecavelmente estruturados.

Nenhuma fala podia exceder três minutos; os oradores eram escolhidos por sorteio; e de poucas em poucas horas mudava-se o tema em discussão. (Lembro-me de ter pensado comigo mesmo como seria esplêndido se copiássemos essas discussões, tão ordeiras, para dentro do contexto de nossas universidades).

Podia até não ser a democracia direta em ação, visto que não era possível tomar decisões em caráter vinculante, mas era ao menos uma imensa ágora vibrando de possibilidades, em nítido contraste com o que acontecia ali perto, no Parlamento, palco de nossa humilhação nacional e da submissão a uma grande depressão.

Danae e eu percorríamos a pé o caminho que, em dez minutos, nos levava do nosso apartamento até a Praça Sintagma, para respirar o oxigênio da esperança. Por duas vezes me pediram que falasse à multidão. Pouco antes de subir no palanque improvisado, lembro-me de ter recordado que a última vez que me dirigira a uma manifestação fora em algum lugar do condado de Nottingham, em um piquete durante a greve dos mineiros de 1984.

Pelo menos na Praça Sintagma a temperatura era amena, a multidão muito maior e eu não era mais um "estrangeiro intrometido", como um policial britânico me chamara certa vez. No entanto, a euforia era exatamente a mesma. Quando desci do palanque, visivelmente contente, Danae se aproximou do meu ouvido para perguntar: "Você tem certeza de que não quer se candidatar ao Parlamento?", eu disse que tinha.

Quaisquer que fossem os meus sentimentos pessoais, expliquei, a melhor forma com que eu poderia contribuir à causa seria mantendo abertos os canais de comunicação que havia estabelecido com políticos de diferentes partidos e tentando trabalhar através das divisões partidárias. Mas, lá no fundo, eu me perguntava por quanto tempo isso ainda seria possível. A névoa da discórdia tornava-se cada vez mais espessa.

Em junho de 2011, o titubeante governo grego estava sendo forçado pela *troika* a pressionar o legislativo para que aprovasse uma lei corrosiva atrás da outra, incluindo a extinção efetiva dos direitos sindicais. Esses foram efetivamente os ritos de partida de Papandreou, uma derradeira humilhação antes que o tapete fosse finalmente puxado de debaixo dos seus pés pelo segundo empréstimo de resgate. Pressentindo uma crise, a multidão na Praça Sintagma ficava cada vez mais densa e cada vez mais agressiva, e em pouco tempo estava ocupando a praça 24 horas por dia.

Sinistramente, rachas começaram a surgir. No perímetro superior da praça, nacionalistas e fascistas começaram a fazer sentir sua desagradável presença, com suas palavras de ordem refletindo o seu ódio por todos os políticos, na realidade um ódio pela própria democracia parlamentar – eram o resultado visível da ascensão do partido político de extrema-direita Aurora Dourada.

No perímetro inferior, o campo progressista, muito mais numeroso, se reunia e lutava para se opor tanto ao *establishment* quanto aos toscos agitadores anti-*establishment* do perímetro superior, e faziam isso honrando a tradição de promover debates pluralistas muito bem organizados.

Membros do Parlamento, especialmente aqueles do partido socialista no poder, contavam-me por telefone que não aguentavam mais, ou o confessavam amargamente durante uma xícara de café a portas fechadas. Atravessar a massa de pessoas aos berros, enfurecidas e humilhadas, para entrar na câmara a fim de votar projetos de lei que eles mesmos detestavam, estava se revelando um preço alto demais a ser pago.

Eles me diziam diversas vezes estar prestes a derrubar as leis ditadas pela *troika* e adotadas pelo seu próprio governo, mas, vez após vez, salvo uma ou outra exceção, eram vencidos e colocados de volta na linha, na linha da caneta do governo. Em menos de um ano, o partido socialista, que durante três décadas comandara cerca de 40% dos votos, viu seu apoio popular entrar em colapso, caindo para lamentáveis 5%.

Certo dia, ao final de junho, cinco mil policiais cercaram a Praça Sintagma em uma operação bem orquestrada, para pôr fim à sua ocupação. Lançando mão de uma quantidade de gás lacrimogêneo nunca antes vista em um espaço urbano relativamente fechado como aquele, juntamente com granadas de atordoamento, granadas de fumaça, canhões de água e a boa e velha violência policial à moda antiga, eles transformaram a praça e os seus arredores em terra arrasada.

Correspondentes de guerra endurecidos que conheço me disseram jamais ter imaginado que um dia testemunhariam tamanha violência de Estado em uma cidade como Atenas. Muros e ruas foram enegrecidos pela fumaça, e a cidade inteira ficou fedendo a produtos químicos durante semanas. Naquele dia, o que sobrara da legitimidade do governo foi completamente eliminado.

## Resgatistão 2.0

Os pormenores técnicos sobre como o primeiro-ministro Papandreou foi afastado do cargo são tristes demais para serem relatados aqui. É suficiente dizer que, como em todo drama que se preze, a *troika* o derrubou por meio de maquinações políticas envolvendo os cortesãos que rodeavam seu instável trono. É típico da cruel indiferença da *troika* para com aqueles que a servem lealmente que, antes de descartarem George Papandreou, o submetessem à infâmia final: em outubro de 2011, ele foi obrigado a viajar uma última vez a Bruxelas para colocar sua assinatura no esboço do segundo plano de resgate e daquela mesma reestruturação da dívida que há tanto tempo ele vinha denunciando, em nome da *troika*, como sendo "desnecessária e indesejável".

Montar um governo de sucessão capaz de passar suavemente pelo Parlamento grego o projeto de um segundo empréstimo de resgate não era uma operação simples. A queda de Papandreou e a fadiga dos parlamentares socialistas que se encontravam no poder indicavam que haveria novas eleições. Mas as urnas são imprevisíveis e a organização de eleições exige pelo menos um mês, tempo que a União Europeia, o FMI e a elite grega não achavam que podiam perder.

Em vez disso, seria formado um governo de coalizão interino, e só se arriscaria uma nova eleição depois de ele haver logrado a aprovação do segundo resgate, na primavera de 2012. Para que fosse formada essa grande coalizão, Antonis Samaras, líder do partido conservador da oposição, teria de ser cooptado pela lógica dos resgates, à qual ele resistira até então.

Foi preciso uma única reunião – em 23 de junho de 2011, com a senhora Merkel, em Berlim – para romper o apego emocional de Samaras a minha feroz condenação do Resgatistão, que ele havia expressado durante nossa conversa por telefone, logo após minha aparição na ERT. O poder de atração exercido pela perspectiva de uma eventual mudança para a Mansão Maximos, residência oficial do primeiro-ministro grego, provou-se irresistível.

Ele não seria o último líder a trocar uma oposição de princípio ao Resgatistão por aquele cargo. O plano era o seguinte: após a renúncia de Papandreou, um primeiro-ministro "tecnocrata" seria colocado em seu lugar, com a centro-esquerda (Pasok) e a centro-direita (Nova Democracia) fornecendo ministros para o governo e os votos necessários no Parlamento. Uma vez que tivesse levado a cabo a aprovação do segundo resgate da *troika* no legislativo, esse governo convocaria novas eleições, eleições que o partido de Samaras, o Nova Democracia, estava predestinado a vencer visto que o Pasok havia implodido – resultado de ter assumido o custo moral e político do primeiro resgate. Contanto que Antonis Samaras conseguisse convencer a si mesmo a abandonar sua narrativa antirresgate, endossar o segundo resgate e apoiar o governo interino dos bastidores, ele só precisaria esperar de seis a oito meses para ter sua vez como primeiro-ministro. E foi exatamente isso que aconteceu.[39]

Para salientar a profundidade do cinismo envolvido, o cavalheiro escolhido para liderar o governo de coalizão não era outro senão o recém-aposentado vice-presidente do Banco Central Europeu. Um ex-professor de economia do mesmo departamento que o meu na Universidade de Atenas, Lucas Papademos, seria obrigado a esquecer algumas infelizes declarações que fizera antes de se mudar para Maximos. Até três dias antes do seu juramento no cargo, Papademos ainda estava repetindo a fala da *troika* segundo a qual uma reestruturação da dívida da Grécia não era "nem necessária nem desejável". Mas assim que pisou na soleira de Maximos, cercado por jornalistas ansiosos por ouvir seu primeiro pronunciamento oficial, declarou, vestindo uma expressão perfeitamente séria, que seu principal dever como primeiro-ministro seria supervisionar a reestruturação da dívida grega.

E assim chegamos ao delicioso momento de nossa história no qual as mesmas pessoas que acusaram de parvos traiçoeiros aqueles de nós que ousaram reclamar uma reestruturação da dívida viram-se agora convocadas pela *troika* para implementá-la. Por si só, isso teria sido uma divertida nota de rodapé caso o objetivo da reestruturação da dívida fosse de fato tornar a Grécia solvente novamente. Mas essa nunca foi a intenção.

Descumprir obrigações para com seus credores, declarar formalmente falência, é sem dúvida algo terrível, mas tem um lado positivo: a sua dívida encolhe e você tem a chance de trabalhar duro novamente, reerguer-se graças aos seus próprios esforços e reconquistar a confiança de potenciais investidores. Foi assim, por exemplo, que a General Motors se recuperou depois de 2009; foi assim que a Alemanha retornou ao mundo dos vivos nos anos 1950, por meio de uma substancial redução da dívida. Mas não, a Grécia estava destinada a fazer história. Sob os termos do seu segundo

39 O governo interino foi formado no outono de 2011; a legislação referente ao segundo empréstimo de resgate foi aprovada na primavera de 2012, e novas eleições foram convocadas em maio de 2012. Tendo produzido um Parlamento minoritário, elas foram repetidas um mês depois, em junho, momento no qual Samaras conseguiu formar, sob seu mandato, um governo de coalizão com o Pasok, drasticamente depauperado, e com um minúsculo partido pró-*establishment* da esquerda.

resgate em 2012, o novo governo declararia o maior inadimplemento da história mundial, ao mesmo tempo que permaneceria na prisão dos devedores, graças ao maior empréstimo de que se tem notícia até hoje.

A reestruturação campeã mundial, por conta do *default*[40] da dívida de 100 bilhões de euros, acertou em cheio os indefesos aposentados da Grécia, suas associações profissionais, e os pequenos detentores de títulos públicos – que seriam forçados a dar tchauzinho ao dinheiro que o Estado lhes devia –, ao mesmo tempo que um novo empréstimo do tipo "prorroga e faz de conta", de proporções inéditas, era empurrado goela abaixo do país: 130 bilhões de euros, dos quais praticamente nenhum tostão iria para os cofres do Estado grego propriamente dito.

Em vez disso, um belo bocado desse dinheiro foi para banqueiros gregos (como uma compensação exagerada pelo dinheiro que haviam perdido com a reestruturação nos títulos do governo), um segundo bocado foi para os credores estrangeiros privados da Grécia (como um incentivo para fazê-los aceitar a reestruturação) e o terceiro bocado foi usado para o pagar o serviço dos empréstimos concedidos pela União Europeia e pelo FMI na ocasião do primeiro acordo de resgate.[41]

O que fazia do Resgatistão 2.0 um regime mais sinistro do que sua encarnação anterior foram três novos institutos que, ao jogar o Parlamento para escanteio, prejudicavam a soberania democrática. Esses órgãos eram: um mecanismo para socorrer os banqueiros; uma nova forma de governança para as receitas fiscais e alfandegárias do Estado; e um departamen-

40 N. de R. T.: No jargão financeiro, *default* significa descumprimento de obrigações derivadas de um contrato de dívida, em geral descumprimento da obrigação de restituir o empréstimo com os juros e encargos contratuais devidos.

41 Ao contrário dos fundos de pensão gregos, das organizações profissionais e dos pequenos detentores de títulos públicos, que perderam até 90% do dinheiro que haviam emprestado ao Estado, muito poucos estrangeiros detentores de títulos da dívida grega sofreram perdas. A razão disso é que, quando a reestruturação entrou em vigor, em 2012, os bancos estrangeiros e outros investidores institucionais já haviam vendido seus títulos da dívida, com desconto, ao Banco Central Europeu ou a fundos de investimento especulativo amantes de risco. Em 2012, as instituições estrangeiras que detinham títulos da dívida pública grega estavam pagando por eles menos de 30% do seu valor nominal. Sendo assim, elas até mesmo lucraram com a reestruturação oficial de 2012, se considerarmos também os "incentivos" oferecidos a eles para que aceitassem os termos da reestruturação.

to para organizar, no interesse dos credores, vendas a caráter de urgência da prataria da família – em outras palavras, privatização ao estilo do programa grego. Uma rápida olhada nesses institutos nos oferece um valioso guia do Resgatistão 2.0 para iniciantes.

O mais vil desses institutos era provavelmente o primeiro deles, o mecanismo para socorrer os banqueiros. Quando dinheiro é injetado em uma empresa privada, a entidade que o forneceu tem de receber ações da empresa proporcionalmente ao valor nela injetado, bem como um grau equivalente de controle sobre sua administração. O segundo plano de resgate estipulava que entre 41 bilhões e 50 bilhões de euros seriam repassados aos banqueiros, uma nova dívida pública que vinha sobrecarregar os contribuintes.

No entanto, em vez de tomar medidas para garantir que haveria certo grau de controle público sobre os bancos quebrados em troca desse dinheiro, foi concebido um engenhoso esquema visando contornar completamente tudo isso. Criou-se um novo fundo, que pertencia integralmente ao Estado grego, denominado Fundo Grego de Estabilidade Financeira (FHEF), para o qual foram canalizados 50 bilhões do total de 130 bilhões de euros previstos no segundo resgate, com a ordem expressa para que fossem repassados aos bancos.

Legalmente, seria exigido dos banqueiros em contrapartida que transferissem uma quantidade de ações ao FHEF que representasse aproximadamente 80% do capital próprio de seus bancos, mas dois mecanismos asseguraram que mesmo assim o Parlamento não teria voz ativa na sua gestão. Em primeiro lugar, o Parlamento votou a favor de que as ações detidas pelo FHEF não comportassem direito a voto.

Em segundo lugar, o conselho de administração do FHEF deveria obrigatoriamente incluir diretores estrangeiros nomeados diretamente pela *troika* e por cidadãos gregos (incluindo o seu diretor executivo e o presidente do conselho) cuja nomeação exigia a aprovação da *troika*. Além disso, nenhum dos diretores poderia ser demitido pelo governo ou pelo Parlamento sem o aval da *troika*. Ao aprovar esse projeto de lei, a última ação relevante do Parlamento em relação aos bancos, mantidos vivos graças ao endividamento dos cidadãos gregos, foi desistir de supervisioná-los.

No que diz respeito ao departamento de receitas fiscais e alfandegárias do Estado grego, o Parlamento novamente engoliu sapo: doravante, o chefe do departamento deveria ser endossado pela *troika* e não poderia ser demitido sem o consentimento desta. Em muitos países, a administração fiscal (Serviços Administrativos da Coroa na Grã-Bretanha, o IRS nos Estados Unidos) é independente do Ministério das Finanças e do Tesouro, mas presta contas diretamente ao legislativo. No Resgatistão 2.0, o serviço fiscal e alfandegário não prestaria contas a nenhum dos três.[42]

Para completar a tríade de afrontas, as privatizações foram atribuídas a uma autoridade independente, encabeçada por mais um presidente endossado pela *troika*, cujo lema poderia ser resumido como "Liquidação Total!". Prospectos cintilantes, nos quais se encontra de tudo, desde portos e ferrovias até praias imaculadas e ilhotas, e que encontraram potenciais compradores para fazer-lhes uma oferta. A prataria da família estava à venda, e os lucros deveriam ser arrecadados pelos credores estrangeiros da Grécia por meio de mandatários locais.[43] Nada captava melhor a frustração e o ressentimento das pessoas do que as expressões em seus rostos enquanto folheavam esses prospectos.

Como os parlamentares puderam ser persuadidos a votar em favor de leis que lhes privavam de jurisdição sobre esses três pilares fundamentais da boa governança? Simples, eles foram chantageados com a ameaça de que a Grécia seria expulsa da zona do euro. Foi uma votação como nenhum sistema de jurisprudência deveria permitir, e com a qual somente um Parlamento agonizantemente exausto poderia ter concordado.

---

42 Quando me tornei ministro das Finanças, a elegante senhora encarregada da administração fiscal não tinha sequer a obrigação de me informar o que ela estava fazendo. Mas embora nem eu nem o Parlamento pudéssemos demiti-la sem o consentimento da *troika,* eu era não obstante responsável perante o Parlamento por quaisquer escândalos, contravenções ou descumprimento de metas advindos da sua administração.

43 Margaret Thatcher, figura política que fez da privatização seu legado, teria ficado chocada. Seus argumentos a favor da venda de bens públicos eram o reforço da concorrência e a redução das alíquotas tributárias, tornada possível pela injeção de receita e por menores custos operacionais. No Resgatistão 2.0, privatização significava outra coisa: vender patrimônio público a preço de banana, já que a depressão havia mandado os preços lá para baixo, com os lucros sendo lançados no poço sem fundo da impagável dívida pública grega.

## Quem eu tenho de ser?

"Você não tem o direito de fazer isso. Simplesmente vote não!"

Uma jovem gritou estas palavras na direção de um parlamentar enquanto ele lutava para passar por entre os ocupantes da Praça Sintagma rumo ao Parlamento para votar um dos projetos de lei do Resgatistão 2.0.

"Quem é você para julgar como eu devo ou não votar?", ladrou ele em resposta enquanto abria caminho a golpes de cotovelo, o suor lhe escorrendo pelo rosto.

A resposta devastadora da moça veio sem esforço algum: "Quem eu tenho de ser?".

Resgatistão é uma palavra um tanto feia, mas ela reflete uma realidade detestável: a transformação da Grécia em uma prisão de devedores em nome dos bancos do norte da Europa. Aquelas noites na Praça Sintagma emolduraram a transição futura do país da prisão dos devedores à colônia institucionalizada da dívida, mas elas também marcaram o início da crise de legitimidade da Europa, no rescaldo da sua crise de crédito.

O fato de um país europeu, inteiramente inserido no grande experimento de uma moeda comum para o continente, ver-se empurrado para lá e para cá feito uma república de bananas era um devastador sinal de fracasso para uma união supostamente fundada na promessa de prosperidade compartilhada e respeito mútuo.

É evidente que o *establishment* da Europa não desejara nada disso. Até 2008, as elites em Berlim, Bruxelas, Paris e Frankfurt haviam acreditado na sua própria retórica, da mesma forma que as elites nos Estados Unidos e na City de Londres: o capitalismo entregara a Grande Moderação; expansão e contração eram coisas do passado; os bancos haviam encontrado um modo mágico de produzir "risco sem risco" e estavam se autorregulando maravilhosamente bem. Aqueles que ocupavam posições de autoridade acreditavam que a História havia terminado, e que o seu trabalho agora resumia-se a microgerenciar, a empurrar de leve um magnífico sistema autoguiado e autogerenciado, em uma direção racional e amplamente predeterminada.

Mas quando o sistema financeiro europeu bateu nas pedras colocadas em seu caminho pela autodestruição de Wall Street, as elites europeias entraram em pânico. A visão de bancos franceses e alemães afundando sem deixar vestígios os fez vasculhar a lata de lixo da história para recuperar o espírito da diplomacia das canhoneiras e a teoria econômica inepta que vinha de brinde. A Grécia calhou de ser o lugar onde estas seriam novamente aplicadas, e o Resgatistão foi o resultado.

Quando se carrega peso demais por sobre uma ponte fragilmente construída, a viga mais fraca será a primeira a quebrar. A Grécia era essa viga. O motivo de ela o ser nada tem a ver com a União Europeia e tem tudo a ver com a lamentável história do Estado grego moderno e da oligarquia que o governava, mas a causa do desastre foi a má concepção da ponte. Mesmo que a Grécia tivesse sido removida da estrutura e substituída por uma viga mais resistente, a ponte ainda teria desmoronado.

É verdade que, em 2010, os setores público e privado da Grécia eram incompetentes, corruptos, inchados e endividados. É por isso que a crise do euro começou ali.

Nós, os gregos, conseguimos contrair uma dívida insustentável mesmo antes do nosso Estado ser formalmente criado em 1827, e desde então a evasão fiscal tem sido algo a meio caminho entre um esporte olímpico e um dever patriótico.

Foi protestando contra essa desgraça e contra a inépcia excruciante da oligarquia grega, muitas vezes traduzida em despotismo, que nós, do campo progressista, aprendemos a fazer política nos anos 1960 e 1970, nos manifestando nas ruas e, particularmente, na Praça Sintagma. E, ainda assim, nada disso explica a profundidade da crise da Grécia pós-2010, ou o estabelecimento subsequente do Resgatistão, uma tristonha colônia de devedores no Mediterrâneo.

Se a Grécia tivesse ficado de fora do euro em 2000, o que teria acontecido? Nos oito primeiros anos de vida da moeda comum, nossos setores estatal e privado teriam tomado emprestada uma ínfima quantia dos bancos franceses e alemães, que teriam se mostrado acanhados quanto a emprestar para um país deficitário, cuja moeda estava em derrapagem permanente. Consequentemente, entre 2000 e 2008, a Grécia teria crescido a ritmo de tartaruga, se comparado ao *boom* que efetivamente vivemos, impulsionado pela dívida.

E quando a crise do crédito chegasse em 2008, a Grécia teria enfrentado uma recessão pequena, de curta duração e insignificante, como aquelas que enfrentaram Romênia ou Bulgária. Tão corrupta e ineficiente como sempre, a Grécia teria se arrastado adiante como fizera nas décadas de 1950 e 1960, sem a crise humanitária na qual agora se via imersa. Os progressistas, cansados dos males de nossa sociedade, continuariam a se manifestar na Praça Sintagma, sem serem vistos ou ouvidos pelo resto da humanidade, e as manchetes ao redor do mundo teriam ficado livres de qualquer referência à NOVA TRAGÉDIA GREGA, à AMEAÇA DA GRÉCIA À FINANÇA GLOBAL e coisas do gênero. E, claro, este livro nunca teria sido escrito.

Errar é humano, é o que dizem, mas para fracassar de maneira espetacular e com um custo humano assombroso, parece que precisávamos do mais grandioso projeto econômico da história da Europa, o euro. A Grécia era como os canarinhos comumente instalados em minas de carvão da zona do euro, cuja morte deveria ter servido de aviso quanto aos mortíferos gases financeiros que vazavam pelo sistema monetário do continente.

Em vez disso, em 2010, a pequena, frágil e perdulária Grécia tornou-se o bode expiatório da Europa e de seus bancos. Os gregos não somente tiveram de arcar com empréstimos impossíveis feitos em nome dos bancos franceses e alemães, não somente foram obrigados a se submeter a uma vida vivida em uma *workhouse* pós-moderna, só para que os parlamentos estrangeiros pudessem ser mantidos nas sombras, mas também esperava-se deles que internalizassem a culpa.

No entanto, durante aquelas longas e gloriosas noites na Praça Sintagma, o *establishment* da Europa perdeu o controle sobre o jogo da culpa. A jovem que se manteve firme e de cabeça erguida, proclamando o seu direito de questionar a autoridade com aquele glorioso "quem eu tenho de ser" simbolizava o momento decisivo. Sim, nossa sociedade fora crivada de uma infinidade de males, mas não, nosso castigo cruel e inabitual não se justificava. E nós não o aceitaríamos de braços cruzados.

Catarina, a Grande, disse certa vez que, se você não puder ser um bom exemplo, terá de ser uma terrível advertência. A advertência da Grécia para o resto dos retardatários da Europa era de fato terrível: uma gaiola de ferro forjada por dívida e austeridade aguardava aqueles que infringissem as regras financeiras que a crise tornara impossíveis de obedecer.

Mas a jovem na Praça Sintagma, Lambros, o intérprete sem-teto, e outros milhões de pessoas dispostas a fazer sacrifícios, mas não para vê-los jogados no poço sem fundo da dívida grega, estavam determinadas a mostrar ao resto da Europa que havia alternativas mais humanas, que a difícil situação na qual a Europa se encontrava, mesmo que atroz, não precisava ser trágica. Que nosso destino ainda estava em nossas mãos.

Após o despejo brutal dos ocupantes da Praça Sintagma, o calor do verão grego deu as caras, e os ocupantes nunca mais retornaram. Em vez disso, infiltraram-se na sociedade grega, onde difundiram a palavra, ganhando tempo até a próxima conflagração. Então o espírito de Sintagma se tornaria um movimento político irrefreável, que usaria as urnas para estabelecer um novo governo cuja simples tarefa seria a de desmantelar o Resgatistão e pôr abaixo os muros da prisão. Mas, para chegar lá, seriam necessários antes quatro anos de trabalho árduo.

## 2 - E encurvam a língua como se fosse o seu arco

Ele chegou em casa no domingo de manhãzinha. Exaustos, Danae e eu já havíamos nos recolhido, mas continuávamos à espera do baque tranquilizador da porta da frente para poder adormecer. O filho de Danae, de 17 anos, começara a abrir suas asinhas recentemente e estava cumprindo os ritos costumeiros de um adolescente ateniense em um sábado à noite: sair com os amigos para discutir sobre o significado de tudo até altas horas da noite, geralmente nos cafés de Psyrri, um bairro a poucos passos da antiga ágora. Atenas é a mais segura das cidades, e Psyrri ainda mais, mas como qualquer pai e mãe, escutamos o som da porta com alegria.

Naquela noite, no que me pareceram instantes depois de eu cair no sono, o telefone fixo tocou. Condicionado a associar ligações após a meia-noite com enfermidades na família, pulei da cama e corri até a sala para atender.

Uma voz masculina sinistramente suave perguntou: "Senhor Varoufakis?".

Ao que respondi de forma vaga: "Sim, quem fala?".

"Estamos muito contentes em ver que seu filho chegou em casa", continuou a voz. "Ele se divertiu muito em Psyrri, temos a impressão. Depois tomou o caminho de volta passando ao longo da rua Metropolis, e fez um desvio pela rua Hadrian, chegando em casa pela rua Byron."

Com um calafrio me percorrendo a espinha, gritei ao aparelho: "Quem diabos é você? O que você quer?".

Sua resposta foi de um frio glacial. "Sr. Varoufakis, você se equivocou ao colocar certos bancos na sua mira e nos seus artigos. Se você quer que o seu filho continue a voltar para casa todos os dias, todos os sábados, você cessará e desistirá. Há assuntos melhores para você meter o bedelho. Tenha bons sonhos."

Meu maior medo havia se materializado.

Era novembro de 2011 e o segundo resgate já estava surtindo efeito. Enquanto o primeiro resgate fora um exercício para que os europeus mais fracos (principalmente os pensionistas e os trabalhadores de baixa renda da Grécia) pagassem pelos banqueiros estrangeiros (principalmente franceses e alemães), o segundo resgate fora destinado aos próprios banqueiros da Grécia: ao mesmo tempo que a reestruturação da dívida os tosava de até 32,8 bilhões de euros, eles receberiam uma injeção de mais de 41 bilhões de euros como compensação, tomados emprestados, pelos contribuintes gregos, dos outros contribuintes da Europa. Para os banqueiros da Grécia, tudo dependia do sucesso na realização desta transferência tão peculiar, todas as suas fichas estavam em jogo

Sua preocupação tinha duas vertentes. Primeiro, com o Parlamento grego tão degradado e seus membros tão esparramados, os banqueiros temiam que o processo político estagnasse antes que recebessem seu dinheiro.

Em segundo lugar, o Banco Central Europeu, cada vez mais constrangido com as travessuras dos financistas e ansioso por ser visto dando um fim a elas, exigia que, antes que recebessem mais dinheiro público, os bancos levantassem um pouco do seu próprio. Mas como os banqueiros da Grécia poderiam atrair capital novo, dado que, assim como o Estado, estavam sem sombra de dúvida falidos? Nenhum investidor em sã consciência colocaria dinheiro em um banco defunto.

## Dois homens e um barril de uísque

Para entender minimamente a engenhosidade com que dois banqueiros gregos resolveram o problema, talvez seja útil conhecer uma piada que me foi contada certa vez em um pub de Dublin, envolvendo dois bêbados de espírito empreendedor.

Art e Conn, diz o conto, decidem que precisam fazer algo para conseguir erguer-se da pobreza, e assim convencem Olcán, um taberneiro local, a lhes emprestar um barril de uísque. O seu plano é fazê-lo rolar pela estrada até o próximo vilarejo, onde uma festa será realizada e onde poderão vender seu conteúdo em canecas.

Rolando o barril ao longo da estrada, eles param para descansar debaixo de um grande carvalho. Enquanto sentavam sob a árvore, Art encontra um xelim em seu bolso, alegra-se e pergunta: "Ei, Conn, se eu te der esse xelim, posso tomar uma caneca do nosso uísque?".

"Opa, manda ver", responde Conn, embolsando o xelim.

Um minuto depois, Conn percebe que agora tem um xelim para gastar, vira-se para o companheiro e pergunta: "Art, o que você me diz? Se eu te der um xelim, também posso tomar uma caneca?".

"Opa, claro Conn", consente Art, recebendo seu xelim de volta.

E assim prosseguem, o xelim trocando de mãos, até que horas depois Art e Conn adormecem profundamente sob o carvalho esboçando um imenso sorriso em seus rostos, o barril vazio.

Eu não faço ideia se os banqueiros da Grécia já tinham ouvido essa piada, mas a sua solução para o problema de como levantar capital para seus bancos era estranhamente parecida à de Art e Conn, com a diferença de que não seriam eles a sofrer com a ressaca resultante. Eis aqui como nossos dois banqueiros – vamos chamá-los de Aris e Zorba – fizeram.

A família de Aris criou empresas *offshore*, às quais Zorba concordou secretamente em emprestar, sem caução ou garantias, os milhões de euros dos quais o banco de Aris precisava. Por que tamanha generosidade para com um concorrente? Porque Zorba e Aris estavam sentados sob o mesmo carvalho do provérbio. Desesperado por angariar fundos para o seu próprio banco, Zorba concordou com o empréstimo, à condição de que o banco de Aris emprestasse uma quantia semelhante às empresas *offshore* da família Zorba.

Então, as famílias de Aris e Zorba usaram os fundos de suas contas no exterior para comprar novas ações em seus próprios bancos, cumprindo assim a exigência feita pelos reguladores de que capital novo fosse levantado e, com isso, qualificando seus bancos para o recebimento do dinheiro de verdade, que os pobres contribuintes estavam tomando emprestado da *troika*.

Aris e Zorba foram melhor que Art e Conn – cuja ressaca era agravada pela lembrança de sua dívida para com Olcán – graças aos meios pelos quais eles não ficaram devendo nada a ninguém. Ambos os conjuntos de empréstimos – do banco de Zorba aos *offshores* da família Aris e do banco de Aris aos *offshores* da família Zorba – foram riscados dos registros logo após terem sido concedidos, e foram transferidos para a longa lista de empréstimos improdutivos do banco.[44]

É claro que Aris e Zorba não estavam sendo especialmente inovadores. Eles estavam, na verdade, apoiando-se nos ombros de vigaristas maiores do que eles próprios, como os perpetradores do esquema das Associações de Poupança e Empréstimos nos Estados Unidos durante os anos 1980; de quem copiaram as técnicas. No que Aris e Zorba provaram ser únicos na história do capitalismo foi conseguir livrar a cara com a sua falcatrua graças à ajuda ativa de três das mais renomadas instituições financeiras globais: o Fundo Monetário Internacional (FMI), a Comissão da União Europeia e o Banco Central Europeu.

Essas grandiosas instituições cometeram os três seguintes pecados. Primeiro, forçaram os arruinados contribuintes gregos a tomar emprestado de outros países europeus um dinheiro que eles nunca poderiam ressarcir, para então repassá-lo a Aris e Zorba na forma de "recapitalizações". Em segundo lugar, privaram os contribuintes gregos de todo e qualquer controle sobre os bancos que agora possuíam legalmente (visto que haviam se tornado acionistas majoritários) e se asseguraram de que Aris e Zorba permaneceriam no comando. Por fim, condenaram os contribuintes gregos a um sistema bancário que, apesar dos fundos públicos nele investidos, permaneceu totalmente falido, devido aos empréstimos improdutivos gerados pelos dois banqueiros.

Ao longo de 2011, paralelamente a dois jornalistas investigativos, defini como minha cruzada pessoal expor as conexões entre os empréstimos de resgate tomados pela Grécia, as instituições internacionais que os concederam, as notáveis "inovações" dos banqueiros gregos e o sistema político grego. Esse era, com certeza, o tipo de intromissão que podia provocar interessantes conversas telefônicas na madrugada.

44 Um truque ainda mais escandaloso foi utilizado: além dos milhões de euros do banco de Zorba, as empresas *offshore* da família Aris também tomaram emprestado outros milhões do banco da própria família Aris. Esses empréstimos também foram qualificados como inservíveis ou improdutivos, sendo então anulados, ou foram usados para comprar áreas de escritório que foram então revendidas a outras pessoas para serem arrendadas de volta ao banco ou vendidas a ele a preços inflados. Os fundos ou "lucros" recém-conjurados também seriam usados para comprar novas ações do mesmo banco, mantendo o simulacro de que os investidores estariam injetando capital privado neles.

## Sobre línguas e arcos

Quando jornalistas estrangeiros me entrevistam, geralmente tentam fazer com que eu reconheça a corrupção endêmica que existe na Grécia, numa tentativa de me fazer admitir que estou exagerando quanto ao papel da União Europeia, do FMI e da *troika* na engendração da nossa grande depressão. Curiosamente, nunca estão interessados em discutir o papel central que a mídia tem desempenhado no processo.

Durante o meu tempo como ministro das Finanças, uma das muitas entrevistas que dei na televisão grega foi marcada por uma fascinante confissão. Foi uma longa entrevista que abrangeu quase todos os temas possíveis e imagináveis. Durante o primeiro bloco, o entrevistador saiu disparando, cada pergunta vinha misturada com alegações perniciosas, dando-me somente o tempo de proferir não mais do que quatro ou cinco palavras antes de ser atingido com a próxima.

Durante o intervalo comercial, ele se aproximou de mim para sussurrar em meu ouvido: "Ministro, eu sinto muito por isso, mas você sabe da nossa dramática situação nos dias de hoje. O banco da familia Aris é nossa única fonte de publicidade". Eu disse a ele que entendia. Depois disso, a entrevista prosseguiu em um ritmo mais relaxado, que me deu uma chance de ser ouvido. Ao que parecia, já havia sido feito o suficiente para garantir à estação o seu pão de cada dia, naquela ocasião pelo menos.

Para ser justo, isso era de se esperar. As estações de televisão gregas já estavam no vermelho mesmo antes de 2008. De fato, nenhuma delas jamais havia declarado lucro algum. O mesmo vale para os jornais e estações de rádio da Grécia. Caso fossem empresas autônomas, já teriam declarado falência há muito tempo.

Só que não eram. Durante os anos de crescimento insustentável alimentado pela dívida, as mídias da Grécia constituíram um importante meio de poder para os produtores que as possuíam. Das duas uma, ou os ministros do governo concediam aos seus proprietários lucrativos contratos com o Estado ou podiam esperar serem feitos em pedacinhos, no ar ou no papel. Esta é uma das diversas razões pelas quais a Grécia acabou tendo autoestradas que custavam três vezes aquilo que teriam custado na Alemanha, medicamentos excessivamente caros em seus hospitais, submarinos que se inclinavam como a torre de Pisa, rios de dinheiro escondidos em contas *offshore* e veículos de comunicação que estavam sempre perdendo dinheiro, mas que nunca fechavam.

O lado positivo da falência da Grécia em 2010 foi que o cocho no qual os produtores costumavam se alimentar secou, enquanto seus porta-vozes foram de repente deixados a sua própria sorte e tiveram que se virar sozinhos, tarefa impossível tendo em vista o desaparecimento da receita publicitária e um modelo de negócios que não fora concebido para ser viável.

E, no entanto, apenas uma emissora fechou durante os anos de crise, com o resto continuando a funcionar, apesar dos prejuízos, que se multiplicavam. Como isso era possível? Aris e mais um ou dois outros banqueiros nos dão a resposta.

Muito simplesmente, os banqueiros assumiram o financiamento da mídia a fim de manipular a opinião pública e, assim, controlar o jogo político, jogo que os mantinha no comando de seus bancos falidos. Mas, ao contrário dos produtores, os banqueiros foram espertos o suficiente para evitar a propriedade das emissoras de televisão e jornais insolventes. Em vez disso, mantiveram vivos os veículos de mídia, pagando-lhes somas risíveis para que anunciassem os seus serviços e, acima de tudo, concederam-lhes grandes empréstimos do tipo "prorroga e faz de conta", iguaizinhos àqueles que estavam concedendo uns aos outros e iguaizinhos àqueles que a União Europeia e o FMI estavam concedendo ao Estado grego.

O triângulo do pecado estava completo: os meios de comunicação insolventes eram mantidos em estado de zumbificação pelos bancos zumbis, que por sua vez eram mantidos em sua condição de mortos-vivos por um governo falido, ele próprio conservado em condição de falência permanente pelos empréstimos de resgate concedidos pela União Europeia e pelo FMI. Será mesmo de se admirar que a mídia do Resgatistão tenha exaltado os benefícios dos empréstimos e retratado seus banqueiros como vítimas de um Estado pouco confiável, enquanto demonizava qualquer um que se atrevesse a revelar o que estava realmente acontecendo?

Enquanto eu estava no calor da batalha, Bill Black, um colega americano que desempenhara um papel proeminente na exposição de travessuras similares nos Estados Unidos, em particular o escândalo da poupança e dos empréstimos nos anos 1980 e 1990, me fez rir certo dia, ao me enviar um e-mail que continha apenas uma breve citação, que interpretei como um gesto de solidariedade: "E encurvam a língua como se fosse o seu arco, para a mentira; fortalecem-se na terra, mas não para a verdade; porque avançam de malícia em malícia" (Jeremias 9:3).

## O jovem príncipe

Psyrri, um bairro de Atenas tomado à noite por jovens agitados, é um lugar bem diferente durante o dia. Pequenos ateliês continuam a lutar para existir, fabricando porcas, parafusos, botões, ferramentas e outras coisas cujo valor está despencando na economia globalizada. O ar é denso, de uma cacofonia de ruídos industriosos ao lado dos deliciosos aromas das padarias e do peculiar arbusto de jasmim, e pontuado pelo melancólico canto de músicos ciganos, que vagueiam pelas ruelas estreitas com seus acordeões, cornetas e violinos, recolhendo raras moedas de transeuntes nostálgicos.

Conheço bem Psyrri, pois meu gabinete universitário à época ficava a umas poucas centenas de metros subindo a rua do bairro, enquanto o estúdio de Danae ficava bem no seu centro. Perto dali, nos limites de Psyrri, encontram-se as desgastadas instalações da Coligação da Esquerda Radical, universalmente conhecida como Syriza. Assim, quando no início de 2011 Nikos Pappas, o membro mais achegado ao jovem líder do Syriza, telefonou-me para organizar uma reunião e sugeriu que nós três nos encontrássemos em Psyrri, aquilo fazia todo sentido.

Encontramo-nos em um discreto hotel-butique, um daqueles investimentos feitos na região que personificam a falsa alvorada da gentrificação, interrompida bruscamente em 2010. Aquele viria a ser o nosso ponto de encontro habitual, com suas paredes cor pastel testemunhando conversas que começaram naquele dia em ritmo relaxado, quase acadêmico, mas que se tornaram sérias e cheias de propósito no início de 2012. No entanto, durante aquele primeiro encontro e por algum tempo depois, eu não tinha motivos para crer que nos encontraríamos novamente.

A primeira vez que vi Alexis Tsipras foi em um pôster afixado em toda a cidade de Atenas, promovendo sua candidatura a prefeito nas eleições para o governo municipal em 2008. Danae, apoiadora de longa data daquela particular vertente da esquerda grega, estava entusiasmada com um candidato de 34 anos de idade concorrendo à um cargo geralmente ocupado por enfadonhos políticos mais velhos, e usado como trampolim para Maximos.[45]

Naquela ocasião, Alexis dobrou o número de votos do Syriza na Atenas central, e não tardou para que a velha guarda do partido organizasse um golpe interno que o instalaria na posição de líder, empurrando para escanteio o homem que havia ungido Alexis como seu eventual sucessor. Nas eleições gerais do ano seguinte, porém, quando Alexis liderou o partido pela primeira vez, as manchetes foram dominadas pela onda vitoriosa dos malogrados socialistas de George Papandreou, com o Syriza[46] chegando em quinto lugar com miseráveis 4,6% dos votos, 0,5% a menos que em 2007.

Quando entrei no hotel, Pappas e ele já estavam sentados a uma mesa, pedindo o almoço. A voz de Alexis era calorosa, seu sorriso inabalado, seu aperto de mão era o de um amigo em potencial. Pappas tinha um olhar mais arisco, uma voz aguda. Ele brincava sem parar, quer o assunto fosse engraçado quer fosse trágico, e tentou esbanjar autoridade embora fosse visto por todos como um homem comum. Logo de cara, ficou evidente que Pappas tinha o ouvido do jovem príncipe, guiando-o, contendo-o e incitando-o, e essa impressão inicial sobreviveu aos tempos turbulentos que se seguiram: esses dois jovens, de idade semelhante, mas temperamentos distintos, agiam e pensavam como um só.

"Eu venho acompanhando o seu trabalho há anos, desde que li *Foundations*", disse Pappas, quebrando o gelo, fazendo referência a um livro de economia que publiquei em 1998.[47] Ao que parece, ele era um estudan-

---

45 Sendo o meu distrito eleitoral a Grande Atenas (ou Atenas B, como é conhecida), não tive a oportunidade de votar em Alexis naquela eleição para prefeito. Mas, de qualquer forma, eu não o teria feito, pois estava cético em relação ao Syriza.

46 Para ser mais preciso, o partido ainda não era conhecido como Syriza. Antes de 2013, chamava-se Synaspismos, que significa "aliança". Na eleição de 2009, Synaspismos formou uma coalizão mais ampla com muitos partidos e movimentos semi-independentes. Nas eleições gêmeas de 2012 (maio e junho), ficou sob o nome de Syriza (Coligação da Esquerda Radical) como um só partido, a fim de tornar-se apto a privilégios que não são concedidos a coligações de partidos. Somente em julho de 2013 seria realizado um congresso que transformaria o Syriza em um partido unitário.

47 Yanis Varoufakis, *Foundations of Economics: A Beginner's Companion* (1998), Rout-

te de pós-graduação na Escócia quando se deparou com o livro e, desde então, leu também o texto *Modest Proposal for Resolving the Euro Crisis* (a Modesta Proposta), que escrevi em coautoria com Stuart Holland, um ex-parlamentar britânico pelo partido trabalhista e professor de Economia na Universidade de Sussex. Stuart e eu estivéramos trabalhando em *Modest Proposal* desde 2005, motivados pela convicção de que o euro causaria uma crise todo-poderosa à qual a Europa poderia não sobreviver.[48] Depois que a crise do euro eclodiu, Stuart e eu fizemos o máximo que pudemos para refinar e promover a Modesta Proposta, convencidos de que ela era a melhor chance que tinha a Europa de evitar sua própria extinção. "Conte ao Alexis o que você sugere na Modesta Proposta", pediu Pappas.

Expliquei sua lógica básica e, em seguida, a conversa guinou para uma avaliação geral da economia política do Resgatistão e das estratégias disponíveis aos progressistas que pretendessem oferecer ao país uma fuga da sua prisão da dívida.

Logo ficou claro que, por razões políticas, Alexis estava vacilando sobre uma questão fundamental: se a Grécia deveria manter o euro ou não. Mesmo em 2011, o Syriza estava dilacerado por desentendimentos internos sobre se o partido deveria ou não fazer do Grexit (a saída da zona do euro, mas não necessariamente da União Europeia) sua política oficial. Conforme nossa conversa avançava, a atitude de Alexis para com a questão me pareceu arrogante e imatura. Ele estava mais focado em manter o controle das alas rivais no seu partido do que em tornar mais claro em sua própria mente qual era a política correta a ser seguida. A julgar pelos olhares significativos vindos de Pappas, ficou claro que ele também pensava assim e esperava que eu ajudasse a afastar seu líder para longe de experimentações casuais com a ideia de Grexit.

Ao longo da hora seguinte, fiz o melhor que pude para convencer Alexis de que fazer do Grexit um objetivo seria um erro tão grande quanto não conseguir se preparar para ele. Também critiquei o Syriza por fazer

---

ledge, Londres.

48 Um resumo do texto *Modest Proposal*, que recebeu uma transformação em 2013 com a ajuda de um novo coautor, Jamie Galbraith, pode ser encontrado na forma de um apêndice no livro *E os fracos sofrem o que devem? os bastidores da crise europeia*, de Yanis Varoufakis (2017), Autonomia Literária, São Paulo.

promessas tolas como a de que, se eleito, o acordo de resgate com a União Europeia e o FMI seria rasgado unilateralmente.

"Por que não podemos dizer a eles que, caso não aceitem nossa rejeição unilateral do seu programa, vamos sair do euro?", perguntou Alexis.

Expliquei que havia três desfechos possíveis em um eventual confronto com a *troika*. O melhor deles seria um novo acordo para a Grécia – envolvendo uma séria reestruturação da dívida, o fim daquela austeridade contraproducente e uma série de reformas que tivessem por alvo a oligarquia – que nos mantivesse no euro. O pior desfecho possível seria permanecer no euro, mas na mesma posição em que nos encontrávamos: na prisão dos devedores e com receitas, perspectivas e esperanças cada vez menores.

Já o Grexit estava entre esses dois desfechos: seria muito, muito pior do que um acordo viável ainda dentro da zona do euro, mas melhor, nos médio e longo prazos, do que a continuação do ciclo vicioso de resgates, austeridade e depressão por outros cinco anos ou mais.

Disse-lhe que em hipótese alguma Berlim, Frankfurt, Bruxelas ou o FMI aceitariam dele uma oferta do tipo "pegar ou largar"; eles simplesmente largariam. Por isso, emitir tal ultimato seria garantir o terceiro desfecho – a expulsão da zona do euro – e eliminar até mesmo a mera possibilidade do primeiro.

Para deixar a porta aberta para o melhor desfecho possível, ele precisava forçar a abertura de negociações. Por um lado, isso significava ter de abrir mão de usar do Grexit como ameaça (e muito menos como objetivo), e por outro lado, sinalizar ao mundo que o seu pior medo não era o Grexit, mas a continuação da situação atual. No entanto, eu não tinha certeza se ele estava muito interessado nas nuances desse argumento.

"Mas Yanis, muitas pessoas, como Paul Krugman, dizem que de qualquer maneira estaríamos melhor fora do euro", retrucou Alexis.

Concordei que estaríamos melhor caso nunca tivéssemos entrado na zona do euro, mas me apressei a acrescentar que uma coisa era ter ficado de fora do euro desde o começo e outra bem diferente era deixá-lo hoje. Sair do euro não nos levaria para onde teríamos chegado caso nunca tivéssemos entrado!

Para tentar afastá-lo de seu modo preguiçoso de pensar, descrevi em grandes linhas o que eu imaginava que aconteceria imediatamente caso o

Grexit fosse anunciado. Diferente da Argentina, um país que havia cortado os laços da sua moeda com o dólar, a Grécia não tinha suas próprias notas e moedas em circulação. O Grexit envolveria mais do que a simples suspensão da taxa de câmbio de um-para-um entre o dracma e o euro.

O resultado de tal rompimento na Argentina foi uma drástica desvalorização da moeda nacional, levando a um enorme aumento nas exportações. Isto, por sua vez, conduziu a uma significativa redução do déficit comercial e, por fim, à restauração da vitalidade econômica. Entretanto, diferentemente dos argentinos, a Grécia teria de criar um novo dracma primeiro, e só então separá-lo do euro.[49] Mas criar uma moeda leva meses. Em outras palavras, anunciar o Grexit seria como anunciar uma desvalorização da moeda meses antes de ela acontecer, uma estratégia que vem com consequências calamitosas: um êxodo de euros e a inexistência de uma moeda local para facilitar as transações cotidianas.

Será que estaria preparado, perguntei a Alexis, para ficar diante dos eleitores durante uma campanha e dizer-lhes que era isso o que estava propondo? Que esse deveria ser o plano A? Ou não seria melhor dizer aos eleitores o seguinte: nós exigiremos uma renegociação que produza um novo acordo para a Grécia, tornando nossa economia social sustentável dentro da zona do euro, mas se a União Europeia e o FMI se recusarem a negociar seriamente, não aceitaremos mais nenhum empréstimo "prorroga e faz de conta" dos contribuintes europeus. E se eles quiserem retaliar nos mandando embora do euro, a um preço enorme tanto para nós quanto para eles mesmos, então deixe que façam o seu pior.

Pappas assentia entusiasticamente, mas Alexis parecia estar com a cabeça em outro lugar. Quando eu o pressionei para que explicasse o seu

49 A Argentina, assim como o México e outros países latino-americanos, havia indexado sua moeda na proporção de um peso para um dólar, mas isso tornou as exportações argentinas proibitivamente caras e inundou o país com importações. À medida que o déficit comercial proliferava e que as dívidas em dólar se acumulavam, foi ficando claro para todos que algo tinha que acontecer. O êxodo de capital do país e o colapso de sua economia interna foram sanados, eventualmente, ao se acabar com a taxa de câmbio de um peso para um dólar. Tecnicamente, essa foi uma operação simples, embora tenha deixado muitos argentinos com dívidas em dólar que não puderam honrar, uma vez que seus pesos perderam valor. Bastou uma decisão do governo em uma tarde de sexta-feira de que o peso não mais equivaleria a um dólar americano.

silêncio, sua resposta veio confirmar que estava mais preocupado com os acontecimentos dentro do Syriza do que em se envolver de maneira apropriada com o assunto em questão. Aquilo não me impressionava. Conforme a reunião caminhava para o fim, e correndo o risco de parecer condescendente, lhe ofereci um conselho bem intencionado, mas não solicitado, relativo a uma questão distinta, que ele pode ter considerado ofensivo: "Alexis, se você quer ser primeiro-ministro, você precisa aprender inglês. Arranje um professor, isso é imperativo".

De volta em casa, Danae me perguntou como tinha ido a reunião. "Ele é uma pessoa muito agradável, mas não acho que tenha o que é preciso", respondi.

Aqueles primeiros encontros com Alexis e Pappas provaram ser um momento decisivo em mais de um aspecto. Nos dois anos anteriores, eu me acostumara a encontrar políticos inquietos de todo o espectro – com a exceção de quadros do partido comunista, que vivem em uma bolha permanente de crença que se autoconfirma. Mas conforme 2011 chegava ao fim e o segundo resgate se aproximava, houve menos oportunidades de diálogo genuíno com qualquer um do centro político, fosse com os cada vez menos numerosos socialistas do Pasok, muitos dos quais simplesmente recuaram rumo a um purgatório privado, ou com os conservadores do Nova Democracia, muitos dos quais haviam outrora compartilhado dos meus pressentimentos, mas que agora cooptavam os desgarrados do Pasok em uma aliança projetada para ver o segundo resgate levado à cabo, e o seu partido no poder.

De uma hora para outra, as oportunidades para um diálogo interpartidário desapareceram, como uma maré que baixa rapidamente. No Parlamento só sobrou o Syriza para lutar contra o estabelecimento do Resgatistão 2.0. É por esse motivo que, quando Pappas me telefonou novamente para propor outra reunião depois de o apoio dos parlamentares ao projeto do segundo resgate ter sido sondado pela primeira vez, não pensei duas vezes: fossem quais fossem minhas reservas, aceitei seu convite.

Em nossa segunda reunião e nas reuniões que se seguiram, fiquei agradavelmente surpreso: Alexis parecia transformado. Fora-se a complacência, a fixação nos assuntos internos de Syriza e a postura casual em relação ao Grexit. Ele claramente havia feito sua lição de casa, mesmo com relação a Modesta Proposta.[50]

Ele também me disse orgulhosamente que havia contratado um professor de inglês e que estava progredindo bastante. (Alguns anos mais tarde, quando servi em seu primeiro governo, estava ouvindo uma teleconferência da qual participavam Alexis, a chanceler Merkel da Alemanha e o presidente Hollande da França, e relembrei esse momento: Alexis tinha o melhor inglês dos três).

A melhor coisa sobre nossas reuniões era a clareza e a unidade de propósitos que emergiram. Eu investi grande quantidade de energia para imprimir em Alexis e em Pappas a ideia de que em qualquer negociação com a União Europeia e o FMI, o sucesso de Alexis dependeria, tanto quanto tudo o mais, da sua capacidade em controlar os bancos gregos.

Por sua vez, Alexis parecia acolher plenamente minha recomendação de uma política tripartida de *desobediência construtiva*, que consistia, em primeiro lugar, em dizer não a outros empréstimos "prorroga e faz de conta" e à austeridade da qual eles vêm acompanhados; em segundo lugar, apresentar propostas moderadas para a reestruturação da dívida, alíquotas tributárias mais baixas e reformas que atacassem o triângulo do pecado; e, finalmente, sempre ter em mente que, em algum momento, numa tentativa desesperada de aniquilar de vez as demandas por uma reestruturação da dívida e evitar que Merkel tivesse de contar aos seus parlamentares a verdade sobre o que fizera em 2010, Berlim o ameaçaria de expulsão da zona do euro.

## O ponto de Arquimedes

Em um primeiro momento, demorei a contar a Danae sobre o telefonema ameaçando o seu filho. Antes de deixá-la preocupada, talvez desnecessariamente, queria de alguma forma avaliar o risco. Seria de fato apenas uma ameaça vazia para me assustar e me obrigar ao silêncio? Mas percebi que não tinha o direito de fazer esse julgamento sozinho. Conforme o segun-

50 Para minha genuína surpresa, discutimos em profundidade os remédios da Modesta Proposta para as subcrises europeias da dívida pública, dos bancos insolventes e dos investimentos ultrabaixos.

do resgate se aproximava, a mídia, os bancos e o governo se preparavam febrilmente para uma última batalha. Não havia como saber do que eles eram capazes. Então tomei coragem e lhe contei.

Danae olhou para mim com desaprovação e lançou um lacônico ultimato: "Ou você entra na política para nos proteger, ou vamos embora desse país".

Sem hesitar, respondi: "Então vamos embora".

Alguns dias depois, estava previsto que eu visitasse os Estados Unidos para promover meu novo livro sobre a crise global.[51] Enquanto estava lá, duas ofertas de emprego se apresentaram, permitindo, por sorte, que eu cumprisse o meu acordo com Danae. No início de 2012, nossa mudança para os Estados Unidos já estava em andamento.[52]

No dia em que embarcamos no avião, as telas da Bloomberg transmitiram ao mundo das finanças duas notícias de última hora da zona do euro. Na primeira lia-se: "Merkel se abre a um compromisso de repartição da dívida depois que Monti encontra uma maneira de persuadi-la".[53] A segunda vinha de mais perto de casa: "Gregos põem professor universitário para fora do país por dizer verdades sobre a economia". Se ao menos a primeira notícia fosse verdade – não era – talvez a segunda pudesse ter sido mentira!

---

51 Yanis Varoufakis, *O Minotauro global: a verdadeira origem da crise financeira e o futuro da economia*, Autonomia Literária, São Paulo, 2016.

52 Minha primeira experiência em mudar de país veio aos dezessete anos, quando, junto com milhares de outros gregos da minha idade, mudei para a Grã-Bretanha para estudar. Então, em 1988, quando estava me asfixiando na Grã-Bretanha de Margaret Thatcher, migrei para a Austrália, onde assumi uma cátedra na Universidade de Sydney. Meu próximo voo migratório ocorreu quando, aos 40 anos, decidi me demitir de Sydney e voltar para a Grécia, aceitando uma cátedra na Universidade de Atenas. Nossa mudança para os Estados Unidos em 2012 foi a minha penúltima mudança, a última (espero e acredito) sendo a passagem em 2015 para a arena da política.

53 Angela Merkel era, claro, a chanceler (premiê, chefe de governo) da Alemanha, e Mario Monti, o economista não eleito que substituíra o pavoroso, mas democraticamente eleito, Silvio Berlusconi como primeiro-ministro da Itália. Monti, apesar de sua reputação de homem de Merkel, prestou um importante serviço a seu país ao pressionar Merkel a aceitar a repartição da dívida pela zona do euro (a não confundir com empréstimos), bem como a criação de uma união bancária de verdade. O fato de ele ter fracassado não se deve a sua falta de esforço (ver Varoufakis, 2016, capítulo 6), mas sim a uma combinação de falta de vontade da parte de Merkel em vir em auxílio do homem que ela havia apoiado e à falta de apoio a Monti dentro da própria Itália.

Assim, Danae e eu aterrisamos em Seattle, onde trabalhei por alguns meses como economista residente na Valve Corporation[54] antes de seguirmos para Austin, onde meu grande amigo e colega James Galbraith havia organizado que eu integrasse a Escola de Negócios Públicos da Universidade do Texas, na qual ministraria cursos que incluíam um intitulado "A Crise Financeira na Europa".

Apesar dos seus consideráveis poderes de presciência, duvido que ele soubesse exatamente no que estava se metendo quando encontrou a vaga para mim: três anos mais tarde, ele acabaria se juntando a mim no Ministério das Finanças grego para liderar os trabalhos em um projeto ultrassecreto e vital.

Por mais de dois anos, Austin proporcionou um ponto de observação arquimediano, o local ideal a partir do qual observar, mas também agir. Embora fosse de partir o coração ter de assistir de longe enquanto a *troika* e seus lacaios gregos formalmente transformavam a Grécia em Resgatistão 2.0, a vista a partir de Austin oferecia clareza.

Isso também me ofereceu uma oportunidade para construir uma ponte entre Washington e meus novos amigos do Syriza, aliança que não era a mais natural do mundo, sem dúvida. Parecia seguro supor que um futuro governo do Syriza precipitaria um choque todo-poderoso com a Alemanha, a Comissão Europeia e o Banco Central Europeu.

A última coisa de que Alexis e Pappas precisavam era de um governo hostil nos Estados Unidos. Assim, de 2012 a 2015, com a ajuda e as conexões de Jamie Galbraith, eu faria tudo o que estava a meu alcance para explicar aos formadores de opinião americanos e à administração Obama que os Estados Unidos não tinham nada a temer de um governo Syriza, cuja prioridade seria antes de mais nada libertar a Grécia de sua dívida esmagadora.

Austin é esquisita, da melhor maneira possível: paraíso para os aficionados da música ao vivo e um excelente lugar para esquecer as tribulações do resto do mundo. Mas nada disso estava disponível para mim. Durante o dia, enquanto a Grécia dormia, eu preparava minhas palestras e trabalha-

54 Uma empresa de videogames cuja comunidade de vários milhões de jogadores/clientes gerou espontaneamente uma macroeconomia significativa, incluindo um sistema monetário bastante desenvolvido que estava interessado em estudar.

va no meu livro sobre as causas profundas do "manejo inepto da Europa diante de sua inevitável crise".[55] À noite, aproveitando-me da diferença de fuso horário, aparecia na televisão grega por Skype, acompanhava os debates em andamento e escrevia artigos para continuar minha campanha.

O inverno e a primavera gregos de 2012 foram marcados por uma angústia silenciosa e uma indignação abafada. A Praça Sintagma não viu quase nada das ações de massa de 2011. Conforme a recessão foi apertando, as pessoas privatizaram sua dor, ficando em casa para lamber suas feridas e cuidar de seus necessitados. O tecnocrático governo de coalizão da *troika*, liderado pelo ex-vice-presidente do Banco Central Europeu e apoiado pelo Pasok e pelo Nova Democracia, estava concluindo a construção do Resgatistão 2.0.[56] Se aproximava rapidamente o momento em que o trabalho daquele governo estaria terminado e que Antonis Samaras, o líder do Nova Democracia, desencadearia uma eleição geral que esperava vencer, mudando-se triunfantemente para Maximos. No caso, a eleição geral foi convocada para maio de 2012.

Antes das eleições de maio, minhas conversas com Alexis e Pappas eram escassas e distantes entre si. Com os socialistas do Pasok de Papandreou encarando o iminente esquecimento, os principais protagonistas eram o Nova Democracia de Samaras e o Syriza de Tsipras, mas nem eu nem eles imaginávamos que um partido que obtivera apenas 4,6% dos votos nas eleições anteriores pudesse ter uma chance real de formar um governo, por mais momentosos que fossem os deslocamentos das placas tectônicas da política.

Minha preferência era que o Syriza apresentasse aos eleitores um programa simples, progressista, europeísta, logicamente coerente e não populista como base sobre a qual construir a imagem de um governo futuro confiável, capaz de negociar com a União Europeia e o FMI o plano de fuga do país.

Alexis e Pappas estavam inclinados a um programa político diferente, um que maximizava ganhos eleitorais de curto prazo à custa (a meu ver)

---

55 Ver Varoufakis, 2016.

56 A coalizão também incluía um pequeno partido fundamentalista cristão, abertamente racista e ultranacionalista, chamado Laos, que mais tarde foi absorvido em parte pelo Nova Democracia, mas principalmente pelos nazistas emergentes do Aurora Dourada.

de coerência lógica de longo prazo. Quando li a seção de política econômica do manifesto eleitoral do Syriza em 2012, minha irritação foi tanta que parei depois de algumas páginas.

No dia seguinte, fui convidado por um repórter da televisão grega para comentar sobre ele. Respondi que estava inclinado a apoiar o Syriza, mas que minha decisão de votar no partido estava condicionada a minha capacidade de resistir à leitura de seu programa econômico.

As eleições de maio produziram um Parlamento sem maioria. O centro político, composto pelo Pasok e pelo Nova Democracia, partidos que juntos já haviam comandado até 80% do apoio popular, fora desertado por mais da metade de seus eleitores. Foi o preço pago pelos dois partidos do *establishment* por terem conduzido o Resgatistão.[57]

Chamar isso de terremoto político seria um eufemismo. Como frequentemente acontece quando a deflação da dívida faz com que o meio termo político imploda, o nazismo mostrou sua cara feia, com o Aurora Dourada garantindo 7% dos votos e se tornando o quarto maior partido do país. Enquanto isso, o pequenino Syriza quadruplicava seu outrora insignificante número de votos, obtendo apenas 2% menos do que os recebidos pelo Nova Democracia de Antonis Samaras. Era a primeira vez desde 1958 que a esquerda subiria às sublimes alturas de oposição oficial. Alexis e Pappas tinham motivos para se sentirem vingados, e ignoraram o desdém que eu despejara sobre o programa econômico do Syriza.

No entanto, um Parlamento no qual o maior partido comanda menos de 19% dos votos não pode produzir um governo viável. Sua inevitável dissolução preparou o caminho para novas eleições um mês depois, em junho de 2012. Esse seria um mês interessante.

Na ausência de um governo ou de um Parlamento que funcionasse, a União Europeia e o FMI foram forçados a evocar algumas novas ilusões de tirar o fôlego para manter a farsa de que o Estado grego estava honrando suas dívidas. Enquanto isso, os únicos partidos com algum dinamismo

57 O Pasok perdeu o grosso do seu apoio em 2009, depois de zelar pelo primeiro resgate (passou de 44% para apenas 13,2%), enquanto o Nova Democracia, que dera uma mãozinha no segundo resgate, viu sua base eleitoral encolher de 33,5% em 2009 para 18,8% em maio de 2012.

eleitoral eram o Syriza e o Nova Democracia, com Syriza crescendo mais rápido apesar de vir de uma base ligeiramente inferior.

Se as tendências das semanas anteriores continuassem, Alexis teria uma chance real de formar o próximo governo. Essa constatação abalou a oligarquia, a *troika*, o *establishment* político da Alemanha e, não menos, Alexis e Pappas, que estavam compreensivelmente em pânico com a possibilidade de que os deuses cruéis estivessem conspirando para conceder-lhes seu maior desejo.

## Alarme

Eu retornara a Atenas para votar nas eleições de maio, quando Pappas me telefonou para organizar uma reunião. Tsipras, ele e eu nos reunimos naquele mesmo hotel em Psyrri em um estado considerável de entusiasmo: eles não estavam mais à margem do jogo político, agora estavam surfando na crista de uma onda de apoio popular capaz de produzir mudanças reais dentro de poucas semanas, não anos. Mas foi nessa reunião que um alarme começou a soar bem alto na minha cabeça.

"Você se deu conta de que, se vencermos, é você quem estará conduzindo nossas negociações com a União Europeia e o FMI?", perguntou Pappas com o sorriso afetado que era sua marca registrada.

Meu estômago embrulhou. A ânsia de Pappas em me envolver nas negociações com a União Europeia e o FMI estava em descompasso com o fato de que a pasta de política econômica do Syriza pertencia a Yannis Dragasakis – o ministro das Finanças velado do partido, um veterano político de esquerda que desempenhara um papel central na ascensão de Alexis à liderança do partido e, aliás, na própria criação do Syriza.

Embora Alexis e Pappas evidentemente não considerassem Dragasakis o homem para confrontar União Europeia e o FMI, ele ainda assim era responsável pela redação da agenda econômica do partido e era um cacique cujos calos sem dúvida evitariam pisar. Inferi que a compreensível relutância de Alexis e Pappas em fazê-lo era o que estava por trás de seu precipitado entusiasmo em separar os papéis de negociador-chefe e de ministro das Finanças.

Levei algum tempo até responder à pergunta de Pappas. Dirigindo meu olhar a Alexis, eu lhes disse que estava honrado com a oferta, mas que não via como a separação dos papéis poderia funcionar. Todas as negociações aconteceriam dentro do Eurogrupo, onde cada governo é representado por seu respectivo ministro das Finanças: para ter qualquer credibilidade e poder de negociação, o ministro deve ter total apoio não apenas do primeiro-ministro, mas também do gabinete, do Parlamento e do eleitorado. Enviar um tecnocrata não eleito para negociar a liberação econômica do país com seus credores enquanto outra pessoa administra a economia interna seria um desastre na certa.

Percebendo que Alexis concordava comigo, Pappas tentou salvar a discussão pedindo para que eu preparasse um documento informativo que delineasse a melhor posição de negociação do governo, caso o Syriza vencesse no dia 14 de junho, três semaninhas mais tarde. Naquela noite, sentei-me para completar a primeira de muitas, muitas versões desse documento estratégico.

Em seu cerne, estabeleci duas propostas para a reestruturação da dívida grega, a serem apresentadas à União Europeia e ao FMI. Primeiro, a falência do Estado, a dívida pública, deveria ser desatrelada da falência dos bancos do país e de suas perdas privadas. Desta forma, o Estado falido não poderia ser responsabilizado por um dinheiro de contribuintes europeus que ele não recebera.

Mais importante ainda, a recuperação dos bancos não seria atravancada pelo endividamento estatal: afinal, como poderia o Estado grego resgatar os bancos se ele também estava falido? Sem esse desatrelamento, o Estado grego e os bancos que operam na Grécia continuariam a puxar uns aos outros para baixo como um par de nadadores debilitados apanhados em águas tempestuosas, agarrando-se um ao outro enquanto afundam em direção às profundezas do mar. Como isso poderia ser conseguido?

Transformando os contribuintes europeus nos verdadeiros donos dos bancos gregos, de modo que estes não fossem mais o passivo de fato do Estado grego, mas, em vez disso, fossem respaldados pelo povo europeu, e deixando que as instituições da União Europeia os administrassem em seu nome.[58] Esse era o único modo pelo qual a confiança nos bancos poderia ser restaurada.

Em segundo lugar, todo e qualquer reembolso da dívida do Estado grego à União Europeia e ao FMI, decorrente de seus dois resgates, deveria ter por condição que a recuperação do país tenha alcançado certo momento.[59] Essa era a única maneira pela qual a economia nacional poderia ter uma chance de se recuperar.

Em conjunto, esses dois exercícios de reestruturação da dívida sinalizariam uma nova era: a União Europeia e o FMI deixariam de operar tal qual um Ebenezer Scrooge[60] antes do natal. Em vez disso, eles se tornariam parceiros da Grécia na promoção de sua recuperação econômica, sem a qual, de qualquer forma, seus empréstimos de resgate seriam selvagemente reestruturados.

Meu documento informativo, escrito para ser visto por Alexis e Pappas exclusivamente, terminava com uma seção sobre qual reação poderíamos esperar da boa gente do FMI e da União Europeia, bem como da oligarquia grega: hostilidade venenosa. Embora fossem ideais para ajudar a Grécia a se recuperar e, assim, pagar o máximo possível de suas dívidas, impa-

---

58 Isso seria simples de um ponto de vista técnico. O dinheiro do segundo resgate, do qual os banqueiros da Grécia receberiam até 50 bilhões de euros, veio do Fundo Europeu de Estabilização Financeira (FEEF). O FEEF (efetivamente o fundo de resgate da Europa) pertence a todos os Estados-membros da zona do euro e toma emprestado em nome dos contribuintes europeus para então repassar o dinheiro a bancos gregos, espanhóis, ao Estado português etc. Minha proposta era que, visto que o FEEF estava bombeando dinheiro nos bancos gregos em nome dos contribuintes europeus, o FEEF deveria ser o dono de suas ações, tornando-se proprietário desses bancos em nome de todos os europeus. Os diretores dos bancos seriam então substituídos por pessoas nomeadas pelo FEEF (e possivelmente pelo Banco Central Europeu) incumbidas de purificar e "europeizar" os bancos gregos.

59 O termo técnico para isso é "indexação ao PIB nominal". Significa que os pagamentos de reembolso dos empréstimos de resgate seriam suspensos até que a renda nacional da Grécia, em euros, excedesse um determinado nível (por exemplo, o nível pré-crise do PIB ou alguma porcentagem dele, previamente acordada) e que sua taxa de crescimento estivesse acima de algum patamar percentual anual.

60 N. de E.: Scrooge é o personagem sinistro e avarento de Charles Dickens que aparece em *Um Conto de Natal*, o personagem tem uma série de representações na cultura popular e, ainda, serviu de inspiração para a criação do Tio Patinhas da Disney. No conto de Dickens, Scrooge acaba redimido de sua avareza pela visita do *Espírito de Natal*.

gáveis de outra forma, as duas propostas eram politicamente tóxicas para nossos oponentes dentro e fora da Grécia. Meu conselho foi o seguinte:

> *O que Atenas deve fazer caso os agentes da União Europeia rejeitem completamente ambas as propostas, insistindo em vez disso em novos empréstimos "prorroga e faz de conta"?*
>
> A menos que um governo do Syriza esteja preparado para recusar *quaisquer* novos empréstimos até que a dívida seja efetivamente reestruturada, não há sentido algum em ganhar a eleição para começo de conversa. Dizer não a novos empréstimos virá com um custo, obviamente. A *troika* ameaçará fechar os bancos, e o Estado terá que pagar os salários e pensões do funcionalismo público por meio dos impostos. Isso significa que seu governo deverá apertar o cinto e se preparar para um difícil período de negociação durante o qual o Estado viverá estritamente consoante com seus meios (reduzindo, se necessário, os salários e as aposentadorias mais elevados até que o déficit primário seja eliminado), e transações em dinheiro vivo deverão ser substituídas por transações em cartão de débito, serviços bancários através da internet e algum tipo de nota promissória emitida pelo Estado. Não vai ser bonito, mas esforços extraordinários para recuperar a soberania exigem medidas extraordinárias. Porém aqui vai a boa notícia: se vocês estiverem preparados para fazer reivindicações moderadas e sensatas e, ao mesmo tempo, dizer não (com convicção!) às ofertas de empréstimos "prorroga e faz de conta", a União Europeia e o FMI certamente sentarão à mesa de negociações. Não o fazer lhes custaria caro demais, tanto financeira como politicamente.

Eu sabia perfeitamente que, desde 2010, a reação da *troika* a qualquer proposta envolvendo uma reestruturação da dívida tinha sido feroz, pois ela teria exigido que a chanceler Merkel contasse a verdade sobre os motivos escusos por trás do resgate aos gregos.

A mesma reação aconteceria agora na Grécia, internamente. Nas cabeças dos assustadiços banqueiros gregos, minha campanha por uma reestruturação da dívida resumia-se a sua liquidação, visto que o controle sobre os bancos seria transferido às instituições da União Europeia e sua propriedade, aos contribuintes europeus.

Além disso, por trás dos bancos (e lhes dando apoio) estava uma classe política inteira, acostumada a receber empréstimos massivos de seus camaradas banqueiros sem ter de oferecer caução, garantias ou submeter-se a escrutínio. Não consigo me lembrar em que medida Alexis compreendeu as implicações dessa estratégia, mas lembro-me de ter lhe dito em detalhes o que deveria esperar caso adotasse minha recomendação: nada menos do que uma guerra. Não é de admirar que ele estivesse relutante em abraçar a ideia.

"Você está me aconselhando a exigir que os bancos gregos sejam entregues a estrangeiros? Como é que vou vender essa ideia ao Syriza?", perguntou-me Alexis em uma reunião posterior na sede do partido.

"Sim, é exatamente isso que você tem que fazer", respondi.

Se ele quisesse um acordo negociado dentro da zona do euro, expliquei, então teria de aceitar uma verdade básica: o Estado grego não tinha dinheiro para sustentar os bancos gregos. Logo, a única alternativa ao Grexit, no qual todas as apostas são encerradas, ou à manutenção da servidão por dívidas, o pior de todos os cenários possíveis, era a propriedade dos bancos pelos europeus.

Eu ainda lhe disse que, na verdade, isso era algo que deveria acontecer de qualquer modo: da mesma forma que é absurdo falar em um sistema bancário californiano ou texano dentro da zona do dólar, era ridículo imaginar que poderíamos ter sistemas bancários separados e de âmbito nacional dentro da zona do euro.

Alexis entendeu. Mas isso não significava que ele gostasse da ideia. Sobretudo visto que o comitê central do Syriza era naturalmente atraído pela ideia de nacionalizar os bancos. Enquanto a mídia grega guincharia que ALEXIS ENTREGARÁ NOSSOS BANCOS AOS ESTRANGEIROS! Os esquerdistas do Syriza o denunciariam por abandonar sua longa cruzada para colocar a finança sob o controle do Estado.

Vendo o horror em seus olhos ao pensar na inevitável repercussão, eu o avisei de que libertar a Grécia significava fazer inimigos poderosos, não apenas aqueles que tinham o imperativo político de manter o país na condição de uma colônia de dívidas: mas também quem, dentro do Syriza, desejava que ele construísse um paraíso socialista dentro da zona do euro.

Mas, de qualquer forma, isso era impossível. A única coisa possível de fazer permanecendo dentro da zona do euro era libertar a Grécia de sua prisão dos devedores. Para conseguir isso, a única esperança era convencer a maioria dos alemães a enxergar a si mesmos como parceiros em nossa recuperação, em vez de financiadores em série de nosso buraco negro.

Eles estavam prestes a derramar o seu dinheiro em bancos gregos, então ele deveria oferecer-lhes ações nesses bancos. Só assim eles sentiriam que têm algum interesse na recuperação da Grécia. Com aquele único golpe, ele quebraria o triângulo do pecado.

Alexis sorriu. Disse-me que não se importava em confrontar os banqueiros, mas sem qualquer influência sobre os bancos comerciais que operam na Grécia, argumentou, seria impossível para um governo implementar uma política industrial ou um plano de desenvolvimento e reconstrução. Ele simplesmente não conseguia ver o comitê central do Syriza engolindo essa ideia. Ele tinha razão nesse ponto.

Apresente-lhes isso da seguinte maneira, sugeri. Como verdadeiros internacionalistas, como europeístas progressistas, estaríamos tirando bancos falidos das mãos de corruptos corsários gregos e entregando-os às pessoas comuns da Europa, aos mesmos cidadãos europeus que estão injetando seu dinheiro nesses bancos.

Atualmente, os bancos não podem fornecer o capital de investimento necessário para a recuperação e o crescimento da Grécia, por isso só temos a ganhar ao entregar esses bancos e seus passivos. Enquanto isso, sugeri, poderíamos criar do zero um novo banco público de desenvolvimento no qual depositaríamos os ativos públicos gregos remanescentes. Estes poderiam então ser usados como caução para gerar um afluxo de novos fundos de investimento para fins de desenvolvimento, possivelmente em colaboração com o Banco Europeu de Investimento.

Alexis gostou do som internacionalista e progressista daquela sugestão, mas será que tinha gostado o suficiente para levá-la ao comitê central do Syriza e fazer com que Dragasakis a aceitasse? O dilema do jovem líder do partido foi crivado por muitos dos males que acabaram, afinal, por minar o nosso plano de batalha na primavera de 2015. Eu podia ver em seu rosto naquela tarde na sede do Syriza. Por um lado, ele conseguia ver que o que eu estava propondo era a única rota de fuga dentro da zona do euro. Mas, ao mesmo tempo, não conseguia romper com o *establishment* interno do Syriza.

Pessoalmente, eu estava convencido de que minhas propostas seriam rejeitadas, o que me dava uma desculpa perfeita para manter-me à distância do Syriza. Enquanto Alexis continuasse refém dos delírios internos do partido, eu estava firme em minha decisão de permanecer nos bastidores, oferecendo críticas construtivas se e quando solicitado, e estava aliviado por não ter que me envolver.

Três dias depois, em 24 de maio, esse alívio cresceu quando li o discurso de Alexis no qual ele detalhava as políticas econômicas do Syriza. O abismo entre o que eles estavam propondo e o que poderia realmente ser alcançado dentro da zona do euro era imenso. Em menos de uma hora eu enviar um longo e contundente e-mail para Alexis e Pappas, no qual destacava as inúmeras falhas lógicas naquilo que eles haviam acabado de prometer aos eleitores, bem como minha avaliação sobre a capacidade de Dragasakis em montar um programa econômico convincente.[61]

Os confusos pronunciamentos públicos de Alexis, a histeria anti-Syriza da oligarquia grega, além das ostensivas ameaças da chanceler Merkel contra uma Grécia liderada pelo Syriza, combinaram-se para produzir um resultado eleitoral que manteve Alexis na oposição.[62] Fiquei ao mesmo tempo aliviado e entristecido: aliviado porque ele teria outro período le-

61 Em seu discurso, ecoando as opiniões do núcleo duro do Syriza, Alexis apelou à tributação das transferências de capital para fora da Grécia (o que não era permitido dentro da zona do euro), a um programa de investimentos caseiro (quando os fundos para investimentos internos eram totalmente inexistentes), a um imposto sobre os armadores (que são em sua maioria domiciliados em Londres e, portanto, não podem ser afetados pela administração fiscal grega), a legislar de modo a forçar os gregos a repatriar seus depósitos bancários estrangeiros (o que é legalmente impossível dentro da União Europeia) e, por último, mas não menos importante, a nacionalização dos bancos (ignorando minhas instruções segundo as quais o Estado grego não tinha os meios para capitalizar os bancos dentro da zona do euro). A maioria desses pronunciamentos exigia que a Grécia saísse da zona do euro mas, no mesmo discurso, Alexis proclamou que a política do Syriza era permanecer dentro dela.

62 O Syriza obteve outros ganhos importantes entre as eleições gerais de maio e junho de 2012: de 16,8% em maio para 26,9% em junho. Mas o Nova Democracia obteve ganhos semelhantes, de 18,8% para 29,7%, canibalizando os socialistas do Pasok, que voltaram a cair de 12,3% para 4,68%.

gislativo para organizar seu ato, e entristecido pelo fato de que o Resgatistão 2.0 seria provavelmente gravado em pedra por um novo governo de coalizão que dançaria ao som da *troika*.[63]

## O último suspiro de uma amizade

Yannis Stournaras e eu nos aproximamos logo depois que me mudei de volta da Austrália para a Grécia. Isso foi em 2000, quando deixei a Universidade de Sydney para assumir uma cátedra na Universidade de Atenas, onde Stournaras já era professor de economia.[64] Nós formamos um quarteto informal de economistas acadêmicos, junto com Georgos Krimpas, um professor sênior, e Nicholas Theocarakis, um estudioso surpreendente e amigo querido. Krimpas fora professor e orientador de Stournaras e Theocarakis, o que fazia de mim o novo garoto no pedaço. Sucedi Krimpas no cargo de diretor de economia política, a disciplina à qual nós quatro pertencíamos.

Stournaras lecionava meio período devido a suas funções governamentais sob a gestão Pasok, que trouxe a Grécia para a zona do euro. De fato, durante as negociações de adesão na década de 1990, quando Berlim desejava manter a Grécia fora do bloco, Stournaras serviu como presidente do Conselho de Assessores Econômicos, um órgão importante do Ministério das Finanças, o que ele usou para convencer Berlim e Bruxelas a deixar a Grécia entrar no euro.[65]

---

63 O novo governo de coalizão foi uma interessante modificação do anterior, liderado por Lucas Papademos, ex-vice-presidente do BCE. No seu núcleo ainda estavam o Nova Democracia e o Pasok, mas o terceiro partido mudara drasticamente: o Laos, agora absorvido pelo Aurora Dourada e pelo Nova Democracia, foi substituído por uma pequena dissidência do Syriza chamada Esquerda Democrática – esquerdistas moderados que haviam aceitado a lógica básica do programa da *troika* para a Grécia. A outra diferença era que a nova coalizão era dominada pelo Nova Democracia, dada a implosão do Pasok.

64 Os rumores espalhados por Peter Spiegel do *Financial Times* e por outros de que Stournaras havia desempenhado algum papel na minha nomeação são falsos. Ele e eu nos conhecemos somente após a minha nomeação, que foi resultado de um raro voto unânime do Conselho da Faculdade de Economia. Na verdade, o primeiro convite para retornar a Atenas e considerar a possibilidade de assumir um cargo por lá veio no início dos anos 1990, feito por um teórico do crescimento de esquerda formado na Alemanha, um professor da velha guarda que agraciava a universidade com sua erudição e virtude.

65 Stournaras me contou uma divertida história sobre as afamadas "estatísticas gregas",

Uma vez que a Grécia estava dentro do euro de forma segura, em 2000, o primeiro-ministro do Pasok recompensou Stournaras com o Banco Comercial da Grécia tornando-o seu presidente e diretor executivo.[66] Foi durante essa última fase de sua carreira que ele e eu nos conhecemos.

Apesar da sua agenda apertada, Stournaras estava sempre à disposição para fazer sua parte no que dizia respeito ao ensino universitário, e fazia-o com felicidade e devoção. Embora nossas perspectivas sobre economia divergissem consideravelmente, assim como nossas opiniões políticas, seu compromisso com a universidade e a boa química que havia entre nós forneceram as bases para que uma amizade se desenvolvesse.

Quando montei um programa de doutorado internacional, Stournaras estava lá para apoiá-lo, e tirava proveito do nível mais elevado dos alunos que, desse modo, atraímos. Seguiram-se outras melhorias no currículo, provocando a indignação de estudantes políticos corruptos e uma vigorosa animosidade da parte de colegas cujos mesquinhos interesses foram ameaçados.[67] Mas o quarteto manteve-se firme, auxiliado por vários ou-

---

acusadas de permitir que uma Grécia totalmente despreparada entrasse nas areias movediças da zona do euro. Tudo o que ele e seus colegas tiveram de fazer para convencer a Europa oficial a deixar a Grécia entrar foi copiar os truques que outros – principalmente os italianos, mas também o Ministério das Finanças da Alemanha – haviam usado para dar um jeito em suas estatísticas de modo a poder apresentá-las como sendo compatíveis com as regras da zona do euro. Dado que Atenas não estava usando nenhum truque que já não tivesse sido usado por Roma, ou mesmo por Berlim, a sutil estratégia de Stournaras era deixar claro que, caso a Grécia fosse deixada de fora, o mundo talvez viesse a descobrir o que Roma e Berlim vinham aprontando. Em outras palavras, não foram as estatísticas gregas que colocaram a Grécia na zona do euro; foram estatísticas europeias, juntamente com uma boa dose de hipocrisia.

66 Mais tarde o banco foi renomeado para Banco Emporiki. Em 2004, depois que Stournaras foi demitido pelo novo governo conservador, o Banco Emporiki foi vendido ao Crédit Agricole. Após a crise de 2010, foi desativado.

67 Por exemplo, o programa internacional de doutorado em Economia que introduzimos exigiu que os candidatos passassem dois anos fazendo cursos em período integral. Anteriormente, alguns professores faziam com que os candidatos trabalhassem por uma ninharia em seus próprios projetos lucrativos (ou em seus negócios) em troca da promessa de que, um dia, quatro ou cinco anos depois, receberiam um doutorado. Naturalmente, as dissertações que resultavam desse sistema não tinham valor algum, pois os alunos não recebiam uma educação adequada nem tinham tempo para estudar por conta própria. O novo programa pôs fim a essa prática e me tornou muito, muito impopular entre aqueles colegas.

tros colegas. Em pouco tempo, estávamos socializando uns com os outros também fora do trabalho, passando até mesmo finais de semana juntos.

Na noite das eleições gerais de setembro de 2009, que levou George Papandreou ao comando do governo, Danae e eu nos encontrávamos no apartamento de Stournaras, no norte de Atenas, assistindo a contagem dos votos pela televisão juntamente com Yannis, sua esposa e um outro casal. Das oito pessoas na sala, Stournaras e eu éramos os únicos que não haviam votado no Pasok naquele dia – possivelmente porque, assim como as salsichas, se você sabe como elas são feitas...[68] Alguns meses mais tarde, a Grécia estava falida e o primeiro resgate estava a caminho.

Durante aquele ano memorável para a Grécia, em 2010, Stournaras trilhou uma carreira que causou surpresa, tornando-se diretor de um *think tank* de economia originalmente criado pela Confederação Nacional das Indústrias da Grécia, a maior e mais consolidada corporação de patrões no país, tradicionalmente ligada aos conservadores do Nova Democracia.

Pouco depois de assumir o comando, Stournaras começou a endossar soluções padronizadas de livre mercado, em desacordo com os princípios social-democratas que por muito tempo defendera sob o governo Pasok. No entanto, seu movimento foi menos uma abjuração dos socialistas do Pasok, seu antigo público, do que um sinal do que viria a seguir, uma vez que o segundo resgate exigisse um amplo governo de coalizão. Stournaras foi um pioneiro do colapso da centro-esquerda e da centro-direita em um só governo, indivisível, pró-*establishment* e simpático à *troika* – um governo que tomaria sua forma definitiva após as eleições de junho de 2012.

---

68 Stournaras fora um funcionário do partido ou, como ele preferia pensar de si mesmo, um tecnocrata do Pasok. Mas fora próximo de, e havia trabalhado com, o antecessor de Papandreou, cujo legado estevinha tentando expurgar desde 2004. Deste modo, Stournaras foi marginalizado, fazendo-o se sentir amargurado e distante do partido com o qual se identificava. Em contraste, eu era próximo da família Papandreou, mas não do partido, no qual não conseguia me convencer a votar. Mesmo tendo respondido ao pedido de Papandreou para que ajudasse a ele e sua equipe (com a redação de discursos, análises econômicas, propostas para encorajar um setor empresarial cooperativo etc.), o fiz como pessoa externa ao partido e como um favor pessoal a Papandreou. No entanto, em 2006, eu não consegui trabalhar com sua equipe econômica e renunciei até mesmo a meu papel informal de consultoria. De modo bastante acidental, isso aproximou Stournaras e eu, pois agora compartilhávamos certo distanciamento de Papandreou.

Um mês antes das eleições de maio de 2012, eu estava de passagem por Atenas em meu caminho de volta aos Estados Unidos, vindo de Berlim, onde participara de uma conferência sobre a crise do euro. Ao chegar em Atenas, liguei para Stournaras. Encontramo-nos no dia seguinte, em um café no saguão de um hotel ao pé da Acrópole; nós nos abraçamos, beijamos e trocamos notícias sobre nossas filhas e companheiras.

Ao abordar os negócios, eu o informei sobre as discussões que tive em Berlim com funcionários do Banco Central Europeu e do governo alemão, com jornalistas financeiros e afins. Também mencionei uma conversa que tive com o financista George Soros. Contei a Stournaras que Soros concordava com minha avaliação da situação grega, bem como com o essencial de minhas propostas de política econômica para a Europa como um todo.

Stournaras e eu começamos então a discutir o programa da *troika* para a Grécia. Estava claro que a falência da Grécia havia criado um abismo entre nós, transformando diferenças de opinião preexistentes em uma imensa fenda teórica, empírica e política. Stournaras insistia que o programa da *troika* era viável desde que fosse implementado vigorosamente. Pedi-lhe que explicasse. Ele o fez, com sua efervescência habitual.

"É simples", disse ele. "O programa pode ser feito com base no princípio dos três quatros: taxa de crescimento de 4%, superávit primário de 4% do orçamento do governo e juros de 4% pagos em nossos empréstimos de resgate."[69]

"Claro, isso resolveria o problema", respondi. "Exceto que é *impossível* para a economia grega obter ao mesmo tempo uma taxa de crescimento de 4% e um superávit primário de 4%". Argumentei que, se o governo declarasse que pretendia obter um superávit orçamentário de 4%, na cabeça de qualquer investidor isso seria traduzido como taxas de impostos ainda mais elevadas e estava fadado a dissuadi-los.

A conversa não estava indo a lugar algum. Mas eu ainda acreditava que nossa amizade, uma das poucas pontes remanescentes entre campos opos-

69 O superávit primário do governo é a diferença entre suas receitas (impostos, taxas alfandegárias, retornos sobre investimentos públicos etc.) e seus gastos, sem contar o dinheiro que o governo paga a seus credores na forma de parcelas da dívida (juros e principal).

tos, era um ativo que poderia ser usado em favor do bem maior. Pouco antes de nos despedirmos, disse-lhe que nós dois tínhamos a responsabilidade de permanecer amigos.

Tudo indicava que ele estava caminhando rumo a uma posição eminente no governo, ao passo que minhas ideias me levavam na direção oposta, à oposição. Mas acima de qualquer outra coisa, não deveríamos permitir que fôssemos colocados um contra o outro em um nível pessoal. Ele assentiu com a cabeça e nos separamos com um abraço que, pensando retrospectivamente, estava mais para morno.

Dois meses depois, pouco antes das eleições de junho de 2012, a Faculdade de Economia da Universidade de Atenas estava analisando meu pedido de licença não remunerada para que eu pudesse voltar a Austin e continuar a lecionar ali. Tal pedido era algo perfeitamente normal e a votação do corpo docente para que ele fosse aceito, pouco mais que uma formalidade, mas este pedido deu início a um tumultuado debate. O motivo era que Stournaras havia apresentado à faculdade o seguinte questionamento: por que a Universidade de Atenas deveria me conceder tal licença para que voltasse aos Estados Unidos se o meu objetivo lá era colaborar com George Soros na venda a descoberto dos títulos gregos?

Vender a descoberto um título público significa apostar que seu valor cairá, significa especular com a queda da atratividade da dívida pública do país perante os investidores. Se um número suficiente de pessoas gastar uma quantidade suficiente de dinheiro vendendo um título a descoberto, a confiança no título cai, ele perde valor e a expectativa de queda se autorrealiza.[70] A bizarra acusação de Stournaras era que eu estaria especulando nos mercados financeiros de Nova Iorque, em conluio com George Soros, a fim de lucrar com um rebaixamento da fiabilidade creditícia do Estado grego.

---

70 N. de R. T: A venda a descoberto (*short* no jargão do mercado financeiro), como já diz o texto, é uma aposta na queda de valor de um determinado título ou ação. Fazer essa "venda", no entanto, requer dinheiro do apostador, porque em geral essas operações são feitas em câmaras de compensação, que exigem uma margem de garantia de quem aposta, para cobrir eventuais prejuízos. Havendo condição de forçar as apostas (muita gente, com muito dinheiro), pode-se "produzir" o resultado desejado, e a aposta deixa de ser aposta. O ponto importante do autor aqui é a acusação, que lhe foi feita por seu ex-amigo, de que ele estaria produzindo a ruína do Estado grego em benefício próprio.

Alegações como essa – de que eu seria um oportunista interesseiro trabalhando no sentido de arruinar o Estado grego – eram as favoritas dos meus oponentes. Teóricos da conspiração direitista antissemita haviam acusado Soros, como judeu, de liderar uma campanha para acabar com a Grécia ortodoxa cristã.

De 2010 em diante, quando comecei a defender que o Estado grego estava falido e a preconizar que aceitássemos nossa falência, esses círculos insinuaram, e mais tarde proclamaram, que eu era seu fantoche. A primeira vez que ouvi essa acusação, em 2011, achei meramente engraçado. Agora Stournaras acrescentou todo um novo vigor a essas absurdas acusações, baseando-se presumivelmente no relato de minha discussão com George Soros em Berlim.

O fato é que simplesmente nunca comprei ou vendi – muito menos a descoberto – um único título público ou uma ação sequer em minha vida, nem nunca antes me encontrara ou comunicara com Soros, exceto no painel de discussão do qual ambos participamos em Berlim, na primavera de 2012.

Ao ouvir sobre sua revoltante alegação, peguei o telefone, fervendo de raiva, e liguei para Stournaras para perguntar, da forma mais calma que conseguisse, por que a havia feito. Ele pediu desculpas imediatamente, invocando "estresse" e a "má influência" de reportagens na imprensa dizendo que eu estaria trabalhando para Soros. Eu disse que aceitava seu pedido de desculpas, mas no fundo do meu coração sabia que Stournaras cruzara o Rubicão rumo a um solo incapaz de sustentar qualquer ponte entre nós.

Alguns dias depois, após as eleições de junho de 2012 terem dado início ao governo de coalizão de Antonis Samaras, soube pelo noticiário que Stournaras seria o próximo ministro das Finanças do país, tecnocrata e não eleito. Ele permaneceu no cargo por dois anos, usando seu mandato para implementar as condições de empréstimo do segundo resgate o mais fielmente que pôde – a tal ponto que a brutal austeridade introduzida graças a sucessivas ondas de cortes orçamentais e aumentos de impostos acelerou a recessão, desestabilizando terminalmente o governo Samaras.

Menos de dois anos depois de sua vitória eleitoral, nas eleições para o Parlamento europeu de maio de 2014, o Nova Democracia de Samaras recebeu menos votos do que o Syriza e, subsequentemente, ficou muito atrás nas pesquisas de opinião. Um mês depois, o mandato do presidente do Banco da Grécia[71] expirou, e Samaras aproveitou a oportunidade para nomear Stournaras. Caso os partidos do *establishment* perdessem as próximas eleições gerais, ao menos deixariam para trás, no Banco Central, alguém que estava disposto e era capaz de sabotar o novo governo do Syriza. Foi exatamente isso que Stournaras fez.

O café do hotel no qual nos encontramos em abril de 2012, visto como terminaram as coisas, testemunhara o último suspiro da nossa amizade.

## História de sucesso

Enquanto Stournaras assumia o Ministério das Finanças durante o escaldante verão de 2012, o pessoal da União Europeia e do FMI tentava resolver seu próprio pequeno dilema. Os empréstimos para o segundo resgate haviam sido atrasados por conta da dupla eleição na Grécia e não começariam a chegar antes do outono. Infelizmente, Atenas deveria enviar pouco menos de 3,5 bilhões de euros ao BCE no dia 20 de agosto, uma de suas várias impagáveis prestações da dívida. Como isso poderia ser feito, dado que os cofres estavam vazios?

Quando a *troika* quer algo de verdade, dá um jeito. Eis aqui a feitiçaria que usaram para maquinar a ilusão necessária, narrada em câmera lenta para que o leitor possa apreciar plenamente sua magia.

- O BCE concedeu aos bancos gregos falidos o direito de emitir novas notas promissórias com um valor nominal de 5,2 bilhões de euros – pedaços de papel sem valor algum, uma vez que os cofres dos bancos estavam vazios.
- Visto que ninguém em sã consciência daria dinheiro para comprar essas promissórias, os banqueiros as levaram ao ministro das Finanças Stournaras, que carimbou nelas o selo de garantia, com fundo de cobre, do Estado falido – na verdade, um gesto inútil, já que uma entidade falida (o

71 N. de R. T: O Banco da Grécia é o Banco Central do país. Ali utiliza-se para o principal executivo dessa instituição o termo *governor*, que seria traduzido, mais literalmente por "governador". Contudo, optamos aqui por fazer uso do termo mais utilizado e consagrado no Brasil, que é "presidente".

Estado) não pode garantir de modo significativo as promissórias de outra entidade falida (os bancos).

- Então os banqueiros levaram suas imprestáveis promissórias até o Banco Central da Grécia, que é, claro, uma sucursal do BCE, colocando-as como garantia para novos empréstimos.
- O Eurogrupo deu sinal verde ao BCE para que permitisse que sua sucursal grega aceitasse essas promissórias como caução e, em troca, desse aos bancos dinheiro de verdade, em quantidade equivalente a 70% do valor nominal das notas promissórias (um pouco mais de 3,5 bilhões de euros).
- Enquanto isso, o BCE e o Eurogrupo deram ao Ministério das Finanças de Stournaras sinal verde para que emitisse novas obrigações do Tesouro, com um valor nominal de 3,5 bilhões de euros – notas promissórias emitidas pelo Estado nas quais, é claro, nenhum investidor ousaria tocar em seu juízo perfeito, visto que os cofres do Estado estavam vazios.
- Os banqueiros gastaram então os 3,5 bilhões de euros que haviam recebido do Banco Central da Grécia – do próprio BCE na realidade – quando penhoraram suas próprias notas promissórias imprestáveis para comprar as imprestáveis notas promissórias do Estado.
- Por fim, o governo grego pegou estes 3,5 bilhões de euros e usou-o para pagar... o BCE!

Tal engenhosidade propulsiona a lógica de Art e Conn a novas e impressionantes alturas. Ela ofusca muitas das travessuras que fizeram dos banqueiros de Wall Street objeto de opróbrio mundial. Acrescenta toda uma nova dimensão à famosa frase de Walter Scott: "Oh, mas que teia emaranhada tramamos: / Quando primeiro praticamos e depois ludibriamos!". Mas pensando bem, não fosse esse emaranhado de teias, como poderia o mundo ser levado a acreditar que a Grécia era solvente e que estava em vias de recuperação, agora que o governo certo havia sido eleito? Só que assim que uma teia dessas era tecida, outra se fazia necessária.

Por volta da mesma época em que isso acontecia, Christine Lagarde estava sofrendo pressão por parte de países não europeus membros do FMI – países como Brasil, Índia, Japão e Malásia – para que pusesse um fim àquela farsa e dissesse, a Berlim especialmente, que, a menos que a dívida grega fosse reestruturada, o FMI se afastaria de toda aquela bagunça.

No outono de 2012, quando o segundo resgate estava sendo finalizado, Lagarde fez uma jogada notável, que revelava o quão intensa essa pressão havia se tornado: ela abordou Stournaras sugerindo que fossem juntos até o Eurogrupo e exigissem de Wolfgang Schäuble, ministro das Finanças da Alemanha, uma drástica reestruturação da dívida grega.

Mas em vez de agarrar esta oportunidade única de forjar uma aliança com o FMI, Stournaras informou Schäuble sobre a proposta de Lagarde de se unir contra ele e pediu ao ministro das Finanças alemão permissão para aceitá-la. Como é natural, Schäuble instruiu Stournaras com um "pode esquecer". Ao que Stournaras obedeceu.[72]

Naquela época, calhou de eu estar participando de uma conferência bancária nos Estados Unidos. Lá trombei com um dos figurões do FMI. "Onde ele [Stournaras] estava com a cabeça?", perguntou com raiva. "Será que esses caras têm uma ideia melhor de como fazer fechar a conta? Existe algum plano? Simplesmente não consigo entender."

Eles tinham sim um plano, eu lhe disse. Só que era um plano para permanecer no governo sob o pretexto de que o país estava se recuperando. O seu codinome era (como gosto de pensar) História de Sucesso Grega.

O plano História de Sucesso Grega tinha quatro elementos sucessivos: o Empurrãozinho Merkel, a Bolha Especulativa, a Opção de Venda BCE e a RMD (ou Reestruturação de Mentirinha da Dívida). O primeiro deles, o Empurrãozinho Merkel, já estava acontecendo. Em setembro de 2012, a chanceler Merkel, instigada por Mario Draghi, presidente do BCE, e provavelmente por Pequim, fez uma escala em Atenas no seu trajeto da China para Berlim.[73] Nas poucas horas que durou sua estadia, deu tapinhas nas

---

72 Esta matéria foi transmitida em 9 de janeiro de 2014 em uma reportagem no *Financial Times*, por Peter Spiegel e Kerin Hope. Eles citam Stournaras: "Poul [Thomsen, o homem-chave do FMI em Atenas] e Lagarde disseram que eu tinha que [ficar] do lado deles", lembrou. "Eu disse: 'OK, se eu vier para o lado de vocês, isso é o que realmente ajudaria a Grécia, mas é algo que está totalmente fora de questão'. Schäuble me disse: 'Stournaras, pode esquecer'. Isso, portanto, não pode ser feito. O que posso fazer, então?".

73 A chanceler visitara Pequim com vários pedidos, um dos quais era que a China usasse uma pequena parte de suas reservas em moeda estrangeira para financiar o fundo de resgate da zona do euro (comprando os títulos que este havia emitido). Um alto funcionário chinês me confirmou que Pequim concordara em fazê-lo sob a condição de que

costas do primeiro-ministro Samaras, sinalizando para a imprensa mundial que o Grexit estava fora de cogitação e que a Grécia, tendo escolhido o governo certo, teria permissão para permanecer na zona do euro.

Esta breve peça de teatro foi suficiente para causar uma pequena recuperação nos valores de propriedades gregas, que haviam despencado em maio e junho de 2012, quando o mundo estava agitado com os rumores de um possível Grexit face à ascensão do Syriza e do Parlamento pendurado em Atenas.

Como explicado anteriormente, se a Grécia fosse posta para fora da zona do euro, todos os preços seriam redenominados em dracmas novos, cuja taxa de câmbio despencaria instantaneamente, reduzindo de forma considerável o valor de ações, vilas e iates. Mas os mercados têm tendência a reagir de modo exagerado. Quando caem, caem imoderadamente, e quando uma boa notícia chega, recuperam-se de forma exorbitante. O Empurrãozinho Merkel foi um evento exatamente desse tipo: um mercado que quase havia sido extinto recuperou-se repentinamente, com irracional exuberância.

O segundo elemento do plano, sancionado, é claro, pela *troika*, era turbinar essa exuberância criando uma bolha especulativa em torno dos bancos gregos. A ideia era simples. Visto que os financistas começavam a encarar a Grécia como uma oportunidade de investimento subvalorizada, graças ao Empurrãozinho Merkel, o governo lhes ofereceria um acordo que não poderiam recusar: comprar ações dos bancos gregos falidos e, caso o preço destas subisse no futuro, teriam a garantia de poder comprar mais ações pelo mesmo preço baixo original, ao passo que se o preço caísse, suas perdas seriam generosamente absorvidas pelos contribuintes gregos. Que financista poderia resistir?

A ideia aqui era criar um fluxo de dinheiro especulativo no sistema bancário da Grécia, que estava em ruínas, e apresentá-lo como evidência de uma recuperação, atraindo assim outros especuladores, os imobiliá-

---

Angela Merkel colocasse a opção Grexit "fora de cogitação". Os chineses estavam certos: não se podia pedir a eles que financiassem o fundo de resgate da zona do euro quando a maioria dos empréstimos que este havia concedido seria provavelmente anulada – que é exatamente o que aconteceria caso a Grécia, principal beneficiária, não tivesse mais acesso a euros.

rios, aliados naturais de qualquer bolha financeira. Tendo demonstrado a Berlim e ao BCE que o novo governo dirigido pela *troika* estava transformando a situação do navio, antes em dificuldades, Atenas então alvejaria o BCE com o pedido: apoiem a nossa dívida assim como vocês estão apoiando as de Irlanda, Portugal, Espanha e Itália[74]. Se o primeiro-ministro Samaras e o ministro das Finanças Stournaras conseguissem garantir esse apoio, nada mais os impediria de vender novos títulos da dívida grega a investidores privados: mesmo que a Grécia acabasse por afundar na areia movediça, os bônus dos investidores estariam garantidos pelo BCE. Os eleitores gregos poderiam, então, ser informados de que seu país era novamente confiável para investidores internacionais e que, portanto, já não estava mais falido. Este era o terceiro elemento do plano deles, a Opção de Venda BCE.[75]

O quarto e último elemento do plano era a RMD, ou Reestruturação de Mentirinha da Dívida, totalmente inadequada, mas simbolicamente importante. Em uma reunião do Eurogrupo que ocorreu em novembro de 2012, época em que Stournaras dava à Lagarde um lasso apoio, Schäuble recompensou Stournaras com a promessa de uma possível reestruturação da dívida, embora superficial, até o final de dezembro de 2014. A condição era que Atenas permanecesse fiel ao programa da *troika*, o completasse conforme acordado e equilibrasse seus livros contábeis[76].

A esperança era de que esses quatro elementos da História de Sucesso Grega produzissem e nutrissem um sentimento de volta à normalidade

74 Depois do verão de 2012, os mercados receberam uma sinalização do Banco Central Europeu de que este compraria quantidades ilimitadas de títulos dos governos irlandês, italiano, português e espanhol para conter a desconstrução do euro. De fato, Mario Draghi levou quase um ano para tornar possível essa sinalização, conquistando o apoio de Angela Merkel a sua causa contra a forte oposição do Bundesbank. À Grécia nunca foi oferecido um lugar sob o guarda-chuva protetor do BCE.

75 N. de R. T: Uma opção de venda (PUT no jargão das finanças) é uma operação do mercado de derivativos em que um lançador oferece ao mercado um título que dá ao comprador o direito de vendê-lo a um determinado preço. A compra de PUTs é indicada quando há expectativa de que um determinado título ou ação se desvalorize no futuro. A compra de uma PUT garante o preço de hoje (em princípio mais alto) e o direito de seu proprietário de vendê-la a esse preço, minimizando as perdas futuras.

76 A condição exata era que o governo alcançasse um superávit primário positivo – suas receitas superassem todas as suas despesas, à exceção dos alucinantes pagamentos da dívida.

que atingiria seu clímax no final de 2014, bem a tempo de uma nova eleição que ocorreria no início de 2015.[77] Mas depois de um sólido começo, no qual as variáveis financeiras refletiam a robustez do Empurrãozinho Merkel e indicavam uma bolha especulativa promissora, os planos do governo ficaram atolados no lamaçal de uma realidade implacável. Pois enquanto floresciam as variáveis que afetam o que interessa aos especuladores de Wall Street, como o infame John Paulson – que se apressou em lucrar com a bolha formada em torno dos bancos gregos –, as variáveis relativas à vida cotidiana dos gregos comuns estavam se tornando ainda mais insuportáveis.

O governo começou a rufar os tambores da História de Sucesso Grega no início de 2013. Naquele ano, a renda total dos gregos havia caído mais de 5,6%, uma taxa de partir o coração e um número que teria causado uma revolução em países como Grã-Bretanha, Alemanha ou Estados Unidos. Na Grécia, aquele era o quinto ano consecutivo de quedas íngremes.

No entanto, não eram apenas os pobres que não estavam convencidos pela historinha contada pelo governo. Em uma tentativa de produzir o superávit primário que prometera a Schäuble em troca de uma reestruturação da dívida no ano seguinte, o governo introduziu um imposto sobre a propriedade que lhe valeu a perda do apoio dos altos escalões da classe média, que poderia ter continuado rica em ativos, mas para quem a recessão teve por efeito tornar pobre em rendimentos, como todos os demais. Rodava por aí uma nova piadinha na qual os pais ameaçavam deixar a seus descendentes todas suas propriedades, caso eles não se comportassem.

Ao que parece, o governo percebeu que sua história estava caindo em ouvidos moucos, pois nessa época os conservadores influentes no círculo íntimo do primeiro-ministro Samaras estavam considerando uma aproximação do partido Aurora Dourada para reforçar seu apoio eleitoral, che-

77 O motivo de o início de 2015 ser o ponto focal era que o mandato do presidente grego expirava em março de 2015. Os presidentes gregos são eleitos de forma indireta, pelo Parlamento, e se nenhum candidato reunir o número necessário, o Parlamento é dissolvido. Portanto, o primeiro-ministro Samaras só poderia evitar uma nova eleição em março de 2015 se assegurasse os votos de partidos menores e o de parlamentares independentes nas eleições presidenciais. Ele não gostava da perspectiva de ter de fazer isso, nem das suas chances de sucesso caso de fato tentasse.

gando até mesmo a buscar um pacto eleitoral com os nazistas, ainda que em uma encarnação repaginada.

Em abril de 2014, com as eleições para o Parlamento Europeu se aproximando e as pesquisas de intenção de voto firmemente contra ele, o governo Samaras lançou a Opção de Venda BCE. Com a ajuda do BCE nos bastidores, que indicou estar disposto a apoiar os novos títulos do governo, o Ministério das Finanças comemorou orgulhosamente sua volta ao mercado de dívida privada e o fim da falência, tomando emprestados alguns bilhões de euros de investidores institucionais que haviam concordado em participar da farsa antecipadamente.

A manobra não enganou ninguém. Investidores e eleitores conseguiam ver que a renda continuava a encolher e as dívidas, a aumentar. Um mês depois, nas eleições para o Parlamento Europeu, o Syriza liderou nas urnas. Pela primeira vez, a esquerda grega ganhava uma eleição de âmbito nacional, apesar de serem eleições europeias, abrindo o caminho para o que realmente importava, no início de 2015.

Em uma de minhas reuniões com o ministro das Finanças alemão, depois que a História de Sucesso Grega desmoronara em janeiro de 2015 e que o Syriza se instalara no governo, perguntei-lhe, por pura curiosidade e sem esperar uma resposta: "Wolfgang, quando você decidiu deixar de apoiar o [governo] Samaras?".

"Em junho de 2014" foi sua resposta, que veio sem hesitação e de forma inequivocamente honesta.

Fazia todo o sentido. Samaras havia perdido as eleições parlamentares europeias em maio de 2014, apesar do empurrãozinho que recebera em abril com a venda de títulos mediada pelo BCE. Aos olhos de Schäuble, Samaras era um pato manco. Schäuble deve ter ficado de saco cheio de se preocupar com o fato de que toda vez que um projeto de lei era enviado ao Parlamento grego, a frágil maioria de Samaras evaporava.

Além disso, após sua derrota nas eleições europeias, Samaras perdeu um pouco de seu zelo e começou a fazer corpo mole ao implementar as diretivas da *troika*. Schäuble estava sem dúvida extremamente descontente. Não é de se admirar que tenha desistido do governo de Samaras naquele mês.

Não foi por acaso que junho de 2014 também testemunhou a mudança de Stournaras do Ministério das Finanças para o recém-desocupado cargo de presidente do Banco da Grécia. Ele também estava abandonando um navio que afundava.

## Uma estratégia em cinco frentes

Ao longo de 2013, resguardado em meu santuário de Austin, eu fazia tudo aquilo que estava a meu alcance para ajudar Alexis na elaboração de uma estratégia crível, ao mesmo tempo que evitava as lutas internas do Syriza. O ano começou com uma oportunidade de ajudá-lo a fazer amigos na cidade de Washington, onde ele teria de se dirigir à prestigiada Brookings Institution.

Pappas pediu-me que escrevesse o discurso, o que fiquei feliz em fazer, usando-o para transmitir aos políticos americanos dois pontos que agora já haviam se tornado conhecidos, mas que ainda eram fundamentais. Primeiro, que o Syriza era um partido pró-europeu que faria o máximo para manter a Grécia na zona do euro, mas que isso não significava aceitar políticas fracassadas e autodestrutivas; para permanecer na zona do euro, ou melhor, para a que a zona do euro sobrevivesse, era necessário um novo programa que colocasse a reestruturação da dívida em primeiro lugar, seguida por reformas que enfraquecessem o domínio exercido pela oligarquia grega na economia. Segundo, que os Estados Unidos nada tinham a temer das políticas econômica ou externa de um governo Syriza, ponto que reforcei um pouco mais tarde em um *op-ed*[78] do *New York Times* que escrevi junto com Jamie Galbraith.[79] Como mencionei anteriormente,

78 N. de R. T: O termo *op-ed* significa um artigo de opinião de destaque, ou seja, aquele que fica na página seguinte à página dos editoriais do próprio jornal.

79 "Só o Syriza pode salvar a Grécia", 23 de junho de 2013:
O problema da Grécia hoje em dia é com a Europa, e o sr. Tsipras não quer comprar uma briga com Washington. O setor financeiro global veria com horror uma vitória do Syriza. Mas os bancos e os fundos especulativos sabem que a maior parte da dívida grega é detida pelos contribuintes europeus e pelo Banco Central Europeu, e o que resta dela está sendo comprado avidamente pelos investidores, pois eles sabem que será paga.O grande capital financeiro está preocupado com o que poderá acontecer em outros lugares caso um partido de esquerda vença na Grécia. Esse é um instinto natural para os banqueiros. Mas para o governo americano, adotar essa mesma postura baseada no medo seria estrategicamente míope. Na verdade, neste momento, o Syriza talvez seja a melhor esperança da Europa. Os gregos não querem deixar o euro nem ver a zona do euro se desintegrar,

meu pensamento era que, já que estávamos prestes a abrir uma frente contra Bruxelas, Frankfurt, Berlim e Paris, uma segunda frente contra Washington não teria utilidade alguma, mas é claro que muitos na Grécia, inclusive dentro do Syriza, aproveitaram a oportunidade para me retratar como um fantoche americano.Um excerto do discurso:

> Os instigadores do medo lhes dirão que o nosso partido, caso chegue ao governo, rasgará o acordo de empréstimo com a União Europeia e o FMI, que removerá o país da zona do euro, que romperá os laços da Grécia com o Ocidente civilizado, que a Grécia se tornará uma nova Coreia do Norte. Isso é a instigação do medo naquilo que tem de pior. O Syriza, meu partido, não deseja nada disso. Sempre fomos e continuaremos sendo um partido pró-europeu. O fato de hoje pensarmos que a Europa perdeu o rumo e que impõe a seus próprios povos políticas misantrópicas não é ser antieuropeu. É ser leal aos povos da Europa e à ideia de que a Europa é o nosso lar, e que precisamos defendê-la da grande depressão que se espalha e ameaça não somente os europeus, mas também a economia global como um todo. Queremos interromper a fragmentação da Europa. E isso significa opor-se a suas atuais políticas...Isso significa que um governo liderado pelo Syriza vai rasgar seu acordo de empréstimo com a *troika*? Não. O que estamos dizendo é muito mais elementar. Estamos dizendo que esse acordo está sendo violado diariamente pela realidade. O próprio FMI está alertando Bruxelas, Frankfurt e Berlim que este acordo foi ultrapassado pela realidade. Que é impossível implementá-lo com sucesso, mesmo que o Syriza convencesse todos os homens, todas as mulheres e todas as crianças gregos a acordar todos os dias e a ir dormir todas as noites com a firme intenção de implementá-lo... Então, se a política radical de esquerda do Syriza nada tem que ver com tirar a Grécia da zona do euro, e se nada tem que ver com rasgar os nossos acordos com a União Europeia, o que significa o nosso rótulo de esquerda radical? Significa que não faremos parte das políticas econômicas da era da depressão. Significa que continuaremos insistindo para que a zona do euro seja redesenhada de maneira racional,

---

uma possibilidade que provavelmente derrubaria a União Europeia. Eles sabem também que a maneira segundo a qual a Europa lidou com a crise, envolvendo uma austeridade cada vez mais severa e empréstimos cada vez maiores, falhou miseravelmente.

> em vez de ter seus povos torturados todos os dias da semana. Significa que não aceitaremos uma reencarnação europeia de Herbert Hoover, vinda para assombrar os povos da Europa. Significa que vamos exigir um novo acordo para a Europa, um que mobilize as capacidades produtivas do nosso continente contra a necessidade, contra a pobreza e contra o desespero.
>
> Por último, mas não menos importante, minha mensagem para essa plateia, aqui na Brookings, é que nosso partido quer estabelecer um diálogo mutuamente lucrativo com pensadores bem-intencionados e progressistas aqui do seu lado do Atlântico. Quero lhes dizer que o povo da Grécia, mesmo sua esquerda radical, pensa em vocês como parceiros na complexa embora importante empreitada de restaurar a prosperidade e a esperança em ambos os lados do Atlântico. O resto do mundo, tendo feito enormes progressos nas últimas décadas, está a nos observar, europeus e americanos, com grande ansiedade. Não podemos falhar com eles, do mesmo modo que não podemos falhar com a nossa própria gente.

Dois meses depois, em março de 2013, chegaram notícias de Chipre que me deixaram paralisado. Sentei-me imediatamente para escrever um longo e angustiado e-mail para Pappas, para que fosse lido somente por ele e Alexis. "Eu imploro a vocês que levem a sério o que está acontecendo em Chipre", escrevi. "Pensem nisso como um ensaio geral do que a *troika* fará com vocês no dia seguinte à conquista do poder". Um novo governo acabara de ser eleito em Chipre. No dia seguinte, a *troika* fechou os bancos da ilha, ditando ao novo presidente os termos para que estes fossem reabertos. Incrédulo, mas despreparado, o novo presidente colocou sua assinatura sobre a linha pontilhada.

"Hoje eles estão tentando essa tática em Nicósia", expliquei, "não porque Chipre seja tão importante, mas por causa de sua relativa falta de importância, o que o torna perfeito para testarem sua nova bazuca antes de usá-la contra vocês, e contra nossos camaradas na Espanha, na Itália etc. Eles estão fazendo isso pelo efeito demonstrativo, para que vocês saibam que a *troika* está disposta e é capaz de fechar os bancos de um país para impor sua vontade ao governo – especialmente se for um governo recém-eleito que estiver exigindo de volta algum grau de soberania. Olhem e aprendam"!

No dia seguinte, Alexis e eu falamos ao telefone, a voz dele transmitia uma apreensão considerável.

"Existe algo que possamos fazer para detê-los?", perguntou.

"Sim, mas você vai precisar não somente da estratégia certa de dissuasão, mas também de uma equipe bastante coesa, que trabalhe no sentido de torná-la operacional", respondi.

"Envie-me uma proposta" foram suas últimas palavras.

Prometi entregá-la pessoalmente.

Em maio daquele ano, em Atenas, em seu espaçoso gabinete no Parlamento, encontrei pela primeira vez a equipe econômica de Alexis. Além de Pappas e Dragasakis, o ministro das Finanças oficioso, ela incluía dois outros parlamentares do Syriza que eu conhecia e de quem gostava bastante: Euclideses Tsakalotos, um querido colega da Universidade de Atenas, e Giorgos Stathakis, professor de economia na Universidade de Creta. Nessa reunião, apresentei a proposta que Alexis havia solicitado, que era uma versão aprimorada do documento estratégico que forneci em junho de 2012: *Uma Estratégia em Cinco Frentes para uma Grécia Sustentável em uma Zona do Euro Sustentável.*

O clima na sala era efervescente, o que confirmava que meus esforços anteriores para dissuadir Alexis de fazer do Grexit um objetivo, ou de usá-lo como uma ameaça, não tinham sido em vão. Embora eu tenha perdido muitos amigos na esquerda mais ampla e dentro do próprio Syriza, que nunca me perdoaram pelo papel que tive ao eliminar o Grexit dos objetivos de políticas do partido, o *entourage* de Alexis estava evidentemente interessado em buscar uma solução viável dentro da zona do euro. O objetivo da *Estratégia em Cinco Frentes* era persuadi-los de que isso não era apenas desejável, mas realmente possível, mostrar que um golpe semelhante ao de Chipre poderia ser evitado e propor como isso poderia ser feito. Primeiro vinha a estratégia de dissuasão.

## 1. MANTER O BCE AFASTADO E OS BANCOS ABERTOS

A partir do fim de 2012, Mario Draghi, o astuto presidente do BCE, conseguiu manter em pé o periclitante euro, prometendo comprar uma montanha de dívidas das economias europeias em crise – Itália, Espanha, Irlanda e outros – sob a forma de títulos públicos.[80] Apesar de ter garantido para os seus planos o sinal verde da parte de Angela Merkel, o maior inimigo de Draghi era o Banco Central alemão, o Bundesbank, cujo presidente desafiou o direito e a autoridade de Draghi de comprar dívidas greco-romanas potencialmente impagáveis – de fato, fazê-lo diretamente constituiria uma violação do regulamento do BCE. Draghi teve de inventar alguns métodos engenhosos para contornar essa situação. O Bundesbank levou Draghi aos tribunais por conta disso.[81]

80 O pano de fundo completo era o seguinte. Na época do primeiro resgate, sob um presidente mais fraco do que Mario Draghi, o BCE havia comprado bastante da dívida do governo grego (títulos) em uma desesperada e malfadada tentativa de mantê-lo solvente. Esta operação condenada ao fracasso foi conhecida pelo nome de Programa do Mercado de Títulos (PMT). Graças à compra de títulos dos governos grego, português, irlandês, espanhol e italiano, o BCE esperava conter as vendas em pânico desses títulos pelos investidores. Inacreditavelmente, porém, o BCE também sinalizou aos investidores que não gastaria mais de 200 bilhões de euros – um claro convite aos especuladores para que apostassem que as aquisições do PMT não conseguiriam evitar a queda no valor desses títulos. Quando o PMT falhou, o BCE se viu com dezenas de bilhões nas mãos, de uma dívida grega impagável. Em 2012, quando a dívida grega foi reestruturada por meio da imposição de grandes perdas aos detentores privados de títulos públicos como parte do segundo resgate, os títulos do PMT, de propriedade do BCE, foram isentados. Isso significava que o falido governo grego teria que reembolsar integralmente o BCE por títulos que teriam sido reestruturados em até 90% não fosse a loucura do presidente anterior do BCE de comprá-los. Em resumo, o BCE, banco central do nosso país, estava se comportando como um fundo de *hedge*, especulando contra um estado falido. Os fundos de *hedge* compram com frequência dívidas inadimplentes (títulos) de países em apuros a preços ridiculamente baixos, esperam até que outros credores entrem em acordo com o governo sobre um corte (ou uma reestruturação da dívida) e depois recusam-se a participar desse acordo, resistindo contra isso e visando ao pagamento integral – daí porque serem esses fundos também chamados, de forma mais emocionante, de "fundos oportunistas". Somente na Europa tal perversão poderia ser perpetuada e defendida como se fosse uma política sensata.

81 O Bundesbank tinha uma longa história de confronto com o governo federal da Alemanha (ver Varoufakis, 2016). Jens Weidmann, presidente do Bundesbank, era tão contrário ao BCE comprar as dívidas potencialmente impagáveis dos Estados e bancos greco-romanos que processou Draghi e o BCE (do qual o Bundesbank é parte integrante!) no Tribunal Constitucional da Alemanha, apresentando um sulfuroso depoimento de 120 páginas. Os desafortunados juízes alemães, relutantes em decidir sobre esse litígio tão peculiar, que estava muito além de sua expertise, decidiram... não decidir.

Se a promessa de Draghi de comprar tal dívida fosse consequentemente desaparecer em função desse formidável desafio legal, então desapareceria a única coisa capaz de manter vivo o euro. O argumento do Bundesbank contra Draghi era que ele não tinha base legal para aceitar perdas provenientes de compras de títulos públicos. Isso dava a qualquer governo grego uma alavancagem significativa, pois dezenas de bilhões em títulos públicos seus permaneciam nos livros contábeis do BCE: estes foram comprados pelo BCE sob a gestão de seu presidente anterior como parte do Programa do Mercado de Títulos entre 2010 e 2011. Meu conselho para o Syriza era que, se o BCE ameaçasse fechar os bancos gregos, sua resposta oficial deveria ser unilateralmente os ditos títulos do PMT – reforçando assim a contestação legal do Bundesbank ao plano de Draghi de comprar títulos franceses, italianos, espanhóis, irlandeses e portugueses para salvar a zona do euro – e eles deveriam deixar essa intenção bem clara para ele. Isso deixaria Draghi muito relutante em fazer à Grécia o que havia sido feito a Chipre.

## 2. NEUTRALIZAR OS BANQUEIROS FALIDOS

Como Pappas, Alexis e eu discutíramos anteriormente, desmantelar o Resgatistão 2.0 exigia que os bancos fossem entregues a seus novos donos, os contribuintes europeus, e que as perdas desses bancos fossem desatreladas da dívida do Estado grego. Um governo do Syriza deveria, portanto, negociar com a *troika* que as ações e a administração dos bancos fossem transferidas para instituições europeias, cujo trabalho seria cuidar para que eles recuperassem a saúde em nome de todos os europeus. Para fazer isso, o Syriza precisava unir os esquerdistas, que acreditam na socialização dos bancos, com os libertários, que detestam a ideia de sustentar banqueiros falidos com capital tirado de contribuintes impotentes.

## 3. POLÍTICA FISCAL SENSATA E PROPOSTAS DE REESTRUTURAÇÃO DA DÍVIDA

Grite aos quatro ventos que um governo Syriza estaria comprometido com um Estado que vive de acordo com seus meios tanto nos bons como nos maus momentos. Em termos técnicos, isso significaria um pequeno superávit orçamentário primário não superior a 1,5% da renda nacional – o que não seria o suficiente para pagar a impagável dívida pública, mas seria para manter o Estado solvente enquanto dava ao setor privado uma chance de respirar novamente. Como pré-requisito para isso, o Syriza teria de propor uma reestruturação da dívida em escala suficiente para que novos pagamentos das parcelas pudessem ser acomodados em um superávit primário de 1,5%. Durante o período de negociação com o Eurogrupo e sua *troika* sobre este ponto final, um governo Syriza deveria estar preparado para sobreviver a qualquer escassez monetária, espremendo os salários mais elevados e as pensões mais generosas, tanto quanto fosse necessário, para segurar as pontas.

## 4. PLANO DE EMERGÊNCIA PARA COMBATER A CRISE HUMANITÁRIA

Nesse meio tempo, o governo do Syriza deveria proporcionar imediatamente comida, luz e abrigo às centenas de milhares de famílias que mais sofrem. Lambros e todos aqueles que estão prestes a escorregar por entre as rachaduras deveriam ser a prioridade número um do governo. Os documentos de identidade existentes poderiam ser substituídos por um cartão inteligente equipado com recursos de pagamento de débito a um baixo custo. Esses recursos seriam ativados para famílias vivendo abaixo da linha de pobreza absoluta, para uso em supermercados e para serviços essenciais, como eletricidade e habitação.

## 5. MODESTA PROPOSTA PARA VIABILIZAR A ZONA DO EURO

Enquanto força europeísta progressista, o governo Syriza deveria negociar não apenas em nome dos gregos, mas também ir a Bruxelas com propostas abrangentes para dívida pública, bancos, políticas de investimento e capacidade de combate à pobreza da Europa como um todo – propostas sem as quais a zona do euro é insustentável. Para isso, minha recomendação para a equipe econômica do Syriza era que eles adotassem a *Modesta Proposta para Resolver a Crise do Euro*, na qual Stuart Holland, Jamie Galbraith e eu vínhamos trabalhando há anos.

Para lograr esses objetivos, disse aos presentes na reunião, o seu governo teria de ir a Bruxelas com uma proposta abrangente que fosse boa não só para a Grécia, mas também para todos os demais países europeus. Vocês devem dar um sinal claro de que Atenas não será mais intimidada a aceitar outros empréstimos "prorroga e faz de conta". Vocês têm de fazer com que as pessoas na União Europeia e no FMI percebam que vocês entraram em cena com o compromisso de permanecer na zona do euro e de fazer concessões. Mas eles têm de entender que, se necessário, vocês estarão preparados para abandonar as negociações, sejam quais forem as ameaças que eles fizerem, pois, caso vocês não estejam, não há sentido em entrar na sala de negociação, para começo de conversa.

Alexis e Pappas pareciam satisfeitos. Euclideses e Stathakis também indicaram ampla concordância. Coube a Dragasakis fazer a pergunta pertinente: "Como podemos convencer o Eurogrupo, o BCE e a *troika* de que não estamos blefando?". A questão era supremamente apropriada; a estratégia inteira dependia desse único ponto.

Minha resposta foi que as preferências e as prioridades do Syriza tinham que se tornar do conhecimento de todos. Deveria tornar-se comumente sabido que um governo do Syriza desejava acima de tudo um acordo viável dentro da zona do euro, mas que preferia o Grexit, um desfecho terrível, à capitulação, que era o pior desfecho possível. Se esta ordem de preferências fosse amplamente conhecida, então a culpa pelo Grexit, com todos os custos e questões legais que ele acarretaria, só poderia recair sobre a União Europeia e o FMI. Dessa forma, a opção seria inteiramente deles, e seria de conhecimento público que essa escolha cabia a eles.

É claro que, mesmo que as verdadeiras preferências do Syriza fossem conhecidas publicamente, os agentes da União Europeia e do FMI sem dúvida testariam ao máximo a determinação de Alexis em levá-las a cabo. Também era possível que a União Europeia e o FMI acabassem preferindo expulsar a Grécia do euro a ter que lidar por vontade própria com um governo Syriza, ou que, ao pressionar Alexis até o limite, eles pudessem causar o Grexit acidentalmente.

Seguiu-se uma longa e construtiva discussão na qual consideramos estes possíveis cenários, mas o ponto fundamental que levantei foi o seguinte: saber se eles conseguiriam ou não convencer o Eurogrupo, o BCE e a *troika* de que estavam sendo sinceros quanto a estas preferências não tinha a menor importância caso não o estivessem realmente. Era isso o que eles precisavam trabalhar entre si, eu lhes disse:

> Vocês realmente acreditam, no seu íntimo, que "dar uma de Samaras", capitulando perante a *troika* como ele fez, é pior do que ser expulso do euro? Se vocês não tiverem certeza, deixem que o Samaras fique em Maximos. Pois qual é o sentido de ganhar o poder, de entrar em conflito com os credores, apenas para desistir no momento em que a *troika* exigir, e depois assumir a culpa pela falta de humanidade dela? Conquistem o poder somente se não estiverem pretendendo blefar, por estarem convencidos de que capitular é ainda pior do que o terrível Grexit. Só assim a Grécia terá uma chance de se manter na zona do euro de forma sustentável e deixar o Grexit para trás de uma vez por todas.

Enquanto me acompanhava até a saída, Pappas colocou o braço por cima do meu ombro esquerdo e disse: "Isso foi brilhante. Será a nossa diretriz daqui pra frente".

## Juntando receios

Era noite de 11 de junho de 2013, uma hora antes da meia-noite, quando as telas dos televisores congelaram. Durante duas horas, não transmitiram nada além da imagem congelada de um jornalista interrompido no meio da frase, enquanto explicava que o governo havia decidido fechar os três canais estatais de televisão, todas as estações regionais e nacionais de rádio e o serviço de satélite que fornecia à diáspora grega uma programação em língua grega. Era o mesmo que, de repente, todos os canais de televisão da BBC ficarem às escuras no mesmo instante em que todas as estações de rádio da BBC silenciassem.

Sem conseguir acreditar em meus olhos e ouvidos, meu pensamento precipitou-se aos tempos dos ditadores fascistas da Grécia, cuja primeira ação foi assumir o controle dos canais estatais de televisão. Eles ao menos haviam se dado ao trabalho de transmitir uma imagem da bandeira nacional, embora acompanhada de música militar. No Resgatistão, o governo subserviente à *troika* simplesmente congelou a imagem por duas horas. Então, as telas de TV da Grécia ficaram pretas. Esse negrume era uma metáfora adequada para a virada autoritária do novo governo, uma vez que o fracasso desolador da sua História de Sucesso tornara-se evidente.

Poucos minutos depois do blecaute, manifestantes invadiram o prédio da ERT – aquele mesmo do qual eu fora banido em 2011 – iniciando uma ocupação que duraria meses e reacenderia o espírito da Praça Sintagma. Na manhã seguinte, Danae, Jamie Galbraith e eu voamos para Tessalônica para oferecer nosso apoio à equipe local da ERT. Enquanto estava lá, fiz um discurso, seguido por Jamie e Alexis, para um enorme salão lotado. Minha volta à ERT, como apenas um entre os milhares de manifestantes e como convidado dos programas não oficiais que a equipe transmitia pela internet, não poderia ter tido um sabor mais agridoce.

Impulsionada por esses eventos e acontecendo na sequência de meu encontro com a equipe econômica do Syriza, uma espécie de agenda coerente começou a tomar forma ao longo daquele verão. Em novembro de 2013, Jamie e eu organizamos uma conferência de dois dias na Universidade do Texas com o tema "A zona do euro pode ser salva?", que contou com a participação de Alexis, Pappas e Stathakis, que deram palestras muito bem recebidas. A ideia era apresentar os três líderes do Syriza a personagens do *establishment* europeu e estadunidense, líderes sindicais, acadêmicos e jornalistas.

Foi também uma boa oportunidade para testar o compromisso de Alexis com a lógica por trás da *Estratégia em Cinco Frentes*. Durante a conferência, Pappas e ele estiveram presentes em um acalorado debate entre mim e Heiner Flassbeck, economista alemão de esquerda e ex-ministro adjunto das Finanças do governo de Schroeder, que argumentou que a libertação da Grécia da prisão dos devedores era impossível, caso permanecesse na zona do euro.

Ele sustentou que o Grexit era o objetivo correto a ser perseguido por um eventual governo Syriza, ou pelo menos a melhor ameaça a ser usada contra seus credores. Essa era a mesma posição da Plataforma de Esquerda, uma facção oficial dentro do Syriza que contava, entre seus apoiadores, com um terço dos membros do comitê central do partido.[82] Foi em Austin que fiquei convencido de que Alexis rejeitava essa posição, e de que ele realmente passara a acreditar que, se alguém fosse fazer ameaças de Grexit, esse alguém deveria ser a *troika*, não o Syriza.

O inverno passou com o governo de Samaras se esforçando para vender sua "história de sucesso" e a sociedade grega mergulhando ainda mais profundamente no atoleiro econômico. Abril de 2014 marcou a última vitória de Samaras, com Stournaras vendendo títulos do governo a investidores tranquilizados pelo apoio tácito dado pelo BCE. Em maio de 2014, no entanto, o Syriza liderou as pesquisas de intenção de voto nas eleições para o Parlamento Europeu, confirmando que ninguém se enganara. Um mês depois, Wolfgang Schäuble desistiu do governo de Samaras. A mudança estava no ar.

Naquele mês de junho, de volta à Grécia uma vez mais para passar o verão, encontrei-me com Alexis e sua equipe econômica para alertá-los sobre uma nova ameaça. Nas letras miúdas de um comunicado de imprensa, fora isso inócuo, o BCE acabara de anunciar que, num futuro próximo, deixaria de aceitar como caução para novos empréstimos promissórias emitidas por bancos e garantidas por governos de países que tivessem sido sujeitos a resgate financeiro.

Em outras palavras, seria removido um componente vital da máquina de criar ilusões usada pelos quatro maiores bancos da Grécia para garantir sua liquidez no dia a dia. A data na qual a nova política entraria em vigor fez soar um alarme na minha cabeça: março de 2015 – mês em que expiraria o mandato do presidente grego, quando provavelmente seriam realizadas novas eleições e quando, muito provavelmente, o Syriza formaria um governo.

---

82 O Syriza era uma frouxa aliança entre socialistas, ecologistas, social-democratas e comunistas. A Plataforma de Esquerda era uma de suas maiores facções, com ligações históricas ao antigo partido comunista pró-soviético, antes da sua divisão em 1991. A Plataforma de Esquerda era tradicionalmente, e os comunistas o são até hoje, a favor da saída da Grécia da zona do euro. Quando irrompeu a crise do euro e a economia grega entrou em forte recessão, os membros das alas à esquerda do Syriza iniciaram uma forte campanha pelo Grexit.

"Vocês vêem onde estou querendo chegar com isso?", perguntei a Alexis, Pappas, Dragasakis, Euclides e Stathakis, após ter passado adiante a notícia bombástica do BCE. Eu os adverti que, no dia seguinte à conquista do poder, Mario Draghi os chamaria para dar a notícia de que, como anunciado anteriormente, o BCE teria de negar a liquidez dos bancos da Grécia, com efeito imediato. O BCE estava criando as condições necessárias para fechar os bancos sem qualquer aviso ou justificação, bem no momento em que o Syriza assumisse o poder.

O rosto de Dragasakis empalideceu. "E o que acontece depois?"

O único modo de os bancos continuarem a funcionar, eu disse, ficava a critério do Banco da Grécia, que poderia continuar a emprestar-lhes dinheiro por meio de um esquema conhecido como assistência de liquidez de emergência (ELA na abreviação em inglês).[83] O Banco da Grécia é, na prática, uma sucursal do Banco Central Europeu, por isso, mesmo neste cenário, o dinheiro viria do BCE, embora indiretamente e com uma taxa de juros mais elevada, e poderia, em última instância, ser cortado.[84]

---

83 N. de R. T: Os empréstimos de liquidez dos bancos centrais aos bancos particulares privados ou públicos são operações ordinárias dessas instituições, uma vez que elas operam, em cada país, como autoridade monetária. Enquanto tal, os bancos centrais têm, entre outras funções, também a de funcionar como *emprestador de última instância*, ou seja, como *banco dos bancos*, de modo a garantir a solvência e a estabilidade do sistema bancário doméstico. No caso da ELA (*Emergency Liquidity Assistance*), aqui em discussão, sua natureza e seu objetivo são semelhantes, porém, a operação se dá no âmbito do sistema monetário europeu, bem mais complexo, que envolve vários bancos nacionais e o próprio BCE, ganhando, por isso, uma conotação extraordinária.

84 O Sistema Europeu de Bancos Centrais, construído em torno do BCE, é uma estranha confederação dos bancos centrais nacionais que compõem a zona do euro. Embora os bancos centrais nacionais não tenham o direito de emitir moeda ou a capacidade de fixar taxas de juros, conservam algumas funções importantes. A mais significativa delas é a de fornecer assistência de liquidez de emergência (ELA) aos bancos domiciliados em seu país. A ideia é a seguinte: em circunstâncias normais, os bancos de países como a Grécia ou a Itália recorrem diretamente ao BCE, com sede em Frankfurt, para obter dinheiro. Eles colocam ativos em caução junto ao BCE (títulos do governo, hipotecas e outros ativos em papel que possuam) e recebem dinheiro em troca, mas se a caução for considerada de baixa qualidade, o BCE pode recusá-la. Se as coisas pudessem ficar por isso mesmo, esses bancos teriam que fechar imediatamente, pois não seriam capazes de distribuir dinheiro aos seus depositantes, o que provocaria uma corrida aos caixas eletrônicos. É nesse momento que a ELA entra em ação. Na prática, o BCE diz ao banco: "De nós, aqui em Frankfurt, não vai sair dinheiro nenhum para você, mas tente pedir

Mas havia um obstáculo mais imediato a ser enfrentado antes que tudo isso acontecesse.

"Será mesmo uma coincidência o fato de que daqui a três dias, a contar de hoje, o primeiro-ministro Samaras vai transferir Stournaras do Ministério das Finanças para a chefia do Banco da Grécia?", perguntei. "Trata-se obviamente de um estratagema, antevendo uma vitória eleitoral de vocês."

Naquela altura, Alexis ficou bravo. "A primeira coisa que farei como primeiro-ministro será exigir a renúncia de Stournaras. Vou enxotá-lo do Banco Central aos gritos e pontapés se necessário." Pappas ofereceu uma série de soluções ainda mais drásticas para aquele problema. Salientei que pouco importava quem estivesse sentado na presidência do Banco Central; para começar, a prioridade do governo do Syriza era impedir que Draghi fechasse os bancos.

De acordo com a primeira parte da *Estratégia em Cinco Frentes* que apresentei no ano anterior, eles precisariam deixar claro para Draghi que o fechamento de bancos pelo BCE provocaria uma medida da parte de Atenas que poderia muito bem derrubar a zona do euro. A pergunta era: estariam eles suficientemente comprometidos para levar isso a cabo e enfrentar todos aqueles que estavam do lado de Draghi, não apenas Stournaras, mas também banqueiros locais como nossos Aris e Zorba?

Alexis e Pappas responderam entusiasmados que não hesitariam em fazê-lo. Euclides, que segundo a opinião geral era o membro da equipe

---

ao seu amigável Banco Central nacional; talvez ele aceite sua caução medíocre". Então, o banqueiro aflito leva sua infeliz caução até o seu Banco Central nacional, que é essencialmente uma sucursal do BCE, e implora por dinheiro em troca. É pouco provável que o Banco Central nacional dê as costas ao banqueiro, porque, do contrário, uma crise bancária nacional eclodiria. Existem duas razões pelas quais os banqueiros não gostam de ser redirecionados do BCE para o seu Banco Central nacional: isso é ruim para a sua reputação (pois revela que o BCE considerou que suas garantias são fracas) e é ruim para seus resultados (visto que o dinheiro proveniente da ELA custa aos bancos mais do que o dinheiro do BCE no que diz respeito à taxa de juros cobrada). Por último, e muito importante, o direito e a capacidade de um Banco Central nacional de fornecer dinheiro de ELA a banqueiros podem ser cerceados pelo BCE. Basta que dois terços do Conselho do BCE (treze dos dezenove presidentes dos bancos centrais da zona do euro) votem a favor do encerramento da ELA de um Banco Central nacional de um Estado-membro. Assim, os bancos do Estado-membro em questão ficam sem dinheiro dentro de poucas horas e todo o seu sistema bancário entra em colapso.

que militava mais à esquerda, concordou. Stathakis assentiu. Dragasakis, por sua vez, respondeu de uma maneira à qual, com o tempo, eu viria a me acostumar: "Vamos avançar com base no melhor cenário", disse ele, acrescentando: "Se nos forçarem, teremos que reagir".

Uma semana mais tarde, nos majestosos jardins do Museu Bizantino e Cristão de Atenas, Alexis e eu comparecemos diante de outra grande plateia para apresentar a tradução em grego da *Modesta Proposta para Resolver a Crise do Euro*. A equipe inteira de Alexis se encontrava na plateia, com Dragasakis na primeira fila, uma impressionante demonstração de apoio à estratégia.

Alguns dias depois, Alexis, Pappas e eu nos encontramos novamente.

"Você se dá conta", perguntou Pappas, "que ninguém além de você poderia supervisionar a implementação da estratégia de negociação que está propondo? Você está pronto para fazer isso?"

Respondi que meu compromisso com a luta estava acima de qualquer suspeita, mas que não acreditava em tecnocratas sendo lançados de paraquedas em processos políticos. Na realidade, eu ainda tinha algumas preocupações fundamentais. Negociar em nome de um país requer um mandato democrático. A *Modesta Proposta* representava minhas convicções pessoais e eu não desejava legitimar uma despolitização das decisões de política econômica, a mais política das esferas.

Além disso, Dragasakis, Euclideses e Stathakis haviam construído o Syriza do zero ao longo de décadas. Comandaram a conquista do partido por respeito. Em comparação, eu jamais poderia ser algo além de um mero procurador deles, o que prejudicaria minha capacidade de conduzir as negociações com a autoridade necessária. Por fim, meus receios quanto à incompatibilidade entre as prioridades internas do Syriza e uma agenda de governo que tivesse credibilidade ainda não haviam desaparecido.

Uma semana depois, Wassily Kafouros, um querido amigo da época de meus estudos na Inglaterra, contribuiu para aumentar minha apreensão. Ele me perguntou se eu era a única pessoa que não sabia que Dragasakis era extremamente próximo dos banqueiros. Eu disse que não acreditava nele. "Onde estão suas provas, Wassily?", exigi.

"Provas, não tenho", admitiu, "mas é comumente sabido que ele fez disso o seu negócio: manter os banqueiros por perto, já desde os seus dias no partido comunista".

Presumi que a acusação fosse falsa e, embora dúvidas ainda rastejassem na minha mente feito serpentes inquietas, decidi que não podia me dar ao luxo de me preocupar com problemas que estavam além da minha capacidade de resolver. Aqueles que conquistaram um mandato eleitoral é que teriam que desencurvar os malignos arcos. Por enquanto, tudo o que eu podia fazer era apontar para as armadilhas e sugerir maneiras de evitá-las.

# 3 - Boiando em águas calmas

Navio de Pedra, ou *Stoneship*, é como os navegantes as chamam: três enormes rochas sobressaindo do mar aberto bem às portas do Golfo Sarônico. Vistas de um barco que se aproxima, a mais ou menos uma milha de distância, elas realmente se parecem com um navio fantasma se dirigindo lentamente em direção ao Cabo Sunião, lar do encantador templo de Poseidon. Nadar à sombra do *Stoneship*, naquelas águas de um azul profundo perturbador e tão perto das rotas de navegação, tem algo de vertiginoso.

Em agosto de 2014, Alexis e eu estávamos boiando na água a cerca de cinquenta metros do Stoneship, tão longe de ouvidos bisbilhoteiros quanto era possível estar. Nossa conversa voltou-se para o tema da confiança. Será que Alexis confiava em sua equipe para liderar a acusação contra banqueiros como Aris e Zorba? Será que confiava neles para negociar com a *troika* sem nem desejar nem temer o Grexit? Será que eles permaneceriam firmes frente a uma *troika* disposta e pronta para asfixiá-los por meio dos bancos, enquanto os oligarcas da Grécia perdiam as estribeiras?

Alexis foi habilmente evasivo, encaixando um tom de voz consistentemente otimista. Contendo-me para não o sobrecarregar com minhas dúvidas, ainda assim tive que fazer a pergunta que ardia em minha mente desde o instante em que Wassily a plantou ali.

"Alexi", disse, tentando soar o mais despreocupado que conseguia, "ouvi dizer que Dragasakis é próximo demais dos banqueiros e, de modo geral, que pode estar cooperando com nossos planos de fuga enquanto, na realidade, está trabalhando para manter o *status quo*."

Ele não respondeu de imediato. Em vez disso, olhou para o Peloponeso ao longe, antes de se virar de volta para mim. "Não, não penso dessa forma. Ele é OK".

Eu não sabia como deveria interpretar sua brevidade. Teria ele também suas dúvidas, mas, no fim das contas, confiava na probidade de seu camarada veterano? Ou estaria dispensando a minha pergunta? Até hoje não sei a resposta. O que sei é que ele continuava insistindo que eu não tinha escolha: chegado o momento, eu teria que desempenhar um papel preponderante nas negociações.

Relutante em expor minhas reservas mais uma vez, respondi espontaneamente: "Tudo bem, Alexi, pode contar com a minha ajuda. Mas com uma condição".

"Qual?", perguntou com um sorriso.

"Que eu tenha um papel central na definição da agenda econômica do Syriza no período anterior à eleição. Nós não podemos ter um repeteco de 2012."

Alexis prometeu que faria com que Pappas me mantivesse informado e que me consultasse antes de fazer quaisquer declarações sobre política econômica. Era hora de nadar de volta até Betty, a parceira de Alexis, e Danae, que esperavam por nós em um barquinho inflável tenuemente ancorado no leito marinho.

## Sangue, suor e lágrimas

Um mês mais tarde, em Austin, ouvi a notícia de que Alexis havia proferido um importante discurso em Tessalônica, no qual delineara a plataforma econômica do Syriza. Estupefato, peguei nas mãos o texto e o li. Uma onda de náusea e indignação permearam minhas entranhas. Imediatamente me pus ao trabalho. O artigo que emergiu menos de meia hora depois foi usado pelo primeiro-ministro Samaras, logo após sua publicação, para criticar o Syriza no Parlamento: "Mesmo Varoufakis, o guru econômico deles, diz que as suas promessas são falsas". E eram mesmo.

O Programa de Tessalônica, como foi chamado o discurso de Alexis, era bem-intencionado, mas também incoerente e definitivamente inconsistente com a *Estratégia em Cinco Pontos*, que Alexis e Pappas haviam supostamente endossado. Ele prometia aumentos de salários, subsídios, benefícios e investimentos pagos com fontes de financiamento que ou eram imaginárias ou eram ilegais. Havia também promessas que nós nem deveríamos desejar cumprir. Acima de tudo, o programa estava em descompasso com qualquer estratégia razoável de negociação que almejasse manter a Grécia na zona do euro, apesar de defender que ela ali permanecesse. A bem da verdade, era um programa tão instável que nem me preocupei em criticá-lo ponto por ponto. Em vez disso, escrevi:

> Como teria adorado ouvir um discurso diferente de Alexis Tsipras, um que começasse com a pergunta "Por que votar em nós?". Para então respondê-la com um "Porque nós estamos prometendo apenas três coisas a você: sangue, suor e lágrimas!". Sangue, suor e lágrimas que Winston Churchill prometeu ao povo britânico em 1940 quando assumia o comando do governo, em troca de seu apoio e ajuda para vencer a guerra. Sangue, suor e lágrimas que irão conquistar para todos os europeus, não apenas nós, gregos, o direito de esperar pelo fim da guerra travada contra a dignidade e a verdade, silenciosa, mas implacável. Sangue, suor e lágrimas que devemos estar prontos a derramar para colocar o país de volta nos trilhos, algo que hoje é impossível se continuarmos a nos comportar como prisioneiros exemplares, torcendo por uma libertação antecipada da prisão dos devedores, e a tomar novos empréstimos, ao mesmo tempo que vamos efetuando cortes nas mesmas receitas com as quais pretendemos pagar nossas dívidas. De fato, se você quiser votar em nós, deverá fazê-lo somente porque concorda que o sangue, o suor e as lágrimas que estamos lhe prometendo são um preço justo a se pagar para ouvir a verdade dos lábios dos ministros de Estado e para ter nas instâncias da Europa representantes que não irão implorar ou blefar, mas adotar uma estratégia que nenhum governo adotou até agora, a estratégia de falar a Verdade a quem detém o poder; a verdade aos nossos parceiros; a Verdade aos cidadãos da Europa; a Verdade quanto ao estado lastimável de nossos bancos; a Verdade sobre nossos "superávits"; a Verdade sobre um investimento inexistente e, finalmente, a mais dolorosa, a Verdade sobre as inexistentes perspectivas de recuperação enquanto continuar o abraço da morte entre um Estado falido, bancos falidos, empresas falidas e instituições falidas. Por fim, antes de votar em nós, saiba que tememos uma vitória nas urnas mais do que tememos a derrota, que estamos apavorados com o pensamento de uma possível vitória. Mas se *você* decidir votar em nós para que entreguemos o sangue, o suor e as lágrimas que estamos prometendo em troca de verdade e dignidade, se *você* superar o *seu* medo, então pro-

metemos superar *nosso* medo de governar este país e manobrá-lo rumo à emancipação da desesperança.[85]

Quando esse texto foi publicado, tanto amigos como inimigos pensaram que ele marcava o fim do meu breve *affair* com a liderança do Syriza. Eu também pensava assim, até que Pappas ligou alguns dias mais tarde, parecendo todo animado e fazendo como se nada tivesse acontecido. Eu lhe disse que meu artigo havia mudado tudo.

"Não mudou nada", retrucou ele despreocupadamente. "Você é quem vai moldar o nosso programa econômico *de verdade*. O Programa de Tessalônica foi só um chamado à mobilização de nossas tropas. Nada mais".

Exasperado, dividi com ele o que se passava na minha mente, salientando que o apoio de nossas tropas era essencial e que mentir para elas dificilmente seria o caminho para garanti-lo. Descarada e ominosamente ele me garantiu: "Existe uma política partidária e existe uma política governamental. Você será o autor da última e deixará a primeira conosco".

Perguntei quem estava por trás do Programa de Tessalônica. Pappas disse que Dragasakis o havia supervisionado, com a ajuda de Euclideses. Que o programa tivesse a mão de Dragasakis não me surpreendia, mas saber do envolvimento de Euclideses era decepcionante. Esperava mais do meu amigo. "Seja quem for que escreveu essa monstruosidade", eu disse, "ela coloca um enorme obstáculo em qualquer estratégia sensata de negociação."

Quando desliguei o telefone, tinha a boca tão seca e amarga que tive de beber vários copos d'água antes de conversar com Danae sobre aquilo. Os líderes contavam uma determinada história uns aos outros, enquanto os fiéis do partido eram servidos com uma outra, completamente diferente. Era uma receita para confusão, divisão e derrota contra adversários que eram por sua vez unidos, poderosos e determinados.

A narrativa que dávamos ao nosso povo e aos agentes da *troika*, às lideranças da União Europeia e do FMI, a Berlim e Washington, e mesmo à imprensa internacional e aos mercados, deveria ser uma mensagem única, indivisível, crível e inflexível. Ao ouvir minha opinião de que as táticas de Pappas e Alexis estavam fadadas a fazer naufragar qualquer negociação futura, Danae reagiu abruptamente: "Você não pode fazer parte disso".

85 "Blood, sweat and tears", 15 de setembro de 2014, protagon.gr.

Concordei.

A decisão de manter-me à distância trouxe alívio imediato, mas minha paz de espírito durou somente alguns meses. No final de novembro de 2014, quando me preparava para viajar a Florença para participar de uma conferência, veio novamente a ligação. Era Pappas. Quando descobriu que eu estava a caminho da Itália, implorou-me para que passasse por Atenas antes de retornar a Austin. "É urgente que venha", disse. Relutante, mudei a minha passagem.

Em Florença, dirigi-me a uma plateia preocupada, composta por autoridades, banqueiros e acadêmicos italianos, à qual apresentei uma versão mais recente da *Modesta Proposta*, um conjunto de políticas que poderiam ser instantaneamente implementadas, em conformidade com as regras europeias existentes, para impedir a progressão da crise do euro onde quer que fosse, não apenas na Itália ou na Grécia.[86] Na manhã seguinte, peguei o trem para Roma e, de lá, o curto voo até Atenas, perguntando-me ao longo do caminho o que Alexis e Pappas estariam guardando para mim. Os jornais no aeroporto estavam em alvoroço com os rumores de uma eleição antecipada. Será que meus amigos do Syriza tinham absorvido a mensagem no meu artigo?

O táxi me deixou no endereço do nosso apartamento vazio. Larguei minha mala no apartamento e fiquei agradavelmente surpreso com a disposição da minha motocicleta em dar partida, apesar dos três meses de ociosidade. Quinze minutos mais tarde, estava estacionando minha moto no subsolo do prédio em que mora Alexis, onde fui recebido no andar térreo por dois sentinelas. O elevador me levou até a cobertura, onde vivem Alexis, Betty e seus dois meninos encantadores. Pappas e Dragasakis também estavam lá. Era o comecinho da noite.

Só reemergi dali nas primeiras horas da manhã seguinte, quando finalmente voltei a nosso apartamento para buscar minha mala e pegar um táxi em direção ao aeroporto para embarcar em meu voo rumo a Austin.

---

86 Para uma versão concisa da *Modesta Proposta para Resolver a Crise do Euro*, escrita por mim em parceria com Stuart Holland e Jamie Galbraith, ver Apêndice do *Minotauro global*, 2016. Até hoje continuo pensando que, caso essas propostas tivessem sido implementadas, teriam evitado o deslize da União Europeia rumo à ignomínia e a sua desconstrução, incluindo o Brexit.

"O que aconteceu?", perguntou Danae ao telefone.

"Eu lhe conto quando nos encontrarmos", respondi. A época de segurar minha língua ao falar ao telefone por medo de bisbilhoteiros havia começado.

## Um papo franco e aberto

O clima no apartamento de Alexis e Betty fora alegre. O governo de Samaras despencara nas pesquisas, agora as eleições pareciam iminentes e eles queriam discutir a estratégia no caso da provável vitória do Syriza.

Eu não estava muito afim de compartilhar de sua empolgação. O Programa de Tessalônica havia aumentado o meu medo: de que Alexis estivesse prestes a desperdiçar, aquela que poderia ser, a última chance de a nossa geração tirar a Grécia da prisão da dívida. Por isso, fiz questão de enfatizar as dificuldades e os riscos à frente, reiterando os pontos que havia tentado incutir neles quando de nossa reunião em junho. Era muito positivo e digno de louvor rezar pelo "melhor cenário" que Dragasakis tanto gostava de invocar, mas precisávamos nos preparar com urgência para outro cenário, mais provável e muito mais desagradável.

"Deixem-me dizer o que acho que vocês vão enfrentar no primeiro dia de sua gestão", comecei, assim que todos havíamos nos acomodado na sala de estar. "Podem esperar por uma corrida aos bancos na segunda-feira depois da sua eleição."[87]

Rumores de que o BCE poderia paralisar bancos levariam os depositantes a sacar seus euros para armazená-los embaixo dos seus colchões ou transferi-los ao exterior, expliquei, igualzinho ao que acontecera em 2012, e em Chipre no ano seguinte. Agentes da União Europeia e do FMI não teriam pressa alguma em negociar com um governo que eles desejam prejudicar.

Fariam corpo mole, ganhariam tempo e esperariam até que Alexis e sua equipe ficassem cara a cara com a primeira das impossíveis prestações de reembolso ao FMI e ao BCE, cobráveis a partir de março de 2015.[88]

87 As eleições na Grécia são sempre realizadas no domingo.

88 O ano de 2015 seria um campo minado de reembolsos para qualquer novo governo, com o FMI e o BCE por si sós exigindo do governo grego uma quantia equivalente a

Como tínhamos discutido em junho, um governo do Syriza precisava, portanto, estar preparado para sinalizar desde o início que, se a União Europeia e o FMI se recusassem a negociar de boa-fé, ele simplesmente não faria tais reembolsos.

Caso isso acontecesse, a União Europeia e o FMI certamente responderiam que o BCE não era mais capaz de fornecer liquidez aos bancos gregos, pois suas promissórias eram garantidas por um governo inadimplente, uma ameaça que era quase o mesmo que uma suspensão de sua assistência de liquidez de emergência (ELA), causando assim a paralisação desses bancos.

O clima na sala fechou.

"Espero que nada disso aconteça. Talvez não aconteça. Mas seria tolice não se preparar para esse cenário", eu disse. "Se eles escolherem esse caminho beligerante, o objetivo será descobrir do que vocês são feitos realmente, descobrir se vocês estão blefando e quais são suas verdadeiras prioridades".

"O que você acha que a Merkel quer?", perguntou Alexis. "Não posso acreditar que ela pense que é do seu interesse atiçar mais uma crise".

---

quase metade das suas receitas fiscais. Só olhar para o cronograma de pagamento já era o suficiente para dar ao novo ministro das Finanças uma enxaqueca.

| | |
|---|---|
| 6 março €301,8 milhões – FMI | 6 agosto €189,5 milhões – FMI |
| 13 março €339,6 milhões – FMI | 4 setembro €301,8 milhões – FMI |
| 16 março €565,9 milhões – FMI | 14 setembro €339,5 milhões – FMI |
| 20 março €339,6 milhões – FMI | 16 setembro €565,9 milhões – FMI |
| 13 abril €452,7 milhões – FMI | 21 setembro €339,5 milhões – FMI |
| 12 maio €969,1 milhões – FMI | 13 outubro €452,7 milhões – FMI |
| 5 junho €301,8 milhões – FMI | 6 novembro €166,5 milhões – FMI |
| 12 junho €339,5 milhões – FMI | 7 dezembro €301,8 milhões – FMI |
| 16 junho €565,9 milhões – FMI | 16 dezembro €565,9 milhões – FMI |
| 19 junho €339,5 milhões– FMI | 21 dezembro €339,5 milhões – FMI |
| 13 julho €452,7 milhões – FMI | **Subtotal €8,53 bilhões – FMI** |
| *julho €3,490 milhões – BCE* | ***Subtotal €6,66 bilhões – BCE*** |
| *agosto €3,170 milhões – BCE* | **Total €15,19 bilhões** |

"Berlim não ousaria aborrecer os mercados fechando os bancos da Grécia", interpelou Pappas. "A Grécia não é Chipre. Eles não podem nos fazer de gato e sapato desse jeito sem sofrer consequências".

Pedi permissão para discordar. Na minha opinião, Merkel e Schäuble não tinham intenção nenhuma de ir ao Parlamento para apoiar uma redução da dívida grega, o que equivaleria confessar que os dois primeiros resgates haviam sido concedidos sob falsos pretextos. A única maneira pela qual Berlim poderia evitar uma tal confissão era providenciando um terceiro empréstimo de resgate, mantendo a Grécia na prisão dos devedores, mas oficialmente não inadimplente.

No entanto, visto que cada resgate exigia o sacrifício de um primeiro-ministro grego (Papandreou para o primeiro, Samaras para o segundo) e um governo novinho em folha para empurrá-lo no Parlamento, das duas uma: ou eles tentariam trazer Alexis para o lado deles ou tentariam criar tamanho caos que o seu governo cairia, possibilitando a sua substituição por uma gestão tecnocrática complacente, igualzinho haviam feito em 2012.

Alexis tinha uma sombria expressão. "Mas e quanto ao ponto de Pappas?", disse. "Eles não têm medo de um tumulto nos mercados?"

"Eles têm", expliquei, "mas bem na época em que você talvez esteja entrando em Maximos, o BCE estará liberando uma torrente de dinheiro para estabilizar a zona do euro." Um programa de "flexibilização quantitativa"[89] como esses envolveria a compra em massa de títulos do governo usando as impressoras digitais do BCE. Isso empurraria para baixo as taxas de juros em Estados-chave, tais como Itália, Espanha e França. Há dois

89 N. de R. T: *Quantitative Easing* (ou flexibilização quantitativa, na tradução em português) foi o principal instrumento utilizado pelo Federal Reserve, o Banco Central dos Estados Unidos, para enfrentar as drásticas consequências da crise de 2008. Dinheiro novo eletrônico foi emitido e utilizado para comprar títulos desvalorizados pela crise. Nesse tipo de operação, os depósitos feitos nos bancos, consagrando essas compras, geram a possibilidade de realização de novos empréstimos e, assim, dinheiro novo entra em circulação na economia. O mesmo acontece se houver mera recompra de títulos públicos. Em 2014, o BCE também utilizou o instrumento, mas ainda timidamente. Um programa bem mais ambicioso, prevendo enorme expansão dos ativos do BCE e, assim, consequente expansão monetária para evitar uma deflação na zona do euro, começou no início de 2015.

anos sendo planejada, essa era a estratégia de Mario Draghi para ganhar tempo para o euro.

"Seria estúpido pensar que isso é uma coincidência", eu disse. "Merkel pode muito bem estar pensando que, no momento em que os mercados serão inundados pelo dinheiro do BCE, um feriado bancário grego imposto pelo BCE seria razoavelmente suave para ela e para os financistas da Europa."

"Então como podemos frustrar o plano deles?", perguntou Alexis.

"Para extrair deles um acordo minimamente decente", respondi, "você precisa dar boas razões ao BCE para pensar duas vezes antes de paralisar os bancos".

## O principal elemento dissuasivo: o restante da dívida grega no BCE

A estratégia para desencorajar uma paralisação dos bancos que havíamos discutido em junho – baseada na *Estratégia em Cinco Pontos* que apresentara em minha primeira reunião com a equipe econômica de Alexis em maio de 2013, inspirada por sua vez no artigo inicial que apresentei em junho de 2012 – dependia da batalha jurídica entre Mario Draghi no BCE e o Bundesbank, sob a direção de Jens Weidmann.

Draghi havia prometido comprar grandes quantidades de títulos do governo das economias vacilantes da Europa, a fim de escorar a zona do euro. O Bundesbank o havia levado aos tribunais por causa disso, alegando que aquilo violava a constituição do BCE. Em fevereiro de 2014, os tribunais alemães haviam remetido a questão para o Tribunal de Justiça da União Europeia, que decidiu em favor de Draghi, mas cuja sentença incluía advertências – advertências que, na minha análise, forneciam um trunfo considerável ao futuro governo Syriza.

A leitura que eu fazia delas era que o poder de Draghi para continuar comprando dívida pública estava condicionado a que ele protegesse o BCE contra qualquer anulação de dívida pública que o banco já possuísse. Isso incluía os assim chamados títulos PMTD: títulos públicos gregos que ele havia adquirido de investidores privados como parte de algo que batizaram de Programa do Mercado de Títulos da Dívida.

A quantia que o Estado grego ainda devia ao BCE sob a forma desses títulos pendentes chegava a 33 bilhões de euros. Da perspectiva da Grécia, era muito dinheiro, especialmente se considerarmos que o prazo de pagamento de parcelas de reembolso que totalizavam 6,6 bilhões de dólares estava se aproximando, em julho e agosto de 2015.

Mas do ponto de vista do BCE, aquilo era financeiramente insignificante quando comparado aos mais de 1 trilhão de euros que o BCE estava planejando liberar. No entanto, aqueles poucos bilhões da dívida grega ao BCE eram importantíssimos do ponto de vista legal: qualquer reestruturação daquela quantia ou qualquer atraso no seu pagamento exporia Draghi e a instituição a contestações jurídicas da parte do Bundesbank e do Tribunal Constitucional alemão, minando a credibilidade do seu programa de compra de dívidas como um todo e causando uma ruptura com a chanceler Merkel, que jamais compraria uma briga com o Bundesbank e com o Tribunal Constitucional Federal da Alemanha ao mesmo tempo.

Tendo que enfrentar o seu poder combinado, Draghi podia ter a certeza de ver sua liberdade de ação drasticamente reduzida, comprometendo assim a fé dos mercados na sua até então mágica promessa de fazer "tudo o que fosse preciso" para salvar o euro – a única coisa que ainda estava impedindo o colapso da moeda.

"Mario Draghi está prestes a lançar um grande programa de compra de dívidas em março de 2015, sem o qual o euro está frito", disse eu. "A última coisa da qual ele precisa é de algo que venha impedir isso."[90] Um

---

90 Minha informação de que altos funcionários do BCE estavam preocupados com os efeitos de uma reestruturação dos títulos públicos gregos detidos pelo BCE sobre a sua liberdade de embarcar plenamente, em março de 2015, na flexibilização quantitativa (o termo comumente usado para designar aquisições massivas de dívida) viera de uma fonte lá do topo da hierarquia do BCE. Mais recentemente, em junho de 2016, essa informação privilegiada foi confirmada por um comunicado de imprensa do Tribunal Constitucional Alemão (*Bundesverfassungsgericht)* relativo a uma interpretação da decisão do Tribunal de Justiça da União Europeia sobre as atividades de aquisição de dívidas do BCE, especificamente sobre o assim chamado Programa de Transações Monetárias Definitivas que Draghi havia introduzido como um preâmbulo do seu programa de flexibilização quantitativa plenamente desenvolvido. Nele, os juízes alemães consideraram que "embora o Tribunal de Justiça da União Europeia considere admissível a decisão sobre essa política mesmo sem mais especificações, a sua implementação deve obedecer a *outras condições* para que o programa de compra não viole o Direito da União" [ênfase acres-

governo Syriza tinha, portanto, de sinalizar a Draghi que desejava um acordo mutuamente vantajoso com a União Europeia, o BCE e o FMI, e que estava disposto a fazer concessões para conseguir isso. Mas também deveria sinalizar, discreta, mas firmemente, que se Draghi tentasse paralisar os bancos da Grécia em resposta a uma vitória do Syriza, o novo governo consideraria isso um *casus belli* e legislaria imediatamente para adiar a amortização dos títulos públicos gregos de propriedade do BCE em, digamos, duas décadas. Eu não tinha dúvidas de que, se um governo Syriza sinalizasse logo de cara sua intenção em retaliar, por meio da reestruturação dos títulos PMTD gregos detidos pelo BCE, isso desencorajaria o BCE de paralisar os bancos.

"Draghi é um presidente de Banco Central sábio demais para arriscar um cenário desses simplesmente para permitir que Berlim passe seu rolo compressor por cima de você", disse a Alexis. "Mas claro, por outro lado, se você não conseguir convencê-lo de que está falando sério sobre reestruturar aqueles títulos PMTD, ele não terá motivo nenhum para contrariar Berlim com uma recusa de seu pedido para que ele lhe esmague com um feriado bancário forçado."

Como em 2012, e agora de novo no apartamento de Alexis naquela noite, eu estava me esforçando para enfatizar algo simples: nesse, como em

---

centada]. Quais condições? Uma era que todas as compras de dívida pública, presumivelmente estendendo-se às compras anteriores, "não violem manifestamente a proibição do financiamento monetário do orçamento". Como Draghi me disse certa vez em pessoa, qualquer atraso na amortização dos títulos da dívida grega detidas pelo BCE seria considerado "financiamento monetário", dando assim ao Tribunal Constitucional Alemão um detonador para interromper o crucial programa do BCE de compra de dívidas. Além disso, os juízes alemães também estipulavam que "os títulos comprados devem, apenas em casos excepcionais" ser "conservados até o vencimento". Se o governo grego fosse legislar o prolongamento do reembolso duas décadas para além do vencimento (como eu estava propondo), Draghi e o BCE teriam sido vítimas do Tribunal Constitucional Alemão. Mesmo que este último não agisse contra Draghi na ocasião de uma tal atitude do governo grego, os mercados entrariam em pânico, interpretando a ação grega como um impulso significativo na probabilidade de que trilhões de euros do BCE em compras de dívida estivessem em risco. Ver comunicado de imprensa *Bundesverfassungsgericht* n. 34/2016, 21 de junho de 2016, "*Constitutional Complaints and Organstreit Proceedings Against the OMT Programme of the European Central Bank Unsuccessful*", <http://www.bundesverfassungsgericht.de/SharedDocs/Pressemitteilungen/EN/2016/bvg16-034.html>, consultado pela última vez em 11 de novembro de 2016.

todos os aspectos da negociação que iriam enfrentar, o Syriza não podia se dar ao luxo de blefar. Mesmo que Draghi de fato paralizasse os bancos, o governo de Alexis precisava estar preparado para manter a economia funcionando por várias semanas. Se mesmo nessas circunstâncias ele continuasse firme em sua posição – sinalizando para Berlim e Frankfurt que, embora o objetivo do seu governo fosse um acordo honroso, ele ainda assim preferia um oneroso e indesejado Grexit ao pesadelo de ter de capitular à escravidão por dívida – então as verdadeiras negociações começariam.

Era essa uma batalha que eles estavam preparados a levar até o fim?

Pappas pareceu ofendido por eu perguntar. Alexis, mais contido, disse com um ar de resignação: "Não temos alternativa". Dragasakis não disse nada.

Então, era imperativo que eles tivessem um plano para ganhar tempo, eu lhes disse; uma maneira de atravessar várias semanas difíceis, para que não tivessem de escolher entre o Grexit ou se render no exato momento em que os caixas eletrônicos fechassem. Isso também daria a Merkel e Draghi a oportunidade de se afastarem de uma ruptura definitiva quando ficasse claro que o Syriza estava falando sério. Para isso, eles precisariam de um sistema de pagamentos pronto para entrar em ação no momento em que os bancos fechassem.

## Um sistema de pagamentos paralelo

O esquema que esbocei, ao qual me referi em junho de 2012 e também na *Estratégia em Cinco Frentes* de maio de 2013, baseava-se no trabalho teórico que fizera anteriormente sobre como os governos da zona do euro em dificuldades fiscais poderiam ganhar algum espaço de manobra por meio de um novo tipo de utilização das páginas na internet de seus órgãos de administração tributária. A essência dele era simples.

Suponha que o Estado deve à empresa A 1 milhão de euros, mas está atrasando o pagamento devido a sua crise de liquidez. Suponha também que a empresa A deva 30 mil euros a Jill, um de seus funcionários, e outros 500 mil euros à empresa B, que forneceu matéria-prima. Enquanto isso, Jill e a Empresa B também devem, respectivamente, 10 mil e 200 mil euros em impostos ao Estado. Agora imagine que o órgão de administração tributária crie uma conta de reserva para cada contribuinte (por meio do número de identificação fiscal, para ser exato), inclusive para as empresas A e B e para Jill.

O Estado pode então "depositar" 1 milhão de euros na conta de reserva da empresa A simplesmente digitando esse valor e fornecendo a cada contribuinte um número PIN[91] a ser usado para fazer transferências de "fundos" da conta de reserva de um contribuinte para a de outro. A empresa A poderia então transferir 30 mil euros para a conta de reserva de Jill e 500 mil euros para a conta de reserva da empresa B, que Jill e a empresa B poderiam usar para pagar os 10 mil e os 200 mil euros, respectivamente, que devem ao Estado em impostos atrasados. Dessa forma, efetuar-se-ia o cancelamento imediato de muitos pagamentos em atraso.

Um sistema como esse seria bem-vindo em Portugal, na Itália e até mesmo na França, e isso mesmo durante o melhor dos tempos, mas seria crucial na Grécia durante a emergência de um feriado bancário imposto pelo BCE, permitindo a continuidade de transações de todo tipo, não apenas aquelas com o Estado. Por exemplo, pensões poderiam ser parcialmente pagas na conta de reserva do pensionista aberta pelo órgão de administração tributária, e o pensionista poderia, então, transferir uma parte dessa quantia para, digamos, seu senhorio, que também teria impostos a pagar. Apesar desses créditos não poderem ser retirados do sistema na forma de dinheiro vivo, o esquema continuaria a funcionar enquanto o Estado continuasse aceitando os créditos no lugar dos impostos. E ele poderia funcionar surpreendentemente bem caso fosse aprofundado de duas maneiras.

Todo cidadão grego já possui um documento de identidade. Imagine se esse documento fosse reemitido na forma de um cartão inteligente contendo um microchip semelhante àqueles encontrados nos cartões de débito e crédito mais modernos. Os cartões de identidade de pensionistas, trabalhadores do setor público, pessoas que vivem de prestações sociais, fornecedores do governo – qualquer um que tenha transações financeiras com o Estado – poderiam ser vinculados às suas contas de reserva no

91 N. de R. T.: PIN = *Personal Identification Number* (Número de Identificação Pessoal).

órgão de administração tributária e, assim, usados para pagar por bens e serviços em supermercados, postos de gasolina e similares.

Em outras palavras, mesmo que os bancos fossem fechados, mesmo que o Estado não tivesse mais liquidez, o governo ainda poderia cumprir suas obrigações simplesmente atribuindo créditos fiscais aos cartões de identidade das pessoas – desde que o valor total creditado não colocasse o governo em um déficit fiscal, é claro.

Segundo, o mesmo sistema poderia ser usado para permitir que o governo pegasse empréstimos dos cidadãos gregos, contornando assim os bancos comerciais, os hostis e desconfiados mercados monetários e, é claro, a *troika*. Além de receber créditos fiscais do Estado, os cidadãos teriam a opção de comprar créditos do órgão de administração tributária pela internet, usando os serviços de *web banking* vinculados a suas contas bancárias normais. Por que eles iriam querer fazer isso? Porque o governo lhes ofereceria um desconto de, digamos, 10% se mais à frente eles usassem esses créditos para pagar seus impostos, digamos, um ano mais tarde.

O Estado estaria na verdade tomando empréstimos de seus cidadãos a uma taxa de juros (10%) que nenhum europeu consegue obter de qualquer banco nos dias de hoje. Contanto que o nível total de créditos fiscais vendidos pelo governo fosse limitado e totalmente transparente, o resultado seria um aumento fiscalmente responsável na liquidez do governo, maior liberdade em relação à *troika* e, portanto, uma rota mais curta até o objetivo final de um novo acordo viável com a União Europeia e o FMI.

Aparentemente impressionado, Dragasakis me pediu para que elaborasse um projeto escrito deste esquema, enquanto Alexis e Pappas pareciam aliviados ao pensar no tempo precioso que isso lhes daria após uma ruptura com os credores. Menos de 48 horas depois do meu retorno a Austin, já havia enviado um documento técnico de dez páginas a Pappas para que o transmitisse a Alexis e Dragasakis.

Vamos avançar quatro meses no tempo por um breve momento, até março de 2015, em uma reunião de gabinete do governo Syriza com Alexis, já como primeiro-ministro em exercício. Após uma avaliação do confronto com a *troika* que começara com uma vingança no primeiro dia, como previsto, descrevi em linhas gerais um projeto de lei que meu ministério havia proposto ao Parlamento para combater a crise humanitária:

cartões de débito seriam emitidos para trezentas mil famílias que viviam abaixo da linha da pobreza, com um crédito de algumas centenas de euros por mês para cobrir as suas necessidades básicas.

"Mas esses cartões são só o começo", eu disse. "Em breve eles poderiam substituir os documentos de identidade e constituir a base de um sistema de pagamentos que funciona em paralelo com os bancos".

Depois de explicar como o sistema funcionaria, apresentei suas muitas vantagens: ele daria ao governo mais espaço orçamental, apoiaria os pobres sem sujeitá-los ao estigma de ter que usar cupons e, acima de tudo, sinalizaria à *troika* que a Grécia tinha um sistema de pagamentos que permitiria que nossa economia funcionasse mesmo no caso em que eles fechassem nossos bancos. Por último, observei que, se a *troika* decidisse expulsar a Grécia da zona do euro, como o ministro das Finanças alemão desejava fazer há anos,[92] esse mesmo sistema de pagamentos poderia ser redenominado em uma nova moeda com o simples apertar de um botão.

Quando a reunião do gabinete foi interrompida, a maioria dos ministros presentes me abordou para expressar seu entusiasmo, alguns me dando tapinhas nas costas, outros me abraçando, uma outra me dizendo estar comovida e inspirada.

Cinco meses mais tarde, após minha renúncia, a imprensa me criticou por haver entrado em uma negociação difícil sem ter um plano B. Durante dias, fui ridicularizado na mídia não apenas por políticos da oposição, mas também por muitos parlamentares do Syriza, por entrar no covil dos leões sem uma estratégia do que fazer caso os bancos fossem paralisados.

Esperei para ver se Alexis ou qualquer outra pessoa do gabinete se apresentaria para esclarecer os fatos. Ninguém o fez. Portanto, durante uma teleconferência conduzida por David Marsh, do Fórum Oficial de Instituições Financeiras e Monetárias, na qual eu estava respondendo a perguntas sobre o que havia dado errado nas negociações do governo grego com a União Europeia e o FMI, tornei públicos os meus planos para um sistema de pagamentos paralelo.

92 Um ex-ministro das Finanças do Pasok relatou em 2011 que Wolfgang Schäuble havia expressado sua preferência pela saída da Grécia do euro e que ela retornasse ao dracma. Minhas conversas com o dr. Schäuble, descritas integralmente nos capítulos seguintes, confirmou isso.

A discussão estava teoricamente sendo realizada sob a Regra de Chatham House[93], que autorizava os participantes a citar o que fosse dito, mas não a atribuir a citação ao orador específico, mas essa convenção foi ignorada. Gravações de toda a minha apresentação foram logo divulgadas. Imediatamente aqueles mesmos jornalistas e políticos que haviam me ridicularizado por não ter um Plano B me acusaram repentinamente do exato oposto: O PLANO SECRETO DE VAROUFAKIS PARA O GREXIT era uma manchete típica, sugerindo que eu havia tramado, pelas costas de Alexis, um complô diabólico para tirar a Grécia do euro.

Exortações para que eu fosse indiciado criminalmente começaram a se acumular. Na verdade, no momento em que escrevo essas linhas, uma acusação de alta traição paira sobre mim no Parlamento grego por ter prejudicado o primeiro-ministro Tsipras por meio de um "plano secreto".[94]

Para mim, é uma fonte de orgulho pessoal e de alegria que os líderes da torcida organizada da *troika* dentro da Grécia usem todas as oportunidades que surgem para me diminuir. Considero seus ataques um distintivo de honra, conferido a mim por ter ousado dizer não a suas exigências no Eurogrupo. Mas ver ex-colegas de gabinete, aquelas mesmas pessoas que vieram até mim para elogiar o sistema de pagamentos que eu havia proposto, fingindo nunca ter ouvido falar nele ou juntando-se às denúncias só me enche de tristeza.

---

93 N. de E.: Chatham House é como passou a ser oficialmente denominado o Instituto Real de Relações Internacionais, o mais poderoso *think tank* fora dos Estados Unidos, cujo nome deriva de sua sede que, por sua vez, faz referência ao Conde de Chatham, o ex-premiê britânico William Pitt. É dedicado a estudos estratégicos e programas a respeito e com abrangência em todo o mundo, tendo ilustres membros e palestrantes em seus quadros. Graças à influência e a importância dos temas que lá são tratados, e do poder de seus integrantes e convidados, lá se criou uma regra de anonimato conhecido como Regra de Chatham House: é possível que os participantes tornem público o tema das discussões sem, no entanto, revelar que estava em tais seminários e, por conseguinte, quem trouxe determinadas informações para lá.

94 N. de E.: Esse processo de alta traição contra Varoufakis foi instaurado pelo Ministério Público Grego e, depois, transferido para a competência do Parlamento que, no fim, lhe absolveu pela intervenção do próprio Tsipras em uma atitude de aparente indulgência do então premiê grego que, no entanto, servia para afirmar seu poder no Syriza e na Grécia; Tsipras, responsável pela demissão de Varoufakis, aparecia agora como seu salvador para demonstrar publicamente o seu poder, sobretudo em relação ao seu ex-aliado.

## A oferta

A oferta me pegou completamente desprevenido. Por volta da meia-noite no apartamento de Alexis, a discussão passou de dissuasão e de sistemas de pagamentos paralelos para pragmatismo político. Alexis me informou sobre a alta probabilidade de uma eleição antecipada. O mandato do governo ainda tinha mais de dois anos pela frente até o seu término oficial, mas era duvidoso que pudesse sobreviver para além de março de 2015, quando expiraria o mandato de cinco anos do presidente da república.

A menos que o primeiro-ministro Samaras conseguisse reunir uma maioria parlamentar reforçada em torno de seu candidato presidencial, o Parlamento seria automaticamente dissolvido e as eleições convocadas.[95] Alexis fez então sua oferta, despretensiosamente e sob o olhar atento de Dragasakis.

"Se vencermos, e não há dúvida de que vamos, queremos que você se torne ministro das Finanças".

Ao longo de toda a minha jornada de Austin a Atenas, fiquei recitando as palavras exatas que usaria para recusar sua oferta – exceto pelo fato de que estava prevendo uma oferta completamente diferente da que ele acabara de fazer, a de negociador-chefe do ministro das Finanças Dragasakis. Mas agora Alexis estava propondo unificar os dois papéis e me tornar responsável por ambos.

Para ganhar tempo e, em genuína perplexidade, voltei-me para Dragasakis. "Mas pensei que você iria assumir o Ministério das Finanças".

95 O presidente da república Helênica é votado pelo Parlamento. São permitidas três votações. Na primeira delas, o candidato vencedor deve ser votado por um mínimo de duzentos dos trezentos membros do Parlamento. Se nenhum candidato conseguir essa maioria de dois terços, uma segunda votação será realizada sob a mesma regra. Se novamente nenhum candidato for bem-sucedido, haverá uma votação final na qual o número requerido de votos cai de duzentos para cento e oitenta. Se nenhum candidato obtiver cento e oitenta votos, o Parlamento é automaticamente dissolvido e o Parlamento seguinte elege o presidente por maioria simples (151 membros dos trezentos). Em dezembro de 2014, o governo de Samaras podia contar com apenas cento e cinquenta e três membros e teria de garantir o apoio de algum partido menor de centro-esquerda, além de um punhado de parlamentares independentes, para alcançar os necessários cento e oitenta votos.

Alexis interveio para explicar: "Dragasakis será vice-primeiro-ministro supervisionando os três ministérios econômicos", ou seja, o Ministério das Finanças, o Ministério da Economia e um novo Ministério de Reconstrução Produtiva.[96]

Isso mudava tudo. A estrutura de gabinete proposta era sensata. A única razão para recusar a oferta de Alexis agora seria a dúvida sobre suas verdadeiras intenções, calibre ou caráter, os seus e os de Dragasakis. Teria sido desagradável, para dizer o mínimo, trazer diretamente a eles essas dúvidas fundamentais. Em vez disso, levantei outra questão de princípio.

"Como vocês sabem", eu disse, "tenho sérias reservas quanto ao Programa de Tessalônica. Na verdade, tenho muito pouco respeito por ele e, dado que foi apresentado como sendo sua promessa solene para o povo grego em matéria econômica, não vejo como eu poderia, com toda honestidade, assumir a responsabilidade de implementá-lo como ministro das Finanças".

Como era previsível, neste momento Pappas se precipitou para reafirmar que o Programa de Tessalônica não era vinculativo para mim. "Você nem é membro do Syriza", observou.

"Mas não é esperado de mim que ingresse no partido caso venha a me tornar seu ministro das Finanças?", perguntei.

Alexis interveio com uma resposta estudada: "Não, em circunstância alguma. Eu *não quero* que você se torne um membro do Syriza. Você precisa permanecer livre do peso do tortuoso processo de decisão coletiva do nosso partido".

Na minha cabeça zuniam sinais de alarme. O argumento de Alexis era razoável, mas estava prenhe de imensos riscos. Por um lado, permanecer semi-independente do Syriza, um partido cujas frágeis políticas econômicas eu havia criticado durante anos, iria me proporcionar um precioso grau de liberdade e, ainda, permitiria que Alexis culpasse as minhas decisões que fossem contrárias à política do partido no fato de que, vejamos, eu não estava vinculado a ele.

---

96 O Ministério da Economia inclui o comércio, a indústria, o transporte marítimo, o turismo e a crucial carteira de gestão de fundos estruturais da União Europeia. O novo Ministério da Reconstrução Produtiva incluiria obras públicas, energia e meio ambiente.

Ao mesmo tempo, essa culpa poderia se transformar, num piscar de olhos de Alexis ou de Dragasakis, em uma condenação da minha pessoa, me deixando exposto à animosidade do partido cujo apoio eu tanto precisaria quando estivesse combatendo a *troika* e a oligarquia grega. Novamente, essa não era uma preocupação que eu poderia ter compartilhado com eles.

A pressão para que me decidisse estava aumentando, mas eu precisava ter certeza: estávamos realmente de acordo tanto quanto aos objetivos como quanto aos meios? Caso não estivéssemos, minha vida teria continuado deliciosamente descomplicada.

"Vamos ver se conseguimos concordar sobre alguns pontos fundamentais antes de discutirmos o meu papel em um governo Syriza", eu disse.

Minha intenção era testar neles uma versão atualizada, firme e clara da *Estratégia em Cinco Frentes* que eu havia proposto a Alexis em 2012, antes que fosse tão ingloriamente descartada.[97]

## O acordo

Primeiro e acima de tudo, comecei, vinha uma significativa reestruturação da dívida.[98] Tínhamos que concordar que esse era o princípio e o fim de um governo Syriza. Tirar a Grécia da prisão dos devedores era mais importante do que impedir as privatizações ou qualquer outro objetivo na agenda do Syriza. Eles concordaram.

Com a reestruturação da dívida, continuei, poderíamos finalmente pôr um fim à espiral de austeridade-deflação e visar um pequeno superávit orçamentário – especifiquei uma meta de no máximo 1,5% da renda nacio-

97 Quando perguntei a Alexis em privado por que o Syriza havia abandonado minha *Estratégia em Cinco Frentes*, sua resposta magistral foi que o partido não estava maduro o suficiente. Ele disse que faltara à liderança do partido a determinação para vencer as eleições de junho de 2012 e, ainda, admitiu que eles não estavam preparados para assumir o governo.

98 Eu disse também que nossas propostas deveriam corresponder a um alívio substancial da dívida, mas ser do tipo que Merkel pudesse apresentar ao seu povo como sendo ideia dela. Isto poderia ser alcançado sem uma reestruturação direta, por meio da utilização de "engenharia" financeira ou *swaps* de dívida – do tipo que acabei propondo a Berlim e ao Eurogrupo em fevereiro de 2015 (ver capítulos 5 e 6).

nal. Isso exigiria fortes reduções no IVA[99] e no imposto sobre as empresas, a fim de reenergizar o setor privado.

"Por que as empresas deveriam pagar menos?", protestou Alexis.

Expliquei que pensava que o setor privado deveria pagar uma parcela maior da carga tributária total, mas que a única maneira de conseguir um aumento global de sua contribuição em uma época de consumo quase zero e de bancos falidos, incapazes de fornecer crédito até mesmo para empresas lucrativas, era reduzir os impostos sobre as empresas. Dragasakis interveio para dizer que concordava, aparentemente apaziguando a consternação inicial de Alexis e Pappas.

Quando se tratasse de privatizações, continuei, teríamos de fazer concessões se quiséssemos chegar a um acordo com a União Europeia e o FMI. A rejeição generalizada do Syriza às privatizações teria de ser substituída por uma política segundo a qual estas fossem consideradas caso a caso. As vendas em caráter de urgência das estatais tinham que cessar, mas haveria alguns ativos, como portos e ferrovias, que deveríamos tornar disponíveis com a condição de que neles fosse efetuado um mínimo de investimentos, de que o comprador se comprometesse a conceder aos trabalhadores contratos adequados e o direito à representação sindical, e de que o Estado conservasse uma participação acionária importante, mesmo que minoritária, cujos dividendos seriam utilizados para auxiliar os fundos de pensão.

Enquanto isso, os ativos que permanecessem sob propriedade do Estado deveriam ser entregues a um novo banco público de desenvolvimento, que os utilizaria como garantia na captação de recursos a serem investidos nesses mesmos ativos públicos, de modo a aumentar seu valor, criar empregos e incrementar as receitas futuras. Eles também concordaram nesse ponto.

Agora vinha a delicada questão de Aris, Zorba e seus coleguinhas banqueiros. Lembrando da desconfortável conversa com Alexis à sombra do *Stoneship*, escolhi minhas palavras com cuidado na presença de Dragasakis. Perguntei-lhes até que ponto estavam preparados para encarar banqueiros com o histórico de Aris e Zorba e forçá-los a ceder o controle de

99 N. de R. T: IVA = Imposto sobre o Valor Adicionado.

seus bancos, que eram essencialmente de propriedade dos contribuintes. Lembrei-os da curiosa aliança entre nossos banqueiros e o Banco Central Europeu, que os estava mantendo vivos por meio de promissórias lastreadas pelo governo. Qualquer uma dessas instituições era capaz de asfixiar um governo Syriza.

Pappas transbordava de zelo revolucionário, decretando que todos os banqueiros teriam de fazer as malas. Mais cauteloso, mas não menos decidido, Alexis acrescentou que era por isso que era importante ter uma pessoa sênior como vice-primeiro-ministro, ou seja, Dragasakis, para segurar as rédeas dos banqueiros.

Mas estariam preparados, perguntei, para adotar minha proposta de que esses bancos falidos fossem colocados sob propriedade e administração da União Europeia? Eu sabia que essa era uma proposta extraordinariamente desafiadora para um partido de esquerda que, se tinha alguma tendência, era a de nacionalizar o setor bancário. Seguiu-se um silêncio perigoso.

Alexis rompeu-o com a pergunta inevitável: "Mas por que não podemos nacionalizar os bancos? O Estado tem participação majoritária neles de qualquer forma. Será que não podemos simplesmente aprovar uma lei que converta nossas ações sem direito a voto em ações com direito a voto?".

Respondi que, a menos que estivéssemos preparados para entregar os bancos à União Europeia, não conseguiríamos aliviar o Estado grego do peso dos passivos incorridos pela sua falsa recapitalização. A nacionalização dos bancos só faria sentido no caso de Grexit. "Mas estamos comprometidos em não pensar no Grexit como um objetivo, correto?".

"Correto", foi a resposta imediata de Alexis.

"Nesse caso, podemos concordar que nossa posição negocial quanto aos bancos deveria ser que suas ações, juntamente com os passivos de sua recapitalização, sejam transferidas para a União Europeia, com novos conselhos de administração que não mais sejam controlados pelos banqueiros da Grécia?".

Alexis e Pappas concordaram, mas notei que Dragasakis optou por não responder diretamente, observando apenas que era importante permanecer dentro dos limites da legalidade – uma observação de algo que deveria ser óbvio. Esse seu esforço em evitar a questão reforçou minhas suspeitas.

Apesar disso, até aquele ponto da conversa, os três pareciam satisfeitos com o programa. No entanto, senti a necessidade de recapitular uma vez mais aquilo que havíamos concordado serem nossos objetivos.

"A reestruturação da dívida vem em primeiro lugar. Em segundo, um superávit primário de não mais que 1,5% da renda nacional e nenhuma nova medida de austeridade. Terceiro, reduções abrangentes nas alíquotas da tributação sobre vendas e empresas. Em quarto lugar, privatizações estratégicas sob condições que preservem os direitos trabalhistas e impulsionem o investimento. Quinto, a criação de um banco de desenvolvimento, que usaria os ativos públicos remanescentes como garantia, para impulsionar o investimento interno e cujos dividendos seriam canalizados para os fundos públicos de pensão. Em sexto lugar, uma política de transferência das ações e da administração dos bancos gregos para a União Europeia, ao mesmo tempo que criaríamos um "mau banco"[100] público para lidar com os empréstimos improdutivos dos bancos de modo a evitar evicções e a expropriação em massa de pequenos negócios por fundos oportunistas.

Novamente eles concordaram, desta vez com mais convicção.

Mas eu ainda não tinha terminado. A concordância deles tinha de se estender também à minha proposta de estratégia de negociação, completada por seu principal elemento dissuasivo, a ameaça de reestruturar nossos títulos do PMTD e o sistema de pagamentos paralelo com o qual ganharíamos tempo no caso de um impasse que levasse os bancos a fechar. Passei por cada um desses pontos e, mais uma vez, eles concordaram.

Então cheguei à minha última e mais premente questão: "Para que nós tenhamos uma chance de concluir um acordo decente, é essencial que estejamos todos de acordo que não vamos blefar contra a *troika*. Estamos entendidos em relação a isso?", perguntei ansiosamente.

Dragasakis perguntou o que eu queria dizer com aquilo. Seria essa uma pergunta genuína ou amnésia tática? Fosse o que fosse, eu estava feliz em bater mais uma vez naquela tecla tão importante, a mesma tecla na qual eu vinha batendo desde a nossa primeira reunião: "Não é blefe emitir uma

100 N. de R. T.: Tradução do termo *bad banks*, do jargão financeiro. Veja-se nota 5, na Introdução.

declaração de intenções se você realmente pretender levá-la a cabo *independentemente do que fizer o outro lado*".

Alexis entendeu: "Nós ouvimos você. O que você está dizendo é que não vamos assinar nem mesmo se formos ameaçados com Grexit. Certo?".

Confirmei que esse era exatamente o meu ponto: não fazia sentido nenhum entrar em uma difícil negociação com as instituições de crédito mais poderosas do mundo, a menos que estivéssemos buscando um acordo viável dentro do euro e que não fizéssemos nada para pôr em risco tal acordo, mas também que tivéssemos clareza que, entre a rendição a uma renovada sentença na prisão dos devedores e o Grexit, preferíamos o segundo.

"Estamos entendidos quanto a isso?", repeti.

"Nem é preciso dizer", foi a resposta de Alexis, acompanhada de outra fervorosa confirmação da parte de Pappas. Dragasakis permaneceu conspicuamente em silêncio, oferecendo apenas um amigável e cansado sorriso. Era o mais próximo de um acordo a que poderíamos ter chegado.

Agora era minha vez de decidir.

## Sim ou não?

Havia chegado a hora da verdade. Eu tinha a minha frente uma oferta que *podia* recusar. Os riscos de aceitá-la eram inequívocos e gigantescos. Embora gostasse de Alexis e estivesse disposto a acreditar nele, os eventos de 2012 e, mais recentemente, seu descontraído desrespeito a nosso acordo de *Stoneship* para que eu fosse envolvido na elaboração do Programa de Tessalônica do Syriza me deram motivos mais do que suficientes para o ceticismo. E como disse Danae depois de meu subsequente retorno a Austin, eu era explorável porque era descartável: "Se você conseguir um acordo decente, eles reivindicam o crédito. Se não, é você quem ficará com a culpa".

Um "de fora do sistema" tanto em relação ao Syriza como ao *establishment*, eu era o alvo ideal para atrair as pedras e flechas da *troika*, do *establishment* grego, dos partidários do Syriza e dos membros do partido, desviando-as de Alexis e sua trupe. Eu não me importava em fazer o papel de alvo; é isso o que faz um ministro das Finanças em nome de seu primeiro-ministro e de seu gabinete.

Valeria a pena, mas somente enquanto nossa aliança estivesse intacta e todos entendessem que essa era uma luta na qual não valia a pena entrar, a menos que estivéssemos preparados para levá-la às últimas consequências. Eu estava. E eles? Era uma pergunta para a qual não dispunha de evidências suficientes para responder.

Ao mesmo tempo, eu enfrentava um dilema ético. Será que tinha o direito de recusar a oferta de Alexis? Ali estava o futuro primeiro-ministro me oferecendo uma oportunidade de mostrar que eu estava falando sério – para implementar a estratégia de negociação e o programa de reforma econômica que eu vinha defendendo dos bastidores desde que a Grécia ficara confinada em sua peculiar prisão. Para Sócrates, uma vida boa é aquela em que você não se arrepende em seu leito de morte. Como será que eu me sentiria quando, na velhice, contasse o momento em que dei as costas àquela oportunidade?

*Se ao menos eu pudesse conversar com Danae sobre isso*, pensei. Mas com milhares de quilômetros nos separando, e depois de uma sessão tão longa no apartamento de Alexis, nada menos do que uma decisão ali e agora bastaria. Então eu decidi. Mas antes de aceitar, tinha uma última condição: que eu primeiro conseguisse me eleger para o Parlamento. Não estava preparado para ser mais um ministro das Finanças sem mandato parlamentar como Stournaras e seu sucessor.[101]

"Mas Yanis, você nunca disputou uma eleição antes", objetou Alexis. "Você não tem a infraestrutura necessária e as eleições estão chegando em breve, com você morando no Texas!".

Pappas interveio com uma sugestão de compromisso: eu poderia figurar na lista para uma das vagas no Parlamento que são alocadas pelo líder do partido.[102] Alexis sugeriu, então, que talvez fosse apropriado que eu fosse colocado bem lá embaixo na lista do partido, em uma posição "ho-

101 Diferente da Grã-Bretanha, onde os ministros precisam ser membros do Parlamento, o primeiro-ministro grego pode nomear ministros não parlamentares, desde que o governo obtenha um voto geral de confiança do Parlamento.

102 O direito eleitoral grego especifica que um pequeno número de parlamentares seja tirado de uma lista rankeada dos partidos. Se o Syriza, por exemplo, ganhar quatro dessas posições, os primeiros quatro candidatos de sua lista tornam-se membros do Parlamento. A quota de cada partido para esses assentos é baseada na sua porcentagem de votos em âmbito nacional.

norífica", que não incluiria um assento no Parlamento, mas que sinalizaria o quanto o Syriza me tinha em alta estima.

Fui irredutível. "Isso não é o suficiente. Ou consigo um mandato direto dos eleitores, não mediado pela liderança, ou vou permanecer à distância." Não era uma questão de honra. "Se é para enfrentar Wolfgang Schäuble no Eurogrupo, um político experiente que recebeu o apoio de seu povo por décadas a fio, tenho que ir até lá munido de milhares de votos também. Caso contrário, me faltaria a legitimidade necessária".

"Mas e o que acontece se você não conseguir se eleger?", insistiu Alexis.

"Então o povo terá expressado que não quer que eu os represente no Eurogrupo. Simples! Para mim, a ideia de tecnocratas negociando tratados econômicos em nome das massas ignorantes é repugnante e merece ser enterrada".

"Em qual distrito eleitoral você quer disputar?", perguntou Dragasakis.

"A Grande Atenas é aquela onde venho votando toda a minha vida, então é lá que quero disputar". Essa resposta parecia óbvia para mim.

"Concorrer na Grande Atenas é brutal, Yanis. Você tem certeza?", perguntou Alexis.

"Que seja", respondi.

A maioria dos distritos eleitorais na Grécia elege mais de um parlamentar cada. A Grande Atenas é a maior circunscrição eleitoral do país, com mais de um milhão e meio de eleitores registrados, elegendo 44 dos 300 membros do Parlamento. Eu estava plenamente ciente de que esta também era a circunscrição de Pappas e Dragasakis.[103]

Vendo minha determinação, Pappas ponderou de maneira positiva: "Ele será facilmente eleito", disse, encerrando a discussão, mas não minha inquietude.

Não querer que eu aderisse ao Syriza como membro do partido fazia algum sentido. Resistir a minha candidatura para o Parlamento era muito mais desconcertante, pois tornava mais elevada a perturbadora probabilidade de que, para Alexis, a minha utilidade fosse inversamente proporcional à autonomia da minha legitimidade política. Todavia, também podia

---

103 Primeiro os eleitores escolhem qual partido preferem, escolhendo o boletim de voto do partido, e em seguida indicam quais dos candidatos do partido querem enviar ao Parlamento.

ser que Alexis estivesse simplesmente preocupado que eu não me saísse bem no dia das eleições. Esse pensamento, juntamente com o acordo que acabáramos de fazer, tornava impossível recusar a oferta, apesar do meu mar de dúvidas.

Conforme caminhávamos para a porta da frente, um Alexis pensativo me disse: "Você vai precisar montar uma equipe, para estarmos preparados caso eles nos expulsem da zona do euro. Comece a trabalhar nisso logo".

"Eu vou, Alexi", respondi. Este foi o nascimento daquilo que ficou conhecido como Plano X – a ser ativado somente no caso de, e depois que, Berlim e o BCE ativassem seu próprio Plano Z para empurrar a Grécia do penhasco do Grexit.[104] "Mas saiba de uma coisa, Alexi", acrescentei, "a melhor e única maneira de garantir nosso lugar, no longo prazo, na zona do euro é cobrir os credores de moderação, ao mesmo tempo que sinalizamos para eles nossa determinação inabalável de ativar nossa estratégia de dissuasão se eles tentarem nos esmagar".

Alexis assentiu com um movimento de cabeça. Dragasakis, que parecia muito cansado, sorriu vagamente e me pediu para que o mantivesse informado. Prometi-lhe que o faria.

## Crônica de uma emboscada anunciada

O tempo entrou em sobremarcha depois daquela manhã no final de novembro de 2014. Danae e eu imediatamente começamos a planejar nossa mudança de volta para Atenas no final de janeiro, com a devida antecedência para uma possível eleição em março. No entanto, o primeiro-ministro Samaras tinha um plano diferente.

No dia 8 de dezembro, ele anunciou que estava antecipando a eleição presidencial, com a primeira votação, essencialmente ritual, a ser realizada nove dias mais tarde, em 17 de dezembro, a segunda votação ritual em 22

---

104 O Plano Z, o plano da *troika* para expulsar a Grécia da zona do euro e administrar as repercussões do Grexit, foi elaborado dentro do BCE, mas em colaboração com o governo alemão e a Comissão Europeia. Ele envolvia um número muito pequeno de agentes que trabalharam em segredo. Consulte "Inside the ECB's Plan Z", de Peter Spiegel, no *Financial Times*, em 14 de maio de 2014. <https://www.ft.com/content/0ac1306e-d508-11e3-9187-00144feabdc0>.

de dezembro e a terceira votação, por sua vez decisiva, em 27 de dezembro.[105] Ao ouvir a notícia, presumi que, de alguma forma, ele conseguira reunir os votos de que precisava para garantir mais dois anos de mandato. Por que outro motivo ele adiantaria uma votação que poderia encurtar em dois meses inteiros seu governo?

No dia seguinte, comecei a questionar minha teoria. Em 9 de dezembro, o ministro das Finanças grego solicitou ao Eurogrupo uma prorrogação de dois meses do segundo acordo de resgate, que estava previsto para expirar em 31 de dezembro de 2014. Por que pedir apenas dois meses se a *troika* havia proposto uma prorrogação de seis meses? Se Samaras tinha o número de votos necessário para se manter no cargo por mais dois anos, ele deveria ter desejado uma prorrogação de pelo menos seis meses, para então fazer passar no Parlamento o terceiro acordo de empréstimo que exigiam as políticas da *troika*. Por que dar a si mesmo uma margem de ação tão pequena? A única explicação que conseguia encontrar era que ele não a estava dando a si mesmo – ele a estava dando a nós.

Conversando com Pappas e Alexis, de Austin, concluí que esse era realmente o caso. Samaras sabia que não contava com os votos necessários, resignara-se a uma eleição no final de janeiro, a qual sabia que perderia, mas estava contando com a *troika* para paralisar os bancos gregos assim que expirasse o acordo de resgate, dia 28 de fevereiro de 2015, extinguindo assim um governo Syriza de quatro semaninhas de idade. Isso abriria o caminho para que uma administração tecnocrática, como a que assumiu em 2012, aprovasse o terceiro empréstimo de resgate, seguido de seu retorno triunfal a Maximos. Entre nós, começamos a nos referir àquilo como o estratagema do senhor Samaras para um "*intermezzo* de esquerda".

Nossa teoria foi confirmada por dois acontecimentos. Primeiro, em resposta às pesquisas de intenção de voto, que previam uma vitória do Syriza, Samaras e seus ministros começaram a informar as pessoas que a queda deles seria sucedida na manhã seguinte pelo fechamento de bancos. Isso era o mesmo que um governo em exercício incitar uma corrida aos bancos. Então, em 15 de dezembro, Stournaras, que fora o ministro das

105 As duas primeiras votações para se eleger o presidente da Grécia são ritualísticas, a menos que os dois maiores partidos tenham concordado quanto a um candidato comum.

Finanças de Samaras até o mês de junho anterior, mas que agora estava no comando do Banco Central do país, incluiu em um discurso oficial uma frase única nos anais de qualquer banco central.

> No contexto de minhas funções como presidente do Banco da Grécia, e na minha qualidade de membro do Conselho de Administração do Banco Central Europeu, devo assinalar que a crise dos últimos dias está ficando grave, que a *liquidez nos mercados está diminuindo a um ritmo elevado* e que o risco não apenas de uma redução no crescimento econômico, que recomeçou recentemente, mas também de um prejuízo irreversível na economia grega são grandes.[106]

Nunca antes um presidente de banco central violou tão descaradamente sua missão de preservar a estabilidade financeira. Os bancos centrais foram criados para evitar corridas aos bancos em épocas de diminuição da liquidez, assegurando aos mercados que a liquidez permanecerá abundante. Com sua declaração, Stournaras fez o oposto, acelerando a corrida aos bancos que o governo em exercício havia começado a fim de minar um futuro governo do Syriza.

Em 20 de dezembro, o governo de Samaras aprovou no Parlamento a prorrogação de dois meses do segundo empréstimo, gravando em pedra o dia 28 de fevereiro como a data em que os bancos seriam paralisados se um novo acordo de empréstimo com a União Europeia e o FMI não fosse alcançado. Uma semana mais tarde, o candidato do primeiro-ministro Samaras à presidência não conseguiu a maioria necessária. Uma eleição foi convocada para 25 de janeiro de 2015. Os dados foram lançados. Eu teria que correr de volta a Atenas com apenas alguns dias para disputar a minha primeira eleição em um país no qual não vivera nos últimos três anos.

Assistindo de Austin ao desenrolar de tudo isso, vi claramente a emboscada que me esperava. Também não foi nenhuma surpresa. E, no entanto, há momentos na vida em que, por mais esperada que seja a maldade, observá-la acontecer enche o coração de tristeza. Lembrei-me de uma velha

106 "Xenophon Zolotas: Paralelos e lições lá detrás para os dias de hoje", discurso do presidente do Banco da Grécia, Yannis Stournaras, Banco da Grécia, 15 de dezembro 2014.

piada: dois golfistas contam um ao outro suas histórias de vida enquanto se movem de um buraco ao seguinte. O primeiro confessa que fez fortuna quando sua fábrica em dificuldades pegou fogo e ele conseguiu reivindicar o seguro. O segundo golfista então confessa também ele ter tirado a sorte grande quando seu próprio negócio foi destruído por uma enchente, o que lhe rendeu um bom cheque da companhia de seguros. O primeiro golfista parece intrigado. "Mas como você começou a enchente?", pergunta.

O primeiro-ministro Samaras e o presidente do Banco Central Stournaras haviam começado um incêndio na nossa retaguarda, na forma de uma corrida aos bancos, que teríamos de apagar ao mesmo tempo que negociávamos com poderosos credores estrangeiros que não queriam seu dinheiro de volta. Enquanto isso, nosso próprio banco central, o Banco Central da Europa, a oligarquia grega e também a mídia estariam colocando mais lenha naquela fogueira. Nosso único aliado contra tal associação seria um maltratado, cansado, mas oxalá determinado *demos*.

## Verdade sem medo

Desde que a Grécia fora aprisionada em sua gaiola de dívidas impagáveis, eu vinha sendo retratado como um tolo. O *establishment* me chamava assim porque se recusava a reconhecer que um não ao resgate significava necessariamente a ejeção do euro. Em uma comovente demonstração de bipartidarismo, muitos esquerdistas também me chamaram de tolo, exatamente pelo mesmo motivo: eles viam como uma quimera o meu objetivo de emancipar a Grécia permanecendo dentro da zona do euro.

Este improvável consenso entre direita e esquerda dizia aos gregos que eles tinham uma escolha simples a frente: sofrer em silêncio na prisão dos devedores para manter nos bolsos os poucos euros que sobraram, ou sair do euro, e possivelmente da União Europeia. Apesar de discordar sobre qual das duas opções era preferível, a *troika* e suas *cheerleaders*[107] gregas, o partido comunista grego e os membros da Plataforma de Esquerda do Syriza todos concordavam: Varoufakis é na melhor das hipóteses um idio-

107 N. de R. T.: O autor utiliza muitas vezes esse termo, que se preferiu deixar em inglês, e significa "chefe [ou líder] de torcida".

ta útil, guiando o populacho rebelde da Grécia rumo a uma horrenda derrota (a acusação da esquerda intransigente), e na pior das hipóteses um narcisista perigoso, possivelmente um agente das forças satânicas, desejando desestabilizar a Europa em conluio com George Soros e outros inimigos judeu-americanos do euro (a insinuação do *establishment*). Essas duas escolas de pensamento conseguiram o impossível: retratar a mesma pessoa simultaneamente como um inimigo da participação da Grécia na Europa e como um agente de Bruxelas.

Ciente dos perigos reais que este poderoso consenso representava, sentei-me para escrever um livro no início de 2014, publicado exclusivamente em grego e intitulado *A Gênese da Grécia dos Resgates*. Nele, reafirmei a tese que vinha defendendo há anos: a Grécia jamais deveria buscar o Grexit, mas exigir um acordo viável dentro da zona do euro. Embora longe de ser uma certeza, tal acordo era viável, desde que não nos intimidássemos pela ameaça do Grexit imposto.

Uma semana antes da eleição geral de 25 de janeiro de 2015, lancei o livro no Megaron Music Hall de Atenas, diante de centenas de participantes e outros 200 mil espectadores através de uma transmissão de vídeo ao vivo pela internet. Este seria o meu primeiro e único evento de campanha pré-eleições, por isso usei-o para apresentar aos eleitores meus objetivos e minhas estratégias para a negociação, assim como fizera com Alexis, Pappas e Dragasakis, concluindo da seguinte forma.

> A única conclusão que pode ser tirada aqui é que, a menos que desprezemos a rendição mais do que desprezamos o Grexit, não há sentido algum em negociar com a União Europeia e com o FMI. Se, lá no fundo, o Syriza pensar que o Grexit é pior do que mais um resgate financeiro, ele pode muito bem se render desde já – ou, melhor ainda, evitar vencer as eleições. Isso não significa que devemos desejar o Grexit ou que devemos trabalhar para alcançá-lo. Significa que a única maneira de garantir um acordo viável dentro da zona do euro é apresentar propostas moderadas a nossos credores em relação a um novo acordo, ao mesmo tempo que permanecemos determinados a não capitular diante da ameaça de Grexit. Olhando para as prováveis preferências dos nossos credores, eu realmente acredito que o Grexit seja uma ameaça vazia, pois ele custará à União Europeia cerca de

um trilhão de euros em dívidas públicas e privadas anuladas, bem como uma reação em cadeia de falências no labirinto financeiro que é a Europa. Curiosamente, as mesmas pessoas que me admoestavam em 2010 por eu ousar dizer que o governo de Papandreou estava em vantagem para dizer não a Berlim e Bruxelas, visto que um Grexit em 2010 teria mandado pelos ares os bancos franceses e alemães, agora estão ralhando comigo por propor hoje, em 2015, uma estratégia que poderia ter funcionado em 2010. Bem, tenho um recadinho para eles: eu tinha razão, como eles agora reconhecem, e posso muito bem ter razão hoje também; o Grexit, apesar de tudo o que eles vêm fazendo para se proteger de suas ondas de choque, continuará a custar-lhes o olho da cara – e é por isso que eu ainda acredito que ele seja uma ameaça vazia. É claro que posso estar errado. Eles podem ter mais medo de um compromisso conosco do que têm do Grexit. Mas mesmo se eu estiver errado, façam a si mesmos a seguinte pergunta: apesar do custo indubitavelmente alto do Grexit, será mesmo melhor continuarmos como membros do euro numa permanente escravidão por dívida e com a recessão sem fim que isso traz consigo? Senhoras e senhores, da mesma forma que um povo amante da paz não quer a guerra, mas também não renuncia à liberdade apenas por estar ameaçado de guerra, é perfeitamente racional desprezar o Grexit, como eu desprezo, mas não estar disposto a viver em um estado permanente de grande depressão apenas porque estamos sendo ameaçados por ele.[108]

Conforme a eleição se aproximava e rumores de que eu poderia ser o próximo ministro das Finanças se espalhavam, eu andava em uma corda bamba. Tradicionalmente, os ministros das Finanças são econômicos com a verdade. De fato, considera-se seu dever negar as mudanças planejadas, tais como aquelas sobre juros ou taxas de câmbio, mesmo enquanto eles as estão preparando, a fim de evitar qualquer reação preventiva nos mercados que prejudicasse o efeito desejado pelas mudanças. No meu caso, tive de dizer a verdade ao povo grego sobre a iminente agressão financeira por parte de nossos credores, sem que isso encorajasse uma corrida aos bancos, o que minaria minha capacidade de negociar um acordo decente em seu nome.

108 Ver o Apêndice 3 para uma apresentação mais analítica deste argumento.

Escolhi a estratégia de contar as coisas tais quais elas eram, salpicadas de otimismo quanto aos bons resultados que viriam caso permanecêssemos comprometidos com nosso acordo. Quando fui entrevistado em um canal comercial de televisão certa manhã, disse: "Se o Syriza não estiver determinado a responder às ameaças de Mario Draghi de paralisar bancos e caixas eletrônicos desligando o telefone na sua cara após tê-lo lembrado de que sua agressão viola os tratados e o espírito da União Europeia, não há sentido nenhum em sermos eleitos. Nosso povo precisa estar preparado para tais ameaças vindas de um BCE que se comportou exatamente assim em relação aos irlandeses e cipriotas".

Essas não eram exatamente palavras reconfortantes vindas de alguém cujos rumores diziam estar indo para o Ministério das Finanças, mas visto que o povo era nosso único aliado, eu não podia me dar ao luxo de mantê-lo no escuro. Ele tinha de estar preparado para o pior. Ao mesmo tempo, eu tinha que manter o seu ânimo elevado. Quando perguntado em outra entrevista na televisão se o BCE paralisaria nossos bancos, respondi de forma tática: "Se soubermos jogar direitinho com as cartas que temos, as chances de isso acontecer são tão grandes quanto as chances de o sol não se erguer no leste amanhã de manhã".

Em um artigo que publiquei no dia seguinte àquela entrevista na TV, fui mais sincero, alertando que durante nossas negociações a bolsa de valores, os preços das ações e todas as variáveis financeiras entrariam em convulsão, ao mesmo tempo que tentava equilibrar a franqueza com otimismo: "Enquanto durarem essas negociações, a apoplexia vai consumir mercados e especuladores. Mas quando elas forem concluídas, com a Grécia emergindo como um país solvente, então os mercados começarão a dançar harmoniosamente nossa música".[109]

---

109 Descontente com as acusações de idiotice e irresponsabilidade que recebi dos formadores de opinião do *establishment*, bolei eu mesmo algumas questões difíceis. Aqui está um questionário com perguntas e respostas que publiquei *on-line* mais ou menos na mesma época:

> *P: O que você fará se Berlim e Frankfurt responderem a suas investidas para um acordo renegociado com um sonoro "Nein", decidindo puni-lo com um fechamento da torneirinha de liquidez?*

Encontrar o justo equilíbrio – como informar sem ser alarmante, como advertir sem alimentar o medo – esse era um dilema agoniante.

Alguns outros eram muito mais simples.

## Rejeitando as armas do inimigo

Muitos dos meus amigos economistas – que suspeitavam que eu estava prestes a conseguir o pior emprego do universo – escreveram cartas para mim, enviaram e-mails e telefonaram para prestar apoio. Alguns sugeriram que em meu primeiro dia no cargo eu deveria introduzir o controle de capitais.

Ou seja, em vez de esperar que o BCE fechasse nossos bancos e caixas eletrônicos sob o pretexto de interromper a corrida aos bancos que eles mesmos haviam iniciado, por que não me antecipar a eles, impondo restrições à quantidade de dinheiro que os depositantes poderiam retirar de suas contas ou enviar ao exterior? A ideia era que, ao desacelerar a corrida aos bancos, poderíamos ganhar mais tempo antes que os bancos fossem fechados, para podermos negociar em circunstâncias mais calmas. Havia três razões para rejeitar este conselho.

A primeira delas era que impor controles sobre o capital teria sido o primeiro passo óbvio de um partido que pretendesse retornar à moeda nacional para desvalorizá-la e assim ganhar competitividade; nesse caso, a introdução de controles sobre o capital seria essencial para evitar a fuga de capital causada pela expectativa de desvalorização.

---

R: Esta é uma questão pertinente, pois tal cenário seria extremamente desagradável para a Grécia. Mas permita-me responder com outra pergunta: existe alguma demanda dos credores, que incorresse em uma ameaça semelhante, à qual você estaria pronto a responder não? Você tem algum tipo de linha vermelha que marca esse limite? Se você não tiver, isso significa então que está confiando na gentileza e sabedoria dos credores? Você não acha que isso depende também de eles se importarem com a Grécia, em vez de usarem a crise grega como dano colateral em sua contenda contra Paris, Roma e Madri? Por favor, diga aos eleitores e deixe que eles decidam qual política é mais perigosa e menos digna. A sua ou a nossa?

Em outras palavras, a introdução de controles sobre o capital só teria sido a jogada certa caso pretendêssemos sair da zona do euro – optar pelo Grexit – e, portanto, contrariaria tanto meus objetivos de negociação quanto minha estratégia de sinalizar com credibilidade quais eram esses objetivos. Além disso, mesmo se conseguíssemos convencer Bruxelas de nosso desejo sincero de permanecer no euro, os controles de capital sinalizariam a disposição de nos tornarmos cidadãos de segunda classe da zona do euro, feito retardatários que possuíam euros, mas que não podiam fazer com eles o que bem entendessem. Minha intenção era sinalizar o exato oposto.

A segunda razão era que o tempo disponível para negociações estava fixado por nosso cronograma de amortizações da dívida, de modo que os controles sobre o capital não nos fariam ganhar mais tempo. Estas amortizações estavam previstas para começar em abril de 2015 e continuar até agosto, o que exigia um novo acordo até junho de 2015, o mais tardar. Mesmo que eu pudesse ter agitado uma varinha de condão para impedir a paralisação dos bancos, as negociações ainda teriam de ser concluídas dentro de quatro a cinco meses no máximo. Controles sobre o capital não mudariam este pequeno detalhe.

A terceira razão era que os controles de capital são incompatíveis com a união monetária, cujo espírito e realidade eles violam. O propósito da zona do euro ou de qualquer espaço monetário comum é que o dinheiro seja livre para circular sem obstáculos. Se eu introduzisse controles de capital no primeiro dia de nosso governo, como poderia censurar o BCE por estar nos ameaçando com eles?

No momento em que fizesse isso, todas as acusações direcionadas a mim e ao governo Syriza – de que éramos antieuropeus, de que preparávamos a Grécia para o Grexit, de que enfraquecíamos a indivisibilidade da zona do euro – seriam justificadas. Além disso, nosso próprio povo ficaria confuso: por que um governo que insiste por um bom acordo dentro de uma zona monetária comum nos está impedindo de retirar nosso dinheiro de nossas próprias contas bancárias e de enviá-lo para outros países dentro da mesma união monetária? O jogo da culpa teria sido perdido antes mesmo que as negociações começassem.

Outra sugestão para ajudar um governo Syriza a ganhar tempo durante as negociações veio, entre outros, de Thomas Mayer, ex-economista chefe do Deutsche Bank. Sua ideia era introduzir na Grécia uma segunda moeda, paralela ao euro, a fim de criar mais liquidez e mais espaço para manobrarmos. Era uma ideia interessante, mas que na verdade eu já havia considerado e rejeitado em 2010 como solução para a crise do euro.[110] Em essência, a ideia era que os aumentos salariais, destinados a reverter a austeridade, seriam concedidos em uma nova moeda apoiada na dívida pública. A nova moeda, é claro, desvalorizaria imediatamente em relação ao euro. Assim, enquanto os pacotes salariais e as pensões dos trabalhadores gregos aumentariam um pouquinho, o preço da mão de obra grega, medido em euros, desvalorizar-se-ia em relação à mão de obra alemã, francesa ou portuguesa, tornando a Grécia mais competitiva.

Dei a Thomas Mayer duas razões pelas quais não poderia endossar uma moeda paralela. Em primeiro lugar, "partidos e interesses que se opõem a nós já estão criando uma atmosfera de terror alegando que temos uma agenda oculta para tirar a Grécia do euro, saquear as poupanças das pessoas e colocar a Grécia no caminho para se tornar uma nova Argentina. O valor propagandístico de sua proposta para nossos oponentes tenderia ao infinito". Segundo, não havia necessidade disso, porque o sistema de pagamentos paralelo no qual eu estava trabalhando nos forneceria a flexibilidade de que precisávamos.

Meses depois, fiquei surpreso com o fato de que essas duas medidas – controles de capital e uma moeda paralela – seriam empunhadas contra mim pelo ministro das Finanças da Alemanha, o dr. Wolfgang Schäuble. A minha decisão inicial de rejeitar as armas do inimigo foi assim justificada e, mesmo assim, logo depois de renunciar ao Ministério das Finanças, fui acusado de elaborar planos diabólicos para introduzir ambas. *C'est la vie* no Resgatistão.

110 Eu conheci Thomas Mayer na conferência em Florença da qual participei em novembro de 2014, um dia antes de voar a Atenas para o encontro crucial com Alexis, Pappas e Dragasakis. Tivemos uma conversa longa e interessante sobre a zona do euro e trocamos pormenores. Elechamava de G-euro a sua solução de uma moeda paralela. Outros defensores de uma moeda paralela incluíam Dimitri Papadimitriou, que liderava o Instituto Levy no Bard College.

## Obstinação moderada

À medida que a eleição se aproximava, era imperativo enviar dois sinais a Mario Draghi e ao resto do oficialismo da União Europeia e do FMI, um de moderação, o outro de obstinação: vocês podem ter confiança em mim para propor uma reestruturação da dívida que combine substância com *finesse*, que faça o trabalho de dar uma chance à Grécia, mas sem entrar em conflito com as regras do BCE e, mais importante, possa ser vendida por Angela Merkel aos irrequietos políticos do Bundestag como sendo ideia dela. Mas não se enganem: nós não seremos forçados a voltar atrás em nossa palavra, mesmo que vocês fechem os bancos da Grécia.

Em 17 de janeiro de 2015, uma semana antes da eleição, emiti um comunicado de imprensa na minha agora oficial capacidade de candidato parlamentar na Grande Atenas, no qual expus minhas propostas de reestruturação da dívida pública grega. Primeiro, deveríamos dividi-la nas quatro principais fatias que a constituem:

1. O dinheiro devido ao BCE na forma dos títulos que ele havia comprado em 2010/11 (os chamados títulos do PMTD, que teriam sido reestruturados em 90% em 2012 caso não o tivessem feito).[111]
2. A maior fatia (60% do total de nossa dívida), que devíamos ao resto da Europa por causa dos dois empréstimos de resgate.
3. Uma fatia menor, que devíamos ao FMI (cerca de 10% do total de nossa montanha de dívida).
4. Dinheiro que ainda devíamos aos investidores privados após a reestruturação de 2012 (cerca de 15% do total da dívida).

Eis aqui o que eu estava propondo que fizéssemos com cada uma dessas fatias. Nossas dívidas para com o FMI (3) e para com os investidores privados (4) seriam honradas em sua íntegra. Esta última era pequena demais para que valesse a pena abrirmos uma frente contra os fundos especulativos, que poderia levar a um litígio internacional ao estilo da Argentina, com poucas vantagens em potencial.

111 Ver Capítulo 3.

Além disso, eles já haviam engolido uma reestruturação de 90% daquilo a que tinham direito em 2012. Quanto ao FMI, apesar de sua cumplicidade em permitir que Bruxelas e Berlim impusessem à Grécia a escravidão por dívida, ao venderem previsões econômicas que sabiam ser falsas, não era de nosso interesse antagonizar os Estados Unidos (que consideram o FMI como um dos seus) além de Berlim. Além do mais, uma reestruturação dos empréstimos do FMI atingiria também países não europeus, como a Malásia e o Japão, que nada tinham a ver com as questiúnculas internas da Europa e que poderiam, de outro modo, mostrar-se simpatizantes a nossas demandas.

O dinheiro que devíamos ao BCE (1), o Legado de Trichet, como eu o chamava em homenagem ao então presidente do BCE, que comprou os títulos do PMTD, era uma dívida absurda. Nós só o devíamos por causa do erro do BCE em comprar títulos gregos em cerca de 70% de seu valor nominal (valor de face) depois que a Grécia já tinha se tornado insolvente e quando seu valor de mercado não era muito superior a 10% desse valor. Desde então, estivemos envolvidos no patético ritual, descrito exaustivamente no capítulo 3 (item "História de sucesso"), de tomar dinheiro emprestado do BCE para pagar ao BCE as amortizações desses títulos enquanto fingíamos que nada estava acontecendo. Esse embuste tinha que acabar.

Em uma Europa racional, essa dívida absurda seria simplesmente anulada. Infelizmente, o regulamento do BCE não permite isso. Para atender o estatuto do BCE, segui o exemplo do livro do Tesouro britânico. O governo britânico há muito tempo praticava a emissão de títulos sem prazo fixo ou perpétuos. Este tipo de título rende juros, mas o governo pode decidir pagar o principal no momento de sua escolha, se é que o fará algum dia.

De fato, títulos perpétuos emitidos na época da Quebra dos Mares do Sul na década de 1720 e por Neville Chamberlain e Winston Churchill durante e imediatamente após a Grande Guerra foram reembolsados pelo Tesouro britânico apenas no final de 2014 e início de 2015.

Eu propus o seguinte: nosso governo emitiria novos títulos perpétuos, com o mesmo valor nominal dos títulos que o BCE possuía, com uma pequena taxa de juros, mas sem data de expiração ou remissão. Esses títulos seriam então trocados por aqueles do BCE, para serem alojados ordenada e definitivamente nos livros de ativos do BCE, gerando uma goteirinha perpétua de juros, permitindo assim que Mario Draghi respeitasse o estatuto, já que em momento algum a dívida grega teria sido cancelada ou mesmo reduzida.

E finalmente, em relação à maior fatia da dívida (2), acumulada na ocasião dos dois resgates e devida aos contribuintes europeus, propus outro tipo de *swap*. As obrigações de dívida existentes para com o fundo de resgate europeu seriam trocadas por novos títulos públicos gregos de trinta anos.

Aqui também, tais títulos teriam o mesmo valor da dívida já existente (portanto sem reestruturação formal), mas munidos de duas provisões: primeiro, as amortizações anuais seriam suspensas até que a renda do país se recuperasse para além de um determinado patamar; segundo, a taxa de juros estaria vinculada à taxa de crescimento da economia grega.[112] Dessa forma, nossos credores se tornariam parceiros na recuperação da Grécia e teriam um incentivo para querer ver crescer o bolo de onde receberiam seu dinheiro de volta.

Estas propostas de *swaps* da dívida, colocadas na mesa antes das eleições, seriam a base das minhas propostas para os credores da Grécia propriamente ditos, uma vez que eu estivesse no cargo. Elas eram moderadas e politicamente palatáveis para os credores, já que não incluíam nenhum tipo de reestruturação pura e simples. Sinalizavam ao público e a potenciais investidores que a União Europeia estava aceitando um novo papel: ela não seria mais o ríspido credor de um Estado insolvente; tornar-se-ia parceirado crescimento da Grécia, já que seus próprios retornos seriam proporcionais ao crescimento nominal da renda grega.

As propostas teriam sido suficientes para causar um influxo de investimentos em uma Grécia faminta por investimentos. Teriam colocado um fim à recessão grega, com vencedores de todos os lados, sendo as únicas exceções às baratas que vicejam na imundice causada pela miséria prolongada.

---

112 Para chamá-lo por seu nome correto, o fundo de resgate era o Fundo Europeu de Estabilização Financeira (FEEF), de caráter temporário e com sede em Luxemburgo, subsequentemente fundido com o Mecanismo Europeu de Estabilidade (MEE).

Em momento nenhum qualquer agente da União Europeia ou do FMI articulou uma crítica sequer à lógica por trás dessas propostas. E como poderiam? Como observou o CEO de um dos maiores bancos de investimento dos Estados Unidos depois de ouvi-las, "Você está-lhes oferecendo um acordo que poderia ter sido elaborado por um advogado de falências de Wall Street". Realmente. Foi necessária a eleição de um governo de esquerda radical na Grécia para que Atenas trouxesse propostas moderadas de dívida a Bruxelas, Frankfurt e Berlim – um indício do desvario organizado no qual a União Europeia se metera após a crise do euro.

No entanto, nem por um instante acreditei, lá atrás em janeiro de 2015, que a lógica inquestionável e a óbvia moderação de minhas propostas acabariam por conquistar nossos credores. Como vinha dizendo a Alexis desde 2012, qualquer proposta nossa que contrariasse o programa da *troika* para a Grécia seria recebida com agressividade e ameaça de bancos fechados. A lógica pouco importava. A vantagem econômica mútua era irrelevante. Os credores não queriam seu dinheiro de volta. O que importava para eles era sua autoridade, e esta estava sendo desafiada por um governo esquerdista cujo sucesso em negociar um novo acordo para seu país era o maior pesadelo dos credores, pois poderia dar ideias a outros europeus que labutavam sob a mesma crise e as mesmas políticas irracionais.

Propostas de *swap* de dívida que fossem modestas, razoáveis e tecnicamente competentes eram importantes, mas não eram suficientes. Era imperativo que, antes de cruzar a soleira do Ministério das Finanças, eu sinalizasse ao outro lado que sua agressão lhes custaria caro; que no momento em que eles agissem para paralisar os bancos, eu ativaria nosso principal elemento de dissuasão e o sistema paralelo de pagamentos, conforme meu acordo informal com os líderes do Syriza. Minha sinalização tomou a forma de uma declaração feita em janeiro de 2015 durante uma entrevista à BBC.

> Meu conselho para o próximo ministro das Finanças [da Grécia] é o seguinte: se o BCE ameaçar paralisar os bancos do país, você deveria responder imediatamente reestruturando os títulos do governo grego que o BCE ainda detém. Eles ainda são regidos pela lei grega, então o BCE teria que processar a Grécia diante dos tribunais gregos, não em Londres

> ou Luxemburgo. Simultaneamente, ele ou ela deveria implementar um sistema de pagamentos que possa funcionar em paralelo aos bancos, de modo a criar uma liquidez feita em casa e denominada em euros, e, mais importante, permitir que a economia funcione se o BCE decidir mesmo fechar os bancos.

Como eu verificaria mais tarde, a mensagem fora recebida. As linhas de batalha haviam sido desenhadas.[113]

---

113 Mesmo operadores astutos do setor privado desconfiaram. Um dia depois dessa entrevista à BBC (transmitida em 13 de janeiro de 2015), não sei se como resultado dela ou independentemente, Mohamed El-Erian, então consultor econômico chefe da Allianz e diretor executivo da Pimco, escreveu o seguinte em sua coluna na Bloomberg:

> À medida que se prepara para um possível papel no governo, o Syriza deveria estar complementando sua ênfase na administração econômica ordenada dentro da zona do euro com trabalhos a portas fechadas sobre a mecânica de uma saída, caso tal evento prove-se inevitável. Além de preparativos internos cuidadosos e detalhados para um Plano B de regimes alternativos de câmbio e pagamentos, isso exigiria uma comunicação clara sobre uma visão econômica alternativa para o país.

Interessado em sinalizar que nosso governo não estava planejando o Grexit, nem tremendo os joelhos quando ameaçado com ele, respondi a El-Erian em meu blog com um esclarecimento: nosso "regime de pagamentos" alternativo não envolvia uma moeda paralela, mas um sistema de pagamentos paralelo que nos daria mais fôlego para negociar um acordo decente dentro da zona do euro. E sim, nós estávamos prontos para apresentar uma visão econômica alternativa baseada no fim da austeridade, no fim permanente dos déficits do governo e na combinação de alíquotas de impostos mais baixas para empresas e cidadãos juntamente com um banco de desenvolvimento para gerar novos investimentos, um "mau banco" público para lidar com empréstimos improdutivos e um sistema vigoroso para fazer face à miséria e ao desespero.

# 4 - Fúria contra o apagar das luzes

À medida que as eleições se aproximavam, uma estranha mistura de união e solidão tomou conta de mim. Nas ruas, em reuniões públicas, em táxis e na sede do Syriza, onde me encontrava com Alexis e o resto da equipe, experimentei solidariedade, carinho, simpatia e um imenso apoio. Mas lá no fundo, sabia que estava institucionalmente isolado, pobre de recursos, inteiramente por minha conta. Não tendo sido membro do Parlamento antes, nem mesmo membro do partido, e tendo morado em Austin durante os três anos anteriores, não tinha nenhuma rede de apoio, como Alexis observara.

Meus colegas que aspiravam a entrar no governo tinham secretárias, motoristas, escritórios particulares, conexões importantes. Em contraste, eu tinha o apoio moral de Danae, minha moto e nosso apartamento no sopé da Acrópole, onde dava entrevistas, realizava reuniões, redigia os posts no meu blog e conduzia todas as atividades da campanha. A certa altura, recebi um telefonema da sede do Syriza dizendo que, como candidato a uma vaga no Parlamento, a lei exigia que eu abrisse uma conta bancária especial na qual deveriam ser depositadas todas as contribuições para minha campanha e da qual eu deveria tirar todas as despesas a ela relacionadas.

Abri a tal conta, visto que isso era obrigatório, mas não depositei absolutamente nada nela, uma vez que eu não recebia nem procurava receber contribuições, não tinha equipe e gastava exatamente zero em material promocional. Meu único recurso de campanha era um blog em grego que criei sozinho, usando uma plataforma de blogs gratuita, como um adendo a meu já existente blog em inglês. Isso era tudo.

Mas, embora eu não precisasse de nenhum dos ornamentos das campanhas políticas convencionais para ser eleito, estava preocupado com a perspectiva de entrar no Ministério das Finanças sem ter uma equipe, dependendo inteiramente de funcionários públicos que até então haviam servido fielmente ao Resgatistão, com pessoal adicional fornecido exclusivamente por Dragasakis e pela sede do Syriza. Então usei as poucas semanas que tinha no período antecedendo a eleição para reunir a meu redor a melhor equipe que conseguisse.

Para me ajudar a identificar um vice-ministro das Finanças para a posição-chave de supervisionar o Tesouro, tomei um café com Alekos Papadopoulos, ex-ministro das Finanças do Pasok na década de 1990, a quem conhecia há anos, em quem confiava com relação a sua probidade e quem considerava ser o único ministro das Finanças que tivera real participação no pulso financeiro do Estado durante seu mandato. Embora Alekos permanecesse um adversário do Syriza, foi pessoalmente solidário e prometeu pensar em um nome. Na mesma noite, mandou uma mensagem de texto com o nome de Dimitris Mardas, de quem eu nunca tinha ouvido falar, mas que meu experiente amigo insistiu ser capaz e correto. Na manhã seguinte, liguei para Mardas com uma oferta que ele jamais imaginara.[114]

Ainda mais crucial era o cargo de presidente do Conselho de Assessores Econômicos. Na zona do euro, os chefes de governo não conseguem concretizar nada sem a estreita colaboração e lealdade do ministro das Finanças de cada um deles, que os representam no Eurogrupo. Da mesma forma, os ministros das Finanças não conseguem ter sucesso sem uma relação semelhantemente próxima com os presidentes dos Conselhos de

114 Alekos Papadopoulos havia sido próximo de minha mãe, ela mesma uma mulher forte do Pasok e uma vez vice-prefeita do nosso município no sul de Atenas. Ela usara sua notável capacidade de garantir votos nas eleições parlamentares para apoiar Alekos ao longo de muitas eleições, algo de que ele se lembrava com apreço. Mamãe gostava e confiava em Alekos bem antes de eu o conhecer e vir a trabalhar com ele. Nosso relacionamento se tornou sólido quando, enfurnados no Ministério das Relações Exteriores durante três dias e três noites, trabalhamos febrilmente para montar a plataforma do Pasok para a campanha eleitoral de abril de 2004 em uma fútil tentativa de ajudar George Papandreou a desenvolver um plano econômico minimamente decente. Nenhum de nós dois realmente acreditava que aquilo fosse possível, mas vimos a tarefa como um exercício importante.

Infelizmente, como se revelou mais tarde, eu acabaria por lamentar sua recomendação para vice-ministro responsável pelo Tesouro. Cerca de um mês depois de sua nomeação, percebi que ele não tinha a capacidade de enxergar através dos subterfúgios dos funcionários do Tesouro, que ele tinha por missão supervisionar, e que estava mais preocupado com sua evidente vantagem em influenciar nomeações para altos cargos em empresas estatais ou organizações controladas.

Assessores Econômicos de seus ministérios, que os representam no assim chamado Grupo de Trabalho do Eurogrupo. Supostamente, é lá que são feitos os preparativos para as reuniões do Eurogrupo, mas, na realidade, ele funciona como a fundição sombria na qual a *troika* forja seus planos e políticas.

No entanto, esta posição fora preenchida em meu nome por Dragasakis, mesmo antes de eu colocar os pés em solo grego. Dragasakis havia selecionado George Chouliarakis, um economista de 30 e poucos anos que lecionou na Universidade de Manchester antes de ser destacado para o Banco Central da Grécia. "Ele é um bom rapaz e esteve preparando o terreno para nós, trabalhando informalmente com pessoas de dentro do Conselho de Assessores Econômicos", disse-me Dragasakis quando nos encontramos pela primeira vez após a minha chegada à Grécia, algumas semanas antes da eleição. Enquanto meu amigo íntimo, Wassily, estava estarrecido, sempre cético quanto às intenções e escolhas de Dragasakis, fiquei feliz que alguém já estivesse no terreno, preparando-o.

Quando conheci pessoalmente Chouliarakis, gostei dele, apesar das evidências de uma capacidade severamente circunscrita de se envolver e uma excessiva tendência em esconder o jogo. No entanto, minhas preocupações foram dissipadas quando ele me contou que, quando estudante de graduação na Universidade de Atenas, seus mentores tinham sido dois professores de economia progressistas e altamente intelectuais, por quem tinha muito apreço, um dos quais era meu querido amigo e colega Nicholas Theocarakis, um dos membro do quarteto acadêmico que se formou imediatamente após minha chegada à universidade, em 2000, que também incluía Stournaras.[115] Essa notícia também era um empurrãozinho, em vista de meu plano de nomear Nicholas para o posto de secretário-geral para políticas fiscais.

Ao reunir minha equipe, perturbava-me o pensamento de que nenhum de nós tinha qualquer experiência em de fato lidar com a *troika* – com os tecnocratas que estavam acostumados a vir a Atenas em nome da União Europeia, do BCE e do FMI, entrando em seus ministérios, interrogando

115 Ver o capítulo 3, item "O último suspiro de uma amizade". O outro era o teórico do crescimento treinado na Alemanha que havia me abordado no início dos anos 1990 sobre uma eventual mudança de Sydney para a Universidade de Atenas.

seus ministros de Estado e impondo a eles sua vontade feito oficiais de justiça – embora isso fosse de se esperar de um grupo de pessoas que nunca haviam servido ao Resgatistão e a quem tanto funcionários públicos como oficiais da *troika* tratavam como inimigos mortais. Felizmente, um dia me deparei com Elena Panariti, alguém que conhecia a linguagem da *troika* e o seu *modus operandi*.

Elena havia trabalhado em Washington durante anos, principalmente no Banco Mundial, onde fez excelentes conexões com pessoas poderosas associadas às instituições por trás do chamado Consenso de Washington (o pacote de reformas que os Estados Unidos prescreviam às economias em crise), incluindo o ex-secretário do Tesouro, Larry Summers, a quem ela mais tarde me apresentaria (recordar capítulo 1), e David Lipton, o segundo no comando no FMI.

Seu trabalho no Peru em nome do Banco Mundial, em colaboração com o regime despótico do presidente Fujimori, fez dela uma figura odiada em meio à esquerda na Grécia e em outros lugares. Em sua defesa ela dizia que, fosse para quem ou com quem quer que trabalhasse, o trabalho em si era importante e progressista, pois fazia com que pessoas que viviam em favelas ganhassem títulos de propriedade sobre seus barracos, o que lhes permitia investir nessas moradias, viver dentro delas com paz de espírito e usá-las como um ativo que lhes dava acesso ao mercado formal.

Como membro do Parlamento sob o governo de George Papandreou, que a havia indicado por meio da lista do partido, era verdade que Elena tinha votado a favor do primeiro resgate, mas jamais caiu na historinha de que este funcionaria financeiramente e que a Grécia logo estaria fora de perigo. Como ela mesma me contou à época, votou a favor por causa da imensa pressão psicológica exercida por Papandreou e sua turma sobre ela. E para lhe dar crédito, Elena se transformou posteriormente em um dos mais severos críticos do resgate.

Em um momento notável de teatralidade parlamentar, ficou de pé durante uma reunião crucial do comitê restrito em 2011 e, com um sotaque que é sua marca registrada, visto que grego não é sua língua materna, e com a voz falhando por causa da emoção, nomeou os representantes gregos naquele acerto e lembrou a aquiescência destes na conversão da

Grécia em uma colônia de dívida.[116] Então, quando a encontrei novamente alguns dias antes da eleição, não hesitei nem por um instante em pedir-lhe que se juntasse à minha equipe, pois não há pessoa melhor para lutar contra o demônio do que aquela que o tenha servido e, graças a essa experiência, se tornado seu inimigo jurado.

O mesmo valia para Natasha Arvaniti, uma ex-aluna do programa de doutorado em Economia que Nicholas Theocarakis e eu havíamos criado em 2003 na Universidade de Atenas. Desde então, Natasha entrara para o funcionalismo público antes de ser destacada para servir em Bruxelas, onde trabalhou para a *troika*. Na condição de tecnocrata da Comissão Europeia, ela fora enviada a Nicósia para fazer cumprir o acordo de resgate de Chipre. Por ter testemunhado em primeira mão a devastação deixada pela *troika* por onde quer que passe, Natasha era um membro muito bem-vindo da minha equipe. Com a ajuda de pessoas como ela e Elena, eu seria capaz de decifrar com maior precisão o humor e os sinais da *troika* e planejar nossas táticas de negociação de acordo com isso.

A desvantagem de tais recrutas era que, dentro do núcleo central do Syriza e de Alexis, aqueles que queriam puxar o tapete de debaixo de meus pés ganhavam muita munição para argumentar que na verdade eu estava preparando nossa rendição.

"Vamos ter problemas dentro do partido, Yanis", alertou-me Alexis um dia. "Você precisa mesmo de pessoas como Elena e Natasha? Elas estão manchadas por sua associação com os resgates. Nosso pessoal está furioso".

"Alexi", respondi, "você se dá conta do quão feroz será nosso confronto com a *troika*? Essa gente não faz prisioneiros, mata. Preciso ter na minha equipe pessoas que os conheçam, que saibam o que eles têm dentro de sua caixinha de truques, pessoas a quem reconhecerão como oponentes dignos". E tinha mais uma coisa, expliquei: eu confiava em Elena e Natasha porque, ao contrário de nosso próprio pessoal, elas tinham a consciência pesada. Haviam experimentado a indignidade das atividades da *troika* por si mesmas; foram endurecidas por elas e, por essa razão, eu tinha certeza

116 Isso foi mais ou menos na época em que eu estava na lista negra da rádio e da TV estatais, por isso não fiquei surpreso ao constatar que o vídeo de sua performance havia sido rapidamente removido do site do Parlamento.

de que eram menos propensas a serem cooptadas por seus oponentes do que alguns de nossos inexperientes caça-*troika*.

Sem me perturbar com o desconforto de Alexis, prossegui com o alistamento de outros desertores da *troika*, alguns deles do exterior. Um deles era Glenn Kim, que veio por recomendação de um aliado na mídia. Glenn fora banqueiro, esteve envolvido em muitos dos grandes acordos de títulos entre a Grécia, a zona do euro e a Alemanha, e agora estava trabalhando de maneira independente, sendo contratado por vários governos europeus. Ele era "um especialista e tanto", disseram-me, nos títulos e obrigações indexados ao PIB que eu pretendia propor como parte do *swap* da dívida grega. Entrei em contato com Glenn imediatamente.

Alguns dias depois, dez dias antes das eleições, Glenn e eu estávamos tomando café em uma cafeteria muito próxima ao Banco da Grécia, de Stournaras. Ele abriu o jogo, confessando ter desempenhado um papel preponderante na concepção não apenas do resgate grego, mas também das instituições de financiamento de resgates da zona do euro, a serviço do Ministério das Finanças alemão, entre outros.[117]

"O que fizemos à Grécia em 2011 e 2012 foi atroz", admitiu.

Perguntei-lhe o que estava fazendo atualmente. Ele me respondeu que estava trabalhando para o governo da Islândia, ajudando a reestruturar sua dívida pública e esforçando-se para suspender os controles de capital que foram impostos na esteira do seu próprio colapso financeiro, em 2008.

"Sua ideia de títulos indexados pelo PIB é boa", ele me disse, "e acho que posso ajudá-lo a refiná-la. Essa será a minha maneira de reparar os danos de longo prazo que nós, e pessoas como eu, fizemos à Grécia."

Como nunca fui de olhar os dentes de cavalo dado, concordei e pedi-lhe que estivesse pronto para vir a Atenas em 26 de janeiro, caso vencêssemos as eleições do dia anterior.

Um cético poderia dizer que profissionais como Glenn estavam nisso apenas pelo dinheiro e por suas próprias ambições profissionais. Possivelmente. Mas ter a meu lado pessoas como Glenn, que sabiam onde estavam enterrados todos os podres, era uma arma de valor inestimável

117 Essas instituições eram o FEEF (Fundo Europeu de Estabilização Financeira) e seu sucessor, o MEE (Mecanismo Europeu de Estabilidade), cujo estatuto e manual de regras haviam contado com a mão de Glenn.

(Quando os representantes da *troika* o viram entre os membros da minha equipe, quase tiveram um infarto).

Mas eu também suspeitava que, no caso de Glenn, podia confiar não apenas em seu profissionalismo, mas em algo que ia além de egoísmo esclarecido. Dois dias antes das eleições, Glenn pareceu confirmar isso em um e-mail que me enviou e no qual escreveu: "Yanis, se tudo correr como planejado, a boa gente da Grécia (e na verdade da Europa como um todo) terá traçado um novo curso para o seu futuro... ao pensar nesse final de semana, lembro-me das palavras de Homero: 'ἷς οἰωνὸς ἄριστος, ἀμύνεσθαι περὶ πάτρη'". Este é um trecho da *Ilíada*, de Homero, e significa: "Combater pela pátria, não há melhor presságio".

Outra potência estrangeira também ofereceu seus serviços a nossa causa: o banco de investimentos francês Lazard, liderado por Daniel Cohen e Matthieu Pigasse. Assim como Glenn, Lazard havia atuado como consultor e facilitador do segundo resgate, cobrando do Estado grego em dificuldade dezenas de milhões de euros por seus serviços. Então, quando Daniel e Matthieu pediram para me ver, fiquei intrigado, cauteloso e cético. Mas eles me conquistaram com um franco relato de sua cumplicidade, um pedido de desculpas igualmente franco e a oferta de ajudar a colocar a Grécia novamente em pé, fornecendo seus serviços consideráveis *pro bono*.

Com estes ilustres desertores do nosso lado, nosso poderio técnico foi infinitamente reforçado. Ninguém dentro do Syriza ou conhecido pelo partido tinha acesso a tamanha expertise. Eles seriam minha artilharia pesada. Claro, minha associação com eles foi usada para sugerir uma grande variedade de pecados. Não era coincidência que, exatamente no mesmo dia em que Glenn chocou a *troika* com sua presença em Bruxelas, um membro da oposição apresentou uma pergunta no Parlamento inquirindo por que o governo grego precisava ter um "coreano" em sua equipe e quais eram suas ligações comigo, insinuando algum tipo de relacionamento sórdido com forças obscuras americanas, asiáticas ou outras forças das trevas.[118] Enquanto isso, o pessoal do Syriza, muitas vezes bem intencio-

118 O racismo é muito mal disfarçado nos círculos do *establishment* grego. Glenn é tão coreano quanto Barack Obama é queniano.

nado e genuíno em suas preocupações, advertia os fiéis do partido de que eu estava me preparando para fazer uma barganha faustiana com a *troika*.

Na realidade, Elena, Natasha, Glenn e as boas pessoas do Lazard continuaram firmes contra a *troika*, mesmo depois que os jovens zelotes do Syriza caíram. Junto com alguns outros ex-alunos e diplomados do programa de doutorado em economia da Universidade de Atenas, esses desertores da *troika* apoiaram nossa causa abnegadamente, produzindo esplêndidas modelagens econômicas, investindo infatigável trabalho braçal nas negociações e dando-me imenso apoio moral antes de cada reunião com o Eurogrupo, em Maximos ou em qualquer uma das outras salas onde os adultos se comportavam muito, muito mal em suas conversas de gente grande.

Enquanto eu montava uma equipe de especialistas, também envolvia amigos e aliados potenciais de fora da Grécia. Uma das minhas missivas pedindo ajuda foi endereçada ao Lord (Norman) Lamont. "Querido Norman", dizia,

> Como você deve ter visto em reportagens na imprensa, os gregos irão às urnas nesse próximo domingo. Para o bem ou para o mal, estou me candidatando a um assento na circunscrição eleitoral da Grande Atenas e, de acordo com as sondagens, parece que estou "condenado" a ganhá-lo. Pior ainda, se o meu partido formar o governo (o que não é improvável), posso vir a herdar o Ministério das Finanças – repleto de cofres vazios e de pressão ultrajante da parte de Bruxelas e Frankfurt. Posso contar com você como um conselheiro em potencial nos tempos turbulentos à frente?
>
> Confiando que você esteja bem.
> Yanis

Norman respondeu imediatamente. Sim, ele estava disposto e pronto para oferecer aconselhamento. Quando lhe disse que o buraco era muito mais embaixo do que meras dívidas e títulos, que se tratava da soberania do nosso Parlamento, e levantava a questão de saber se a democracia era um luxo a ser negado aos cidadãos de um Estado endividado, ele respondeu:

Concordo plenamente com o que você diz, é claro, sobre a democracia e sobre a soberania do Parlamento. Não paro de tentar lembrar a Cameron e Osborne[119] que, se eles tiverem a chance de renegociar nossa relação com a União Europeia, como esperam ter, deveria ser questão de restaurar a soberania e não apenas a economia e a competitividade. Você e eu estamos de acordo quanto a isso. Também concordo com você que tem havido muita ênfase na zona do euro apenas na austeridade... Supondo que você se torne ministro das Finanças, ficarei muito feliz em fazer o que puder para ajudar... Tenho algumas ideias. Desejo-lhe boa sorte.

Seu amigo de sempre
Norman

Minha amizade com um conservador inveterado e eurocéptico como Lord Lamont de Lerwick, o chanceler que assegurou que a Grã-Bretanha abandonasse o Sistema Monetário Europeu, garantindo assim que o Reino Unido não aderisse ao euro, ia de encontro a minha imagem de lunático extremista de esquerda. Para alguns, que pensavam estar eu sendo guiado e instigado por Lamont, isso era mais uma prova da minha determinação em tirar a Grécia do euro.

É claro que a verdade era exatamente o oposto. Quando alguns meses mais tarde tudo veio à tona e Wolfgang Schäuble estava nos empurrando em direção ao Grexit, o conselho de Norman para mim foi que eu deveria pensar duas vezes antes mesmo de considerar tal solução, tamanhos eram os custos e os perigos de retornar a uma moeda nacional. Ao longo de meus 162 dias no cargo, Norman provou ser um pilar de força, aconselhando-me em relação ao esboço final das minhas propostas de reforma, dívida e propostas fiscais à União Europeia e ao FMI.

Se ao menos mais políticos com inclinação à esquerda tivessem segurado as pontas tão firme quanto ele, o desfecho poderia ter sido completamente diferente.

Além de Norman, meus apoiadores ultramarinos incluíam o economista da Universidade de Columbia Jeff Sachs, que desempenhou um

---

119 N. de R. T: David Cameron, primeiro-ministro britânico no período 2010-16; George Osborne, chanceler do Tesouro do Reino Unido no mesmo período.

papel central como meu conselheiro e defensor, o já mencionado Thomas Mayer, do Deutsche Bank, Larry Summers e Jamie Galbraith, que trabalhara comigo durante anos no aperfeiçoamento da *Modesta Proposta para Resolver a Crise do Euro*, ajudando a reduzir a antipatia em relação a Alexis e ao Syriza em Washington, redigindo discursos para Alexis e organizando conferências para preparar o mundo anglófono para a nova administração Syriza.

Em 20 de novembro, enviei um e-mail alegre para Jamie:

> Jamie,
> Ontem Alexis me contou ter recebido um telefonema de um proeminente dono de banco, que o ameaçou dizendo que os caixas eletrônicos de seu banco não funcionarão no dia seguinte a nossa eleição caso Alexis me nomeie ministro das Finanças. Alexis respondeu perguntando quantos anos ele tem. O banqueiro respondeu: 65. Alexis então disse: "Se você me derrubar, sou jovem o suficiente para me erguer novamente. Já você não é!".

Foi um daqueles momentos de puro orgulho em meus amigos, velhos e novos, e de alegria por ter adquirido inimigos cruéis.

## Terra devastada

Sem as habilidades de um T. S. Eliot ou de um John Steinbeck, fica difícil transmitir a amplitude da devastação da Grécia em janeiro de 2015. Uma comparação numérica terá de ser suficiente.

No início dos anos 1980, a Grã-Bretanha sofreu uma grande convulsão na qual o desemprego quadruplicou. O dano foi causado por uma recessão que durou um ano só, 1980-1, quando a receita nacional caiu 1,26%. A próxima recessão a atingir a Grã-Bretanha veio uma década depois, e também durou um único ano (1990-1), com a receita nacional encolhendo em 1,78%. Mais recentemente, na sequência da crise do crédito, outra recessão de um ano (2008-2009) deixou o país cambaleante, com uma queda na receita nacional de significativos 5,15%. Compare e contraste esses três traumas com o que se abateu sobre os gregos.

Em 2010, o ano do primeiro resgate, a renda nacional havia despencado estonteantes 7,5% em relaçãoao ano anterior. Será que as coisas melhoraram como consequência do resgate? Pelo contrário, em 2011, a renda caiu mais 8,9% em relação a 2010. Em comparação, 2012 foi um bom ano, com a economia encolhendo triviais 1,1% em relação ao ano anterior. A que devíamos essa relativa calmaria? Ironicamente, à crise política causada pela depressão, o que significava que ou não tínhamos governo ou que tínhamos um governo fraco demais para aprovar mais medidas de austeridade!

Mas assim que o primeiro-ministro Samaras chegou ao poder em junho de 2012, com uma pequena, porém sólida maioria parlamentar, a *troika* se assegurou de que ele compensaria o tempo perdido pondo para funcionar a máquina de austeridade com uma vingança. O resultado? O ano mais cruel até ali, com a receita nacional mergulhando mais 14% até o final de 2013 e outros 3,3% durante 2014.

Quando amigos britânicos observam com compaixão que a Grécia está hoje onde a Grã-Bretanha esteve durante a Grande Depressão, eu lhes agradeço por sua bem-intencionada comparação, mas sinto-me obrigado a corrigi-los. Entre 1929 e 1932, a economia da Grã-Bretanha encolheu 4,9% e o desemprego aumentou de 8% para 17%. (A essa altura, imagino uma versão grega do personagem de John Cleese no quadro "Four Yorkshiremen" de Monty Python gritando: "Você teve sorte!","Que luxo!".) Em comparação, a Grécia aguentou seis anos consecutivos de recessão, a perda de 28% de sua renda nacional, mais de um em cada cinco trabalhadores perdendo o emprego e uma taxa de desemprego catapultada de 7% a 27%, com o desemprego entre os jovens batendo acima de 65%.

E ainda hoje, conforme escrevo estas linhas, existem aqueles que acreditam que no final de 2014 a economia da Grécia estava recobrando a saúde e que estaria fora de perigo até o final de 2015 não fosse pela idiotice daqueles eleitores gregos que comprometeram a recuperação votando em pessoas como eu em 25 de janeiro de 2015. Assim como crianças desobedientes gritando "Já estamos chegando?" do banco traseiro do carro e distraindo o motorista, o eleitorado grego fez seu país se desviar do caminho para a recuperação bem no momento em que este entrava na reta final. E, não fosse pelas ações do insuportável ministro das Finanças do governo populista que elegeram, um terceiro empréstimo de resgate jamais teria sido necessário. Será que eles têm razão?

A linha cinza pontilhada na Figura 1 mostra a receita total da Grécia, não diluída por truques estatísticos e representada em euros brutos. A linha preta sobreposta a ela é uma média de quatro meses, propiciando uma noção mais clara da tendência geral. A zona oval sombreada destaca o período em 2014 no qual teria começado a alegada recuperação econômica. Você consegue identificá-lo? Os eleitores gregos não conseguiram.

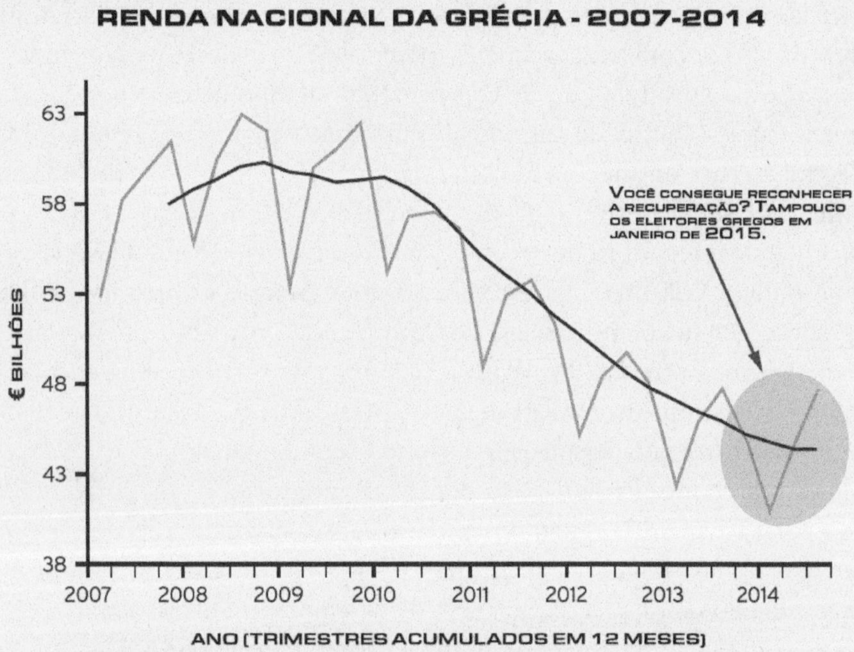


**Figura 1:** Renda Nacional da Grécia não ajustada (trimestral) 2007-2014, com a variação trimestral média acumulada em 12 meses superposta

Pouco depois de ficar claro que eu poderia vir a ser o ministro das Finanças da Grécia em meio a este ambiente econômico, dei uma palestra à qual compareceram membros do Parlamento europeu, jornalistas e outros assim chamados formadores de opinião. Perguntado se um novo governo não poderia colocar em risco a "recente recuperação", não tive outra alternativa senão expô-los aos fatos deploráveis que quase nunca apareciam na imprensa.

1. Há 10 milhões de gregos vivendo na Grécia (número que diminui rapidamente devido à emigração), organizados em cerca de 2,8 milhões de lares com um "relacionamento" com as autoridades fiscais.

2. Desses 2,8 milhões de lares, 2,3 milhões (e 3,5 milhões de números de identificação fiscal) têm uma dívida com as autoridades fiscais que não podem pagar.

3. Um milhão de lares não consegue pagar na íntegra sua conta de eletricidade, forçando a companhia de eletricidade a "prorrogar e fazer de conta", assegurando assim que um milhão de famílias viva com medo da escuridão durante a noite e que a companhia de eletricidade esteja insolvente. De fato, a empresa pública Public Power Corporation S.A. (PPC) está cortando a energia de cerca de 30 mil lares e empresas por mês devido a contas não pagas.

4. Para 48,6% das famílias, as pensões são a principal fonte de renda. Enquanto isso, a *troika* exige que as pensões sejam cortadas ainda mais. A pensão por velhice, que um dia foi de setecentos euros, foi reduzida em cerca de 25% desde 2010, e deverá ser reduzida pela metade nos próximos anos.

5. O salário mínimo encolheu (sob as ordens da *troika*) em 40%.

6. Outros benefícios foram cortados em mais de 18%.

7. Cerca de 40% da população afirma que não conseguirá cumprir seus compromissos financeiros este ano.

8. O desemprego subiu 160%, de modo que 3,5 milhões de pessoas empregadas agora sustentam 4,7 milhões de gregos desempregados ou inativos.

9. Dos 3 milhões de pessoas que constituem a força de trabalho da Grécia, 1,4 milhão estão desempregadas.

10. Dos 1,4 milhão de desempregados, apenas 10% recebem seguro desemprego e apenas 15% recebem algum auxílio, qualquer que seja ele. Os demais têm de se virar sozinhos.

11. Daqueles empregados no setor privado, 500 mil deixaram de receber seus salários por mais de três meses.

12. Empreiteiros que trabalham para o setor público são pagos até 24 meses depois de terem prestado o serviço e pagam antecipadamente o imposto sobre vendas à administração fiscal.

13. Entre 2008 e 2014, as empresas de pequeno e médio porte reduziram sua força de trabalho em 29,3% e sua produção (em termos de valor adicionado) em 40,2%.

14. Metade dos negócios ainda em operação em todo o país estão seriamente em atraso com as contribuições obrigatórias para os fundos de pensão e previdência social de seus funcionários.

15. Em 2013, 36% da população vivia oficialmente em risco de pobreza ou de exclusão social. Esta porcentagem está aumentando.

16. A renda disponível das famílias diminuiu 30% desde 2010.

17. Os gastos com saúde foram reduzidos em 11,1% entre 2009 e 2011, com aumentos significativos nas infecções por HIV, nos casos de tuberculose e no número de natimortos.

Será mesmo que qualquer uma dessas sombrias estatísticas, que documentavam a conversão de nossa nação em uma terra arrasada, poderia ser vista como um sinal de melhora? Ou quem sabe elas explicariam a incapacidade dos eleitores gregos em identificar a suposta recuperação econômica do seu país?

## Gre-cuperação?

Não obstante, em dezembro de 2014, o governo e a *troika* estavam irredutíveis: sua história de sucesso era verdadeira e a economia mostrava claros sinais recuperação. Eles até cunharam um neologismo: Gre-cuperação. Mas a produção manufatureira,[120] que em 2011 havia caído 4% e em 2012, mais 15% (equivalente à perda total da produção manufatureira da Grã-Bretanha durante a Grande Depressão), registrou uma pequena recuperação em 2013, antes de começar a encolher novamente em 2014. Enquanto isso, a produção industrial total em 2014 caiu 3% e o investimento líquido foi negativo.[121]

120 N. de R. T.: A manufatura, no Brasil denominada indústria de transformação, é um dos ramos do setor industrial, também composto por construção civil, indústria extrativa mineral e serviços industriais de utilidade pública (energia, água, gás, telefonia etc.).

121 Quando a formação bruta de capital fixo (investimento em infraestrutura física, como maquinário) é zero, isso significa que não é suficiente nem mesmo para cobrir a

Quanto ao emprego, embora o salário mínimo tivesse despencado imbatíveis 40%, fazendo da Grécia a terra dos sonhos de neoliberais do mundo inteiro, o emprego em tempo integral continuava a diminuir, o emprego precário aumentava muito pouco e o total de horas trabalhadas caía.[122] Então, que evidências poderiam possivelmente ter existido para que fizessem tal afirmação?

Em parte, ela se apoiava em um conjunto peculiar de estatísticas. Tecnicamente, a renda real – jargão dos economistas para denominar a renda ajustada para levar em conta a evolução dos preços dos bens – subiu. Mas isso era uma miragem criada por uma dramática queda nos preços, que fez o poder de compra parecer bem maior, mas que não levava em conta os custos compensatórios e predominantes de uma dívida maciça. O Apêndice 1 fornece um desmascaramento completo deste absurdo.

Principalmente, apoiava-se no fato de que, em 2013, a Grécia tinha se tornado uma nação de superávits, o que significava essencialmente que as suas exportações excediam as suas importações, sugerindo uma melhoria global. Desde 2010, a *troika* vinha prometendo aos gregos que o lado positivo da onda de cortes salariais seria um crescimento nas exportações, já que a redução nos custos dos negócios dentro da Grécia aumentaria sua competitividade. Ao final de 2014, a *troika* e o governo estavam numa onda de "eu não falei?", juntamente com a mídia estrangeira, jornais financeiros, economistas do governo e da União Europeia. "A Grécia registra o primeiro superávit em sua balança de transações correntes em muitas décadas", proclamavam.

Se eles tivessem refletido sobre a última vez em que a Grécia registrou um excedente comercial, talvez tivessem entendido que a situação era na verdade pavorosa. Foi em 1943, sob a ocupação nazista, quando os gregos não podiam se dar ao luxo de comer, muito menos de importar mercado-

---

substituição de maquinário quebrado ou o valor de sua depreciação.

122 Se fosse necessária alguma prova de que cortes salariais, em meio a uma dura recessão multidimensional, não instilam confiança nos empregadores, a Grécia a forneceu. Curiosamente, nesse meio tempo, perguntei a um conhecido, homem de negócios, cuja fábrica produzia móveis de banheiro, por que ele não empregava mais pessoas, agora que a mão de obra era ridiculamente barata. Sua resposta: "Quem vai comprar meus vasos sanitários agora que por toda parte os salários estão tão baixos que ninguém tem condições de reformar seus banheiros?".

rias do exterior, mas ainda assim conseguiam exportar algumas laranjas, algumas maçãs e afins. Em 2014, o colapso econômico havia produzido um estado de coisas similar. A triste razão para nosso excedente na balança de transações correntes era que a recessão que se aprofundava havia deteriorado as importações, enquanto as exportações de mercadorias permaneciam estáveis, apesar da enorme redução nos custos de mão de obra.[123] Um motivo de luto fora usado como motivo de comemoração.

A realidade era evidente por toda parte. Mesmo quando o governo colocou à venda as joias de família da Grécia que ainda restavam, não havia compradores ou havia apenas aqueles de tipo duvidoso. Quando, por exemplo, a loteria nacional foi colocada no mercado, o lance mais alto partiu de um consórcio cujos métodos eu viria a conhecer bem até demais depois de assumir o Ministério das Finanças: tendo pago uma ninharia pela única galinha dos ovos de ouro do Estado, eles então demonstraram sua notável capacidade de se alimentar ao máximo da desesperança.

Pior ainda foi a venda do monopólio estatal de gás, no qual apenas o conglomerado favorito do Sr. Putin, a gigante russa Gazprom, demonstrou interesse. Horas antes do anúncio da venda, a Gazprom decidiu não atender a mixaria que afinal fora pedida, com seu porta-voz citando a espiral deflacionária que assolava a economia grega como razão para a desistência. "Como eles poderiam pagar até mesmo o preço pedido hoje quando a empresa poderia estar valendo apenas metade disso amanhã?", perguntaram.

O mercado imobiliário, um investimento razoavelmente seguro em tempos normais, também estava se saindo mal. O terreno do antigo aeroporto de Atenas, em Hellinikon, é uma parcela privilegiada: com mais de duas vezes a área do Hyde Park de Londres, está localizado próximo aos subúrbios mais sofisticados de Atenas, na costa do Golfo Sarônico, com suas águas azul-turquesa. E, no entanto, apenas um proponente apareceu – e exigiu como condição de sua oferta que o Estado investisse no desen-

123 A resposta padrão da *troika* a essa observação é: as exportações não aumentaram porque a Grécia não fez reformas suficientes. Mas isso é mudar as regras do jogo. O neoliberalismo prevê que, todo o resto permanecendo constante, uma redução nos salários médios em um país da zona do euro deve impulsionar as exportações.Então as exportações deveriam ter aumentado depois que os salários caíram, mesmo que nenhuma reforma tivesse ocorrido. Elas não aumentaram.

volvimento do terreno quase tanto dinheiro quanto ele estava oferecendo na compra.

Enquanto isso, o governo de Samaras e a imprensa financeira internacional faziam pomposos discursos sobre o sucesso da grande recapitalização dos bancos gregos efetuada pelo segundo resgate. E ainda assim, em fevereiro de 2014, meses depois de o dinheiro ter sido recebido da *troika*, a empresa de gestão de ativos Blackrock informou que os bancos estavam tão cheios de empréstimos improdutivos que eles precisavam de ainda mais dinheiro. Em junho de 2014, com a paciência de Schäuble com o governo Samaras se esgotando, o FMI vazou a informação de que seriam necessários outros 15 bilhões de euros para os bancos, uma quantia significativamente maior do que os aproximadamente 11 bilhões de euros que haviam sobrado do segundo empréstimo de resgate.

Ao final de 2014, quando já se esgotavam o tempo e o dinheiro do segundo resgate da Grécia, e com o governo tendo diante de si outros 22 bilhões de euros em amortizações da dívida que deveriam ser pagas no ano seguinte, sem que para isso existissem os devidos fundos, a *troika* não tinha a menor dúvida de que um terceiro empréstimo era necessário. Em outras palavras, o FMI e o dr. Schäuble sabiam perfeitamente que um terceiro empréstimo de resgate seria necessário, ao mesmo tempo que o governo Samaras insistia que, caso fosse deixado para depois das próximas eleições gerais, tal empréstimo não aconteceria.

O conto de fadas de uma recuperação emergente – ou a promessa de que ela estava logo ali na esquina – era a definição perfeita de uma das minhas frases em inglês favoritas: acrescentar insulto à injúria. Mas por que acrescentar insulto? A injúria não era o suficiente? Existe uma resposta para essa pergunta e ela não é bonita.

Em 21 de janeiro de 2015, quatro dias antes das eleições, eu estava compartilhando meus medos mais profundos com Jamie Galbraith ao telefone. Inicialmente, o absurdo da Gre-cuperação havia sido uma estratégia para ganhar a eleição, mas agora Samaras e seus ministros haviam se resignado a perdê-la. Eles estavam reutilizando o conto de fadas da recuperação para preparar o terreno para ganhar no jogo da atribuição de culpa.

Ao fingir que o terceiro empréstimo de resgate *não* era necessário, quando chegasse a hora de admitir que de fato ele era necessário, eles poderiam argumentar que só foi assim devido à posição negocial de nosso governo. De fato, da perspectiva da *troika*, ter um governo Syriza introduzindo o terceiro resgate era politicamente perfeito, uma vez que isso iria absolvê-los da devastação que estavam causando desde 2010. Toda a dor daí em diante, incluindo a renovação das dívidas insustentáveis e de novas medidas de austeridade, poderiam ser colocadas na conta da imprudente tentativa do Syriza de confrontá-los – e de uma pessoa em particular.

Jamie concordou que, se nossa coragem vacilasse durante as negociações, eu estaria em apuros, mas ele estava certo de que Alexis permaneceria firme até o fim. Tendo sido apanhado nos momentos eletrizantes em Tessalônica, em junho de 2013, quando nós três discursamos para multidões entusiasmadas, Jamie não compartilhava das minhas dúvidas nessa área e, a apenas alguns dias da abertura das urnas, nós precisávamos de toda a confiança e entusiasmo que conseguíssemos reunir.

Além disso, eu acreditava que, durante anos, Wolfgang Schäuble, o ministro das Finanças da Alemanha, favorecera o Grexit, mas que fora frustrado repetidas vezes nessa ambição pela oposição da chanceler Merkel. Eu não ficaria surpreso se Wolfgang visse um governo Syriza determinado a bater de frente com a *troika* como a oportunidade ideal para convencer Merkel de que chegara a hora de expulsar os gregos da zona do euro.

Para ele, o risco consistia na possibilidade de que o Syriza lutasse até o fim, fazendo com que Mario Draghi e Merkel finalmente cedessem e dessem a Alexis um acordo justo. Para Wolfgang Schäuble esse era *o* cenário de pesadelo, pois abriria o caminho para que os espanhóis, os portugueses, os italianos e qualquer outro povo europeu restabelecessem algum controle sobre suas vidas econômicas.

A responsabilidade acabaria comigo. Mas qual era a alternativa? Um acidente da história nos dera uma rara oportunidade de fazer a coisa certa, de falar a verdade a quem detém o poder e trabalhar para trazer uma recuperação genuína em nossa terra arrasada. Recusar tal oportunidade teria sido imperdoável.

## Gre-steridade

Enquanto enfrentávamos nossa legião de problemas, a *troika* também tinha seu quinhão. O FMI estivera inquieto desde o início, arrastado para o lamaçal do Resgatistão por uma liderança europeia para quem importava mais os bancos franceses e seus laços pessoais com as lideranças alemãs do que as próprias regras internas do fundo e sua coesão.

Desde 2011, o FMI vinha, sem sucesso, fazendo barulho quanto à essencialidadeda redução da dívida; sem sucesso, buscou formar uma frente comum com Atenas contra Berlim em 2012, deu com a língua nos dentes em junho de 2013, declarando que a recapitalização dos bancos gregos em 2012 fora grosseiramente inadequada e inepta, e já em maio de 2014 publicou um relatório afirmando que "a sustentabilidade da dívida continua sendo uma séria preocupação" – linguajar bem-educado para dizer que ela estava em níveis catastróficos.[124] Após anos de espetaculares erros analíticos e preditivos, os analistas do FMI – leia-se todos os agentes da *troika* com algum treinamento em economia – haviam finalmente percebido que as bases de seu programa para a Grécia eram falhas, tornando sua implementação impossível.

---

124 Em 19 de maio de 2014, a análise do FMI quanto à sustentabilidade da dívida foi tornada pública. Nela, o fundo afirmava: "São necessários mais ajustes fiscais para que seja restaurada a sustentabilidade da dívida. E uma vez que isso for feito, o superávit primário terá de ser mantido acima de 4% do PIB ao longo de todo o ciclo político, e por muitos anos. O esgotamento do ajuste, agora evidente, e as promessas de 'dividendos sociais' e de 'nenhuma nova medida' feitas pelos líderes políticos sugerem que o compromisso político com a estratégia da dívida será severamente posto à prova daqui para frente. Esta estratégia não deixa margem para quaisquer aumentos significativos nos salários e aposentadorias a partir dos níveis atuais, durante o período que antecede as eleições nacionais em 2015 e 2016. Pelo contrário, com as alíquotas tributárias já bastante elevadas e os gastos discricionários comprimidos, alcançar os ajustes fiscais adicionais necessários sem efetuar novos cortes nos salários, nas transferências sociais e nas aposentadorias, que permanecem altas em relação ao PIB, só será possível com uma dramática melhora na eficiência do setor público... a sustentabilidade da dívida continua sendo uma séria preocupação. A relação dívida/PIB ainda não atingiu o seu pico, e os níveis extraordinários projetados para a próxima década sugerem que as preocupações relativas à sustentabilidade continuarão constituindo um obstáculo para que a recente melhora no sentimento dos investidores se traduza em uma recuperação sustentável, especialmente se dúvidas quanto à vontade política voltarem à tona".

O Apêndice 2 fornece uma explicação pormenorizada da análise falha do FMI, mas uma rápida olhada na Figura 2 é suficiente para demonstrara natureza autodestrutiva da austeridade.

O eixo horizontal retrata a extensão (acumulada) da austeridade praticada ao longo dos cinco anos que se seguiram à crise de crédito até pouco antes da vitória do Syriza.[125] A austeridade total na Alemanha foi de 2%, 3% na Itália, 5,4% em Portugal, 6,3%, no Reino Unido, 6,8% na Espanha, 9% na Irlanda e 18% na Grécia. O eixo vertical, por sua vez, mostra o crescimento acumulado da receita nacional durante o mesmo período. Muito claramente, quanto maior a austeridade, menor o crescimento da receita nacional.[126] A posição da Grécia na parte inferior direita do gráfico é suficiente para contar sua comovente história.

125 A austeridade é medida aqui em termos de redução do déficit estrutural do orçamento do governo (ou aumento do seu superávit) como uma porcentagem da renda nacional nominal.

126 O Reino Unido é um caso atípico interessante, e a razão disso é que ela é o único país neste gráfico a possuir um banco central próprio, que, sob a política de "contração expansionista" de George Osborne, bombeava um montão de dinheiro na economia britânica enquanto o ministro das Finanças britânico (*chancellor*) praticava sua austeridade contracionista.

AUSTERIDADE VERSUS CRESCIMENTO NACIONAL DE RENDA - 2009-14

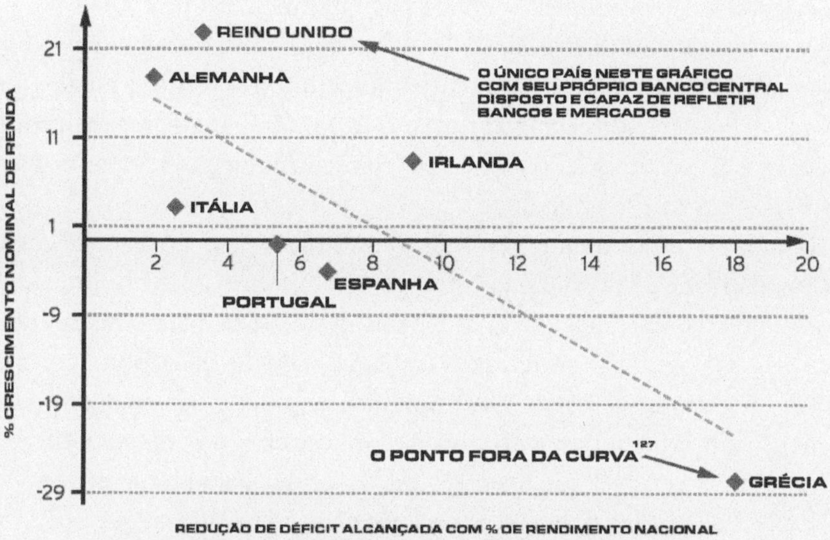


FIGURA 2: O GRAU DE AUSTERIDADE É MEDIDO NO EIXO HORIZONTAL COMO A REDUÇÃO DO DÉFICIT ESTRUTURAL DO GOVERNO, COMO PORCENTAGEM DE UM RENDIMENTO NACIONAL.

O EIXO VERTICAL É O CRESCIMENTO NOMINAL DE RENDA NACIONAL NO MESMO PERÍODO

Como Christine Lagarde viria a me contar mais tarde, o enigma enfrentado pela *troika* era que agora havia capital político demais em jogo para que

127 N. de R. T: No original em inglês, o termo utilizado pelo autor é *outlier*, que significa "ponto fora da curva". Se a utilização do termo aqui tivesse o sentido literal, isso deveria significar que, dada uma curva, construída com informações de uma série de outros países, a posição da Grécia ficaria totalmente fora do esperado. No entanto, a intenção do autor aqui é outra: é mostrar como a posição da Grécia é decisiva na construção dessa curva. Sem a Grécia, a curva possível de ser desenhada continuaria a ser negativa, mostrando, portanto, uma relação inversa entre grau de austeridade e crescimento da renda, mas sua inclinação seria muito mais suave. No sentido literal, *outlier* seria, aqui, o Reino Unido (UK), com um grau de austeridade significativo no período (cerca de 6,5%), mas apresentando a maior taxa de crescimento da renda nacional entre todos os países do gráfico (cerca de 22%). O que explicaria essa posição atípica do Reino Unido está indicado no próprio gráfico.

admitissem seu erro.[128] Na véspera da eleição, um jornalista financeiro me contou, durante o intervalo de nossa entrevista, que ele achava ser necessário certo menosprezo pela verdade para argumentar que a Grécia estava se recuperando. Eu discordei: "Não é tanto que eles não queiram contar a verdade. Eles estão entrando em pânico e improvisando à medida que avançam, empenhados em evitar pisar os calos dos banqueiros em primeiro lugar, e os da sra. Merkel logo em seguida. Agora eles temem por seus empregos caso digam a verdade".

E, mesmo assim, quando estávamos prestes a vencer aquelas eleições, a *troika*, a mídia e o governo grego debatiam não sobre como pôr fim àquele ciclo de destruição, mas qual nível de austeridade se adequaria melhor a suas agendas políticas: austeridade em dose pequena demais faria da aritmética incoerente da *troika* um motivo de zombaria, já em dose grande demais, comprometeria a narrativa da Gre-cuperação e, de qualquer maneira, seria impossível que fosse aprovada por um Parlamento cético.[129]

É por esse motivo que o povo da Grécia votou no Syriza, um acrônimo para a Coligação da Esquerda Radical. Ele, o povo, não se apaixonara de repente pela esquerda radical, que até então definhava à margem do poder. Ele não tinha interesse em colocar em risco nenhuma recuperação nascente. Não tinha a ambição de enfrentar Bruxelas, Berlim, Paris, Frankfurt e Washington.

Nem se importava em fazer novos sacrifícios ou apertar ainda mais o cinto se isso fosse realmente funcionar. Não, ele votou em nós porque estava farto de fazer sacrifícios que não levavam a nada, farto de medidas que o afundavam ainda mais na indignidade, na insolvência e no desespero, enquanto outros comemoravam sua recuperação. É por esse motivo que nós recebemos os votos não apenas de radicais e operários fabris, motoristas de táxi e fazendeiros, mas também de conservadores com decência, homens e mulheres de negócios em dificuldades, patriotas de direita e monges – de todos os que eram de fato afetados, como Lambros, o morador de rua que causara tamanha impressão em mim, em prol daquelas pessoas que ainda não haviam caído no buraco que espreitava para tragá-las.

---

128 Ver o capítulo 2, item "Prisioneiros do seu próprio artifício".

129 O capítulo 6, nota de rodapé 136, descreve um e-mail de meu antecessor imediato para a *troika*, que eu vi quando tomei posse, que ilustra lindamente o Catch-22.

## Primeiro contato

Foi enquanto eu disputava as eleições que o embaixador da Alemanha na Grécia me convidou para visitar a feiosa embaixada da República Federal, a poucos passos da igualmente feia delegação britânica e não muito longe das graciosas mansões neoclássicas que servem como embaixadas de Itália, França e Egito. Homem alto e magricela, o diplomata alemão me proporcionou uma tarde longa e empolgante. Pappas me avisou que o embaixador havia sinalizado a Alexis sua clara insatisfação com a notícia de que eu poderia vir a ser nomeado ministro das Finanças. Se ele o fez, ao menos não demonstrou. O que demonstrou foi avidez em avaliar minhas capacidades.

Eu o achei inteligente e agradável de se conversar, embora intenso e transbordando de ideias sobre o que deveríamos, e não deveríamos, fazer caso vencêssemos a eleição. Ao longo de mais de duas horas, ele me apresentou a meu iminente emprego com uma negociação simulada, porém abrangente, envolvendo tudo o que dizia respeito à agenda econômica da Grécia: dívida, tributação, bancos, reformas de mercado, privatização, mercados de trabalho. Ele claramente entendia do negócio e não escondia a postura de seu governo: aos olhos de Berlim, a Grécia há muito abrira mão de sua soberania, e seu governo seria tratado como peticionário. Mas também demonstrou certa compreensão da cumplicidade de Berlim no desastre grego, dando indícios de uma prontidão para fazer concessões, ao passo que revelava sua simpatia pelo SPD (Partido Social-Democrata Alemão).

No mesmo dia, Pappas me transmitiu uma missiva com alguns conselhos sobre o que fazer depois que ganhássemos as eleições, da parte de Jörg Asmussen, um rapazinho de certa importância no SPD. Asmussen começara a carreira política no Ministério das Finanças sob Wolfgang Schäuble, durante o alvoroço de 2008, quando estava no poder uma coalizão entre os Democratas Cristãos de Merkel e o SPD. Ele forao ponta de lança do Ministério no auxílio prestado para salvar os bancos alemães, um papel que lhe rendeu louros, mas também um lugar de camarote para testemunhar o processo pelo qual a Grécia foi encarcerada na prisão dos devedores.

Seus serviços ao Ministério das Finanças foram recompensados com um assento no conselho executivo do Banco Central Europeu, uma posição de imensa autoridade para um jovem com poucas credenciais no setor bancário. Em 2013, quando seu período no BCE chegou ao fim, Asmussen retornou a Berlim como ministro-adjunto do Trabalho com uma missão fundamental: introduzir pela primeira vez um salário mínimo na Alemanha, uma importante reforma que a chanceler Merkel acordara com seus parceiros de coalizão do SPD, incitando a ira de seu próprio partido.

No momento em que ouvi que Asmussen nos escrevera, agucei os ouvidos. Ele possuía um poder de ataque que estava bem acima de seu peso oficial e era o homem que eu esperava que a *troika* usasse como um sensor, um primeiro contato entre eles e nós. Asmussen era ideal para o papel. Era um social-democrata que trabalhara em estreita colaboração com o ultraconservador econômico Wolfgang Schäuble quando os bancos alemães entraram em colapso, um homem que havia estado no comando do BCE em 2012, quando o Grexit era tido como uma opção factível antes que Mario Draghi batesse o pé, sinalizando à chanceler Merkel para que o colocasse fora de cogitação, e era uma das pouquíssimas pessoas a ter trabalhado no Plano Z do BCE – o esquema pelo qual a Grécia poderia vir a ser afastada da zona do euro a um custo mínimo para os outros Estados-membros. O que eu não havia previsto era que Asmussen não viria até nós sozinho. Em vez disso, ele nos escrevera com o único objetivo de nos apresentar a outro funcionário de ainda maior importância, Thomas Wieser.

Eu sabia do papel oficial de Wieser dentro da burocracia da União Europeia. Como presidente do Grupo de Trabalho do Eurogrupo, ele comandava o gabinete de delegados, cuja atribuição é preparar as reuniões do Eurogrupo, o fórum no qual seus respectivos ministros das Finanças tomam todas as principais decisões. Em tese, então, Thomas Wieser era o delegado de Jeroen Dijsselbloem, ministro das Finanças holandês e presidente do Eurogrupo. O que eu não sabia à época, mas vim a compreender mais tarde, era que na realidade Wieser era o homem mais poderoso de Bruxelas, muito mais do que Jean-Claude Juncker, presidente da Comissão Europeia, ou Pierre Moscovici, comissário responsável pelos assuntos econômicos e financeiros (o ministro das Finanças da comissão), ou mesmo, ocasionalmente, mais poderoso do que o próprio Dijsselbloem. Nessas ocasiões, ele parecia comandar todo o espetáculo.

Em seu e-mail, Asmussen adotou a postura de um aliado potencial de nosso novo governo, alguém com tendências à esquerda que desejava nos ver tendo êxito. Para esse fim, ele nos pediu que confiássemos e trabalhássemos com Wieser, um social-democrata austríaco, descrevendo-o como um "amigo", "fiável", "digno de confiança" e "uma figura essencial na máquina de Bruxelas". Além disso, Asmussen sugeriu que Wieser nos ajudaria a extrair o tempo de que precisávamos para conduzir nossas negociações. De acordo com Asmussen, Wieser estava propondo uma "prorrogação do programa" como um "bom caminho a seguir, para garantir algum tipo de proteção para a Grécia enquanto renegociações mais profundas são realizadas. Talvez valesse a pena sua equipe econômica entrar em contato com ele rapidamente após as eleições". Asmussen concluiu com "se eu puder ajudar de algum modo, é só me avisar ".

Aquilo soava esperançoso. O governo anterior em Atenas negociara uma prorrogação com a *troika* que terminaria um mês após nossa eleição, que estava mais para uma guilhotina para cortar nossas cabeças do que uma plataforma sobre a qual construir um novo acordo, portanto, sim, nós queríamos uma prorrogação adicional. E se Wieser e Asmussen quisessem ajudar a construir uma, isso seria esplêndido. Mas será que eles queriam mesmo?

Anexado ao e-mail de Asmussen veio um "non-paper" (documento oficioso) não assinado – jargão usado para denominar um documento não oficial distribuído para fins de negociação, que é totalmente não vinculante –, escrito por Wieser e que começava pela constatação de algo completamente óbvio, a saber, que o nosso governo "enfrentará uma situação de liquidez bastante apertada".[130] Seguiu-se um árido pronunciamento no qual ele dizia que nós não deveríamos esperar receber nada do dinheiro que o BCE nos devia (cerca de 1,9 bilhão de euros de lucros sobre aqueles nossos títulos PMTD que o BCE detinha e que concordara em nos devolver), tampouco deveríamos esperar receber qualquer um dos empréstimos

130 Em março somente, seriam necessários 1,1 bilhão de euros para reembolsar quatro parcelas da dívida ao FMI.

acordados sob o governo anterior dos quais a Grécia precisava para (fingir) pagar suas dívidas.[131] Mas, Wieser deixou claro, a *troika* ainda esperava que honrássemos as obrigações da dívida da Grécia para com eles.[132] A asfixia do governo grego que seria causada por isso levaria a "preocupações quanto à liquidez" e, inevitavelmente, a "tensão no mercado". Em suma, nós vamos lhe espremer tanto e tão publicamente que os investidores vão se retirar da Grécia, os depositantes vão acelerar a corrida aos bancos e seu governo vai sufocar. Esta era a punição.

Depois da punição veio o incentivo de Wieser: a *troika* poderia nos dar uma prorrogação do segundo acordo de resgate existente, concedendo-nos um adiamento que fosse além da data limite da guilhotina, o dia 28 de fevereiro de 2015, e poderia aumentar o valor máximo dos títulos do Tesou-

---

131 As palavras exatas de Wieser foram: "Com base nas atuais projeções de fluxo de caixa, que supõem que não haverá mais nenhum desembolso da parte do FMI ou do FEEF e nenhuma transferência dos lucros auferidos pelo BCE sobre os títulos gregos detidos como parte do programa PMTD...". O FEEF foi a fonte do segundo empréstimo de resgate concedido à Grécia em 2012. A origem dos lucros do BCE sobre os títulos do PMTD da Grécia era a seguinte: em 2010-11, o BCE havia comprado esses títulos de bancos franceses e alemães por um valor pouco menor do que 70% do seu valor de face, quando seu preço de mercado estava definhando em torno de 10% desse valor (ver capítulo 3). Esta foi uma enorme ajuda prestada aos bancos do norte da Europa, disfarçada de ação para ajudar a dívida da Grécia a manter o seu valor – mais uma solidariedade *fake*para com a Grécia. Toda vez que um desses títulos vencia, o governo grego falido era forçado a tomar emprestado dos contribuintes europeus (o FEEF) a fim de reembolsar – pelo valor nominal – o BCE, que agora era o detentor desses títulos. Em outras palavras, o BCE estava obtendo gordos lucros à custa do falido Estado grego e dos contribuintes da Europa. Em algum momento em 2012, o Eurogrupo decidiu que parte desses lucros seria devolvida ao governo grego, não porque o Eurogroup tivesse acordado para o desacerto de seus expedientes, mas porque estava interessado em reduzir os valores em destaque nas previsões sobre quanto dinheiro dos contribuintes europeus ainda seria dado a Atenas para que continuasse com o "prorroga e faz de conta" de sua insolvência. O significado da sentença de Wieser, portanto, era o seguinte: "Vocês não vão receber nenhuma das parcelas do empréstimo que havíamos combinado com o governo anterior. Vocês não vão receber nem mesmo uma fração sequer dos lucros que o BCE obteve a partir dos títulos gregos –seu dinheiro – que tínhamos concordado em devolver a vocês. Mas deverão pagar todas as amortizações da dívida com as quais o governo anterior se comprometeu".

132 Note-se que tanto as amortizações pagas por Atenas à *troika* como os desembolsos feitos por ela para Atenas foram plenamente especificados no cronograma do segundo acordo de empréstimo de resgate.

ro de curto prazo (*T-bills*), fixado pelo BCE, que estávamos autorizados a emitir com a finalidade de fornecer empréstimos de dinheiro rápido – em essência, nosso limite de cartão de crédito – para que pudéssemos retirar algum dinheiro extra para pagar o FMI em março, mas isso dependeria da adoção, por nós, de uma "abordagem de cooperação" para com a *troika*.[133]

A mensagem não poderia ter sido mais clara: seríamos torturados fiscalmente até que concordássemos em participar do doentio ritual de prorroga e faz de conta, para o qualforamos eleitos para pôr fim.[134] Quando terminei de ler o e-mail, coloquei Alexis e Pappas a par da situação: conforme já esperávamos, eles estavam ativando um plano para nos estrangular. Aproveitei a oportunidade para reiterar nosso pacto: para que as negociações tivessem alguma chance, deveríamos procurar assegurar uma prorrogação para além da data de 28 de fevereiro que Wieser estava oferecendo, mas somente se mantivéssemos o compromisso entre nós de dar

133 Para citar Wieser: "Para evitar o descumprimento das obrigações relativas à dívida grega, deve-se buscar uma prorrogação do atual 'programa'... [uma] medida para preencher o hiato de financiamento, já utilizada em meio à crise em agosto de 2012, seria uma emissão extra de *T-bills*, [mas isso] requer a aprovação da *troika*, o que só aconteceria no contexto de uma atitude cooperativa por parte do novo governo". Os *T-bills* aos quais ele se refere são títulos do Tesouro de curtoprazo, promissórias emitidas pelo Estado com um prazo de validade geralmente de três meses. Sendo os *T-bills* de tão curto prazo, eles são normalmente considerados seguros e atraem investidores a baixas taxas de juros. E por serem seguros e líquidos, os bancos centrais os aceitam prontamente como cauçãoem troca de empréstimos em dinheiro; por isso os bancos comerciais tendem a comprar esses *T-bills*, colocá-los no Banco Central em troca de dinheiro e recolher os juros do Estado. O problema aparece quando o Estado não tem outra maneira de contrair empréstimos senão *T-bills*. Para evitar que o Estado os emita em demasia, tornando-os pouco seguros e menos aceitáveis como caução pelo Banco Central, o BCE impõe restrições sobre que montante de dívida em *T-bills* pendentes pode ter um governo em cada momento. No caso da Grécia, este limite foi fixado em 15 bilhões de euros. Mas no verão de 2012, quando o governo Samaras acabara de ser eleito, o BCE aumentou o limite para 18,3 bilhões de euros. A razão era egoística: em agosto de 2012, o governo grego teve de resgatar títulos públicos gregos que estavam de posse do BCE. Como o governo não tinha dinheiro para isso, o BCE permitiu que Atenas emitisse 3,3 bilhões de euros em *T-bills* adicionais, com os quais poderia pagá-lo. Wieser também nos informou que precisaríamos garantir essa prorrogação até antes do dia 10 de fevereiro, uma vez que seria necessário que ela fosse aprovada por vários parlamentos antes do prazo-guilhotina de 28 de fevereiro.

134 Ver Varoufakis, 2016, pp. 160-1.

um calote caso eles se recusassem a negociar de boa-fé algum tipo diferente de acordo. Ambos reconfirmaram o compromisso.

Então sentei para escrever nossa resposta a Wieser. Esbanjando moderação e vontade de trabalhar com ele, marquei duas posições cruciais.

A primeira dizia respeito aos lucros que nos eram devidos, provenientes de nossos títulos do PMTD, os quais Wieser havia dito que não devíamos esperar receber de volta da *troika*. "Não devolver o dinheiro da Grécia incondicionalmente", escrevi, "é algo difícil de se justificar, mesmo que governos gregos anteriores tenham consentido a tais legalismos. É nossa opinião expressa que estes fundos deveriam ser liberados pelo BCE imediatamente. Desta forma, o financiamento estaria garantido até o final de março, usando-se os ativos da própria Grécia, ativos que são seus por direito."

A segunda posição que marquei tratava da ameaça mal disfarçada de Wieser quanto à "tensão de mercado", que ecoava a incendiária declaração de Stournaras feita em 15 de dezembro.[135]

> A expectativa de um potencial impasse produz de fato certa incerteza que, por sua vez, pode causar problemas de liquidez. Mas o que exatamente causa essa expectativa de impasse em primeiro lugar? É a insistência dos agentes da União Europeia e do BCE para que, poucos dias depois de eleito, o novo governo grego assine sobre a linha pontilhada de um acordo contra o qual ele fez campanha, exigindo sua renegociação. A Europa democrática deve dar à Grécia espaço fiscal para permitir que seu novo governo apresente propostas que constituirão a base de um acordo viável. Negar ao novo governo grego esse espaço fiscal é o que causa os problemas de liquidez. Por isso, retratar esses problemas de liquidez como sendo pressões exógenas é negar a responsabilidade do BCE e da União Europeia por tê-los causado.

Depois de enviar o e-mail, pouco antes de Danae e eu sairmos para participar de uma reunião pré-eleitoral, ela me perguntou em que eu estivera trabalhando.

"Uma linda nova amizade", respondi.

---

135 Ver o capítulo 4, item "Crônica de uma emboscada anunciada".

## A democracia na mira

Duas noites antes do início da votação, em 25 de janeiro de 2015, meus amigos do Syriza estavam agoniados apenas quanto à extensão de nossa iminente vitória e se ela seria grande o suficiente para garantir uma maioria absoluta no Parlamento. Mas minha cabeça estava em outro lugar.

Três dias antes, Glenn enviara por e-mail a confirmação de que o nó estava apertando. Desde 15 de dezembro, quando Stournaras acelerou a corrida aos bancos que o primeiro-ministro Samaras iniciara, os depositantes já haviam retirado 9,3 bilhões de euros dos bancos gregos, e a taxa de retirada atingira 1 bilhão por dia. Nesse ritmo, quando as eleições chegassem, 11 bilhões de euros já teriam encontrado seu caminho rumo ao estrangeiro ou para debaixo dos colchões.[136]

Para poder disponibilizar tal quantidade de dinheiro, os bancos tiveram de aumentar a sua dependência do BCE em mais de 60 bilhões de euros. A ameaça de Mario Draghi de paralisar os bancos estava fornecendo exatamente as condições das quais ele precisava para poder justificar fazê-lo.[137]

Às vésperas do dia das eleições, o único futuro colega de governo com quem consegui compartilhar meus medos foi Spyros Sagias. Danae e eu nos encontramos com ele em seu apartamento no subúrbio litorâneo ateniense onde cresci. Surpresos com os seguranças aquartelados sob seu bloco de apartamentos, pegamos o elevador até sua arejada cobertura, decorada com algumas peças de arte grega contemporânea muito bem escolhidas, com vista para a marina. Sagias era um rechonchudo homem de meia-idade, com uma voz reconfortantemente grave, que se desculpava por estar um pouco indisposto. Estava tratando um problema cardíaco, que parecia em nada embotar sua inteligência ou impedi-lo de demonstrar um olhar perceptivo.

136 Esta foi uma retirada de 6,7% do total de depósitos, reduzindo-os a 152 bilhões de euros, um total semelhante à baixa anterior, em junho de 2012, quando um pânico similar os reduzira a 150,5 bilhões de euros.

137 Não havia outra justificativa para isso. Os bancos gregos não eram intrinsecamente mais problemáticos do que, digamos, os bancos italianos. Na verdade, apenas alguns meses antes, o próprio BCE havia declarado que os bancos gregos haviam passado nos testes de estresse aos quais ele também os sujeitara. Isso se contrapõe aos bancos cipriotas em 2013, ou aos irlandeses em 2009, que fracassaram sobejamente.

Sagias não era um político, e sim, como ele mesmo se apresentou, meio sério e meio brincando, um advogado sistêmico. ("Sistêmico" é o jargão pós-2008 para bancos que são considerados grandes demais para falir.) Dificilmente havia algum negócio de grande envergadura envolvendo interesses privados e o setor público em que Sagias e seu bem-sucedido escritório de advocacia não estivessem envolvidos: privatizações, projetos de construção em grande escala, fusões, estavam todos dentro de sua alçada.

Até recentemente, ele havia, inclusive, fornecido assessoria jurídica à Cosco, o conglomerado chinês que adquirira parte do porto de Pireus e estava ansioso para assumir o controle de sua totalidade, uma privatização à qual o Syriza se opunha veementemente. Quando Pappas me informou que Sagias estava destinado a se tornar nosso secretário de gabinete, fiquei surpreso, mas também contente: ao menos teríamos uma águia jurídica na equipe, um conselheiro que sabia como redigir legislação e, além disso, sabia onde estavam enterrados todos os esqueletos do *ancien régime*.

Sagias foi direto ao assunto que mais me preocupava, perguntando como exatamente o BCE tentaria nos asfixiar. Primeiro, expliquei, Draghi cortaria o fluxo direto de liquidez que vinha do BCE para os nossos bancos, encaminhando-os em vez disso ao Banco Central da Grécia, de Stournaras, para que lá solicitassem empréstimos de curto prazo mais caros (a chamada "assistência de liquidez de emergência" ou "mecanismo ELA", financiado indiretamente pelo BCE). Então, na segunda etapa, o Conselho Geral do BCE proibiria Stournaras de fornecer qualquer ELA adicional aos bancos gregos, altura em que os caixas eletrônicos ficariam sem dinheiro, os depositantes se revoltariam e os bancos seriam paralisados. Já em 21 de janeiro de 2015, eu disse a Sagias, dois dos quatro bancos sistêmicos da Grécia haviam solicitado ELA a Stournaras para obter liquidez. "O palco está montado", concluí. "Eles estão apenas aguardando que a gente entre em cena."[138]

---

138 Em seu e-mail de 21 de janeiro de 2015, Glenn acrescentou: "Uma decisão do BCE também deve ser discutida hoje, após os pedidos de ELA feitos pelo Eurobank, pelo Alpha Bank, e presumivelmente por outros dois também. Eu diria que o acesso deles à ELA é quase certo, dada a escalada dos acontecimentos mesmo antes que seus títulos relativos ao Pilar II tivessem perdido sua elegibilidade como caução para um financiamento pelo BCE ao final de fevereiro. Esta drenagem de liquidez também deve ser analisada no

Em seguida, descrevi em linhas gerais nossa principal estratégia de dissuasão e o essencial de meu acordo com Alexis, Pappas e Dragasakis, que fora a base da minha aceitação ao convite para liderar o Ministério das Finanças. Ele concordou com o plano.

"Então, e o que lhe trouxe a esse governo?", perguntei. "Os seus antecedentes não sugerem imediatamente um motivo."

"Só estou fazendo isso porque acredito em Alexis", respondeu ele. Quando jovem, Sagias se inclinara para a esquerda, como me explicou. Mesmo depois de ter se deslocado diretamente ao coração do *establishment*, lubrificando as engrenagens do sistema, lá no fundo sempre mantivera uma ligação romântica com a esquerda. "Então, quando conheci Alexis, ocorreu-me que eu desejava colocar minha experiência a seu dispor. Não estou aqui pelo Syriza. Estou para proteger Alexis. Ele vai precisar de muita proteção. E você também. Não se engane, Yanis: todos eles vão tentar prejudicar você, do pior dos banqueiros a Dragasakis e todo o pessoal do Syriza. Vai ser feio." Descobri que eu não era o único tomado de angústias agora que estávamos prestes a assumir as rédeas do governo.

Decidi que gostava de Sagias. Ele sabia que estava manchado por décadas de mancomunagem com a oligarquia e não se dava ao trabalho de escondê-lo, mas eu estava mais inclinado a confiar em pessoas que conheceram e trabalharam para o *establishment* do que em jovens zelotes, que são propensos a se tornar seus servos renascidos. Sua honestidade, a maneira pela qual ele personalizou seus motivos para embarcar na equipe, seus alertas sobre Dragasakis e os evangelistas do Syriza, junto com a arte nas paredes de seu apartamento, fizeram sentir-me à vontade com ele.

No entanto, quando estávamos partindo, ele confessou ter dúvidas. "Ainda não tenho 100% de certeza de que vou aceitar a posição", disse-me.

"Você tem que!", eu o exortei. "Este é um momento como o de 28 de outubro", disse, referindo-me ao dia em que o governo grego rejeitou o

---

contexto das coberturas adicionais sobre os depósitos em francos suíços e da necessidade potencial de o governo ter de continuar a atrair investidores para financiamento por meio da venda de títulos do tesouro no curto prazo. Enquanto isso, o *New York Times* destacou em seus comentários de ontem que a flexibilização quantitativa do BCE não resolveria por si só os problemas de liquidez da Grécia, assim como seu pedido ao BCE para que não exclua a Grécia do programa de compra de títulos".

ultimato de Mussolini para que se rendesse em 1940. "Não podemos nos esquivar disso".

"Vou pensar", disse ele de tal maneira que me levou a acreditar que aceitaria.

De volta a nosso apartamento, chegou um e-mail de Jamie no qual ele perguntava: "Até onde você sabe qual é a ordem do dia exatamente?".

"Não ser estrangulado no nascimento pela *troika* e pelos banqueiros locais...", respondi.

Fazendo meus cálculos com a ajuda de Glenn, descobri que só em 2015 o Estado grego precisaria de 42,4 bilhões de euros apenas para refinanciar suas dívidas, o equivalente a 24% da renda nacional. Mesmo que a *troika* fosse desembolsar todo o dinheiro especificado no segundo acordo de empréstimo, ainda ficariam faltando 12 bilhões. Para um país sem nenhuma capacidade de contrair empréstimos de investidores privados, com cofres vazios e uma população devastada, honrar essas amortizações da dívida significava apenas uma coisa: a pilhagem daquilo que ainda restava nas reservas dos fundos de pensões, prefeituras, hospitais e serviços públicos, ao mesmo tempo que iríamos até a *troika* com o chapéu nas mãos para pedir emprestado novas quantias exorbitantes, prometendo espremer ainda mais nossos pensionistas, nossas prefeituras, nossos hospitais e serviços públicos, tudo isso para reembolsar-lhe o dinheiro. Somente uma lobotomia poderia ter me convencido de que fazer isso era do interesse de nosso povo.

No dia das eleições, as pessoas na rua vinham até mim, davam-me tapinhas nas costas e me faziam prometer que não voltaria atrás na minha palavra. "Apoiamos você, mas não se atreva a dar meia-volta, porque se você o fizer, vamos lhe pegar", era a mensagem unânime.

## Parceiros além dos limites

Enquanto Alexis elaborava planos para a composição do seu gabinete, eu estava tentando reduzir o número de nossos inimigos em potencial. Glenn sugeriu que eu trouxesse alguns financiadores privados para o nosso lado. Havia duas razões para fazê-lo: muito pouco da dívida grega lhes era devido, uma vez que haviam sido integralmente reembolsados por meio dos empréstimos de resgate (de fato, apenas 15% da dívida total era agora devida a entidades privadas), e eles entendiam aritmética; podiam ver que meu argumento básico estava certo.

Por que não ter pessoas tão ricas, poderosas e bem conectadas do nosso lado, ao invés de antagonizá-las? A sugestão de Glenn foi que eu fizesse a primeira investida na forma de uma declaração: "Não prevemos a necessidade de buscar qualquer reestruturação adicional da dívida relacionada ao governo grego nas mãos de investidores do setor privado". Na ocasião, fui mais longe, afirmando não apenas que não prevíamos a necessidade, mas ainda que "nos opunhamos à ideia" de uma reestruturação dessas dívidas.

Enquanto isso, no pouquíssimo tempo para reflexão do qual eu dispunha, juntei-me às discussões sobre a composição do futuro governo. Se não ganhássemos uma maioria no Parlamento que nos desse condições de trabalhar, uma coligação não estava descartada. Mas quem seriam nossos parceiros? Excluindo os partidos que haviam governado até aquele ponto e nos haviam trazido os resgates, o Partido Comunista, que simplesmente não estava interessado, e, claro, os nazistas do Aurora Dourada, havia duas possibilidades.

Um era o Rio (*To Potami*), um partido centrista socialmente liberal liderado por um jornalista com o qual Danae e eu nos dávamos bem e para cujo site de notícias eu escrevera centenas de artigos. A título pessoal, esse era o partido com o qual preferiria ir para a cama. Suas principais figuras eram pessoas que eu conhecia e com as quais me dava bem. Mas havia um grande empecilho: eles haviam adotado uma posição fortemente pró-*troika*.

"Negocie com a *troika* tão duramente quanto quiser, mas sob nenhuma circunstância considere uma ruptura", eles me diriam. Não há sentido algum em entrar numa sala de negociação se você não estiver preparado para considerar dar as costas e sair pela mesma porta, eu replicaria. Não, uma coalizão com o Rio teria sido um suicídio estratégico e, para dizer a verdade, inútil. A *troika* saberia que no momento em que apertasse o botão para fechar os bancos, o Rio nos daria as costas, censurando-me no Parlamento por ter causado uma ruptura com os credores.

De qualquer forma, a liderança do Syriza, e Alexis em particular, já haviam tomado uma decisão. Mas ao mesmo tempo que eu entendia a escolha deles, só de pensar nela sentia náuseas. Alexis fechou um acordo com Panos Kammenos, líder do Gregos Independentes. Kammenos, o fundador do partido, fora ministro adjunto em governos anteriores do Nova Democracia, mas em 2011, para lhe dar crédito, votou contra a coalizão tecnocrática chefiada pelo ex-vice-presidente do BCE, cuja missão era aprovar o segundo resgate no Parlamento. Expulso pelo Nova Democracia por fazer aquilo, ele fundara o Gregos Independentes junto com vários outros desertores do Nova Democracia.

O partido que criaram só poderia ter nascido na triste loucura do Resgatistão. Em sua feroz oposição aos resgates, ele estava localizado à esquerda dos socialistas do Pasok, do Rio e dos conservadores do Nova Democracia, mas em questões sociais e relações internacionais adotava posições de extrema direita, exortando o ultranacionalismo, um racismo mal-disfarçado, sexismo intenso e homofobia.

Como se isso não bastasse, Kammenos estava propenso a fazer alegações sobre políticos dos quais não gostava, que não tinham base nenhuma em fatos – reminiscência daquelas teorias da conspiração antissemitas que empacotam pequenas verdades para criar enormes mentiras – e duvido que eu o tenha feito gostar um pouco mais de mim quando, em resposta as alegações que ele fez sobre George Papandreou e sua família, dei um depoimento em um processo por difamação contra Papandreou, que ao final foi ganho pelo ex-premiê socialista.[139] A ideia de servir no mesmo gabinete que Kammenos não me preenchia de prazer.

Alexis explicou a sua decisão de entrar em uma coalizão com Kammenos de forma simples e concisa. Tínhamos uma escolha, ele me disse. Uma

---

139 Para encurtar a história, Kammenos alegou que George Papandreou tinha falido a Grécia com o propósito de enriquecer a si mesmo e sua família. Como? Fazendo seu irmão mais novo, Andreas (um amigo e colega meu), comprar derivativos de *swaps* de risco de descumprimento (CDS, na sigla em inglês) que deveriam ser pagos ao seu dono em caso de calote ao Postbank grego pelo governo grego (As quantias que Kammenos mencionava estavam na casa das dezenas de bilhões de euros). Em meu depoimento, mostrei que: os pagamentos de fato dos referidos CDSs eram relativamente minúsculos; Andreas, se quisesse conspirar dessa forma, jamais teria comprado CDSs no Postbank grego, e sim em Wall Street ou diretamente na City de Londres; e o "crime" do primeiro-ministro Papandreou não foi ter falido a Grécia para se enriquecer, mas não ter em absoluto admitido que o Estado falira.

opção era formar de maneira rápida e indolor um governo de coalizão com o Gregos Independentes, sendo Kammenos nomeado ministro da Defesa sob a condição de que não interferisse em nenhuma decisão relativa às negociações ou a questões sociais, nas quais prevaleceria a agenda progressista do Syriza. A segunda opção era entrar em prolongadas negociações com o Rio para finalmente formar um governo que a *troika* poderia derrubar a qualquer momento. "É uma decisão fácil", concluiu ele.

Como revelaram os meses seguintes, Alexis estava certo. Kammenos e seus colegas mantiveram a palavra e apoiaram totalmente nossa posição negocial. De fato, a primeira vez que nos encontramos, Kammenos não demonstrou nenhuma animosidade em relação a mim. Muito pelo contrário, na verdade. Ele me abraçou e dirigiu-se a mim respeitosamente, prometendo seu total apoio a minha estratégia. Não obstante, as sólidas razões pragmáticas para essa parceria não atenuaram minha repugnância pela mescla de nacionalismo, xenofobia e compromisso com uma ligação pré-moderna entre Igreja, Exército e Estado dos nossos parceiros. De todas as difíceis questões que me faziam os jornalistas estrangeiros nas semanas que se seguiram, as mais dolorosas eram aquelas sobre essa desconfortável aliança.

## "Se és capaz de sonhar - sem fazer dos sonhos teus senhores"[140]

Por volta das 20h do dia 25 de janeiro de 2015, sabíamos que havíamos vencido lindamente. Poucas horas depois, descobrimos que estávamos a apenas dois assentos de uma maioria absoluta.[141] As ruas estavam repletas de multidões que comemoravam.

Antes de me juntar a elas, sentei-me para escrever dois posts em meu blog, uma mensagem de agradecimento (em grego) a meus eleitores e uma

140 Do poema "If", de Rudyard Kipling.

141 O Syriza conquistou 149 assentos no Parlamento. O Gregos Independentes conquistaram treze, dando-nos uma maioria parlamentar de doze assentos. O Nova Democracia, oposição oficial, conquistou 76 (o número mais baixo da sua história), o Rio (*To Potami*) conquistou dezessete, o Aurora Dourada conquistou dezessete, o Partido Comunista Grego quinze e os depauperados socialistas do Pasok conquistaram treze.

mensagem de esperança (em inglês) para o resto do mundo. No primeiro, escrevi sobre meu recente encontro com Lambros. "Ao entrar pelos portões do Ministério das Finanças", escrevi, "estarei pensando em suas palavras. Não nos diferenciais das nossas taxas de juros, nem nos rendimentos dos bilhetes do Tesouro, nem no *Memorando de Entendimento* com a *troika*. Apenas as suas palavras estarão na minha mente." Para os não falantes de grego intrigados com a nossa vitória, tomei emprestado as palavras de Dylan Thomas para postar o seguinte.

> Hoje, o povo da Grécia deu um voto de confiança à esperança. Eles usaram as urnas, nesta esplêndida celebração da democracia, para pôr fim a uma crise que reforça a si mesma, produz indignidade na Grécia e alimenta as forças mais sombrias da Europa. O povo da Grécia enviou hoje uma mensagem de solidariedade ao norte, ao sul, ao leste e ao oeste do nosso continente. A mensagem simples é que o tempo para a negação da crise, a retaliação e o apontar de dedos acabou. Que o tempo para o revigoramento dos ideais de liberdade, racionalidade, processo democrático e justiça chegou ao continente que os inventou. A democracia grega escolheu hoje cessar de caminhar suavemente rumo à noite. A democracia grega resolveu se enfurecer com a morte da luz. Logo após receber o nosso mandato democrático, clamamos aos povos da Europa e, na verdade, do mundo inteiro, a juntarem-se a nós, num reino de prosperidade partilhada e sustentável.

Muitas vezes me perguntam como eu lidei com o estresse avassalador dos dias e meses que se seguiram. A minha resposta é que, no dia 9 de janeiro, o dia em que anunciei a minha candidatura a um assento parlamentar na Grande Atenas, eu escrevi uma carta de renúncia que deixei assinada, mas sem data. No meu blog escrevi:

> Nunca foi minha intenção entrar no jogo eleitoral. Desde que a crise começou, nutria esperanças de manter um diálogo aberto com políticos razoáveis de diferentes partidos. Infelizmente, os resgates tornaram impossível um diálogo tão aberto... Meu maior medo, agora que joguei meu chapéu no ringue, é que eu possa me transformar em um político. Como antídoto

para esse vírus, pretendo escrever minha carta de demissão e guardá-la no bolso interno, pronto para apresentá-la no momento em que sentir sinais de perder o compromisso de falar a verdade ao poder.

Em 25 de janeiro, antes que Danae e eu deixássemos nosso apartamento para nos juntarmos às multidões que celebravam nas ruas e caminharmos rumo à sede do Syriza, me assegurei de que tinha guardado essa carta em meu bolso interno. Daquela noite de domingo em diante, carreguei-a comigo para onde quer que fosse, desde reuniões em Maximos ou no Ministério das Finanças até o Eurogrupo e o escritório de Wolfgang Schäuble. Sua presença me propiciava consolo e uma sensação de liberdade. Mas como toda liberdade, ela veio com um preço: os mais astutos entre meus adversários reconheceram essa liberdade em mim e me detestaram por isso.

Às 6h da manhã de segunda-feira, com a contagem dos votos concluída, recebi uma mensagem de texto do meu amigo Wassily: "Inacreditável! Você recebeu 142 mil votos". Mas a satisfação de ter ganho meu assento com uma maioria confortável logo deu lugar à apreensão quando chequei os resultados completos: nenhum candidato do Syriza, na verdade nenhum candidato de nenhum partido, havia recebido mais votos em toda a Grécia. Foi um sucesso pelo qual sabia que acabaria sendo punido.

Naquela manhã, Alexis foi empossado na residência do presidente cessante antes de seguir para Máximos, onde o primeiro-ministro cujo mandato chegava ao fim normalmente estaria esperando para a cerimônia de entrega. Mas como Antonis Samaras não estava lá, Alexis simplesmente entrou e se pôs ao trabalho; o gabinete ainda não fora finalizado, mas estava previsto que o novo governo fosse empossado já no dia seguinte.

Tendo me resignado dias antes quanto à aliança com Kammenos e o seu Gregos Independentes, minha única intervenção nas nomeações do gabinete foi insistir para que os outros dois ministérios que cobriam as principais áreas econômicas deveriam ser entregues a Euclideses e a Stathakis. Embora o principal fardo das negociações no Eurogrupo recaísse sobre mim, gostava da ideia de ter Euclideses no gabinete e em um ministério ligado à política econômica, para que nós dois pudéssemos nos apoiar um ao outro em Berlim, Paris, Bruxelas e Frankfurt.

No final daquela tarde, Sagias, que finalmente aceitara o cargo de secretário do gabinete, telefonou para discutirmos questões processuais. Durante nossa conversa, ele soltou uma bomba: Alexis havia deixado Euclides fora do gabinete.

"Por que diabos...?", perguntei.

Para preservar o equilíbrio interno do Syriza, explicou, Alexis havia nomeado Panayiotis Lafazanis para o Ministério. Aquilo era terrível. Como Dragasakis, Lafazanis havia sido um ativista do Partido Comunista da Grécia por muitos anos, mas ao passo que Dragasakis havia se deslocado para a direita, Lafazanis continuou apegado a uma mentalidade soviética e liderava a Plataforma da Esquerda, que controlava um terço do comitê central do Syriza.

Essencialmente, Lafazanis e seus apoiadores acreditavam que o Grexit deveria ser a política oficial do partido. Repetidas vezes ele afirmara que, caso não ameaçássemos deixar a zona do euro, nunca conseguiríamos obter um acordo decente. Com Lafazanis em um dos principais ministérios e com Euclideses – que concordava com nosso acordo – fora do gabinete, minha estratégia de negociação estava em perigo.

Assim que Sagias desligou o telefone, liguei para Alexis para dizer que a nomeação de Lafazanis era um erro e que eu não podia aceitar a exclusão de Euclideses do gabinete. Alexis respondeu que havia oferecido a Euclideses uma posição como meu delegado encarregado da administração fiscal, mas que ele recusara raivosamente alegando não ter o conhecimento e a experiência relevantes.

"Ele falou comigo de uma maneira nada adequada, Yanis. Vamos enterrá-lo! Deixe-o definhar no Parlamento por um tempo, como porta-voz parlamentar do Syriza".

"Primeiro, Euclideses está certo", disse a Alexis. "A política fiscal não é o seu ponto forte. Mas, de qualquer forma, a razão para dar a ele o Ministério que agora está nas mãos de Lafazanis era para que ele pudesse estar ao meu lado durante as negociações." Se Euclideses fosse responsável pela administração fiscal, ficaria preso em Atenas enquanto eu viajava sozinho. "Nós dois juntos, ambos ministros, seremos uma equipe poderosa. Esta é uma grave perda, Alexi", afirmei.

"Agora é tarde demais", respondeu Alexis. "Eu preciso ter Lafazanis dentro do gabinete e em um ministério relacionado à economia para evitar que ele mije de fora para dentro do governo. Se eu tirar isso dele agora, às vésperas de nossa posse, ele se voltará ainda mais contra mim do que já é. A Plataforma da Esquerda ficará em pé de guerra".

Ele tinha razão. Eu precisava pensar em outra maneira de trazer Euclideses ao gabinete.

"Existe uma alternativa", eu disse. Dentro do Ministério das Relações Exteriores havia o cargo de secretário-geral de relações econômicas externas. Sugeri que atualizássemos o cargo para ministro suplente de Relações Exteriores responsável pelas relações econômicas externas. Assim, Euclideses poderia me acompanhar a todos os lugares como ministro titular, com uma pasta intimamente relacionada às negociações com a Alemanha, a União Europeia e o FMI. "O que você me diz?", perguntei.

"Até que soa bem. Mas será que Euclides vai aceitar? Quando conversamos há algumas horas, ele me xingou e respondi no mesmo tom".

"Tenho a sua palavra de que você vai criar essa posição e nomeá-lo para ela, se lhe garantir que elevai concordar?" Ele me deu sua palavra. "Então deixe isso comigo, Alexi".

Telefonei imediatamente para Euclideses. Sua voz transmitia tristeza e raiva. Quando expliquei minha solução, ele se animou, porém disse: "Mas Yani, o comportamento de Alexis foi atroz. A maneira como ele voltou atrás em seu compromisso e para quê? Para colocar Lafazanis, um homem que quer que as negociações se explodam antes mesmo de começar, à frente de um ministério econômico de crucial importância? Eu não quero ter nada a ver com ele".

Eu o acalmei um pouco, lembrando-o do momento histórico que estávamos vivendo e com uma palavra gentil sobre Alexis, que, afinal de contas, tinha que realizar um difícil equilíbrio.

"Eu também estou furioso com ele", continuei, "mas é hora de encontrarmos uma solução." Expliquei que o novo papel oferecido era perfeito para um comitê ministerial de dois homens para conduzir as negociações. "Por favor, aceite", implorei-lhe.

"Mas não posso confiar que Alexis vá me indicar para o cargo", ele respondeu.

"Então, confie em mim. Você confia?"

"Confio", disse.

Minutos depois, liguei para Sagias, e o nome de Euclideses foi adicionado ao gabinete para que fosse empossado na manhã seguinte.

A cerimônia de posse aconteceu na residência presidencial. Ministros, vice-ministros e ministros adjuntos passaram diante do presidente e depois se dividiram em dois grupos, um grande e um pequeno. A razão para tal divisão prematura nas nossas fileiras? Éramos o primeiro governo grego no qual a maioria dos ministros se recusou a prestar um juramento sobre a Bíblia e optou por uma afirmação secular de lealdade à Constituição. Mas visto que os membros dos Gregos Independentes estavam determinados a jurar sobre o livro sagrado, fizemos nossos juramentos em dois grupos separados.

A cerimônia durou não mais do que uma hora, com os novos ministros ansiosos por ir a seus ministérios para as respectivas cerimônias de posse, mas como meu predecessor havia pedido mais algumas horas para limpar sua escrivaninha, eu não estava com pressa. Quando o presidente se retirou para seus aposentos, Alexis sugeriu que eu desse um pulo em Máximos, localizado ao lado da residência presidencial, para batermos um papo antes de eu ir para o edifício do Ministério das Finanças, na Praça Sintagma.

Para dar algum tempo para que Alexis se instalasse, mergulhei em discussões com alguns outros ministros cujas cerimônias de posse também haviam sido adiadas e depois caminhei até a residência oficial do primeiro-ministro. Conforme entrei, os policiais aquartelados do lado de fora me saudaram como se eu fosse o general Patton. Isso foi algo com o qual nunca me acostumei.

Uma vez lá dentro, tirei um instante para olhar em volta. Para um edifício que na Grécia era visto como sinônimo de poder, ele era menor do que eu imaginara, mas de bom gosto, de maneira tipicamente italiana. A caminho da câmara interna, passei em frente ao escritório do secretário do primeiro-ministro, onde foi divertido encontrar nossos funcionários do partido, mais acostumados com o sujo e sombrio ambiente da sede do Syriza e agora parecendo decididamente deslocados em meio ao esplendor de Máximos.

"Você vai se acostumar, Eleni", disse a uma delas.

"Sim, ministro", respondeu ela zombeteiramente.

Ao entrar no novo escritório de Alexis, olhei para ele e, seguindo a deixa de Eleni, curvei a cabeça de brincadeira entoando um humilde "primeiro-ministro". Nós dois desatamos a rir. Ele se levantou de sua cadeira e nos abraçamos. "O que diabos fizemos?", perguntei, ainda rindo. "O que vem agora?", acrescentei mais como um lamento do que como uma pergunta.

Ele não respondeu, mas sorriu e balançou a cabeça. "Nós pedimos por isso."

Meus olhos errantes pousaram sobre uma enorme e horrenda pintura da bandeira grega pendurada sobre a mesa do primeiro-ministro. A pintura conseguia tornar feia e autoritária uma bandeira da qual eu realmente gosto muito, sugerindo o exato o oposto do patriotismo nuançado que ela deveria simbolizar.

"Ou isso vai embora ou vou eu", disse a Alexis.

"Não se preocupe. Ela vai. É horrorosa", respondeu ele.

Quando nossos olhos se encontraram novamente, Alexis havia adquirido um olhar sério, ao qual ele emendou palavras sérias: "Escute! Não fique confortável demais aqui. Não aprenda a amar os ornamentos do cargo. Esses escritórios, estas cadeiras, não são para nós. O nosso lugar é lá fora, nas ruas, nas praças, com o povo. Nós entramos aqui para realizar um trabalho em nome deles. Nunca se esqueça de que é por isso que estamos aqui. E por nenhum outro motivo. E esteja preparado. Se os bastardos encontrarem uma maneira de nos impedir de entregar o que prometemos, você e eu devemos estar prontos para devolver as chaves e sair novamente às ruas, para planejar a próxima manifestação."

A terra poderia ter parado de girar e eu nem teria notado. Foi um momento para saborear. Eu me senti envergonhado com as dúvidas que tivera sobre Alexis. O medo e a ansiedade evaporaram. Não me importava se a luz iria morrer, o que inevitavelmente aconteceria. Aqui estávamos, juntos, lutando furiosamente contra a sua morte.

Era hora de meter as mãos à obra.

# PARTE II

# PRIMAVERA INVENCÍVEL

# 5 - Começou...

A sentinela do lado de fora de Maximos ficou horrorizada. "Você vai sair sozinho, ministro?", perguntou.

Acenei com a cabeça conforme o portão elétrico abria, ciente dos fotógrafos que esperavam acampados do lado de fora, mas determinado a chegar ao Ministério das Finanças a pé e em total solidão. Eles ficaram tão desconcertados quanto a sentinela e se atrapalharam todos ao tentar me seguir, carregados de equipamentos, tropeçando em cabos e uns nos outros. Quando virei à esquerda na avenida Rainha Sofia, na esquina do Jardim Nacional, que separa Maximos do Parlamento e da Praça Sintagma, eles já haviam desistido de me seguir.

Passando em frente à entrada lateral do Parlamento, lembrei-me da interação que testemunhara, entre o parlamentar agressivo e a manifestante – "Quem é você para julgar como devo ou não votar?", e do seu magnífico "Quem eu tenho de ser?". Cada passo em direção à Praça Sintagma trazia de volta um rosto, uma palavra de ordem, uma lembrança daquelas longas noites em 2011, quando Atenas ganhara vida ao se opor a nossa indignidade coletiva. Cruzar a avenida Amalia, bem em frente ao Parlamento, para adentrar a Praça Sintagma era para mim o mesmo que pisar em solo sagrado.

O sol havia se posto e uma brisa fresca de janeiro sacudia as folhas remanescentes nas árvores, fazendo com que os pedestres se apressassem em seus caminhos. As luzes da rua ainda não haviam sido acesas e, no crepúsculo, demorou alguns instantes para que eu localizasse a árvore, enfeitada com flores e mensagens escritas a mão, ao lado da qual Dimitris Christoulas, o farmacêutico aposentado, tirara a própria vida. Com quase ninguém por perto, parei por um momento para construir uma ponte mental entre aquela árvore e os escritórios intensamente iluminados do Ministério das Finanças que eu conseguia ver em frente. Alguns instantes depois, eu havia atravessado a rua Philhellenes para entrar no ministério que seria meu cadinho pelos próximos 162 dias. Conforme entrei no edifício, gritos de alegria e apoio ressoaram das cerca de cinquenta mulheres acampadas do lado de fora: algumas das lendárias faxineiras daquele Ministério, que dois anos mais cedo foram demitidas, de uma hora para a outra e sem nenhuma compensação, pelo governo anterior. "Não vá trair a gente!", gritaram elas.

"Eu não vou", respondi com firmeza enquanto me dirigia para o elevador.

A porta do elevador se abriu para o sexto andar, e uma secretária me levou até o conjunto ministerial onde meu antecessor aguardava. Ele estava sozinho e me cumprimentou cortesmente. Sua mesa estava impressionantemente vazia. Nenhum dos aparelhos que normalmente preenchem um escritório moderno estava à vista, nem mesmo um computador. Sua única arma visível contra o mar de provocações que o sitiava era uma imagem da Madonna na prateleira atrás da escrivaninha do ministro.

A enorme cadeira de escritório com encosto alto, sem dúvida destinada a projetar autoridade, parecia tão desconfortável quanto era feia. A gama de telefones antigos dispostos em uma mesa lateral parecia sair direto de um filme dos anos 1970, e os livros na prateleira eram claramente presentes que nenhum ministro anterior se importara o suficiente em ler ou levar consigo. As pinturas a óleo nas paredes estavam lá emprestadas da Galeria Nacional. Teria sido necessária apenas uma palavra para substituí-las, mas eu não tinha vontade de me sentir confortável naquele escritório.

O resto do mobiliário tinha um ar de decadência, especialmente o desbotado sofá de veludo vermelho – perfeito, pensei, para o Ministério das Finanças de um Estado falido. A única exceção era uma grande mesa de reuniões retangular de madeira, que eu imediatamente decidi que se tornaria meu local de trabalho, bem longe da escrivaninha ministerial, que fiz questão de jamais usar. A mesa fazia com que eu me sentisse em casa, tanto quanto era possível ou desejável se sentir, naquele espaçoso, mas triste, escritório, com um passado recente tão lamentável.

O escritório tinha, no entanto, um excepcional elemento redentor: uma janela larga e alta que oferecia uma magnífica vista da Praça Sintagma e do Parlamento mais ao longe. Uma olhadela através dela é o suficiente para reforçar a determinação de qualquer um que já tenha abrigado um pingo de orgulho na longa luta da Grécia moderna por democracia.

Meu antecessor foi gentil, agradável e estava visivelmente aliviado que sua provação chegasse ao fim. Ele tinha dois dossiês para mim, um azul de tamanho médio e um abarrotado ficheiro vermelho. O dossiê azul continha decretos ministeriais que ele não tivera a oportunidade de assinar e os quais ele me encorajou a estudar. O dossiê vermelho tinha o rótulo de "FATCA" e dizia respeito a um acordo que os Estados Unidos estavam ultrainteressados em impingir a todos os países e que permitiria ao Tesouro americano ficar de olho nas transações financeiras externas dos cidadãos estadunidenses.[142]

Curiosamente, ele não tinha nenhum documento sobre o acordo de empréstimo da Grécia com a União Europeia e o FMI para me entregar, embora tenha se oferecido para me informar sobre nosso plano de amortização, que é claro, eu já sabia recitar de cor e salteado. Dias depois, quando pedi uma cópia do documento original do segundo acordo de empréstimo, recebi a surpreendente resposta: "Ministro, ao que parece, seu antecessor levou o único exemplar junto com ele em seu arquivo privado". Por mais curioso que possa parecer, essa não foi a descoberta mais chocante daqueles primeiros dias.

Embora eu tivesse gostado caso tivesse podido discutir com ele aquela sua fracassada tentativa de última hora de concluir o programa do segundo resgate, que estava previsto para terminar três semanas antes, tal discussão teria sido de interesse meramente acadêmico – concluir o programa do resgate era impossível, pela simples razão de que ele, desde o início, fora projetado para fracassar.[143] Enquanto isso, a maioria dos jornalistas

142 Lei de Conformidade Tributária de Contas Estrangeiras [em inglês, *Foreign Account Tax Compliance Act*], uma lei aprovada em 2010 que obriga os cidadãos estadunidenses a relatar todas as suas transações estrangeiras.

143 Em dezembro de 2014, um mês antes de nossa reunião, meu antecessor enviara um e-mail à *troika* no qual propunha uma série de reformas. A esperança dele e de Antonis Samaras era que ela as aceitasse como a última leva de medidas de austeridade e desembolsasse os 7,2 bilhões de euros que a Grécia ainda tinha que receber da *troika*, sobretudo para reembolsá-la. Havia três razões principais para aquele e-mail ter sido ignorado: em primeiro lugar, as novas medidas de austeridade nele contidas eram ambiciosas demais para o governo Samaras conseguir aprová-las no Parlamento; em segundo lugar, eram acanhadas demais para satisfazer o apetite voraz da *troika*; e em terceiro lugar, um terceiro empréstimo de resgate era imprescindível para que fosse possível continuar prorrogando e fazendo de conta que o Estado não estava falido, algo que o governo Samaras não estava

do país, um mar de câmeras, correspondentes estrangeiros e vários funcionários públicos curiosos se reuniam na sala de imprensa do Ministério, aguardando a tradicional coletiva de imprensa realizada em conjunto pelos ministros de entrada e de saída, e estavam ficando cada vez mais impacientes. Nós tínhamos que prosseguir.

Antes que o fizéssemos, meu antecessor me pediu que refletisse quanto à manutenção de três membros não permanentes de sua equipe, especialmente uma mãe solteira que enfrentaria dificuldades intoleráveis caso eu a dispensasse. Naturalmente, concordei. Ao mesmo tempo, dei-me subitamente conta de que as três secretárias que eu acabara de conhecer no gabinete do ministro não eram funcionárias públicas, mas empregadas particulares. Assim sendo, elas também estavam de partida. Depois da coletiva de imprensa, eu retornaria a um sexto andar vazio para começar a travar uma batalha com os mais poderosos credores do mundo, sem secretárias, equipe ou mesmo um computador. Felizmente, tinha meu fiel laptop na mochila. Mas quem iria me passar a senha do wi-fi?

## Parcimônia *versus* austeridade

Depois de um digno discurso da parte do ministro de saída, era minha chance de preparar a cena. "O Estado tem de ter continuidade", disse eu depois de agradecer a meu antecessor por seus esforços. "Mas não haverá continuidade do erro proposital que começou a devastar nossa sociedade em 2010 e que foi continuamente repetido desde então: tratar a insolvência de nosso Estado como insuficiência de liquidez."

Uma vez que eu expusera minha análise sobre como a dívida impossível da Grécia e a falência não reconhecida haviam causado a depressão, voltei-me a uma distinção de grande importância, uma que os esquerdistas e keynesianos frequentemente não destacam o suficiente: aquela entre a parcimônia e a austeridade. "Somos a favor da parcimônia", eu disse, surpreendendo muitos na plateia.

---

disposto a nem era capaz de aprovar no Parlamento, visto sua depauperada maioria.

> Os gregos estavam ótimos quando vivíamos vidas austeras, quando gastávamos menos do que ganhávamos, quando canalizávamos nossas economias para a educação de nossos filhos, quando nos orgulhávamos de não estarmos endividados... Mas uma vida austera é uma coisa e a austeridade Ponzi é outra bem diferente. Ao longo dos últimos anos, tivemos uma austeridade fajuta que corta os baixos rendimentos dos fracos, ao mesmo tempo que acrescenta montanhas de novas dívidas às cadeias montanhosas de dívidas impagáveis já existentes. Vamos dar um fim a esta prática, começando em casa, dentro deste Ministério, onde a parcimônia irá superar a austeridade.

Com enormes reduções nas despesas privadas e cortes maciços nos gastos públicos, as famílias e as empresas não conseguiam equilibrar as contas. Em outras palavras, a tentativa do governo de criar um inviável superávit nas contas públicastornava impossível que as pessoas vivessem de acordo com seus meios. Simplificando, a austeridade pública tinha que acabar porque estava matando a parcimônia privada. Nós começaríamos com as contas do próprio Ministério das Finanças. Para demonstrar o princípio, anunciei uma medida simbólica: a venda imediata das duas limousines blindadas da série BMW 7 que um ministro anterior encomendara para si, ao custo dc escandalosos 750 mil euros, segundo fui informado. Minha motocicleta serviria perfeitamente, especialmente no trânsito exasperante de Atenas. Também anunciei que eu e meus dois ministros adjuntos abdicaríamos de contratar as hordas de onerosos conselheiros que haviam invadido o ministério com cada administração anterior, sem falar nas empresas multinacionais de consultoria que cobravam dezenas de milhões para fornecer conselhos catastróficos. A parcimônia voltaria, assim, ao Ministério das Finanças sob uma nova administração, cujo objetivo principal era pôr um fim à austeridade.

Quando, alguns dias depois, viajei a Bruxelas e Berlim para iniciar conversações com agentes, uma das primeiras coisas das quais discordaram foi outro dos anúncios que eu fizera naquela primeira coletiva de imprensa: a recontratação das trezentas faxineiras que foram colocadas no olho da rua pelo governo anterior, algumas das quais haviam me aplaudido conforme adentrei o ministério. "Retrocedendo nas reformas" foi a expressão usada para me criticar. Alguns até sugeriram que a recontratação das faxineiras fosse um *casus belli*. O fato de eu ter economizado muitas vezes o valor de seus salários por meio de parcimônia genuína não importava para eles, assim como não importava a moralidade perversa de pagar displicentemente dezenas de milhões de euros por alguns dias de conselhos calamitosos, ao mesmo tempo que se descartava as pessoas que limpam a bagunça deixada por onde os consultores passam por não mais de 400 euros por mês (O fato de os padrões de higiene terem baixado era aparentemente considerado irrelevante também). Se era para a falência do país ser atribuída a suas vítimas, então as faxineiras do Ministério eram bodes expiatórios ideais.

Mas o gênero e a classe das faxineiras, sua demonstrável impotência, sua dependência do Estado por um trabalho minimamente seguro, sua rebeldia e determinação para acampar do lado de fora do Ministério das Finanças por meses a fio eram, no meu entender, simbólicos de algo mais. Elas me lembravam das mulheres britânicas que haviam montado um acampamento da paz em 1981, em Greenham Common, para protestar contra a instalação de novos mísseis nucleares americanos de médio alcance. Aquelas mulheres atraíram sobre si a ira, e cedo ou tarde o ódio, de um *establishment* que reconhecia nelas um desafio à autoridade patriarcal. Assim foi também com as faxineiras do Ministério: elas não apenas simbolizavam a onda de sentimentos contra a austeridade na opinião pública, como também ameaçavam feminizara luta, assim como as mulheres da resistência fizeram contra a ocupação nazista nos anos 1940.

Seja como for, a demissão delas, literal e metafórica, ilustrava a política de atormentar as vítimas da depressão, a fim de ensinar aos cidadãos gregos que eles eram os culpados pela implosão da nação. Ao demiti-las, o governo anterior estava demonstrando a culpa das faxineiras. Ao recontratá-las, eu estava cometendo um pecado ainda pior do que defender a parcimônia à custa da austeridade.

## Moderação *versus* subserviência

Do modo que eu via as coisas, minha tarefa como ministro das Finanças de um país falido não era oferecer falsas esperanças por meio de um falso otimismo, mas sim promover políticas moderadas e expectativas realistas.

Por isso, fiquei satisfeito por poder concluir aquela primeira coletiva de imprensa com uma notícia genuinamente boa no que dizia respeito a nossas iminentes negociações.

"Evangelistas da subserviência na TV têm nos pedido semanas a fio para emitir uma declaração de lealdade à *troika* e ao seu programa, pois do contrário a Europa nem sequer falará conosco", eu disse. "Qualquer um que esteja pedindo isso deve ter uma má opinião da Europa". E então prossegui com a descrição de uma conversa telefônica que eu tivera no dia da eleição com Jeroen Dijsselbloem, presidente do Eurogrupo e ministro das Finanças dos Países Baixos.

Jeroen me telefonara para me parabenizar por nossa vitória e não perdeu tempo até fazer a pergunta óbvia: quais eram nossas intenções em relação ao programa grego em curso? Respondi da forma mais conciliatória possível, mas fiz questão de chamar sua atenção para algo que precisava ser dito: nosso novo governo, disse eu, reconhecia ter herdado certos compromissos para com o Eurogrupo, ao mesmo tempo que esperava e confiava que seus parceiros também reconheceriam que foramos eleitos para renegociar elementos-chave de nosso acordo de empréstimo e do programa a ele associado. Assim, cabia a todos nós encontrar uma base de entendimento – que chamei de ponte – entre o programa existente e as prioridades e pontos de vista do novo governo. Jeroen concordou imediatamente com um simples: "Isso é muito bom", propondo fazer-me uma visita na sexta-feira seguinte, dia 30 de janeiro de 2015. Por educação, ofereci-me para visitá-lo em Bruxelas ao invés disso, caso essa solução lhe fosse mais conveniente, mas ele insistiu que sua comitiva e ele deveriam homenagear os novos colegas gregos com uma visita.

Encorajado pela aceitação de Jeroen de nossa tarefa comum – lançar uma sólida ponte sobre o abismo que separava seu programa de nosso mandato – e mantendo em vista a corrida aos bancos que se desenrolava, que o regime anterior e o Banco da Grécia haviam alimentado semanas antes, dei ênfase a minha determinação em estabelecer um terreno comum. Quanto à narrativa de confrontação que a mídia vinha perpetuando, esforcei-me para dissipá-la na coletiva de imprensa:

> Jornalistas gostam de relatar conflitos. Eles veem tiroteios de matar ou morrer em tudo o que é lugar. Eu estava ouvindo a BBC retratar minha iminente reunião com Jeroen Dijsselbloem como um tiroteio, como um jogo da galinha[144] para ver quem pisca primeiro. Eu entendo o atrativo que têm tais representações para um jornalismo faminto por audiência. Mas Jeroen e eu concordamos em desconstruir os alicerces sobre os quais estão baseadas as previsões de embates agressivos. Não haverá ameaças. Não é uma questão de quem vai se render primeiro. A crise do euro só tem vítimas. Os únicos que ganham com ela são os fanáticos, os racistas, aqueles que investem no medo, na divisão e no ovo da serpente, como poderia ter dito Ingmar Bergman.[145] Juntamente com Jeroen Dijsselbloem, na sexta-feira, construiremos um relacionamento que anule a desconstrução da Europa.

Eu fui sincero em cada palavra.

Após a coletiva de imprensa, voltei aos escritórios no sexto andar para encontrá-los sinistramente vazios. Meu antecessor fora embora, junto com sua equipe, deixando para trás duas jovens mulheres que quase tremiam com a expectativa de serem imediatamente demitidas pelo novo chefe da "esquerda radical". Eu as tranquilizei dizendo que a última coisa que tinha tempo para fazer era um expurgo do pessoal do regime anterior, fechei a porta atrás de mim e puxei uma cadeira da mesa grande. Tirei meu laptop da mochila, pluguei-o à tomada e, enquanto aguardava que ele iniciasse, olhei pela janela que emoldurava o Parlamento, com minha cabeça a mil por hora tentando compilar uma lista das prioridades mais urgentes do dia.

---

144 N. de E.: O jogo da galinha (*game of chicken*) é aquele no qual dois motoristas, em seus automóveis, são colocados frente a frente, a uma distância razoável, e, a partir de um sinal, disparam um em direção ao outro. Se nenhum desiste da corrida, ambos podem morrer, se um desiste e desvia, esse que desiste é o perdedor, ou "chicken" [galinha], que é a denominação dada aos perdedores nos Estados Unidos, e o outro é o vencedor. Se ambos desistem, ambos são considerados galinhas e moralmente difamados, mas preservam suas vidas e seus automóveis.

145 *O Ovo da Serpente* é um filme do diretor sueco Ingmar Bergman. Sua representação da gênese da mentalidade nazista entre os cientistas me abalou quando o assisti pela primeira vez, ainda jovem.

Quando olhei novamente para a tela do laptop, lembrei que não possuía a senha do wi-fi. Levantei-me, abri a porta do escritório das secretárias e perguntei: “Tem alguém aqui?”.

Rapidamente, uma das duas secretárias, visivelmente aliviada e um pouco constrangida, apareceu de alguma sala distante. Meia hora mais tarde, localizamos alguém que conhecia um outro alguém que sabia a senha. E foi assim que o novo ministro obteve uma conexão muito lenta à internet – não era o início mais auspicioso para uma longa e solitária campanha contra credores melhor preparados e mais pesadamente armados na história do capitalismo.

## Amigos americanos

O primeiro telefonema vindo do exterior que recebi naquela noite veio de um número de telefone que não reconheci, dos Estados Unidos. Era Danae, que chegaraa Austin e estava ligando para saber como eu estava lidando com a situação. Assim que desligamos, o telefone tocou novamente. Mais uma vez, o número desconhecido no visor começava com o código de área dos Estados Unidos. Atendi para escutar uma suave e distante voz masculina, que parecia ter o sotaque da região da Nova Inglaterra.

> Você não me conhece, senhor Varoufakis, mas me senti na obrigação de telefonar para parabenizá-lo por sua eleição e para oferecer todo o apoio que eu puder dar. Meu nome é Bernie Sanders[146] e sou um senador do es-

146 N. de E.: Bernard “Bernie” Sanders (Nova Iorque, Estados Unidos, 1941) é um político e ativista americano, autodeclarado socialista democrático e senador pelo estado de Vermont, além de ser pré-candidato à presidência dos Estados Unidos da América pelo Partido Democrata para as eleições de 2020 – nas prévias democratas para as eleições presidenciais de 2016, protagonizou uma disputa acirrada com a senadora Hillary Clinton, mas acabou sendo derrotado. De todo modo, Sanders surpreendeu os analistas políticos, sendo o primeiro político em mais de cem anos, e certamente o mais competitivo da história de seu país, a pleitear a Casa Branca com um discurso assumidamente socialista. Sanders é judeu tanto por ascendência paterna quanto materna, filho de um imigrante polonês e de uma mãe americana de família polonesa e russa, tendo nascido no Brooklyn em Nova Iorque onde cresceu num lar de classe média baixa. Ele foi estudar na Universidade de Chicago onde se formou em ciência política em 1964, participando ativamente do movimento pelos direitos civis nos anos 1960. Mais tarde, retornou ao seu

tado de Vermont. Amigos em comum me deram seu número, e eu espero que você não se importe com a intromissão.

Importar-me com a intromissão? Precisávamos de todo o apoio que conseguíssemos reunir. Depois de agradecê-lo, expliquei que, naturalmente, sabia quem ele era – Jamie Galbraith me contara tudo sobre a política de Vermont.[147] Bernie prosseguiu dizendo que estava prestes a escrever a Christine Lagarde para afirmar, em termos inequívocos, que ele estaria observando o comportamento do FMI para com a Grécia. Havia alguma coisa em particular que eu gostaria que ele mencionasse?

Sim, havia. Primeiro, pedi que ele declarasse claramente que o programa grego que o FMI vinha policiando desde 2010 fracassara redondamente, devido aos absurdos níveis de austeridade que o FMI ajudara a impor. Em segundo lugar, pedi-lhe que apontasse que a grande depressão resultante engendrara os monstros do partido nazista Aurora Dourada, e que, se nosso governo democrático pró-europeu fosse esmagado por seus credores, era altamente provável que a própria democracia fosse estrangulada em seu local de nascimento, assim como o fora durante a Segunda Guerra Mundial. Bernie prometeu que deixaria claros esses dois pontos e acrescentou que incluiria um outro, um que o Fundo Monetário Internacional levaria a sério: se o FMI mantivesse seu deplorável comportamento em relação à Grécia, ele pressionaria o Senado americano para reduzir o financiamento.

Desde 2012, Jamie Galbraith e eu tínhamos trabalhado duro para conquistar os progressistas americanos à causa do desmantelamento do Resgatistão. Quando liguei para Alexis para relatar a oferta de ajuda de

---

estado natal até se radicar no Vermont em 1968, tendo iniciado sua carreira política em 1971. Foi prefeito de Burlington, maior cidade do Vermont, de 1981 a 1989, deputado federal entre 1991 e 2007 e senador desde então – sendo um dos senadores americanos mais populares. Sua carreira política se deu na maior parte do tempo como independente, com filiações esporádicas ao Partido Democrata com o qual, no entanto, esteve aliado em diversas situações.

147 O irmão de Jamie, Peter, serviu como senador do estado de Vermont após se aposentar do serviço diplomático do Departamento de Estado. Ele foi o primeiro embaixador dos Estados Unidos na Croácia e em Timor Leste, ao mesmo tempo que desempenhava um papel importante no Curdistão iraquiano.

Bernie, Alexis forneceu ainda mais evidências de que aqueles esforços não foram em vão. O presidente Obama telefonara para dar-lhe as costumeiras felicitações, mas também a sugestão de que uma reunião fosse organizada dentro em breve entre Jack Lew, secretário do Tesouro dos Estados Unidos, e eu. Pedi a Alexis que transmitisse a minha prontidão para me encontrar com Lew assim que ele pudesse. Pouco tempo depois, Obama fez uma declaração pública extraordinariamente útil: "Não se pode continuar a espremer países que estão em meio à depressão", disse ele em entrevista a Fareed Zakaria, da CNN, e acrescentou: "Em algum momento tem de haver uma estratégia de crescimento, para que eles possam quitar suas dívidas e assim eliminar alguns de seus déficits".

Cerca de uma hora depois, meu celular tocou novamente com outro número dos Estados Unidos. Era Jeff Sachs, professor de economia da Universidade Columbia e chefe do Instituto da Terra. Ele estava ligando para oferecer seus serviços em nossa "luta digna", como ele mesmo colocou, para convencer os credores a proceder com uma redução significativa e em grande escala da dívida e com a adoção de uma política fiscal sustentável. Jeff era um daqueles economistas americanos que envelheceram bem, tornando-se cada vez mais progressista conforme adquiriu experiência. Sempre próximo do FMI na sua maneira de pensar, mas também na prática, ele participara dos programas de "salvamento" do FMI na década de 1990, a maioria dos quais havia dado muito errado (a Rússia de Yeltsin, por exemplo), com algumas exceções, como a Polônia. Assim como o economista Joe Stiglitz, que se tornou um convicto crítico do Consenso de Washington depois de testemunhar os horrores perpetrados pelo FMI e seus programas durante a crise do Sudeste Asiático de 1998, Jeff fora moldado pela experiência de ver, a partir do lado de dentro, o mau comportamento de credores internacionais e do FMI para com Estados falidos, tais como a Argentina. Ambos os homens foram transformados em sua qualidade de economistas e intelectuais públicos por essas experiências práticas, e ainda revelariam-se defensores de nossa causa admiravelmente generosos e dedicados.

Minha última conversa telefônica americana do dia foi com Jamie Galbraith. Contei a ele sobre as auspiciosas mensagens de Bernie, Jeff e Obama antes de discutir sua chegada a Atenas, onde eu queria que ele começasse a trabalhar com urgência no nosso Plano X – o plano de contingência que Alexis me pedira que preparasse ao final de nossa longa reunião em seu apartamento, tarde da noite em novembro de 2014, e que só deveria ser colocado em prática caso fôssemos forçados a um Grexit. Dado que o BCE possuía um plano para o caso de Grexit, concebido por Thomas Wieser e Jörg Asmussen,[148] entre outros, assim como o possuíam todos os principais bancos europeus, tínhamos o dever de desenvolver o nosso próprio. De fato, tinha ordens expressas do primeiro-ministro para preparar um. A razão pela qual escolhi Jamie para liderar a equipe foi que o plano precisava ser desenvolvido em total sigilo, visto que, caso sua existência se tornasse de conhecimento público, isso sem dúvida aceleraria a corrida aos bancos causada pela antecipação da desvalorização da moeda que inevitavelmente resultaria de sua redenominação, o que, por sua vez, forneceria ao BCE a desculpa perfeita para fechar nossos bancos, forçando-nos ao Grexit: o Plano X se autorrealizaria. Se eu tivesse pedido a um funcionário do Ministério das Finanças para dirigir a equipe, um vazamento fatal teria sido inevitável. Na verdade, encontrar alguém na Grécia com a experiência e a capacidade de discrição de Jamie teria sido impossível. Naquelas circunstâncias, ele trabalhou por muitos meses no Plano X, literalmente a meu lado – em uma salinha dentro de meu refúgio interno ministerial.

Algumas horas depois, a carta que Bernie Sanders enviara a Christine Lagarde chegou a minha caixa de entrada. Era uma perfeita joia. O excerto a seguir captura sua essência maravilhosa.

> Esta semana, o povo grego elegeu um novo governo e o investiu com um mandato para que reverta as fracassadas políticas de austeridade dos últimos seis anos. A austeridade não apenas empobreceu o povo grego, levando a uma taxa de desemprego de mais de 25%, como criou um vácuo político tão perigoso que o partido neonazista Aurora Dourada ganhou assentos no Parlamento... Os povos de Espanha, Itália e Portugal estão observando, e se essa situação não for tratada com suficiente consideração pela ampla faixa de trabalhadores e cidadãos envolvidos, os resultados da

148 Ver capítulo 4, nota 105.

> contínua austeridade podem levar a consequências políticas mais severas e a uma crise financeira mundial. Felizmente, isso não é inevitável. O Fundo Monetário Internacional, enquanto instituição multilateral e um membro da *troika*... tem um papel importante a desempenhar neste episódio. Como membro da cúpula do Comitê de Orçamento, estou preocupado com o uso de recursos do governo dos Estados Unidos pelo FMI para impor austeridade a um povo que não aguenta mais, com o risco de grave contágio financeiro ao fazê-lo... Há um profundo debate sobre se o governo americano deveria aumentar a quantidade de recursos dos Estados Unidos disponíveis ao FMI para empréstimos a países estrangeiros, incluindo questões sobre como avaliar o custo de tais compromissos. Sem entrar nesse difícil debate, gostaria de entender como nossas dotações estão sendo usadas neste caso, e se estão sendo aplicadas para induzir ao contágio financeiro e ao extremismo político de direita por meio de uma austeridade excessiva ou para ajudar a Grécia a obter uma carga de endividamento que seja administrável e uma economia sustentável.

Quando finalmente terminei de admirar a carta, já eram três da madrugada. Hora de deixar os americanos amistosos fora de meu pensamento e converter minha lista mental de prioridades domésticas em uma agenda concreta para o dia seguinte: encontrar-me com funcionários públicos para ser informado sobre a situação oficial de financiamento do Estado; nomear o pessoal de secretariado e um assessor de imprensa; convocar reuniões com o departamento fiscal para implementar nossa estratégia de combate à evasão fiscal; estabelecer parcerias estreitas com meus adjuntos encarregados da política fiscal e da gestão orçamentária; libertar os macroeconomistas e estatísticos do ministério dos imperativos da *troika* e dar-lhes a tarefa não de ofuscar a realidade, mas de obter sua medida com a maior precisão possível. Finalmente, havia a delicada tarefa de formar uma pequena equipe para começar a trabalhar no sistema paralelo de pagamentos.

Nas 48 horas seguintes, o gabinete do sexto andar que, até tão pouco tempo atraíra a ira de nosso povo, tornar-se-ia meu lar. Com Danae tendo voado de volta a Austin na véspera para trancar nosso apartamento e despachar todos os nossos pertences de volta à Grécia, ao menos eu não tinha motivos para sair do escritório. O sofá vermelho desbotado seria ideal para as três horas de sono disponíveis antes do Ministério acordar todas as manhãs. A adrenalina se encarregaria do resto. Poucas horas depois, um sol brilhante se ergueu sobre o Parlamento, banhando o gabinete em um amarelo luminoso. O novo dia amanheceu esperançoso.

## Defina "não tão ruins assim"

Começou com uma reunião envolvendo funcionários do Tesouro e do órgão ministerial encarregado da gestão da dívida pública. Eu os recebi em meu gabinete, consciente da necessidade de dissipar qualquer medo de que eu os fosse colocar para correr ou que fosse marginalizá-los em favor dos fiéis do Syriza. Em um breve discurso de abertura, disse-lhes que sua filiação político-partidária, assim como qualquer prévia colaboração com a *troika*, por mais entusiasta que tivesse sido, era irrelevante no que me dizia respeito.[149] Enfatizei minha determinação em ser seu maior defensor, desde que trabalhassem com diligência e lealdade. Não menos, deixei bem claro que seria seu pior pesadelo caso escolhessem servir a outros interesses. Um sentimento de alívio inundou a sala, e uma conversa em espírito de respeito mútuo e cooperação começou.

Planilhas foram colocadas na grande mesa, gráficos e diagramas foram compartilhados, listas de pagamentos e de obrigações foram elaboradas, cronogramas foram apresentados (com a cor vermelha dominando os fluxogramas de meados de fevereiro em diante). Depois que todas as classificações foram feitas e as suposições incertas declaradas, fiz a única pergunta que importava: "Quanto tempo?".

Era 28 de janeiro de 2015. O que eu estava perguntando era quantos dias tínhamos antes que os cofres do Estado ficassem tão vazios que exigissem que fizéssemos uma escolha entre dar o calote em nosso principal credor, o FMI, ou deixar de pagar pensões quinzenais e salários de funcionários públicos. Minha pergunta foi sucedida por alguns segundos de silêncio. Quando meus olhos se encontraram com os de um alto funcio-

149 Essas informações eram exatas. Mas o que eu não disse foi que s meus amigos do Syriza os queriam fora dali. Em particular, o vice-primeiro-ministro Dragasakis fazia questão de substituí-los por pessoas de seu próprio florescente círculo de *apparatchiks*.

nário do Tesouro, ele tentou demonstrar otimismo e disse: "As coisas não estão tão ruins assim, ministro".

"Defina 'não tão ruins assim'", eu disse.

"Algo entre onze dias e cinco semanas", respondeu ele, voltando seu olhar para suas anotações e evitar o meu. "Depende do nível dos fluxos de nossa arrecadação tributária e de algumas operações que podemos fazer para resgatar [vender temporariamente] diferentes reservas", concluiu.

E lá se ia a Gre-cuperação e os substanciais superávits que o governo cessante de Samaras estivera comemorando em uma tentativa de convencer a si mesmo de que o povo grego errara ao dispensá-lo nas urnas. Não que eu estivesse esperando algo diferente daquilo, mas uma coisa é conhecer os números, e outra bem diferente é tê-los recitados a você enquanto senta na cadeira elétrica.

## Livre-me da cadeia!

Um telefonema a um amigo e colega que fora ministro em governos anteriores resolveu meu problema de secretariado. Convocadas por seu antigo chefe, Fotini Bakadima e Anna Kalogeropoulou apareceram para assumir as rédeas. Sua experiência fez-se imediatamente evidente: era como se elas sempre tivessem trabalhado ali. Nos meses seguintes, também provariam sua lealdade e fiabilidade.

Outra nomeação importante para o time, um chefe de pessoal, foi resolvida antes mesmo que eu tivesse a chance de procurar por um. O gabinete do vice-primeiro-ministro enviou um filiado do Syriza e advogado de formação, George Koutsoukos, que estivera trabalhando como funcionário público no Ministério das Finanças, para desempenhar esse papel. Embora eu desconfiasse de suas conexões com Dragasakis, George me conquistou – sobretudo porque era um romancista com livro publicado. *Ninguém que publica romances ao mesmo tempo que serve no Ministério das Finanças da Grécia merece que desconfiem dele*, pensei.

Ainda assim, embora eu estivesse determinado a trabalhar bem com meu chefe de pessoal – e de fato acabei trabalhando muito bem com ele, na verdade – senti a urgente necessidade de um segurança cuja lealdade não fosse dividida com nenhum de meus novos camaradas do Syriza, e muito menos com o vice-primeiro-ministro. Então apanhei o telefone para convocar Wassily, o amigo querido que me alertara sobre Dragasakis mais de um ano antes.

Conheci Wassily em 1978, quando era aluno do primeiro ano da Universidade de Essex. Nosso primeiro encontro foi em uma quadra de basquete. Jogando em lados opostos, disputamos a bola, trocamos palavras que não são reproduzíveis por escrito nem entre pessoas educadas, e tivemos que ser contidos por nossos companheiros de jogo. Durante meses depois desse episódio, meus sentimentos por Wassily eram de intensa antipatia – assim como eram os dele por mim, aparentemente. Mas depois que o longo inverno de nosso desgosto veio e se foi, com a sra. Thatcher tendo se mudado para o número 10 da Downing Street em abril e os exames de junho se aproximando, a melancolia geral que se abateu sobre nós amenizou a aversão mútua. Certa noite, no barzinho do centro acadêmico, concordamos em colaborar em um trabalho para o curso de economia. Na manhãzinha do dia seguinte, com o trabalho já concluído, a antipatia se metamorfoseara em uma intensa amizade que foi aumentando ao longo dos anos.[150]

"O que você quer de mim?", perguntou Wassily, uma vez que estávamos sozinhos em meu gabinete, visivelmente não impressionado com o ambiente ao redor ou com o fato de que seu amigo era agora ministro das Finanças.

"Que me livre da cadeia, Wassily", respondi. Ele entendeu. Ministros das Finanças estão à mercê de seus guardiões. Eles assinam diariamente dezenas de documentos, decretos, contratos e nomeações. É humanamente impossível examinar atentamente tudo aquilo que assinam. Basta um assessor hostil ou distraído, e de repente o ministro enfrenta a ira do público ou uma convocação ao tribunal.

Wassily aceitou sem pensar duas vezes e, assim que assinei sua transferência temporária do Centro de Pesquisa Econômica e de Planejamento

150 Em 1990, pouco depois de me mudar para a Austrália, providenciei que Wassily me seguisse. Ele acabou lecionando economia na Charles Sturt University, enquanto eu lecionava na Universidade de Sydney. Quatro ou cinco anos mais tarde, ele retornou à Grécia para integrar o KEPE – o Centro de Pesquisa Econômica e de Planejamento do governo grego.

do governo, pôs-se ao trabalho. Conforme se desenrolavam as reuniões do dia, Wassily percorria os corredores para descobrir quem fazia o quê e a mando de quem, como talvez tenha dito Lênin certa feita, e como eles entravavam ou ajudavam meu trabalho.

## Queijo suíço

Notoriamente, Norman Lamont brincou certa vez que o governo de John Major, do qual ele tinha sido recentemente removido, permaneceu "no cargo, mas não no poder". Como eu viria a lhe explicar anos mais tarde, a pertinência de sua observação atingiu o apogeu no caso do governo grego no geral e de meu Ministério em particular. Não era apenas o fato de que, como qualquer outro governo, estivéssemos ao sabor dos caprichos das reações violentas dos mercados. Era muito, muito pior do que isso.

Conforme descrito em "Resgatistão 2.0", no capítulo 2, as condicionalidades do segundo empréstimo de resgate, que foram implementadas por etapas entre 2012 e 2014, incluíram graves ataques não apenas às despesas sociais, mas à própria soberania do Estado grego, especificamente a seu controle sobre alguns departamentos essenciais dentro do Ministério das Finanças. Além da criação do Mecanismo de Estabilidade Financeira Helênica – HFSF [do inglês *Hellenic Financial Stability Facility*], que depois de 2012 detinha as participações majoritárias dos bancos em nome do Estado, e de uma unidade de privatização cujo trabalho era realizar uma liquidação total dos bens públicos da Grécia, ambos respondendo não ao povo grego mas à *troika*, a jurisdição da administração fiscal também fora cooptada por nossos credores – mais especificamente, pelo Grupo de Trabalho do Eurogrupo presidido por Thomas Wieser. Arrancando fora esses três pedaços cruciais do Ministério das Finanças e colocando-os para além do alcance do processo democrático da Grécia, eles haviam efetivamente transformado o Ministério em algo parecido com um queijo suíço.

A administração fiscal da Grécia fornece um dos mais fascinantes exemplos de regime neocolonial em tempos modernos. Como ministro das Finanças da Grécia, o departamento fiscal estava sob minha jurisdição e meu controle pessoal, de modo que, se um escândalo de evasão fiscal irrompesse, eu seria considerado responsável perante o Parlamento e aos olhos do público. No entanto, não tinha autoridade alguma sobre as atividades do departamento. Estava privado do direito de censurar, demitir ou substituir seu chefe, e não era nem mesmo consultado sobre como o departamento deveria ser administrado – isso tudo em um país mundialmente famoso por seus altos índices de evasão fiscal e pela imunidade fiscal de seus oligarcas. Além disso, a Autoridade Estatística, cujos cálculos relativos ao orçamento e aos saldos do governo eram usados para determinar se as metas fiscais combinadas com os credores haviam sido atendidas ou não, também não prestava contas a mim, mas à *troika*. Resumindo, eu era responsável por, mas não estava equipado para administrar, impostos, bancos, propriedades e as estatísticas do país.

Durante aquelas primeiras 48 horas no ministério, com os pensamentos voltados à iminente visita do presidente do Eurogrupo, eu estava profundamente ciente do fato de que um grande número dos funcionários de meu Ministério compreendia que suas carreiras dependiam muito mais de eles servirem a Bruxelas do que a seu ministro ou à vontade do Parlamento. Nos meses subsequentes, muitos desses funcionários públicos provariam-se profissionais diligentes, honestos e patrióticos, trabalhando horas excessivamente longas com notável altruísmo e desafiando a pressão exorbitante que emanava da *troika*. Ainda assim, reivindicar em nome de nosso Parlamento a soberania nacional e o controle democrático sobre seus ministérios – e a sua lealdade – tinha que ser uma prioridade tão alta quanto reestruturar a fonte dessa escravidão, a nossa dívida pública. Para esse fim, marquei uma reunião com o chefe do Serviço de Inteligência da Grécia.[151]

Yannis Roubatis é um homem impressionante, ainda que pequenino. De voz suave, mas excepcionalmente eloquente, ele impressiona por pesar com tanto cuidado cada uma de suas palavras. Jornalista de origem, serviu como porta-voz oficial do governo socialista de Andreas Papandreou na década de 1980, antes de se tornar um membro socialista do

151 Se trata da EYP, a Agência Nacional de Inteligência do governo, embora a maioria dos gregos ainda se refira a ela como a Agência Central de Inteligência (KYP), como era conhecida durante a ditadura de sete anos (1967-1974), quando era totalmente controlada pela CIA americana.

Parlamento europeu nos anos 1990.[152] No papel, Roubatis parecia bem qualificado para comandar um serviço de inteligência, patrocinado pelos Estados Unidos, que era mais conhecido por subverter democratas gregos e esquerdistasdo que por defender a Grécia de inimigos externos: quando jovem, escrevera uma tese de doutorado na Universidade Johns Hopkins que expôs a infiltração do governo grego pela CIA, e o governo no qual serviu nos anos 1980 trabalhou muito para cortar o vínculo entre agências estrangeiras e agentes duplos gregos.

Desde o primeiro momento, me senti à vontade com Roubatis, ou pelo menos tão confortável quanto é possível se sentir com um chefe de espionagem. Sua análise da situação que enfrentava nosso novo governo estava em sintonia com a minha. Sua declaração de lealdade ao governo e sua afirmada determinação de ser nosso colaborador não intrusivo eram bem-vindas. Seus conselhos sobre medidas simples que poderiam ser tomadas para evitar os truques sujos que nossos oponentes poderiam usar durante as negociações foram bem recebidos. Mas, acima de tudo, apreciei sua confirmação de que a lealdade de departamentos inteiros dentro de meu ministério residia em outro lugar, e o fato de ele me colocar a par do quão íntima se tornara a relação entre os chefes desses departamentos e os agentes da *troika*.

Depois daquele primeiro encontro, eu passaria a topar regularmente com Roubatis em Maximos, em uma salinha próxima à do primeiro-ministro, onde ele frequentemente esperava para se encontrar com Alexis antes ou depois de uma das reuniões regulares de nosso "gabinete de guerra" – que era como nos referíamos, apenas parcialmente em tom de brincadeira, ao núcleo duro de nossa equipe de negociação.[153] Roubatis me

---

152 Andreas Papandreou, primeiro-ministro de 1981-1989 e novamente de 1993 até a sua morte em 1996, era o pai de George Papandreou, eleito primeiro-ministro em 2009 e alijado pela chanceler Merkel, com a ajuda de pretendentes de dentro do partido de seu pai, em 2011 (ver capítulo 2). O George Papandreou original, avô de George e pai de Andreas, foi primeiro-ministro nos anos 1960. Sua derrocada colocou a Grécia a caminho do golpe militar de 21 de abril de 1967, que deu início à ditadura durante a qual minha geração cresceu.

153 Quando seus membros se encontravam na Grécia, e não em Bruxelas ou em qualquer outro lugar, o gabinete de guerra se reunia diariamente. Ele era composto por Alexis, o vice-primeiro ministro Dragasakis, o alter ego de Alexis, Nikos Pappas, eu, Euclides e

colocava a par das últimas informações da inteligência e me aconselhava sobre como manter em segurança minhas comunicações com o primeiro-ministro. Mas, como eu descobriria em breve, o chefe do serviço de inteligência de alguém pode transformar-se imperceptivelmente de amigo útil em inimigo letal.

## Ultimato

Na sexta-feira, 30 de janeiro, três dias depois de eu assumir o Ministério, o presidente do Eurogrupo, o ministro das Finanças holandês Jeroen Dijsselbloem, fez uma visitinha. Ele veio com um extenso séquito que incluía Thomas Wieser, presidente do Grupo de Trabalho do Eurogrupo e o verdadeiro mediador influente dentro da zona do euro. E os aguardei em frente à porta do elevador no sexto andar. Nós nos conhecemos, apertamos as mãos calorosamente e seguimos para meu escritório para tomar alguns refrescos antes de prosseguir para uma sala de conferências adjacente, com as duas equipes frente a frente de cada lado de uma grande mesa retangular.

Do meu lado da mesa, estavam comigo meus dois ministros suplentes, além de Chouliarakis, presidente do Conselho de Assessores Econômicos, Stathakis, ministro da Economia, cujo gabinete ficava um andar acima do meu e Euclides. Entre os agentes peso-pesados da *troika*, do lado de Dijsselbloem e Wieser, estavam Declan Costello, um irlandês conhecido até mesmo na Irlanda por sua política linha dura para com nações endividadas, agora chefe da missão da Comissão Europeia para a Grécia, e o embaixador da Holanda na Grécia. Dragasakis fez um breve discurso de boas-vindas e deixou o recinto imediatamente depois. Fui o próximo a falar, e também fiz um breve discurso de boas-vindas por conta própria antes de Jeroen Dijsselbloem dizer algumas palavras em nome do Eurogrupo. Gentilezas foram trocadas e boas intenções proferidas no que só

Sagias, o secretário de gabinete. Muitas vezes se juntavam a nós Chouliarakis, presidente do Conselho de Assessores Econômicos, Stathakis, o ministro da Economia, e Gabriel Sakellaridis, o porta-voz do governo. Mais tarde, quando a intriga se adensou, em maio e junho, dois representantes partidários do Syriza foram acrescentados ao grupo, ostensivamente para propiciar um vínculo com os fiéis do partido.

pode ser descrito como um encontro tenso. Então veio a hora da verdade, quando convidei Jeroen a meu escritório para um tête-à-tête.

Com a porta fechada atrás de nós, tentei derreter o gelo compartilhando com ele as palavras de otimismo com as quais eu concluíra minha coletiva de imprensa inaugural alguns dias antes. Vamos desafiar os profetas da confrontação, propus. Vamos provar que os meios de comunicação estão errados ao imaginarem essa situação como um duelo de *matar ou morrer*. Assegurei-lhe que o nosso novo governo estava interessado apenas em compromissos por um caminho que levasse a um acordo que fosse mutuamente vantajoso. Mas, para ajudar o nascimento dessa nova parceria, teríamos de elaborar um processo de negociação melhor, um que não fosse injurioso ao sentimento de orgulho dos gregos. Os métodos da *troika* empregados na Grécia nos últimos cinco anos haviam sido contraproducentes.

"Sim", concordou ele. "A *troika* não deixou a melhor das impressões por aqui".

"Esse é um eufemismo dos grandes, Jeroen", disse eu com um sorriso. Eu o incitei a ver as coisas da perspectiva das pessoas comuns. Já havia alguns anos que grupos de tecnocratas despachados pelo FMI, pela Comissão Europeia e pelo Banco Central Europeu chegavam ao aeroporto de Atenas, de onde eram conduzidos em alta velocidade sob escolta policial em um comboio de Mercedes-Benz até os diversos ministérios, onde procediam com o interrogatório de ministros eleitos e ditavam-lhes políticas que afetavam a vida de milhões de pessoas. Mesmo que essas políticas fossem maravilhosas, essas pessoas teriam ficado ressentidas. "Precisamos encontrar uma outra forma de trabalhar juntos", sugeri, uma que permitisse que nosso povo abraçasse quaisquer políticas sobre as quais ele e eu viéssemos a concordar. No mínimo, não se deveria esperar dos ministros eleitos da Grécia que conduzissem suas atividades com quaisquer outras pessoas que não seus pares igualmente eleitos; os tecnocratas poderiam preparar o terreno, estabelecer os fatos e os números, mas não deveriam conduzir as negociações ministeriais.

Fiquei feliz em ouvi-lo dizer que sim, que concordava que o processo teria de ser reavaliado, embora, retrospectivamente, suspeito que sua atitude complacente tenha menos a ver com um apreço pelo que eu estava dizendo e mais a ver com sua evidente ânsia em mudar de assunto e retornar à mesma pergunta que me fizera ao telefone alguns dias antes: "Quais são suas intenções em relação ao programa grego? Você planeja completá-lo?", perguntou.

Repeti a resposta que já lhe dera ao telefone: nosso novo governo, respondi, reconhecia ter herdado certos compromissos para com o Eurogrupo, ao mesmo tempo que tinha confiança que os seus parceiros reconheceriam em troca que ele fora eleito poucos dias antes com a missão de renegociar elementos-chave deste programa. Sua resposta foi abrupta e agressiva. "Isso não vai funcionar!", declarou.

Lembrei-lhe que três dias antes lhe dera a mesma resposta à mesma pergunta, e ele respondera: "Isso é muito bom". Jeroen ignorou meu lembrete. O programa grego, matutou, era como um cavalo. Ou estava vivo ou estava morto. Se estivesse vivo, nós tínhamos que montar nele e cavalga-lo até o seu destino. Se estivesse morto, então estava morto. Não sabendo o que fazer daquela metáfora e pouco disposto a adotá-la, tentei argumentar com ele.

Havia uma razão, expliquei, pela qual o governo anterior havia feito haraquiri e convocado eleições tão antecipadamente em meio ao mandato. E havia uma razão pela qual Antonis Samaras fora despachado às bancadas da oposição pelos mesmos eleitores que nos haviam eleito em seu lugar. E a razão era simples: era meramente impossível completar o segundo programa de resgate grego, e os eleitores compreendiam isso. "Se pudesse ser feito, Jeroen, você e o governo anterior o teriam completado", observei.

Por um momento, ele pareceu ficar sem palavras, então continuei: "Os números da própria *troika* mostravam que, mesmo que o programa fosse completado e a Grécia recebesse os poucos bilhões que restavam da vaquinha do segundo resgate, ainda estariam faltando 12 bilhões de euros. Onde é que eu poderia encontrar esses 12 bilhões? Pense no efeito que esta pergunta sem resposta está exercendo sobre os investidores privados", incitei-o. "Ela reforça sua determinação em não emprestar mais nada ao Estado grego até que uma séria reestruturação da dívida tenha sido efetuada. E pense também na situação em seu conjunto", implorei. As prestações da dívida pública só em 2015 chegavam a 45% de todos os impostos que o governo esperava coletar; enquanto isso, a renda nacional, medida em euros, continuava a despencar, e todos estavam antecipando um aumento nos impostos para honrar as prestações. Nenhum investidor em sã consciência investe em uma economia em que a demanda está encolhendo e os impostos subindo.

Só havia três opções disponíveis para nós, eu disse. Uma delas era um terceiro resgate para encobrir o fracasso do segundo, cujo propósito era encobrir o fracasso do primeiro. Outra era o *New Deal*[154] para a Grécia que eu estava propondo: um novo tipo de acordo entre União Europeia, FMI e Grécia, baseado na reestruturação da dívida, que diminuísse nossa dependência em novas dívidas e substituísse uma agenda de reformas ineficaz por uma da qual o povo grego pudesse se sentir dono. A terceira opção era um impasse mutuamente desvantajoso.

"Você não entende", disse-me Jeroen, com sua voz pingando de condescendência. "O programa atual precisa ser concluído ou não há mais nada!"

Era uma afirmação surpreendente. O chefe dos ministros das Finanças da zona do euro estava se recusando a dialogar sobre uma simples questão de financiamento. Ele estava tornando impossível que eu evitasse a pergunta: "Mas de onde virão os 12 bilhões de euros que faltam, Jeroen? Estou errado ao dizer que o segundo programa só poderá ser concluído se um terceiro programa for negociado antes? Você consegue vislumbrar alguma forma de tornar sua conclusão financeiramente viável sem um novo programa que só poderá ser acertado após exaustivas negociações entre todos os dezenove ministros das Finanças [no Eurogrupo]? Existe alguma dúvida de que eu não conseguirei concluir este programa mesmo se estiver disposto a violar o mandato que me deram os eleitores gregos para renegociá-lo?".

---

154 N. de E.: *New Deal* (termo inglês para "novo acordo" ou "novo trato"), o qual consistiu no grande conjunto de políticas instituído pelo presidente norte-americano Franklin Delano Rossevelt durante seu governo (1933-1945) em resposta à Grande Depressão (período de crise econômica e social posterior ao crash da Bolsa em 1929). Tais políticas tinham como diretrizes básicas a construção de uma economia capitalista com firme participação do Estado em seu planejamento e gestão – para compensar os descompassos da iniciativa privada –, garantia de direitos sociais mais gerais e direitos para os trabalhadores etc. Essa posição, de marco da política americana no século XX, se torna minoritária com o avanço da financeirização e do neoliberalismo, o que corresponde ao nascimento do chamado Minotauro Global, para usar aqui a alegoria central de Varoufakis para explicar o funcionamento do sistema-mundo.

Jeroen recusou-se a interagir com minhas perguntas e com os fatos subjacentes. Ao que parecia, não viera a Atenas para discutir números ou financiamento. Só se podia supor que tivesse vindo na expectativa de que eu daria uma meia-volta instantânea – uma vitória rápida que o permitiria embarcar em seu jatinho no aeroporto de Atenas com meu juramento de fidelidade ao programa, ao Eurogroup e aos credores em sua maleta.

O fato de o presidente do Eurogrupo estar tão iludido a ponto de pensar que esta era uma possibilidade é uma nota fascinante sobre a história recente da União Europeia. Ela revela como a experiência tem ensinado os agentes operando em nome do *establishment* europeu a esperar que ministros de governos recém-eleitos, primeiros-ministros, até o presidente da França, cedam ao primeiro cheirinho de um ultimato apoiado pela artilharia pesada do BCE.[155] Desde 2008, quando a única coisa mantendo abertos a maioria dos bancos comerciais dos países membros da zona do euro era a boa vontade do Eurogrupo – dos quais precisava o BCE de Mario Draghi para poder emitir a isenção oficial que lhe permitia aceitar as garantias fajutas oferecidas pelos bancos em troca de dinheiro –, diversos governos haviam sucumbido a políticas que detestavam: os Países Bálticos, a Irlanda, Chipre, a Espanha, Portugal, todos haviam apanhado até que se submetessem.[156] Com efeito, Dijsselbloem gabava-se que o modo como Chipre fora tratado em 2013, logo depois de ele assumir a presidência do Eurogrupo, era o "modelo" para futuras crises. Foi a ameaça de fechamento de bancos que lograra aquilo – este era o ás que ele carregava em sua manga no dia de sua visita –, e agora ele a estava usando.

Havia uma alternativa a comprometer-se com a conclusão do programa, disse-me. Estava contente por ouvir aquilo, respondi esperançoso.

155 Considere o exemplo de François Hollande. Ele foi eleito em 2012 com a combativa promessa de opor-se ao "pacto fiscal" de austeridade da chanceler Merkel e de usar o poderio da França para arrastar a União Europeia para um programa de recuperação pró-crescimento conduzido por investimento público. E, no entanto, no dia seguinte a sua eleição, todo aquele papo corajoso foi esquecido, para nunca mais ser lembrado. Por quê? Fontes próximas ao presidente me contaram que, imediatamente após a eleição, ele recebeu um telefonema do presidente do Banco Central da França avisando-o de que os bancos franceses ainda estavam em sérios apuros e que o apoio indispensável do BCE poderia não vir caso ele continuasse a antagonizar Berlim.

156 Ver capítulo 6 em Varoufakis, 2016.

Voltando seus olhos para encontrar os meus, falou resolutamente: "Você e eu realizarmos uma conferência conjunta na qual anunciamos que o programa desmoronou".

Respondi que a palavra "desmoronar" não era propriamente tranquilizadora para mercados e cidadãos. "Com o que nós a substituímos?", perguntei.

Um encolher de ombros e um olhar de falsa perplexidade foi sua resposta.

"Você está me ameaçando com o Grexit, Jeroen?", perguntei calmamente.

"Não, eu não disse isso", protestou ele.

"Por favor, será que dá para sermos francos aqui?", perguntei. "Tem coisa demais em jogo para ficarmos de enrolação. Você disse sim que, se eu insistir em renegociar o programa, o programa desmorona. Isso significa uma coisa e uma coisa apenas. E nós dois sabemos o que é."

E essa coisa era, obviamente, que o BCE, de maneira centralizada ou por meio do Banco Central da Grécia, estava retirando sua isenção e recusava-se a aceitar os colaterais dos bancos gregos daqui para frente, forçando-os a fechar. Àquela altura, nosso governo não teria outra opção senão emitir sua própria liquidez. E se o impasse continuasse, nossa liquidez nominalmente denominada em euro, seria em algum momento transformada em uma nova moeda. Isso era o Grexit.

"Então, você *está* me dando um ultimato", continuei. "Está na verdade me dizendo: comprometa-se com um programa que não tem como funcionar ou você cai fora da zona do euro. Existe outra leitura possível para o que acaba de dizer?".

O presidente do Eurogroup encolheu novamente os ombros e abriu um largo sorriso.

"É um dia triste para a Europa quando o presidente do Eurogrupo apresenta um ultimato impossível a um ministro das Finanças recentemente eleito", disse eu. "Nós não fomos eleitos para entrar em choque com o Eurogrupo, e não estou interessado em entrar em choque com você. Mas também não fomos eleitos para renunciar durante nossa primeira semana no governo ao abraçar um programa impossível, que fomos eleitos com a missão de renegociar".

Nossos olhos se encontraram em mútuo reconhecimento do impasse. A única coisa que restava a fazer era chegar a um acordo sobre o que cada um de nós diria durante a coletiva de imprensa programada para depois de nossa reunião, de modo a ocultar o impasse e assim impedir que ele afetasse os mercados financeiros. Ele propôs uma primeira versão; eu fiz algumas retificações; nós concordamos. Sugeri que, após nossas falas, seria melhor não aceitarmos perguntas. Ele respondeu que seria melhor se aceitássemos algumas. Responder perguntas pontuais de jornalistas daria a ele a oportunidade de sacudir só um pouquinho os nervos dos mercados – o suficiente para acelerar um nadinha a corrida aos bancos à qual a *troika* dera a largada semanas antes. Relutante em ser retratado como alguém que amordaça a imprensa, concordei.

A sala de imprensa estava lotada. Depois que os sinais de TV foram estabelecidos e que o barulho diminuiu, comecei com algumas delicadezas previsíveis, condizentes com minha narrativa sobre um novo começo no relacionamento da Grécia com seus credores e com o Eurogrupo. Cada palavra fora acordada de antemão. Ele também respeitou nosso acordo e não se desviou do roteiro enquanto depositávamos um verniz de enfadonha normalidade sobre a reunião. Então vieram as perguntas.

A primeira foi endereçada a Jeroen. Ele concordaria com a convocação de uma conferência internacional sobre a dívida da Grécia, semelhante à que ocorreu em Londres em 1953, que resultara em uma substancial redução da dívida para a Alemanha?[157] Ele respondeu petulantemente que a Europa já tinha uma conferência permanente sobre a dívida – o Eurogrupo! Eu sorri com a resposta, fazendo uma nota mental para usá-la caso um momento oportuno se apresentasse.

A segunda pergunta foi dirigida a mim. Eu cooperaria com a *troika*? Minha resposta estava em perfeita sintonia com o que dissera a Jeroen em meu gabinete: "Devemos ter clareza em nossas mentes sobre a grande diferença entre as instituições da União Europeia, como a Comissão Europeia e o Banco Central Europeu, bem como instituições internacionais

157 Em 1953, o governo dos Estados Unidos intermediou o chamado Acordo de Londres sobre a dívida alemã. Em suma, os Estados Unidos pressionaram Grã-Bretanha, França, Grécia, Itália, Espanha, Suécia, Iugoslávia, Noruega, Suíça e muitos outros países para que anulassem a maior parte da dívida pré-guerra da Alemanha. O governo britânico protestou, argumentando que a Alemanha tinha tanto a capacidade quanto o dever moral de pagar. Washington vetou Londres e, para dar o exemplo, anulou imediatamente os empréstimos que enviara a Bonn depois de 1945. As dívidas da Alemanha a países e credores privados foram reestruturadas em mais de 70%. Ver Varoufakis, 2016.

como o FMI – organizações e instituições às quais a Grécia pertence orgulhosamente – e um comitê tripartite que está associado à imposição de um programa que nosso governo foi eleito para contestar e discutir. Nosso governo procederá sob o princípio de máxima cooperação com as instituições jurídicas devidamente constituídas da União Europeia e, é claro, com o FMI. Mas com um comitê tripartite cujo objetivo é a aplicação de um programa cuja lógica consideramos antieuropeia, com esse comitê, que até mesmo o Parlamento europeu considera fragilmente construído, não temos intenção de cooperar".

Era o mesmo ponto que tinha acabado de colocar a Jeroen em meu gabinete e com o qual ele concordara relutantemente: sim quanto a trabalhar apropriadamente e em estreita colaboração com as instituições, mas não quanto ao humilhante processo da *troika*. Conforme ele ouvia a tradução de minha resposta em seu fone de ouvido, uma expressão de crescente desaprovação aparecia em seu rosto. Quando a tradução terminou, ele removeu seu fone com raiva e inclinou-se para sussurrar em meu ouvido: "Você acaba de matar a *troika*!".

"Uau!" respondi. "Este é um elogio que não fiz por merecer."

Afastando-se, Jeroen levantou-se de um salto para sair tempestivamente. Mas consegui me levantar ao mesmo tempo e oferecer-lhe mão para que apertasse. Um pouco abalado por meu gesto, e visto que tinha que passar por mim para alcançar a saída, ele desajeitadamente pegou minha mão na sua sem para isso parar de andar. Os fotógrafos atacaram. Suas fotos mostraram um mal-educado presidente do Eurogrupo passando rudemente por mim antes que o costumeiro aperto de mão fosse completado.

As ruas de Atenas nunca mais seriam as mesmas para mim depois daquela coletiva de imprensa. Motoristas de táxi, cavalheiros de terno, senhoras de idade, crianças em idade escolar, policiais, homens de família conservadores, nacionalistas e recalcitrantes de extrema-esquerda – uma sociedade inteira cujo senso de orgulho e dignidade fora ofendido pela servidão dos governos anteriores à *troika* e seus chefes políticos – paravam-me na rua para agradecer por aquele breve momento. Um motorista de ônibus até parou o veículo no meio da rua para sair e apertar minha mão.

Como todas as coisas boas, aquilo teve um preço. A mídia, o *establishment* e a oligarquia agora me consideravam o inimigo público número um. Um membro do Parlamento postou uma mensagem de apoio ao presidente do Eurogrupo no Facebook que dizia: "Aguenta firme, Jeroen!". Ela era um eco de uma famosa expressão que os negociantes gregos do mercado negro usaram para apoiar a campanha de Rommel no norte da África, temerosos de que uma vitória dos aliados traria o fim da ocupação grega e, consequentemente, de seus negócios.[158] Acusações de narcisismo, grosseria e sociopatia foram lançadas contra mim na mesma proporção que a crescente maré de carinho e apreço nas ruas.

Além de me render o ódio eterno por parte do triângulo do pecado da Grécia, as trapalhadas de Jeroen na sala de imprensa tiveram um efeito mais tangível, reforçando a expectativa (e, portanto, o fato) de um crescente aperto de liquidez. A bolsa de valores de Atenas caiu para novos níveis mínimos; as ações dos bancos caíram ainda mais rápido e os saques se aceleraram. Ao deixar a coletiva de imprensa, percebi que não havia um só minuto a perder. Era hora de arrumar minha mala e seguir para a turnê pelo norte da Europa que eu estivera planejando. Os dois objetivos dessa viagem eram acalmar os nervos dos financistas ao redor do mundo e descobrir até que ponto o ultimato de Jeroen tinha o apoio do FMI e do resto do Eurogroup, em particular do governo da França.[159]

No caminho de volta a meu gabinete, minha secretária me informou que o ministro das Finanças francês queria receber-me em Paris. Esta seria a primeira parada de minha jornada, onde, além de reuniões formais com meus homólogos franceses, quatro reuniões secretas haviam sido planejadas: uma com Poul Thomsen, chefe europeu do FMI, uma com Pierre Moscovici, o comissário europeu para os assuntos econômicos e financeiros da União Europeia, uma com Benoît Coeuré, o segundo em comando do BCE, e uma com o chefe de gabinete do presidente Hollande. Em seguida viria Londres, onde bate o coração do mundo financeiro. Durante

158 Ράστα Ρόμελ! – do verbo grego βαστώ ou βαστάζω, que se traduz como "suportar", "segurar", "aguentar".

159 Eu tomei como certo que Jeroen jamais teria lançado o ultimato sem a aprovação de Berlim. Também presumi que não poderíamos contar com Paris para um apoio significativo. Não obstante, cabia a mim verificar até que ponto Paris concordara previamente com Berlim sobre nossa asfixia ou em que medida eu poderia contar com o ministro das Finanças francês para me dar apoio no Eurogrupo.

os dias que antecederam a viagem, estive em contato com Norman Lamont, que organizou para mim reuniões com pessoas da City, com Martin Wolf, do *Financial Times*, e com George Osborne, no número 11 de Downing Street. Além disso, e muito importante, como se revelaria mais tarde, a filial londrina do Deutsche Bank convocou uma reunião de mais de duzentos financistas interessados em falar comigo. Depois de Londres, viajaria para Roma para encontrar com Pier Carlo Padoan, ministro das Finanças da Itália. E finalmente, uma visitinha a Frankfurt seria necessária, para conversas com Mario Draghi e o resto do conselho executivo do BCE em sua torre de escritórios novinha em folha.

Enquanto caminhava, liguei para Euclides para dar a notícia: partiríamos dali a dois dias, contei-lhe. Euclides protestou dizendo que precisava dar um mínimo de ordem o seu Ministério primeiro. Eu o interrompi: o principal motivo de eu ter confrontado Alexis para que colocasse Euclides em seu cargo era para poder levá-lo comigo ao redor da Europa. "Pelo menos assim vou poder manter suas tendências direitistas sob controle, especialmente perto de seus companheiros do partido conservador", respondeu Euclides, meio a sério e meio brincando.

Sozinho em meu escritório, sentei-me para recuperar o fôlego. Meu celular tocou. Era Danae ligando de Austin. Como eu estava? Não poderia estar melhor, brinquei. Dei-lhe um esboço dos eventos do dia e de meus planos de viagem. Ela retrucou com um relato de seus próprios confrontos com os tiranos mesquinhos que administravam nosso prédio em Austin e com a burocracia de desocupar o apartamento. E então me perguntou se me sentia sobrecarregado. Respondi que era o inimigo mais próximo de mim aquele que mais me assustava, o *establishment* interno com seus tentáculos profundamente inseridos em meu Ministério. A única preocupação de Danae era minha união com Alexis: "Se vocês permanecerem unidos, vão conseguir". Até hoje, penso que ela estava certa.

## O *front* interno

Eu tinha 24 horas antes de voar para Paris, mas a guerra contra o *establishment* doméstico não podia esperar meu retorno. Por volta das 20h, vieram até mim o meu chefe de gabinete Koutsoukos e Wassily. A declaração de guerra contra a oligarquia fora feita antes da eleição. Em uma entrevista com Paul Mason no Channel 4 News do Reino Unido, eu declarara: "Vamos destruir a base sobre a qual década após década eles construíram um sistema, uma rede que suga de forma traiçoeira a energia e o poder econômico de todo o resto da sociedade". Com Koutsoukos e Wassily tomando notas, defini a agenda: apanhar centenas de milhares de fraudes fiscais e chacoalhar a sociedade grega para longe de seus hábitos de evasão fiscal; quebrar o conluio entre fornecedores e as redes de supermercados que exploram os consumidores; proteger uma população financeiramente desesperada da invasão de máquinas de apostas com as quais o governo anterior me comprometera; empoderar o ombudsman anticorrupção do próprio governo; finalmente, planejar o ataque às torres da patifaria que eram os quatro bancos sistêmicos da Grécia.

"E quanto à mídia?", perguntou Wassily.

Aquela era outra, triste, história, e Pappas era o responsável por se ocupar dela.

"Seu grande camarada, né?", perguntou meu amigo fazendo uma careta significativa.

"Estou detectando sarcasmo aqui, Wassily?", perguntei.

"A questão é se você consegue detectar o opróbrio que seu camarada está espalhando a torto e a direito, e ao centro, contra você", foi sua réplica.

Aquilo era algo que eu não queria ouvir, até porque temia muito que pudesse ser verdade.

Um a um, foram discutidos os terrenos de batalha e nossa estratégia foi decidida. Para combater as fraudes fiscais, Koutsoukos sugeriu que eu nomeasse Panayiotis Danis para secretário especial da unidade de combate aos crimes financeiros e econômicos do Ministério. Essa era a única parte da repartição fiscal do Estado que a *troika* não tomara sob sua tutela. Despojado de muitos de seus poderes e de um grande número de pessoal, era uma sombra do que já fora, mas sua sobrevivência formal e o fato de que permanecera sob meu total controle faziam dele o alicerce ideal sobre o qual construir uma equipe de intocáveis liderados por Danis.[160]

160 SDOE era o acrônimo grego, representando Σώμα Δίωξης Οικονομικού Εγκλήματος (Secretario Especial para a Unidade de Crimes Financeiros e Econômicos).

Correr atrás de fraudes fiscais usando procedimentos normais não era uma opção. Levaria décadas apenas para identificar algo próximo à maioria deles, e séculos para processá-los com sucesso; quanto mais nós pegássemos, mais entupido ficaria o judiciário. Precisávamos de uma abordagem diferente. Uma vez que Danis estava a bordo alguns dias depois, pensamos juntos em uma: extrairíamos dados do histórico e dados em tempo real dos bancos sobre todas as transferências que acontecessem na Grécia tanto dentro como fora do país, e encomendaríamos um *software* para comparar os fluxos de dinheiro associados a cada número de identificação fiscal com as declarações fiscais desses mesmos números. O algoritmo seria projetado para sinalizar qualquer ocasião em que a renda declarada parecesse ser substancialmente inferior à renda real. Uma vez assim identificados os mais prováveis infratores, faríamos uma oferta que eles não poderiam recusar.

O plano era convocar uma coletiva de imprensa na qual deixaria claro que qualquer um que fosse pego pelo novo sistema estaria sujeito a 45% de impostos, pesadas sanções sobre 100% de sua renda não declarada e um processo penal. Mas como nosso governo procurava estabelecer uma nova relação de confiança entre o Estado e os cidadãos, haveria uma oportunidade de corrigir os erros de forma anônima e a um custo mínimo. Eu anunciaria que, nos próximos quinze dias, seria aberto um novo portal no site do Ministério, no qual qualquer um poderia registrar qualquer receita não declarada relativa ao período 2000-14. Apenas 15% desse valor seriam exigidos a título de impostos atrasados, pagáveis via *web banking* ou cartão de débito. Em troca do pagamento, o contribuinte receberia um recibo eletrônico garantindo imunidade contra processos por prévias ocultações.[161]

Paralelamente, resolvi propor um simples acordo ao ministro das Finanças da Suíça, onde tantas das fraudes fiscais da Grécia mantinham seu

161 Para tornar tudo aquilo possível, nomeei Michalis Hatzitheodorou para chefe da Secretaria Geral de Sistemas de Informação do Ministério. Tendo completado um doutorado em processamento de imagens na Universidade Columbia, ele retornou à Grécia para montar uma pequena empresa de prestação de serviços de TI. Sem conexões com a política ou com a oligarquia e com um caráter inquebrável que eu podia garantir pessoalmente (nós éramos amigos desde a escola), ele era ideal para o trabalho.

dinheiro não tributado.[162] Em um raro exemplo da força bruta da União Europeia sendo usada como uma força do bem, a Suíça fora forçada recentemente a revelar todos os dados bancários relativos aos cidadãos da União Europeia até 2017. Naturalmente, os suíços temiam que os grandes depositantes domiciliados na União Europeia, que não queriam que seus saldos bancários fossem informados às autoridades fiscais de seus respectivos países, pudessem transferir seu dinheiro para alguma outra jurisdição antes do prazo final para a revelação, como as Ilhas Cayman, Cingapura ou Panamá. Minhas propostas eram, portanto, muito alinhadas com os interesses do ministro das Finanças suíço: uma taxa de imposto de 15% era um preço relativamente pequeno a pagar pela legalização de uma quantia escondida e para permitir que ela permanecesse na segura e convenientemente localizada Suíça. Eu faria com que o Parlamento grego aprovasse uma lei permitindo a tributação de dinheiro em contas bancárias suíças a essa taxa excepcionalmente baixa e, em troca, o ministro das Finanças suíço exigiria aos bancos de seu país que enviassem a seus clientes gregos uma cartinha amigável para informá-los que, a menos que apresentassem o recibo eletrônico e o certificado de imunidade fornecidos pela página do meu Ministério, sua conta bancária seria fechada dentro de poucas semanas. Para minha grande surpresa e deleite, meu homólogo suíço concordou com a proposta.[163]

---

162 Enquanto foi ministra das Finanças da França, Christine Lagarde enviara a meus antecessores no governo uma lista de nomes de gregos com contas no HSBC da Suíça que haviam sido vazadas por um delator. Diferentemente das autoridades fiscais alemãs, francesas e espanholas, que usaram as informações para averiguar as evasões fiscais de seus cidadãos e recuperar quantias importantes, os governos gregos anteriores haviam se recusado de maneira conspícua a agir. Aquela não era a única lista do tipo em circulação. Mas, embora fosse importante analisar tais listas, eu não confiava na capacidade ou na disposição do departamento fiscal em investigá-las de forma adequada e eficaz. Além disso, as listas eram antigas (remontando a 2004) e eram meras fotografias instantâneas dos saldos das contas bancárias, portanto, de pouca utilidade para a descoberta dos fluxos reais de receitas. Finalmente, sem a cooperação das autoridades suíças, que não estava garantida de modo algum, seria difícil usar as informações de que dispúnhamos para fazer vingar qualquer acusação. O acordo que fiz com o ministro das Finanças suíço abordou o problema subjacente – a detenção na Suíça de renda grega não tributada – enquanto tirava vantagem de todos aqueles obstáculos para o fazê-lo.

163 Como esses acordos demoram um pouco para serem concluídos, o ministro das

O mérito do esquema todo era sua simplicidade. Nós não estaríamos pedindo às pessoas que repatriassem dinheiro de bancos estrangeiros ou mesmo que declarassem onde eles o estavam guardando, fosse na Suíça ou debaixo do colchão. Ao oferecer, em vez disso, uma baixa taxa de impostos com zero penalidades ou burocracia, eu esperava reabastecer os cofres vazios do Estado com uma grande quantidade de dinheiro, ganhando tempo e liberdade para o Ministério.

Já dera meia-noite quando encerramos nossa discussão sobre esse plano, mas ainda não estávamos nem perto de terminar a noite. Em seguida, discutimos a grande peste que estava prestes a ser solta sobre os mais fracos entre nossos cidadãos: os cerca de 16 mil terminais lotéricos de vídeo a ser espalhados por toda a Grécia que a OPAP, empresa privatizada de loteria nacional, conseguiralicenciar. Uma população devastada pela pobreza e pela perda de renda, em meio a uma grande depressão econômica e psicológica, seria ordenhada do último dinheirinho restante em seus bolsos por meio da instalação em massa de máquinas de apostas. Eu mal conseguia imaginar uma política mais vil sendo endossada por um Estado civilizado.

Inicialmente brinquei com a ideia de rescindir a licença. O problema era que a OPAP litigaria e provavelmente venceria, custando ao Estado um dinheiro que não tinha. Mas havia outro jeito. O Ministério das Finanças era responsável pela autoridade reguladora dos jogos de azar, a estranhamente denominada Comissão Helênica de Jogos.[164] Como não podíamos eliminar o vírus, teríamos que regulá-lo. Duas possíveis restrições vieram à mente: uma era uma perda máxima por pessoa por dia (um limite de 60 euros parecia razoável); a outra, a obrigação de digitar o número de identificação fiscal na máquina, que funcionaria como um desincentivo para qualquer pessoa que não quisesse ter um registro oficial de sua jogatina, excluiria jogadores menores de idade e asseguraria que os ganhos pudessem ser tributados de acordo com a legislação existente. Koutsoukos gostou da ideia e sugeriu alguém para presidir a Comissão de Jogos. Dois meses mais tarde, após muitas provações e atribulações, a

---

Finanças suíço e eu apertamos as mãos neste acordo em 28 de abril em meu gabinete.

164 Πιτροπή Παιγνίων.

nomeação de Antonis Stergiotis foi aprovada pelo Parlamento por recomendação minha.[165]

O próximo item na agenda eram as práticas corruptas de empresas poderosas. A boa gente da Confederação das Indústrias Gregas do Norteme alertara sobre as práticas restritivas e semelhantes a cartéis de certas redes de supermercados, companhias petrolíferas e afins, que estavam minando a economia. Por exemplo, supermercados estariam exigindo dos pequenos produtores que lhes pagassem pela estocagem de produtos – para "dar publicidade" a eles em suas lojas –, na realidade forçando-os a reduzir seus preços. No entanto, os produtores ainda pagariam impostos sobre o mais alto preço declarado, com o supermercado embolsando a diferença.

De modo semelhante, eu sabia de fontes seguras que um figurão do cartel do petróleo estava exportando 300 milhões de euros em petróleo refinado para a Bulgária, mas a Bulgária estava relatando importações de não mais que 100 milhões de euros. "O que está acontecendo com os 200 milhões de euros em petróleo restantes?", perguntei a meu informante. "São despejados em alguma valeta situada em terra de ninguém entre a Grécia e a Bulgária", foi sua resposta sarcástica. Com isso, ele quis dizer que os caminhões-tanque deixavam a Grécia com a gasolina exportada devidamente documentada, mas depois entravam novamente no país por algum caminho de terra ilícito sem atravessar a fronteira búlgara. A gasolina era então vendida na Grécia *sem* IVA (Imposto sobre o Valor Agregado) e imposto sobre combustíveis.

Corrupção dentro de nossos ministérios era o que permitia que esses grandes negócios funcionassem impunemente. Havia um único solitário guerreiro anticorrupção, segundo Wassily me contou, um tal de sr. Rakintzis, o ombudsman oficial do Estado, cujo trabalho era coordenar a luta contra a propina. Eu faria questão de conhecê-lo, aumentar os recursos disponíveis para seu empobrecido gabinete e fazer algo que jamais fora feito: promover uma coletiva de imprensa conjunta na qual anunciaria o total apoio do Ministério das Finanças a ele e a seu gabinete.

---

165 Stergiotis enfrentou a OPAP, que fez enormes esforços para sabotar minhas políticas. Ele pagou um preço por isso, com seu mandato interrompido assim que deixei o Ministério.

O último item de nossa agenda naquela noite eram os bancos da Grécia. Pedi ideias sobre como abordar o iminente confronto quando coloquei minha proposta de "europeizá-los" em favor da União Europeia. Wassily me interrompeu a seu modo característico: "Os cavalos fugiram em disparada, Yani", disse ele, mostrando-me um decreto que chegara naquela mesma noite do gabinete do vice-primeiro-ministro, devidamente certificado pelo secretário do gabinete. Ele estipulava que a jurisdição sobre todos os assuntos relativos aos bancos fora transferida do Ministério das Finanças para o gabinete do vice-primeiro-ministro. "Não venha me dizer que eu não lhe avisei", disse Wassily. "Dragasakis trouxe seus amiguinhos banqueiros para debaixo de suas asas, para protegê-los de tipos como você." Mesmo temendo que Wassily pudesse estar certo, eu não tinha escolha senão dar a Dragasakis o benefício da dúvida.

Antes de dar a noite por encerrada, pedi a Chouliarakis, presidente do Conselho de Assessores Econômicos do Ministério, que viesse até a minha sala. Ele chegou quinze minutos mais tarde, claramente descontente por ter sido convocado de seu próprio escritório que ficava logo ali adiante no corredor. Como eu estaria me encontrando secretamente com agentes da *troika* bem armados, disse-lhe que seria útil ter em minha pasta uma primeira e rudimentar tentativa de análise da sustentabilidade da dívida (ASD) com a qual poderia construir uma argumentação inicial quanto ao porquê de a reestruturação da dívida ser a prioridade máxima de nosso governo. Chouliarakis saiu da sala e voltou pouco depois com um documento de duas páginas: era a ASD elaborada pelo FMI. Dado que havíamos assumido apenas três dias antes, era perfeitamente compreensível que Chouliarakis ainda não tivesse produzido uma ASD para nós. O que não era aceitável era que ele começasse a defender a exatidão e o valor daquele documento quando eu sabia que até mesmo o FMI tinha ciência de que estava incorreto. Da maneira mais gentil possível, pedi-lhe que voltasse à prancheta e começasse novamente. Sem concordar expressamente em fazê-lo, pediu desculpas e saiu.

Com o longo dia finalmente chegando ao fim, desabei no sofá vermelho no qual Wassily já estava esparramado. Eram 3h da manhã de sábado, 31 de janeiro.

"Acho que nos saímos bem hoje, Wassily", arrisquei.

Ele olhou para mim. "Sim, você se saiu bem, mas sou capaz de apostar uma boa quantia que, em seis meses, Dragasakis será o primeiro-ministro e Chouliarakis terá substituído você." "Talvez", disse eu sorrindo, "mas pelo menos saberemos que fizemos o nosso melhor e eles o seu pior".

Naquela noite, fui para casa pela primeira vez em 72 horas. Caminhei sozinho. Não demorou mais do que vinte minutos, passando pelo superdimensionado busto de Melina Merkouri, em frente ao Portão de Adriano, virando à direita em direção ao Teatro Herodes, depois uma curva acentuada à esquerda no Novo Museu da Acrópole, e estava em casa. Alguns pedestres e um taxista notaram-me e fizeram um sinal positivo com os polegares. Aqueles passeios solitários do Ministério até nosso apartamento ou entre Maximos e a Praça Sintagma se tornariam minha fonte de coragem e de esperança.

Refletindo cuidadosamente sobre o dia anterior, pensando com antecedência na minha viagem ao exterior, a seguinte frase de T. S. Eliot me veio à mente: "*Se você não se meter em uma enorme encrenca, como vai saber o quão alto você é?*".

## Calmaria

Uma batida na porta por volta das 11h da manhã me acordou. Era Esmeralda, a filha de Danae, passando para ver se eu estava bem. Onde eu estivera nos últimos três dias? Eu estava intacto? Tranquilizei-a de que estava tudo bem. Ela chamou minha atenção para o fato de que curiosos estavam se aglomerando do lado de fora de nosso apartamento no primeiro andar, tentando dar uma olhadela no interior, os mais ousados entre eles fotografando um ao outro montados em minha moto. Ela me aconselhou de uma forma maternal a colocar alguma roupa antes de ir até à cozinha para fazer café.

Destinado a Paris no início da noite, meu plano era ficar em casa durante o dia para preparar um documento técnico informal de uma página sobre a reestruturação da dívida. Sabia que os agentes que encontraria em breve trabalhavam sob a cuidadosamente cultivada impressão de que meu governo estava prestes a exigir uma remissão de dívida que era politicamente inviável. Com meu documento informal, eu procurava demonstrar que ganhos mútuos eram possíveis. Durante anos, eu recitara aos alunos as famosas linhas de Adam Smith: "Não é da benevolência do açougueiro, do cervejeiro ou do padeiro que esperamos nosso jantar, mas da consideração que têm eles por seus próprios interesses. Nós nos dirigimos, não a sua humanidade, mas a seu amor-próprio, e nunca falamos com eles de nossas próprias necessidades, mas das vantagens que eles podem obter".[166]

Da mesma forma, seria um desperdício de fôlego apelar para a humanidade dos credores, reclamar que a Grécia fora tratada injustamente ou invocar algum direito moral a uma redução da dívida. Essas pessoas sabiam perfeitamente bem como os gregos foram tratados e não se importavam nem um pouco. Minha tarefa era ganhar uma guerra e não uma discussão em um clube de debates. Para isso, tinha de me debruçar sobre as vantagens dos próprios credores.

Assim sendo, no documento informal ilustrei como a não ampliação dos empréstimos poderia servir aos interesses dos credores. Ele continha ideias simples de *swap* de dívida que lhes custariam, política e financeiramente, muito menos do que a continuação do ciclo vicioso que começara em 2010 ou do que o estrangulamento de nosso governo, que Jeroen insinuara no dia anterior.

Quando terminei, liguei para Xenia, minha filha de 11 anos que vive em Sydney. "Papai", disse ela antes mesmo que eu tivesse a chance de dizer oi, "você percebe que arruinou minha vida?". Aparentemente, *paparazzi* haviam acampado do lado de fora de sua escola esperando para tirar uma foto da filha do ministro das Finanças grego. Fiz meu melhor para amansá-la, em vão. "Por que você não pode simplesmente renunciar? A vida está insuportável", insistiu ela. Eu lhe disse que não deveria se preocupar; muitas pessoas estavam trabalhando duro para conseguir minha renúncia. Aquilo não a tranquilizou nem minimamente.

Quando Xenia terminou nosso papo, uma persistente preocupação ressurgiu no silêncio do apartamento. Será que Alexis, Pappas e Dragasakis apoiariam minhas propostas de reestruturação de dívida? Sim, eles concordaram com sua lógica básica como parte de nosso acordo e tinham me

166 *Uma Investigação sobre a Natureza e as Causas da Riqueza das Nações*, 1776, Livro 1, capítulo 2.

dado carta branca para propor tais *swaps* de dívida. No entanto, antes de minha filiação, a posição do Syriza em relação à dívida pública não fora nada mais do que uma exigência grosseira por uma redução incondicional. Com metade do partido ainda exigindo um simples corte unilateral da maior parte da dívida, a maioria não estando nem mesmo a par do conceito de *swap* de dívida, e tendo apenas um tênue acordo verbal vinculando o trio de lideranças a minha estratégia, eu conseguia facilmente imaginar o tapete sendo puxado de debaixo de meus pés em casa, enquanto me encontrava no calor da batalha no exterior.

O único colega em quem confiava para entender completamente e apoiar minhas propostas de reestruturação da dívida era Euclides. Enquanto privilegiado membro do Syriza, ele podia apresentar minhas propostas aos fiéis do partido como o que de fato eram: uma perspicaz estratégia para levar a Grécia à redução da dívida de que tanto precisava sem para tanto colocar a chanceler Merkel em uma situação politicamente impossível. Passei mais uma hora preparando um *briefing* para Alexis, e coloquei Pappas e Dragasakis em cópia, na esperança de trazê-los ao meu time graças à desmistificação de minhas propostas, bem como fornecendo os argumentos e a motivação que eles precisariam para poder promovê-las dentro do comitê central do Syriza e nos gabinetes contra aqueles que talvez me acusassem de ter fervor revolucionário insuficiente ou de estar dando para trás.

Era de tarde quando o documento informal, o *briefing* para Alexis e vários telefonemas urgentes estavam finalmente para trás. Olhei meu relógio e percebi que tinha uma hora e meia antes de ter de voltar ao Ministério, onde um carro (uma pequena Hyundai velha de dez anos, agora que as BMWs tinham ido embora) me buscaria para levar-me ao aeroporto. Minha irmã me mandara uma mensagem mais cedo para dizer que nosso pai, de 90 anos, a estava visitando; se eu pudesse usar aquele tempo, uma visitinha rápida poderia ser uma boa ideia, pois assim poderia vê-los todos de uma só vez: meu pai e minha irmã, seu marido e a minha sobrinha de 8 anos. Pulei em minha motocicleta e dentro de cinco minutos conseguira atravessar o tênue trânsito de sábado à tarde.

Chegar ao apartamento de minha irmã era sair um pouco da vida de ministro e entrar em um outro mundo, vibrantemente reconfortante.

Vendo meus parentes reunidos, fazendo as coisas mundanas que fazem as famílias, percebi o quão dolorosas foram as várias lacunas: a ausência de Danae, que estava em Austin, a solidão de minha posição política e, subjacente a ambas, a perda de minha mãe, que não ousara reconhecer durante esses últimos sete anos, exceto no esquisito momento em que baixava a guarda.

# 6 - Fevereiro auspicioso

De volta ao apartamento, preparei uma pequena mala de viagem, coloquei meu laptop na mochila e saí na rua para chamar um táxi. De forma pouco característica para Atenas, o motorista que parou para mim saiu do seu táxi para me cumprimentar e colocar minha mala no bagageiro. Dez minutos depois, estávamos na Praça Sintagma, em frente ao Ministério. Adorável que era, os votos do motorista para que eu fizesse uma boa viagem ao exterior, que a mídia vinha relatando como "decisiva" para a nação, foram tão demorados que acabei correndo o risco de perder meu voo. Quando finalmente consegui me despedir dele, estava tão ansioso que sai correndo do táxi segurando apenas a minha mochila. Foi só quando cheguei aos portões do Ministério que percebi que deixara minha mala no táxi, contendo não apenas minha muda de roupa, mas também meu sobretudo. Tudo o que tinha comigo era a jaqueta preta, uma camisa branca e a calça preta que estava vestindo. *Tarde demais*, pensei. Teria de fazer algumas compras em Paris. Aquele foi um erro que deixaria uma pequena marca na política cultural, pelo menos no Reino Unido.

No avião, Euclides estava relendo um romance de Jane Austen. Inquieto, peguei um caderno e rabisquei meus pensamentos

> Nossa mensagem para nossos parceiros é que não pode ser *business as usual*.[167] A economia social grega está sujeita a um persistente ciclo entre dívida pública, perdas privadas, investimento negativo e uma dinâmica deflacionária viciosa... Nossa mensagem para nós mesmos é que não vai poder ser *business as usual*. Precisamos reformar. As reformas não são um mal necessário – é nosso sonho viver em uma Grécia que reconstrói a si

---

167 N. de R. T: A expressão, mantida na língua inglesa por ser bastante conhecida no Brasil, significa que "negócio é negócio", ou que "tudo é negócio". No entanto, é utilizada também num escopo mais amplo, indicando a manutenção das coisas como sempre foram. No texto, os dois sentidos estão presentes.

> mesma com base em um programa de reformas que nós mesmos escolhemos, não um que seja percebido por nós como um símbolo de humilhação nacional. Ninguém nos deve a vida. Mas, da mesma forma, ninguém tem o direito de nos manter perpetuamente na prisão dos devedores, impedindo-nos de ganhar nosso sustento. A agenda de reformas da *troika*, com a pauperização da nação por pano de fundo, era como a McKinsey implementando um plano para reestruturar uma corporação sem ter o apoio dos acionistas e em oposição ao Conselho... A Grécia esteve contemplando o abismo por tempo demais. E o abismo começou a nos olhar de volta. É hora de voltar nosso olhar para a esperança... Em 1967, foram os tanques que derrubaram a democracia grega. Ontem fui ameaçado com o fechamento dos bancos, por ninguém menos do que o presidente do Eurogrupo. A Europa democrática não deveria tolerar isso.

Ao desembarcar, fui recebido por nosso embaixador em Paris. Já passava das 10h da noite de sábado. Minha secretária já o havia informado de que eu chegaria sem um casaco ou troca de roupa, então, com muito zelo, ele me levou correndo para a Champs-Elysées em busca de uma loja que não estivesse fechada. Apenas a Zara ainda estava aberta. O embaixador e eu corremos até a seção masculina no andar superior para descobrir que eles não vendiam casacos e que as únicas duas camisas vagamente adequadas que eles tinham eram ambas ultra-apertadas, ambas azuis. Na falta de alternativas, eu as comprei. Mas e o casaco? As lojas estariam fechadas no domingo e minhas reuniões em Londres começavam às 8h na segunda-feira. Mais importante, a temperatura estava abaixo de zero. Eu já estava ansioso o bastante com a perspectiva de confrontar algumas pessoas assaz poderosas; a perspectiva de ficar tremendo de frio enquanto o fizesse era demais para mim.

"Nada de preocupações, ministro", disse o embaixador conforme me deixava em meu hotel. "Vou correr até em casa para buscar um casaco que acho que vai caber em você." Meia hora depois, voltou carregando um comprido sobretudo de couro. Até eu conseguia ver que não era exatamente o que se poderia chamar de um casaco ministerial, mas devo admitir que o achei bem sofisticado e fora do comum (e ele certamente melhorou minha opinião sobre o embaixador da Grécia na República

Francesa). Além do mais, ele tinha duas grandes vantagens: servia em mim e era quentinho. Mal sabendo eu que dois dias mais tarde aquele casaco ficaria famoso, eu o aceitei com gratidão.

Às 7h da manhã de domingo, estava de pé e pronto para partir. Antes de minhas reuniões oficiais com Michel Sapin, ministro das Finanças da França, e Emmanuel Macron, o ministro da Economia do país, minha programação começava com uma série de reuniões secretas a ser realizadas em rápida sucessão em uma salinha privada no porão de nosso hotel, longe das vistas de olhos jornalísticos curiosos. O primeiro na lista era Pierre Moscovici, o comissário europeu para economia e finanças, que aparentemente não morava muito longe dali.

## Relações promissoras: 1. O comissário

Antes de se tornar comissário da União Europeia, Moscovici era o ministro das Finanças da França. Quando o principal cargo econômico da Comissão Europeia ficou vago, o presidente francês François Hollande insistiu que o papel fosse dado a um francês. Mas tinha uma pegadinha. Berlim estava (e permaneceu) ávida por ver Bruxelas reprimir o déficit orçamentário da França, portanto, a última coisa que eles queriam era entregar esse cargo a um francês, muito menos a um ex-ministro das Finanças da França. Por outro lado, Berlim tinha que recompensar o presidente Hollande pela importantíssima reviravolta que ele operara em seu favor ao aceitar sua agenda de austeridade imediatamente após vencer a eleição, por sinal, sob a promessa de que resistiria a ela. Esse quebra-cabeças foi resolvido de uma forma que qualquer um no lugar de Pierre Moscovici teria achado degradante: Moscovici ficou com o cargo, mas uma nova posição, a de vice-presidente da Comissão Europeia, foi inventada para supervisioná-lo. Para piorar as coisas, Berlim deu este novo cargo ao ex-primeiro-ministro da Letônia, cuja maior pretensão à fama advinha da imposição de medidas de austeridade tão severas que "resolveram" a crise econômica de seu país fazendo com que metade da população emigrasse.

Desde o início, Pierre me abordou como um amigo, até mesmo um camarada. Disse-me que entendia meus argumentos totalmente. Em certo momento, confessou que na juventude fora um marxista. Embora não fosse mais um radical, queria que eu entendesse que havia o suficiente de um esquerdista dentro dele para apreciar a posição de meu governo. Não é de admirar que Berlim não confiasse nele. Quando descrevi meu encontro recente com Jeroen Dijsselbloem, ele estremeceu de desgosto por seu comportamento e aconselhou-me a não dar atenção asuas ameaças.

Tomando ânimo com o carinho de Pierre, testei minha agenda com ele: era essencial que um tipo diferente de acordo governasse a relação da Grécia com a União Europeia, mas, para ter uma chance de elaborar o que isso deveria ser, precisávamos de tempo e de margem orçamentária; precisávamos, em outras palavras, de uma ponte de seis meses entre o programa anterior e um novo contrato entre União Europeia e Grécia. Eu estava usando a palavra "contrato" no espírito de Jean-Jacques Rousseau, expliquei: uma relação mutuamente benéfica entre iguais. Esse novo contrato de longo prazo deverá incluir uma reestruturação adequada da dívida, uma política fiscal realista e uma agenda de reformas que visasse a oligarquia. Por fim, precisávamos substituir a atual atitude da *troika* em relação à Grécia por um processo que respeitasse as sensibilidades gregas e o Estado de direito, tanto europeu quanto doméstico.

Quando Pierre reagiu, eu mal pude acreditar em meus ouvidos: ele ofereceu nada menos que uma ode à agenda que eu acabara de descrever em grandes linhas. Os métodos da *troika* haviam sido muito ruins para a imagem da União Europeia, ele admitiu. "Isso tem que acabar" foram as suas palavras exatas. Para minha alegria e assombro, ele também concordava com meu ponto sobre separar a Comissão Europeia, o BCE e o FMI da *troika* que eles haviam montado – precisamente o que causara a indignação de Dijsselbloem dois dias antes. "Tecnocratas devem conversar com tecnocratas e ministros com ministros", reconheceu ele. Acrescentei que achava um absurdo que os agentes encarregados de representar o Banco Central da Grécia estivessem atuando como oficiais de justiça e impondo queimas de estoque aos governos que deveriam servir. Pierre concordou de todo coração. Era inaceitável, reiterou, acrescentando que achava importante não só para a Grécia, mas também para a Europa, que a *troika* fosse substituída por negociações políticas diretas sobre questões econômicas em Bruxelas, entre ele e eu.

Não havia praticamente mais nada que eu precisasse dizer. Ele fizera o trabalho por mim. Então, apertamos calorosamente as mãos um do outro e concordamos em nos manter em contato para planejar a primeira reunião do Eurogrupo, marcada para 11 de fevereiro, quando este novo capítulo de nosso relacionamento começaria.

"Espero que este seja de fato um novo começo, Pierre", disse eu enquanto o acompanhava até o saguão.

"É sim, é sim", respondeu ele sorrindo calorosamente.

Euclides, que estivera presente durante todo o tempo, parecia entretido. "Vamos ver que guloseimas nosso amigo do FMI reservou para nós", disse ele.

## Relações promissoras: 2. O homem da *troika*

Poul Thomsen, meu próximo convidado na masmorra do hotel, é provavelmente o estrangeiro mais desprezado na Grécia. O sobrenome desse dinamarquês grandalhão é sinônimo de *troika* e de Resgatistão. Em 2010, quando a *troika* estava sendo montada, ele foi nomeado pelo FMI para chefiar a missão grega.

Diferentemente do BCE ou da Comissão Europeia, o FMI tinha décadas de experiência em missões. Nos anos 1970, seus tecnocratas fizeram fama ao visitar Estados em dificuldades na África e na América Latina para impor austeridade, privatizações, fechamentos de escolas e hospitais, liberalização dos preços de alimentos e combustíveis, e assim por diante em troca de empréstimos do FMI. Quando a *troika* foi montada por Berlim para fazer o mesmo na periferia da Europa, a começar pela Grécia, os tecnocratas do FMI foram mobilizados para mostrar o caminho. Diferentemente dos chefes de missão anteriores do FMI, Thomsen estava sendo incumbido das fortunas de um país do Primeiro Mundo.[168]

Como recompensa pelo seu fracasso absoluto na Grécia, Thomsen foi promovido a chefe de todo o departamento europeu do FMI. Negociar com Thomsen, portanto, apresentava uma dificuldade especial: ele ti-

---

168 A noção de "Bancarrotocracia", no *Minotauro global*, é relevante: um regime no qual os bancos falidos governam com base no princípio de que quanto maior o prejuízo de alguém, maior o seu poder de extrair renda do resto da sociedade.

nha um interesse pessoal em resistir a qualquer reconhecimento de que o programa grego havia falhado. Era mais ou menos como negociar o desmantelamento do esquema Ponzi de Bernie Madoff com o próprio Bernie Madoff.

Para minha enorme surpresa, Poul Thomsen não precisou de nenhuma persuasão. Após escutar minha análise da difícil situação grega e minha agenda, ofereceu uma resposta que me faz sorrir até hoje: "Olha, sabemos que não podemos esperar que um governo de esquerda faça coisas que nem mesmo seus predecessores de direita toparam fazer. Entendo que você precisa trazer de volta a negociação coletiva e que não posso esperar que consinta em privatizar tudo.[169] Mas a única coisa que esperamos, sim, de vocês, de acordo com seus próprios pronunciamentos, é que vocês vão atrás dos oligarcas, visando a evasão fiscal em particular."

Eu estava sonhando? Disse-lhe que tinha minha garantia férrea de que não deixaríamos pedra sobre pedra ao persegui-los. Também venderíamos ao setor privado os ativos cuja privatização beneficiasse nossa economia social, contanto que os novos proprietários se comprometessem com altos níveis de investimento direto e proteção adequada dos trabalhadores e do meio ambiente. Mas, acrescentei, para que qualquer agenda de reformas funcione, precisaríamos de um cartão de saída livre da prisão dos devedores. Naquela altura, tirei da pasta o documento informal de uma só página no qual delineava minhas propostas para *swaps* de dívida e entreguei a ele. Thomsen deu uma olhada nele, sorriu e me embasbacou uma vez mais.

"Isto está bom. Mas não é o suficiente. Precisamos de uma anulação imediata de parte de sua dívida. Sem *swaps*, sem atrasos. Simplesmente pegar 53 bilhões de euros e apagá-los".

É isso mesmo, concluí: eu *estou* sonhando! Ele estava falando em eliminar de uma só vez toda a dívida que a Grécia ainda devia aos Estados-membros da União Europeia pelo primeiro resgate em 2010. Será que algum membro da Plataforma de Esquerda do Syriza se infiltrara na mente de Thomsen? Estaria ele possuído por algum espírito radical?

---

169 A negociação coletiva fora desmantelada pelo anterior governo do Nova Democracia e Pasok a pedido da *troika*, com o FMI liderando o ataque.

De repente, me vi na defensiva. Eu não poderia ter concordado mais, disse-lhe, mas como Berlim poderia ser persuadida a concordar com tal proposta? E quanto a todos os outros governos da União Europeia? Seria politicamente viável para eles conseguir aprovar isso em seus parlamentos?

A resposta de Thomsen girou em torno de uma questão técnica: as quantias dadas a Atenas no âmbito do primeiro acordo de resgate eram excepcionais pelo fato de que provinham todas de empréstimos bilaterais de outras capitais da zona do euro; em contraste, os empréstimos do segundo resgate provinham do fundo de resgate da Europa, o FEEF [Fundo Europeu de Estabilização Financeira], que também emprestara dinheiro a Irlanda, Portugal, Espanha e Chipre. Se reestruturássemos a dívida da Grécia para com o FEEF, então Dublin, Lisboa, Madri e Nicósia pediriam uma redução semelhante, ao passo que o primeiro resgate da Grécia podia ser anulado sem que isso desse a outros países socorridos quaisquer motivos para protestar.

Por mais desejável que fosse sua proposta, falei, ainda não via como Berlim poderia concordar com ela, nem como ele faria para evitar a acusação de que estava defendendo a anulação da dívida para com a Europa, mas não aquela para com o FMI.

"Eu apenas estou lhe dizendo qual é a posição do FMI", falou encolhendo os ombros.

Não querendo estragar uma primeira reunião maravilhosa, redirecionei a conversa ao tema da meta de superávit primário da Grécia e ressaltei a importância de que eles fossem sensatos, em torno de 1,5% da renda nacional.

"Concordo", respondeu Thomsen laconicamente.

Meu domingo em Paris não poderia ter começado melhor. Será que meu próximo convidado estragaria tudo?

### Relações promissoras: 3. O homem do BCE na França

O terceiro da lista era Benoît Coeuré, amplamente considerado como o homem da França no conselho executivo do BCE, uma descrição que ele detesta, mas da qual dificilmente pode escapar, dado que, antes de se mudar para Frankfurt, passara toda a sua carreira no Tesouro francês. Um homem ameno e agradável, Coeuré me pareceu ter uma boa noção do desafio que o BCE enfrentava devido à péssima arquitetura econômica e financeira da zona do euro.

Fiquei satisfeito com a premência da primeira pergunta que fez: eu realmente pretendia reestruturar de modo unilateral os títulos (PMTD) do governo grego em propriedade do BCE? "Aquele era um motivo de grande preocupação em Frankfurt", disse-me.

Fiquei feliz em poder resolver esse assunto logo de cara. Do meu ponto de vista, esses títulos eram tanto uma bênção como uma maldição, expliquei. Eram uma maldição, porque sua compra em 2010 não ajudara a Grécia em absolutamente nada e, caso o BCE *não* os tivesse comprado, aquela parte da dívida grega teria sido remitida em cerca de 90% em 2012. "Ter de tomar agora dinheiro emprestado dos contribuintes da União Europeia para pagar ao BCE por títulos que não deveria ter comprado para começo de conversa é ridículo, para dizer o mínimo", afirmei. Ao mesmo tempo, eles eram uma bênção porque davam ao BCE e à Grécia uma causa comum – e certa vantagem – contra Dijsselbloem e o Eurogrupo. Se o BCE ameaçasse fechar nossos bancos a pedido de Dijsselbloem, nós responderíamos com uma contra-ameaça de reestruturação unilateral dos títulos PMTD; nem o BCE nem a Grécia desejavam isso. Minha simples proposta era: não vamos nos ameaçar uns aos outros. Se Benoît dissesse a Jeroen que o BCE não faria parte de um golpe contra o governo de Atenas, então nós, o governo de Atenas, sequer consideraríamos quaisquer ações unilaterais em relação àqueles títulos. "Podemos chegar a um acordo quanto a isso?", perguntei.

Ele sorriu. Claro que não deveria haver ameaças, concordou.

Passamos ao tema dos *swaps* de dívida que eu estava propondo. Dei-lhe meu documento informal e o expliquei brevemente. Agradeceu-me, embora fosse evidente que já estudara minhas propostas. Ele achava que eram sólidas, mas a principal preocupação do conselho executivo do BCE era que não deveriam ser vistas como violadoras de seu regulamento. Aleguei que a conversão de títulos PMTD por um novo tipo perpétuo de título ou instrumento da dívida equivalente era perfeitamente consistente com o estatuto do BCE. Ele pensou sobre aquilo por um momento e, apesar de continuar preocupado, chegou à conclusão de que, "Sim, isso pode funcionar".

Por último, discutimos a candente questão da liquidez. Nosso governo precisaria de alguns meses de margem de manobra para conduzir as negociações, o que significava que precisávamos de uma forma de honrar os pagamentos ao FMI que eram iminentes sem ter que raspar o fundo do tacho do setor público grego, colocando em risco as pensões e os salários dos servidores públicos. Lembrei Benoît do que o BCE fizera no verão de 2012 para ajudar o então recém-eleito governo Samaras durante um período similar de negociações: elevara o limite do cartão de crédito de 15 bilhões de euros para 18,3 bilhões (em títulos do Tesouro) a fim de permitir-lhe efetuar o reembolso devido ao BCE à época.[170]

Benoît se lembrava. E concordou que algo do tipo teria de ser feito.

"Exceto que, ao invés de fazer isso, vocês estiveram apertando o nó em torno do nosso pescoço antes mesmo de sermos eleitos", disse-lhe.

Benoît fingiu não entender. Então lembrei-o da notável declaração de Stournaras em 15 de dezembro de 2014, que dera início à corrida aos bancos. "Este foi um ato de guerra contra o próximo governo, um descumprimento de dever excepcionalmente ofensivo nos anais do Banco Central", asseverei.

Benoît abaixou a cabeça e me disse que ele também achava que a declaração de Stournaras fora "inapropriada" e "inexplicável".

"E eu não acho que Stournaras tenha agido sem o OK de Frankfurt, Benoît. Ninguém acredita nisso em Atenas", acrescentei.

Benoît não disse nada.

Preenchendo o silêncio, continuei: se o BCE não fizesse o necessário para acabar com uma corrida aos bancos de sua própria autoria, se não estendesse a nós a mãozinha da qual precisávamos para conduzir nossas negociações, muitos veriam aquilo como uma intervenção política por parte do BCE – um conjunto de critérios para o governo de Samaras, outro para o nosso. Benoît voltou a sorrir, desta vez mais largamente, como se reconhecendo a curiosa posição de Frankfurt: oficialmente apolítica, mas na realidade desempenhando um papel fundamental na política europeia.

---

170 Como explicado no capítulo 5, item "Primeiro contato". A única diferença entre a situação de nosso governo recém-eleito e a de Samaras era que nosso reembolso não era devido ao BCE, mas ao FMI.

## Quem é você e o que fez com o meu Michel?

Depois da última reunião informal daquela longa manhã – que acabou se revelando uma conversa inútil com um dos assessores do presidente Hollande, que aparentemente não tinha autoridade para dizer nada de substancial –, era hora de mudar do modo não oficial para o modo oficial. O carro alemão da embaixada grega chegou em frente ao hotel para nos levar a reuniões com os ministros das Finanças e da Economia da França. Nós três, Euclides, o embaixador e eu, fomos em silêncio até Bercy, o vasto complexo onde ambos os ministérios estão abrigados às margens do rio Sena.

Na entrada, fui recebido por um efusivo Michel Sapin. Um homem jovial de pouco mais de 60 anos, Sapin era o único ministro das Finanças no Eurogrupo que não falava inglês. Mas compensava com sua calorosa personalidade. Tipicamente latino em seus gestos com as mãos e sua linguagem corporal, ele me fez sentir genuinamente bem-vindo conforme caminhávamos até seu escritório.

Uma vez que estávamos sentados junto com nossos assessores e tradutor, pediram-me que fizesse uma declaração de abertura, a qual usei para delinear os principais itens de nossa agenda econômica, minhas ideias sobre reestruturação da dívida, incluindo o documento informal, que Sapin pareceu ansioso por analisar, prefaciada com uma manifestação de lealdade ao europeísmo e minha afirmação de que a crise grega e sua perpetuação estavam ferindo desnecessariamente a Europa. Expliquei que estava propondo uma nova relação entre Grécia e União Europeia com base no conceito de contrato entre iguais de Jean-Jacques Rousseau.

A resposta de Michel foi a de um irmão de armas: "O sucesso de seu governo será nosso sucesso. É importante que mudemos a Europa juntos; que substituamos essa fixação por austeridade com uma agenda pró-crescimento. A Grécia precisa disso. A França precisa disso. A Europa precisa disso".

Essa era a deixa que eu precisava para apresentar os elementos básicos da *Modesta Proposta*, na qual Stuart Holland, Jamie Galbraith e eu estivéramos trabalhando há anos. Expliquei como o BCE poderia reestruturar parcialmente toda a dívida pública da zona do euro sem efetuar cortes e sem ter de pedir à Alemanha que pagasse por todos os demais ou que garantisse a dívida pública da periferia. Esbocei como a recuperação induzida pelo investimento poderia produzir um novo pacto para a Europa por meio da canalização do programa de flexibilização quantitativa do BCE para projetos de infraestrutura ou títulos de energia limpa emitidos pelo Banco Europeu de Investimento. Michel ouviu atentamente e, quando terminei, declarou que tais propostas eram o caminho a seguir para a Europa. Adiamos a implementação de tais políticas por tempo demais, disse ele. Juntos, devemos reiniciar a Europa, bradou. A única coisa que Michel não fez foi sugerir que nos déssemos as mãos e saíssemos correndo para tomar a Bastilha cantando a Marselhesa!

Nossa conversa, prolongada pela necessidade de tradução, durou cerca de uma hora e meia. Foi agradável e livre de qualquer discordância, e vindo do jeito que veio depois de conversas tão encorajadoras no início da manhã, comecei a deixar o confronto com Jeroen Dijsselbloem para trás e a considerar um acordo de compromisso decente como uma possibilidade real.

Conforme Michel e eu íamos saindo do escritório rumo à coletiva de imprensa obrigatória – ele falando em francês, que consigo entender, e eu respondendo em inglês, que ele compreendia o suficiente –, ele me informou que Berlim estivera em contato. Eles estavam bastante aborrecidos por eu ter vindo a Paris sem me oferecer para ir também a Berlim, disse-me em voz baixa. Eu ficaria mais do que feliz em ir a Berlim também, respondi. A razão pela qual estava em Paris e não lá era que ele me convidara e eles não. Minha intenção era convidar Wolfgang Schäuble a Atenas, já que ele não tinha me convidado para ir a Berlim. Michel sorriu. "Você deveria ir a Berlim imediatamente depois de Frankfurt. Eles me pediram para transmitir isso a você".

"Claro, feliz em obedecer. Isso é um convite ou uma intimação?", perguntei meio a sério e meio brincando.

"Apenas vá", respondeu ele, dando-me tapinhas nas costas.

Na sala de imprensa, duas tribunas estavam lado a lado diante das bandeiras francesa, grega e da União Europeia. Michel falou primeiro, começou me dando as boas-vindas e dizendo algumas palavras sobre os grandes sacrifícios que o povo grego fizera nos últimos anos. Mas então, de repente, seu tom mudou. A jovialidade e a camaradagem desapareceram e foram substituídas por uma aspereza mais familiar ao outro lado do rio Reno: a Grécia tinha obrigações para com seus credores e o novo governo teria de honrá-las; a disciplina deveria ser mantida e toda e qualquer flexibilidade contida nos atuais arranjos. Nada sobre o novo contrato social inspirado em Rousseau no qual concordaramos. Nem uma palavra sobre o fim da austeridade ou a adoção de políticas pró-crescimento induzidas pelo investimento público para o bem de toda a Europa.

Quando chegou minha vez, ative-me a minha declaração preparada, que incluía o seguinte.

> A França é para nós gregos não apenas um parceiro, mas também uma de nossas moradas espirituais. A própria existência do Estado grego deve muito ao iluminismo francês que deflagrou nosso próprio iluminismo e equipou o movimento de libertação nacional grego com sua filosofia e élan. Hoje, tive a oportunidade de esboçar ao senhor Sapin os planos de nosso governo para reformar a Grécia no contexto de uma Europa em plena transformação. Uma reforma que ponha um fim ao ciclo de deflação da dívida, que se autorreforça prejudicando a todos na Europa neste momento em que falamos. Somos da opinião que, para alcançar isso, devemos deliberar no espírito dos grandes europeus que, começando por Jean Monnet, encontraram meios práticos para forjar uma unidade mutuamente benéfica a partir de uma discórdia aparentemente implacável. Proporemos a nossos parceiros em toda a Europa que juntos ressuscitemos um dos princípios operacionais de Jean Monnet. A saber, que se as partes se sentarem em lados opostos de uma mesa de negociação e procederem a partir de posições há muito estabelecidas, haverá poucas chances de sucesso. Mas se nos sentarmos do mesmo lado da mesa e colocarmos o problema do lado oposto, o sucesso é certo em uma Europa com tanto espaço para a prosperidade mútua. Hoje nos sentamos do mesmo lado da mesa proverbial. É intenção de nosso governo fazer o mesmo em todas as capitais europeias, sempre colocando o problema do lado oposto da mesa. Hoje, começando aqui em Paris, permitam-me dizer que sou guiado por um único objetivo: promover os interesses não do grego médio, e sim os

interesses do cidadão europeu médio. Garantir que nossa união econômica e monetária tenha êxito, tendo êxito em todosos lugares.

Embora eu tenha conseguido terminar aquele meu discurso preparado que louvava a solidariedade e o idealismo francês, senti como se tivesse levado um soco no estômago.

Assim que saímos da sala de imprensa, Michel voltou instantaneamente à amigável jovialidade dele, segurando minha mão como se eu fosse seu primo favorito que há muito tempo não via. Determinado a manter minha serenidade exterior, virei-me para olhá-lo e, fingindo perplexidade, perguntei: "Quem é você e o que fez com o meu Michel?".

Para meu grande espanto, ele não apenas entendeu claramente o que eu estava dizendo, como também não parecia minimamente irritado com aquilo. Em vez disso, parou, segurou meu braço um pouco mais apertado, adotou uma expressão sombria e, mudando para o inglês quase como se tivesse praticado aquela fala, compartilhou comigo uma opinião de importância e tristeza históricas: "Yanis, você tem de entender o seguinte. A França não é mais o que costumava ser".

De fato, a França não é mais o que costumava ser. Nos meses que se seguiram, o governo francês e toda a elite do país comprovaram sua incapacidade, bem como sua relutância, para impedir ataques a nosso governo que, no longo prazo, visavam Paris. Embora eu jamais tivesse esperado que eles fizessem de tudo para nos ajudar contra seus próprios interesses, não estava preparado para o abandono pelo *establishment* francês dos seus próprios interesses, que não eram atendidos pelo reforço da dominação dos países superavitários sobre os países em apuros fiscais.[171] A performance de Michel Sapin naquele dia é uma excelente alegoria do que está errado na República Francesa.

No elevador, a caminho para ver Emmanuel Macron, também instalado em Bercy, Michel confessou não ser um economista de formação e perguntou se eu sabia sobre o que fora sua tese de pós-graduação. Respondi que não sabia. "A história numismática de Egina", informou-me com um

171 Ver Varoufakis, 2016 para um relato histórico e econômico de como a determinação das elites francesas em compartilhar uma moeda com a Alemanha colocou a França em um longo caminho rumo ao declínio político e econômico.

sorriso ainda mais largo do que aquele com o qual me cumprimentara pela primeira vez. Meu queixo caiu. O ministro das Finanças da França, tendo acabado de lançar um ataque público surpresa a mim em nome de Berlim, estava agora tentando criar laços comigo por meio da confissão de que não sabia muito sobre economia, mas era especialista nas moedas antigas da ilhazinha ao largo da costa de Ática que Danae e eu chamamos de lar.[172] A palavra ironia não chega nem perto de transmitir o que senti.

O ministro da Economia da França era o oposto de seu ministro das Finanças. Onde Michel Sapin se esquivava, diferia e simulava, Emmanuel Macron escutava ativamente e se engajava diretamente, seus olhos radiantes e prontos para mostrar sua aprovação ou desacordo. O fato de ele ter um bom inglês e uma certa compreensão de macroeconomia também significou que rapidamente estávamos na mesma página em relação à necessidade da Europa de um genuíno programa de investimentos que colocasse seus trilhões de euros em economias ociosas para trabalhar em prol do bem coletivo. Desde meu primeiro encontro com ele, lamentei profundamente o fato de que era Sapin e não Macron quem representava a França no Eurogrupo. Se eles tivessem trocado de papéis, talvez as coisas pudessem ter acabado de outra forma.

Finalmente, depois de um longo dia, Euclides e eu estávamos prontos para deixar Bercy. Quando estávamos saindo, Michel desceu para nos dizer adeus. Foi lá que ele nos ensinou uma coisa que iremos para sempre lembrar e agradecer: como amarrar uma echarpe ao modo francês.

## Downing Street

O Eurostar estava no horário. Londres acenava. Já não era sem tempo. Antes mesmo de eu ter assumido o ministério, 11 bilhões de euros – totalizando 7% dos depósitos bancários na Grécia – haviam sido retirados graças à corrida aos bancos de Stournaras e do BCE. Os bancos gregos já estavam solicitando a assistência de liquidez de emergência do BCE.[173] O

172 Egina tem uma história rica que remonta à era neolítica e foi a primeira pólis grega a cunhar moedas oficiais.

173 A ELA (*emergency liquidity assistance*, em inglês) forneceria cerca de 22 bilhões de euros de liquidez. As pessoas do Morgan Stanley, que por algum motivo acharam por

nó estava apertando. A finalidade dessa próxima etapa de minha jornada era mudar o clima financeiro e ganhar algum tempo para nós.

Na segunda-feira, 2 de fevereiro de 2015, de manhãzinha, tomei café da manhã com Martin Wolf, editor de economia do *Financial Times*. Em poucos minutos, ele concordara com meus objetivos macroeconômicos mais amplos e com minhas propostas de reestruturação da dívida, expressando preocupação apenas com a vontade política da Europa em abraçá-los. Mais tarde, encontrei com Norman Lamont e vários economistas e financistas importantes em um evento organizado por um amigo de Norman, David Marsh, chefe do Fórum das Instituições Monetárias e Financeiras Oficiais [OMFIF, do inglês *Official Monetary and Financial Institutions Forum*], um *think tank* sobre bancos centrais. O objetivo era o mesmo: informá-los e convencê-los de minhas propostas. Parecia simples, dada a sua moderação e seu bom senso.

Meu encontro com George Osborne estava previsto para 11h da manhã, o embaixador da Grécia em Londres, um homem verdadeiramente astuto que servira como chefe do serviço de inteligência grego antes de Roubatis, acompanhou Euclides e eu. O portão de ferro de Downing Street foi aberto por policiais sorridentes, e o envelhecido Jaguar da embaixada parou a uns trinta metros da porta do número 11. Era uma radiante, porém gélida, manhã de segunda-feira. Será que eu deveria usar o casaco de couro um tanto chamativo que nosso embaixador na França me emprestara, ou deveria tirá-lo e, vestindo apenas minha leve jaqueta preta, arriscar ficar tremendo de frio na frente dos fotógrafos amontoados? Preocupado com assuntos mais substanciais, saí do carro do jeito que estava. Por dias a fio depois disso, circularam por toda a mídia imagens de um ministro das Finanças vestido de couro chegando para se encontrar com George Osborne.

---

bem me enviar úteis atualizações sobre suas impressões, informaram-me que, além daquilo, os quatro bancos sistêmicos da Grécia tinham outros 30 bilhões de euros para brincar, cortesia dos títulos de dívida com colateral (ou, como são chamados no comércio, *asset-backed securities* – ABS/Covered) a sua disposição. Eles acrescentaram que, na opinião deles, a zona do euro não se atreveria a nos sufocar completamente, visto que o Grexit custaria muito caro.

Antes que eu chegasse a Londres, Norman Lamont, que atuara como uma espécie de intermediário, sinalizara que Osborne ficaria grato se eu me abstivesse de criticar publicamente suas políticas econômicas. "Estamos em um período pré-eleitoral e a atmosfera é muito sensível", dissera-me Norman.

"Dado que estou buscando o apoio de George, não tenho nenhum interesse em criticar suas políticas", respondi.

Antes de nossa reunião, o gabinete de Osborne explicara à imprensa por que ele tinha bons motivos para ter conversas comigo: na opinião do chanceler, a crise da dívida grega representava o "maior risco à economia global".

Graças a esses preparativos, a visita transcorreu perfeitamente, sem percalços. No interior da casa número 11 de Downing Street, a conversa foi amigável e direto ao ponto. As coisas ficaram interessantes quando Osborne começou a oferecer uma avaliação levemente crítica de seu próprio manejo da economia britânica. Eu não esperava ver qualquer manifestação de insegurança diante de um ministro das Finanças de esquerda, e essa facilidade para autorreflexão me aqueceu. Ele reconheceu o quão importante fora contar com o apoio do Banco da Inglaterra "a cada passo do caminho" e sorriu com simpatia para com minha difícil situação, que não poderia ter sido mais diferente a esse respeito. Concordava que as políticas impostas à Grécia pela *troika* deram à austeridade uma terrível reputação. Fiquei tentado a compartilhar minha opinião de que sua própria versão de austeridade também se voltaria contra ele, mas as boas maneiras e a determinação em não forçar minha sorte me impediram. Em vez disso, voltamos à questão sobre o que achávamos que deveria ser feito com o euro.

Aqui George Osborne estava em um beco sem saída. Seus colegas conservadores desprezavam a moeda comum, mesmo aqueles que desejavam que a Grã-Bretanha permanecesse na União Europeia. Osborne também tinha pouco de positivo a dizer sobre o euro, mas quando me atrevi a sugerir que a desintegração do euro seria ruim para a economia britânica, ele não demorou a concordar. Compartilhei minha impressão do dilema: "Eu me encontro na peculiar situação de constantemente propor políticas para escorar uma moeda cujo projeto e criação contaram com minha oposição. Mas acredito, sim, que mesmo aqueles de nós mais críticos ao euro têm o dever moral e político de tentar consertá-lo, simplesmente porque sua desintegração causará tanto sofrimento humano".

A posição de Osborne quanto ao euro era também um tanto paradoxal. Apesar de ser um eurocéptico e um oponente do euro, ele também conseguia ver que o seu colapso causaria instabilidade e libertaria poderosas forças deflacionárias sobre a economia britânica. A única maneira de blindar a Grã-Bretanha era se esforçando para salvar o euro. E a única maneira de salvar o euro era uma maior integração da zona do euro, que era precisamente o tipo de coisa à qual a maioria dos conservadores se opunha obstinadamente. Ao propor medidas radicais para consertar uma moeda que nenhum de nós gostava, Osborne estava perdendo amigos entre a direita eurocética da Grã-Bretanha e eu estava perdendo amigos entre meus camaradas de esquerda. Apesar do abismo ideológico que nos separava, a crise causada pela absurda arquitetura monetária da Europa nos colocara no mesmo barco.

Com a maior parte dos assuntos sérios fora do caminho, George, eu e Euclides bebericando chá inglês, a discussão passou para temas mais amenos. Osborne achou por bem me elogiar pelo meu inglês.

"Obrigado, George, mas guarde seus elogios até ouvir Euclides falar." Tendo sido criado em Londres, o inglês de Euclides era o de um nativo. Mas o que realmente impressionou George foi que Euclides era um ex-aluno da St. Paul's, a escola pública às margens do Tâmisa na qual George também estudara. Uma vez que desataram a falar, parecia até uma reunião de escola de grã-finos. Posteriormente, toda vez que Euclides tirava sarro de mim devido a meus amigos conservadores, eu o lembrava de suas relações criadas naquela escola pública.

No caminho de saída, deixei meu anfitrião com um pensamento de despedida: seria esplêndido se eu pudesse contar com seu apoio no Ecofin, o Conselho para Questões Econômicas e Financeiras da União Europeia, em meus esforços para resistir à perpetuação de políticas para a Grécia que acordaramos serem absurdas. Osborne assentiu com a cabeça, mas quando chegou a hora não ajudou nem uma vez sequer, optando pelo modo *little englander*,[174] jamais dizendo nada em Bruxelas, a menos que o tema

174 N. de R. T.: O termo se refere a uma tendência no interior do Partido Liberal no

afetasse os mesquinhos interesses britânicos, os da City em particular. Seu poder é tal, que a City era para onde estávamos nos dirigindo em seguida, para uma série de reuniões com os financistas de Londres organizada por meus conhecidos no Deutsche Bank. Se eu conseguira ou não conquistá-los, ficaria visível na manhã seguinte, nas telas da Bloomberg em todo o mundo. Nesse meio tempo, conforme Euclides e eu saíamos pela porta do número 11 até o Jaguar, a massa de fotógrafos, câmeras de TV e jornalistas irrompeu novamente.

De volta ao hotel para meia horinha de descanso antes da próxima etapa da maratona, meu celular tocou. "Onde diabos você arranjou esse casaco?", perguntou Danae. Estava ligando de Austin, onde tinha sido alertada sobre o meu estilo de moda por amigos que assistiam a televisão de manhã cedinho.

"O que há de errado com ele?", perguntei. "Achei que fosse bastante charmoso, não era?".

Sua censura foi enfática e me persegue até hoje. "Preciso finalizar tudo logo aqui em Austin e voltar imediatamente", disse ela.

*Sim*, pensei comigo mesmo. *Eu preciso mesmo que ela volte o quanto antes, mas por razões que nada têm a ver com estilo.*

## Cortejando o gênio das finanças

Mais de duzentos representantes de todo tipo de empresas financeiras haviam se reunido no grande salão. O funcionário do Deutsche Bank de origem grega que gentilmente organizara o evento fez uma breve introdução. Em vez de ficar parado na tribuna colocada no palco, optei por perambular com um microfone de mão. Quando comecei, estava dolorosamente consciente do desafio expresso de forma tão brilhante por Ambrose Evans-Pritchard, editor de economia do *Daily Telegraph*, em uma de suas colunas: "A situação da Grécia, embora terrível, não é trágica no sentido da Atenas antiga: seu destino ainda está em suas próprias mãos.

século XIX que se opunha à expansão do império britânico, cujo equivalente nos Estados Unidos era a doutrina isolacionista. É utilizada de modo genérico para indicar uma visão política que enxerga à sua frente tão somente os britânicos e seus particulares interesses.

Com uma estratégia habilidosa, tudo ainda pode terminar em sorrisos, não em lágrimas".

Minha estratégia, pelo menos naquele salão, era simples: dizer as coisas tais quais elas são, sem embelezá-las, completando com um reconhecimento das fraquezas de nosso próprio governo. Nada impressiona mais os financiadores do que uma combinação de honestidade e engenharia financeira inteligente.

Honestidade significava que eu não iria ficar de rodeios quanto a duas questões. Primeiro, disse-lhe, o Estado grego falira em 2010, e quantidade nenhuma de austeridade ou novos empréstimos poderiam mudar aquilo. Eu podia ver em seus rostos que estavam aliviados em encontrar um ministro das Finanças grego que não tentaria, como todos os seus antecessores, apresentar o Estado grego como insolvente, mas sim no caminho certo para a solvência. Essas pessoas sabiam a verdade e ficaram estimuladas ao me ouvir reconhecê-la.

Em segundo lugar, admiti que tínhamos um gabinete dividido; que, sim, havia aqueles que queriam Grexit, que não estavam interessados em negociar com a União Europeia e o FMI, convencidos de que nada de bom resultaria daquilo, e que queriam apenas sair. E havia aqueles de nós, em torno do primeiro-ministro, cujo objetivo era uma solução negociada dentro da zona do euro. Mas, acrescentei com uma nota positiva, essa divisão não afetaria as negociações, que seriam conduzidas por minha equipe principal. Nossos colegas partidários do Grexit não nos atrapalhariam. Em vez disso, seriam pacientes e nos dariam a chance de demonstrar que um acordo viável era possível. Enquanto os credores oficiais da Grécia, a União Europeia e o FMI, estivessem dispostos a chegar a um acordo mutuamente vantajoso, o mundo das finanças nada tinha a temer de meus colegas da Plataforma de Esquerda no governo.

Então vieram as propostas de engenharia financeira resumidas em meu documento informal. Dada a expertise financeira do público, falei sobre elas com muito mais detalhamento técnico do que fizera em outros lugares, para que eles não tivessem dúvidas de que eu sabia exatamente do que estava falando – e que essas eram o tipo de propostas que eles mesmos teriam feito caso lhes tivesse sido dada a oportunidade.

Finalmente, voltei-me a um tema caro aos corações de financistas de mentalidade neoliberal: privatização. Comecei reconhecendo a probabilidade de que muitos dos presentes na sala, que ocupavam o extremo oposto de meu espectro político, discordariam de meus pontos de vista sobre o mérito ou não da privatização. Mas o que eu tinha certeza de que concordaríamos, disse, era que vender ativos quando seus preços despencaram é uma bobagem; que as queimas de estoque para compradores que não tinham planos de investir, e que só estavam interessados em ativos depauperados, eram uma péssima ideia. Dadas as calamitosas circunstâncias em que nos encontramos, assegurei-lhes que nosso governo não seria ideológico quanto a isso: se me perguntassem se eu era a favor ou contra a privatização, minha resposta seria: "Depende do ativo em questão – um porto, uma ferrovia, uma praia, uma companhia de eletricidade?". Praias, eu não venderia jamais, disse-lhes, assim como jamais venderia o Partenon. E a privatização de redes de distribuição de eletricidade leva sabidamente a resultados ambientais e sociais que estão bem longe do ideal. Mas quando se tratava de portos e aeroportos, formaria minha opinião baseada em quatro critérios: quanto o comprador estava se comprometendo a investir no ativo; o compromisso do comprador com os direitos dos trabalhadores à representação sindical e a salários e condições decentes; normas ambientais; e até que ponto o comprador seria obrigado a incentivar e a deixar espaço para pequenas e médias empresas locais. Se esses quatro critérios fossem atendidos, ficaria mais do que feliz não apenas em consentir à privatização, mas também em promovê-la energicamente.

Um mar de mãos levantadas tomou a sala quando finalmente abri para perguntas. Por mais de duas horas, andei pelo salão respondendo a toda e cada uma delas. Algumas eram hostis, outras mais amigáveis. Fiz questão de tratar exaustivamente todas. A julgar pelos calorosos aplausos ao final da sessão, senti que a tarefa fora cumprida.

Conforme nossos anfitriões acompanhavam Euclides e eu até a saída, três ou quatro dos mais influentes *players* da City presentes no salão aproximaram-se para dizer que haviam ficado impressionados. "Você verá o reflexo disso nos mercados amanhã", assegurou-me um deles enquanto apertava minha mão cordialmente.

"Em outras circunstâncias, eu estaria elaborando meu relatório para o Comitê Central com a recomendação de que você fosse enviado para o Gulag", brincou Euclides.

"Camarada, ficaria até feliz em ser enviado ao Gulag por tendências de direita, contanto que nossa missão seja cumprida – e se você prometer me visitar de vez em quando, para que eu possa me lembrar da expressão de horror na sua cara agorinha mesmo", respondi.

Mais tarde naquela noite, fomos recebidos para um jantar na residência de nosso embaixador em Londres. Norman Lamont e David Marsh estavam lá, assim como meu grande apoiador e conselheiro americano Jeff Sachs, que veio direto do aeroporto de Heathrow. Fiquei contente em tê-lo a meu lado. Entre os convidados, havia também Reza Moghadam. Reza estava com a Morgan Stanley, mas, assim como Jeff Sachs, já trabalhara no FMI. Mais significativamente, lá ocupara o cargo de Poul Thomsen até apenas um ano antes. Minha conversa com ele foi fascinante.

Reza confirmou tudo aquilo que eu vinha dizendo sobre o programa grego desde 2010 – o erro grosseiro do FMI em participar dos resgates gregos, a insensibilidade da *troika* e, em particular, a única razão pela qual o FMI e a União Europeia estavam nos asfixiando: porque eles não tinham o que era preciso para confessar o desacerto de suas ações. Como comentei com Euclides, que ouvia tudo com incredulidade, uma coisa era nós esquerdistas dizermos tudo isso, outra bem diferente era ouvir diretamente da boca dos envolvidos – do cara que esteve de fato implementando o programa grego até somente poucos meses atrás.

Durante o café e os drinks de depois do jantar, fiquei me perguntando se minhas propostas teriam causado o efeito desejado. Financiadores sediados em Londres, políticos conservadores, jornalistas influentes e ex-membros do FMI pareciam todos entender meu ponto de vista. Sim, éramos um governo de esquerda, mas tudo o que estávamos pedindo era que prevalecesse algum tipo elementar de bom senso no centro da política europeia.

Naquela noite, a cobertura jornalística de minhas visitas a Paris e Londres feita pelos principais meios de comunicação pareceu positiva. A BBC informou: "O economista que virou ministro das Finanças para buscar renegociar as enormes obrigações de dívida da Grécia diz que sua prioridade é o bem-estar de todos os europeus e descartou a possibilidade de aceitar mais dinheiro proveniente de empréstimos de resgate... Ele disse: 'Nós nos parecemos com viciados em drogas ansiando pela próxima dose. O objetivo deste governo é acabar com o vício'".[175]

A mensagem estava finalmente sendo entendida. Mas, quando apaguei as luzes para algumas horas de sono antes do voo à Roma, fiquei nervoso com o que a manhã seguinte traria. Será que a bolsa de valores de Atenas reagiria? Eu precisava desesperadamente de um impulso nos mercados de capitais para dar um sinal aos investidores e a outros governos da União Europeia de que tínhamos o que era necessário para criar uma onda de otimismo; para plantar a ideia nas mentes da União Europeia e do FMI de que eles se beneficiariam de um acordo conosco.

## Uma conquista inconveniente

Às 8h da manhã, depois da primeira xícara de café do dia, recebi um telefonema com uma mensagem deveras peculiar: meu cardápio de propostas de *swap* de dívida tinha recebido a entusiástica aprovação do Instituto Adam Smith (ASI, na sigla em inglês), o *think tank* fundado em 1977 que abrira o caminho para o projeto neoliberal de Margaret Thatcher e que, na minha cabeça, representava tudo aquilo contra o que lutaradurante meus anos no Reino Unido. A declaração do membro da ASI Lars Christensen, dizia:

> A tarefa do Banco Central Europeu é garantir estabilidade nominal na economia da zona do euro. O BCE não deveria socorrer governos e bancos. Infelizmente, ao longo dos últimos seis anos, o BCE foi reiteradamente forçado a resgatar Estados da zona do euro. Assim, tem repetidamente realizado política de crédito (em vez de política monetária) para evitar a inadimplência de países da zona do euro... Ao vincular as dívidas da Grécia para com a União Europeia e para com o BCE ao PIB nominal grego, como Varoufakis propôs, as finanças públicas gregas ficariam menos vulneráveis a um fracasso da política monetária na zona do euro. O

175 Ver http://www.bbc.com/news/world-europe-31083574.

chanceler George Osborne deveria ser um defensor entusiasta do plano de Varoufakis para a dívida, pois ele reduziria o custo das apertadas políticas monetárias do BCE e diminuiria o perigo de outra grave crise na zona do euro.[176]

É claro que fazia todo sentido: trocar dívidas pendentes por títulos vinculados ao crescimento, acompanhados por uma forte repressão à evasão fiscal e moderados superávits orçamentários, fazia mais o gênero de um libertário do que o de um esquerdista. Como eu comentara com os financistas da City no dia anterior, fora preciso uma noção da profundidade da crise do euro para que um governo radical de esquerda apresentasse propostas liberais convencionais como solução.

Quanto ao ASI, tudo muito bom, tudo muito bem, mas como reagiriam os mercados? A resposta era: magnificamente! A manchete da Bloomberg não poderia ter sido mais gratificante: A BOLSA GREGA VAI À LOUCURA.

> As ações gregas dispararam nesta terça-feira, ante a esperança de uma resolução para o impasse da dívida entre o novo governo radical da Grécia e seus credores. Até 15:12h (10:12h GMT), o Índice Geral da Bolsa de Valores de Atenas subira 11,2%. Essa notícia chega depois que o novo ministro das Finanças grego, Yanis Varoufakis, disse ao *Financial Times* que, em vez de pedir uma remissão de 315 bilhões de euros (237 bilhões de libras esterlinas; 357 bilhões de dólares) de dívida externa, o governo pedirá para converter a dívida grega em dois novos tipos de títulos vinculados ao crescimento.

Um rápido telefonema a Atenas confirmou as boas novas. Não apenas a bolsa subira os tais 11,2%, mas, ainda mais importante, as ações dos bancos da Grécia aumentaram em mais de 20% e milhares de depositantes estavam retornando ao banco o dinheiro de debaixo de seus colchões. Era uma conquista de curto prazo, mas bastante importante: demonstrava que

---

176 Ver <http://www.cityam.com/208589/adam-smith-institute-calls-osborne-back-varoufakiss-grego-dívida-troca-plano>.

nossa narrativa sobre reformas reais e uma reestruturação sensata da dívida tinha o potencial para conquistar mercados e cidadãos.

Era hora de voar para Roma.

## Dica italiana

Fui escoltado do aeroporto Fiumicino de Roma até o Ministério das Finanças por dois carros de polícia e duas motocicletas, de sirenes ligadas. Mas, presos como estávamos no denso trânsito de Roma, tudo o que nossa escolta conseguiu alcançar foi poluição sonora, irritando os outros usuários da estrada, e meu próprio constrangimento. Criando mais barulho do que conteúdo, eles me trouxeram o governo de Mateo Renzi à mente.

Pier Carlo Padoan, ministro das Finanças da Itália e ex-economista-chefe da OCDE, é, em muitos aspectos, um típico social-democrata europeu: simpatizante da esquerda, mas não disposto a agitar as coisas. Ele sabe que a União Europeia, em sua configuração atual, está indo na direção errada, mas está disposto a fazer pressão apenas por ajustes irrelevantes em seu curso. Ele tem a capacidade para entender a doença fundamental que aflige a zona do euro, mas reluta em entrar em conflito com os médicos responsáveis da Europa, que insistem em dizer que não há nada a tratar. Em suma, Pier Carlo Padoan é um convicto de dentro do sistema.

Nossa discussão foi amigável e eficiente. Expliquei minhas propostas, e ele fez sinal que entendia onde eu queria chegar, sem expressar nem um pingo de crítica, mas sem por isso apoiar. Em sua defesa, explicou o porquê: quando fora nomeado ministro das Finanças, alguns meses antes, Wolfgang Schäuble fizera questão de implicar com ele sempre que teve a oportunidade – principalmente no Eurogrupo. À época em que nos conhecemos, Padoan conseguira encontrar um *modus vivendi* com Schäuble e, evidentemente, não estava preparado para colocá-lo em risco pelo bem da Grécia.

Perguntei-lhe como fora capaz conter a hostilidade de Schäuble. Pier Carlo disse que pedira a Schäuble para lhe dizer qual a melhor coisa que poderia fazer para ganhar sua confiança. Essa coisa acabou sendo uma "reforma do mercado de trabalho" – codinome para o enfraquecimento dos direitos dos trabalhadores, permitindo que as empresas os demitissem com mais facilidade, com pouca ou nenhuma compensação, e contratar pessoas com salários mais baixos e menos proteções. Depois que Pier Carlo aprovou a legislação apropriada no Parlamento italiano, a um significativo custo político para o governo Renzi, o ministro das Finanças alemão pegou leve com ele. "Por que você não tenta algo parecido?", sugeriu ele.

"Vou pensar a respeito", respondi. "Mas valeu pela dica."

## Sabotagem do Banco Central

Na manhã seguinte, quarta-feira, 4 de fevereiro, eu programara o alarme do meu celular para as 4h da manhã. Pouco tempo depois, estava em um avião rumo a Frankfurt, onde minha primeira reunião seria com outro italiano, Mario Draghi, presidente do Banco Central Europeu.

As ruas de Frankfurt estavam cobertas de uma fina camada de gelo e o céu cinza chumbo parecia pairar logo acima do teto do carro. Ainda era manhã. Os arredores da nova torre do BCE ainda se assemelhavam a um enorme canteiro de obras, por isso a aproximação final nos levou por estradas de terra. Euclides e eu fomos recebidos na porta por vários funcionários e arrebatados até o último andar em um elevador expresso. A novidade era imponente, a vista a partir das grandes janelas de vidro, um alívio para o cheiro de tinta.

Na sala de reuniões do conselho, os mais altos representantes do BCE haviam se reunido. Benoît Coeuré, que eu conhecera em Paris alguns dias antes, era o único que exibia um sorriso amigável. Mario Draghi parecia tenso, enquanto os dois alemães no conselho executivo do BCE, Peter Praet e Sabine Lautenschläger, foram bastante reservados ao me cumprimentar. Todos eles se sentaram do mesmo lado de uma longa mesa, de frente para mim – Euclides a minha esquerda, a vista de Frankfurt atrás deles – e fui convidado a abrir os trabalhos com uma declaração de intenções.

Consciente da importância da brevidade, comecei por introduzir as prioridades e intenções de meu governo em relação ao programa grego, e então, em não mais do que dez minutos, delineei nossa sequência de propostas: reestruturação da dívida com base em *swaps* de dívida que financistas de todo o mundo consideram sensatas e apropriadas, um superávit primário de 1,5% duradouro, um banco de desenvolvimento para substituir as queimas de estoque, um "mau banco" público para lidar com os empréstimos improdutivos dos bancos, reformas profundas em vários mercados e por aí em diante. Quando concluí, entreguei a Mario Draghi o documento informal com o resumo de minha proposta de *swap* de dívida.

Draghi começou sua resposta com um breve discurso sobre a independência do BCE e sua determinação em não desempenhar nenhum papel na política das negociações entre meu governo e outros países da zona do euro, enfatizando a proibição que impede o BCE de fazer "financiamento monetário" via bancos comerciais. "E devo dizer-lhe que os recentes acontecimentos na Grécia estão nos colocando em uma posição difícil", informou-me ominosamente. "Mais tarde ainda hoje nosso conselho de administraçãose reunirá e é muito provável que sua isenção seja retirada."

A isenção era o que permitia ao BCE fornecer liquidez a nossos bancos em troca de garantias fajutas.[177] Ela só poderia ser dada caso o Eurogrupo consentisse – uma decisão puramente política e que dava no mesmo que um "financiamento monetário", apesar dos protestos de Draghi em sentido contrário. Retirar a isenção era o primeiro dos dois passos necessários para fechar os bancos da Grécia; o segundo seria suspender a assistência de liquidez de emergência. Draghi intencionalmente se absteve de revelar se ele concordava com a retirada ou não; estava meramente me avisando que não ficaria surpreso se a maioria dos membros do conselho fosse a favor da retirada.

Então lá estava: depois de algumas poucas frases de seu discurso de boas-vindas, Mario Draghi estava sinalizando um compromisso de intensificar a asfixia que o BCE e o presidente do Banco Central da Grécia haviam começado antes de sermos eleitos. Era um ato de agressão explícito e calculado.

Comecei minha resposta expressando meu grande e genuíno respeito pela maneira como Draghi se empenhara desde o primeiro dia de sua presidência para fazer o que quer que fosse necessário para salvar o euro, ao mesmo tempo que respeitava o máximo possível o estatuto e as regras de seu banco.

177 Explicado mais detalhadamente no capítulo 3 e mencionado essencialmente no confronto com Jeroen Dijsselbloem no capítulo 6, item "Ultimato".

Este hábil número de equilibrismo foi o que forneceu aos políticos europeus o tempo necessário para agirem conjuntamente, enfrentar a crise de maneira adequada e assim aliviar as circunstâncias impossíveis nas quais se encontrava o BCE: responsável por salvar as economias em crise da zona do euro, ao mesmo tempo que se via proibido de utilizar os meios essenciais – aqueles disponíveis a qualquer banco central normal – para fazê-lo.

"Infelizmente, os políticos não usaram o tempo que você sabiamente ganhou para nós, não é?", perguntei. A expressão no rosto de Mario transmitiu uma concordância constrangida. Eu continuei:

> Você fez um trabalho fantástico mantendo a zona do euro unida bem como mantendo a Grécia no euro, especialmente no verão de 2012. O que vim aqui colocar para você hoje é que continue a fazê-lodurante os próximos meses, concedendo a nós políticos o tempo e o espaço monetário necessários para conseguir um acordo viável entre a Grécia e o Eurogrupo; um que acabe com a crise grega de uma vez por todas, permitindo, assim, que você respeite totalmente sua independência e seu regulamento para com a Grécia, enquanto nós políticos nos dedicamos à tarefa de curar as feridas de nosso país por meio de políticas que tragam uma real e sustentável recuperação. Mas nada disso vai acontecer a menos que tenhamos seu apoio. Dois dias atrás, fui a Londres para acalmar os nervos da City, criar confiança e reverter os "acontecimentos recentes" negativos que você mencionou. Foi um grande sucesso. Como você sabe Mario, ontem as ações dos bancos e a bolsa de valores de Atenas subiram acentuadamente. Eu pensava que era dever de um banco central ajudar um ministro das Finanças a reforçar tal aumento na confiança do mercado, em vez de revertê-lo. Se o BCE retirar a isenção hoje, isso equivaleria a destruir o otimismo do mercado que trabalhei tão duro em Londres para criar.

Senti que Mario esmaeceu com a acusação feita contra ele – a de que estava prestes a desfazer uma melhora no sentimento do mercado recorrendo a legalismos. Um pré-requisito para a isenção era a continuação do programa, disse ele, provocando uma troca mais amarga.

"Seu governo não está se comprometendo com o programa existente", disse-me, ecoando as palavras de Jeroen Dijsselbloem.

"Tudo o que estamos fazendo é buscar renegociar o programa para torná-lo viável", retruquei.

"De qualquer modo, ele expira no dia 28 de fevereiro."

"Está bem. Por que você não espera até a próxima reunião do Eurogrupo (agendada para quarta-feira, 11 de fevereiro) antes de retirar a isenção e desfazer o bom trabalho que fiz em Londres? Mario, nós ganhamos o governo com apenas quatro semanas para renegociar o programa. Este prazo é tão curto que chega a ser ridículo. Mas tê-lo reduzido hoje em três semanas (pelo) nosso Banco Central é inaceitável."

"Não importa tanto, Yanis, *quando* retiramos a isenção, já que os bancos gregos esgotaram a maioria das garantias elegíveis." Ele falou como se a decisão de retirar a isenção fosse inevitável, algo além de seu controle, um ato de Deus.

Se não importava quando retirariam a isenção, argumentei, então não havia necessidade alguma de fazê-lo naquela mesma tarde. "Por que não esperar pela reunião do Eurogrupo a apenas alguns dias? Por que extinguir as conquistas que acabei de fazer em Londres?".

Sua única resposta foi insistir que não era ele quem estava propondo que a isenção fosse removida, insinuando novamente que aquilo estava fora de suas mãos.

Nesse ponto, eu poderia ter desancado o presidente do Banco Central Europeu por lavar as mãos em uma importante decisão a ser tomada por seu próprio conselho, que destruiria exatamente aquilo que os bancos centrais foram criados para escorar: a confiança do mercado. Mas não o fiz, em parte porque havia uma pequena chance de ele ser contrário à remoção da isenção, mas incapaz impedi-la.

Em vez disso, disse-lhe confiar que ele seria capaz de intervir junto ao conselho do BCE para manter a isenção, e assim não comprometer o reavivamento de ontem da bolsa de valores de Atenas, da mesma forma que confiava que ele apoiaria minhas propostas de reestruturação da dívida. "Estou dizendo isto aqui, no BCE, porque é neste edifício, e não em Bruxelas, que a Europa conta com especialistas capazes de compreender e apoiar."

O primeiro item em meu documento informal era o *swap* de dívida, ou seja, a proposta de converter os títulos PMTD detidos pelo BCE em um novo tipo perpétuo de título do governo grego. Este era um terreno sensível. Os títulos PMTD eram, como ambos sabíamos, a espinha dorsal de minha estratégia de dissuasão e seu calcanhar de Aquiles. Se a Grécia os reduzisse unilateralmente, muito provavelmente arruinaríamos o programa de flexibilização quantitativa. Eu me perguntava o que ele teria a dizer sobre esses títulos.

Sua tática foi contornar a questão, descartando a ideia de um *swap* como sendo uma forma de "financiamento monetário" e, portanto, impossível. Pedi permissão para discordar: uma redução, admiti, poderia ser interpretada estritamente como uma forma indireta de financiamento monetário, mas minha proposta era converter um tipo de dívida (de curto prazo) por um outro (infinitamente longo).

O governo grego continuaria devendo ao BCE 27 bilhões de euros, mas em vez de reembolsar esse capital dentro de alguns anos, comprometer-se-ia a efetuar, se os juros fossem pequenos, pagamentos regulares ao BCE *ad infinitum*. Sem redução, sem financiamento monetário. "Isto é algo que os autores das regras do BCE não poderiam ter proibido simplesmente porque jamais o haviam considerado", concluí.

Uma ajuda inesperada veio de Benoît Coeuré. Ele se virou para Draghi para dizer que minha proposta tinha mérito e não deveria ser descartada. Mesmo que o BCE estivesse relutante em aceitar um novo tipo perpétuo de títulos gregos em troca de seus títulos PMTD remanescentes, talvez pudéssemos "triangular": o Mecanismo Europeu de Estabilidade (MEE), o fundo de resgate da União Europeia, poderia entregar 27 bilhões de euros em dinheiro ao BCE, a fim de resgatar os títulos PMTD, enquanto a Grécia poderia emitir o seu título perpétuo com um valor nominal de 27 bilhões de euros e entregá-lo ao MEE. Imediatamente reconheci um mérito adicional na ideia de Benoît, que era o fato de, ao não deixar títulos gregos nos livros do BCE (perpétuos ou PMTD), a Grécia se tornaria elegível para a iminente rodada de flexibilização quantitativa de Draghi.[178]

178 Para fazer com que Merkel concordasse com o programa de flexibilização quantitativa, apesar dos desejos do Bundesbank, uma das condições que Draghi teve de impor era que não mais do que uma certa porcentagem dos títulos/dívidas pendentes de um gover-

Mudando rapidamente de assunto, Draghi queixou-se que meus comentários públicos sobre a insolvência dos bancos gregos estavam dificultando que ele os mantivesse abertos, dado que o regulamento o proibia de manter à tona bancos insolventes. Respondi chamando sua atenção para o fato de que a isenção concedida aos bancos gregos era, em si, uma clara admissão de que eles eram insolventes; senão por que concedê-la?

O problema era que essa solução temporária se tornara permanente, como resultado de nosso fracasso coletivo em lidar com a insolvência subjacente. "Com certeza, nossa tarefa agora é dar um fim ao abraço da morte, ao ciclo da desgraça, entre bancos insolventes – que o BCE é forçado a manter abertos contrariando suas próprias regras – e um Estado insolvente, no qual os contribuintes da Europa continuam jogando dinheiro fora, não?".

Peter Praet e Sabine Lautenschläger, sentados à esquerda de Mario, pareciam horrorizados, não porque o que eu estava dizendo fosse um disparate, mas – estou persuadido – porque aquilo estava muito próximo de suas próprias críticas aos resgates gregos e ao papel do BCE nestes. Praet começou a me fazer perguntas sobre privatizações. Dei as mesmas respostas que dera em Londres, quando me dirigi a meus amigos da City. Eles pareceram satisfeitos com o argumento, mas descontentes com a realidade do terreno na Grécia – exatamente o que eu sentia! Depois de mais algumas perguntas e uma breve fala de Euclides, que foi um pouco mais combativa do que as minhas, a reunião chegou ao fim.

Quando estávamos saindo, Mario se aproximou de mim e juntos deixamos a sala de reuniões do conselho. Andando ao longo de um corredor, longe de ouvidos alheios, ele tentou me abrandar quanto à questão da possível retirada de nossa isenção pelo conselho do BCE naquela tarde. Eu não aturaria aquilo.

"Mario, eu o considerarei pessoalmente responsável caso nossa isenção seja retirada um dia depois de eu ter conseguido um aumento de 20%

no pudesse ser comprada pelo BCE. Se o novo título perpétuo que eu estava propondo permanecesse nos livros do BCE, ele limitaria o número de novos títulos gregos que o BCE poderia adquirir, limitando assim o impacto positivo da flexibilização quantitativa sobre a capacidade do governo grego de tomar novamente emprestado de investidores privados.

no valor das ações dos bancos. Se você fizer isso, será a primeira vez em toda a história dos bancos centrais – um banco central trabalhando para sabotar o sucesso de um ministro das Finanças na melhora a expectativa do mercado".

Draghi se fez de sonso. Mais uma vez, protestou que aquilo realmente não dependia dele; que não controlava o conselho do BCE. Mais uma vez, argumentou que eu não o estava ajudando a manter a isenção ao continuar a falar de seu calcanhar de Aquiles, a possibilidade de uma reestruturação unilateral dos títulos PMTD.

Tudo o que eu queria era que trabalhássemos juntos, assegurei-lhe. "Não vou apenas deixar de reestruturar unilateralmente esses títulos, como não vou nem mais pensar nisso – contanto que você não feche nossos bancos", prometi.

"Farei meu melhor", respondeu ele. "Mas nem sempre depende de mim".

Inúmeras vezes desde que a crise do euro começou, tive de corrigir o fundamental mal-entendido de que se trata de uma briga entre alemães e gregos, entre Norte e Sul, entre uma Berlim sovina e uma periferia europeia perdulária. Pelo contrário, os inimigos da solidariedade, da racionalidade e do esclarecimento europeus residem na Grécia, na Alemanha, na Itália – em toda parte. E o mesmo vale para seus defensores.

Após a reunião no BCE, alguns compromissos com a imprensa mantiveram-me em Frankfurt por algumas horas. Durante esse tempo, fui acompanhado por quatro guarda-costas do serviço secreto alemão, dois andando à minha frente, dois seguindo alguns passos atrás. Sempre que pegávamos um carro, eles eram os últimos a entrar e os primeiros a descer para avaliar o entorno. Carrancudos e intensos, com seus cabelos reco, fones de ouvido, abotoaduras, botas de borracha e uniformes sutis, eles eram imperturbáveisa minhas objeções a sua presença constante.

Quando minhas entrevistas terminaram, eles me levaram até o aeroporto, onde continuaram a fazer suas coisas, silenciosa e eficientemente, enquanto eu seguia meu caminho para pegar o voo rumo a Berlim. Antes de embarcar no avião, pedi permissão para ir ao banheiro. Um deles, obviamente o líder da equipe, seguiu-me até lá dentro, ficando lá parado perto demais para meu gosto. Mas eu sabia que ele estava apenas seguindo ordens, então relaxei e dali a pouco estava lavando minhas mãos e a caminho da saída.

Antes que chegássemos até os outros três guarda-costas, que esperavam no portão de embarque, ele falou pela primeira vez. Em um ótimo inglês, pediu permissão para me dirigir a palavra. "Claro", respondi.

"Ministro", disse ele, "eu quero que você saiba que o que está fazendo é muito importante – não apenas para seu país, mas para nós também. Você está nos dando a esperança de que há uma chance de sermos libertados também".

Sempre que ouço pessoas, incluindo amigos e apoiadores, dizendo que a Europa acabou, que não pode existir um caminho comum para alemães, ingleses, italianos e gregos, mergulho em minha memória para recuperar as palavras daquele oficial do serviço secreto alemão.

## É pra você!

Logo após aterrissar em Berlim, tinha programado um jantar secreto com Jörg Asmussen e Jeromin Zettelmeyer. Asmussen era o ministroadjunto para questões trabalhistas, mas uma figura-chave no sistema político alemão com contatos estreitos no BCE, onde fora membro do conselho executivo até o ano anterior, e um personagem influente entre os social-democratas (SPD, na sigla em alemão), os sócios minoritários de coalizão do governo federal. Zettelmeyer trabalhava diretamente para Sigmar Gabriel, o vice-chanceler do governo federal, ministro da Economia e líder do SPD.

O objetivo do jantar era pretensamente construir pontes entre o governo do Syriza e a seção do governo alemão controlada pelos social-democratas. Eles se apresentavam como nossos aliados e apoiadores dentro do governo de Berlim, oferecendo-me conselhos e proteção contra o "lobo mau", como um deles se referia jocosamente a Wolfgang Schäuble.

O combinado era que eu iria sozinho ao restaurante, incógnito e de táxi, e que não contaria a ninguém que estávamos nos encontrando. A implicação era que isso se voltaria contra nós caso a informação vazasse. "Vamos manter isso apenas entre nós", me disse Jeromin ao telefone. É claro que o fato de ele ter ligado para meu celular significava que aquilo já se tornara praticamente de conhecimento público – como me explicara Yannis Roubatis, o espião-chefe do nosso governo.

Quando eu estava prestes a deixar o quarto de hotel, recebi um e-mail de Jeromin dizendo que eles tinham mudado a reserva do restaurante porque a escolha original era "pública demais", confirmando uma vez mais a importância de sermos discretos. Em parte, por causa dessa ênfase no sigilo, e em parte porque eu estava exausto e ansioso por me desconectar por algumas horas, deixei meu celular no quarto.

Encontrei um táxi em uma rua fria e escura nas proximidades e dei ao motorista o endereço da pizzaria fora de mão onde estaríamos nos encontrando. Ao chegar, conforme minhas instruções, subi as escadas até o primeiro andar, que tinha sido reservado apenas para nós. Enquanto comíamos pizza e bebiamos vinho tinto, desenrolou-se uma amigável discussão.

Jörg e Jeromin falavam comigo como amigos, camaradas mesmo. Aquilo estava se tornando um padrão entre os social-democratas, pensei, lembrando de meu encontro com Michel Sapin. O objetivo, como eles o colocaram, era criar uma agenda comum Syriza-SPD, sofisticada e sensata o suficiente para tornar difícil que Angela Merkel e Wolfgang Schäuble – seus colegas democratas cristãos no governo, mas adversários políticos no geral – se opusessem. Soava bom para mim. Bom demais, para dizer a verdade. Ainda assim, se um acordo decente pudesse ser elaborado com a ajuda de Jörg e Jeromin, ótimo. Se não, o que tinha a perder?

À medida que nossa conversa flutuava de um assunto para outro, o plano básico que eu estava propondo parecia satisfazê-los. A questão que os preocupava era saber quais seriam as objeções que os democratas cristãos fariam e como elas poderiam ser resolvidas. Quanto mais conversávamos, mais me sentia como se estivesse jantando com um par de consultores trabalhando para meu governo. Até que o telefone de Jörg tocou. Ele atendeu, colocou o telefone no ouvido, depois olhou para mim gravemente e, sem falar uma única palavra ao aparelho, disse: "É pra você. Mario quer falar com você."

Lá se ia o sigilo de nosso encontro. *Essas pessoas nem mesmo tentam manter as aparências*, pensei comigo mesmo. Levantei-me, peguei o telefone de Jörg e saí da sala até o escuro corredor acima da cozinha da pizzaria, imerso em odores e ruídos agradáveis.

"Olá, Mario, o que posso fazer por você?"

"Eu queria lhe dizer, Yanis", falou Draghi com uma voz firme, "antes que você descubra pela imprensa, que, como prenunciei esta manhã, o conselho do BCE votou para retirar a isenção de seus bancos. Mas isso não significa muita coisa, já que seus bancos continuarão a ser apoiados por seu banco central por meio da assistência de liquidez de emergência".

"Aprecio você ter passado por tudo o que é tipo de canal interessante para me encontrar e me informar pessoalmente, Mario", disse eu. "Já que está me dando a oportunidade de responder pessoalmente pelo telefone, permita-me dizer que essa decisão – a retirada da isenção um dia depois de eu ter levantado sozinho as ações dos bancos e revertido a corrida aos bancos, uma semana após nossa eleição, aliás, uma semana *antes* de minha primeira reunião com o Eurogrupo e três semanas inteiras antes do termo da extensão do programa – só pode ser interpretada como uma ação hostil e profundamente política por parte do BCE contra meu governo".

Draghi fez uma frouxa tentativa de negar que houvesse qualquer coisa de política sobre essa ação, mas eu não quis conversa. Aquela era uma decisão, eu lhe disse, que seria interpretada em Atenas como uma jogada descabida, precipitada e agressiva, em concertação com o ultimato do presidente do Eurogrupo.

Quando voltei para a mesa, encontrei Jörg e Jeromin em um clima bem diferente. Fiz uma cara animada, fingindo que nada demais havia acontecido, mas é claro que eles sabiam muito bem. Acabara-se a atmosfera de camaradagem, de compartilhar ideias para um projeto conjunto de reformulação do programa grego contra os projetos de Schäuble e Merkel. Então parei de fingir e lês dei minha avaliação sobre a decisão do BCE. Asmussen respondeu como se ainda estivesse no conselho executivo do BCE, murmurando desculpas pouco convincentes. Toda aquela heroica conversa sobre uma colaboração entre o Syriza e o SPD evaporara com um único telefonema que expôs todo o jantar pelo que era: uma tramoia desajeitada.

## Eles também não eram más pessoas

Voltei para o hotel por volta da meia-noite, liguei o telefone e liguei para Alexis para lhe contar que Draghi retirou a isenção.

"Seja intransigente, mas veja se Gabriel pode ser de alguma ajuda", aconselhou-me, soando imperturbável.

"A julgar por seus dois mensageiros essa noite, Alexi, não estou esperançoso", respondi. Precisávamos sinalizar persistentemente nossa determinação em ativar nosso dissuasor no momento em que eles tentassem cortara ELA de nossos bancos, disse-lhe.

"Durma um pouco agora. Você precisa estar em forma para o Schäuble", respondeu Alexis, despreocupadamente.

Antes disso, eu tinha que escrever um comunicado de imprensa para suavizar o golpe da retirada da isenção. A feliz tarefa do ministro das Finanças, eu ruminava: embalar um choque como um não acontecimento.

Nesse meio tempo, ao ouvir as notícias, o sempre vigilante e prestativo Glenn Kim me enviou um e-mail com sua análise sobre os efeitos financeiros imediatos. Ele confirmava que, mesmo antes de a bolsa de valores abrir ou de os depositantes terem a chance de fazer novos saques, os bancos seriam atingidos em cheio.[179] Minha tarefa era escrever uma declaração que, por um lado, insinuasse minha intensa desaprovação à agressão do BCE e, por outro, acalmasse os nervos, minimizasse a inevitável reviravolta no sentimento do mercado e preservasse algumas das conquistas que eu fizera em Londres.

Prevendo que, quando eu fosse ver Schäuble no dia seguinte, seria acossado do lado de fora do Ministério Federal das Finanças por jornalistas exigindo uma reação à decisão do BCE, preparei a seguinte declaração.

> O BCE está basicamente tentando obedecer a suas próprias regras, motivando a nós e a nossos parceiros a chegar rapidamente a um acordo políti-

---

179 O e-mail de Glenn confirmava que os quatro bancos gregos seriam severamente atingidos pela ação de Draghi. "Pelo que vejo", escreveu Glenn, "a remoção da isenção envolveria cerca de 27 bilhões de euros de garantias em dinheiro (de um total de 41 bilhões de euros de exposição do BCE anterior à retirada da isenção) que terá um custo de 1,55%. Os mais afetados seriam o Eurobank (um golpe de cerca de 6% a 7% em sua receita líquida de juros de 2015) e o Alfa (6%), enquanto o Pireu (4%) e o Banco Nacional da Grécia (2%) seriam os menos afetados. Note-se, no entanto, que os bancos aumentaram a exposição ao BCE após a saída de depósitos em cerca de 20 a 21 bilhões de euros... de modo que o impacto real pode ser muito maior do que isso. A essa altura, somente os títulos do FEEF ainda serão elegíveis para financiamento pelo BCE".

co e técnico, ao mesmo tempo que mantém a liquidez dos bancos gregos. Tenho confiança de que os depositantes gregos entendem que a estabilidade do dia a dia está garantida e que estamos negociando novos termos que trarão recuperação e uma solução permanente. Para nós, o *timing* do BCE foi particularmente surpreendente, pois corre o risco de criar uma desnecessária sensação de urgência, dado que tínhamos até 28 de fevereiro antes que o atual programa grego expirasse. Confio que a decisão apressada se deveu ao calendário de reuniões regulares sobre "política não monetária" do conselho do BCE, uma das quais aconteceu ontem. Do ponto de vista deles, foi provavelmente o momento adequado.

Era tudo o que eu podia fazer. Evidentemente, como se sabe, a bolsa de valores caiu, as ações dos bancos despencaram e as retiradas de depósitos recomeçaram. Algumas das conquistas do dia anterior foram preservadas, mas era apenas uma questão de um ou dois dias antes que a retirada da isenção as aniquilasse também. O único consolo era que nada disso importava no médio prazo. A verdadeira questão era saber se Berlim poderia ser persuadida a um compromisso, ou se seria necessário um confronto total, como eu estava esperando desde 2012.

No caminho para o Ministério Federal das Finanças, reparei que dois e-mails haviam chegado a meu telefone. Uma era de Jamie Galbraith informando que Bernie Sanders estava prestes a escrever para Janet Yellen, a presidente do Federal Reserve dos Estados Unidos, para pedir-lhe que indicasse ao BCE que seu comportamento tinha sido aterrador e, em última instância, desestabilizador para o mundo inteiro. O segundo e-mail era de Glenn. Desta vez se tratava de um breve parecer sobre Wolfgang Schäuble, para cujo escritório Glenn prestara consultoria em sua vida anterior. Como de costume para o parecer de um financista, ele veio em tópicos:

> Ele é um advogado da cabeça aos pés. Seu domínio da economia é bastante fraco. Consigo lembrar mais de uma ocasião em que ele confundiu rendimentos e preços, e outras em que fez referências às finanças sem de fato entender o que elas significavam. Absolutamente odeia os mercados. Pensa que os mercados deveriam ser controlados por tecnocratas. Ele praticamente adora ser o policial malvadão. Mas: Também é um europeísta

fervoroso. Acredita no destino de uma Europa parecida com a Alemanha (embora seja incapaz de compreender a contradição em tal formulação). E é alguém com quem se pode debater.

A hostilidade era evidente mesmo antes de eu conhecer o grande homem. Fui recebido no andar térreo do Ministério Federal das Finanças por um ministroadjunto. Antes de entrar no elevador, ele me perguntou de modo brincalhão, mas com um toque de agressão suficiente para deixar claro que não estava realmente brincando: “Quando vou receber meu dinheiro de volta?”. Fiquei tentado a responder: “Quando você persuadir o Deutsche Bank a devolvê-lo a você”. Eu não disse nada, apenas sorri largamente, com minha mente focada no jogo principal.

A porta do elevador se abriu para um longo e frio corredor ao final do qual estava Wolfgang Schäuble, esperando em sua cadeira de rodas. Este era um homem cujos discursos e artigos eu estivera lendo e seguindo há duas décadas e meia. Eu compreendia perfeitamente que, para ele, eu era um maldito estorvo, mas o sorriso em meu rosto e a mão que estendi para cumprimentá-lo foram gestos de genuíno respeito e carregavam a secreta esperança de que pudéssemos estabelecer um *modus vivendi* decente e civilizado.

Estranhamente, esse desejo foi concedido no final, apesar do horror do que aconteceu em seguida: recusando minha oferta de aperto de mão, o ministro federal das Finanças da Alemanha executou uma ágil meia-volta em sua cadeira de rodas e impulsionou-se a uma velocidade impressionante em direção a seu escritório, ordenando com um aceno de mão que eu o seguisse – o que é claro que fiz, Euclides apressando-se atrás de mim para conseguir acompanhar.

Uma vez dentro de seu escritório, meu anfitrião relaxou, sua expressão tornando-se mais gentil. Sentamo-nos em torno da habitual mesa de conferências, ele com dois ministrosadjuntos a seu lado, de frente para Euclides, nosso embaixador em Berlim e eu. Como sempre, fui convidado a fazer uma declaração de abertura. Fiz uma variante do mesmo discurso que fizera em minhas reuniões com Sapin, Osborne, Padoan e Draghi.

A diferença foi uma ênfase em dois pontos que sabia que ressoavam poderosamente em Berlim. Primeiro, eu não estava pedindo por uma redução da dívida, e deixei claro que a utilidade global de minhas propostas de *swap* de dívida beneficiaria tanto a Alemanha como a Grécia. Em segundo lugar, sublinhei a importância que atribuía à captura de fraudes fiscais e à realização de reformas que incentivassem o empreendedorismo, a criatividade e a probidade em toda a sociedade grega.

A fala de abertura de Schäuble foi amigável o suficiente, insistindo que nos dirigíssemos um ao outro pelo primeiro nome. Mas imediatamente depois disso, ele deixou claro que não tinha interesse em nada daquilo que eu acabara de dizer. Em vez disso, incapaz de resistir à oportunidade de sugerir a probidade alemã e a delinquência grega, ofereceu-se para enviar quinhentos funcionários da administração fiscal alemã à Grécia para ajudar a capturar os evasores.

Eu lhe disse que apreciava muito sua generosidade, mas manifestei a preocupação de que, ao se descobrirem incapazes de ler as declarações de impostos em grego ou a documentação a elas associadas e, portanto, incapazes de auditar nossos contribuintes, seus funcionários poderiam ficar desanimados. Eu tinha uma ideia melhor: por que ele não nomeava o secretário-geral do departamento fiscal de meu ministério?

Minha sugestão o assustou visivelmente. Então continuei. Graças à *troika*, expliquei, eu era responsável pelo departamento fiscal, mas não tinha controle algum sobre ele; a pessoa encarregada dele não era indicada por mim ou nem pelo Parlamento grego, tampouco nos prestava contas, embora eu fosse responsável por suas ações. Minha proposta era a seguinte: ele escolheria um administrador fiscal alemão de credenciais impecáveis e reputação ilibada para ser nomeado imediatamente e que seria totalmente responsável perante nós dois, e se ela ou ele precisasse de apoio adicional de seu ministério, tudo bem por mim. "Sei que você não gosta de ter de lidar comigo ou com o meu governo", disse-lhe. "Mas, seja lá como for, você pode ter certeza de que em mim tem um genuíno aliado na luta contra a evasão fiscal." Finalmente, informei-o sobre o plano que eu colocara em prática para criar um método algorítmico de identificação de evasores fiscais entre 2000 e 2014.

Não era o que o dr. Schäuble tinha esperado. Mas duas coisas mostraram sua determinação em evitar qualquer envolvimento sério com essa proposta. Primeira, prosseguiu mudando de assunto, para longe dessa discussão potencialmente frutífera, antes que tivéssemos a chance de chegar a um impressionante acordo sobre o combate à evasão fiscal na Grécia, para nunca mais voltar a ela. A segunda era o assunto que ele escolheu discutir no lugar: sua teoria de que o modelo social europeu, "generoso demais", não era mais sustentável e precisava ser abandonado. Comparando os custos para a Europa de manter Estados de bem-estar social com a situação em lugares como a Índia e a China, onde não existe nenhuma rede de segurança social, argumentou que a Europa estava perdendo competitividade e que estagnaria, a menos que os benefícios sociais fossem reduzidos em massa. Era como se estivesse me dizendo que era necessário começar em algum lugar e que esse lugar poderia muito bem ser a Grécia.

Minha réplica foi que a solução óbvia era a globalização de benefícios sociais e salários dignos, em vez da globalização da pobreza e de trabalhos precários. Em resposta, ele relembrou demoradamente uma missão secreta que empreendera, nas décadas de 1970 e 1980, para estabelecer contato com as autoridades da Alemanha Oriental em nome de seu partido democratacristão. "O pessoal da RDA não era ruim", disse ele. "Tinham boas intenções para um sistema de bem-estar social que não era economicamente possível." A insinuação foi perfeitamente clara.

"Você está me comparando com um ministro bem-intencionado da RDA tentando sustentar um sistema político e econômico insustentável?", perguntei. "Deixe que eu lhe esclareça, Wolfgang, que, apesar do que seus amigos na Grécia possam ter lhe dito, sou um democrata empenhado, um pluralista determinado e um europeísta inabalável. E assim o são meus colegas do partido Syriza. Temos tanto em comum com as formas e meios da RDA quanto a CDU tem com o regime de Pinochet: absolutamente nada![180] Quanto a nossas propostas em relação a pensões e benefícios sociais, elas são parte integrante de uma política fiscal mais ampla que gera superávits primários pequenos, mas *positivos*. A sustentabilidade fiscal e econômica é nossa prioridade número um. Os gregos já estão fartos de viver em déficits".

Em resposta, ele recuou, protestando que não havia pretendido de jeito nenhum fazer tal comparação.

---

180 Os mantras econômicos do regime fascista do general Augusto Pinochet no Chile e o da ala de Schäuble da CDU (União Democrata Cristã) tinham muitas semelhanças.

## Vá até as instituições!

Com esse infeliz mal-entendido superado, encaminhei a conversa de volta para o tema da reestruturação da dívida e de minhas propostas de *swap* de dívida. Schäuble nem mesmo olhou de relance para meu documento informal. Ele o passou ao seu ministroadjunto com um ar de desprezo, dizendo que aquilo era uma questão para as "instituições" – exatamente a mesma palavra que eu usara na minha coletiva de imprensa conjunta com Jeroen Dijsselbloem em Atenas, sugerindo que até mesmo o ministro das Finanças alemão se sentia agora desconfortável com o termo "*troika*".

Essa seria a tática padrão de Berlim ao longo de todo o processo. Sempre que apresentávamos uma proposta à chanceler Merkel ou ao ministro Schäuble – sobre dívidas, privatizações, pensões, evasão fiscal e assim por diante – eles simplesmente nos remetiam às "instituições". A consequência era que não haveria negociação entre Berlim e Atenas; simplesmente não era o trabalho deles.[181]

Nessa altura, Euclides fez uma excelente intervenção. No lado alemão, ninguém além de Wolfgang falara. Em frases elegantemente estruturadas, Euclides apontou a irresponsabilidade de deixar assuntos de grande importância política a cargo de tecnocratas com um comprovado histórico de má gestão da crise fiscal, crise da dívida e crise social grega, revelando o absurdo da resposta de Schäuble. Foi maravilhoso ter Euclides do meu lado, subindo as apostas e permitindo-me fazer uma sugestão conciliadora. Se eu fosse até as "instituições" levando minhas propostas, para que tivesse alguma chance de conseguir elaborar um acordo viável, seria do interesse de todos permitir um período de "paz e tranquilidade", de estabilidade financeira. Wolfgang assentiu como se concordando.

Isso contrastava com a atitude do presidente do Eurogrupo. Descrevi como ele me ameaçara com o fechamento de bancos, em meu escritório,

181 É claro que, quando de fato íamos até as instituições com nossas propostas, as instituições também se recusavam a se envolver com elas, exigindo resmas e resmas de dados. O objetivo dessa interminável coleta de dados era evitar qualquer resposta, positiva ou negativa, a nossas propostas. Enquanto isso, a imprensa divulgava que eu estava chegando em Berlim, Bruxelas e Frankfurt sem propostas.

apenas três dias depois de eu ter me mudado para lá. "Não foi exatamente uma atitude sociável", disse eu secamente.

Wolfgang reagiu raivosamente. "Ele não tinha motivo nenhum para ir à Grécia. Ele não tinha mandato."

Não sendo o tipo de homem que finge emoções, Schäuble me convenceu de que Dijsselbloem deve ter agido sozinho. Se ele o fizera na esperança de uma vitória fácil em nomede seu chefe, era justo afirmar que falhara: seu chefe, evidentemente, não estava satisfeito.

## Atordoado pela crítica, horrorizado com o elogio

Na protocolar coletiva de imprensa que se seguiu, Wolfgang adotou sua severa persona pública, dizendo à imprensa ali reunida que nós tivéramos uma reunião cordial durante a qual ele "explicara" que a Grécia tinha "obrigações" que deveriam ser respeitadas, independentemente de qual partido estivesse no governo.

"Nós concordamos em discordar", disse Schäuble, dissipando qualquer impressão de que nossa discussão havia chegado a qualquer ponto em comum.

"Nós não concordamos nem sobre isso", interrompi.

Eu queria deixar claro que meu anfitrião não estivera disposto a debater sobre nada, mas também que as coisas haviam mudado: a Grécia tinha agora um ministro das Finanças que não seria intimidado só porque o Estado grego estava insolvente. Posto isso, fiz uma declaração que visava curar a fissura que estava se desenvolvendo entre os alemães comuns e os gregos. "Algumas pessoas ficam tentadas a imaginar que a solução está na separação de nossos povos", eu disse.

> Felizmente, hoje eu não apenas visitei o ministro das Finanças da maior potência econômica da Europa. Acima de tudo, visitei um estadista europeu para quem a unidade europeia é o projeto de uma vida inteira e cujo trabalho e esforços para unificar a Europa tenho acompanhado com grande interesse desde os anos 1980. Hoje, a minha mensagem ao ministro Schäuble foi que, nesse governo, ele tem um parceiro potencial na busca

de soluções europeias para uma variedade de problemas que afligem não apenas a Grécia, mas também a União de modo mais amplo.

Virando-me para meu anfitrião, continuei:

> De nosso governo, você pode esperar um furor de razoabilidade. Você pode esperar propostas que visam não o interesse do grego médio, mas o interesse do europeu médio – o alemão, o eslovaco, o finlandês, o espanhol, o italiano médio. Você pode esperar de nós um compromisso inabalável em contar as coisas como elas são, sem estratagemas táticos ou subterfúgios. Estes são nossos compromissos. O que pedimos é talvez a mais preciosa das commodities: tempo. Um curto espaço de tempo durante o qual nosso governo possa apresentar a nossos parceiros, ao FMI, ao BCE, à Comissão Europeia, propostas abrangentes e um roteiro de curto, médio e longo prazo.

Sobre os desafios enfrentados pela União Europeia de forma mais geral, sugeri que respeitássemos os tratados e os processos estabelecidos sem esmagar o delicado botão da democracia. Quando visitei Paris, falei, dissera ao ministro das Finanças francês que aquela visita me deixava a sensação de retorno ao lar, a sensação de que estava voltando a uma das moradas espirituais da Grécia. Em Berlim, expressei o mesmo sentimento e descrevi como, por quase dois séculos, a terra de Goethe, Beethoven, Hegel e Kant fora uma fonte de inspiração para gregos em todo o espectro político. Mas havia algo mais que ligava a Grécia e a Alemanha, continuei.

> Enquanto ministro das Finanças em um governo que enfrenta uma situação de emergência causada por uma selvagem crise de dívida deflacionária, sinto que a nação alemã é aquela que pode nos entender melhor do que qualquer outra. Ninguém entende melhor do que o povo desta terra como uma economia em severa depressão, combinada a um ritual de humilhação da nação e a uma falta de esperança que não tem fim, pode chocar o ovo da serpente dentro da sua sociedade. Quando eu voltar a Atenas hoje à noite, me encontrarei em um Parlamento no qual o terceiro maior partido é um partido nazista. Quando nosso primeiro-ministro colocou uma

> coroa de flores em um icônico memorial em Atenas imediatamente após sua tomada de posse, isso foi um ato de desafio contra o ressurgimento do nazismo.[182] A Alemanha pode se orgulhar do modo como o nazismo foi erradicado aqui. Mas é uma das cruéis ironias da história o fato de que o nazismo está criando sua cara feia na Grécia, um país que lutou tão bem contra ele na década de 1940. Precisamos que o povo da Alemanha nos ajude na luta contra a misantropia. Precisamos que nossos amigos neste país permaneçam firmes no projeto pós-guerra da Europa; isto é, nunca mais permitir que uma depressão semelhante à de 1930 divida as altivas nações europeias. Cumpriremos nosso dever a esse respeito. E estou convencido de que assim também o farão nossos parceiros europeus.

No dia seguinte, a imprensa alemã me desancou por eu ter ousado mencionar os nazistas em frente ao ministro das Finanças alemão no antigo prédio do Ministério da Aviação do Reich, de Göring. Enquanto isso, os nacionalistas gregos me elogiavam por ter chamado Schäuble de nazista. Eu não tinha certeza se deveria ficar mais chocado com o elogio ou com a crítica.

## Siemens

Depois de nossas declarações, Wolfgang e eu abrimos para perguntas. Uma delas dizia respeito à Siemens, o conglomerado alemão, e a um homem chamado Michael Christoforakos, que costumava presidir as atividades da empresa na Grécia. Alguns anos antes, um escândalo ocorrera quando uma investigação iniciada nos Estados Unidos sugeriu que Christoforakos estava subornando políticos gregos para garantir contratos governamentais a favor da Siemens. Pouco depois que as autoridades gregas começaram a investigar o caso, Christoforakos fugiu para a Alemanha, onde foi preso. Mas os tribunais alemães estavam impedindo sua extradição para Atenas.

182 A coroa de flores colocada por Alexis foi interpretada na Alemanha como um gesto hostil. Ao mencioná-la durante um discurso no qual eu elogiava os alemães por seu bem-sucedido expurgo do nazismo, estava tentando construir uma ponte. O que queria dizer era que os gregos e os alemães compartilhavam uma experiência comum do nazismo e, portanto, um objetivo comum: combater sua maior causa econômica, que era uma economia permanentemente deflacionária.

"Ministro", perguntou um jornalista, "você insistiu com seu colega alemão quanto a obrigação do Estado alemão de ajudar o governo grego a acabar com a corrupção por meio da extradição do sr. Christoforakos para a Grécia?"

Tentei dar uma resposta equilibrada e razoável: "Tenho certeza de que as autoridades alemãs entenderão a importância de ajudar nosso conturbado Estado em sua luta contra a corrupção na Grécia. Tenho confiança de que meus colegas na Alemanha entendem a importância de não serem enxergados como tendo dois pesos e duas medidas para quaisquer lugares da Europa."

E o que disse o dr. Schäuble em resposta? Parecendo acabado, murmurou que aquilo não era uma questão para seu Ministério das Finanças. Talvez não fosse. Mas o caso Siemens e a disposição de Schäuble em lavar as mãos do problema lançam luzes sobre o desafio subjacente enfrentado pela Grécia e pela Europa inteira.

Como observei com frequência, há uma crença generalizada no norte da Europa de que o continente seria povoado por formiguinhas trabalhadoras e respeitadoras da lei, por um lado, e cigarras preguiçosas que evitam impostos, por outro, e que todas as formiguinhas vivem no Norte enquanto as cigarras misteriosamente se congregam no Sul. A realidade é muito mais confusa e sinistra. A corrupção acontece para além das fronteiras, tanto no Norte quanto no Sul.

Envolve corporações multinacionais cujas conexões com o alto *establishment* tampouco são contidas pelas fronteiras nacionais. Parte do que nos impede de enfrentar essa rede poderosa é uma recusa por parte do *establishment* em reconhecer sua verdadeira natureza. Quando Christoforakos foi indiciado por rechear os bolsos de políticos com dinheiro de suborno, não fiquei surpreso: por uma incrível coincidência, meu próprio tio demitira-se do mesmo cargo na Siemens no final dos anos 1970, quando se viu pressionado a fazer exatamente a mesma coisa. Junto com milhões de gregos, fiquei indignado que as autoridades alemãs tivessem se recusado a extraditar Christoforakos para que ele respondesse às acusações na Grécia. Fiquei ainda mais horrorizado que em Atenas, meu ex-amigo Stournaras, que era então ministro das Finanças, apresentasse no Parlamento em 28 de agosto de 2012 uma resolução extrajudicial com a Siemens que pôs fim a todos os processos contra a empresa e preparou o caminho não apenas para Christoforakos escapar ao julgamento, mas também para os políticos gregos cujas mãos ele fora acusado de molhar.

Minha coletiva de imprensa com Schäuble acabou por se revelar o começo de uma hostil campanha midiática. Principalmente na Alemanha, fui retratado como um defensor narcisista, antialemão e negador das reformas, da propina e da ineficiência gregas. Eventualmente, pela simples repetição, o lodo colou. Meses depois, após minha renúncia, Euclides seria retratado como o ministro sensato, responsável e subestimado que colocou as negociações de volta nos trilhos e salvou a Grécia de minha amadora recalcitrância. Mas Euclides e Alexis estavam na verdade sendo recompensados por dar um fim a qualquer contestação séria não apenas ao Resgatistão, mas também à rede que liga empresas como a Siemens a bancos e políticos na Grécia e na Alemanha.

No momento em que essas linhas estão sendo escritas, Michael Christoforakos continua vivendo livremente na Alemanha, Stournaras continua como presidente do Banco Central da Grécia, o escândalo Siemens ainda não resultou em um único político enfrentando acusações, dr. Schäuble e Euclides continuam as não negociações que confinam a Grécia cada vez mais firmemente em sua prisão dos devedores e, por incrível que pareça, está pendente no Parlamento grego uma acusação de alta traição – contra mim.

## O Waterloo da social-democracia

Depois de Wolfgang Schäuble, foi a vez de Sigmar Gabriel me receber em seu Ministério da Economia. Quase todo mundo esperava que este fosse ser um pouso suave, com o simpático vice-chanceler social-democrata e líder do SPD me consolando após o que certamente teria sido uma briga feia no Ministério das Finanças. Mas eu não nutria tais expectativas, e não apenas devido ao cenário da noite anterior, que envolveu os representantes de Gabriel, Jörg e Jeromin.

A reunião no escritório de Gabriel, com Jörg, Jeromin, Euclides e nosso embaixador em Berlim também presentes, correu esplendidamente bem. Foi quase uma fotocópia do meu encontro com Michel Sapin, alguns dias antes, em Paris. Os mesmos chavões foram ventilados, os mesmos votos de imortal solidariedade. "Seu sucesso será nosso sucesso", disse-me Sigmar logo no começo da reunião. Ele acrescentou, sem que eu o incitasse para tal, que o que fora feito à Grécia era pecaminoso e estigmatizaria a Europa por um bom tempo, colocando a culpa disso na dominação da política europeia pelos democratas cristãos na época da crise do euro em 2010.

Quando sugeri que a eleição de nosso governo era uma oportunidade para a Europa atuar conjuntamente, não apenas no contexto do drama grego, mas também reorientando as instituições existentes para que providenciassem a estabilidade macroeconômica necessária para repelir a ascensão do nacionalismo, do populismo de direita e da xenofobia, Gabriel parecia radiante. Ele até escutou atentamente enquanto eu explicava os elementos básicos de nossa *Modesta Proposta*, prometendo examiná-los detalhadamente.

Então a conversa seguiu para assuntos especificamente gregos. Fiz minha defesa de sempre sobre operações de *swap* de dívida, entregando meu documento informal. Ele parecia bem disposto e chegou até a dizer que uma reestruturação da dívida deveria ter vindo há muito tempo. Mas preferiu se concentrar nos temas da evasão fiscal e do desenvolvimento industrial, o que por mim tudo bem, pois me dava a oportunidade de explicar o que estava tentando fazer com meu time de intocáveis e sua perseguição algorítmica de fraudes fiscais, bem como meus planos para um banco de desenvolvimento que usaria os ativos públicos remanescentes da Grécia para provocar o investimento interno como parte de uma política industrial voltada para os setores mais promissores da Grécia.

Gabriel parecia satisfeito com a direção da conversa, mas quis levantar uma questão prática. Enquanto navegava na Grécia no verão anterior, ele ficara horrorizado com a dificuldade em pagar suas taxas de atracação em quase todos os portos da ilha quando tentou atracar seu iate. Ele teria abordado os oficiais da guarda costeira apenas para ouvir que "Tudo bem. Não tem pressa – me dê o quanto você quiser, sem nenhum recibo de pagamento ou qualquer sinal do processo legal".

Concordei que a informalidade usada para encobrir a pequena corrupção, que de forma cumulativa acaba por afetar a economia e a sociedade como um todo, era um imenso problema que meu ministério simplesmente não tinha os recursos para resolver. Também relatei a Gabriel como, no verão de 2014, o número de pessoas chegando a Mykonos e Santorini, as duas ilhas das Cíclades mais populares entre os turistas, dobrara, e que ainda assim, durante o mesmo período, as receitas de IVA haviam diminuído em 40%.

Quando coloquei essa situação escandalosa para o homem que lidera a Unidade de Combate aos Crimes Econômicos do Ministério (ECFU na sigla em inglês), ele me disse que, como resultado de anos de cortes em nome da austeridade e de tentativas da *troika* de marginalizar a ECFU, seu pessoal fora reduzido a não mais do que cem pessoas para a Grécia inteira. Quando ele despachava agentes para Mykonos ou Santorini, os prevaricadores ficavam sabendo que estavam a caminho antes mesmo de o *ferryboat* ter saído do porto de Pireu.

Para chegar ao fundo dessas práticas corruptas, disse a Gabriel, precisávamos de métodos inovadores que colocassem o temor a Deus nas fraudes fiscais. Ele concordou e falou que a probidade retornaria apenas se os proprietários estivessem preocupados se seu próximo cliente pudesse trabalhar para a administração fiscal. Respondi que já estava considerando autorizar a administração fiscal a empregar pessoal externo cujo trabalho seria se passar por clientes habituais em bares, restaurantes, postos de gasolina, consultórios médicos e afins.

Sem possuir autoridade executiva, seu trabalho seria simplesmente registrar eletronicamente as transações, para que as autoridades pudessem decidir se haveria motivos para prosseguir com investigações ou ações judiciais. Uma vez que se espalhasse a notícia de que a administração fiscal tinha olhos que viam e ouvidos que ouviam, uma quantidade gigantesca de pequenas evasões fiscais acabaria, resultando em tremendos benefícios para as finanças do Estado. Gabriel ficou muito entusiasmado com a ideia, e conforme caminhávamos para a sala de imprensa para mais uma coletiva de imprensa conjunta, colocou seu braço em volta de mim e me encorajou a implementá-la.

Uma vez em nossas respectivas tribunas na frente das câmeras, dos microfones e dos diversos jornalistas, foi um *déjà vu*. Mais especificamente, foi como em Paris tudo de novo. Gabriel era um homem mudado. Mais uma vez, um social-democrata europeu tentava, em público, ser mais Schäuble do que Schäuble. Toda aquela conversa sobre um projeto social-democrata conjunto para a Grécia e para a Europa desapareceu. O terreno comum que vamos estabelecer sobre política industrial, fim da austeridade e reestruturação da dívida cedeu debaixo de meus pés. A confluência de pensamentos sobre estratégias de combate à evasão fiscal evaporou-se. Tudo foi substituído por agressão contra meu governo e um duro sermão sobre minhas obrigações para com nossos credores, que eram da mais suprema importância e além de qualquer negociação. Para piorar as coisas, ele acrescentou uma referência à "flexibilidade" da *troika*.

Com minhas expectativas sobre os social-democratas europeus, a essa altura extraordinariamente baixas, rebaixadas ainda mais pela minha experiência da noite anterior com Jörg e Jeromin, continuei imperturbável e segui com minha ladainha padrão sobre a busca de nosso governo por sustentabilidade por meio de propostas moderadas para recalibrar radicalmente o falido programa grego da *troika*. Mas quando estávamos saindo da sala de imprensa, perguntei a Sigmar o quão fácil era para ele dizer uma coisa em particular e outra bem diferente em público. "É algo que estou achando muito difícil", acrescentei.

Ele alegou não entender a que eu me referia, mas disse que estar em uma coalizão com os democratas cristãos impunha restrições. Respondi que ele deveria aprender a lição do Pasok, o partido social-democrata grego, que tinha o hábito similar de adaptar sua narrativa para se adequar à coalizão com os conservadores do Nova Democracia. "Eles despencaram de 40% para 4%. Eu não gostaria de ver o partido de Willy Brandt seguindo o mesmo caminho", foram minhas últimas palavras para ele.[183]

Um mês depois, propus às "instituições" a ideia de que o departamento fiscal da Grécia empregasse pessoal externo na tentativa de afastar as normas sociais gregas das pequenas evasões fiscais habituais – exatamente como discutira com Sigmar Gabriel naquele dia. Esta foi apenas uma das muitas reformas que apresentei para a administração fiscal, sendo a mais importante delas a digitalização obrigatória de transações e a instituição

183 Willy Brandt foi o líder do SPD de 1964 a 1987 e chanceler da Alemanha Ocidental de 1969 a 1974. Durante o segundo período referido, desempenhou um papel importante na marginalização dos ditadores de direita da Grécia, ao mesmo tempo que dava abrigo aos democratas gregos em fuga.

de um limite de 50 euros para as transações em dinheiro. Agentes da *troika* vazaram a proposta para a imprensa, que não perdeu tempo. Em vez das reformas sérias exigidas pela *troika* (como aumentar as taxas de IVA em uma economia quebrada em que as pessoas o contornavam), fui retratado como alguém que apresenta propostas tontas envolvendo turistas e donas de casa que servem de isca e que incentivariam os gregos a dedurar seus vizinhos.

Será que Sigmar Gabriel, ou qualquer outro em seu círculo, defendeu a proposta que parecia tão entusiasmado para me ver implementar? A resposta talvez não surpreenda. Quando muito, seu gabinete ajudou a espalhar a propaganda. Se alguém se pergunta sobre a natureza e as causas da Waterloo generalizada que enfrenta agora a social-democracia europeia, essa história pode fornecer algumas pistas. É claro que, se comparada à maneira como Sigmar Gabriel se comportaria quatro meses mais tarde, durante a última semana de junho de 2015, essa mudança de atitude não chega nem sequer a ser registrada na escala Richter da covardia.

# 7 - O frenesi antes da tormenta

Voltei a Atenas tarde da noite de quinta-feira. Minha primeira reunião com o Eurogrupo estava agendada para a quarta-feira seguinte (11 de fevereiro). Tínhamos um longo final de semana para nos prepararmos.

Durante três dias e três noites, o sexto andar do Ministério ficou lotado de pessoas de um grupo enviado por Lazard e de meus próprios colaboradores mais próximos, que incluíam Glenn Kim, Elena Panariti, ex-alunos de doutorado e outros especialistas técnicos que se ofereceram para ajudar. No topo da lista de afazeres estavam três documentos cruciais que tinham de ser apresentados no Eurogrupo: uma análise atualizada da sustentabilidade da dívida (ASD), que demonstrasse como os *swaps* de dívida que eu estava propondo não somente eram compatíveis com a recuperação almejada, mas indispensáveis para que a Grécia regressasse a um crescimento sustentável; uma lista de reformas progressivas adequadas para substituir o programa da *troika*; e uma proposta de um processo mais racional e eficiente para monitorar o progresso da Grécia. Ao mesmo tempo, Jamie Galbraith chegou dos Estados Unidos e fixou residência em um pequeno escritório escondido dentro do conjunto ministerial. Eu o recebi com um abraço e as palavras "Bem-vindo ao cálice envenenado".[184, 185]

A qualidade e o volume de trabalho de todos foi impressionante e fonte de grande otimismo. Porém, para preparar um documento de políticas abrangente para uma reforma de nível nacional, a equipe também pre-

---

184 O título de suas memórias sobre aquele trabalho sugere que essas palavras ficaram com ele. Ver James K. Galbraith, *Welcome to the Poisoned Chalice: The Destruction of Greece and the Future of Europe*, 2016, Yale.

185 Sem esse pequeno exército de auxiliares, eu teria ficado à mercê do Conselho de Assessores Econômicos do Ministério, liderado por George Chouliarakis, que já demonstrara que ele e sua equipe estavam totalmente indispostos a, e que eram possivelmente incapazes de, fazer qualquer coisa além de regurgitar os modelos e projeções da *troika*. Com pouco tempo a perder, achei melhor adiar um confronto até depois que um acordo provisório tivesse sido alcançado no Eurogrupo.

cisava da contribuição dos outros ministérios. Já bem cedo na manhã de sexta-feira, eu lançara um pedido a cada um de meus colegas de gabinete solicitando que me enviassem um documento com o conjunto completo das reformas que planejavam implementar. Quando estes chegaram ao sexto andar, a equipe avaliou as contribuições e veio ter comigo em meu escritório. A situação não parecia nada boa. A maioria eram apenas versões levemente editadas das propostas pré-eleitorais do Syriza, mal acabadas e mal escritas. Teríamos de investir muito trabalho nelas antes que se tornassem dignas de serem apresentadas em Bruxelas.

É claro que era normal que fosse assim: nós éramos um novo governo e precisávamos do que a maioria dos novos governos precisa – um período de lua-de-mel no qual os planos pré-eleição pudessem ser desenvolvidos em políticas implementáveis, com a ajuda de funcionários públicos experientes. Nós não tivemos esse privilégio, talvez porque o nosso estivesse menos para um governo e mais para um comitê que planejava uma fuga em massa do Resgatistão.

Enquanto peneirava o material que entraria na apresentação ao Eurogrupo, recebi um e-mail de Willem Buiter, economista-chefe de nível internacional do Citigroup, oferecendo-se para ajudar de qualquer maneira que fosse possível e manifestando sua estupefação e sua revolta com a decisão do BCE de retirar a isenção "tão cedo". Horas mais tarde, Paul Krugman abordou a mesma questão em sua coluna no *New York Times*: "Talvez os alemães achem que podem repetir os acontecimentos de 2010, quando o Banco Central coagiu a Irlanda a aceitar um programa de austeridade ameaçando cortar seu sistema bancário. Mas é pouco provável que isso funcione contra um governo que viu os danos provocados pela austeridade e que foi eleito com a promessa de reverter esse dano".

Eu estava torcendo exatamente por isso: que nosso governo permanecesse firme contra a tentativa de Berlim de mobilizar o BCE contra nós. Minha única objeção ao artigo era o seu título, "O Jogo da Galinha". Durante anos, eu estivera argumentando que nossas interações com os credores da Grécia, e com Berlim em particular, em nada se pareciam com o jogo da galinha: se aquele que pisca primeiro perde, só faz sentido aguentar firme se você achar que, no final, seu oponente irá desistir. No nosso caso, no entanto, como o próprio Krugman admitiu, tínhamos todos os motivos para permanecer inabaláveis, mesmo se pensássemos que a chanceler Merkel e o presidente Draghi fariam o mesmo. Essa era a essência do meu acordo com Alexis.

Nesse meio tempo, a narrativa de um duelo ao estilo matar ou morrer foi particularmente danosa para nossa causa, pois distraiu a opinião pública mundial do que realmente estava em jogo: os interesses comuns de todos os europeus. Para tratar disso, escrevi um *op-ed*[186] para o *New York Times* intitulado "Não Há Tempo para Brincadeiras na Europa".[187] Nele, apresentei três pontos: primeiro, como ministro das Finanças de uma pequena nação falida, eu não tinha o direito moral de blefar. Tudo o que podia fazer era apresentar honestamente os fatos econômicos, colocar em cima da mesa propostas para a retomada do crescimento na Grécia, explicar por que estas seriam do interesse da Europa e revelar as linhas vermelhas que a lógica e o dever nos impediam de ultrapassar. Em segundo lugar, como costumava dizer aos alunos, a teoria dos jogos só se aplica quando você pode considerar que conhece com certeza os motivos dos jogadores.

No pôquer ou no vinte e um, essa suposição não apresenta problema, mas, nas atuais discussões, escrevi, "o objetivo é precisamente forjar novos motivos. Moldar uma nova mentalidade que transcenda as divisões nacionais, dissolva a distinção entre credor e devedor em favor de uma perspectiva pan-europeia e coloque o bem comum da Europa acima da politicagem, de dogmas que se mostram tóxicos se universalizados e de uma mentalidade de nós contra eles". Mas e se a recusa a capitular trouxesse muita dor ao povo grego? Meu terceiro ponto era simplesmente que existem "circunstâncias nas quais nós devemos fazer o que é certo, não como uma estratégia, mas simplesmente porque é... certo... Alguns podem pensar que esse recuo em relação à teoria dos jogos é motivado por alguma agenda de esquerda radical. Não é bem assim. A principal influência aqui é Immanuel Kant, o filósofo alemão que nos ensinou que os racionais e os livres escapam ao império da conveniência fazendo o que é certo".

---

186 N. de R. T.: Ver nota 80, no capítulo 3.

187 https://www.nytimes.com/2015/02/17/opinion/yanis-varoufakis-no-time-for-games-in-europe.html?_r=0

Além da redação deste artigo e da agitação provocadapela preparação da reunião no Eurogrupo, tive que lidar com duas outras distrações. Uma era minha primeira aparição no Parlamento, por ocasião da eleição do novo presidente da câmara e da tardia tomada de posse, minha e de Euclides (atrasada por causa de nossas viagens). A segunda era uma visita do embaixador dos Estados Unidos, que seria acompanhado por uma delegação do Tesouro americano.

Ao meio-dia, na sexta-feira, 6 de fevereiro, caminhei sozinho até o Parlamento, parando brevemente para falar com simpatizantes que me desejaram sorte enquanto eu cruzava a Praça Sintagma. Entrar na casa como deputado eleito me encheu de orgulho. Uma policial alta percebeu que eu era um novato e me indicou a direção através dos desconhecidos corredores do prédio até o acesso à câmara reservado aos ministros.

Ao entrar por aquela porta, de repente me vi em meio às bancadas ministeriais, com o pódio à minha esquerda e a tribuna do presidente erguendo-se acima dos demais assentos. À minha frente, dispostos como num anfiteatro, havia trezentos assentos, um para cada membro, o mesmo número de espartanos na famosa batalha das Termópilas. Na extremidade direita (muito adequadamente), não pude deixar de reconhecer os dezessete parlamentares do Aurora Dourada, tão empenhados que são em se vestir e se parecer com nazistas.

A decisão de nomear Zoe Konstantopoulou presidente do Parlamento era rica em simbolismos. Durante os dois mandatos parlamentares anteriores, essa intransigente e impressionantemente alta deputada do Syriza expôs sozinha as graves violações de procedimento empregadas pelos governos anteriores para aprovar a legislação ditada pela *troika*. Elegê-la como a presidente foi uma alegria e uma afirmação de que nunca mais o Parlamentoseria reduzido a carimbar sua própria servidão. E quando alguns instantes depois Zoe me convocou para afirmar minha lealdade à Constituição e, assim, tornar-me formalmente uma parlamentar, senti-me imperturbável às pedras e flechas já me sendo apontadas a partir de Bruxelas, Berlim e Frankfurt.

Foi nesse estado de espírito que atravessei novamente a Praça Sintagma de volta ao Ministério, para receber o embaixador dos Estados Unidos e a delegação que Jack Lew, secretário do Tesouro americano, havia despachado de Washington, DC. Jeff Sachs e Jamie Galbraith estiveram trabalhando duro fazendo lobby com importantes autoridades americanas, como Janet Yellen, no Fed, Samantha Power, na ONU, e David Lipton, no FMI, para ajudar-nos a garantir um período de noventa dias para respirar, sem ameaças a nosso sistema bancário ou prazos-limite para efetuar reembolsos impossíveis, durante o qual poderíamos conduzir nossas negociações. Dada a prestativa declaração pública feita pelo presidente Obama logo após nossa eleição, para não falar da carta primorosa de Bernie Sanders a Christine Lagarde, senti-me confiante de que os Estados Unidos seriam um importante ponto de apoio. Infelizmente, meu encontro com o embaixador acabou com essa expectativa em particular.

Nada do que o embaixador disse estava em sintonia com a opinião expressa publicamente por Barack Obama de que "Não se pode continuar a espremer países que estão em meio à depressão". Muito pelo contrário, ele se esforçou para me passar um sermão sobre quão importante era que aceitássemos os parâmetros do programa e nos alinhássemos com o FMI. Eu não conseguia ver como poderíamos fazer ambas as coisas, informei-o, já que o FMI vinha dizendo há algum tempo que o programa grego não poderia funcionar sem uma séria reestruturação da dívida e o abrandamento dos níveis atuais de austeridade. De fato, o chefe do FMI para a Europa, Poul Thomsen, dissera-me de forma explícita em nossa reunião em Paris que precisávamos eliminar imediatamente 53 bilhões de euros da dívida pública grega e recalibrar o programa para minimizar a austeridade e reescrever a agenda de reformas. Com o embaixador parecendo desconfortável, voltei-me aos membros da delegação do Tesouro americano e pedi sua opinião sobre o assunto. A resposta deles pareceu muito mais sintonizada com a fala de Obama, mas em questão de minutos o embaixador interveio para reafirmar sua intransigente mensagem.

Não havia dúvida de que, por alguma razão, o embaixador dos Estados Unidos em Atenas estava seguindo uma linha diferente daquela da Casa Branca e possivelmente do Tesouro americano. Mas, com o passar do tempo, eu descobriria que o Tesouro de Jack Lew também estava ficando mais próximo das opiniões do embaixador do que das do presidente. O fato de Lew não ter me convidado para ir a Washington durante aquelas primeiras semanas, contrariamente à sugestão do presidente Obama para

Alexis, deveria ter me alertado para essa ruptura. Porém, naquele momento, apenas uma coisa importava. Quando alguns dias antes Jeroen Dijsselbloem tentara me subjugar por meio de intimidação, eu o enfrentei. Não fazer o mesmo agora teria sido uma duplicidade de critérios indefensável e anti-europeia.

Olhando pela janela, naquele dia claro de inverno, para onde o inimitável sol de Ática banhava o Parlamento em cores vibrantes, comecei por confessar ao embaixador que jamais aspirara ser um ministro. Sim, estava feliz por estar fazendo o trabalho, disse-lhe, mas apenas devido a meu senso de dever para com uma nação escravizada pelas dívidas, um dever cujo único propósito era reescrever os termos de nosso contrato com a União Europeia e o FMI, de modo a transformá-lo de um relacionamento predatório em um relacionamento viável e equitativo. Portanto, aceitar os parâmetros atuais daquele contrato simplesmente não era uma opção. Aqui novamente o embaixador interveio, desta vez com uma vaga, implícita, mas perfeitamente reconhecível ameaça. Por respeito às pessoas que me designaram para ocupar o gabinete no qual eu me encontrava, senti-me obrigado a interrompê-lo ali mesmo.

"Desde que assumi este ministério, esta sala tornou-se o ponto focal das esperanças e expectativas de milhões de pessoas. Mas esse *não* é meu habitat natural. Meu habitat natural está lá fora", disse, apontando para a Praça Sintagma. "Sou mais feliz ali, me manifestando contra este gabinete, como tenho feito desde os 13 anos de idade. Se for pressionado a jurar lealdade ao programa fracassado que condena meu povo à continuação de nossa atual situação de indignidade, pode ter certeza de que vou aproveitar a oportunidade para voltar para lá como um dos milhares de manifestantes. Na verdade, isso me faria ganhar o dia."

O embaixador captou a mensagem e logo estava de partida. Eu não ficaria surpreso se soubesse que, ao retornar a sua embaixada, expedira um telegrama: "Varoufakis não pode ser cooptado. Se for para continuar com o programa atual, é imperativa sua remoção". O que eu não sabia era quem poderia ser o destinatário de tal mensagem. O Departamento de Estado? A Casa Branca? O Tesouro? Em meados de abril, passei a ter uma boa ideia de quem seria.

## Pré-posicionando: o gesto dos 70%

No sábado de manhã, dia 7 de fevereiro, compareci a nossa primeira reunião de gabinete. O gracejo de Oscar Wilde sobre a democracia estava lá no fundo de meus pensamentos: "Ela é impraticável, e vai contra a natureza humana. É por isso que vale a pena levá-la a cabo".[188] Tendo desperdiçado algumas horas preciosas em um acontecimento em grande medida cerimonial, no qual pessoas demais falaram por tempo demais para dizer coisas de menos, corri de volta ao gabinete, onde a equipe da Lazard e o meu pessoal estavam trabalhando nos três documentos informais que eu levaria para Bruxelas.

Senti que eles estavam saindo de forma satisfatória. Nossa análise da sustentabilidade da dívida, que contou também com a ajuda remota de Jeff Sachs, era irrefutável em suas conclusões e projeções empíricas e dava um claro apoio aos *swaps* de dívida e à política fiscal que eu estava propondo. A agenda de reformas era abrangente, especialmente nossas propostas para a gestão de ativos públicos e dos empréstimos improdutivos dos bancos, mesmo tendo sido mínima a contribuição de ministérios-chave (como o do Trabalho, de Energia, de Saúde e do Meio Ambiente). Por fim, a proposta de substituir o processo da *troika* era inegavelmente sensata: nosso plano era desagregar a *troika* em suas partes componentes, com o BCE se concentrando em sua missão principal, ou seja, manter os bancos líquidos e os mercados financeiros estáveis, o FMI oferecendo assistência técnica em uma série de áreas, e a Comissão Europeia conduzindo todas as negociações políticas com o governo grego.

Na noite de domingo, os três documentos estavam prontos, permitindo que eu me concentrasse nos preparativos para meu primeiro grande momento no Parlamento, a declaração de minha posição programática, o esboço da política econômica planejada pelo ministro das Finanças para a integralidade do mandato parlamentar, que aconteceria na manhã seguinte. Com meu primeiro encontro do Eurogrupo previsto para dali a 24 horas, esta era também uma oportunidade para apresentar as propostas que eu faria lá, e o espírito em que elas seriam transmitidas. Com isso em mente, concentrei minha declaração em quatro temas: transparência,

188 Oscar Wilde, *A Alma do Homem sob o Socialismo*, 1891.

análise, compromisso com uma moderação inflexível e, finalmente, um importante gesto de boa vontade para com nossos credores.

"Tenho essa ideia, senhoras e senhores", comecei meu discurso na segunda-feira, "de experimentar uma política inovadora: de vir aqui ao Parlamento para falar honestamente a seus membros sobre a situação econômica que o país enfrenta." Diferente de ministros das Finanças anteriores, que apresentaram a terrível queda livre de nossa economia como uma bem-sucedida história de recuperação, prometi que continuaria a me referir a nosso Estado como falido até que alcançássemos a solvência. Era isso o que eu queria dizer quando falei em transparência.

Sugeri então que o fracasso dos governos anteriores em resgatar a Grécia de sua difícil situação se devia à aceitação por estes de "condições impossíveis que jamais conseguiriam cumprir, mesmo que tivessem pretendido fazê-lo – uma aceitação que tornou sucessivos governos gregos quase tão culpados, por aceitar o que não poderiam realizar, quanto o eram os credores, por impor o que não tinham o direito de exigir".[189]

Era isso o que eu queria dizer quando falei em análise: "Se o programa da *troika* fosse um remédio muito amargo que curasse nossa doença, recomendaria que o tomássemos. Mas ele não é. O programa deles é venenoso e só piora a condição do paciente grego", concluí. A melhor estratégia era parar de tomá-lo. Caso contrário, ele ameaçava envenenar toda a União Europeia com seus efeitos deflacionários, como vinha fazendo desde 2010, sendo os únicos beneficiários a extrema-direita e os inimigos da democracia liberal.

Sobre o tema da moderação inflexível, tinha isto a dizer:

> Amanhã estarei dizendo aos colegas do Eurogrupo que nós aceitamos o princípio de continuidade entre os compromissos do governo anterior e o mandato de nosso novo governo... O nosso não é o único governo de-

---

189 Eu estava parafraseando John Maynard Keynes, que escreveu sobre o Tratado de Versalhes: "A insincera aceitação [pelo governo alemão]... de condições impossíveis que não se pretendia levar a cabo – uma aceitação que fez com que a Alemanha fosse tão culpada em aceitar o que ela não podia cumprir quanto o eram os Aliados, por impor o que não tinham o direito de exigir". Ver John Maynard Keynes, *Dr. Melchior: Um Inimigo Derrotado*, 1920, e capítulo 8 de Varoufakis, 2016.

> mocrático na zona do euro. Temos um mandato, mas também o têm os outros dezoito ministros das Finanças que estão no Eurogrupo... Mas isso significa estabelecer um terreno comum, construindo uma ponte por sobre nossas diferenças.... Será preciso boa vontade e um período de calma para que consigamos fazê-lo, um período livre do tipo de ameaças que infelizmente foram feitas... Comprometo-me a não aprovar, durante as negociações, nenhuma legislação que atrapalhe nossa meta de um pequeno superávit primário. Ao mesmo tempo, espero que nossos parceiros levem a sério nossas propostas e nossa análise... É isso o que deveria significar uma negociação.

Das bancadas da oposição, vários parlamentares do Nova Democracia e do Pasok intervieram de forma tumultuosa. "Pode negociar o quanto quiser", gritaram eles, "mas exclua a possibilidade de falhar com a *troika*. Exclua qualquer ruptura!" Dei a única resposta lógica que pude:

> Se você não consegue se imaginar dando as costas e saindo de uma negociação, jamais deveria ter entrado nela. Se não consegue entender a ideia de um impasse, poderia muito bem confinar-se ao papel de um suplicante que implora ao déspota que lhe conceda diversos privilégios, mas que no final das contas aceita aquilo que o déspota conceder. Não foi este o mandato que recebemos em 25 de janeiro. Nosso mandato foi para negociar. O que significa trabalhar para evitar uma ruptura ao mesmo tempo que nos recusamos a descartar a ideia de uma ruptura. Foi isso o que prometi aos eleitores e é isso que vamos entregar. Vocês tiveram sua chance de tirar o país da prisão dos devedores por meio de sua estratégia de ser um prisioneiro exemplar. Agora é nossa vez de tentar libertar a Grécia por meio de uma genuína negociação.

O que se seguiu foi um debate acalorado, embora eu nem sequer tivesse chegado à parte mais controversa de meu discurso, o gesto de boa vontade para com nossos credores: "Enquanto parceiros razoáveis que somos, incluiremos em nossa agenda de reformas até 70% das medidas previstas no programa existente, e as expandiremos com um plano para combater a crise humanitária que vem afligindo nosso povo após anos de negação, politicamente motivada, das causas e da natureza da crise".

O documento oficial que descreve o programa grego, conhecido como *Memorando de Entendimento – MoU* [do inglês *Memorandum of Understanding*], era uma lista de reformas (metas de austeridade, eliminação institucional de benefícios sociais, metas de privatização, alterações administrativas e judiciais etc.) com as quais o governo anterior concordara como sendo as condições (condicionalidades no linguajar da *troika*) para receber o segundo empréstimo de resgate. Não havia nenhuma chance de que implementássemos essas condições na íntegra, visto que isso envolveria aceitar uma dor imensa para não obter absolutamente nada em troca, sobretudo porque mais de 90% do empréstimo de resgate já havia sido desembolsado antes mesmo que fôssemos eleitos. No entanto, um estudo cuidadoso da lista do *MoU* em 2012 deixou claro para mim que várias de suas medidas poderiam ser implementadas sem muitos prejuízos sociais. Aceitar esses elementos, que compunham cerca de 70% do *MoU*, em troca das nossas exigências, ao mesmo tempo que rejeitávamos as medidas genuinamente tóxicas contidas nos 30% restantes, era uma jogada estratégica. Conforme argumentei em meu *op-ed* no *New York Times*, quando alguém se vê forçado a negociar a partir de uma posição de relativa fraqueza, como nós, é sensato fazer todas as concessões já logo de cara, e então persistir em sua posição, sem blefes ou estratagemas.

Este gesto provocou um grande furor: os partidos do *establishment* me acusaram de não ter cedido o suficiente à *troika*, enquanto os esquerdistas me exprobraram por ter cedido demais. Na manhã seguinte, tive a oportunidade, como ministro das Finanças, de concluir o debate que antecedeu o voto de confiança do Parlamento no próximo governo. Em meu discurso, tentei resolver o problema.

> Para nós, o resgate que estamos rejeitando significa uma coisa: a combinação de novos empréstimos empilhados em cima de impagáveis dívidas públicas e privadas que vêm sob condições que reduzem as receitas com as quais as velhas e as novas dívidas devem ser pagas... Qual porcentagem da perversa lógica do resgate nós aceitamos? Exatos zero por cento. Não aceitaremos uma única medida sequer que reforce o ciclo da desgraça ele-

> vando a razão dívida/renda nacional ou as alíquotas tributárias impostas àqueles que já estão esgotados por uma tributação punitiva. Não aceitaremos nem mesmo uma linha sequer do *MoU* que sacrifique um único cidadão grego no altar da negação da realidade.

Mas, concluí, um acordo exige compromissos de ambos os lados. Muitas das medidas na lista do *MoU* não apresentavam problemas e poderiam ser implementadas sem nenhum dos sacrifícios que rejeitávamos como sendo inaceitáveis. Na verdade, algumas das medidas, como a ideia de um rendimento mínimo garantido, eram até mesmo desejáveis.

Em circunstâncias normais, essa posição certamente teria sido considerada sensata e moderada. Afinal de contas, eram aqueles que se encontravam nos extremos – empenhados simpatizantes do Grexit, de um lado, e partidários inveterados da *troika*, do outro – que estavam irritados com aquilo. Mas a Grécia não estava vivendo em circunstâncias normais.

## Recrutando a OCDE

Antes de partir a Bruxelas para a reunião do Eurogrupo, eu organizara a recepção de uma delegação da Organização para a Cooperação e Desenvolvimento Econômico (OCDE). Criada por Washington em 1950 para administrar o Plano Marshall na Europa do pós-guerra, a OCDE foi uma das três principais instituições projetadas pelos Estados Unidos para evitar outra Grande Depressão (e, assim, a ursa soviética), sendo os outros dois o FMI e o Banco Mundial.

Quis o acaso que eu tivesse uma boa relação pessoal com o secretário-geral da OCDE, Ángel Gurría. Nossa boa química nasceu de uma apreciação comum da necessidade de reestruturar dívidas insustentáveis. Ángel fez seu nome como o ministro das Finanças do México que negociara uma grande reestruturação da impagável dívida pública nos anos 1980. Antes de eu sequer imaginar que me tornaria ministro das Finanças da Grécia, Ángel me convidara para ir às instalações da OCDE em Paris dar uma palestra sobre a crise europeia e me juntar a ele e sua equipe em um dos *briefings* regulares que organizavam para se manterem atualizados sobre as mais recentes reflexões sobre o capitalismo global.

Após a fatídica reunião noite adentro com Alexis em novembro de 2014, quando aceitei sua oferta para ocupar um papel no governo, reconectei-me com Ángel e seu pessoal. O Syriza não possuía o conhecimento especializado necessário para bolar por conta própria uma agenda de reformas completa e sob medida. Ter uma instituição global de tamanho prestígio não apenas contribuindo para elaborar essa agenda, mas assegurando sua qualidade uma vez finalizada, seria um meio poderoso de prevenir as inevitáveis críticas.

A delegação da OCDE chegara no dia anterior, terça-feira 10 de fevereiro. Encontrei-me com eles no jardim do terraço do Grande Bretagne, um hotel histórico também situado na Praça Sintagma. Durante o jantar, discutimos a situação da Grécia e nos descobrimos inteiramente de acordo sobre nossa nova colaboração. Meu único pedido foi para que abrissem mão publicamente de seus assim chamados *kits* de ferramentas – um conjunto de reformas atingindo as pessoas comuns que a OCDE elaborara a pedido da *troika* e de governos gregos anteriores. Ángel prometeu que recomeçaríamos do zero, admitindo que os *kits* de ferramentas não tinham sido o melhor momento da OCDE.

O jantar se estendeu até depois da meia-noite. Na manhã seguinte bem cedinho, nos encontramo novamente, desta vez em Maximos, em frente às câmeras e com considerável pompa e circunstância. O primeiro-ministro deu as boas-vindas ao secretário-geral da OCDE, comigo, o vice-primeiro-ministro Dragasakis e o ministro da Economia Stathakis também presentes, dando assim a entender de maneira formal que o novo governo do Syriza trabalharia estreitamente com o clube dos países ricos para desenvolver uma nova agenda de reformas pró-crescimento. Em sua resposta ao discurso de boas-vindas de Alexis, Ángel Gurría manifestou entusiasmo com a parceria e, conforme combinado, sua desaprovação dos *kits* de ferramentas da OCDE, que seriam substituídos por reformas de mercado melhores e mais apropriadas.

Meu apreço e respeito pelo ex-ministro das Finanças mexicano cresceu naquela manhã. Ele sabia que a *troika* ficaria descontente e que a OCDE sofreria as consequências de seu descontentamento. Mas ouvi-lo pronunciar aquelas palavras confirmou que era possível unir forças com instituições mundialmente confiáveis, que era possível tê-los como parceiros, e não como antagonistas, em nossos esforços para trazer ar fresco até a Grécia e afastar o fedor de estagnação e desesperança.

Minutos depois do término da cerimônia oficial, eu estava em um carro em direção ao aeroporto e a Bruxelas. O primeiro Eurogrupo me chamava.

## No Eurogrupo

Uma prisão não é digna de notícia quando os presos sofrem em silêncio. Mas quando encenam uma revolta e as autoridades caem em cima, aí os meios de comunicaçãoaparecem. Mesmo antes de meu avião aterrissar em Bruxelas, a imprensa estava relatando o recente discurso de Alexis no Parlamento como prova de que estávamos retrocedendo nas reformas e cavando nossa própria sepultura.[190] Quando de fato cheguei ao prédio da Comissão Europeia, onde a reunião do Eurogrupo estava agendada para acontecer, o bulício da imprensa reunida era impressionante.

Antes da reunião do Eurogrupo propriamente dita, encontrei com Christine Lagarde, chefe do FMI. Sua atitude positiva e abertura às propostas contidas em nossos documentos não oficiais foram um incentivo psicológico (Foi no final dessa reunião que Christine fez um apelo para que eu trabalhasse dentro dos limites do programa, apesar do espantoso reconhecimento de que este estava destinado a fracassar, conforme descrito no capítulo 2). Posteriormente, sua mensagem aos jornalistas ali reunidos seria: "Eles são competentes, inteligentes e refletiram sobre seus problemas. Nós temos de escutá-los. Estamos começando a trabalhar juntos e este é um processo que só está começando e que vai durar algum tempo".

Um pouco mais à frente no corredor, conforme nos dirigíamos ao local da reunião propriamente dita, deparamo-nos com Jeroen Dijsselbloem. Vendo Christine e eu entretidos em uma conversa amigável, Jeroen pareceu decididamente amuado. Talvez a infeliz lembrança da desafortunada visita que me fizera em Atenas tenha-lhe vindo à mente. Nós entramos e tomamos nossos lugares.

190 Tais provas incluíam a recontratação das faxineiras que foram demitidas ilegalmente do Ministério das Finanças (de acordo com os tribunais gregos), bem como de algumas centenas de zeladores de escolas públicas, e uma promessa de não reduzir as pensões além dos doze cortes distintos que já as haviam reduzido em inacreditáveis 40%.

O Eurogrupo é um bicho interessante. Ele não tem estatuto jurídico em nenhum dos tratados da União Europeia e, ainda assim, é o órgão que toma as decisões mais vitais para a Europa. Ao mesmo tempo, a maioria dos europeus, incluindo a maioria dos políticos, não sabe quase nada sobre ele. Ele se reúne em torno de uma enorme mesa retangular. Os ministros das Finanças sentam-se ao longo de seus dois lados mais compridos, cada qual acompanhado por um único assessor que também os representa no Grupo de Trabalho do Eurogrupo. No entanto, o verdadeiro poder senta-se nas duas extremidades da mesa.

Em uma das pontas, à minha esquerda, estava o presidente do Eurogrupo, Jeroen Dijsselbloem. À sua direita estava Thomas Wieser, presidente do Grupo de Trabalho do Eurogrupo e o verdadeiro poder naquela ponta da mesa; à sua esquerda estavam os representantes do FMI, Christine Lagarde e Poul Thomsen. No outro extremo da mesa estava Valdis Dombrovskis, comissário para o euro e para o diálogo social, cujo verdadeiro trabalho era supervisionar (em nome de Wolfgang Schäuble) Pierre Moscovici, o comissário para assuntos econômicos e financeiros, que ficava sentado à esquerda da Letônia. À direita de Dombrovskis, por sua vez, ficava Benoît Coeuré e, logo depois dele, Mario Draghi, representando o BCE.

Na mesma ponta da mesa que Draghi, só que do lado mais comprido e perpendicularmente a ele, sentava-se Wolfgang Schäuble. A proximidade dos dois provocava ocasionalmente um calor intenso, embora nunca qualquer clarão efetivo. Ao longo do mesmo lado da mesa em que sentava Schäuble, ficavam aqueles que passei a enxergar como seus *cheerleaders*: os ministros das Finanças finlandês, eslovaco, austríaco, português, esloveno, letão, lituano e maltês.

Meu assento era quase diagonalmente oposto ao de Schäuble, junto com os outros libertinos, amavelmente alinhadinhos um ao lado do outro: à minha esquerda ficava o irlandês Michael Noonan, à minha direita o espanhol Luis de Guindos, e ao lado de Guindos ficava o italiano Pier Carlo Padoan. O ministro francês Michel Sapin também sentava do nosso lado da mesa, vizinho a Padoan.

Em reuniões normais do Eurogrupo, um fascinante ritual ilustrava a maneira como a *troika* e seus processos assumiram a governança da Europa continental – razão pela qual o drama aterrador da Grécia, que deu origem à *troika*, é tão significativo. Sempre que um item era apresentado para discussão – por exemplo, o orçamento nacional francês ou os últimos desenvolvimentos da crise bancária em Chipre –, Dijsselbloem anunciava o tema e então convidava os representantes das instituições para apresentarem seus pontos de vista: primeiro, Moscovici em nome da Comissão Europeia, depois Christine Lagarde (ou Poul Thomsen na ausência dela) em nome do FMI e, finalmente, Mario Draghi em nome do BCE (com Benoît Coeuré intervindo nas raras ocasiões em que Mario se ausentava).[191] Só depois que estes funcionários não eleitos haviam feito sua avaliação e definido o tom e os termos do debate é que os ministros eleitos tinham a oportunidade de falar. Além disso, em quase todas as reuniões das quais participei, os ministros não receberam nenhuma informação substancial sobre *quaisquer* dos tópicos em discussão. Um espectador razoável e imparcial poderia facilmente ter concluído que o objetivo do Eurogrupo é que os ministros aprovem e legitimem decisões que já foram tomadas pelas três instituições.

No entanto, a reunião do Eurogrupo do dia 11 de fevereiro de 2015 não era uma das normais. Pela primeira vez, um país estava sendo representado por um ministro das Finanças que fora eleito sobre uma plataforma de confronto com a *troika*, a espinha dorsal do Eurogrupo. O ar estava repleto de tensão. Antes da reunião, Dijsselbloem contatou Alexis com uma oferta para burlar as regras do Eurogrupo que limitam a dois o número de representantes por Estado-membro. Dado que esta era a primeira reunião da qual participaria nosso governo e que ela seria de vital importância, Jeroen fazia questão de permitir que o vice-primeiro-ministro também participasse. Sendo assim, além de ter ao meu lado George Chouliarakis, que fora nomeado por Dragasakis, eu tinha também o próprio Dragasakis. Wassily acreditava ser essa uma tentativa de Dijsselbloem, em conluio com Alexis, de diluir meu impacto. Eu não me importava nem um pouco. Quanto mais, melhor, pensei.

---

191 Apesar de Dombrovskis ser o superior de Moscovici, ele raramente tomava a dianteira. Suspeito que isso acontecia porque suas habilidades de apresentação deixavam muito a desejar. De qualquer forma, seu verdadeiro trabalho era vigiar Pierre, e não tomar a dianteira do que quer que fosse, muito menos de uma discussão.

## Continuidade *versus* Democracia

Os ministros das Finanças que participam pela primeira vez de uma reunião do Eurogrupo ganham a oportunidade de apresentar, em um discurso de estreia, suas prioridades para as políticas públicas. Comecei o meu apelando para o cansaço de meus colegas.

> Entendo a fadiga de vocês com o drama grego. Mas acreditem em mim, o povo grego também já está mais do que farto... Nosso governo tem diante de si a tarefa de conquistar uma moeda preciosa sem para isso esgotar um importante bem de capital: nós temos que conquistar a confiança de vocês sem para isso perder a confiança de nosso povo. Pois o apoio deles é um importante bem de capital na luta da Europa para resolver o problema da Grécia e torná-la estável e, de fato, normal.

Em seguida, comprometi nosso governo a adotar uma sólida política financeira, a promover reformas profundas e a realizar uma investida generalizada contra os interesses estabelecidos. "Por que vocês deveriam esperar que entreguemos aquilo que outros governos gregos não conseguiram?", perguntei. "Simplesmente porque não estamos presos a nenhum grupo de interesse... Nós não vamos apenas nos comprometer a fazer reformas, nós as faremos".

Mas, para conseguir isso, precisaríamos ter o povo do nosso lado. E isso exige que eles se sintam tratados com justiça. Este, expliquei, era o motivo pelo qual recontratáramos faxineiras e zeladores escolares a quem os tribunais julgaram terem sido ilegalmente demitidos pelo governo anterior com base nas ordens da *troika*. Era essa a razão pela qual prometêramos reverter os cortes nas aposentadorias de idosos que vivem abaixo da (extremamente baixa) linha de pobreza grega. Era por isso que estávamos buscando por formas de restabelecer gradualmente o salário mínimo no setor privado. Todos aqueles reunidos no Eurogrupo tinham meu compromisso, afirmei, de que nenhuma dessas medidas de pequena escala teria um impacto fiscal digno de mensuração. O preço dessas pequenas intervenções em troca de um renovado senso de justiça era ínfimo. Pensar na demissão ilegal de uma faxineira como sendo uma reforma e ver na sua recontratação a prova de que as reformas estavam sendo revertidas era contraproducente, quando não absurdo.

Para demonstrar a nossa abertura ao envolvimento de organizações internacionais, mencionei nossa nova colaboração com a OCDE e propus que trabalhássemos em estreita colaboração com o FMI e o BCE em suas respectivas áreas de competência, ao mesmo tempo que instei a Comissão Europeia a cumprir seu papel de mediador político entre Atenas e as demais capitais. Sobre a questão das privatizações e do desenvolvimento dosativos públicos, declarei que nosso governo seria

> [...] não dogmático... pronto e disposto a avaliar todo e qualquer projeto apenas com base em seus méritos. As rápidas queimas de estoque de bens públicos, quando os preços desses ativos estão extremamente baixos, não são uma política inteligente. Em vez disso, o governo criará um banco de desenvolvimento que incorporará os ativos do Estado, aumentará seu valor patrimonial por meio de uma reforma nos direitos de propriedade e os usará como garantia para fornecer, em associação com instituições de investimento europeias como o Banco Europeu de Investimento, financiamento para o setor privado... Em associação com o BCE, iremos criar um banco público para fazer uma faxina nos empréstimos improdutivos, de modo a tornar os bancos capazes de apoiar as famílias e as pequenas empresas.

O que acontece, perguntei, quando dois princípios se chocam em uma democracia? As democracias encontram um compromisso que reflete a vontade comum. Naquele dia, nós estávamos diante de um tal choque, sugeri. Havia o princípio de continuidade: nosso governo, gostássemos ou não, fora comprometido por governos gregos anteriores a um programa. Mas havia também o princípio da mudança democraticamente legitimada: seus governos, gostassem ou não, eram obrigados a respeitar o fato de que os eleitores gregos haviam nos dado um mandato para colocar em causa esse programa. Qual era nosso dever neste fórum europeu? Estabelecer uma nova parceria que encontrasse um terreno comum entre o programa grego previamente acordado e o novo mandato. Para esse fim, convidei o FMI a declarar de forma clara quais eram suas opiniões sobre a sustentabilidade de nossa dívida e sobre minhas propostas de *swap* de dívida.

Jeroen Dijsselbloem brincara em Atenas que a União Europeia já possuía uma conferência permanente para o tema da redução da dívida – o Eurogrupo. Transformei isso em uma proposta: "Nós saudamos a recente declaração do senhor Dijsselbloem, em nossa coletiva de imprensa conjunta em Atenas, de que o Eurogrupo é o fórum adequado para atuar como uma conferência europeia permanente da dívida, para lidar com problemas de dívidas nos Estados-membros da área do euro. Por isso, propomos a criação de um grupo de trabalho específico no Eurogrupo que reúna representantes desses Estados e especialistas". (Enquanto falava, reparei no olhar zangado que Schäuble lançou a um Dijsselbloem aparentemente apoplético, e não pude conter um sorriso.)

Então, passei do tema essencial da reestruturação de nossa enorme dívida para o tema da necessidade de estabilidade financeira de curto prazo. A *troika* estava exigindo que o falido Estado grego pagasse a ninharia de 5 bilhões de euros ao FMI até julho de 2015, e então, em julho e agosto, mais 6,7 bilhões a seu próprio banco central. Propus que começássemos com um acordo modesto de que o BCE pagaria os 1,9 bilhão de euros que devia à Grécia pelos lucros que auferira nos anos anteriores com nossos títulos PMTD.[192] Esse dinheiro pertencia à Grécia. Se os credores queriam que fôssemos capazes de manter nossos pagamentos, o mínimo que poderiam fazer era nos dar acesso a nosso próprio dinheiro. Qualquer coisa a menos que isso seria certamente um convite à inadimplência.

> Além disso, nossa intenção é que se trabalhe com urgência em um mecanismo temporário de financiamento para garantir a posição de liquidez da Grécia nos próximos meses... Permitam-me que seja muito claro sobre esse ponto: o governo está pedindo isso... sob a condição de que este seja o ponto de partida para genuínas negociações de boa-fé visando forjar um

192 Lembre-se que, bem antes de nossa eleição, o Eurogrupo concordara que os lucros do BCE sobre os títulos do governo grego comprados como parte do programa PMTD deveriam ser devolvidos a Atenas a intervalos regulares, mas como o documento informal de Wieser, enviado a nós por e-mail por Thomas Asmussen, deixara claro, a *troika* agora pretendia reter esse dinheiro. Ver capítulo 5, item "Primeiro contato".

> contrato diferente entre nós, baseado em um esforço realista de superávit primário e políticas estruturais eficientes e socialmente justas – incluindo, é claro, muitos elementos do programa anterior que nós aceitamos. Precisamos de garantias sobre este ponto. Tal extensão não pode ser tomada como aquiescência à lógica da antiga agenda, que foi rejeitada por nosso povo.

Depois de me aprofundar em alguns dos aspectos técnicos envolvidos, fiz meu apelo final:

> A Europa é uma só e indivisível, e o governo grego considera que a Grécia é um membro permanente e inseparável da União Europeia e da nossa união monetária... Alguns de vocês, eu sei, ficaram descontentes com a vitória de um partido radical de esquerda. Para vocês, tenho o seguinte a dizer: enxergar-nos como adversários seria uma oportunidade perdida. Somos europeístas dedicados. Nós nos preocupamos profundamente com nosso povo, mas não somos populistas prometendo tudo quanto é coisa aos gregos sem distinção. Além disso, podemos trazer o povo grego junto conosco por meio de um acordo que seja genuinamente benéfico para o europeu médio. Em nós, vocês encontrarão parceiros confiáveis que não veem essas reuniões como um meio de extrair algo a partir do nada, de ganhar à custa de qualquer um.

## Eleições *versus* política econômica

Dragasakis e Chouliarakis acenavam com a cabeça em sinal de aprovação conforme eu concluía. Luis de Guindos, o espanhol à minha direita, parecia preocupado.[193] Assim que terminei, Michel Sapin, o ministro das Fi-

193 Pouco antes de eu entrar na sala de reuniões, Glenn Kim me enviara um aviso. De acordo com suas fontes, a chanceler Merkel, não querendo se envolver diretamente, estava inclinada a deixar a Comissão Europeia encontrar uma solução para o novo drama grego, mas o governo espanhol estava esperneando. O motivo era que eles tinham diante si eleições nas quais o Podemos, o equivalente do Syriza, ameaçava se sair bem. Glenn recomendou que eu ficasse de olho em qualquer sabotagem que Luis de Guindos pudesse tentar.

nanças francês, colocou sua plaquinha de identificação de lado, a maneira padrão de pedir a palavra. Jeroen a concedeu.

Pouco depois de anunciar minha disposição para aceitar 70% das medidas do *MoU* no contexto de uma nova parceria, eu recebera uma mensagem de Paris dizendo que esse gesto agradava muito o governo francês. Agora, Michel começou a exaltar pomposamente minha sugestão para que fosse construída uma ponte entre o programa grego e os planos de nosso novo governo, preparando o caminho para um novo tipo de contrato entre a Grécia e o Eurogrupo. Mas antes que Michel concluísse, Wolfgang colocou sua própria plaquinha de identificação em uma posição ominosamente vertical. Mais tarde me daria conta de que esta fora provavelmente a primeira vez, e a última, que Michel Sapin ousaria expressar apoio inequívoco no Eurogrupo a qualquer coisa que eu dissesse. A cadeia de comando dentro do eixo franco-alemão estava prestes a ser relembrada, mesmo na primeira hora de meu primeiro Eurogrupo.

Quando falou, Schäuble dirigiu um olhar penetrante a Sapin. "Não é possível permitir que eleições alterem a política econômica", começou ele. A Grécia tinha obrigações que não poderiam ser reavaliadas até que o programa grego estivesse concluído, conforme os acordos entre meus antecessores e a *troika*. O fato de o programa grego *não poder* ser completado aparentemente não lhe interessava.

O que me assustava mais do que a crença de Wolfgang Schäuble de que eleições eram irrelevantes era a sua total falta de escrúpulos ao admitir essa opinião. Seu raciocínio era simples: se, a cada vez que um dos dezenove Estados-membros mudasse de governo, o Eurogrupo fosse forçado a voltar à estaca zero, suas políticas econômicas seriam desestabilizadas. É claro que ele tinha razão nesse ponto: a democracia de fato morrera no momento em que o Eurogrupo adquiriu a autoridade para ditar a política econômica dos Estados-membros, sem nada que se assemelhasse a uma soberania democrática federativa.

Depois do discurso do dr. Schäuble, várias de suas *cheerleaders* tomaram a palavra para apoiá-lo – assim como os ministros espanhol, irlandês, e até mesmo o belga e o austríaco, cujos primeiros-ministros haviam manifestado apoio a nosso governo em reuniões privadas.[194] Enquanto alguns, incluindo os ministros das Finanças da Lituânia, da Eslováquia e da Eslovênia, claramente acreditavam que as declarações de Schäuble sobre política econômica eram sólidas e óbvias, ficou evidente que mesmo aqueles que discordavam da economia por trás da austeridade o apoiariam – no caso de Itália, Espanha e Irlanda, por medo de que a arrivista Grécia pudesse escapar a ter de fazer o que eles já haviam sido forçados a realizar, caso em que seu próprio povo poderia exigir saber o porquê de eles não terem resistido à austeridade também; e no caso de um pequeno, mas significativo grupo, com a França em seu centro, por medo de que Schäuble pudesse impor a eles a austeridade no futuro, caso o prejudicassem.

Quando chegou minha vez de responder, tentei minimizar o desprezo platônico de Wolfgang pela democracia.

> A ideia de que não se pode permitir que eleições venham alterar a política econômica, ou qualquer política, na verdade, é um regalo para os apoiadores de Lee Kuan Yew (o fundador e líder de Singapura) ou mesmo para o Partido Comunista Chinês, pois estes também acreditam que isso seja verdade. Existe, naturalmente, uma longa tradição de duvidar da eficácia do processo democrático. Mas eu gostaria de pensar que esta tradição foi há muito expulsa do coração da Europa democrática. Agora, parece que a crise do euro a trouxe de volta. Eu exorto a todos vocês para que se unam em uma tentativa coletiva de resistência. A democracia não é um luxo que se concede aos credores e se nega aos devedores. De fato, é a falta do devido processo democrático no coração de nossa união monetária que está perpetuando a crise do euro. Mas é claro, eu também posso estar errado. Colegas, se vocês acham que eu estou errado, se vocês concordam com Wolfgang, então eu os convido a dizer isso explicitamente, ao propor que as eleições sejam suspensas em países como a Grécia até que o programa do país seja concluído. Qual é o sentido em gastar dinheiro com eleições e pedir a nosso povo que fique todo animadinho para eleger governos que não terão capacidade para mudar nada?

194 Os governos austríaco e belga estavam internamente divididos, uma vez que eram chefiados por social-democratas, enquanto seus ministros das Finanças vinham do partido equivalente aos democratas cristãos de Wolfgang Schäuble.

Dragasakis inclinou-se e me parabenizou. Quaisquer que fossem as nossas diferenças, ele gostara de me ouvir dizer aquilo. Mas como ninguém tinha mais nada a dizer sobre o assunto, Dijsselbloem anunciou: "Agora vamos suspender por dez minutos e depois retomar para a elaboração do comunicado". Eram 18h, uma hora e meia após o início da reunião, mas nosso trabalho estava apenas começando: o comunicado era claramente a única coisa que realmente importava.

## Comunicado sem comunicação

Eu pedira ao secretariado para fazer circular previamente meus três documentos não oficiais, de modo que todos os ministros do Eurogrupo pudessem considerar minhas propostas por escrito e com algum nível de detalhamento. Agora, o secretariado me alertou sobre uma dificuldade, e Jeroen Dijsselbloem e Thomas Wieser me abordaram para explicar que aquilo "não era possível". Incrédulo, perguntei: "Vocês estão me dizendo que vão me impedir de comunicar a meus colegas algumas poucas páginas com o essencial de nossas propostas sobre questões-chave relativas ao programa grego,o único tema das conversas de hoje?". Sim, era exatamente isso que estavam me dizendo. Mas por quê? Qual era o motivo? Será que existia alguma justificação lógica para tal recusa?

A resposta veio assim que nos reunimos novamente – de Wolfgang. Caso ele recebesse em mãos minhas propostas, afirmou, estaria legalmente obrigado a apresentá-las no Bundestag, o Parlamento federal alemão em Berlim. Assim, estariam abertas as portas do inferno, e os demônios todos seriam soltos quando as várias facções dentro de seu partido e na oposição levantassem questões sobre elas. Minhas propostas estariam mortas e enterradas antes mesmo que as instituições tivessem a chance de considerá-las. "Portanto, leve suas propostas às instituições", sugeriu ele mais uma vez. (De fato, sempre que eu tentava compartilhar minhas propostas com outros ministros em diversas reuniões do Eurogrupo, era repelido. Em certa ocasião, Jeroen me informou que, caso eu enviasse as propostas por e-mail a outros ministérios das Finanças, estaria violando o protocolo, o que significaria que elas jamais poderiam ser consideradas.) Não querendo entrar em choque contra tudo de uma vez e com o comunicado preliminar prestes a ser distribuído, segurei a língua.

Finalmente, o comunicado preliminar foi entregue. Uma olhadinha de relance foi o suficiente para saber que ele era inaceitável, uma vez que comprometia explicitamente a Grécia a concluir o segundo programa de resgate por meio da implementação do *MoU* em sua totalidade "com flexibilidade máxima dentro dos limites do programa para acomodar as novas prioridades das autoridades gregas".

"Flexibilidade máxima" é o equivalente da *troika* para o argumento de venda de Henry Ford para o Modelo T: você pode tê-lo da cor que quiser, contanto que seja preto. Significava que o nível global de cortes fiscais não era negociável, embora Atenas pudesse propor uma distribuição alternativa da dor para a população. Era o equivalente fiscal de *A Escolha de Sofia*.

Quando tomei a palavra, chamei a atenção para o fato de que o projeto de redação de Jeroen constituía uma rejeição indiscriminada da ponte que nós havíamos proposto, apoiada pela França, entre o programa do *MoU* e nosso novo mandato. Para demonstrar boa-fé, disse que, mesmo assim, o aceitaria caso conseguíssemos concordar sobre a inserção de um adjetivo que faria uma grande diferença. "Será que você poderia adicionar 'alterado' depois da palavra 'programa'?", perguntei a Jeroen.

Ele ficou agradavelmente surpreso com minha sugestão. Na verdade, eu estava fazendo uma enorme concessão ao permitir que a palavra "programa" permanecesse no documento.

"Você ficaria satisfeito em se comprometer com a conclusão do programa alterado?", respondeu ele.

Consultei brevemente Dragasakis e Chouliarakis. Apesar de sabermos que o acordo se depararia com a oposição de muitos de nossos colegas de gabinete e parlamentares, que reagiriam, e com razão, a qualquer compromisso com o programa, no fim das contas, tudo dependia da interpretação da palavra "alterado". Eles concordaram.

"Sim, Jeroen, estamos preparados para nos comprometermos com um programa *alterado* que seja financeiramente sólido, fiscalmente sustentável, socialmente justo e que contenha reformas que nosso povo possa acolher", respondi.

"Vamos suspender por alguns minutos", anunciou o presidente do Eurogrupo.

Enquanto aguardava, comecei uma conversa jovial com meu vizinho espanhol, Luis de Guindos. Apesar de eu representar um governo que representava uma ameaça mortal ao seu, a química entre nós era boa. "Você precisava ver os apuros pelos quais passei quando cheguei a este emprego e nossos bancos estavam entrando em colapso. Foi terrível!", disse ele, apontando na direção de Wolfgang. Não foi o começo de uma amizade maravilhosa entre nós dois – apesar de essa conversa acabar produzindo um intercâmbio fascinante alguns meses mais tarde, em seu gabinete em Madri –, mas havia alguns agentes com os quais era fácil se comunicar sem maldade, mesquinharia ou incompreensão atrapalhando. Não concordávamos política ou ideologicamente, mas compartilhávamos uma linguagem comum e o desejo de chegar até o fundo de qualquer problema que estivessemos encarando. Um dia, percebi o que todos eles tinham em comum: eram todos ex-alunos da Goldman Sachs!

Quando retomamos à reunião, Jeroen parecia abatido. Wolfgang não pôde aceitar a inserção da palavra "alterado" depois de "programa", anunciou ele. Wolfgang ligou o microfone para explicar que essa inserção o obrigaria a levar o assunto ao Bundestag para aprovação. O programa grego tal qual previsto no *MoU* fora votado pelo Parlamento alemão, lembrou-nos. Qualquer alteração também precisaria ser submetida ao voto. Mas como o programa estava previsto para expirar em exatamente dezessete dias, não havia tempo suficiente para entrar em acordo sobre alterações detalhadas, apresentá-las ao Bundestag e aprová-las. Assim sendo, o governo grego não tinha outra alternativa senão comprometer-se com o programa existente ou aceitar que seus bancos fechariam em 28 de fevereiro. O confronto em torno da política econômica da Grécia e de sua agenda de reformas estava se transformando em um conto sobre dois parlamentos. Mas enquanto Wolfgang Schäuble invocava o Parlamento alemão para forçar o Parlamento grego a renunciar a sua autoridade, eu não lhe faria tal concessão. A julgar por sua linguagem corporal, ele sabia disso.

Quando Wolfgang terminou, Jeroen olhou para mim com franca hostilidade.

> Yanis, espero que você perceba que não pode se dar ao luxo de sair dessa sala sem ter concordado quanto a um comunicado. Você tem perante si um rígido prazo final. Qualquer prorrogação do programa precisa de pelo menos duas semanas para ser aprovada pelos quatro parlamentos, que têm necessariamente de votar para satisfazer seus imperativos constitucionais.[195] Nosso colega finlandês está me dizendo que o calendário de seu Parlamento é extremamente apertado e que eles precisam iniciar até no máximo amanhã de manhã o processo para aprovar qualquer pedido de prorrogação a vocês. Se não houver um acordo sobre o comunicado ainda hoje, o Parlamento finlandês não terá tempo hábil para aprovar a prorrogação e o BCE será forçado, em 28 de fevereiro, a desligar os aparelhos. Portanto, não há mais margem de manobra. Aceite este comunicado agora ou o trem vai partir da estação.

Olhando para ele e para Wolfgang, respondi:

> É um triste dia para a democracia na Europa quando, em sua primeira visita ao Eurogrupo, um ministro das Finanças que acabou de ser eleito é informado de que seus argumentos e propostas nunca de fato importaram, que seu mandato é inteiramente irrelevante. Pois é isso que você está me dizendo, Jeroen. Você está dizendo que, devido a limitações técnicas envolvendo diversos procedimentos e prazos parlamentares, mesmo que eu tivesse apresentado propostas divinas que deixassem em êxtase todos os presentes nesta sala, e que pudessem poupar a minha gente de indignidade e dificuldades terríveis, o programa é o programa que, por sua vez, é o programa e nenhum desvio dele pode ser contemplado. É meu dever como um europeu democrata, é o meu fardo como ministro das Finanças de um país falido, dizer não a este ultimato.

195 As constituições ou regimentos parlamentares de alguns dos Estados-membros exigem que qualquer decisão da União Europeia que tenha o potencial de surtir um impacto nas finanças do Estado seja aprovada no Parlamento. Isso inclui Alemanha, Áustria e Finlândia. Mas na maioria, tais como Itália ou França, não há necessidade de um voto parlamentar.

Christine Lagarde interveio. Ela reconheceu o direito do governo grego de "ser ouvido" e emitiu alguns sons educados com relação a nossa dívida, mas sem desafiar Wolfgang.

Graças a sua intervenção, um novo adjetivo emergiu como um possível substituto para "alterado" "Você se comprometeria com um programa *ajustado*?", perguntaram-me.

Sem dispor do tempo e da calma necessários para refletir adequadamente, decidi ser flexível. Era uma alternativa ruim – "ajustes" indicava que o programa era essencialmente sólido, quando na verdade era precisamente porque ele fracassara e porque fora impossível concluí-lo que o programa precisava de uma alteração de verdade –, mas nós poderíamos aceitar esse novo adjetivo em troca de um aditamento específico ao comunicado. Em um espírito de cooperação com o Eurogrupo, disse que poderia recomendar ao primeiro-ministro grego que nos comprometêssemos a concluir um "programa ajustado", desde que o comunicado também comprometesse o Eurogrupo a trabalhar com nosso governo para enfrentar a crise humanitária que estava agora afligindo nosso povo como resultado do programa.

"Eu não posso aceitar isso", disse Jeroen. "O termo 'crise humanitária' é político demais!"

"Não há nada mais político, Jeroen", retruquei, "do que a tentativa de fazer vista grossa para uma crise humanitária porque seria *político* demais reconhecê-la."

Estava claro que nós chegáramos a um impasse. Por volta das 22h30, mais um recesso foi chamado. Do lado de fora da sala, Christine Lagarde se aproximou de mim e tentou me persuadir a aceitar a palavra "ajustado" e retirar minha exigência de que a crise humanitária na Grécia fosse reconhecida no comunicado.

"Você entende que não depende só de mim?", perguntei. "Temos um grupo parlamentar que ficará em pé de guerra se eu declarar nosso mandato nulo e sem efeito já no primeiro Eurogrupo. Tenho um primeiro-ministro esperando aqui por perto e que ficaria chocado." Então, manifestei minha decepção por ela e Poul Thomsen não terem colocado no Eurogrupo o que haviam admitido em nossas discussões privadas. Christine respondeu que tais questões deveriam por ora ser deixadas de lado. Por enquanto, ela insistiu, era importante endossar o comunicado e impedir que todos caíssemos do penhasco. Disse-lhe que precisava consultar Alexis.

Com Lagarde me empurrando em direção ao abraço de Wolfgang e com o comissário Moscovici e o ministro das Finanças Sapin mantendo distância, apenas um francês estava me dando apoio moral, Emmanuel Macron, o ministro da Economia francês. Não tendo um assento próprio no Eurogrupo, ele me telefonou para desejar sorte logo antes de eu entrar na reunião. Durante as negociações sobre o comunicado, enviou-me pedidos regulares por notícias. Qual era minha impressão? Como estava indo a reunião? Respondi que estava preparado para dar cambalhotas para tornar possível um comunicado decente. "O primeiro rascunho foi aterrador, vamos esperar que eles não se mostrem ridiculamente teimosos", escrevi para ele. Às 22h43, Emmanuel respondeu, aconselhando-me a manter a calma e procurar um compromisso, mas apenas se eles dessem um passo em nossa direção. Às 23h02, mandei uma mensagem de volta: "Eles estão nos empurrando porta afora... Eles queriam me empurrar para uma versão de comunicado que nem mesmo Samaras teria assinado".

Era hora de consultar Dragasakis novamente. Expliquei-lhe que poderíamos ganhar algum tempo aceitando o termo "ajustado", ou correríamos o risco de ter nossos bancos fechados quase que imediatamente, antes mesmo que tivéssemos a chance de preparar o país para um tal choque. Parecendo exausto, pediu minha opinião. Disse que estava mais inclinado a aceitar o compromisso quanto ao comunicado para que tivéssemos a oportunidade de colocar em prática todos os planos sobre os quais acordáramos, enquanto os bancos ainda estavam abertos. Ele concordou e Chouliarakis também. Durante todo esse tempo, Alexis e Pappas estiveram enfurnados em um quarto de hotel nas proximidades, preparando-se para a cúpula da União Europeia que estava prestes a acontecer. Durante o Eurogrupo, eu os mantivera atualizados por mensagens de texto. Agora era hora de falar diretamente com meu primeiro-ministro.

Conversamos por quase uma hora, apesar de Jeroen ter me abordado para dizer que não era normal que um ministro ligasse para o seu primeiro-ministro durante uma reunião do Eurogrupo. Respondi que não era normal forçar um ministro a tomar de supetão uma decisão que poderia levar ao fechamento instantâneo do sistema bancário de seu país. Foi uma conversa animada, mas, com todos os outros ministros na sala, conversando em pequenos grupos e me observando, tive que manter uma *poker face*.

Quando li para Alexis o projeto de comunicado que continha a frase "programa ajustado", ele logo me disse que não conseguiríamos aprová-lo nem no gabinete, muito menos no Parlamento. Transmiti a ameaça de Jeroen, "o trem vai partir da estação". Alexis me perguntou qual era a posição de Draghi, visto ser o BCE quem daria àquele trem proverbial a luz verde para partir. "Draghi não disse nada. Ele apenas parece descontente" – eu disse.

No decorrer de nossa conversa, com meu telefone celular ficando cada vez mais quente e a minha bílis subindo, devo ter mudado de opinião umas três ou quatro vezes, oscilando entre "Enfia no...!" e "Vamos aceitar o maldito comunicado e brigar com a *troika* quando for para definir com o que um 'programa ajustado' deveria se parecer". Enquanto isso, Dragasakis ficava sinalizando para mim que eu deveria persuadir Alexis a ceder. Confesso que minha vontade estava vacilando, e que precisava da firmeza de Alexis do outro lado da linha para me fortalecer. Depois de dez horas de conflituosas e contínuas deliberações e em um ambiente extremamente hostil, de repente desenvolvi uma necessidade urgente de cair fora daquela sala sem janelas e com iluminação fluorescente. Eu jamais imaginara que ansiaria tanto pelas ruas frias e escuras de Bruxelas no meio de uma noite de fevereiro, que poderia sentir um tal desejo de correr lá fora para absorver a chuva e respirar o ar. Mas é exatamente assim que me senti. Por um fugaz instante, entendi como ministros das Finanças que vieram antes de mim haviam sucumbido à pressão de subscrever ao Resgatistão. No nível humano, simpatizei com eles. Quando tudo terminara e eu estava de volta ao hotel, liguei para Danae para compartilhar os fardos da noite, incluindo o seguinte pensamento: "Não fossem os milhões de gregos que acreditaram em nós, que esperavam que, uma vez no Eurogrupo, me recusaria a subscrever aquele programa odiado, muito provavelmente eu teria sucumbido também. Como poderiam Papakonstantinou, Venizelos, Stournaras ter resistido a uma pressão tão irresistível quando tudo o que tinham em casa para apoiá-los eram os oligarcas e os banqueiros?".

Alexis, por outro lado, a certa distância daquela sala que estava mais para um caldeirão, estava vacilando muito menos, e no final foi irredutível. Mas com a minha determinação totalmente recuperada e tendo recebido minhas instruções, vi um jogo indecoroso ser jogado bem diante dos meus olhos: Schäuble e o ministro finlandês estavam deixando a sala. Quase imediatamente depois que foram embora, Jeroen me abordou para explicar: "Nosso colega finlandês teve que correr para o aeroporto para pegar seu avião. Wolfgang também foi embora. Não pode haver mais alterações no comunicado agora que eles partiram. Ou você o aceita tal qual está ou está tudo acabado".

Disse a Jeroen para não se preocupar. Talvez fosse melhor mesmo que Wolfgang tivesse partido, pois nós não poderíamos assinar o comunicado. Ele não deveria levar para o lado pessoal; nós simplesmente não tínhamos um mandato para fazer isso. Eu tinha certeza de que ele também não teria assinado caso o Parlamento holandês lhe tivesse negado o mandato para fazê-lo, completei.

De alguma forma, Jeroen conseguiu parecer ainda mais irritado.

Sentei-me novamente e expliquei a Dragasakis o que acontecera. Ele duvidava da sabedoria da decisão de Alexis, mas eu lhe disse que, embora eu tivesse fraquejado, o primeiro-ministro estava certo. Fora importante manter contato com Alexis, mas fora daquela sala, na qual o calor e a tensão haviam embotado nosso julgamento.

## "Você acabou de ficar sem dinheiro!"

Não estava muito claro o que é que nós estávamos esperando, mas Jeroen e Thomas Wieser estavam agora conversando, com Lagarde contribuindo ocasionalmente e vários funcionários prestando assistência. Moscovici, por outro lado, fora excluído. Ficou pairando ao redor, enviando-me ocasionalmente um sorriso amigável.

A certa altura, Wolfgang voltou à sala. "Eles estão brincando com a gente", comentei com Chouliarakis. "Quanto mais fazem isso, mais tenho certeza de que seria um erro nos comprometermos."

Em dado momento, Christine aproximou-se de mim mais uma vez para dizer, calmamente, que achava que cometêramos um erro. Então Jeroen tentou a sorte mais uma vez: "Eu aproveitaria ou não esta última oportunidade para dar nosso acordo ao comunicado preliminar?", perguntou. Ele aceitaria ou não a minha proposta original de inserir "alterado" depois de "programa", uma ideia da qual ele gostara antes de Wolfgang abatê-la?, respondi.

Confirmamos que o impasse era final. Os ministros estavam começando a se mover em direção às portas. Acenei para Dragasakis e Chouliarakis que era hora de partir. Quando estávamos saindo, uma das *cheerleaders* de Schäuble nos perguntou com uma voz preocupada: "O seu plano é deixar o euro?".

"De modo algum", respondi. "Mas isso não significa que aceitaremos, sob ameaça de expulsão, condições impossíveis de serem cumpridas."

Um outro ministro do ex-bloco soviético optou por uma atitude mais agressiva: "Você acabou de ficar sem dinheiro", disse ele maldosamente.

"Bem, não faz mal", respondi com um largo sorriso forçado. "Os Beatles me ensinaram há muito tempo que, de qualquer modo, ele não pode me comprar amor".

No corredor notei que Dragasakis estava andando trôpego. Corri atrás dele, peguei seu braço esquerdo e o ajudei a chegar até o banheiro. Seu rosto estava branco e coberto de suor, seus olhos desfocados, a respiração irregular. Esperei do lado de fora e fiquei aliviado quando ele reemergiu muito mais firme dos pés e com um sorriso mais seguro. Conforme nos encaminhávamos para o escritório da delegação grega, refleti comigo que o custo humano da balbúrdia daquele dia fora desproporcional ao que fora alcançado. Os ministros das Finanças de dezenove países europeus, os líderes do BCE, do FMI e da Comissão Europeia, para não falar de assistentes, incontáveis tradutores e pessoal auxiliar haviam acabado de desperdiçar dez horas chantageando um único ministro. Que desperdício de potencial humano, pensei.

Uma vez em nosso escritório, atualizei brevemente Alexis ao telefone. "Faça uma cara animada", disse ele. "As pessoas estão comemorando nas ruas e nos apoiando. Anime-se!" Um secretário me mostrou um *tweet* em sua conta com uma foto de uma manifestação e a mensagem: "Nas cidades da Grécia e da Europa, as pessoas estão lutando nossa batalha de negociação. Eles são nossa força". De fato, como descobriria no dia seguinte, milhares de pessoas haviam se reunido na Praça Sintagma enquanto estive enfurnado no Eurogrupo. Eles dançavam e exibiam cartazes que proclamavam FALIDOS, MAS LIVRES e PARE A AUSTERIDADE. Simultaneamente, e de forma ainda mais comovente, milhares de manifestantes alemães, liderados pelo movimento Blockupy,[196] cercaram o prédio do BCE em Frankfurt em solidariedade a nós. Um apoiador de nacionalidade alemã de um tipo completamente distinto me veio à mente: o agente do serviço secreto no aeroporto de Frankfurt.

A reunião podia ter terminado, mas meu trabalho estava longe de concluído: centenas de repórteres esperavam na sala de imprensa. Jeroen certamente usaria nossa recusa em concordar com um comunicado como meio de acelerar a corrida aos bancos, zelando para que a notícia fosse transmitida ao redor do mundo. Minha tarefa seria desempenhar meu papel com serenidade suficiente para que o público e os mercados não se desesperassem com o mau comportamento dos presentes naquela "conversa de gente grande". Era por isso que Alexis estava tentando levantar meu ânimo.

A caminho da sala de imprensa, o pessoal da segurança me ajudou a superar o desafio dos *cameramen* que me atacavam em sua busca pelo *close-up* revelador. Uma vez dentro da pequena sala lotada, cabia a mim cavar um grande fosso entre o modo como me sentia e minha aparência exterior. Minhas entranhas pareciam trituradas pelo estresse, e eu tinha medo de que a tensão fizesse com que minha voz falhasse ou, pior ainda, produzisse uma ou duas lágrimas. Mas, quando chegou o momento, descobri, para meu espanto, que dentro de mim vivia um desconhecido, alguém capaz de enfrentar a tarefa de encarar um circo midiático, e até mesmo de extrair força disso. Este encontro com o desconhecido em mim foi verdadeiramente uma surpresa.

> Esta reunião do Eurogrupo jamais teve por objetivo resolver quaisquer problemas. Fui convidado porque sou o novo garoto no pedaço, por assim dizer. Foram-me dadas uma recepção calorosa e uma maravilhosa oportunidade de apresentar nossas opiniões, nossas análises, nossas propostas, tanto no que diz respeito à substância quanto ao roteiro. E como vamos

196 N. da R.T.: Movimento alemão, desdobramento do Occupy,este nascido em 2011 nos Estados Unidos, e do qual herda parcialmente o nome.Seu objetivo é protestar contra políticas de austeridade.

> nos reunir novamente na segunda-feira, acho perfeitamente normal e natural que simplesmente aguardemos até a reunião de segunda-feira.

Amigos e críticos me censuraram por ter enganado o público. Já fui perguntado diversas vezes: por que não desembuchei logo aquilo que de fato aconteceu lá dentro? Por que não expus as chantagens e o desprezo pela democracia? A resposta que dou é a seguinte: porque o momento ainda não havia chegado. Nosso mandato era rejeitar qualquer juramento de lealdade ao programa existente, ao *MoU* dos governos anteriores, a quaisquer novos empréstimos ou medidas de austeridade. Nosso objetivo era ir até o limite sem qualquer intenção de recuar. Eu aceitara o Ministério das Finanças com base no entendimento de que responderíamos às ameaças dos bastidores com nosso próprio plano de dissuasão. Nossa missão, em outras palavras, não era nem declarar guerra nem nos rendermos à ameaça secreta de guerra. Além do mais, era imperativo duvidar do blefe de Jeroen – de que o trem partiria da estação naquela mesma noite – esperando até a manhã seguinte.

Um jornalista me perguntou se era verdade que o primeiro-ministro telefonara durante o Eurogrupo para dar apoio a mim e a Dragasakis em nossa decisão de afundar o comunicado. Quis responder que Dragasakis e eu estivéramos vacilando no sentido de aceitar, e que eu tinha uma dívida de gratidão para com a Alexis por me apoiar durante um momento de fraqueza, mas é claro que não podia dizer nada do tipo. Em vez disso, disse: "Ninguém afundou nada. Esta reunião foi para nos conhecermos e criarmos um roteiro para o futuro". Um outro jornalista interveio para perguntar qual fora a impressão de minha primeira experiência no Eurogrupo. "Foi fascinante!", respondi. "Gostei particularmente dos diferentes pontos de vista que pude recolher hoje à noite".

As reportagens da imprensa sobre o impasse não foram inteiramente como a *troika* queria. O *New York Times* resumiu bem: "Com a Grécia prestes a ficar sem dinheiro e precisando de apoio alemão para obter fundos de emergência, o sr. Varoufakis parecia estar em inferioridade numérica e desarmado. No entanto, foi ele quem deu o ultimato na reunião: "renegociem o acordo de resgate da Grécia de 240 bilhões de euros ou arrisquem um desastre mutuamente destrutivo".

Eram 3h da madrugada quando o carro da embaixada me deixou no meu hotel. A noite estava escura. Bruxelas parecia desoladora. A chuva caía com força na marquise do hotel, fazendo uma barulheira estrondosa, um vento que soprava do norte fazia-a cair quase que horizontalmente. Mas era exatamente com isso que há horas eu estivera sonhando. Ao invés de ir para o meu quarto, saí naquele aguaceiro, vagando pelas ruas vazias. Como a mente humana forja paisagens de prazer a partir de pura desolação é um mistério fascinante.

# 8 - Um instante para saborear, sombriamente

Na manhã seguinte, Pappas, Dragasakis e eu nos encontramos com Alexis em sua suíte de hotel. A cúpula do Conselho Europeu começava naquela noite com todos os olhos voltados à crise na Ucrânia. A chanceler Merkel e o presidente Hollande estiveram imersos em negociações em Kiev e Moscou e chegariam a Bruxelas exaustos, com a mente cheia de Crimeia, de Putin e de guerra – assuntos urgentes muito distantes das angústias da Grécia.

Tínhamos diante de nós um risco, mas também uma oportunidade. Desde 2011, vinha aconselhando Alexis de que Angela Merkel era a chave para qualquer resolução do drama grego. Desde que me tornara ministro, os jornalistas perguntaram-me diversas vezes quem eram os maiores aliados da Grécia dentro da União Europeia. Minha resposta era sempre uma única palavra: Merkel. "Não é o presidente Hollande ou o primeiro-ministro Renzi?", perguntavam. "Não", respondia. "A chanceler Merkel é a única dirigente política que pode recalibrar as políticas da Europa com relação à Grécia". Então, aconselhei Alexis a abordar Merkel naquela mesma noite com um pedido direto para que acabasse com o impasse no Eurogrupo, onde Wolfgang Schäuble reinava supremo.

A tensão entre Angela Merkel e Wolfgang Schäuble estava bem documentada. Schäuble dominava o Eurogrupo com seu controle sobre Dijsselbloem e com seu bloco de ministros das Finanças *cheerleaders*, principalmente da Europa Oriental. Somente Merkel tinha a autoridade para contê-lo. Como eu viria a descobrir mais tarde, a pessoa com a qual ela contava para essa tarefa era Thomas Wieser, provavelmente o único agente do alto *establishment* equidistante dela e do ministro das Finanças alemão. Mas para fazer com que Merkel quebrasse temporariamente o garrote de Schäuble sobre o Eurogrupo e, assim, permitir a possibilidade de um acordo negociado, que Wolfgang de outro modo não consideraria, ela precisaria de um poderoso incentivo. Ser vista como dando uma chance à Grécia ou sendo magnânima para com nosso povo não seria o suficiente. Mas o que seria?

A resposta que eu estivera pregando desde 2012 era Mario Draghi. Angela Merkel certamente interviria se Draghi a convencesse de que a estabilidade da zona do euro dependia disso. E o que levaria Mario a fazer uma coisa dessas? O sucesso em convencê-lo de nossa determinação de reestruturar os títulos PMTD caso ele fechasse nossos bancos, colocando em risco todo o seu programa de flexibilização quantitativa.

Alexis entendeu. Ele abordaria Merkel durante a cúpula. Para ajudá-lo, escrevi para ele em papel de carta de hotel quais eram nossas condições mínimas: primeiro, acabar com a crise de liquidez para criar condições para negociações de verdade; em segundo lugar, substituir o processo da *troika* por uma nova instituição sediada em Bruxelas permitiria aos ministros gregos falar diretamente com a Comissão Europeia; em terceiro lugar, por um fim à linguagem tóxica de "prorrogar" e "concluir com sucesso" o atual programa grego; em quarto lugar, acabar com a austeridade crescente por meio de um acordo relativo a um pequeno superávit primário, que não deverá ultrapassar 1,5% da renda nacional em qualquer ano.

Enquanto discutíamos a abordagem, o telefone de Alexis tocou. "É Dijsselbloem", sussurrou ele. Aparentemente, Jeroen estava se oferecendo para vir ao hotel para uma conversa. Quando chegou, o resto de nós se retirou para um quarto adjacente, deixando Alexis sozinho. Depois de apenas dez minutos, Alexis entrou com um sorriso no rosto no quarto onde estávamos. Jeroen queria fazer as pazes e oferecera um novo adjetivo: em vez de "alterado" ou "ajustado", estava propondo que nos comprometêssemos com um programa "modificado" ou "atualizado". Aconselhei Alexis a insistir também na menção da crise humanitária.

Enquanto isso, Jeroen estava no corredor falando ao telefone. Parecia um aluno do ensino primário sendo repreendido por um professor severo. "Wolfgang atirou nele mais uma vez", sussurrei para Pappas.

Antes que Alexis pudesse transmitir a Jeroen seu pedido adicional, o holandês, claramente chateado, confessou que "modificado" também não iria funcionar, desculpou-se, prometeu retornar com mais sugestões e dirigiu-se para o elevador. Quando passou por mim, fiz-lhe a pergunta que estivera com vontade de fazer desde que ele chegara ao hotel: "O que aconteceu com aquele trem, Jeroen? Será que nós não o perdemos no fim das contas? Talvez ele tenha dado marcha ré e voltado para a estação? Ele vai partir novamente?".

É claro que ele não respondeu. E como poderia? O presidente do Eurogrupo fora apanhado em flagrante. As ameaças que emitira repetidamente durante a emboscada vergonhosa da noite anterior haviam evaporado no fraco sol belga da manhã.

Jeroen voltou naquela mesma tarde. Desta vez, propôs a Alexis que os dois emitissem uma declaração conjunta dizendo que o Eurogrupo e o governo grego discutiriam os parâmetros técnicos para superar o atual programa de acordo com os planos do novo governo. Era um completo recuo. Poucos minutos depois, enviei um e-mail para Jeff Sachs com a notícia: "Hoje tivemos um pequeno triunfo – nossa recusa em ceder ontem, mesmo sob enorme pressão, os levou a recuar totalmente da insistência para que enviássemos uma solicitação de extensão do atual programa tal qual está".

Como isso aconteceu? Descobrimos quando Alexis compartilhou algumas informações que recebera de uma fonte no Ministério das Relações Exteriores da Grécia. Ao chegar em Bruxelas, esgotada de sua odisseia ucraniana, Merkel telefonara a Jeroen torcendo por boas notícias com relação à Grécia. Quando soube do impasse, ficou aparentemente zangada e o instruiu, em sua condição de presidente do Eurogrupo, a encontrar uma acomodação – imediatamente! Foi o que ele fez.

Um pequeno triunfo realmente. Mas também estabeleceu um padrão que, no final, mostraria-se letal: a confiança excessiva de Alexis na boa vontade de Merkel e o costume de Jeroen falar diretamente com Alexis. É claro que não havia nada de errado em suscitar intervenções úteis da parte da chanceler alemã ou nas trocas diretas entre Jeroen e Alexis que desentravavam as negociações. O que acabaria se revelando calamitoso era a combinação de dois efeitos colaterais de nosso sucesso: um deles foi a confiança que Alexis ganhou, contra as dúvidas que manifestei de que Merkel continuaria a mediar em nosso favor, independentemente de estarmos ou não preparados para usar nosso meio de dissuasão; o outro era a maneira pela qual aquele primeiro encontro entre Dijsselbloem e Alexis se transformou em uma trava que acabaria por afastar o *premier* do único ministro que poderia, e iria, acionar esse meio de dissuasão.

## No covil da *troika*

Era a tarde de quinta-feira, 12 de fevereiro, quando Dijsselbloem retornou para propor a Alexis a declaração conjunta. A próxima reunião do Eurogrupo, na qual um avanço era necessário, estava agendada para a segunda-feira seguinte. Isso nos deixava três dias para construir a ponte que estávamos defendendo.

A chanceler alemã queria que nossa equipe técnica se encontrasse com a da *troika* para começar a discutir as propostas e as prioridades de nosso governo. Foi combinado que elas se reuniriam na sexta-feira e no sábado em Bruxelas, deixando apenas o domingo para que os políticos realizassem deliberações de última hora antes do Eurogrupo. Isso me dava menos de uma hora para decidir sobre a composição da equipe que enviaríamos para confrontar os tarimbados mercenários da *troika*, caso conseguissem chegar em Bruxelas para o início das negociações no dia seguinte. Trabalhando freneticamente a partir do telefone do quarto de hotel, assegurei-me de que nosso melhor pessoal fosse contatado e que os preparativos de viagem fossem feitos.

Enquanto isso, a *troika* pôde reunir centenas, se não milhares, de auxiliares vindos de algumas das instituições com mais recursos do mundo – o FMI, o BCE e a Comissão Europeia. Seus homens-chave – e todos eram homens, pelo menos naquela primeira reunião – possuíam anos de experiência em enfiar seus "programas especiais de ajustamento" e suas agendas de "resgate" goela abaixo de governos fracos, incluindo os gregos. Em contrapartida, nossa pequena equipe era composta por George Chouliarakis, presidente do Conselho de Assessores Econômicos do Ministério, e quatro jovens especialistas que Dragasakis também recrutara antes das eleições. Eles haviam sido reunidos apenas muito recentemente e não possuíam quase nenhuma experiência ou rede de apoio por trás, então pedi a dois negociadores experientes para que se juntassem à equipe: Elena Panariti, a única pessoa do nosso lado com experiência dentro do FMI, e Glenn

Kim, que, é claro, fora fundamental na concepção do fundo de resgate europeu. Apesar do poder de fogo que Glenn e Elena trouxeram, a equipe de Dragasakis os via com desconfiança.

Além disso, ainda não tínhamos apoio de verdade nos bastidores. Para melhorar essa situação, providenciei para que um consultor técnico da Lazard e Jamie Galbraith aguardassem em uma sala adjacente à sala de negociações, de onde eles poderiam fazer cálculos e elaborar propostas. Por fim, liguei para Euclides para pedir que viesse a Bruxelas junto com nossa equipe, para fornecer supervisão política. Depois de protestar um pouco, concordou em largar tudo e vir.

Na manhã de sexta-feira, chegamos todos ao edifício da Comissão Europeia para a "consulta" de dois dias. Os agentes de segurança na entrada nos cobriram de perguntas, atrasando nossa entrada em cerca de meia hora.

Uma vez lá dentro, fomos levados a uma sala de seminários, onde o pessoal da *troika* nos aguardava. Entre eles havia alguns rostos familiares: Declan Costello (um "irlandês não irlandês", como o descreveu certa vez um embaixador irlandês) e, claro, Klaus Masuch, o representante do BCE que tanto fizera para voltar o povo da Irlanda contra aquela instituição.[197] Os representantes da *troika* reconheceram um rosto familiar – o de Glenn – e imediatamente protestaram.

Quando perguntei qual era o problema, eles ficaram inicialmente sem palavras. Costello acabou dizendo: "Mas ele não é grego!".

"E daí?", perguntei. "Desde quando o governo grego é obrigado a incluir em sua equipe de negociação somente gregos? O lado de vocês não é multinacional?"

A réplica deles foi reveladora. "Mas nós o conhecemos. Ele esteve envolvido em exercícios de reestruturação de dívida. Não podemos ser vistos negociando com um especialista em reestruturação de dívida."

"Como eu não tenho o direito de vetar membros de sua equipe, você terá que aceitar os meus", respondi.

197 Ver capítulo 6 em Varoufakis, 2016.

Terminadas as saudações, e como eu era a única pessoa de nível ministerial completo na sala, dei início aos trabalhos com uma declaração de nosso propósito comum.[198] Minhas considerações finais foram:

> Minha mensagem para vocês é a que este é um governo interessado somente em uma recuperação da Grécia que se dê dentro de um quadro de políticas que seja terapêutico para a zona do euro como um todo. Este não será mais um governo que tenta ludibriá-los a acreditar que adotaremos um determinado programa de reformas, apenas para obter a próxima fatia do empréstimo. Vocês devem ter percebido que nós não damos a mínima para a próxima fatia do empréstimo. Preferimos ver o circo pegar fogo do que continuar prolongando essa humilhação. A única coisa que o povo da Grécia nos repete vezes sem conta é: parem já com a prática dos últimos anos de ir até a *troika* mendigar por mais dinheiro, fingindo estar mudando o país quando na verdade o país estava se deformando, não reformando.

Dito isto, retirei-me para deixar as equipes conduzirem suas discussões sob a supervisão de Euclides. Era a primeira vez que os representantes da *troi-*

---

198 Em minha introdução, repeti o argumento de que a reforma do programa da *troika* era essencial se quiséssemos persuadir o povo grego a aceitá-lo, e que a maneira como a *troika* se comportara em Atenas até então fora contraproducente a esse respeito. "Nosso compromisso em trabalhar com cada uma das três instituições é inabalável... Consideramos que a reunião de hoje aqui em Bruxelas será um novo começo que servirá aos interesses tanto da Grécia quanto da União Europeia... Examinamos detalhadamente o *MoU* e queremos discuti-lo com vocês." Fui franco sobre a inexperiência de nosso governo e comparei os escassos recursos de nossa equipe com os deles. Mas nossa inexperiência, assegurei-lhes, era uma característica normal do processo democrático, era de se esperar, sempre que um eleitorado elegesse um novo governo, e conceder a esse novo governo um período de luademel no qual pudesse transformar suas ideias em políticas era parte essencial desse processo. Sendo assim, sugeri que a reunião considerasse o quadro mais amplo das políticas de nossa equipe, em vez de ficar atolada em minúcias. Afinal, o Eurogrupo estava à espera de um acordo baseado, em princípio, na identificação de um terreno comum entre o *MoU* e os planos de nosso governo. Também mencionei minha equipe de inatacáveis e nosso sério esforço para apanhar centenas de milhares de fraudes fiscais. Se a *troika* estivesse interessada em reformas substanciais e em uma infusão em grande escala de dinheiro nos cofres de nosso Estado, disse-lhes, esperava que apoiassem com entusiasmo esse esforço em particular.

*ka* recebiam ordens de negociar, em Bruxelas, com um pessoal técnico de mesma patente que a sua, em vez de contrainterrogar nossos ministros em Atenas. Nas semanas seguintes, eles deixariam perfeitamente claro como se sentiam quanto a esse rebaixamento.

Durante os dois dias que se seguiram, Euclides e Jamie me mantiveram continuamente informado sobre o progresso. Em um primeiro momento, a *troika* não pareceu agressiva ou hostil. O representante do FMI expressou ceticismo em relação a quanto e com que rapidez conseguiríamos arrancar dinheiro dos ricos sonegadores de impostos, ficou mais feliz com nossas propostas de uma autoridade administrativa que lidasse com os empréstimos improdutivos dos bancos e reservou sua franca hostilidade para tudo o que fosse relacionado aos direitos sindicais. Mas embora as reuniões propriamente ditas tivessem começado de forma civilizada, o jogo sujo acontecia do lado de fora da sala de negociações, com a *troika* vazando para a imprensa que "a história grega não parava em pé". Talvez não parasse totalmente, respondi aos jornalistas, mas parava em pé com muito mais firmeza do que o programa espetacularmente fracassado da *troika*.[199]

No segundo dia, como relatou Euclides, a *troika* apertou o botão da hostilidade. Recusando-se a reconhecer as falhas de concepção em seu estimado programa, em vez disso se comportavam como se o trabalho fosse avaliar nossa capacidade para implementar esse programa. Alguns dos pontos que levantaram eram francamente ridículos, como a acusação de que não tínhamos nenhum plano para financiar as amortizações da dívida, acusação essa que merecia uma medalha por hipocrisia conspícua. A

199 No decorrer do primeiro dia, os vazamentos pioraram. A certa altura, Jamie me informou que nossa equipe estava chateada com a insinuação da imprensa de que eles eram incapazes de apresentar propostas de "prorrogação do programa" que pudessem ser aceitas pela *troika*. Imediatamente respondi: "Nós temos que virar a narrativa contra eles, simplesmente dizendo: 'Obrigado por chamar nossa atenção para isso. Vocês estão certos. Não conseguimos apresentar nenhuma proposta de políticas que conduzam à conclusão bem-sucedida do atual programa pela simples razão de que esse programa não tem como ser salvo'. É por isso que insistimos no Eurogrupo quanto à necessidade de se efetuar grandes alterações. De fato, nossas equipes estão se reunindo hoje e amanhã não com a missão de completar o programa atual, e sim de construir uma ponte para novos e viáveis arranjos. Sem que sejam feitas alterações na lógica das agendas financeira, da dívida e de reformas, e sem que haja tranquilidade durante o tempo necessário para alcançá-las, não poderá haver programa nenhum".

avaliação de Euclides era de que estavam conduzindo um experimento de agressão calculada e que seria desastroso se cedessemos. A opinião de Jamie era que chegara a hora de a Europa oficial perceber que manter a Grécia fora de um *default*[200] exigiria um empréstimo intercalar e um calendário para importantes alterações. Seu conselho para inculcar este fato essencial na cabeça deles foi "Caiam fora deste pântano na terça-feira à tarde [o dia seguinte à reunião do Eurogrupo] e deixem acontecer. Desculpe-me se eu estiver ensinando o vigário a rezar o pai-nosso".

## Treze dias para a ameaça de fechamento dos bancos

A reunião de dois dias de nossa equipe com a *troika* jamais produziria um avanço real. Nosso objetivo era mostrar boa-fé à chanceler Merkel, que interviera pessoalmente para garantir que a proposta de uma ponte fosse aceita. O objetivo da *troika* era defender seu programa ao mesmo tempo que vazava para a imprensa que éramos palermas incompetentes cujas ideias eram totalmente confusas. A verdadeira batalha aconteceria no nível político antes e durante a reunião do Eurogrupo de segunda-feira – dia 16 de fevereiro, treze dias antes que todas as agências bancárias e caixas eletrônicos na Grécia fechassem, de acordo com a ameaça de Jeroen, caso não chegássemos a um acordo.

Enquanto isso, minha equipe trabalhava freneticamente em um novo documento informal que combinava e melhorava nossas propostas. Jeff Sachs produziu um excelente trabalho sobre a dívida grega. A equipe da Lazard trabalhou diligentemente junto com Elena nos temas de política fiscal, bancos e na agenda mais ampla de reformas. Jamie fez maravilhas coordenando o trabalho. E Euclides se empenhou para impedir que eu fizesse concessões demais em minha análise de enquadramento.[201] A im-

---

200 N. da R.T.: *Default* é o descumprimento de obrigações relacionadas a um contrato de dívida. Ver capítulo 2, nota 41.

201 Por exemplo, em meu resumo de nossas discussões com a *troika* eu escreva: "Quanto às reformas estruturais, bons avanços foram feitos na identificação de um grande número de áreas nas quais as autoridades gregas podem apoiar a agenda de reformas em curso... É preciso tempo durante as próximas semanas para que o novo governo possa fazer uma avaliação mais detalhada das reformas em curso. O governo grego tem total compromisso com o prosseguimento dos esforços envidados nestas áreas". Euclides me

prensa internacional estava bastante unida na condenação de nossos esforços, papagueando a acusação da *troika* de que estávamos recuando em relação às reformas e de que chegáramos a Bruxelas sem quaisquer propostas coerentes. A única coisa sobre a qual os diferentes veículos discordavam era quanto ao que a Grécia deveria fazer para conter a corrida aos bancos que suas reportagens tanto estimulavam: metade deles noticiava que eu estava planejando introduzir controles de capital, a outra metade me admoestava por *não* o estar fazendo.

Na verdade, essa era uma questão que estávamos considerando entre nós, caso o Eurogrupo de segunda-feira não conseguisse chegar a um acordo. Os participantes desta comunicação interna e secreta, realizada em parte pessoalmente e em parte via e-mail, eram a equipe da Lazard, Jeff Sachs, Willem Buiter do Citibank, Jamie Galbraith, Elena Panariti, Glenn Kim, Euclides Tsakalotos e eu. Comecei a discussão com esta declaração:

> Um euro "aprisionado" em um banco de um Estado-membro da zona do euro que esteja operando sob controles de capital (Chipre, por exemplo) vale menos do que um euro em papel ou um euro em outro lugar. De fato, pode-se comprar uma quantia nominal de euros em depósitos em um banco cipriota por uma quantia menor de euros em papel ou euros depositados em uma conta bancária alemã ou francesa. Esse desconto é, na verdade, uma taxa de câmbio. Os controles de capital são, portanto, uma forma de "saída" – temporária e com certeza reversível, mas saída mesmo assim. A designação da moeda não mudaria, mas, em todos os outros aspectos, a moeda é desvalorizada do dia para noite quando se impõe o controle de capitais.[202]

---

disse para apagar a palavra "grande" na primeira frase e recomendou que eu substituísse a última frase por: "O governo grego está empenhado em dar sequência a uma agenda de reformas que reúna os melhores elementos do atual programa e sua própria agenda de reformas". Em outra parte do texto em que eu escrevera "As autoridades gregas estão comprometidas a apresentar contínuos superávits primários durante a próxima década para garantir sólidas finanças públicas", ele me aconselhou a substituir "década" por "futuro próximo", e acrescentou: "Afinal, estamos buscando uma conferência sobre a dívida que torne tal promessa redundante". Como as coisas mudariam alguns meses mais tarde, quando Euclides me substituiu.

202 Isto também se aplica ao dinheiro em papel, caso haja restrições para sua remoção

As primeiras reações que recebi vieram de Elena, Jamie e um de meus conselheiros da Lazard. Em essência, disseram que, se eu impusesse os controles de capital, o BCE seria absolvido da responsabilidade pela corrida aos bancos que causara e não teria mais que tomar a dolorosa decisão de suspender a liquidez (ELA) dos bancos gregos. Enquanto isso, os controles de capital seriam uma dádiva para o governo alemão. Tendo sido impostos por Atenas, eles seriam interpretados como uma admissão, de nossa parte, da necessidade de negar a nossos perdulários cidadãos o acesso a seus depósitos – tudo sem custo nenhum para os credores, uma vez que a dívida permaneceria em euros normais (não desvalorizados). Seria uma terrível derrota autoinfligida. Não somente teríamos que viver sob algo que seria, para todos os efeitos, um restritivo sistema de moeda dupla, como a *troika* teria todo o direito de dizer que fora nossa própria escolha fazê-lo. Os únicos não gregos que seriam prejudicados pelos controles de capital seriam as subsidiárias gregas de empresas europeias, mas a maioria delas – como o Carrefour e Crédit Agricole – já haviam se retirado da Grécia desde 2010.

Jeff Sachs era o mais vociferante opositor dos controles de capital autoinfligidos. Ele me telefonou para dizer que, em todos os anos prestando assessoria a governos, jamais vira uma maneira mais segura de cometer suicídio político do que quando um ministro das Finanças apresenta uma legislação que impede os cidadãos de retirarem seus depósitos bancários. Politicamente, era imperativo evitar esse tipo de medida. E se os controles de capital não pudessem ser evitados – no caso, por exemplo, em que o BCE suspendesse a ELA –, era crucial que o governo em exercício se opusesse ferozmente e colocasse a culpa, como seria justo e apropriado, no BCE que os impusera. Willem Buiter era da mesma opinião: controles de capital autoimpostos esgotariam nosso capital político, sem nada fazer para ajudar a reduzir a austeridade no nível da política fiscal. O veredicto deles era claro: nós não deveríamos adotar os controles de capital de jeito nenhum.

Havia ainda outra coisa que nos obrigava a rejeitar tais controles: ao criarem de fato uma moeda paralela, eles prejudicavam profundamente a integridade da zona do euro. O governo Syriza acreditava na importância

---

do país.

de fazer tudo o que estivesse a seu alcance para salvar a zona do euro e garantir que ela funcionasse para todos os Estados- membros, não apenas para a Grécia. Visto que os controles de capital seriam prejudiciais aos interesses comuns dos Estados-membros da União Europeia, isso já fornecia uma razão suficiente para que nos opuséssemos a eles. E se o BCE nos forçasse a recorrer aos controles de capital, como tinha o poder de fazer, nosso gabinete inteiro deveria juntar-se aos manifestantes que inevitavelmente se reuniriam do lado de fora dos bancos fechados, com cartazes fustigando o BCE e o Banco Central da Grécia por um descumprimento tão fundamental de seu dever. Nesse lamentável cenário, seríamos obrigados a colocar em prática medidas de emergência, o que significaria a inauguração de nosso próprio sistema paralelo de pagamentos denominado em euros – bem como cumprir nossa intenção declarada de reestruturar os títulos PMTD em posse do BCE.[203]

Nas semanas e meses que se seguiram, essa continuou sendo minha mais persistente recomendação para Alexis e para o gabinete de guerra, um mantra que Alexis, e especialmente Pappas, endossaram plenamente.[204] Nesse meio tempo, minha posição pública sobre a questão dos controles de capital era consistentemente e repetitivamente a mesma: nosso governo estava se esforçando por um acordo que fosse racional e mutuamente benéfico dentro da zona do euro; os controles de capital não faziam sentido em uma união monetária que estava funcionando e prejudicariam sua integridade, por isso éramos contrários a eles. Se controles de capital fossem introduzidos, não seria porque nós os desejássemos, procurássemos ou aprovássemos.

Naquele mesmo final de semana, Jeff Sachs estava trabalhando duro do outro lado do Atlântico, tentando convencer o Fed a usar seu peso a nosso

203 Uma crítica frequente ao sistema paralelo de pagamentos que eu planejara era a de que ele seria denominado em euros apenas na teoria, pois na realidade um euro dentro do sistema paralelo de pagamentos valeria menos do que um euro "de verdade" em papel. Isso é verdade, mas se o BCE introduzisse controles de capital, então o país já teria uma moeda paralela, por isso o argumento por trás da crítica é um tanto acadêmico.

204 No núcleo duro deste gabinete de guerra informal e bastante solto, que estivera se reunindo no gabinete do primeiro-ministro em Maximos nas semanas anteriores para discutir a estratégia, estavam Alexis, Pappas, Tzanakopoulos, Dragasakis, Sagias e Euclides.

favor e persuadir o BCE a abandonar a estratégia de asfixia que estava em curso. Sua mensagem para Janet Yellen era simples: o programa de reformas e metas fiscais do novo governo grego era razoável; eles entendiam perfeitamente que o Grexit era um caminho excepcionalmente perigoso, que não seria tomado por iniciativa própria, mas somente sob pressão do BCE; Yellen deveria dizer aos europeus para não arriscarem desestabilizar a economia mundial por alguns bilhões de dólares e aconselhar Draghi a desistir de introduzir controles de capital que nada resolveriam.

Enquanto isso, a imprensa estava me atacando de modo cada vez mais pessoal. Em resposta a um perfil da BBC que me rotulava de "A Cassandra da Grécia", Bill Black, o economista americano que fizera campanha contra Wall Street de maneira tão eficaz, saiu em minha defesa.

> Então, por que a BBC trata Varoufakis como um esquerdista *sexy* e Dijsselbloem como o respeitado porta-voz da *troika*, embora Dijsselbloem seja um ideólogo fanático que causou um enorme sofrimento humano devido à interseção de sua ideologia inflexível com sua incompetência em economia? As opiniões de Varoufakis sobre a natureza autodestrutiva da austeridade como resposta à Grande Recessão são opiniões correntes no pensamento econômico. Ele certamente é um esquerdista, mas suas opiniões sobre política econômica vêm de diferentes tradições ideológicas que a maioria das pessoas consideraria antagônicas [ao pensamento de esquerda]. Isso faz dele um não ideólogo por definição. A *troika*, pelo contrário, é conduzida inteiramente por ideólogos. A principal diferença é que eles são economistas excepcionalmente ruins e excepcionalmente indiferentes à miséria humana que infligem aos trabalhadores da periferia, que desprezam e ridicularizam. A BBC, o *New York Times* e o *Wall Street Journal* jamais escreverão um "perfil" dos líderes da *troika* que exponha qualquer um desses pontos. O perfil publicado pela BBC é mais um exemplo daquilo que chamo de vieses revelados. Jornalistas e órgãos de imprensa rotineiramente revelam e traem seus próprios preconceitos – preconceitos que negam veementemente, mas dos quais raramente escapam.[205]

205 Numa admirável demonstração de comedimento, a imprensa fez muito pouco da história sobre como o escritório de Jeroen Dijsselbloem retirara uma alegação que originalmente fizera de que lhe fora concedido um diploma de mestrado por uma universida-

Mas a frase que mais levantou o meu moral antes do meu segundo Eurogrupo não veio de um companheiro político ou de esquerda, mas do economista-chefe do Citi no nível internacional, Willem Buiter. Ao final de um e-mail no qual ele me aconselhava contra a adoção de controles de capital, ele escreveu: "*Noli illegitimi carborundum!*", que ele solicitamente traduziu para mim: "Não deixe que os bastardos te esmaguem!"

## Avanço?

Na noite que precedeu o Eurogrupo, Alexis telefonou com boas novas. O presidente da Comissão Europeia, Jean-Claude Juncker, enviara-nos secretamente um comunicado preliminar: será que eu poderia dar uma olhada nele? Era o que nós queríamos?

Uma olhadinha rápida deixou claro que se tratava de um enorme avanço.

> O lugar da Grécia é no euro e ela permanecera nele. O... programa [anterior] que fora objeto de acordo entre a Grécia e seus parceiros europeus e internacionais foi necessário para corrigir os desequilíbrios macroeconômicos e colocar a Grécia em um caminho que garantisse seu financiamento e restaurasse o acesso ao mercado. *Mas o impacto econômico e social da crise sobre a Grécia e seus cidadãos tem sido imenso.* É necessário prosseguir rumo a *um novo relacionamento baseado em um acordo mutuamente benéfico para a Grécia e para a Europa como um todo.* O objetivo é trabalhar em conjunto em um novo modelo de crescimento para a Grécia baseado em justiça social, solidez das finanças públicas, uma economia competitiva orientada para a exportação e baseada em investimentos, um sistema financeiro estável e bem supervisionado e uma administração pública moderna.

Sua reavaliação da *troika* também era excelente.

---

de irlandesa. Muitas vezes me perguntei como os mesmos jornalistas teriam me tratado se minhas credenciais estivessem sujeitas a controvérsias semelhantes.

> A Grécia deseja pôr um fim à indevida e intrusiva abordagem da *troika*, entendida como um grupo de tecnocratas que opera sem mandato político. Na pendência de acordo sobre um novo pacto até junho/julho, deveria ser possível organizar as discussões com os parceiros europeus e internacionais em um formato mais construtivo tanto em relação às missões como quanto ao diálogo, e garantir que as discussões técnicas sejam sempre apoiadas por um mandato político que tenha plenamente em conta a necessidade de crescimento e a justiça social em cada uma das reformas.

Além disso, havia disposições úteis para acabar com a nossa crise de liquidez.

> Um financiamento-ponte temporário pode ser disponibilizado a partir da liberação dos lucros dos PMTD... O progresso de um acordo sobre isso precisa ter base na confiança e na credibilidade mútuas [o que conta são as ações e não as palavras]. Para este fim, a Grécia deve adotar e implementar rapidamente uma série de reformas-chave.[206]

Isso não era nada menos do que um endosso das propostas que eu vinha apresentando a todos os funcionários públicos e agentes que conheci desde a minha primeira viagem a Paris.

Alexis e os demais membros de nossa liderança estavam aliviados – assim como eu – mas lá no fundo continuei cético. Parecia bom demais para ser verdade. Quando pronunciei minhas preocupações em voz alta, Alexis disse que entendia, mas me encorajou a esperar pelo melhor. Naquela noite, consegui dormir um pouco mais do que normalmente.

## A humilhação do comissário

Na manhã seguinte, minha secretária informou que Pierre Moscovici, comissário de Economia e Finanças da União Europeia, que trabalhava sob

206 O comunicado preliminar de Juncker propunha a adoção de um código de processo civil, mudanças no código do imposto sobre o rendimento e no código de processo tributário, legislação para ampliar a definição de fraude fiscal e evasão fiscal e reforma do mercado do gás. Ele também nos perguntava se havia outras reformas que poderiam ser adotadas com celeridade – uma abordagem muito colaborativa e, portanto, bem-vinda.

a autoridade de Jean-Claude Juncker, queria ter comigo em seu escritório às 13h30, meia hora antes do início do Eurogrupo. Respondi-lhe que conseguia sentir "cobras deslizando em minhas entranhas", uma expressão grega que significa estar cheio de maus pressentimentos.

Quando entrei em seu escritório, Pierre levantou-se para me cumprimentar. Apertamos calorosamente as mãos um do outro e ele me convidou a sentar. Sem mais palavras, passou-me um documento para que eu lesse. Era uma versão do comunicado preliminar que eu lera na noite anterior... só que um pouquinho melhor. Ele pediu minha opinião.

"Onde eu assino?", respondi.

"Sério?", perguntou Pierre.

"Com certeza."

Pierre pareceu tremendamente satisfeito. "Bem, nesse caso teremos um Eurogroup tranquilo. Aceita um café?" Aceitei.

Enquanto tomava meu café padrão União Europeia, perguntei-lhe se tinha certeza de que seu comunicado preliminar passaria no Eurogrupo. Jeroen o aceitaria? Como Wolfgang responderia?

"Não se preocupe. Já está tudo combinado."

"Por quem? E quanto a Christine e Mario?"

"Eles também estão a bordo."

"Tem certeza, Pierre?"

"Sim, nós acabamos de almoçar juntos para discutir isso: Jean-Claude, eu, Mario, Christine e Jeroen."

"E quanto ao Wolfgang?"

"Não, Wolfgang não fez parte disso. Ele não vai gostar. Mas quando perceber que todo mundo está de acordo, vai se abrandar".

"Estou tendo dificuldade em imaginar Jeroen concordando com este comunicado frente a um Wolfgang descontente – especialmente depois de nosso último Eurogroup".

"Deixa isso comigo. Tudo o que eu quero de você é que deixe isso para que eu e os outros levemos adiante. Fale o mínimo possível, de modo a não antagonizar Wolfgang".

"Fico mais do que feliz em poder ficar quieto, Pierre".

"Não, não, fale sim, mas diga apenas que você apoia o comunicado preliminar e pare por aí".

Seguiu-se um longo silêncio. Tínhamos quinze minutos até o início do Eurogrupo. Continuei a beber meu café, aliviado. *Um Eurogroup tranquilo; quem poderia ter imaginado?* Pensei. Cedo ou tarde, minha incredulidade acabou me vencendo. Parecia bom demais para ser verdade, disse a Pierre. Eu simplesmente não conseguia imaginar Jeroen lendo aquele comunicado em voz alta e manifestando seu apoio sob o olhar penetrante de Wolfgang. Pierre sorriu com confiança, pegou o comunicado preliminar nas mãos, levantou-se e disse que provaria para mim. Iríamos ter com Jeroen imediatamente. E assim fizemos, com Pierre tomando a dianteira e nos conduzindo pelo corredor até o escritório de Jeroen. Tínhamos dez minutos até que o Eurogrupo começasse.

Pierre bateu na porta de Jeroen e entrou sem esperar uma resposta. O escritório do presidente do Eurogrupo tinha o dobro do tamanho do comissário e estava repleto de assessores, alguns sentados em um sofá, outros em cadeiras, um deles no chão, trabalhando atarefadamente em laptops, conversando entre si, todos preocupados com os preparativos de última hora. O cheiro forte de corpos e as janelas embaçadas sugeriam que estiveram trabalhando já há algum tempo e com certa intensidade. Quando entramos, Jeroen estava de pé ao lado de uma longa mesa de reuniões em meio a seus laboriosos ajudantes, lendo uma folha de A4. Assim que os auxiliares nos viram, recolheram seus equipamentos e papéis e saíram da sala. A atmosfera espessa e a velocidade com a qual saíram reforçou minha premonição de que não estava tudo bem.

Jeroen acenou para que entrássemos e nos sentássemos. Ele sentou-se à cabeceira da mesa, de costas para a janela. Pierre sentou-se duas cadeiras adiante, à direita de Jeroen, com seu comunicado preliminar na mão direita. Eu me posicionei duas cadeiras à direita de Pierre, de frente para Jeroen e com o perfil de Pierre entre nós. Jeroen pegou a folha A4 que estivera lendo e deslizou-a para mim por sobre a mesa. "Leia isso e me diga o que você acha", disse ele.

Eu li. Era pior até mesmo do que o projeto de comunicado que rejeitáramos durante a primeira reunião do Eurogrupo. Vinculava o governo grego "a completar o atual programa", permitindo que prosseguíssemos nosso mandato apenas dentro dos limites da "flexibilidade intrínseca já existente no programa atual". Todas as concessões presentes nos rascunhos apresentados por Juncker na noite anterior e por Pierre alguns instantes mais cedo haviam sido apagados. Até mesmo a frase "programa ajustado" fora descartada. Neste esboço, o programa, não diluído por qualquer adjetivo que fosse, retornou para se vingar.

Disse a Jeroen o que achava: que o último Eurogrupo chegara a um impasse porque ele insistira em um comunicado que era, quando muito, um nadinha mais compreensível do que esse. Virando-me para Pierre, que já estava com ar de abatido, perguntei o que estava acontecendo. "Você acaba de me mostrar um comunicado preliminar que ficaria feliz em assinar imediatamente. Você é o comissário da União Europeia para assuntos econômicos. Eu sou o ministro das Finanças de um machucado Estado-membro da União Europeia. Por favor, será que posso ter alguma clareza por parte da única pessoa nesta sala que tem *status* oficial para representar a União Europeia?"[207]

Sem olhar para mim, Pierre voltou-se para Jeroen e fez sua primeira e última tentativa de salvar a dignidade da Comissão Europeia. "Podemos combinar algumas das frases de seu projeto com outras deste aqui?", implorou com uma voz vencida, apontando para o rascunho que estava segurando em sua mão direita.

"Não!", disse Jeroen interrompendo-o de um modo que só poderia ser descrito como uma agressão controlada. "Tudo o que poderia ser usado desse esboço já foi", afirmou categoricamente.

Virei-me para Pierre. Algo importante estava em jogo naquele momento, disse-lhe, algo que ia além da difícil situação grega ou da reunião do Eurogrupo daquela tarde: era o princípio do compromisso e do respeito mútuos, e da autoridade da Comissão Europeia para salvaguardá-los. "Pierre", perguntei, "você vai simplesmente se submeter à imposição desse comunicado totalmente unilateral contra as opiniões da comissão e o projeto que você preparou?".

207 A Comissão Europeia é o que a União Europeia tem de mais próximo a um governo, e um comissário tem um estatuto equivalente ao de um ministro de Estado, enquanto o Eurogrupo, como mencionado anteriormente, não têm estatuto jurídico em nenhum dos tratados da União Europeia. Nesse sentido, Dijsselbloem era, oficial e juridicamente, nada mais do que o ministro das Finanças holandês, juridicamente subordinado à Moscovici.

Evitando contato visual e com uma voz que estremecia de desânimo, Pierre respondeu com uma frase que pode um dia figurar na lápide da União Europeia: "Seja o que o presidente do Eurogrupo disser".

Já mais relaxado, Jeroen propôs que eu riscasse palavras ou frases que "não gostasse"e as substituísse por alternativas. Então tirei minha caneta do bolso e fiz exatamente isso. Na frase de abertura do comunicado de Jeroen, após "os notáveis esforços de adaptação empreendidos pela Grécia e pelo povo grego nos últimos anos", acrescentei, "que infelizmente não puderam levar a uma recuperação devido às falhas de concepção no programa existente". Mais abaixo, risquei o compromisso de "completar o atual programa" e o substituí pelo compromisso de "trabalhar com os parceiros europeus e internacionais da Grécia rumo à elaboração e implementação de um programa de reformas e de recuperação que o povo grego possa apoiar e chamar de seu". Quando terminei, deslizei o esboço de volta para Jeroen.

O presidente do Eurogroupo perdeu a cabeça. Erguendo a voz, acusou-me de estar desperdiçando tempo e ameaçando naufragar um segundo Eurogrupo – acusações que poucos minutos mais tarde já estavam sendo twittadas e noticiadas por respeitados jornalistas, tal é a eficiência da máquina de propaganda de Bruxelas.

Respondi com cuidado, mas com uma crescente firmeza, "Jeroen, você não está em posição de levantar a voz comigo. No último Eurogrupo, violou sua obrigação como presidente do Eurogrupo de oferecer orientação a um novo ministro das Finanças. Em vez disso, induziu-me *intencionalmente* ao erro, emitindo repetidas vezes uma ameaça que já na manhã seguinte mostrou-se vazia. Recomendo fortemente que evite levantar a voz para mim novamente. Caso contrário, vai me deixar sem outra opção a não ser tornar público seu comportamento escandaloso".

Jeroen recuou imediatamente. Em tempos de tensão, ele às vezes se animava demais, admitiu.

"Não se preocupe, isso acontece com todos nós."

Com a animosidade se dissipando, Jeroen olhou para o relógio, que revelou que estávamos atrasados para a reunião do Eurogrupo. "Não vamos atrasar ainda mais", disse ele, pois cada minuto que passasse com nós três ausentes do reunião encorajaria rumores contraproducentes. Quando nos levantamos para sair, ele sugeriu que, visto que a reunião obviamente não poderia produzir um acordo, deveríamos mantê-la breve, de modo a conter o dano. Ocorreu-me que algum tipo de dano era certamente o resultado que ele pretendia, mas segurei minha língua.

Do momento em que Jeroen eliminou a sugestão para um compromisso até o momento em que nós três entramos na sala de reuniões do Eurogrupo, Pierre permaneceu em silêncio. Durante a reunião do Eurogrupo, sempre que eu olhava para ele, imaginava o horror que Jacques Delors ou qualquer um dos pais fundadores da União Europeia teria sentido caso tivessem observado a cena no escritório de Jeroen. Ao ouvi-lo expressar opiniões na reunião que eram subservientes a Schäuble e Dijsselbloem, opiniões com as quais eu sabia perfeitamente bem que ele não concordava, ouvia o som da descida da União Europeia rumo à ignomínia. Sua humilhação era para mim o símbolo da completa subjugação da Comissão Europeia por forças que não possuíam estatuto jurídico ou legitimidade democrática. Nos meses que se seguiram, Pierre Moscovici e eu mantivemos uma relação amistosa e concordamos em todos os assuntos de importância, mas nossa concordância era tão irrelevante quanto o esboço de comunicado que ele ainda estava segurando quando saímos do escritório de Jeroen. De fato, daquele dia em diante, toda vez que ele ou Jean-Claude Juncker tentavam ajudar nosso lado, eu sentia uma sensação de pavor, pois sabia que aqueles com poder de verdade nos atacariam impiedosamente para dar uma lição em Moscovici e Juncker e mostrar à Comissão Europeia seu devido lugar.

Algumas semanas depois, Pierre começou a espalhar a história de que, naquela reunião no escritório de Dijsselbloem, em 16 de fevereiro de 2015, Jeroen e eu quase saímos no tapa e que ele teve que intervir para nos separar. Mais tarde, em suas memórias, afirmou que fora impossível negociar comigo e que recebera com satisfação a notícia da minha saída do Eurogrupo. Eu só posso supor que estas foram tentativas de lidar com sua própria desgraça.

## Um não acontecimento crucial

Aqueles quinze minutos no escritório de Jeroen pareceram muito mais – e certamente mais significativos – do que as horas passadas na subsequente reunião do Eurogrupo, que começou com um relatório das instituições sobre as discussões entre nossas duas equipes técnicas. Após emitir alguns sons educados sobre a apresentação da minha equipe, os representantes da *troika* expressaram a "preocupação" de que os planos de nosso governo não inspiravam a confiança de que conseguiríamos "concluir com êxito o atual programa". Caso estivessem tentando soar como um disco arranhado, eles não poderiam ter feito um trabalho melhor.

Então, mais uma vez, fiz o que tinha de fazer.

> Nossa relutância em aceitar a frase "prorrogar o atual programa e completá-lo com sucesso" vem da determinação deste governo de jamais emitir uma promessa que não possa cumprir... Eu poderia, por exemplo, aplacar a todos, aceitando, para começar, a meta de privatização de 5 bilhões de euros, a fim de chegar a um acordo. Mas sei que não vou poder entregar esse resultado. Da mesma forma que os governos anteriores não conseguiram entregar em um mercado no qual os preços dos ativos estão em colapso... Nossa tarefa é levar a cabo as profundas reformas de que meu país precisa e maximizar o valor líquido atual dos pagamentos das amortizações da dívida a vocês. Mas se eu aceitar as prioridades, a matriz do atual programa, sei que estarei dando um novo impulso à espiral deflacionária da dívida, estarei perdendo o apoio do povo e, como resultado, o país se tornará irreformável... Em minha condição de recém-nomeado ministro das Finanças de um país que tem um déficit de credibilidade nesta sala, tenho confiança de que vocês entenderão minha relutância em prometer aquilo que não acredito poder cumprir.

Enquanto eu falava, pensava no povo da Grécia, nos europeus por toda parte, bem como nos infames mercados. Como todos eles reagiriam à notícia de que um segundo Eurogrupo fora concluído com um impasse? Como eles interpretariam isso? Decidi que o melhor caminho era o da verdade e do falar francamente. Em meu discurso durante a coletiva de imprensa, senti-me relaxado conforme contava ao mundo da maneira mais educada possível o que realmente acontecera a portas fechadas.

> Tenho o prazer de informar que as negociações foram conduzidas em um espírito de colegialidade, revelando claramente uma unidade de propósito... estabelecer um terreno comum, de modo a alcançar um novo contrato de longo prazo, sério e sustentável, entre a Grécia, a Europa oficial e o FMI. Além disso, não tenho dúvidas de que elas continuarão amanhã e no dia seguinte até que haja um acordo. Se é assim, por que não conseguimos chegar a um acordo sobre um comunicado, uma simples frase, que desbloqueie imediatamente esse período de deliberação? O verdadeiro motivo diz respeito a uma discordância substancial sobre se a tarefa à frente consiste em concluir um programa cuja lógica este governo foi eleito para desafiar, ou em sentar junto com nossos parceiros com a mente aberta e repensar este programa, que, na nossa avaliação e na avaliação da maioria de pessoas lúcidas, fracassou em estabilizar a Grécia, gerou uma enorme crise humanitária e tornou tão difícil reformar o país, o que é absolutamente essencial. Lembrem-se, uma espiral deflacionária da dívida não se presta a reformas bem-sucedidas da forma que a Grécia precisa para deixar de depender de empréstimos de seus parceiros e das instituições.Na última quarta-feira, na reunião anterior do Eurogrupo, nós resistimos a uma forte pressão, dada a urgência da questão,para que subscrevêssemos a "prorrogação e a conclusão bem-sucedidas do atual programa". Como resultado desse impasse, na tarde seguinte (na última quinta-feira, antes da cúpula), o presidente Jeroen Dijsselbloem e o primeiro-ministro Alexis Tsipras concordaram em um comunicado conjunto de que os dois lados explorariam pontos em comum entre o atual programa e os planos do novo governo para um novo contrato com a Europa. Este foi um verdadeiro avanço. Esta tarde houve outro avanço. Antes da reunião do Eurogrupo, encontrei-me com o sr. Moscovici, a quem quero agradecer pelo papel altamente positivo que desempenhou nesse processo, que me apresentou um projeto de comunicado que eu teria tido prazer em assinar ali mesmo, pois reconhecia a crise humanitária e versava sobre uma prorrogação do atual contrato de empréstimo, que poderia assumir a forma de um programa-ponte de quatro meses como uma fase de transição rumo a um novo

> contrato de crescimento para a Grécia, que seria deliberado e concluído durante este período. Nele também estava escrito que a comissão forneceria assistência técnica à Grécia para fortalecer e acelerar a implementação de reformas. Com base nesse entendimento entre nós e a comissão, estávamos mais do que felizes em solicitar que o contrato de empréstimo fosse estendido... Nossa única condição para o outro lado era a de que não exigissem que nos comprometêssemos com medidas recessivas durante a prorrogação, como cortes nas aposentadorias ou aumentos do IVA. Infelizmente, minutos antes da reunião do Eurogrupo, esse esplêndido documento foi substituído por um outro pelo presidente do Eurogrupo, um que nos levava de volta no tempo até uma situação anterior à da última quinta-feira, de volta à situação de quarta-feira passada, quando fomos pressionados a assinar uma prorrogação não do contrato de empréstimo, mas do programa em si... Nessas circunstâncias, provou-se impossível para o governo grego, apesar de nossa infinita boa vontade, assinar o comunicado oferecido. E sendo assim, as discussões continuam. Estamos prontos e dispostos a fazer tudo o que for preciso para chegar a um acordo honroso nos próximos dois dias. Nosso governo aceitará todas as condições que for possível cumprir e que não reforcem a crise em nossa sociedade. Ninguém tem o direito de trabalhar no sentido de um impasse, especialmente um que seja mutuamente prejudicial para o povo da Europa.

Esta era a segunda vez que dizíamos não à *troika* em um espaço de cinco dias. Faltando doze dias até a imposição de um indesejável feriado bancário por tempo indeterminado, mostraramos que não piscaríamos pela simples razão de que não estávamos blefando.

## O gabinete de guerra

Apesar de todas as evidências em sentido contrário, existe uma razão duradoura para permanecermos confiantes de que a Europa é capaz de criar boas instituições: o Banco Europeu de Investimento (BEI). O BEI é propriedade de todos os Estados-membros da União Europeia, e ele é governado pelos ministros das Finanças desses países. Na manhã seguinte a minha segunda reunião do Eurogrupo, tive o privilégio de participar da reunião do conselho de presidentes do BEI. Em meu discurso inaugural, manifestei meu entusiasmo em relação ao potencial do BEI e proferi algumas palavras sobre como uma aliança BEI-BCE poderia arrancar a Europa de sua espiral deflacionária sem qualquer necessidade de efetuar alterações em tratados, que são politicamente difíceis de fazer.[208]

Werner Hoyer, o presidente alemão do BEI, manifestou seu forte interesse em desenvolver a ideia, mas meu velho amigo George Osborne permaneceu em silêncio, talvez preocupado com a onda de eurofobia que varria seu país, assim como Jeroen Dijsselbloem, que também devia ter coisas mais importantes na cabeca do que as forças deflacionárias da Europa. Era hora de voltar a Atenas.

Ao chegar em casa, fui finalmente liberto de um estado de solidão que dose nenhuma de adrenalina poderia compensar. Danae retornara de Austin, tendo completado nossa mudança apesar da incompetência burocrática digna de troféu não apenas da Grécia, mas dos Estados Unidos. Durante os três frenéticos dias que se seguiram, o fato de que ainda não conseguíamos passar tempo direito juntos pouco importava. Saber que ela estava por perto era o suficiente.

Em Maximos, no entanto, Alexis, Pappas e Dimitris Tzanakopoulos, o chefe de gabinete de Alexis, estavam sujeitos a acessos de raiva.[209] "O que vocês esperavam da *troika*?", eu perguntava. "Uma capitulação rápida?"

Dimitris me olhava com intenso ceticismo. "Se você quiser assinar o *MoU*, você terá que fazê-lo por cima do meu cadáver", berrava ele a plenos pulmões. Pappas também gritava com certa regularidade, mesmo que não fosse com ninguém em particular. Quanto a Alexis, embora mais calmo que os outros dois, também perdia a calma de vez em quando e ameaçava explodir as negociações. Eles tinham razão em se sentir ultrajados: nós acabáramos de ganhar uma eleição de forma justa e honesta, mas a Europa oficial não estava nos dando absolutamente nenhuma oportunidade de

208 Na nossa *Modesta Proposta*, o BEI é saudado como um possível pilar para o desenvolvimento econômico, em pé de igualdade com o pilar da estabilidade financeira que o BCE deveria representar. Ver Apêndice em Varoufakis, 2016.

209 Dimitris Tzanakopoulos era um jovem advogado e ativista do Syriza que foi promovido a porta-voz do governo e recebeu um ministério sem pasta alguns meses após minha renúncia.

desenvolver nossas políticas, dirigir nossos ministérios ou mesmo de estabelecer nossas próprias prioridades. Eu até entendia o porquê de Dimitris estar inclinado a duvidar de mim: em minha condição de adjunto que não vinha do Syriza e visto que eu mantinha laços estreitos com americanos de dentro do sistema como Larry Summers e Jeff Sachs, era ideologicamente suspeito por definição, um possível títere empenhado em arrastar Alexis para o fundo. Em um ambiente tão volátil, meu melhor aliado era Spyros Sagias, o corpulento secretário do gabinete, pois, apesar de nossas muitas diferenças, partilhávamos a opinião de que qualquer ruptura com os credores deveria ser o resultado de frio calculismo. Enquanto isso, para aplacar meus agitados camaradas e acalmar seus nervos, eu tinha de persuadi-los de que também estava mais do que pronto para pular fora das negociações, que muito se assemelhavam a uma farsa, mas que deveríamos escolher bem o momento, com calma, evitando qualquer avaria acidental em um processo que seria invariavelmente implacável. Até lá, deveríamos dedicar esforços a tornar tão difícil quanto possível para Draghi e Merkel *justificarem* nosso estrangulamento – primeiro para si mesmos e depois para o resto do mundo.

Enquanto aplacava os agitados, eu também tinha que energizar os plácidos. Nos cinco anos que transcorreram desde o surgimento do Resgatistão, a equipe de meu Ministério aprendera a tomar por natural a submissão do Estado grego à *troika*. Era imperativo fortalecer sua determinação e fazê-los perceber que era possível operar novamente como funcionários públicos de um Estado soberano. O mesmo valia para além do Ministério: o país inteiro estava precisando de inspiração. Com cada coletiva de imprensa que eu dera em Bruxelas rejeitando as exigências dos credores, os gregos de todas as disposições e colorações políticas ficaram mais altivos e com autoestima, mas era de vital importância explicar que não havia lugar em nossa recém-descoberta dignidade para intolerância nacionalista ou antialemã.

Mesmo em épocas mais tranquilas, 24 horas geralmente mostram-se insuficientes para lidar com o tsunami de problemas que se formam na burocracia todos os dias para terminar na caixa de entrada do ministro das Finanças. Imagine a dificuldade de conduzir o Ministério das Finanças de um país falido em meio a uma negociação extremamente desgastante como a nossa. Durante aqueles três dias de volta em Atenas, fiz o meu máximo para administrar os projetos de âmbito doméstico que havíamos posto em marcha, que eram tão importantes para que conseguíssemos fechar um acordo com nossos credores – acima de tudo, nossos esforços para coibir as evasões fiscais.

Na quarta-feira, 18 de fevereiro, também trabalhei em dois relatórios ministeriais: um deles descrevia as negociações em Bruxelas entre a minha equipe e a *troika*, resumindo nossas propostas e fazendo nelas algumas melhorias técnicas; o segundo concentrava-se exclusivamente na reforma das autoridades fiscais e, de modo mais amplo, da administração pública.

Enquanto os escrevia, mantive uma troca de e-mails com Larry Summers, cujo apoio influente poderia ajudar nossa causa. O conselho incisivo que ele me deu cabia deliciosamente no personagem: deveríamos propor um acordo que parecesse uma vitória para Merkel e a União Europeia, mas que, ao mesmo tempo, servisse à justiça e à verdade. É mais fácil falar do que fazer, pensei, embora reconhecesse a importância do que ele estava dizendo. Mais especificamente, Larry me aconselhou a buscar uma prorrogação de seis meses para o contrato de empréstimo que estava para expirar daí a dez dias, com consequências potencialmente calamitosas. Respondi que havia um empecilho: esses seis meses incluiriam julho e agosto, época em que 6,7 bilhões de euros teriam de ser pagos ao BCE para resgatar alguns títulos PMTD, os mesmos títulos que eu estava propondo que fossem reestruturados ou trocados por títulos perpétuos, ou outros instrumentos de longo prazo. Também relatei a humilhação de Moscovici que acontecera bem diante de meus olhos, o que suscitou a conclusão sumária de Larry de que a Comissão Europeia tinha morrido na praia.

Durante nossa longa e detalhada troca de e-mails, tornou-se claro que, antes de se comprometer a me ajudar, Larry queria ter certeza de que minha posição era pragmática, e não inflexível. Uma vez que isso foi estabelecido, ele quis saber se Alexis era alguém em quem se podia confiar para chegar a um acordo sensato ou se ele era uma bomba-relógio. Assegurei-lhe de que Alexis estava tão interessado quanto eu em um acordo mutuamente benéfico, mas que nós só faríamos concessões sérias publicamente quando o lado de lá demonstrasse a intenção de fazer o mesmo. Com essas questões preliminares fora do caminho, Larry buscou ter uma noção de como foram as negociações até ali e um vislumbre de como pareciam as coisas vistas de nossa perspectiva. A certa altura, recomendou que encontrássemos um campeão, alguém que simpatizasse com nossa posição e que tivesse a aura de seriedade necessária para levar nosso caso até as "mais altas autoridades".

"É por isso que estamos falando com você", respondi. Essa foi uma resposta que pareceu agradá-lo, a julgar por sua concordância em ajudar a fazer avançar nossa causa por meio de seus contatos no FMI e no BCE.

Naquele mesmo dia, Jeff Sachs me telefonou com uma mensagem do escritório de Wolfgang Schäuble. Ela provou ser importante. Berlim estava sinalizando que um avanço era possível. Ao que parecia, eles nos concederiam uma suspensão da execução sob a condição de que eu estivesse disposto a sinalizar quatro coisas ao Eurogrupo: interesse em uma prorrogação do contrato de empréstimo (ponte) não de seis meses, mas de apenas 75 dias, aceitação do "conceito de sustentabilidade da dívida", reconhecimento da "necessidade de uma reforma estrutural para recuperar a competitividade" e a concordância de que o FMI deveria fazer parte dos "novos parâmetros".

Feliz em obedecer, respondi a Jeff ponto por ponto. O pedido deles para que a ponte durasse apenas 75 dias casava perfeitamente com a minha preocupação de que uma solução permanente (fosse ela um bom acordo ou uma derradeira ruptura) fosse alcançada enquanto nosso governo ainda gozava de uma incrível popularidade (índice de aprovação de cerca de 75%) e antes que os títulos PMTD do BCE expirassem em julho. Em resposta a seu pedido para que eu aceitasse "o conceito de sustentabilidade da dívida", perguntei a Jeff: "Será que nossos amigos alemães estão adquirindo um senso de humor? Vou para a cama todas as noites e acordo todas as manhãs sonhando com aquilo que falta ao programa da *troika* – sustentabilidade da dívida!". Jeff caiu na gargalhada. Quanto à entoação do mantra favorito de Berlim – "reformas estruturais" para aumentar a "competitividade" –, eu disse que ficaria feliz em satisfazê-los, exatamente como faço na Sexta-Feira Santa, quando até mesmo ateus como eu têm de cantar "O My Sweet Spring". Por fim, eu não via razão alguma para expulsar o FMI dos "novos parâmetros", desde que eu não estivesse me comprometendo a destruir o que restava dos sindicatos ou do sistema previdenciário, e enquanto ele continuasse a ser a única instituição credora cujos funcionários, Christine Lagarde e Poul Thomsen, apregoavam que nossa dívida pública tinha de ser severamente reestruturada.

Naquela tarde, o gabinete de guerra reuniu-se em Maximos, onde Alexis estivera recebendo mensagens conciliatórias semelhantes da parte da Chancelaria alemã. O tema inicial de discussão foi se deveríamos enviar uma carta formal a Dijsselbloem solicitando do Eurogrupo uma suspensão oficial da execução. Minha opinião, com a qual Sagias e Dragasakis concordavam, era a de que solicitar uma prorrogação fazia parte de nosso mandato, desde que não nos comprometêssemos com o programa a fim de assegurá-la. Em seguida, discutimos as quatro condições propostas por Berlim. A presença continuada do FMI revelou-se a condição mais difícil de engolir para alguns dos membros do gabinete de guerra. Então chegou uma mensagem de Berlim que dizia haver agora uma quinta condição a qual teríamos de aceitar antes que uma prorrogação nos fosse concedida: "Reconhecer os compromissos financeiros da Grécia para com todos os seus credores".

Isso parecia ser um fator decisivo que inviabilizava qualquer acordo. A *raison d'être* de nosso governo era a reestruturação da dívida, com um grande segmento do partido exigindo cortes rápidos e profundos. "Como poderíamos reconhecer nossa dívida para com todos os nossos credores?", perguntou um Tzanakopoulos furioso. Propus que interpretássemos o pedido deles de maneira mais nuançada: uma empresa pode "reconhecer" uma dívida para com seus banqueiros e ainda assim buscar obter uma profunda reestruturação que a ajude a se recuperar de uma crise que ameaça arruinar tanto seus acionistas como o próprio banco. Do mesmo modo, poderíamos "reconhecer" a dívida pública da Grécia e, ao mesmo tempo, insistir para que ela fosse reestruturada imediatamente *para que os credores possam receber mais do seu dinheiro de volta*. A ala do Syriza que exigia reestruturações imediatas e unilaterais com base no fato de que a dívida em si era ilegal ficaria obviamente indignada, mas no fim das contas foi essa a estratégia que prevaleceu no gabinete de guerra. Ficou decidido que eu escreveria ao Eurogrupo para fazer um pedido formal de extensão. De forma implícita, estaríamos concordando com a condição de Berlim de que "reconheciamos" a dívida, enquanto negociávamos sua reestruturação.

Embora satisfeito com a decisão, estava preocupado que o pêndulo pudesse ter oscilado longe demais na direção de um compromisso. Antes de voltar a meu escritório para redigir a solicitação, apresentei duas possibilidades ao gabinete. O melhor cenário era aquele em que, a essa altura, Draghi e Merkel já houvessem visto o suficiente para saber que nós não recuaríamos, e que, por essa razão, estivessem prestes a pressionar Schäuble – e, portanto, o Eurogroup, que estava quase totalmente sob seu controle – a nos conceder uma ponte a fim de negociar um acordo razoável no longo prazo, incluindo uma reestruturação da dívida que resolvesse a questão grega de uma vez por todas. O cenário mais provável, no entanto, era que a prorrogação fosse um estratagema tático: ao atrasar qualquer resultado, eles estavam simplesmente esperando pelo esgotamento tanto de nossa atual popularidade como de nossas pequenas reservas de liquidez, de modo que, quando a prorrogação expirasse em junho, eles pudessem ter certeza da capitulação total de nosso exaurido governo.

Se este segundo cenário de fato se verificasse, argumentei, nossa melhor estratégia seria solicitar a prorrogação e, ao mesmo tempo, sinalizar à *troika* que qualquer tentativa de nos desgastar por meio de um aperto na liquidez seria respondida com uma recusa em efetuar os próximos reembolsos ao FMI; que qualquer tentativa de nos empurrar de volta para dentro da camisa de força do seu fracassado programa ou de nos negar uma reestruturação da dívida seria respondida com a cessação das negociações; e que qualquer ameaça de fechar nossos bancos e impor controles de capital seria respondida com cortes unilaterais dos títulos PMTD do BCE, com a ativação do sistema paralelo de pagamentos e com mudanças na lei que rege o Banco Central da Grécia de modo a restabelecer sobre ele a soberania do Parlamento.

Na mesma ordem de ideias, a pior estratégia seria solicitar uma prorrogação, obtê-la, mas depois falhar em sinalizar nossa prontidão para desencadear essas medidas caso nossos credores se desviassem do espírito do acordo provisório. Se cometêssemos esse erro, argumentei, eles nos arrastariam na lama durante o período da prorrogação e, então, no momento da nossa maior fraqueza, por volta do final de junho, nos massacrariam.

Todos concordaram – Pappas e Alexis o fizeram entusiasticamente, Dragasakis com um aceno descompromissado, Sagias com um lembrete útil de que os títulos PMTD do BCE eram a última nesga da dívida pública da Grécia ainda sob a jurisdição da lei grega, o que significava que quaisquer contestações a nossa decisão de reestruturá-los unilateralmente seriam ouvidas não em um tribunal hostil localizado em Londres ou Nova York, mas nos tribunais gregos.

Nos quatro meses seguintes, à medida que a crise de liquidez se tornava mais e mais forte e as ameaças de fechamento de bancos e controles de capitais aumentavam, eu lembrava regularmente Alexis e o gabinete de guerra dessa decisão. Toda vez que eu o fazia, todos eles reafirmavam seu compromisso para com ela.[210] Infelizmente, com o passar das semanas, o entusiasmo deles desvanecia e as reafirmações começaram a soar puramente ritualísticas. Dia após dia, semana após semana, o pior dos cenários que eu antevira começou a se esgueirar para perto de nós.

## Dias felizes e ambiguidade construtiva

De volta a meu escritório, elaborei a carta solicitando a prorrogação, pedi a minha equipe que a lesse, e a Alexis e Sagias, em sua qualidade de secretário de gabinete e principal advogado do governo, que a revisassem, e então a enviei ao presidente do Eurogrupo. O seu objetivo declarado era permitir à Grécia e ao Eurogrupo que começassem a trabalhar "no novo contrato de recuperação e crescimento que as autoridades gregas preveem entre a Grécia, a Europa e o Fundo Monetário Internacional, que substituirá o acordo atual".

Era uma carta em espírito de compromisso. De fato, como eu dissera ao ministro francês das Finanças quando de nossa primeira reunião em Paris, escolhi a palavra "contrato" para substituir o "programa" do FMI

210 Apenas George Stathakis, meu colega universitário e ministro da Economia, estava preparado para contestar abertamente a força desse compromisso – e ele o fez desde nosso primeiro dia no governo. Lembro-me dele me dizendo em privado que, quando a crise chegasse, "nós aceitaríamos o que quer que eles nos dessem". Na época, fiquei indignado, assim como Alexis, que por esse motivo manteve Stathakis a certa distância, o que explica por que não era um participante regular no gabinete de guerra durante nossos primeiros meses no governo. Como se revelaria mais tarde, George era o único de dentro do Syriza consistentemente honesto comigo e, para lhe dar ainda mais crédito, ele tentou me avisar que a militância dos demais era "inconstante".

a fim de refletir o conceito de Rousseau de um acordo entre iguais. Por conseguinte, a carta continha frases que a *troika* detestaria, tais como "justiça social e mitigação dos grandes custos sociais da crise em curso" e "as reformas abrangentes e substanciais necessárias para restabelecer o padrão de vida de milhões de cidadãos gregos graças a um genuíno crescimento econômico, emprego remunerado e coesão social", bem como frases que seriam difíceis de digerir de nosso lado, especialmente para as bases do Syriza. "As autoridades gregas reconhecem as obrigações financeiras da Grécia para com todos os seus credores", escrevi, e pretende "cooperar com nossos parceiros de modo a evitar entraves técnicos no contexto do Acordo Principal de Crédito que reconhecemos como vinculativo". A carta representava o mais longe que podíamos ir para satisfazer Berlim.

Naquela noite, uma vez que a carta fora enviada e enquanto aguardávamos por uma resposta de Bruxelas, permiti a mim mesmo um raro luxo: Danae e eu fomos ao Teatro Nacional da Grécia para assistir a uma apresentação de *Happy Days* [Dias felizes], de Samuel Beckett. Quando saímos, os jornalistas que esperavam ali perto demonstraram surpresa com a escolha de uma peça tão sombria. Comparada à bruta asfixia experimentada no Eurogrupo, disse-lhes, a visão de Beckett do gradual soterramento de uma mulher animava o coração não apenas porque a boa arte é inerentemente edificante, mas também devido à notável capacidade de sua protagonista de enfrentar sua sufocação com inesgotável rebeldia.

Na manhã seguinte, a resposta veio através dos canais secretos de Berlim e Bruxelas. A minha carta fora considerada "prestativa" e uma "boa base" para um acordo do Eurogrupo no dia seguinte. Mas o que isso significava? Depois da falsa aurora de alguns dias antes, quando o excelente comunicado da Comissão Europeia fora torpedeado pelo presidente do Eurogrupo, nada mais podia ser dado como certo. Assim, no dia 20 de fevereiro, voei para Bruxelas levando comigo a esperança, mas sem nenhum vestígio do seu tosco parente, o otimismo.

Antes de o Eurogrupo se reunir, tive uma rápida reunião com Christine Lagarde. Ela estava confiante de que o acordo estava logo ali na esquina. "Mas o Wolfgang vai desistir de sua cruzada para fazer eu me comprometer com o programa e o *MoU*?", perguntei. A expressão no rosto de Christine era de confiança, mas também de preocupação.

Então me encontrei com Jeroen. Essa foi nossa primeira (e última) reunião profissional. Jeroen queria me dar duas más notícias. A primeira era que a prorrogação seria de apenas quatro meses, ao invés dos seis que eu solicitarapor carta. Como indicara a Jeff Sachs, eu não me importava minimamente com isso. Em segundo lugar, o BCE estava inflexível quanto a exigência de que um instrumento de "cartão de crédito" de pouco menos de 11 bilhões de euros (concebido para ser utilizado em prol dos bancos da Grécia caso eles precisassem de capital de emergência) fosse transferido do Fundo Grego de Estabilidade Financeira (FGEF) para o seu estabelecimento-mãe no Luxemburgo, o Fundo Europeu de Estabilização Financeira (FEEF). Isso era mais ou menos como ter seu banco lhe dizendo que uma facilidade de saque a descoberto que lhe foi concedida, mas da qual você ainda ainda não fez uso, seria transferida de sua filial local para a sede do seu banco.[211]

Disse a Jeroen que eu faria essas concessões, que eram de pouca real importância no que me dizia respeito, em troca de algo que eu realmente valorizava: margem de manobra para a definição de políticas. Os Estados-membros da zona do euro que recebem dinheiro do fundo de resgate europeu (o FEEF e mais tarde o Mecanismo Europeu de Estabilidade) têm de ser "avaliados" a cada poucos meses. Era impossível escapar disso, e

211 Os 10,9 bilhões de euros em questão eram remanescentes da recapitalização dos bancos gregos, quando do segundo resgate, no valor total de 50 bilhões de euros – ver capítulo 2, item "Resgatistão 2.0", e capítulo 5, item "Gre-cuperação". Esse capital remanescente era insuficiente para restaurar a saúde dos bancos gregos, em vista dos enormes empréstimos improdutivos contidos em seus livros, e a *troika* estava relutante em deixar que o governo grego despejasse mais e mais dinheiro antes que alguma solução fosse encontrada para os empréstimos improdutivos. O FMI e o BCE queriam que isso assumisse a forma de ações de despejo e leilões de residências e escritórios recuperados. Politicamente, isso teria sido excepcionalmente tóxico e, assim, os 10,9 bilhões de euros simplesmente ficaram lá juntando pó nos livros do FEFG, a sucursal grega do FEEF, sob a forma de títulos FEEF. O BCE queria repatriar esses títulos FEEF do FEFG para o FEEF. Por quê? Para causar efeito, para demonstrar que eles estavam sendo durões conosco. Mas, na realidade, não fazia diferença alguma, uma vez que, mesmo quando estes títulos FEEF se encontrassem nos braços do FEFG, o governo grego não tinha autoridade para utilizá-los sem a autorização do Grupo de Trabalho do Eurogrupo e, consequentemente, do BCE. Surpreendentemente, a oposição em nosso Parlamento retratou essa transferência sem consequências como uma "perda de 11 bilhões euros bem debaixo do nariz de Varoufakis".

nós sempre estivemos preparados para aceitá-lo como condição do acordo provisório que buscávamos. A pergunta de muitos bilhões de euros era: avaliada pelos critérios de quem? A resposta imediata de Wolfgang Schäuble teria sido os critérios estabelecidos no *MoU* do programa existente. Meu mandato, entretanto, consistia em exigir que o novo governo grego reconquistasse o direito de ser o autor, ou pelo menos coautor, desses critérios, e que, ao reescrevê-los, puséssemos fim aos níveis absurdos de austeridade que impediam a Grécia de se recuperar. Em suma, exigi que o *MoU*, ou pelo menos os 30% de seus artigos que eram inaceitáveis, fosse substituído por uma nova lista de reformas propostas por nosso governo, ao mesmo tempo que nossa meta de superávit primário fosse reduzida de 4,5% da renda nacional para não mais do que 1,5%.

Para minha grande surpresa, Jeroen concordou. Quanto ao superávit primário, ele sugeriu que substituíssemos a meta de 4,5% pelas palavras "superávits primários consideráveis", deixando para ser negociada mais tarde a questão de saber se 1,5% era "considerável" o suficiente. Contrapropus que substituíssemos "considerável" por "apropriados". Ele concordou novamente, e em pouco tempo o projeto do comunicado estava pronto.

> As autoridades gregas apresentarão uma primeira lista de medidas de reforma, com base no acordo atual, até o final da segunda-feira, 23 de fevereiro. As instituições fornecerão uma primeira posição [de] se isso é suficientemente abrangente para constituir um ponto de partida válido para a conclusão bem-sucedida da revisão. Essa lista será especificada de forma mais pormenorizada, e acordada com as instituições até o final de abril.

Se este parágrafo chegasse até a versão final do comunicado, pensei, isso constituiria um triunfo para os países mais fracos da zona do euro. Seria a primeira vez que um governo encarcerado dentro de um programa de resgate receberia o direito de substituir o *MoU* da *troika* por uma agenda de reformas de sua própria autoria. É claro que seria apenas uma vitória preliminar, uma vez que ainda seria necessária a aprovação das instituições antes que a agenda fosse acordada, mas era um passo gigantesco na direção da emancipação – o equivalente a um prisioneiro fugindo do confinamento na solitária, pulando a cerca de perímetro da prisão e correndo bosque adentro.

A principal desvantagem do comunicado era que ele não oferecia à Grécia uma tréguano aperto de liquidez. Durante uma breve reunião no Eurogrupo, eu apontei a Mario Draghi que, com este acordo em vigor, o BCE não teria mais desculpa para não reintroduzir a isenção, sinalizando o fim da ameaça de fechamento dos bancos e uma volta à normalidade. Contanto que o BCE passasse a permitir que os bancos gregos comprassem títulos do Tesouro à mesma taxa que vinham praticando antes de nossa eleição, então, pelos cálculos de minha equipe, presumindo também medidas de economia seriamente implementadas, conseguiríamos sobreviver até o final de junho, o que nos daria quatro meses para construir o acordo de longo prazo que estávamos buscando. Algumas pessoas dizem que eu deveria ter exigido esse compromisso de Draghi por escrito. Outros me chamaram de tolo por não o ter feito.

São provavelmente as mesmas pessoas que teriam me chamado de idiota se eu *tivesse* exigido um compromisso por escrito de Mario, produzindo assim outro impasse. Afinal, de acordo com as regras do BCE, seu presidente não está autorizado a emitir tais declarações por escrito. A razão de ser do acordo provisório era meramente arranjar o tempo necessário para ver se um terreno comum existia. Em vez de especificidade, estávamos a procura de um palavreado que fosse suficientemente ambíguo para satisfazer ambas as partes sem expor os atritos que restavam entre nós. Nesta fase, evitar as linhas vermelhas definidas por cada lado era essencial para que pudesse haver algum progresso. Euclides me lembrou o termo frequentemente atribuído a Henry Kissinger para denominar essa técnica diplomática: "ambiguidade construtiva". Esta era nossa tarefa imediata.

## Fumaça branca: o acordo de 20 de fevereiro

A reunião do Eurogrupo de 20 de fevereiro de 2015, apenas oito dias antes do fechamento previsto dos bancos da Grécia, foi a mais fácil das que participei. Além de um monumento à ambiguidade estudada, ela também confirmou a capacidade da chanceler alemã de tomar o comando do Eurogrupo, ainda que momentaneamente, do homem que geralmente o controla – seu próprio ministro das Finanças. Emmanuel Macron, ministro da Economia da França, enviou-me uma mensagem de texto pouco antes da reunião do Eurogrupo para me dizer que tinha almoçado com Angela Merkel e que a pressionara para que ajudasse a produzir um acordo que fosse aceitável para ambos os lados. Também fui informado de que Merkel dera a Dijsselbloem instruções diretas para que acabasse com a saga grega, pelo menos por hora, aprovando o comunicado.

Em todas as outras reuniões do Eurogrupo, quando a palavra era dada aos ministros para que fizessem suas declarações, o mesmo ritual ocorria. Primeiro, a equipe de *cheerleaders* do dr. Schäuble, composta por ministros do Leste Europeu, competia entre si para ver quem conseguia ser mais Schäuble que Schäuble. Então, ministros representando países resgatados previamente, como Irlanda, Espanha, Portugal e Chipre – os prisioneiros exemplares de Schäuble – acrescentavam uma ou duas colheradas de molho à moda Schäuble antes que, finalmente, o próprio Wolfgang interviesse para dar os toques finais a uma narrativa que desde o início estivera na palma de sua mão. Infelizmente, em 20 de fevereiro de 2015, nada funcionou para ele do jeito que deveria. Libertado do feitiço de Wolfgang pelas instruções diretas da chanceler alemã, Jeroen leu em voz alta o projeto de comunicado e depois me deu a palavra para que expressasse meu apoio por ele – o que fiz prontamente, saudando-o como exemplo de um momento importante na história da Europa, um momento em que os líderes europeus demonstravam que a democracia não é um luxo a ser concedido a credores e negado a devedores, um momento em que a lógica do terreno comum e de esforços comuns prevaleceu sobre dogmas não assentados na realidade econômica.

Depois de meu breve discurso, Jeroen abriu o debate para os demais. Nenhuma das plaquinhas de identificação foi colocada na vertical. Nenhuma! Em vez da habitual corrida das *cheerleaders* de Schäuble, houve um silêncio constrangedor. Com receio de Wolfgang, eles não se pronunciaram em favor do comunicado, mas também não se atreveram a manifestar-se contra ele, uma vez que tinha o apoio de Angela Merkel. Encurralados entre dois senhores, baixaram as cabeças e guardaram os pensamentos para si. Seu dilema não se tornou mais fácil quando Mario Draghi e Christine Lagarde prosseguiram e ofereceram apoio ao projeto de comunicado, embora sem entusiasmo. Previsivelmente ultrajado, Wolfgang repetidamente pediu a palavra para exigir que o comunicado reconfirmasse o compromisso da Grécia com o *MoU* e o programa existente, o qual, ele insistia, era o único espetáculo em cartaz. Mas Jeroen não moveu um dedo sequer.

Não há dúvida de que Wolfgang se opunha obstinadamente ao comunicado, mas toda vez que se pronunciava contra ele, sua voz tornava-se mais estridente e seus argumentos, mais fracos. Em algum momento, acabei perdendo a conta de quantas vezes interveio – deve ter sido mais de vinte. Os únicos ministros que o apoiaram foram o de Portugal, que falou apenas duas vezes, e meu vizinho, o ministro espanhol Luis de Guindos, que falou mais de dez vezes – certamente um reflexo do medo que tinha seu governo de que qualquer sucesso do Syriza pudesse inspirar apoio a seu homólogo, o Podemos, na iminente eleição geral espanhola.

Confinado ao papel de observador neste confronto entre uma Merkel ausente e um Schäuble onipresente, tive tempo de olhar para o meu telefone e trocar mensagens com meus camaradas. A reunião começara às 15h30. Às 20h30, Euclides me escreveu ansiosamente para descobrir como estavam progredindo as coisas: "Estamos oscilando na direção de uma conclusão bem-sucedida?".

"Até aqui, Wolfgang está desesperadamente isolado", respondi.

"Draghi se comprometeu a afrouxar o nó?"

"Não formalmente. Vou falar com ele daqui a pouco."

Alexis também mandou uma mensagem: "A imprensa está noticiando que as coisas estão indo bem para nós. Mantenha a calma, seja paciente e evite quaisquer alterações que tornem o comunicado pior para nós".

"Até aqui tudo bem", escrevi de volta. "Wolfgang não está conseguindo ter controle sobre os procedimentos".

Às 20h39 mandei uma mensagem para Euclides e Alexis para informá-los de um acontecimento extraordinário: Wolfgang deixara a sala, claramente zangado.

Alexis não conseguia acreditar. "Podemos vazar isso para a imprensa?", perguntou.

Mas alguns minutos depois, Wolfgang retornou. Levantei-me e caminhei até ele para dizer que, embora compreendesse sua oposição, um acordo provisório baseado no comunicado que estava sobre a mesa seria excelente para ambos os países e poderia tornar-se a base para pôr fim a este drama que, de outro modo, não acabaria. Ele transmitiu seu apreço pelo meu gesto, mas pareceuirritado demais por me dar aquele prazer.

Às 20h56 Alexis me pediu uma atualização.

O campo de Schäuble não desistia, mesmo tendo sido reduzido a apenas o contingente ibérico e sobretudo a Luis de Guindos. Mas Jeroen estava conseguindo contê-los. "O holandês está lidando bem com a situação", respondi.

Às 21h, Alexis me perguntou se havia alguma chance de que a aliança germano-espanhola conseguisse afundar o comunicado.

"Eles estão tentando o melhor", respondi. Poucos minutos depois, informei-o que Lagarde tomara a palavra em apoio ao comunicado. "Ela o está resgatando", escrevi. Alexis pareceu satisfeito, mas, assim como Euclides, estava preocupado com o BCE. Draghi iria interromper a asfixia? Respondi que primeiro deveríamos colocar este acordo no bolso. Aí então diria a Draghi que ele tinha o dever de acabar com as hostilidades, a começar pelo retorno da isenção. Um passo de cada vez.

Às 21h28, Alexis mandou uma nova mensagem: existia alguma chance de um fracasso? O comunicado fora alterado desde a primeira leitura feita por Jeroen?

Nove minutos depois, respondi: "Nós ganhamos esta. Mas não vamos comemorar. A última coisa de que precisamos é aborrecer Wolfgang ainda mais".

Pouco tempo depois, um ansioso Emmanuel Macron me mandou uma mensagem também. "Tivemos um bom resultado", informei-lhe. "Agora precisamos pôr as mãos à obra. Obrigado pela ajuda".

Emmanuel respondeu com um camarada "a luta continua". Conforme eu deixava a sala de reuniões, caminhei até Mario Draghi para ter com ele a conversinha que ele tanto queria evitar. Lembrei-o do que me dissera em seu escritório dezesseis dias antes, bem como do que me disse ao telefone depois naquela mesma noite, quando retirou, com uma pressa um tanto suspeita, a isenção dos bancos gregos, excluindo-os da liquidez do BCE: que uma vez que havia um acordo no nível do Eurogrupo, o BCE não tinha mais razão para recusar aos bancos gregos a isenção. Mario assentiu e prometeu que, agora que o Eurogrupo prorrogara o acordo de émprestimo da Grécia, a Comissão Executiva do BCE discutiria o assunto dentro em breve. Eu o pressionei por uma data na qual os bancos gregos seriam reconectados à liquidez proveniente do BCE. Enquanto se afastava, ele disse que seria "em breve", mas provavelmente não antes da quarta-feira seguinte, quando os escalões mais altos do BCE deveriam se reunir. Por ora, era o máximo que eu podia fazer.

Dirigi-me à sala de imprensa aliviado, porque desta vez os jornalistas que estavam à espera poderiam dar a notícia da fumaça branca sinalizando um acordo. Mas também estava contente por ver que Alexis ainda tinha os olhos na bola: em sua última mensagem de texto antes da coletiva de imprensa, lembrou-me de enfatizar diante das câmeras que a expressão "superávits primários apropriados" contida no comunicado traduzia-se em não mais de 1,5% da renda nacional e significava o fim dos 3,5%.

Dois meses depois, conforme eu voltava do gabinete de Alexis para o Ministério das Finanças, leria novamente essa mensagem de texto, com meu ânimo quase em pedaços.

## Um momento para se saborear, sombriamente

Foram necessárias três reuniões do Eurogrupo para que a Grécia e a Europa virassem uma página. No final, como disse à imprensa reunida, mostramos que negociação significa compromisso, mas também prontidão para dizer não a propostas, sugestões e ofertas as quais não temos o direito moral, o direito político ou o mandato para aceitar. Combinamos lógica e ideologia, respeito pelas regras e respeito pela democracia. Combatemos o ponto de vista segundo o qual um país altamente endividado não pode ter eleições que mudem alguma coisa. Permanecemos firmes sob imensa pressão. Nossa luta não era uma tentativa nacionalista e populista de melhorar a sorte do nosso povo à custa de outros europeus. Desde o primeiro dia, nós dissemos que não estávamos aqui para ficar mudando rapidamente de parceiros, e sim para reavaliar nossas políticas tendo em mente os interesses de toda a Europa. Nós nos recusamos a encarar a negociação como um jogo de soma zero no qual nosso ganho seria a perda de alguém.

Depois de agradecer Jeroen por ter conduzido o Eurogrupo daquela noite rumo a um acordo provisório, saudei aquilo como uma oportunidade para colocarmos as mãos na massa. Informei à imprensa que, durante o fim de semana, minha equipe e eu estaríamos trabalhando dia e noite para preparar a lista de reformas a ser enviada em três dias pelo governo. "Será um trabalho árduo", admiti, "mas o faremos com muito prazer, agora que passamos a um novo tipo relacionamento, entre iguais", pois essa era nossa oportunidade para provar que a parceria, e não a coerção, era o caminho para o sucesso.

O fim de semana à frente seria realmente bastante longo. Sim, conquistáramos o direito de substituir a parte mais tóxica do *MoU* por nossas próprias reformas, radicalmente diferentes. Mas esse direito não se traduzia automaticamente em realidade. Era apenas o primeiro passo rumo a um novo acordo para a Grécia. O processo acordado envolvia três etapas adicionais. Depois que tivéssemos enviado nossa lista de reformas via e-mail – no mais tardar até o final da tarde de segunda-feira, 23 de fevereiro, dali a menos de 72 horas – as instituições teriam até a manhã de terça-feira para estudar a proposta a tempo para uma teleconferência do Eurogrupo, na tarde de terça-feira. Nela, Draghi, Lagarde e Moscovici, representando as três instituições credoras, se pronunciariam sobre se minha lista era "suficientemente abrangente" para ser usada como a referência pela qual meu governo seria avaliado. A terceira etapa, a avaliação, aconteceria em meados de abril e, se bem-sucedida, levaria a uma liberação de recursos com os quais poderíamos reembolsar o FMI. Só então, com essas três etapas concluídas, poderíamos adentrar na Terra Prometida das negociações, a serem concluídas até o final de junho (quando expiraria o acordo provisório), sobre o novo contrato para recuperação e crescimento que estávamos exigindo – nosso Santo Graal.

Perguntam-me com frequência se realmente pensei já ter existido uma probabilidade séria de navegarmos com sucesso aquelas águas traiçoeiras rumo a um novo acordo para a Grécia dentro da zona do euro. Respondo que a real probabilidade não era calculável nem realmente importava. Nós tínhamos de dar aos credores a chance de vir à mesa de negociações com ideias lógicas e humanas, e a oportunidade de ouvir as nossas. Isso sempre seria uma aposta pouco provável, mas o mandato que nos fora dado pelo povo da Grécia consistia em fazer o máximo para garantir um futuro sustentável dentro da zona do euro.

Até hoje recebo violentas críticas por ter concluído o acordo do Eurogrupo de 20 de fevereiro. A oposição parlamentar na Grécia, manchada por suas assinaturas nos dois programas de resgate anteriores, fez questão de afirmar que eu subscrevera o *MoU*, mas, sendo o tolo que sou, o fizera sem receber nenhuma parte do dinheiro. Obviamente, ignoraram o fato de que fora necessário realizar três reuniões do Eurogrupo para remover do comunicado toda e qualquer menção ao *MoU* ou ao programa. Curiosamente, a Plataforma de Esquerda do Syriza alegou a mesma coisa, atribuindo a culpa por nossa rendição final, em julho, ao acordo de 20 de fevereiro, e não a qualquer dos subsequentes fracassos do gabinete de guerra. Há também críticos que argumentam que a ambiguidade construtiva sempre favorece a parte mais forte em uma negociação, deixando de mencionar que Schäuble lutou com unhas e dentes para bloquear o acordo. E há camaradas, incluindo Euclides, que me criticaram depois do fato consumado, por não ter inserido no comunicado uma frase que comprometesse o BCE a acabar com nossa crise de liquidez, esquecendo-se de que a independência sagrada do BCE significava que uma tal frase jamais poderia ser incluída em um comunicado do Eurogrupo.

No entanto, o que o grande número de críticas ao acordo de 20 de fevereiro que se seguiram a nossa derrota em julho de 2015 realmente confirmou foi o prognóstico feito por mim e por Danae depois que aceitei a oferta para assumir o Ministério das Finanças no apartamento de Alexis: não importava quais fossem as verdadeiras causas, o fracasso de nosso governo teria um único pai – eu.

O que é interessante, porém, é a ideia absurda, mas amplamente difundida, de que nossa eventual derrota estava irremediavelmente contida naquele acordo do Eurogrupo. O acordo provisório de 20 de fevereiro foi um primeiro passo necessário, mas insuficiente, para escaparmos do Resgatistão. Para torná-lo suficiente e nos colocar no caminho para a libertação, ele tinha que ter sido acompanhado de uma vontade inabalável da parte do gabinete de guerra em executar o pré-acordado plano de batalha durante a janela de oportunidade que ele forneceu. Precisávamos ter ficado constantemente preparados para ativar nosso elemento de dissuasão no momento em que fôssemos ameaçados de ter os bancos fechados e de sermos alvo de controles de capital. E para estarmos preparados, tínhamos que acreditar realmente que o pior desfecho possível para a Grécia seria assinar uma prorrogação do Resgatistão a fim de manter os bancos abertos. Ter usado o acordo de 20 de fevereiro dessa maneira teria definitivamente nos libertado do Resgatistão. De uma maneira ou de outra, a sustentabilidade e a dignidade teriam retornado à Grécia, fosse por meio de um novo acordo negociado dentro da zona do euro ou por meio de uma dolorosa ruptura que, pelo menos, devolveria à Grécia a capacidade de trilhar o próprio caminho no mundo.

No voo de Bruxelas de volta a Atenas, os gregos que por acaso se encontravam no avião estavam em êxtase, mesmo que a maioria apoiasse os partidos da oposição. Nós enfrentáramos a *troika* e estávamos voltando para casa com um honroso acordo provisório que o ministro das Finanças da Alemanha fizera o possível para afundar. Por que não deveríamos comemorar? Mas apesar do cansaço e das pálpebras ficando cada vez mais pesadas, uma questão me assombrava: será que o gabinete de guerra faria o necessário para manter a *troika* na linha? E será que ativaríamos nosso elemento dissuasivo caso os credores tentassem algum truque sujo?

De volta a Atenas, recebi um e-mail de Norman Lamont. "Achei divertido que a *The Economist* o tenha criticado por dizer que a Grécia estava falida", escreveu. O divertimento de Norman provinha do fato de que, ao dizer isso, eu estava insinuando que os quadros executivos do BCE estiveram quebrando suas próprias regras há anos, pois os próprios estatutos do Banco Central Europeu proibiam-no de emprestar dinheiro a Estados falidos. Claramente, a história originava-se de aliados do BCE que, ao contrário de Norman, não acharam nada divertido e estavam disseminando informações contra mim. Mais preocupante do que isso era o fato de que tais vazamentos, provenientes de Frankfurt *após* o acordo de 20 de fevereiro, sugeriam que o BCE não estava prestes a afrouxar o nó. Isso confirmava em minha mente que, a menos que estivéssemos verdadeiramente preparados para não pagar o FMI e para reestruturar os títulos PMTD do BCE, e que preparássemos o sistema paralelo de pagamentos, os credores não honrariam o espírito do acordo provisório.

No mesmo e-mail, Norman me deu sua perspectiva sobre os acontecimentos dos últimos dias:

> Você parece estar enfrentando muitos ventos contrários (como Ulisses?), mas mesmo assim fazendo algum progresso contra a maré, a custo de muito suor. Suponho que o grande prêmio é o que ganhara depois de quatro meses, mesmo que tenha que ceder um pouco nas "reformas estruturais" de curto prazo (uma frase que todo mundo usa, mas que ninguém sabe o que significa). De qualquer forma, quanto ao que realmente conta, acho que você está à frente do antipático Schäuble na contagem dos pontos.

Que Wolfgang estava furioso com essa impressão amplamente difundida, eu não tinha dúvidas. Que ele revidaria, tinha certeza. O que não tinha a menor ideia era que a faca seria empunhada primeiramente de dentro de meu ministério e, um pouco mais tarde, de dentro do próprio gabinete de guerra e na mesma sala em Maximos onde Alexis me levara às lágrimas no dia em que tomamos posse.

# 9 - Caem as máscaras

No caminho do aeroporto para o Parlamento, onde um gabinete aliviado já discutia o acordo do Eurogrupo, meu celular trouxe aclamação e condenação em igual medida. Jeff Sachs enviou elogios por termos conseguido "um período de 120 dias durante o qual poderemos pensar juntos e trocar ideias... um avanço histórico, que quebrou todas as regras da gestão de cima para baixo na zona do euro. Todos os louros a vocês!". Mas dois heróis da esquerda de minha infância, cujas opiniões me importavam muito – Manolis Glezos, herói da resistência antinazista e membro do Parlamento europeu em fevereiro de 2015, e o lendário compositor Mikis Theodorakis – denunciaram o acordo.[212] Todos estavam certos. *Era sim* um avanço histórico, mas *traria sim* derrota e humilhação se não tivéssemos cuidado.

Mais tarde naquele sábado, 21 de fevereiro, cheguei ao Ministério para trabalhar na lista de reformas que nós proporíamos como substituta do *MoU*. A porta estofada do meu escritório fechou-se atrás de mim com um baque e mergulhei de cabeça na tarefa. Minha missão era extirpar os compromissos tóxicos do *MoU* – a "miscelânea da feiura", como alguns membros de minha equipe gostavam de referir-se a eles – que chegavam a cerca de 30% do documento como um todo e que pressionavam por uma maior austeridade e por uma intensificada guerra de classes contra os mais fracos, e substituí-los por novas intenções de políticas públicas. Estas precisavam ser redigidas de tal maneira que a *troika* não tivesse objeções, mas tinham de abrir as portas para medidas genuinamente terapêuticas que

212 Manolis Glezos chamou o acordo de 20 de fevereiro de um exercício de "rotular carne como sendo peixe" – no Cristianismo ortodoxo, o consumo de carne é proibido durante a quaresma, mas o consumo de peixe é por vezes tido como aceitável – e pediu desculpas ao povo grego por ter apoiado nosso governo e, desse modo, participado dessa enganação. Mikis Theodorakis descreveu a mim e a Alexis como sendo insetos atraídos por uma aranha impiedosa para a sua teia.

vínhamos defendendo, às quais a *troika* certamente se oporia. Na teoria, tinha 48 horas para completar o documento. Na realidade, com tantas outras coisas exercendo pressão sobre mim, tinha muito menos que isso.

Uma vez que o documento fosse enviada na noite de segunda-feira, Mario Draghi, Christine Lagarde e Pierre Moscovici teriam a manhã seguinte para revisá-lo antes da teleconferência do Eurogrupo marcada para a tarde de terça-feira. Não haveria subterfúgios; os três simplesmente julgariam a lista de medidas um após o outro, dando-lhe o sinal verde ou uma bandeira vermelha, com os ministros não tendo voz na decisão.

Uma bandeira vermelha na teleconferência seria ruinosa. Os resultados, duramente conquistados, de nossos esforços nas semanas anteriores se evaporariam, os bancos fechariam e ficaríamos com cara de peticionários rejeitados. Era essencial saber com antecedência se isso iria acontecer, bem antes da noite de segunda-feira. Se um impasse fosse inevitável, então me recusaria a apresentar *qualquer* lista de reformas e, em vez disso, saudaria os instintos de velhos guerreiros como Glezos e Theodorakis em uma coletiva de imprensa na qual o fracasso das negociações seria anunciado e explicado. Ao mesmo tempo, estava igualmente desesperado para evitar um impasse por causa de uma pequena diferença qualquer que poderia ter sido apaziguada. Para manter aberta uma linha de comunicação com os credores, eu deixara para trás em Bruxelas o meu adjunto e representante no Grupo de Trabalho do Eurogrupo, George Chouliarakis. Suas instruções eram extrair dos principais agentes de Bruxelas a informação sobre onde os credores traçariam suas linhas vermelhas, testar sua sensibilidade em relação à nossa e, em última análise, avisar-me antes da noite de segunda-feira se um bloqueio estava entre as opções.

Durante toda aquela noite de sábado, fiquei enfurnado sozinho em meu escritório, suando sobre o plano de fuga que minha nação encarcerada apresentaria a seus carcereiros. Comecei pela quarta e última seção, que intitulei de "Crise Humanitária". Escolhi este título como um teste decisivo. Jeroen Dijsselbloem descartara a frase como sendo "política demais" para ser incluída no comunicado de meu primeiro Eurogrupo. Se a teleconferência de terça-feira rejeitasse a minha lista por causa desta seção, eu saberia o que fazer: anunciar o fim das negociações no nível do Eurogroup, apertar o botão Desligar do aparelho de teleconferência e ligar para

Alexis para acionar nosso elemento dissuasivo. Em todo o documento, o desafio era encontrar o equilíbrio certo entre ambiguidade e especificidade. Mas, embora eu permanecesse intencionalmente ambíguo em muitas áreas, o último item nesta seção final era muito claro. Ele manifestava a ambição de comprometer o governo grego, e um Eurogrupo gritão, a fornecer às famílias pobres um cartão de débito pré-pago, sem estigma, para pagarem por comida, abrigo, remédios e eletricidade.

Com a seção final concluída, comecei a desfazer as notas do *MoU* que prejudicavam direitos básicos. Acrescentei a proibição de despejo de famílias de sua casa principal; uma reavaliação dos critérios para as privatizações para que estas incluíssem níveis mínimos de investimento, normas ambientais, direitos trabalhistas e uma preocupação com as comunidades locais; a criação de um banco de investimento para aproveitar os ativos públicos e dividir os lucros com os fundos de pensão em apuros; a suspensão das reduções de aposentadoria previamente acordadas; uma afirmação do nosso compromisso de restabelecer o direito à representação sindical; uma garantia de que os salários mínimos da função pública não seriam mais cortados; e assim por diante. Em contrapartida, deixei que um grande número de "ações anteriores" do *MoU* ficasse. Algumas eram feias, outras ruins, algumas eram boas. Mas é isso o que o espírito de compromisso exigia. Na discussão final do Eurogrupo de 20 de fevereiro, Dijsselbloem especificara que minha lista deveria ser "ampla mas superficial", ocupando não mais do que três páginas. No final, enviei cinco.

## Trabalhando com o inimigo

No domingo, George Chouliarakis voltou de Bruxelas com novidades. Ele estivera conversando com o representante-chave da *troika* na Comissão Europeia, Declan Costello, que aparentemente estava positivo e estava interessado em que passássemos no teste de terça-feira. Perguntei se ele tinha mostrado meu esboço a Costello. Ele tinha, e a resposta fora boa, mas Costello queria que reformulássemos a lista no jargão e no modelo preferidos da *troika*. "Eles estão satisfeitos com o conteúdo, mas querem preservar seu próprio formato. Deixe-me ir a meu escritório, tomar uma ducha e reformatar nossa lista na linguagem deles", sugeriu Chouliarakis.

Soava bem. Aceitar o formato rançoso deles, mas perder um pouco de seu conteúdo terrível, estava bem dentro de minha linha vermelha.

Quando George voltou, trouxe consigo um documento decepcionante. A linguagem era claramente aquela do *MoU* da *troika*, e as inserções que supostamente deveriam refletir meu esboço anterior também estavam ou ausentes ou diluídas de uma maneira inaceitável. Então puxei uma cadeira e convidei George a sentar-se a meu lado enquanto editava o texto. Foi uma colaboração desconfortável. Nós nos esforçamos bastante para trabalhar juntos, com algum sucesso, mas ficou claro que estávamos em comprimentos de onda diferentes – analítica, política e culturalmente falando. Para George, o documento era um fim em si mesmo. Para mim, era um ponto de apoio para oque viria depois que a lista de reformas fosse acordada: a reestruturação da dívida. Sem ela, a lista de reformas, na verdade *qualquer* agenda de reformas, tornar-se-ia irrelevante pelo processo de extração dos recursos para os pagamentos da dívida. Isso manteria a Grécia presa em uma espiral de deflação da dívida – um estado no qual qualquer sociedade fica imune a reformas e acaba por fracassar. Do ponto de vista analítico, nossas diferenças também começavam a se amontoar. Quanto mais discutíamos sobre política fiscal, mais eu ficava chocado com a tolerância de George aos ridículos modelos econômicos da *troika*, que, na minha opinião, engendravam uma atitude desconcertantemente relaxada em relação a suas usurárias metas fiscais.

Um ministro das Finanças deveria ter total confiança na pessoa que ocupa a presidência do seu Conselho de Assessores Econômicos, que é quem gerencia a equipe de analistas econômicos que mastigam os números para o ministro e o representa em fóruns cruciais. Eu não tinha essa confiança, mas isso não era culpa de George. Era minha, por não ter tornado minha principal prioridade encontrar alguém dos meus para ocupar essa posição-chave e ter insistido em sua nomeação contra a vontade do vice-primeiro-ministro. Ainda assim, havia um trabalho a ser feito, e nós tínhamos de fazê-lo. Ao longo de muitas horas, sentados lado a lado, fizemos nosso melhor.

Usando meu laptop, reformulei o documento Word de Chouliarakis até que ambos estivessemos satisfeitos com ele. Pouco depois das 21h o enviamos a Costello para que desse sua opinião. A resposta chegou pouco mais de três horas depois. Felizmente, não fracassáramos nesse teste decisivo. Para minha surpresa, Costello não levantou objeções à seção intitulada "Crise Humanitária". Na verdade, nem sequer a mencionou, preferindo me confrontar sobre "duas outras áreas em que o texto causaria grandes problemas": ações de despejo e privatizações.

Qualquer moratória referente ao despejo de famílias de sua residência principal destoa terrivelmente da*troika*. Ela prometera aos banqueiros a liberdade de confiscar e leiloar todas as residências, pequenas ou grandes, principais ou secundárias. Isso exigia a liquidação de empresas e lares que estivessem em atraso com o pagamento, compensando-os com algumas poucas centenas de euros por mês com os quais esperava-se que se reerguessem da montanha de sucata na qual Lambros e tantos outros já estavam definhando. Apesar de Costello não ter como saber (ou não dar a mínima) sobre meu juramento a Lambros, foi esperto o suficiente para perceber que eu não toleraria essas medidas. Assim, propôs certa "linguagem", como ele mesmo colocou: que tal escrever que o governo estava comprometido em "evitar" os despejos sem mencionar uma moratória "nesta fase"? Chouliarakis achou que esta era uma concessão razoável no esquema mais amplo das coisas. Eu concordei.

Quanto às privatizações, Costello me pressionou em duas frentes. Primeiro, exigiu que nenhuma privatização efetivada pelo governo anterior fosse revogada e que as privatizações pudessem prosseguir nos casos em que o processo de licitação já tivesse começado. Sobre isso, concordei em respeitar os processos de licitação em curso, mas inseri uma cláusula que deixava a cargo dos tribunais decidir se uma privatização deveria ser revogada ou não, sabendo muito bem que os juízes gregos estavam ansiosos para ver seus poderes constitucionais lhes sendo restituídos, de modo que, pela primeira vez desde 2010, poderiam vigiar a pilhagem do país e desfazer as escandalosas queimas de estoque.[213] Em segundo lugar, a *troika*

213 É espantoso que um ministro de Estado tenha tido que negociar o direito de introduzir uma cláusula em um acordo com credores internacionais segundo a qual os tribunais do país deveriam ser autorizados a cumprir os deveres que lhes são conferidos pela Constituição. De minhas discussões com os ministros do Conselho de Estado da Grécia, ficou claro que, desde o primeiro resgate, eles haviam sido pressionados a produzir decisões que eram contrárias às suas reais opiniões jurídicas – a derradeira humilhação

era mortalmente contrária a minha proposta de um novo banco público de desenvolvimento que usasse ativos públicos como garantia para gerar investimento e compartilhar todo e qualquer lucro com os hemorrágicos fundos de pensão. A solução diplomática de Costello foi sugerir que eu simplesmente a deixasse fora da lista "visto que levaria muitos meses para desenvolver a ideia e que não é algo que necessite ser discutido ou resolvido no futuro imediato". Essa foi outra concessão que concordei em fazer, tomando uma nota mental para colocá-la no topo de minhas prioridades a partir de abril.

Após algumas horas de sono no sofá vermelho do escritório, embarquei em uma maratona de reuniões para garantir o consentimento do primeiro-ministro, dos colegas do gabinete de guerra e de alguns dos principais ministros. Todos tinham uma forte posição sobre um ou outro item na lista, embora a oposição mais contundente viesse de colegas que pertenciam ou eram próximos à Plataforma da Esquerda. Do ponto de vista deles, nossas negociações com os credores eram fundamentalmente mal orientadas e a tradução da minha lista para o *troikês* beirava a traição. Isso refletia a visão deles de que o Grexit deveria ser nosso objetivo – uma linha que não só era estrategicamente errada, em meu entender, mas também estava em desacordo com o mandato que nos fora dado pelos eleitores. Apesar dessas e de outras objeções, na tarde de segunda-feira, 23 de fevereiro, chegáramos a um consenso.

Por volta da mesma hora, recebi três e-mails diferentes de agentes da *troika* "recomendando" que reintroduzisse trechos do *MoU* que foram extirpados. Cada um deles escreveu, diferentemente de Costello, em caráter privado, como "amigos" que queriam evitar um "beco sem saída". Respondi em tom pragmático a cada um que eu não estava preparado para ressuscitar medidas tóxicas que nem mesmo Costello havia exigido. Se eles se sentiam seguros o suficiente em relação àquilo, sugeri, poderiam aconselhar seus líderes (Lagarde, Moscovici e Draghi) a rejeitar minha lista de reformas durante a teleconferência do dia seguinte.

---

para homens e mulheres decentes que dedicaram a vida ao Estado de Direito [N. de E.: A Grécia segue o modelo jurisdicional francês e, portanto, possui um Conselho de Estado que é o órgão derradeiro em matéria judicial e administrativa, sendo, grosso modo, equivalente ao Supremo Tribunal Federal (STF) no Brasil, ponderadas as diferenças].

Eles cederam, concordando informalmente com a lista que eu despachara na segunda-feira à tarde. Mas não sem um atraso prejudicial. Seus relutantes sinais verdes só chegaram depois da meia-noite. Seria isso um atraso tático? Se não era, para eles era certamente uma feliz coincidência. Pois, pouco disposto que eu estava a apresentar formalmente minha lista até que tivesse a confirmação de que não seria rejeitada, vi-me obrigado a esperar. A meia-noite chegara. E nada. Então, dez minutos depois, os três responderam com milagrosa sincronia. Aos treze minutos após a meia-noite, minha lista fora enviada para Costello e seus homólogos no BCE e no FMI.

Alguém pode pensar que um atraso de treze minutos não seja algo relevante. Não é o caso quando os cães da guerra de propaganda estão na sua cola. Na manhã de terça-feira, a imprensa mundial usou aqueles treze minutos para me retratar como incompetente, vagaroso, desorganizado. VAROUFAKIS PERDE O PRAZO PARA APRESENTAR LISTA DE REFORMAS era a manchete típica. Essa era uma acusação que eu não podia contestar sem para isso ter de revelar que estivera negociando secretamente com os credores da Grécia antes do envio formal da lista. Todavia, tendo visto as acusações contra mim durante aquele período, essa era banal. Naquela manhã de terça-feira, a máquina de propaganda de Bruxelas estava trabalhando duro, e uma outra acusação, incomparavelmente superior em sua capacidade de ferir, estava a caminho.

Logo em seguida ao vazamento de que eu me atrasara para enviar as propostas, eles foram em frente e vazaram a própria lista – horas antes de uma reunião do gabinete grego que fora convocada para aprová-la formalmente. A maioria de meus colegas ministros ainda não a tinha visto e ficaram compreensivelmente irritados por o estarem fazendo pela primeira vez enquanto examinavam as notícias matinais em seus tablets, a caminho do Parlamento. Mas o que transformou seu legítimo aborrecimento em um imenso golpe político e pessoal foram as manchetes sob as quais ela apareceu: A LISTA DE COSTELLO era um exemplo típico da cobertura dada pela imprensa grega simpatizante da *troika*. VAROUFAKIS: O MAIS RECENTE FANTOCHE DA *TROIKA* era a interpretação de um site de esquerda. Um dos ministros que compareceu à reunião me lançou um olhar que combinava pena e decepção, e me disse que não imaginara que eu receberia ordens de Costello.

Atordoado pela a acusação absurda de que Costello teria sido o autor da minha lista, minha primeira reação foi rejeitá-la como sendo mais uma invenção, só que, dessa vez, a imprensa tinha um gancho onde pendurar sua acusação. Aparentemente, um jornalista astuto (que mais tarde tornou-se um amigo meu) descobriu que, ao clicar na aba "Propriedades" do documento vazado, podia-se ver o seu "Autor" – que o *software* definia como sendo o usuário registrado do computador no qual o documento fora criado pela primeira vez. Ao ouvir isso, agarrei meu laptop, abri o documento que continha a minha lista de reformas, cliquei em "Arquivo" e depois em "Propriedades" para ver que ao lado de "Autor" estava escrito "Costello Declan (ECFIN)"[214] e logo abaixo, em "Empresa", duas palavras que completavam minha humilhação: "Comissão Europeia".

Com a reunião do gabinete prestes a começar, foi preciso um esforço imenso para conseguir refrear minha fúria e me concentrar na obtenção do aval dos ministros. Mas imediatamente depois que consegui, após um debate de duas horas, regressei ao Ministério e convoquei Chouliarakis. Sim, ele admitiu, o documento que ele me apresentara em meu escritório, que eu então modificara radicalmente, fora criado por Declan Costello em Bruxelas, não por ele. "E você não viu motivos para me contar isso? Para informar seu ministro que o *seu* documento, com o qual eu estava claramente insatisfeito, fora redigido por nosso principal inimigo?", perguntei. Sem resposta. "Digamos que isso tenha-lhe escapado em um primeiro momento ou que você tenha ficado com vergonha de admitir", continuei. "Quando me viu trabalhando nele para alterar radicalmente seu conteúdo, penando com um documento Word criado pelo mais severo agente da *troika*, não lhe ocorreu, *nesse momento*, me avisar? Nem mesmo quando eu estava prestes a enviá-lo para a *troika*?"

De uma maneira totalmente típica de Chouliarakis, ele deu de ombros para minhas perguntas com uma indiferença enfurecedora e um rosto que escondia pensamentos que ninguém poderia ter decifrado.[215] Em

214 N. de R. T.: ECFIN, Directorate-General for Economic and Financial Affairs [Direção geral de Assuntos Ecômicos e Financeiros.

215 George Chouliarakis é a única pessoa que conseguiu, em minha presença, deixar

condições normais, ele teria sido demitido ali mesmo, mas a normalidade era um luxo que jamais experimentei durante meu mandato. O telefone fixo já estava tocando. A teleconferência do Eurogrupo estava começando. Tomei meu lugar junto ao aparelho, agarrado a minhas anotações, com Chouliarakis ao meu lado. Uma batalha mais importante exigia toda a minha atenção.

## A vingança de Schäuble

Quando se está negociando a partir de uma posição frágil, uma linha telefônica falhando só piora as coisas. Em reuniões cara-a-cara, é possível pelo menos usar a voz, o contato visual e a presença física para obter um maior controle da sala. O formato de teleconferência, ao contrário, torna uma reunião que já seria desafiadora, ainda mais difícil. Nesta ocasião, para nivelar aquele terreno grosseiramente desigual, eu conseguira garantir de Jeroen Dijsselbloem o compromisso de que na teleconferência só seria permitido aos líderes das três instituições (Comissão Europeia, BCE e FMI) emitir um veredicto binário: minha lista era "suficientemente abrangente para servir de base para uma conclusão exitosa da revisão final" do segundo acordo de resgate da Grécia ou não era? Essa era a única questão sobre a mesa naquele dia. De fato, ao final da reunião do Eurogrupo anterior, em 20 de fevereiro, Jeroen dissera a todos, para a decepção de Wolfgang Schäuble particularmente, que não haveria debate durante a teleconferência do dia 24 de fevereiro. Sua limitada missão era permitir que as instituições emitissem uma fumaça branca ou uma fumaça preta. Mais nada.

Com o acordo prévio à minha lista tendo sido garantido, mesmo que não oficialmente, teria sido extremamente surpreendente se a fumaça branca não aparecesse. Mas, se isso não acontecesse, eu tinha munição suficiente para expor a duplicidade da *troika* em uma coletiva de imprensa e assim ganhar o jogo da culpabilização. Meu maior temor era que Wolfgang, de algum modo, conseguisse contornar a proibição de um debate, iniciasse um através da balbuciante linha telefônica e, de alguma forma,

---

Euclides Tsakalotos tão furioso a ponto de falar palavrões.

colocasse o *MoU* de volta sobre a mesa. Toda a minha energia mental foi canalizada para imaginar como ele tentaria fazer isso e como eu o impediria. Minha melhor defesa repousava no compromisso prévio e explícito de Jeroen, mas será que eu confiava no holandês?

Como se revelaria mais tarde, Wolfgang não precisou forçar um debate na teleconferência, nem Jeroen teve que voltar atrás em sua promessa de impedir que houvesse um. A armação foi mais inteligente do que eu imaginara. Ela se tornou evidente assim que os líderes das instituições abriram a boca. O primeiro a falar foi Dobrovskis, o vice-presidente letão da Comissão Europeia: "Na opinião da Comissão, esta lista é suficientemente abrangente para servir de base a uma conclusão bem-sucedida da revisão final...". Fumaça branca como esperado, pensei com um suspiro de alívio. Mas então Dobrovskis prosseguiu: "Deixe-me salientar, no entanto, que... esta lista não substitui o *MoU*, que constitui a base jurídica oficial do programa".

Inicialmente confuso, rapidamente entendi o que estava acontecendo: Wolfgang Schäuble se reerguera de sua humilhação três dias antes e estava mais uma vez em pleno controle. Ao longo do final de semana, enquanto eu penava para produzir um substituto para o *MoU*, o ministro das Finanças alemão tinha conseguido reverter a maré a seu favor – com tamanho sucesso que não teve de interromper, forçar um debate ou mesmo abrir a boca a fim de ressuscitar o *MoU*.[216] Ao afirmar claramente que minha lista não "substituia o *MoU*", Dobrovskis fizera o trabalho de Schäuble para ele. Pois se a lista não substituia o *MoU*, então não havia sentido nenhum em ter uma lista. Estávamos de volta ao impasse do primeiro Eurogrupo.

Dobrovskis estaria agindo sozinho? Pierre Moscovici, Mario Draghi e Christine Lagarde tomaram a palavra e confirmaram que não, ele não estava.

"Nós entendemos, em consonância com a decisão do Eurogrupo de sexta-feira passada", disse Mario, "que a lista não põe em questão as dis-

216 O leitor poderá suspeitar que a oposição de Wolfgang Schäuble ao comunicado do Eurogrupo de 20 de fevereiro era mero fingimento, concebido para me levar a acreditar que eu conseguira ter as coisas do meu jeito, de modo a me encurralar na reunião do 23 de fevereiro. Penso que não. Durante o Eurogrupo de 20 de fevereiro, Wolfgang estava visivelmente agitado. Ele não é um ator tão dúplice nem tão talentoso quanto seria necessário para realizar um truque tão elaborado.

posições atuais e, portanto, os compromissos existentes no contexto do *MoU*, que são a base da revisão."

"Em consonância com a decisão do Eurogrupo de sexta-feira passada"? Seria difícil imaginar um melhor exemplo da novilíngua orwelliana – pronunciado descaradamente pelo presidente do Banco Central Europeu, plenamente ciente de que a restauração da primazia do *MoU* era uma violação direta e precisa tanto do espírito como da letra do acordo de 20 de fevereiro.

A gigantesca lorota de Mario Draghi foi repetida às pressas por Christine Lagarde: "Posso literalmente endossar e adotar todos os pontos colocados por Mario", foi como ela começou. "... o debate sobre a conclusão da revisão... não pode ser confinado à lista apresentada pelo governo grego, e penso que a menção feita por Mario ao *MoU* é particularmente relevante... Por fim, seria extremamente útil se Yanis pudesse-nos explicar a situação da liquidez do governo, de modo que a revisão possa começar." Então, lá estava. Uma emboscada cuidadosamente planejada que começou com um ultrajante giro de 180º e terminou com uma ameaça mal disfarçada.

"Agora Yanis precisa responder a alguns pontos levantados no contexto da necessidade de entrar em acordo com as instituições quanto a cada uma das medidas", foi a singela contribuição de Jeroen. "Essa é a base sobre a qual vamos trabalhar".

Conforme eu apertava o botão que ativava o microfone, minha mente estava acelerada. *Qual deveria ser minha reação a essa chocante violação do acordo? Como faço para não deixar a peteca cair?* Para ganhar algum tempo para pensar, comecei por abordar todos os pontos relativamente menos importantes mencionados por Dobrovskis, Moscovici, Draghi e Lagarde. A cada palavra, a agonia crescia.

Aceitar a ridícula proposição de que o acordo de 20 de fevereiro não nos comprometia a substituir o *MoU* por nossa lista de reformas teria sido o mesmo que aceitar sua reinstauração na íntegra. Isso anularia tudo aquilo pelo que lutáramos. Seria como aceitar tudo o que Wolfgang Schäuble exigira em nossa primeira reunião do Eurogrupo e tudo aquilo que Jeroen Dijsselbloem tentara me empurrar goela abaixo quando de nosso primeiro encontro. Acima de tudo, isso teria constituído uma traição imperdoável a nosso povo, aqueles que haviam confiado em nós recentemente, bem como a velhos guerreiros como Glezos e Theodorakis, que já tinham se apressado em me denunciar pela capitulação que estava agora bem na minha cara.

Enquanto falava sobre privatizações e metas fiscais, duas opções estavam competindo em minha mente. Uma consistia em encerrar respeitosamente a teleconferência, afirmando que o governo grego estava se retirando das negociações no nível do Eurogrupo porque os líderes das instituições as haviam tornado irrelevantes com sua tentativa de reintroduzir o *MoU* com força total. A segunda opção consistia em permanecer no processo, mas contestar a interpretação adotada pelas instituições do acordo do Eurogrupo de 20 de fevereiro, e declarar, para que ficasse registrado, que o governo grego rejeitava completamente a reinstauração do *MoU*, em conformidade com o espírito e a letra daquele acordo.

A hora da verdade se aproximava. Era uma escolha que eu tinha que fazer ali mesmo, apenas com Chouliarakis observando. Essa era a decisão mais difícil que eu já tivera de tomar.

### *Mea maxima culpa*

Estava claro em minha mente que nossa retirada do processo provocaria o fechamento dos bancos na manhã seguinte, quarta-feira, 25 de fevereiro de 2015, exatamente um mês após a vitória nas eleições. Faltando apenas quatro dias para o contrato de empréstimo da Grécia expirar, o BCE já teria sem dúvida retirado tudo. Imediatamente após o término da teleconferência, portanto, eu teria que correr para Maximos com as sombrias notícias e com uma firme recomendação para que fosse imediatamente ativado o plano de dissuasão. Isso significaria ter de anunciar a data na qual os títulos PMTD seriam reestruturados, a instituição de notas promissórias eletrônicas através do site da administração fiscal e uma modificação na lei que rege o Banco da Grécia. Era uma decisão difícil de tomar. Mas eu deveria tê-la tomado.

Em vez disso, desastrosamente, optei pela alternativa mais suave. Quando chegou o momento crítico de minha fala, eis aqui o que disse:

> Ouvi de todas as três instituições que [a nossa] lista não é um substituto para o *MoU* e que essa lista será simplesmente enxertada no *MoU*... Agora, como vocês sabem, passamos três reuniões do Eurogrupo discutindo a necessidade de combinar o programa com os imperativos de nosso governo. E eu tinha – esse governo tinha – a impressão de que estávamos recomeçando... Temos de insistir... que a revisão seja concluída no entendimento de que a lista de reformas desse governo é o ponto de partida.

Olhando para trás, vejo que isso foi pavorosamente tímido. Embora eu estivesse correto ao afirmar que o acordo de 20 de fevereiro suspendera o *MoU* e o substituíra por minha lista de reformas como base para a revisão, deveria ter exigido que a reafirmação deste princípio se tornasse condição para a continuação do processo. É claro que, se tivesse insistido em tal exigência, provavelmente não a teria obtido. E então teria que abandonar a teleconferência, desencadeando assim a ruptura. Mas meu pensamento à época – a razão pela qual me abstive de fazê-lo – baseava-se em três conjecturas.

Primeiro, a reafirmação do *MoU* era puramente verbal. Ela acontecera no contexto de uma teleconferência do Eurogrupo que não tinha por objetivo emitir um comunicado e cuja missão era apenas aprovar minha lista. O único acordo por escrito continuava sendo aquele do Eurogrupo de 20 de fevereiro, que privilegiava minha lista de reformas, sem mencionar o *MoU*, ao mesmo tempo que criava espaço para um fim negociado da austeridade e também para a reestruturação da dívida.[217] Ao não me retirar da teleconferência, não estava realmente endossando a volta do *MoU*, de forma alguma.

---

217 O trecho relevante afirmava: "As autoridades gregas também se comprometeram a assegurar os superávits primários adequados ou os recursos financeiros necessários para garantir a sustentabilidade da dívida, em conformidade com a declaração do Eurogrupo de novembro de 2012. As instituições deverão, para a meta de superávit primário de 2015, levar em consideração as circunstâncias econômicas em 2015". A frase "superávits primários adequados" sinalizava que as metas anteriores foram postas de lado e estavam abertas à negociação com nosso governo, reconhecendo nosso direito de negociar o fim da austeridade, enquanto a frase "garantir a sustentabilidade da dívida" abria a porta para uma negociação genuína sobre a reestruturação da dívida.

Em segundo lugar, nosso governo tinha apenas 27 dias de idade. Implantar o sistema paralelo de pagamentos necessário para lidarmos com o fechamento dos bancos e nos prepararmos para as dificuldades acarretadas por conta disso simplesmente levaria mais tempo.

Terceiro, qualquer decisão minha de encerrar o processo durante a teleconferência teria sido tomada sem a participação do primeiro-ministro ou a apreciação do gabinete. Minha declaração como ministro das Finanças de que nós rejeitávamos aquela tentativa das instituições de restaurar o *MoU* era o suficiente por ora. O governo, unido e fortalecido pela conivência dos credores, iria, e deveria, assumir a responsabilidade coletiva pela decisão quanto ao momento exato de nossa retirada das negociações.

Minhas duas primeiras conjecturas eram válidas. A terceira não era. Caso fosse, a decisão que tomei durante aquela teleconferência teria sido justificada. Se nosso lado tivesse permanecido firme, como imaginei que faria, e escolhido calmamente o momento certo para retaliar, não estaria escrevendo essas linhas, tomado pelo arrependimento. Infelizmente, nós *não* permanecemos unidos contra a tentativa da *troika* em 24 de fevereiro de reimpor o *MoU*. Estávamos divididos e, em última análise, fomos governados.

Será que na época eu possuía informações suficientes para prever isso? Eu não tinha muita coisa, mas, em retrospectiva, acho que tinha o bastante. O aconchego entre Chouliarakis e Costello, revelado por aquele documento do Word, deveria ter me alertado para as divisões entre nós. Cego pela minha relutância em contemplar qualquer alternativa, não fui capaz de imaginar que as ações de meu adjunto se deviam a algo além de uma falha em seu julgamento. Convinha-me atribuir aquele incidente a sua letargia e introversão. No entanto, havia algo mais me motivando – algo mais do que uma justificada relutância em ser paranoico. Algo como o medo.

Na coletiva de imprensa na noite de 20 de fevereiro, celebrara o acordo como um grande momento de virada. Eu não estava errado. Wolfgang Schäuble fora derrotado, ainda que temporariamente, em um confronto direto em seu próprio quintal. Como Luis de Guindos e Jeff Sachs observaram, aquela foi uma vitória que mudava o jogo. Nosso governo e nosso povo se apegaram a ela como uma dádiva dos céus. Ganháramos 120 dias de algo parecido com a normalidade e o direito de negociar uma agenda de reformas substancialmente nova, novas metas fiscais e reestruturação da dívida. Era um momento para se saborear. Se eu tivesse saído da teleconferência do 24 de fevereiro com a notícia de que todas as apostas estavam encerradas, que o sonho de um compromisso honroso evaporara e que os bancos fechariam imediatamente, a decepção teria sido insuportável. Psicologicamente, não consegui enfrentar o desafio de aceitar aquele fardo.

O problema dos erros é que, assim como os crimes, eles engendram novos. O meu fracasso em desligar os aparelhos naquela teleconferência do Eurogrupo em 24 de fevereiro seria agravado com um outro ainda maior, poucos dias depois.

## Sinuca de bico

Minha primeira preocupação foi informar Alexis sobre o revés da *troika* e sobre a decisão que eu havia tomado. Nós nos encontramos no escritório reservado ao primeiro-ministro no Parlamento, onde o coloquei a par do assunto. Os credores nos haviam enganado, disse-lhe. Eles estavam tentando colocar o *MoU* de volta na mesa e seria necessário um esforço conjunto para mantê-lo fora dela. "A menos que permaneçamos prontos para ativar o plano de dissuasão e para deixar de pagar o FMI e o BCE, eles vão nos arrastar de volta para dentro do processo deles, vão nos desarmar, nos cansar e, até o final de junho, vão nos deixar sem nada", falei sem rodeios.

Alexis ouviu atentamente antes de me dizer que eu não precisava me preocupar. Se eles quisessem seguir por esse caminho, logo seriam obrigados a pensar melhor. Era exatamente o que eu queria ouvir. E assim continuei com meus esforços para manter o processo nos trilhos.

Agora que a teleconferência do Eurogrupo aprovara formalmente minha lista de reformas, nosso governo era obrigado a emitir um pedido formal aos credores pela prorrogação do contrato de empréstimo de 28 de fevereiro para 30 de junho, conforme ficara acordado. Cabia a mim o ônus de enviar-lhes esse pedido formal. O problema estava no formato que teria a solicitação.

No dia seguinte, quarta-feira, 25 de fevereiro, George Koutsoukos, meu chefe de gabinete, apresentou-me um modelo da carta que eu deveria enviar à Comissão Europeia, ao BCE e ao FMI solicitando a prorrogação.

"De onde veio isso?", perguntei.

"Do escritório de Dijsselbloem", respondeu Koutsoukos.

Li o documento rapidamente. Era inaceitável. Embora eu estivesse mais do que disposto a usar certas expressões-chave exigidas pelos credores, não estava preparado para assinar na linha pontilhada de uma carta redigida integralmente por eles. O compromisso de nosso governo com a recuperação da soberania nacional grega me obrigava a insistir que deveríamos compor a carta e que ela deveria refletir nosso propósito e nossa razão para solicitar a prorrogação do contrato de empréstimo. Koutsoukos concordou plenamente, mas me avisou que Bruxelas havia deixado bastante claro que não toleraria qualquer alteração no esboço.

Com a carta na mão, corri para Maximos para uma reunião com Spyros Sagias, nosso secretário de gabinete. Ele ficou tão chocado e enfurecido com a atitude dos credores quanto eu. Conversamos com Alexis, que concordou conosco: minha carta aos credores não podia ser de autoria deles. Não era uma questão de simbolismo, mas de essência e soberania. Durante as duas horas seguintes, Sagias e eu nos sentamos em um escritório adjacente ao do primeiro-ministro, elaborando uma nova carta de nossa própria autoria. Voltei então ao Ministério para enviá-la a Bruxelas para que respondessem.

Thomas Wieser, o presidente do Grupo de Trabalho do Eurogrupo, forneceria esse *feedback*, por isso pedi a meu representante no Grupo de Trabalho, George Chouliarakis, que a transmitisse. Depois disso fui para casa tomar uma ducha e me arrumar, buscar Danae para juntos irmos a um jantar na residência do embaixador da China, cuja finalidade era acalmar as agitadas águas do relacionamento de nosso governo com Pequim.

Na manhã seguinte, quinta-feira, 26 de fevereiro, uma mensagem de Thomas Wieser me aguardava já cedinho no Ministério: o prazo final para alterar a carta solicitando a prorrogação do contrato de empréstimo expirara. Ou eu assinava a carta tal qual me fora enviada ou ela não seria considerada.

"Expirou?", perguntei raivosamente a Koutsoukos. "Quando ele prescreveu?", Koutsoukos não sabia dizer. "Descubra antes do meio dia", ordenei.

Enquanto Koutsoukos investigava, fui a pé até o Banco da Grécia, onde meu ex-amigo presidente Stournaras estava fazendo um discurso por ocasião da reunião anual dos acionistas do Banco Central. Determinado a respeitar aquela instituição, senti que era importante que eu participasse. Qualquer esperança de que um respeito equivalente pudesse ser demonstrado ao governo que eu representava logo desapareceu.

Ouvindo Stournaras falar, percebi que era o tipo de discurso que Antonis Samaras, ex-primeiro-ministro, teria feito caso nos tivesse derrotado em 25 de janeiro: uma ode às políticas do governo anterior, uma repetição da mentira segundo a qual a Grécia estivera se recuperando antes de nossa eleição, uma total adesão à agenda da *troika* e uma série de ameaças veladas contra o governo. Era como se Stournaras estivesse ensaiando para uma entrevista em frente a uma mesa examinadora composta por Schäuble, Dijsselbloem e Draghi. *Um dia triste para a ideia de independência do Banco Central*, pensei enquanto saia do prédio, arrependido de ter desperdiçado duas horas preciosas.

De volta ao Ministério, chamei Koutsoukos e Wassily a meu escritório para chegar ao fundo da missiva de Wieser. Após investigar um pouco mais, descobri que o prazo para alterar a carta expirara três dias antes – em 23 de fevereiro, o mesmo dia em que tive de enviar a lista de reformas.

Em poucos minutos, eu estava de volta em Maximos com Alexis, Sagias e Pappas. "Eles foram longe demais", eu disse. "Dizerem para mim no dia 25 de fevereiro que eu poderia alterar o conteúdo da carta, mas que o prazo para fazê-lo expirara dois dias antes, no dia 23, era uma declaração de guerra. Não posso assinar esta carta depois de eles terem armado para cima de nós dessa maneira." Todos concordaram. Alexis sugeriu que eu contatasse Wieser para deixar claro que, dado o comportamento deles, eu não assinaria a carta e revelaria seus truques sujos para o mundo.

No Ministério, redigi uma mensagem apropriada para Wieser: "Você me informou em 25 de fevereiro sobre uma oportunidade de alterar a carta pela qual eu deveria solicitar a prorrogação do contrato de empréstimo, ao mesmo tempo que se assegurou de que a oportunidade tivesse expirado dois dias antes. Naturalmente, não posso prosseguir sobre tais bases." Koutsoukos transmitiu-a a Bruxelas. Duas horas depois, ele me trouxe a resposta de Wieser: uma carta fora enviada em 21 de fevereiro, informando-me do prazo final no dia 23.

"Nós chegamos a receber essa carta?", perguntei a Koutsoukos, Wassily e a minhas secretárias. Nenhum deles tinha visto qualquer evidência dela. "Liguem para o escritório de Wieser agora mesmo", pedi. "Façam-no saber que não recebemos a carta de 21 de fevereiro e, consequentemente, estamos exigindo uma cópia que mostre quem foram os destinatários em Atenas."

Era finalzinho de tarde quando a resposta chegou. O escritório de Wieser informou o meu que o e-mail de 21 de fevereiro, com todas as informações relevantes sobre o processo de pedido de prorrogação, fora enviado a cinco autoridades gregas: Chouliarakis, na sua qualidade de meu adjunto no Eurogrupo e representante do Grupo de Trabalho do Eurogrupo; Dragasakis (vice-primeiro-ministro); Stournaras, como presidente do Banco da Grécia; o chefe da autoridade de gestão da dívida pública do meu Ministério; e o chefe do fundo de resgate aos bancos, o FEFG. Pedi para ver o e-mail.

Lá estava, preto no branco: datada de 21 de fevereiro, ela fora de fato endereçada a essas cinco pessoas. Fiquei atônito. Minha acusação de que Bruxelas fixara o prazo retrospectivamente fora conclusivamente refutada.

Das cinco pessoas na lista de endereços de Wieser, havia duas que eu não podia considerar responsáveis: o chefe da autoridade de gestão da dívida pública e o chefe do FEFG, que estavam envolvidos apenas de modo tangencial e estavam simplesmente sendo mantidos informados por Wieser. Quanto ao presidente do Banco Central, Stournaras, ele era o agente local da *troika* em mais do que uma maneira. Se eu dependesse dele para obter informações na minha luta contra os credores, merecia tudo o que estava acontecendo comigo. Isso me deixava com dois camaradas que tinham ambos tanto o dever constitucional como a responsabilidade política de me repassar a mensagem: Chouliarakis e Dragasakis.

Primeiro telefonei para Dragasakis. Ele recebera o e-mail? Ele não conseguia se lembrar. "Meu gabinete é copiado em tantos e-mails que nós perdemos a conta", foi sua resposta. Eu não estava convencido. Sua equipe teria entendido plenamente a importância de qualquer e-mail da parte de Wieser, e esse em especial.

"Eu não lhe falei semanas atrás?", perguntou Wassily. "Dragasakis têm armado contra você desde o início. Esta manhã mesmo seu pessoal estava dizendo aos jornalistas que você estava nas garras da *troika*". Mesmo que isso fosse verdade, eu não tinha qualquer evidência para acusar o vice-primeiro-ministro de transgressão intencional.

Com Chouliarakis as coisas eram muito, muito diferentes. Como meu adjunto no Eurogrupo, seu trabalho era ser meu canal de comunicação com Thomas Wieser e o resto da *troika*. Era sua exata atribuição transmitir a mim até mesmo a mais insignificante mensagem dos credores, quanto mais um e-mail de tão monumental importância. Quando o confrontei, também alegou que a mensagem havia se "perdido" em sua caixa de entrada.

"Como pode um e-mail desses ter se perdido na caixa de entrada, George?", perguntei, mal conseguindo acreditar no que ouvira. Exatamente como ele fizera dois dias antes, quando o confrontei sobre a criação do arquivo Word por Costello, Chouliarakis reagiu como se não tivesse nada de que se desculpar, como se nada demais tivesse acontecido.

"Isso não vai ficar assim, George", falei com o máximo autocontrole antes de correr de volta para Maximos para lidar com a crise que ele causara.

## Este ser das trevas eu o reconheço como meu[218]

Em Maximos, Sagias e Alexis estavam em pé de guerra. Eles entendiam o custo político da armadilha na qual Chouliarakis nos metera. Aceitar os termos dos credores na íntegra e sem qualquer alteração, em uma solicitação dessa natureza, era puro veneno: isso sugeriria que não havíamos arrancado deles a prorrogação sob nossas condições, mas que a *troika* decidira impô-la sob as condições deles; isso daria razão àqueles que defendiam que a *troika* é quem estava dando as cartas e que nossas tentativas de recuperar a soberania grega estavam pateticamente equivocadas. (Quando mais tarde contei a Sagias como Dragasakis e Chouliarakis haviam reagido quando por mim confrontados, ele sorriu com amargor, tocou a lateral da cabeça com o dedo indicador direito como se para dizer "eu te avisei" e me lembrou de sua previsão, durante nossos primeiros dias no cargo, de que Dragasakis tencionava prejudicar Alexis).

218 N. de E. e T.: Referência ao Ato 5 cena 1 de *A Tempestade* de William Shakespeare (in *Obras completas de Shakespeare* [tradução de F. Carlos de A. C. Medeiros e Oscar Mendes]. Rio de Janeiro: Editora Nova Aguilar, 1988).

Sagias me aconselhou com toda a veemência a demitir Chouliarakis. "Livre-se dele imediatamente!", disse ele, acrescentando uma série de impropérios impublicáveis. Eu estava determinado a fazê-lo, mas primeiro tínhamos que lidar com a situação em questão.

Alexis estava extremamente relutante que eu assinasse a carta dos credores, e Sagias, vestindo seu chapéu de advogado, achava extremamente arriscado que eu o fizesse sem qualquer apoio político formal. O curso normal de ação teria sido apresentar a carta ao Parlamento. No entanto, Alexis não conseguia tomar coragem para fazer isso. Pedir ao Parlamento para aprovar uma carta à *troika* escrita em *troikês* autêntico aborreceria nossos parlamentares, faria o jogo da Plataforma de Esquerda, que já estava nos acusando de capitular aos credores, decepcionaria nossos eleitores e entusiasmaria a oposição, que teria um grande prazer em alardear que nos juntáramos a eles na rendição aos credores. De qualquer forma, estávamos em apuros. Se eu não assinasse a carta, fosse porque me recusava a fazê-lo ou fosse porque o Parlamento rejeitara nosso pedido por uma autorização, os bancos iriam fechar e a prorrogação de três meses estaria perdida. Por outro lado, se eu assinasse a carta, estaríamos fazendo diretamente o jogo de nossos inimigos. De alguma maneira, tínhamos que chegar a uma decisão, e tínhamos de encontrá-la antes de o sol nascer por sobre o monte Hymettus, na manhã de sexta-feira.

Aquela noite de quinta-feira durou uma eternidade. Ministros iam e vinham, funcionários do partido fluíam e refluíam pelos escritórios do primeiro-ministro, pelo salão e salas circundantes, mas nenhum dos *briefings*, reuniões e discussões jogaram qualquer nova luz sobre nossa difícil situação. Durante todo o tempo, Sagias e eu ficamos sentados no gabinete de Alexis trocando ideias pouco promissoras, ocasionalmente andando de um lado ao outro da sala tentando resolver a quadratura do círculo.

Entre aqueles que nos visitaram naquela noite estava Stathakis, o ministro da Economia. Ele ficou tão zangado com Chouliarakis por ter nos metido nessa confusão que me criticou primeiro por tê-lo contratado – eu o lembrei que ele fora nomeado diretamente por Dragasakis, um tanto contra a minha vontade – e depois por não tê-lo demitido pelo episódio do documento Word envolvendo Costello. Mais uma vez, tive de lembrá-lo que, mesmo então, já teria sido tarde demais, visto que as transgressões de Chouliarakis se deram na mesma época: ele não me repassara o e-mail de Wieser exatamente no mesmo dia em que o caso do documento de Costello foi exposto. De qualquer forma, disse a Stathakis,tínhamos um sério problema para resolver antes de demitir Chouliarakis. Ele concordou e, assentindo repetidamente, deixou a sala. Ao vê-lo tomando o caminho de casa, senti-me terrivelmente invejoso. Felizmente, a adrenalina cumpriu seu dever e em instantes recuperei minha determinação.

A noite estava ficando cada vez mais pesada e Alexis parecia perdido. "Eu não posso levar esta carta ao Parlamento. A Plataforma de Esquerda vai me massacrar e a oposição vai me ridicularizar", repetia ele. Sugeri que tentássemos uma solução inovadora: a verdade! Deveríamos informar nossos parlamentares exatamente o que aconteceu. "Não temos nada do que nos envergonhar", insisti. Simplesmente contaríamos que Wieser sorrateiramente informara apenas algumas pessoas sobre o prazo, e que só descobrimos isso depois do prazo expirado. Poderíamos usar esse episódio como uma oportunidade para reafirmar com nossos Parlamentares, incluindo os camaradas da Plataforma de Esquerda, o compromisso coletivo do governo com nossa estratégia: ganhar tempo para dar uma chance às negociações, mas estar prontos para desligar os aparelhos na hora que *nós* escolhêssemos, caso os credores continuassem impondo o *MoU* e rejeitando a reestruturação da dívida.

Alexis não ficou muito impressionado. Isso dividiria o partido e seus parlamentares, afirmou. "Informá-los sobre o que acontecera revelaria que alguns dos nossos sabiam sobre a carta, mas não nos disseram".

Sagias concordou. Nós não poderíamos arcar com uma demonstração pública de desunião ou acusar membros do governo de incompetência – pelo menos não sem demiti-los também. "Será que essa é a hora de começar a nos voltarmos uns contra os outros em público? Agora que os credores estão nos cercando por todos os lados?" Ele tinha razão. E assim a noite foi ficando mais longa e nosso estado de espírito mais sombrio.

Eu não podia deixar que aquele buraco negro nos consumisse. Alguém tinha de lutar contra ele. Numa fração de segundo, tomei uma decisão: livraria Alexis desse fardo e colocaria a culpa exclusivamente sobre os meus ombros. Eu era o bode expiatório ideal para as críticas do Syriza e o alvo perfeito para a oposição. Dado o compromisso de Alexis em manter o curso que planejáramos juntos, o interesse nacional determinava que a prorrogação fosse garantida. O custo pessoal era irrelevante.

"Você tem certeza de que não pode ir ao Parlamento, contar as coisas tais quais elas são, garantir uma votação que me dê autoridade para assinar a carta e virar a página?", perguntei a Alexis.

Ele parecia cansado e deprimido conforme se virou para Sagias, que, também parecendo cansado e deprimido, aconselhou-o a não fazer aquilo.

"Nesse caso, Alexi", disse eu tão decididamente quanto pude, "vou assumir a responsabilidade exclusiva. Vou assinar a maldita carta sem a aprovação do Parlamento, enviá-la aos credores e virar a página. E se isso significa que ficarei exposto ao opróbrio de nossos camaradas, a uma caça às bruxas judicial, é um risco que tenho que correr. Não podemos continuar assim. Acabou o tempo!".

Os olhos de Alexis se iluminaram: "Você faria isso?".

"Se alguém tem que cair por causa disso, que seja eu", falei. "Afinal de contas, foi por isso que você me escolheu, não? Você se lembra que me pediu para não me filiar ao Syriza exatamente para que eu pudesse fazer coisas que não são permitidas a um membro do partido? Bem, se não agora, quando? Vou fazer isso, Alexi, mas apenas se estivermos entendidos de que, no momento em que a *troika* tentar nos confinar ao *MoU* e nos condenar permanentemente à escravidão por dívida, vamos desligar os aparelhos – como combinamos. Certo?".

Alexis não me respondeu. Em vez disso, se virou para Sagias. "Ele pode simplesmente assinar desse jeito?", perguntou.

Sagias estava cético. "Você será atirado aos lobos se não tiver um parecer jurídico para lhe dar cobertura", advertiu. "No mínimo, precisamos fazer com que o presidente do Conselho de Estado nos dê um parecer jurídico por escrito dizendo que isso está dentro da esfera de competência do ministro das Finanças".

"Ligue para ele agora mesmo", disse Alexis. Eram quatro da manhã. Meia hora depois, o pobre homem estava em Maximos, com um aspecto pálido e inseguro.

O Conselho de Estado é composto por advogados conservadores que fornecem aos ministros e outros órgãos do governo pareceres jurídicos calibrados de modo a lhes dar cobertura de maneira coletiva. Cautela é seu mantra e evitar controvérsias, sua religião. O dito cavalheiro estava no cargo há apenas algumas semanas, e sua nomeação fora um presente de despedida do primeiro-ministro Antonis Samaras. Convocado pelo novo primeiro-ministro naquele horário maldito, comigo e Sagias olhando-o fixamente, ele parecia petrificado, a tal ponto que senti pena dele. Apesar disso, as circunstâncias eram maiores do que qualquer um de nós presentes na sala. Seu parecer jurídico era necessário antes que eu pudesse assinar uma carta que daria à Grécia três meses a mais para descobrir, de uma vez por todas, se um acordo decente com os credores era possível.

Legalmente, o que estávamos pedindo para ele fazer era totalmente razoável. Sagias demonstrara a devida diligência e, do ponto de vista constitucional e jurisprudencial, a situação era cristalina: como ministro das Finanças, eu estava plenamente no direito de assinar uma carta solicitando em nome do governo uma prorrogação do contrato de empréstimo. O problema, pelo menos segundo o presidente do Conselho de Estado, referia-se aos precedentes. "Primeiro-ministro", murmurou ele, "em todas as ocasiões anteriores, a carta que o ministro das Finanças enviou aos credores solicitando um acordo de empréstimo foi primeiro aprovada pelo Parlamento."

Alexis, Sagias e eu respondemos seus protestos como um trio bem ensaiado. Havia uma enorme diferença, argumentamos, entre a assinatura de um novo contrato de empréstimo, que naturalmente requer aprovação parlamentar, pois compromete a nação com novos passivos e novas obrigações, e a assinatura de uma carta que solicita a prorrogação de um contrato de empréstimo existente, que não envolve novos empréstimos ou obrigações. Nosso ponto era perfeitamente válido, mas ele parecia paralisado pela ideia de fornecer um parecer jurídico em favor de algo que não tinha precedentes.

Permaneceu naquele estado por algum tempo, do qual Alexis e eu nos esforçamos para tirá-lo com uma mistura de lógica e firmeza. Por fim, nossa pressão deu frutos. O atormentado chefe do serviço jurídico do governo voltou a seu escritório, redigiu um parecer jurídico atestando que o ministro das Finanças tinha autoridade para assinar essa carta especificamente e o enviou a meu escritório por correio oficial. Assim que recebi o parecer, assinei a carta formal de solicitação e, com o estômago embrulhado, a enviei aos credores Foi uma coisa das trevas, e eu a reconheci como sendo minha.

Alexis honraria nosso acordo em contrapartida? Ele estava contente em dar uma chance às negociações, mas será que estava igualmente preparado para ativar nosso elemento dissuasivo, caso elas não levassem a lugar nenhum? Na madrugada de sexta-feira, 27 de fevereiro, eu estava confiante, embora não tivesse certeza de que ele estivesse. No dia seguinte, uma dúvida paralisante se instalou.

## Desmascarado

Substituir Chouliarakis tornara-se imperativo. O representante de um país no Grupo de Trabalho do Eurogrupo e adjunto no Eurogrupo tem de ser a ponta da lança do seu ministro das Finanças. Com um Ministério das Finanças que parecia um queijo suíço, eu precisava desesperadamente que o presidente do Conselho de Assessores Econômicos fosse alguém em quem tivesse total confiança, como economista e como ser humano. Eu não tinha essa confiança. Considerava as competências analíticas de Chouliarakis bastante confusas, suas credenciais acadêmicas parcas e sua convicção na econometria vazia da *troika*, preocupante.

Quanto a seu caráter, ele era o oposto de um jogador com espírito de equipe: pouco transparente, quase sempre atrasado para as reuniões e com frequência extremamente difícil de localizar. Raramente atendia o telefone quando eu ligava, e mesmo sua secretária dificilmente sabia exatamente onde ele estava. Pelo que Euclides e Alexis me disseram, ele tambémpouco atendia suas ligações. A pergunta "Onde está Chouliarakis?" virou uma piada corrente entre nós três. Se perguntado, eu encolhia os ombros e dizia: "Como é que posso saber? Sou apenas o chefe dele". A piada estava agora um pouco desgastada, para dizer o mínimo.

No entanto, longe de estar saboreando a perspectiva de demiti-lo, estava relutante em fazê-lo. A última coisa de que precisávamos era dar à hostil imprensa qualquer sinal de conflito interno. Mas o documento de Costello e o e-mail de Wieser haviam exposto o governo ao ridículo e a nação, a uma ruptura prematura com seus credores. Como se isso não bastasse, agora tornara-se impossível mantê-lo como meu elo com aquela dupla astuta e ameaçadora.

Mais tarde naquela manhã, depois que todos tivemos algumas horas de sono, eu estava de volta a Maximos para informar Alexis sobre meu plano para substituir Chouliarakis. A ideia era promovê-lo de presidente do Conselho de Assessores Econômicos a secretário-geral para a política fiscal, uma posição de mais alto escalão no Ministério, mas uma na qual ele podia causar relativamente poucos estragos e que se encontrava atualmente disponível. Para ocupar seu lugar, eu propunha nomear meu colega na Universidade de Atenas, Nicholas Theocarakis, cuja nomeação para secretário-geral para a política fiscal fora atrasada por razões burocráticas. Como um dos melhores economistas treinados em Cambridge, politicamente próximo ao Syriza antes mesmo de o Syriza ser criado e um amigo a quem podia confiar a minha vida, ele era o substituto ideal.

Alexis não ficou contente. Eu tive de lembrá-lo do estrago que Chouliarakis tinha infligido por causa do fracasso em fazer seu trabalho. Alexis não contestou meus motivos, mas, para minha perplexidade, continuou a não apoiar meu plano. Foi só quando lhe disse que Sagias e Stathakis também eram da opinião de que Chouliarakis tinha de partir que ele cedeu. "Se é isso que você quer fazer, vá em frente", falou, parecendo insatisfeito e desanimado.

No caminho de volta ao Ministério, fiquei procurando desculpas para a relutância de Alexis. Supus que ele estava tentando tomar cuidado para não aborrecer Dragasakis, já que tanto investira na aliança com o vice-primeiro-ministro. Ainda assim, o que eu não conseguia entender era a incapacidade de Alexis em apreciar a solução que eu havia proposto, que envolvia promover Chouliarakis, poupando assim tanto ele como Dragasakis de qualquer constrangimento.

Com essa pergunta persistindo em minha mente, telefonei para Theocarakis. "Nicholas, tenho uma oferta que você não pode recusar. Preciso que aceite o cargo de presidente do Conselho de Assessores Econômicos", disse-lhe. Nicholas estava dividido. Por um lado, como um grande amigo e leal apoiador do Syriza, sentia que devia aceitar. Por outro, ao deixar a Universidade de Atenas em 2012 para ir aos Estados Unidos, eu já o sobrecarregara com a tarefa de manter de pé o Departamento de Economia

Política, bem como o programa progressista de doutorado em economia no qual ambos havíamos trabalhado arduamente para criar desde 2001. Ele estava preocupado que, se aceitasse minha oferta, tudo aquilo em prol do que estivera trabalhando na universidade colapsaria. No entanto, quando expliquei a conjuntura crítica que o país enfrentava e os problemas pessoais com os quais eu estivera lidando, concordou.

Era chegada a hora de convocar Chouliarakis. Quando ele chegou a meu escritório, fui direto ao ponto. Expliquei que os dois incidentes recentes haviam tornado impossível para mim ter nele algo próximo do grau de confiança para alguém em sua função. E não foram apenas aqueles dois incidentes, acrescentei. Mesmo que estes pudessem ser desculpados como lapsos temporários, havia ainda sua falta de pontualidade, sua indisponibilidade geral e seu uso continuado dos modelos macroeconômicos comprovadamente defeituosos da *troika*. E assim cheguei a minha proposta de que ele fosse promovido a secretário-geral para a política fiscal, com Nicholas Theocarakis substituindo-o como presidente do Conselho de Assessores Econômicos.

Eu sabia que Chouliarakis não ia gostar disso. Era compreensível; ninguém gosta de ouvir que não é digno de confiança, que seus modelos econômicos são defeituosos e que está prestes a ser promovido apenas para ser tirado do caminho. Mas nem em meus piores pesadelos eu esperava ouvir a resposta que ele me deu.

"A decisão é sua, Yanis. Mas saiba que se você decidir tirar o Conselho de Assessores Econômicos de mim, eu não aceitarei a secretaria-geral para a política fiscal, nem qualquer outra posição no governo. Em vez disso, eu vou para o Banco da Grécia, onde Stournaras tem um cargo esperando por mim."

A máscara caíra. O cinismo era extraordinário. Ele acabara de me dizer, de forma bastante descarada, que estava pronto para trabalhar diretamente para a *troika*, em vez de cortar seus vínculos privilegiados com seus agentes em meu Ministério. Não somente isso, ele admitira abertamente que já estava em conluio com o principal aliado da *troika*, o presidente do Banco Central da Grécia, que dera início à corrida aos bancos durante a campanha para nossa eleição, como parte da tentativa deles de nos manter longe do poder. Eu estava horrorizado. Para evitar uma briga feia, disse-lhe que consideraria sua resposta e que ele podia ir. Parti imediatamente para Maximos para avisar Alexis de que tínhamos um quinta-coluna entre nós.

Durante meses antes de vencermos as eleições gerais, Alexis e sua equipe haviam considerado Stournaras como um obstáculo a um governo Syriza. E com razão. O ex-primeiro-ministro Samaras transferira Stournaras do Ministério das Finanças para o cargo de presidente do Banco Central precisamente para minar um possível governo Syriza. Alexis dissera repetidas vezes, a mim e a outros, que remover Stournaras era sua prioridade máxima. Ironicamente, eu o aconselhara a ter moderação e temperara sua animosidade em relação a Stournaras, apontando que o governo não podia remover o presidente do Banco da Grécia sem um grande confronto com a comissão executiva do BCE. Pois enquanto o BCE negociasse conosco de boa-fé, eu dizia, tínhamos de mostrar respeito por sua filial grega – no entanto, se eles fechassem nossos bancos e tentassem derrubar nosso governo democraticamente eleito, então, obviamente, todas as apostas estariam encerradas. Mas, ao tentar conter a fúria de Alexis contra Stournaras, criei na liderança do Syriza a impressão de que era manso com o filho predileto da *troika* em Atenas.

Tinha certeza que Alexis iria explodir de raiva quando lhe contasse que o presidente do Conselho de Assessores Econômicos estava ameaçando desertar e juntar-se a Stournaras. Não foi o que aconteceu. Em vez disso, olhou para mim com a mesma expressão deprimida que usara horas antes, quando anunciei minha decisão de demitir Chouliarakis. Com uma aparente simpatia para com o apóstata e com um enfado desconcertante nos olhos, ele disse: "Entendo o rapaz – já faz algum tempo que ele tem esse acordo com Stournaras".

Era como se o diretor do MI5 tivesse revelado ao primeiro-ministro britânico que seu melhor agente ameaçara trabalhar para o FSB da Rússia caso fosse transferido de posto, e o primeiro-ministro respondesse somente: "Entendo o rapaz – já faz algum tempo que ele tem esse acordo com o FSB".[219]

219 N. de R. T: o MI5 é a parte do serviço secreto britânico responsável pela segurança interna e contraespionagem, já o FSB é o seu equivalente russo, sendo sucessor da temida KGB para assuntos internos.

Se minha reação à tentativa da *troika* de reintroduzir o memorando de entendimento durante a teleconferência do Eurogrupo de 24 de fevereiro foi lamentavelmente tépida, meu desempenho face à espantosa despreocupação de Alexis beirou o patético. É verdade que meu vislumbre do mundo interior de Alexis foi breve, mas a impassibilidade que ele revelou, por mais fugaz, deveria ter-me feito entrar em erupção. Qualquer coisa menos do que raiva em relação a Chouliarakis por ter ousado nos ameaçar com deserção deveria ter me alertado da presença da *troika* naquele gabinete, ao fato de que seus tentáculos não estavam apenas confinados a meu Ministério. Para minha vergonha, fiz vista grossa, permitindo que o pensamento positivo maquiasse o que eu vira. Assim, um padrão foi estabelecido. Vezes sem conta durante as semanas e meses que se seguiram, em vez de reconhecer sua evidente duplicidade, eu encontraria desculpas para os recuos de Alexis de nosso acordo. Eu colocava a culpa no medo, na depressão e na inexperiência, chegando ao ponto de me apoiar na pura fé de que chegaria o momento em que ele se reergueria, liberar-se-ia dos tentáculos, reativaria sua crença em nossa causa e honraria as magníficas palavras com as quais me inspirara naquele primeiro dia em Maximos.

O que eu poderia ter feito de diferente? A percepção tardia distorce a história e tortura a mente com hipóteses estéreis. Mas de uma coisa tenho certeza: se tivesse tido aquele vislumbre do abismo antes de entrar na teleconferência do Eurogrupo de 24 de fevereiro, certamente teria desligado ali mesmo os aparelhos que nos ligavam a *troika*. A única razão de não tê-lo feito foi minha convicção de que poderia contar com Alexis para, se necessário, acionar a ruptura em um estágio posterior, comumente acordado. Essa convicção evaporou no momento em que ele encontrou desculpas para a revoltante ameaça de Chouliarakis de ir trabalhar para o inimigo.

Minha única desculpa duradoura para ter fechado os olhos para aqueles fatos concretos e indesejados, para ter dado a Alexis o benefício da dúvida, era o que estava acontecendo nas ruas de Atenas, nas cidades e vilarejos da Grécia. Uma nação inteira recuperara a dignidade com base na esperança de que nós dois manteríamos a cabeça erguida em seu nome, em Bruxelas, Frankfurt e Berlim. Uma relutância esmagadora em solapar aquela dignidade me impediu de fazer aquilo que agora sei que era necessário para defendê-la. Eu deveria ter confrontado os recuos de Alexis – em público, se necessário. Em vez disso, continuei acreditando que éramos como um só, enquanto a *troika*, tendo inserido entre nós a ponta de sua cunha de aço, começou o lento e tortuoso processo de empurrá-la até o fim.

# 10 - Destruindo nossa primavera

A primavera chegou cedo na Grécia em 2015. Graças a um inverno úmido, um motim de flores silvestres já se evidenciava logo nos primeiros dias de sol de março. Isso proporcionou um cenário maravilhoso para a rebelião do povo contra seus credores. A prorrogação de nosso contrato de empréstimo fora concedida, dando-nos até o dia 30 de junho para forjar um novo contrato. Apesar dos resmungos de alguns parlamentares do Syriza, o clima em todo o país era efervescente.[220]

Para os agentes da *troika*, sentados em seus escritórios iluminados por lâmpadas fluorescentes em Bruxelas, Frankfurt e Washington, isso era um pesadelo. Incapazes de voar para a Grécia e ser conduzidos por Atenas em comboios de Mercedes-Benz e BMWs, eles não tinham como demonstrar autoridade e, assim, recuperar o controle psicológico sobre o povo grego. Caso não fossem cuidadosos, ideias perigosas poderiam contaminar as mentes de outros europeus – espanhóis, italianos, possivelmente franceses –, por exemplo, a ideia de que seria possível, mesmo dentro *desta* Europa, recuperar a própria soberania e restaurar a dignidade de uma nação. Para a *troika*, conseguir o dinheiro de volta teria sido bom, mas, no grande esquema das coisas, era o de menos. Os credores sabiam que mais austerida-

220 Os parlamentares membros do Syriza estavam divididos entre aqueles que haviam ficado aliviados com a prorrogação do contrato de empréstimo e aqueles, principalmente os integrantes da Plataforma de Esquerda, que estavam lívidos que este tivesse sido estendido ao invés de rescindido. Curiosamente, quase nenhum deles se opôs à ausência de uma aprovação parlamentar prévia propriamente dita, concentrando-se, ao contrário, em discutir se a prorrogação deveria ter sido assegurada para começo de conversa. (Se eles soubessem como nossa posição fora comprometida pelo meu representante no Grupo de Trabalho do Eurogrupo entre os dias 20 e 25 de fevereiro, tenho certeza de que teriam reagido de outra forma.) Em uma tumultuosa reunião parlamentar partidária, especialmente convocada, passei uma boa hora na tribuna explicando por que a prorrogação fora necessária, assumindo pessoalmente a responsabilidade por toda aquela situação, enquanto Alexis, Pappas e Dragasakis ficaram só olhando.

de e a não aprovação dos *swaps* de dívidas encolheriam a renda dos gregos, aumentando, em última análise, seu custo no longo prazo, mas não se importavam. Como disse alguns meses depois o ministro das Finanças eslovaco, a mais entusiasmada *cheerleader* de Schäuble no Eurogrupo, "Nós tivemos de ser duros com a Grécia por causa de sua primavera".[221] Da mesma forma que a Primavera de Praga fora esmagada por tanques soviéticos, em Atenas a esperança seria destruída pelos bancos. A estratégia para fazer isso era a seguinte.

Primeiro, ao se recusar a chegar a um acordo sobre um roteiro que levasse a qualquer destino específico – e muito menos àquele que desejávamos – ou sobre quaisquer marcos plausíveis ao longo dele, eles cultivaram e mantiveram na Grécia uma profunda e corrosiva incerteza quanto ao futuro. Qualquer planejamento financeiro, fosse em casa, em um pequeno negócio ou em uma grande corporação, em curto ou longo prazo, tornou-se impossível. Essa "provisoriedade permanente" é uma estratégia testada e aprovada para manter subjugado um território ocupado.[222]

Em segundo lugar, empregaram algo que descrevi outras vezes como *waterboarding* fiscal:[223] assim como nos afogamentos simulados de prisioneiros, a vítima (neste caso, um governo da zona do euro) é levada ao limite da asfixia. Entretanto, pouco antes de uma inadimplência real, que provocaria o fechamento dos bancos do país pelo BCE, os credores fornecem liquidez apenas o suficiente para manter vivo o governo que está a ponto de sufocar. Durante este breve descanso, o governo aprova quaisquer medidas de austeridade ou de privatização exigidas pelos credores. No nosso caso, o *waterboarding* fiscal começou com uma corrida aos bancos cuidadosamente orquestrada antes mesmo de termos sido eleitos, e intensificada com a remoção de nossa isenção em 4 de fevereiro de 2015.

---

221 Ver Paul Mason, 2016, "The Inside Story of Syriza's Struggle to Save Greece: Exclusive Interviews with the Party's Top Players Shed Light on the Eurozone Showdown", *The Nation*, <http://www.thenation.com/article/the-inside-story-of-syrizas-struggle-to-save-greece/>.

222 Ver Alastair Crooke, 2011, "Permanent Temporariness", *London Review of Books*, vol. 33, n. 5, pp. 24-5.

223 Ver capítulo 6 de Varoufakis, 2016.

Com um campo minado de pagamentos da dívida à nossa frente, e em meio a uma profunda incerteza que deixava os gregos relutantes em pagar impostos, a *troika* esperava que, no mais tardar até o início de junho, estivéssemos com falta de ar e prontos para capitular. O único perigo era que Alexis honrasse nosso pacto: deixasse de pagar os credores, inaugurasse um sistema paralelo de pagamentos e lançasse a bola na quadra de Merkel. Para evitar isso, utilizaram uma terceira estratégia, uma que permitira ao Império Britânico governar o mundo por tanto tempo com tão poucos recursos militares: dividir para conquistar.

Desde 2010, nossos credores haviam conseguido usar a elite dominante da Grécia – o triângulo do pecado, como eu os chamava – para levar a cabo sua ocupação. Além de separar a elite da população em geral, várias instituições também passaram a ter de prestar contas à *troika*, direta ou indiretamente. Como vimos, a Autoridade Fiscal, a autoridade de resgate bancário e o Departamento de Estatística foram todos afastados do escrutínio parlamentar. Paralelamente, uma rede de *think tanks*, meios de comunicação e escritórios de marketing haviam administrado a legitimidade do processo *trickle-down*[224] e propagado a aquiescência. Mas a eleição de nosso governo quebrara o triângulo e ferira seu maquinário. A *troika* tinha agora que dividir o governo a fim de reafirmar seu domínio.

Eis a estratégia. E como ela foi implementada?

## Escolhendo adversários

Desde meu primeiro Eurogrupo, Jeroen Dijsselbloem conduzira uma campanha intensiva para me cercar completamente. Telefonava diretamente para Alexis e até o visitava em seu quarto de hotel em Bruxelas. Ao insinuar que adotaria uma postura mais branda caso Alexis concordasse em poupá-lo de ter que lidar comigo, Dijsselbloem conseguiu enfraquecer minha posição no Eurogrupo e, por extensão, a da Grécia também.

224 N. de R. T: O processo *trickle-down*, ou teoria do *trickle down*, prega, basicamente, que os impostos e taxas sobre as grandes empresas e os extremamente ricos devem ser reduzidos, pois isso estimularia a economia e teria efeitos de cima para baixo, beneficiando, inclusive do ponto de vista distributivo, todos os estratos de renda.

De forma talvez mais significativa, a *troika* era brilhante também na escolha de seus adversários no nível técnico, como era chamadoo Grupo de Trabalho do Eurogrupo. Em 27 de fevereiro, atordoado com a reação de Alexis à ameaça de Chouliarakis de se juntar ao campo inimigo e lembrando que o adjunto de Wolfgang Schäuble no Grupo de Trabalho do Eurogrupo não era o presidente de seu Conselho de Assessores Econômicos, mas um outro funcionário do Ministério das Finanças, ocorreu-me manter Chouliarakis no Conselho dos Assessores Econômicos, evitando assim uma demissão pública que teria abalado um barco já bastante instável, mas substitui-lo na função de meu adjunto no Eurogrupo e representante da Grécia no Grupo de Trabalho do Eurogrupo por Nicholas Theocarakis, graças à nomeação de Nicholas para o cargo formalmente sênior de secretário-geral para a política fiscal dentro do Ministério das Finanças.

Foi uma péssima, realmente péssima ideia. A primeira vez que o Grupo de Trabalho do Eurogrupo se reuniu após a nomeação de Nicholas foi em 17 de março, na forma de teleconferência. Thomas Wieser, que estava presidindo, não perdeu tempo em declarar sua preferência: "É uma pena que George Chouliarakis não possa participar hoje e, no lugar dele, Nicholas Theocarakis esteja na linha." Daí em diante, Wieser, Dijsselbloem e o restante da *troika* fizeram campanha despudoradamente para que Chouliarakis fosse reintegrado. Levou dois meses, mas ao final de abril, eles conseguiram seu homem de volta.

Eu entendia perfeitamente por que a *troika* queria tirar do caminhoa Nicholas e a mim. Diferentemente de Chouliarakis, Nicholas entendia os modelos econométricos que a *troika* usava para suas previsões fiscais melhor do que o próprio Wieser e os demais, sabia quais eram os pontos fracos e estava determinado a se opor às suposições preguiçosas do Grupo de Trabalho do Eurogrupo antes que estas terminassem como "fatos" nas reuniões. Quanto a mim, sabiam que jamais assinaria um terceiro acordo de resgate, e como somente o ministro das Finanças pode assinar um contrato de empréstimo em nome de um Estado-membro da zona do euro, era fundamental que eu fosse removido. Além do que, é claramente uma enorme vantagem poder escolher seu adversário. Que litigante, general ou líder empresarial, recusaria a oportunidade de fazê-lo? O que eu não previra fora a prontidão de Alexis em condescender. Dividir para conquistar produziu uma farsana qual um representante da *troika*protagoniza as negociaçõescom a *troika* em nome de um governo que fora eleito para se opor a ela.

## A enrolação da zona do euro

Henry Kissinger brincou certa vez que, sempre que queria consultar a Europa, não sabia para quem ligar. Nossa situação era ainda pior. Como vimos, qualquer tentativa de entrar em uma discussão séria com Wolfgang Schäuble era bloqueada por sua insistência para que eu "fosse às instituições". Uma vez lá, logo descobri que as instituições também estavam divididas, e em mais de uma maneira. Notoriamente, o FMI estava extremamente interessado em uma reestruturação da dívida, enquanto o BCE era extremamente contrário à ideia. Mas a Comissão Europeia era ainda pior: em conversas privadas, o comissário Moscovici concordava pronta e entusiasticamente com meus argumentos sobre uma política fiscal consistente e sobre questões como relações trabalhistas. Mas então o representante da comissão no Grupo de Trabalho do Eurogrupo, Declan Costello, rejeitava categoricamente todas essas ideias.

Os não iniciados podem ser desculpados por pensar que essa enrolação na zona do euro era resultado da incompetência por parte dos credores. Embora exista um pouco de verdade nisso, essa seria a conclusão errada a se tirar. A enrolação é um meio sistemático de controle sobre governos de países cujos setores bancário e/ou público estão financeiramente estressados. De fato, para políticos como Wolfgang Schäuble, essa é uma característica bem-vinda da zona do euro. Um ministro das Finanças que queira apresentar, digamos, propostas de reestruturação da dívida se vê simplesmente impedido de obter o nome de qualquer pessoa com quem possa falar ou um número de telefone para o qual telefonar, de modo que ele ou ela simplesmente não sabem com quem falar. Quanto a *apparatchiks*[225] como Wieser e Costello, a enrolação é essencial para seu poder pessoal.

---

225 N. da R. T.: Ver nota 24 no capítulo 2.

## A rotina do hino nacional sueco

Partindo do pressuposto de que boas ideias encorajam um diálogo frutífero e podem acabar com um impasse, minha equipe e eu trabalhávamos duríssimo para apresentar propostas baseadas em um sério trabalho econométrico e em uma sólida análise econômica. Uma vez que estas haviam sido testadas por algumas das mais altas autoridades em suas respectivas áreas, de Wall Street e a City a acadêmicos de primeira linha, eu as levava até os credores da Grécia. Então me sentava e observava uma paisagem de olhares vazios. Era como se eu não tivesse dito nada, como se não houvesse nenhum documento na frente deles. Era evidente, pela linguagem corporal, que eles negavam a existência mesma das folhas de papel que eu colocara diante deles. As respostas, quando vinham, não levavam em conta nada do que eu dissera. Eu poderia muito bem ter cantado o hino nacional sueco. Não teria feito diferença.

Possivelmente por causa de minha formação acadêmica, essa era a experiência de Bruxelas que menos gostava e que achava mais frustrante. No meio acadêmico, nos habituamos a ter nossas teses despedaçadas, às vezes com pouco decoro; agora, o que nunca experimentamos é um silêncio mortal, uma recusa em se engajar no debate, um fazer de conta que tese nenhuma foi sequer apresentada. Em uma festa, quando você se encontra encalhado com um chato egocêntrico que fala o que quer, independentemente de sua contribuição para a conversa, você pode pegar sua taça e desaparecer em algum canto distante da sala. Mas quando a recuperação de seu país depende da conversa em curso, quando não há outro canto da sala para onde se retirar, a irritação pode se transformar em desespero – ou fúria se você entender o que está realmente acontecendo: uma tática cujo objetivo é anular qualquer coisa que seja hostil ao poder da *troika*.

## A artimanha de Penélope

Táticas dilatórias são sempre usadas pelo lado que considera o tique-taque do relógio como aliado. A estratégia da *troika* consistia em dar às minhas propostas o mesmo tratamento do hino nacional sueco, ao mesmo tempo que se recusavam a fazer quaisquer propostas próprias que fossem além do programa inviável contido no *MoU* e espremiam os últimos resquícios de liquidez do Estado grego. Além disso, empregaram aquilo que chamei de a artimanha de Penélope.

No conto homérico sobre a fiel esposa de Ulisses, Odisseus para os gregos, Penélope rechaça os agressivos pretendentes na ausência do marido dizendo-lhes que só iria anunciar com qual deles se casaria depois que terminasse de tecer uma mortalha para Laertes, pai de Ulisses. Durante o dia, tecia incessantemente, mas, à noite, desfazia todo o trabalho. A artimanha de Penélope usada pela *troika* tinha dois elementos. Um deles era ameaçar que, caso nos atrevêssemos a tornar públicas nossas propostas, estas jamais seriam discutidas – assim como Penélope dissera a seus pretendentes que, se eles pedissem sua mão antes que ela terminasse de tecer, ela os descartaria totalmente da seleção. O outro era emitir intermináveis solicitações de dados, missões de averiguação em Atenas, informações sobre todas as contas bancárias de todos os órgãos públicos ou empresas. Assim como Penélope, eles passavam a noite inteira desfazendo as planilhas de dados que haviam preparado durante o dia.

De maneira absurda, exigiam acesso até mesmo aos departamentos ministeriais que estavam inteiramente sob seu próprio controle. É fato que partes de alguns ministérios gregos – aos quais eu me referia como sendo os buracos no queijo suíço – enviavam dados e documentos primeiro à *troika* para aprovação e só então para nós, seus ministros. Não obstante, a *troika* exigia o direito de enviar seu pessoal a Atenas para visitar esses mesmos ministérios a fim de recolher exatamente os mesmos dados que estavam examinando meticulosamente e aprovando antes mesmo que nós puséssemos os olhos neles. Quanto mais dados extraíam, pior se tornava a realidade que estes pretendiam descrever, maior a dor em nossa sociedade e maior a velocidade na qual a liquidez de nosso Estado evaporava.

### Inversão da verdade e tudo ou nada

Enquanto isso, a Operação Inversão da Verdade começara. Por meio de *tweets*, vazamentos e de uma campanha de desinformação envolvendo nódulos-chave da rede de meios de comunicação de Bruxelas, a *troika* espalhou a notícia de que era eu quem estava perdendo tempo, chegando às reuniões sem proposta nenhuma ou com propostas que careciam de quantificação, consistindo apenas de uma retórica ideológica vazia. Em contraste, a *troika* conseguiu apresentar-se como a defensora de uma solução totalmente abrangente que incluía a reforma de todos os aspectos da economia social da Grécia. Como eu ansiava por uma solução tão abrangente! Só que a *troika* estava defendendo uma solução desse tipo em teoria, para impossibilitá-la na prática.

Nenhum acordo abrangente era possível – ou mesmo viável – a menos que incluísse alguma forma de reestruturação da dívida e disposições que lidassem com a falência dos bancos. Sem isso, nenhuma política fiscal faria sentido no longo prazo, e grego nenhum estaria disposto a abraçar as reformas propostas. Mas Berlim simplesmente se recusava a discutir uma reestruturação da dívida. Dado o pouco tempo de que dispúnhamos para chegar a um acordo, uma abordagem realista teria sido identificar quatro ou cinco áreas nas quais um acordo pudesse ser alcançado rapidamente, elaborar a legislação necessária, fazê-la ser aprovada pelo Parlamento grego e assim estabelecer uma base para um acordo de mais longo prazo. Ao insistirem na conclusão de um acordo abrangente no qual tudo fosse acertado de uma só vez – com exceção da única questão da qual tudo dependia – ele asseguraram que absolutamente nada poderia ser acordado.

## Confusão ocasional

Os valentões colocam a culpa em suas vítimas. Os valentões espertos fazem a culpabilidade de suas vítimas parecer óbvia. Das três instituições com as quais estava lidando, o BCE se mostrou particularmente adepto dessa técnica. Tudo se articulava em torno da complicada questão referente aos títulos do Tesouro, ou *T-bills*.

*T-bills* são promissórias de curto prazo que um governo emite para ter acesso imediato à liquidez. Normalmente, os *T-bills* são considerados ultrasseguros, posto que que amadurecem dentro de, digamos, três meses, e é pouquíssimo provável que um governo vá à falência em tão pouco tempo. Portanto, existe uma demanda considerável de *T-bills* por parte de investidores institucionais, como bancos e seguradoras, que precisam deixar seu dinheiro em algum lugar seguro. Além disso, os investidores podem usá-los como garantia junto a seu banco central para obter dinheiro vivo. Em suma, os *T-bills* são quase tão líquidos quanto dinheiro vivo, mas são também acrescidos de juros. É por isso que são muito demandados.

No entanto, o BCE coloca restrições quanto à quantidade de dívida em *T-bills* pendentes que um governo pode ter em um dado momento, visto que a emissão excessiva de novos títulos pode prejudicar a confiança na capacidade do governo de resgatar seus títulos pendentes, tornando os próprios *T-bills* pouco seguros. Em outras palavras, os *T-bills* fornecem ao governo o equivalente a um cartão de crédito, com um limite de empréstimo definido pelo BCE. A liquidez da Grécia no período entre o acordo de 20 de fevereiro e o prazo final de 30 de junho dependia principalmente de Mario Draghi manter nosso limite do cartão de crédito e de que continuasse a existir uma demanda por nossos títulos do Tesouro entre os bancos da Grécia. Anteriormente, logo após o governo Samaras ter sido eleito, o BCE aumentou o limite de *T-Bills* de 15 bilhões de euros para 18,3 bilhões – embora o tenha feito com o propósito puramente egoísta de financiar o resgate pelo governo de títulos que estavam em posse do BCE.

No entanto, quando o novo governo tomou posse, tendo apenas alguns dias à frente antes que o dinheiro acabasse, a demanda por *T-bills* do Estado grego diminuiu. Mario Draghi usou isso como prova de que nossos *T-bills* eram arriscados demais e, portanto, justificavam a proibição aos bancos gregos de comprá-los, supostamente para protegê-los do risco, mas na realidade para sufocar nosso governo. Ao inverter a direção da causalidade, criou uma arma letal contra nós. O fato de X acontecer antes de Y nem sempre significa que X é a causa de Y. Por exemplo, o fato de a demanda por brinquedos aumentar antes do Natal todos os anos não significa que o Natal seja causado por um aumento anterior na demanda por brinquedos.

E assim foi com os *T-bills* de meu Ministério. A razão pela qual a demanda diminuiu foi a expectativa, alimentada por vazamentos vindos de dentro do BCE, de que ele apertaria a liquidez de nosso governo, levando assim a Grécia à beira da falência. Da mesma forma que a expectativa do Natal causa um aumento na demanda por brinquedos, também a expectativa de que o BCE fosse nos asfixiar causou uma diminuição na demanda por *T-bills* na minha gestão.[226]

A alegação de Mario Draghi de que estava apenas seguindo as regras do BCE ao impedir que os bancos gregos comprassem novos *T-bills* – impedindo assim que efetuássemos uma rolagem da dívida proveniente de nossos *T-bills* em circulação para novos *T-bills* conforme os títulos existentes fossem vencendo – foi bastante engenhosa. Como você pode culpar um homem por seguir as regras que lhe são impostas pelos estatutos da instituição que representa? Com certeza não havia mais nada que ele pudesse fazer. Com certeza a culpa era minha por imaginar que poderia convencê-lo, por meio de exibicionismo e de discursos moralizadores, a fazer o contrário.Tratava-se simplesmente de uma ação prudente da parte de um BCE que priorizava a saúde de nossos bancos, o que implicava que nosso governo trouxera para si os problemas de liquidez de seus bancos.

Será isso mesmo? Na realidade, depois de 2008, qualquer tentativa do BCE de impor de maneira rigorosa e desapaixonada as regras contidas em seu estatuto teria acabado com qualquer uma das várias isenções, reinterpretações e travessuras extraordinárias que até então haviam impedido que a zona do euro entrasse em colapso total. Longe de ser apolítico, o imenso poder discricionário do BCE de decidir quando aplicar suas regras e quando contorná-las – quando estrangular um governo e quando não – faz dele o banco central mais político do mundo. Como qualquer déspota trágico, poderoso demais para ficar à toa mas, ao mesmo tempo, sem poder para agir com decência, Draghi acabou fazendo de nosso governo a exceção, ao nos impor regras das quais todos os outros foram dispensados.

## Os dentes do dragão

Embora a vergonhosa ameaça do BCE de sufocar o governo grego fosse a responsável pela falta de interesse em nossos *T-bills*, estávamos caindo na armadilha de Draghi ao nos entregarmos a uma arcaica hostilidade da esquerda a investimentos estrangeiros potencialmente vantajosos, permitindo que a *troika* nos apresentasse como esquerdistas grosseiros que mere-

226 Para mais informações sobre *T-bills*, consulte o capítulo 5, ver nota 134.

ciam a asfixia do BCE. Eu estava determinado a acabar com isso matando dois coelhos com uma cajadada só: atraindo investimentos estrangeiros para a economia real ao mesmo tempo que demonstrava nossa capacidade de atrair compradores para nossos *T-bills*.

Os instintos do Syriza estavam certos em um aspecto: a Grécia não precisava de mais privatizações no modelo queima de estoque. O que precisávamos era de investidores pacientes que estivessem dispostos a despejar grandes somas de dinheiro estrangeiro na nossa infraestrutura enferrujada e insuflar nova vida à nossa esmorecida indústria. Se isso exigisse uma privatização parcial, eu era totalmente a favor. O melhor primeiro passo possível que poderia dar nessa direção era anular o imprudente compromisso do Syriza de expulsar a Cosco, um conglomerado de propriedade do governo chinês, do porto de Pireu.

Desde 2008, a Cosco administrava dois dos três cais de contêineres no principal porto de Atenas. Além disso, após anos de negociações com governos anteriores, a Cosco estava perto de obter uma participação de 67% em uma concessão de 35 anos do terceiro cais, em uma tentativa de controlar o porto quase que completamente.[227] De 2008 a 2015, o Syriza fizera campanha não somente para evitar que isso acontecesse, mas também para expulsar completamente a Cosco do porto de Pireu. Aliás, alguns de meus colegas ministros de gabinete deviam sua eleição para o Parlamento a esta campanha.

Naturalmente, a notícia do sucesso eleitoral do Syriza não foi muito bem recebida em Pequim.

De um ponto de vista estratégico, pareceu-me tolice antagonizar Pequim em um momento em que as linhas da batalha contra Berlim, Frankfurt e Bruxelas estavam sendo traçadas. Para além da estratégia, no entanto, também estava convencido de que o Syriza estava errado em mirar na Cosco e nos chineses. Anos antes de chegarmos ao poder, enquanto meus colegas do Syriza protestavam contra a Cosco, eu publicara artigos nos quais não somente apoiava o envolvimento da Cosco em Pireu, mas ia mais longe, recomendando também a venda do antiquado, disfuncional e deficitário

227 Com os 33% restantes dispersos entre vários investidores, que venderiam gradualmente sua parte para a Cosco.

sistema ferroviário grego a empresas chinesas. Como expliquei na época, embora considerasse a privatização da British Rail um erro colossal, a Grécia era um caso à parte. Nossos portos e ferrovias eram peças de museu do século XIX que exigiam investimentos maciços que a economia grega não poderia (e as empresas francesas e alemãs não iriam) fornecer. A China era a solução óbvia. As empresas chinesas tinham acesso a bilhões em recursos para investimento, notáveis capacidades de engenharia e um interesse de longo prazo em completar sua nova Rota da Seda, ligando a China à Europa por meio do recauchutado Canal de Suez e de uma ferrovia que iria de Pireu à Europa Central, reduzindo assim os prazos de frete de entrega para o coração do continente em oito dias inteiros, se comparado ao percurso dos navios, que passavam por Gibraltar para chegar a Roterdã. Tudo o que era preciso para isso era um acordo honesto e mutuamente benéfico entre os governos de nossas duas antigas civilizações.

Desde meu primeiro dia no cargo, tive em mente dar início a este processo. Glenn Kim fizera suas pesquisas e voltou com notícias que não eram nenhuma surpresa: sim, Pequim ficou incomodada com os pronunciamentos anti-Cosco de alguns de meus colegas de gabinete, mas havia uma excelente oportunidade para reparar o dano lançando uma charmosa ofensiva. Glenn resumiu os benefícios tangíveis de seguir suas recomendações da seguinte maneira.

> A prioridade número um é garantir financiamento de curto prazo para a Grécia, o que pode ser vital nos próximos dias. Em segundo lugar, garantir o financiamento de investimentos de longo prazo que trarão significativos aumentos de capital em partes da infraestrutura comercial do país, bem como criarão novos empregos em potencial. Em terceiro lugar, demonstrar aos parceiros europeus que o novo governo é capaz de atrair quantias importantes de investimento estrangeiro já nos primeiros dias de administração.

Exatamente o que eu estava pensando. Para testar o clima, pedira a minha secretária que aceitasse o convite para jantar da parte do embaixador chinês na noite de 25 de fevereiro (Se eu soubesse, quando aceitei o convite do embaixador, que ele coincidiria com o drama da carta de solicitação de uma prorrogação do contrato de empréstimo, talvez tivesse pensado duas vezes. Depois da eleição e da nomeação, tive que recusar convites de quase todos os embaixadores na Grécia por falta de tempo). O fato de ter decidido parar tudo para manter esse compromisso oferece uma medida da importância que eu dava em fazer as pazes com os chineses e investir em um relacionamento de longo prazo com eles.

Na noite anterior, explicara a Danae a importância daquele jantar. No dia 25, depois de correr de Maximos de volta a nosso apartamento, fiquei surpreso e contente ao ver Danae usando um fabuloso vestido de seda chinesa que comprara em 2006, quando visitamos Xangai em nossas viagens – em uma outra vida, me parecia. O embaixador e a esposa estavam visivelmente contentes que eu houvesse aceitado o seu convite, para não mencionar o vestido de Danae, mas em um primeiro momento esconderam o contentamento atrás de um véu de reservada cortesia. No entanto, ao final da noite, o clima certamente se tornara otimista, amigável e até mesmo festivo.

Durante as entradas e o prato principal, fiquei escutando o embaixador contar o lado chinês da história. Em um solilóquio que transmitia grande frustração, suplicou-me para que evitasse quaisquer ações hostis contra a Cosco. Claramente me confundindo com um dos subordinados do Syriza que queriam expulsar os chineses de Pireu, ele estava almejando pouco, na esperança apenas de me convencer que seria terrível desfazer o que a Cosco já construíra. Assim, quando apresentei minhas intenções durante a sobremesa, o embaixador não pôde conter a satisfação. Embora eu reconhecesse que haveria resistência dentro do Syriza, compartilhei minha visão com nosso anfitrião – uma visão que envolvia não apenas uma maior e melhor presença da Cosco no porto de Pireu, sob determinadas condições, mas ainda muito mais.

"Os estaleiros navais gregos estão morrendo e as habilidades adquiridas ao longo de milênios estão morrendo com eles", disse ao embaixador. Então propus, em uma segunda fase de colaboração, que a Cosco e outras empresas chinesas investissem em nossos três principais estaleiros, transformando-os em centros de reparo para os navios cargueiros que a Cosco atrairia cada vez mais para nossa parte do Mediterrâneo. "Mas de que adianta garantir o porto de Pireu", continuei, "se a ferrovia que vai transportar seus contêineres até a Europa Central está sucateada, lenta e insegura?" Defendi que um investimento semelhante nas ferrovias da Grécia também fazia sentido. Por fim: "A Grécia tem uma força de trabalho altamente qualificada, e mesmo assim os salários caíram cerca de 40%. Por que não fazer com que empresas como a Foxconn construam instalações de produção ou montagem em um parque de alta tecnologia, desfrutando de um regime tributário especial para empresas em uma área próxima a Pireu?".

Estimulado por este catálogo de *joint ventures*, o embaixador trocou de marcha. De uma posição de requerente, na qual pedia somente uma suspensão de execução para a Cosco, passou a falar com a autoconfiança de um parceiro, conforme discutíamos os muitos benefícios de embarcar nessa colaboração. Mas enquanto a suspeita diminuía, a cautela permaneceu.

"Ministro, você precisa entender que, da perspectiva de Pequim, Cosco é a mandíbula do dragão. Primeiro, temos que garantir que os dentes mordam com força para que o dragão consiga entrar. Quando estiver dentro, não tenha dúvidas ou preocupações, o restante do dragão seguirá".

A mensagem era clara: vamos concluir o acordo referente a Cosco primeiro; todo o resto virá a seguir.

Concordei. "Você vai sinalizar Pequim que suas preocupações quanto a nosso governo estão equivocadas?", perguntei.

"Assim que você e sua esposa nos entristecerem com sua partida", respondeu. Então, acrescentou, "Pequim apreciaria algum sinal público de compromisso com nosso novo relacionamento, algum gesto que demonstre àqueles céticos em nosso governo que temos agora uma nova situação".

"Que tal visitar as operações da Cosco em Pireu com você nos próximos dias? Isso seria suficiente?", sugeri.

"Você faria isso, ministro? De verdade?", perguntou com o sorriso de uma criança a quem se promete um enorme presente.

"Sim, claro. O que você vê e ouve é exatamente o que recebe de mim", assegurei-lhe.

"Podemos trazer uma equipe de filmagem chinesa junto?", perguntou incrédulo.

"Eu insisto que faça isso".

O resto da noite foi como um reencontro de velhos amigos. A visita ao Pireu foi marcada para dali a dois dias, a ser seguida por uma reunião em meu escritório, onde nos poríamos de acordo quanto aos termos iniciais.

Quando o secretário de gabinete, Spyros Sagias, descobriu sobre meu acordo com o embaixador e sobre minha iminente visita às instalações da Cosco, não conseguiu conter a alegria. Antes das eleições gerais, Sagias prestara assessoria jurídica à Cosco. Sendo assim, estava constrangido por um poderoso conflito de interesses em angariar apoio em favor da Cosco. Tendo feito isso eu mesmo, não apenas o livrei de seu conflito de interesses, como redirecionei a ira dos ministros de gabinete anti-Cosco do Syriza firmemente na minha direção. Foi uma jogada arriscada de minha parte, mas, como expliquei para ele, a fiz porque era importante que alguém o fizesse. "Você fez muito, muito bem", disse Sagias.

A visita ao Pireu alcançou tudo o que se pretendia dela. Apesar da forte chuva que persistiu durante toda a manhã e durante o almoço, Danae e eu fomos conduzidos ao longo de uma visita completa às instalações. O capitão Fong, gerente local da Cosco, era robusto, totalmente no controle de toda a operação e extremamente inteligente. Ele permitiu que um gerente grego e o advogado da empresa atuassem como nossos guias, enquanto dirigia o evento por meio de gestos, um sorriso efusivo e algumas palavras cuidadosamente escolhidas. Sem apontar explicitamente, certificou-se de que notássemos o forte contraste entre a parte do porto de contêineres administrada pela Cosco, que era supermoderna e funcionava maravilhosamente, e o cais adjacente, ainda sob controle estatal, que parecia triste, enferrujado e quase abandonado.

Quando estávamos indo em direção ao local em que iríamos almoçar, vi um refeitório onde alguns empregados faziam uma pausa e me separei de meus anfitriões para falar com eles. Eles apertaram minha mão e sorriram bastante, mas quando perguntei-lhes sobre como era trabalhar para a Cosco,foram tímidos. "É bom" era o máximo que estavam dispostos a dizer. As expressões em seus rostos eram difíceis de ler. Ao longe, percebio capitão Fong e sua comitiva grega de colarinhos brancos nos observando. Fiz uma nota mental para insistir, antes de me despedir, que todos os direitos sindicais fossem garantidos a todos os trabalhadores como um pré-requisito para qualquer acordo.

Dali, meus anfitriões me despacharam às pressas ao restaurante da empresa, onde uma visão rara nos aguardava: o antigo porto imediatamente abaixo de nós, a ilha de Salamina ao fundo e, entre eles, os estreitos onde a famosa batalha naval entre persas e atenienses aconteceu, em 480 a.C. Agora, um terceiro povo antigo estava deixando aqui sua marca na história.

### "Qual o senhor quer primeiro, ministro, a notícia boa ou a ruim?"

Depois do almoço, que contou com uma mistura esquisita, mas agradável, de receitas gregas e chinesas e uma rápida entrevista para uma equipe de TV chinesa, organizamos uma reunião de acompanhamento com Sagias e o representante grego da Cosco a fim de negociar os termos do acordo. Alguns dias depois, na noite de 2 de março, reunimo-nos noMinistério. A reunião foi curta e eficiente.

Reafirmei o compromisso de acelerar a privatização do porto de Pireu, a ser seguida por parcerias ainda maiores e mais arrojadas, e explicitei as mesmas condições que explicara ao embaixador chinês: a participação da Cosco no porto de Pireu seria reduzida de 67% a 51%, com a diferença (16% das ações) a ser retida pelo Estado grego, com vistas de repassá-la aos sofridos fundos de pensão dos trabalhadores navais, municipais e de estaleiros; a Cosco se comprometeria a fazer um investimento de até 300 milhões de euros dentro de dezoito meses; todos os empregados da Cosco no Pireu seriam sindicalizados, acordos coletivos sobre salários e condições de trabalho seriam aplicados e não haveria trabalhadores contratados por meio de subcontratantes; e a navegação costeira seria gerenciada pelo município de Pireu, com participação ativa das autoridades locais das ilhas atendidas pelo porto, garantindo que as comunidades da região partilhassem das vantagens.

Por fim, como um sinal de seu desejo de ajudar a Grécia a se reerguer, pedi ao governo chinês que se comprometesse a comprar imediatamente o equivalente a 1,5 bilhão de euros em *T-bills* que o BCE de Mario Draghi proibira os bancos gregos de comprar. E uma vez que o impasse com nossos credores chegasse a seu fim, de uma maneira ou de outra, afirmei, "Atenas ficaria tremendamente grata ao povo da China se Pequim ajudasse a Grécia a lançar sua primeira emissão de novos títulos por meio de uma compra de pelo menos 10 bilhões de euros".

O representante da Cosco pareceu confiante de que minhas condições seriam recebidas com simpatia em Pequim, e outras conversas com o embaixador chinês confirmaram que meus novos amigos estavam satisfeitos com o acordo e que uma resposta positiva chegaria da terra do dragão, agora que seus dentes haviam entrado. De fato, um sinal tangível de boa-fé seguiu-se menos de 48 horas depois, na manhã de 4 de março, quando o chefe do departamento de gestão da dívida pública do Ministério me telefonou com a notícia de que o Tesouro chinês comprara, indireta e secretamente, o equivalente a 100 milhões de euros em nossas *T-bills* – uma notícia que me levou à beira da satisfação.

Mas não cheguei exatamente lá. Não nos esqueçamos que dois dias depois eu teria que encontrar 301,8 milhões de euros para entregar ao FMI. Uma semana depois, em 13 de março, teria que fazer o mesmo com outro maço de 339,6 milhões. Três dias depois, em 16 de março, teria de arranjar a colossal quantia de 565,9 milhões para transferir ao FMI. Então, em 20 de março, mais 339,6 milhões teriam de ser extraídos de nossos esgotados cofres para serem enviados da mesma maneira. Só em março, portanto, sofreríamos uma hemorragia para o FMI em mais de 1,5 bilhão de euros. Nesse contexto, a compra de 1,5 bilhão em *T-bills* prometida por Pequim teria me dado três semanas para recuperar o fôlego antes que a tortura fiscal recomeçasse em 13 de abril, quando mais 452,7 milhões teriam de ser pagos ao FMI. Depois disso, entre 12 de maio e 19 de junho, outras seis parcelas deveriam ser pagas ao FMI, totalizando 2,52 bilhões de euros. Mas os meses mais quentes ainda estavam por vir: em julho teríamos de pagar quase 4 bilhões aos credores, com outros 3,2 bilhões a serem pagos em agosto.[228]

Em outras palavras, a injeção de liquidez de 1,5 bilhão de euros da China não teria nem de perto sido o suficiente. De fato, por mais disposta a ajudar que Pequim estivesse, nenhuma injeção de empréstimos, por

---

228 Consultar o capítulo 4, ver nota 89 para o cronograma integral de pagamentos. Os pagamentos em julho incluíam 3,49 bilhões de euros para o BCE para resgatar parcela dos infames títulos PMTD, e os pagamentos em agosto eram todos devidos ao BCE para o resgate de mais desses títulos.

maior que fosse, poderia ter nos salvado da insolvência. Como eu vinha dizendo há anos, eles só poderiam estendê-la. No entanto, 1,5 bilhão de euros nos teriam dado pelo menos dois meses para averiguar se um novo contrato com nossos credores era realmente possível, ao mesmo tempo que tornaria impossível para Mario Draghi continuar sustentando seu argumento de que ninguém além dos bancos gregos queria comprar nossos *T-bills*. Paralelamente, isso também teria demonstrado nossa capacidade em atrair investimentos estrangeiros, em ser flexíveis e em transformar uma queima de estoque digna de uma colônia em um acordo mutuamente benéfico com uma das superpotências mundiais.

Sagias e eu demos as devidas instruções a Alexis e iniciamos os preparativos. O objetivo era reiniciar o processo formal de licitação para o porto de Pireu sob as novas condições aceitas pelos chineses, enquanto nos bastidores os dois governos combinavam os empréstimos chineses ao Estado grego. Logo o plano estava finalizado e pronto para implementação. Primeiro, Pequim injetaria em nossos *T-bills* os 1,4 bilhão de euros restantes dos 1,5 bilhão prometidos. Quase simultaneamente, o vice-primeiro-ministro Dragasakis faria uma viagem formal a Pequim para fortalecer as relações entre os dois governos e selar informalmente o acordo. Por fim, Alexis faria uma visita de Estado completa em abril ou maio para tornar público e assinar o amplo acordo entre Atenas e Pequim.

Era uma oportunidade esplêndida para ambos os países. Uma tábua de salvação para a Grécia e um gigantesco salto para a nova Rota da Seda chinesa rumo ao coração da Europa. Dragasakis partiu para Pequim em 25 de março, acompanhado de nosso ministro das Relações Exteriores. Contando com os 1,4 bilhão de euros que seriam derramados sobre meu Ministério até ao final do mês, raspei o fundo do tacho para encontrar os 1,5 bilhão que éramos obrigados a pagar ao FMI durante o mês de março. A ideia era usar esse mês para dar aos credores uma última chance de vir até nós com uma intenção séria de chegar a um acordo viável. A China tinha agora um interesse concreto em nosso sucesso, e nossa capacidade para atrair investimentos chineses seria uma arma considerável nas negociações. O dinheiro propriamente dito nos daria então mais um mês para apresentar nosso próprio plano para a recuperação da Grécia.

Em 31 de março, dia em que Pequim prometera avançar com a compra de 1,4 bilhão de euros em *T-bills*, eu estava em meu escritório esperando o telefone tocar. O leilão estava previsto para terminar por volta das 11h. Às 10h30, incapaz de me conter, liguei para o gestor da dívida pública do Ministério. "Ainda sem novidades", disse ele, "mas não se preocupe. Os chineses têm o hábito de entrar nos leilões no último momento". Então esperei.

Às 11h02 o telefone tocou. Pulei para atender. "Tenho boas e más notícias, ministro. Qual você quer primeiro?", perguntou o gestor da dívida pública.

"Comece pelas boas notícias", disse.

"Bem, os chineses entraram no leilão, mas a má notícia é que só compraram outros 100 milhões de euros".

Antes que desligássemos, eu já estava discando para o embaixador chinês em meu celular. Depois que lhe contei o que acontecera, ele respondeu: "Não posso acreditar. Posso ir a seu escritório imediatamente?".

"Claro", respondi.

Meia hora depois, um embaixador chinês em frangalhos estava sentado em meu sofá vermelho. Demonstrando o que acredito ter sido uma angústia genuína, implorou para que eu acreditasse que ele não tinha a menor ideia de que algo assim aconteceria, que estava extremamente envergonhado e que faria tudo o que pudesse para chegar ao restante do total requerido. De meu escritório, tentou fazer ligações para o Ministério das Finanças chinês, mas não conseguiu ser atendido. Então voltou a seu escritório prometendo me retornar assim que possível.

Algumas horas mais tarde, ligou, soando muito mais relaxado. "Ministro, posso lhe garantir que se tratou de um problema técnico. Pequim lamenta muito por isso. Daqui a dois dias, quando vocês tiverem outro leilão dos *T-Bills*, a compra será concluída".

Senti uma mistura de alívio e incredulidade. Por um lado, não fazia sentido que Pequim estivesse mentindo por meio de seu embaixador, que parecia genuinamente interessado em consolidar nosso acordo. Por outro lado, a ideia de que os tecnocratas da China haviam simplesmente cometido um erro era igualmente inacreditável. O tempo diria.

Dois dias depois, estava em meu escritório esperando aquele mesmo telefonema de nosso gestor da dívida pública. Às 11h05 o telefone tocou. "Tenho boas e más notícias, ministro. Quais você quer primeiro?" *De novo não*, pensei.

"Por favor, não me diga que eles entraram novamente com 100 milhões de euros", implorei-lhe.

"É exatamente o que fizeram", foi sua resposta.

Desta vez não me dei ao trabalho de telefonar para o embaixador. Fui direto para Maximos. Lá contei a Alexis o que acontecera e sugeri veementemente que ele contatasse o primeiro-ministro chinês.

No dia seguinte, Alexis retransmitiu as notícias de Pequim. Aparentemente, alguém ligara para Pequim de Berlim com uma mensagem brusca: fique fora de quaisquer acordos com os gregos até que terminemos com eles.

Quando falei novamente com o embaixador chinês, tentei lhe transmitir como nosso povo se sentia quando potências estrangeiras, fingindo ser nossos parceiros, pisoteavam suas esperanças de recuperação e dignidade.

"Entendo, entendo", respondeu. E acreditei nele.

E assim terminou um terrível episódio na longa saga dos credores que não tinham qualquer interesse em reaver seu dinheiro – com o soçobro de um maravilhoso acordo entre duas nações antigas.[229]

---

229 Em janeiro de 2016, os credores prosseguiram com a transferência do porto de Pireu para a Cosco, nos termos que precederam nosso governo. A Cosco pode ter ficado com a participação de 67% no terceiro cais que buscava, mas a China perdeu a oportunidade de fazer os investimentos de longo prazo e em larga escala nas ferrovias gregas que eu havia proposto, que a *troika* acabou vendendo a uma companhia italiana incapaz de efetuar investimentos sérios. Perdeu também um parque de alta tecnologia e estaleiros, que no momento em que escrevo esse texto estão próximos de fechar permanentemente. A privatização ocorreu sem o mínimo investimento, sem proteção trabalhista ou salvaguardas para a economia local com as quais Pequim havia se comprometido em nossas negociações. Também foi perdida a disposição de Pequim para ajudar o Estado grego a se reerguer (graças à compra de títulos do governo) quando um dia recuperar a solvabilidade. Em outras palavras, a Grécia perdeu uma parceria industrial estratégica que ia muito além de um acordo portuário.

## As águas de março[230]

No começo de março, senti como se a maré tivesse recuado repentinamente, deixando as esperanças que levara de volta a Atenas depois do acordo do Eurogrupo de 20 de fevereiro expostas, enlameadas e encalhadas. As promessas dos credores de permitir que fôssemos coautores da agenda de reformas de nosso próprio país e de negociar uma reestruturação de dívidas que salvaria vidas foram desmentidas antes mesmo do fim de fevereiro. Mas, ao contrário de fevereiro, cuja brisa gelada fortalecera minha determinação, o toque mais quente de março me fez congelar.

A diferença estava na estreita fenda que se abrira no vínculo que ligava Alexis a mim – estreita, mas agora impossível de ignorar. Por mais que eu conseguisse colocá-la fora de vista, não conseguia tirá-la totalmente de minha mente. A cada concessão que fizemos naquele mês e a cada atraso nas reações de Alexis à agressão da *troika*, eu me afundava mais e mais na dúvida. Ele estaria preparado para ativar nosso plano de dissuasão quando a *troika* decidisse pô-lo à prova? Ao final de março, e certamente no início de abril, o espectador imparcial dentro de mim me dizia que nossos adversários haviam conseguido intimidá-lo. Demorou um pouco mais para que o restante de mim admitisse isso.

Havia dois aspectos em nossas conversas com os credores: a negociação relativa a nossa agenda de reformas, que deveria ser concluída até meados de abril, e a negociação referente à reestruturação da dívida e ao fim da austeridade. Para mantermos viva a chama da esperança, era essencial que esses dois eixos não fossem separados: apenas com a reestruturação da dívida uma agenda de reformas faria algum sentido. Mas, apesar das diferenças entre eles, os credores estavam impressionantemente unidos em relação a nós e investiram um tremendo esforço para separar os dois eixos: somente uma vez que tivéssemos aceitado suas prioridades de reformas,

230 N. de T.: "The tides of March" no original, ou "as marés de março" em uma tradução literal. O autor faz aqui um jogo de palavras com a expressão "the Ides of March", ou idos de março. Idos eram, no calendário romano, uma das três divisões dos meses (as outras eram as calendas e as nonas). Os idos eram a 15 de março, maio, julho e outubro, a 13 nos meses restantes. Ficaram célebres os idos de março do ano 44 a.C., data em que foi assassinado Júlio César pelas mãos de Brutus e outros conspiradores, inclusive como narrado na célebre peça de Shakespeare.

eles contemplariam a possibilidade de discutir uma reestruturação da dívida. Era uma luta cada vez mais solitária. Alexis, Pappas, Dragasakis e até meu amigo Euclides pareciam cada vez mais dispostos a aceitar um acordo que incluísse apenas vagas promessas sobre a dívida, desde que certas meninas dos olhos do Syriza – a reintrodução de acordos de negociação coletiva e a preservação das pensões, por exemplo – fossem mantidas vivas. Eles estavam à deriva, aproximando-se cada vez mais da mentalidade do famoso *fudge* de Bruxelas.

O contraste entre a rígida vontade da *troika* e o encolhimento das ambições do meu campo aumentava minha sensação de pavor e solidão. As reuniões do gabinete de guerra estavam se transformando em exercícios de ponderação sobre a utilidade de diferentes formas de rendição com base na capacidade do Syriza de sobreviver às próximas eleições. Em tais momentos, eu sentia desprezo pela política intrapartidária e ficava contente por ter me mantido fora dela.

Pappas ficava falando sem parar sobre a necessidade de preservar a proibição legal de demissões em massa, que o FMI adoraria abolir. Alexis se concentrava mais no tema das aposentadorias que Berlim tinha na mira. Outros batiam na tecla da privatização. Eu não podia suportar. Também me importava profundamente com todas essas questões, mas de que elas adiantariam se não puséssemos fim primeiro ao círculo fatal que nos destruía? De que adiantava preservar uma proibição de demissões em massa se a austeridade fosse reforçada, fazendo com que empresas de todos os tamanhos falissem? De que adiantava nos concentrarmos nas aposentadorias, quando o Estado, do qual todo o nosso sistema previdenciário dependia, era insolvente?

Cada tentativa minha de direcionar nossas discussões para o que realmente importava – a reestruturação da dívida, o fim da austeridade, os investimentos e os "maus bancos" – era tratada como uma distração da agenda principal. Ainda estávamos comprometidos, perguntava, a começar a deixar de pagar o FMI e, mais tarde, o BCE lá pelo fim de março ou início de abril no mais tardar, caso a *troika* se recusasse a discutir seriamente uma reestruturação da dívida? Ainda estávamos determinados a retaliar suas ameaças de controles de capital e feriados bancários com reestruturações dos títulos PMTD detidos pelo BCE e com a ativação de nosso sistema paralelo de pagamentos? Em resposta, eles tentavam me agradar, de forma cada vez menos convincente, com a repetição de juramentos de lealdade a nossa estratégia.

De volta ao Ministério, tentava levantar meu astral e seguir em frente. O fato de que qualquer acordo exigiria obrigatoriamente minha assinatura, e somente a minha, fazia com que me sentisse ao mesmo tempo essencial e descartável. Mas até que eu fosse descartado, pensava, tinha algum poder para manter o tema da redução da dívida no topo da lista, para unificar as duas negociações, para continuar mantendo Alexis fiel a nosso pacto, para batalhar por alianças internacionais, para fazer pressão pela finalização do algoritmo para encurralar grandes fraudes fiscais, para desenvolver o sistema paralelo de pagamentos e, por último mas não menos importante, para promover um projeto de lei que tratasse da crise humanitária. Era o mínimo que podia fazer por Lambros e pelas outras milhões de pessoas que, para usar uma antiga expressão do Peloponeso que minha avó adorava, nos haviam tornado o objeto de "todas as suas devoções e [caso nós os desapontássemos] de todas as suas maldições".

A próxima reunião do Eurogrupo em Bruxelas, na qual faríamos um balanço das negociações, seria no dia 9 de março. Era de total interesse da *troika* que não houvesse progresso nenhum a relatar, uma falha pela qual eles colocariam a culpa em nossa recalcitrância, e quando Poul Thomsen, do FMI, me telefonou em 1º de março para anunciar que a *troika* estava pronta para voar a Atenas, eu sabia que eles estavam vindo para matar.

Receber os agentes da *troika* em nossos ministérios teria desencadeado exatamente o tipo errado de negociação, o tipo no qual tecnocratas da Comissão Europeia, do BCE e do FMI exigiriam concessões de nossos ministros sobre os pormenores do programa da *troika*. Se lhes respondêssemos concordando em discutir sobre esses assuntos apenas se discutíssemos também sobre *swaps* de dívida e austeridade, eles simplesmente se recusariam a fazê-lo, dizendo-nos que a negociação da dívida estava fora de sua alçada, o que de fato estava. A única forma de evitar sermos encurralados dessa maneira era insistir para que não houvesse negociações em Atenas entre os gerentes intermediários da *troika* e nossos ministros eleitos. Em outras palavras, nossa recusa não era apenas simbólica, era estrategicamente crucial. No entanto, os agentes da *troika* começaram a comunicar à imprensa que nossa recusa em recebê-los em Atenas era "ideológica", ao passo que eles queriam simplesmente realizar o trabalho necessário.

Em 3 de março, dei instruções a minha equipe sobre a importância de manter unificadas ambas as negociações e insistir em um acordo abrangente. Lembro-me de adverti-los de que a *troika* reagiria com ameaças de controles de capital, e também de informar, mas só aos mais confiáveis dentre eles, sobre o plano de dissuasão no qual uma minúscula equipe estava trabalhando: o sistema paralelo de pagamentos e as reestruturações de títulos PMTD. Enquanto isso, Jeff Sachs estava trabalhando duro em Washington, encontrando-se com David Lipton, o número dois do FMI, e com Poul Thomsen em uma tentativa desesperada de superar nossas diferenças.

A batalha nos meios de comunicação continuou. Um dia ou dois depois, Mario Draghi descreveu a Alexis e a mim publicamente como "loquazes". Jamie Galbraith respondeu de seu jeito típico: "Normalmente, um presidente de banco central daria tal recado em privado, e o fato de ele ter escolhido fazer de outro modo foi uma prova de loquacidade". Quando perguntado pelo jornal italiano *La Repubblica* sobre a acusação de que eu me dirigia a meus colegas do Eurogrupo com mais "franqueza" do que seria de se esperar de um ministro das Finanças, Jamie respondeu: "Embora possa ser verdade que Varoufakis se afastou do padrão habitual de relação observado entre ministros das Finanças, a mim não me parece evidente que exista algum problema, visto que sou de fato a favor de elevar esses padrões".

No dia 5 de março, numa tentativa de perturbar a estratégia da *troika*, enviei uma carta ao presidente do Eurogrupo, Jeroen Dijsselbloem, exigindo o início das negociações, incluindo uma proposta para que fossem imediatamente implementadas sete das reformas que haviam sido aprovadas durante nossa teleconferência em 24 de fevereiro. A resposta deles foi criticar as sete propostas de reformas que acompanhavam minha carta a Jeroen, tornando alvo da mais intensa chacota a ideia pela qual o vice-chanceler alemão, Sigmar Gabriel, tanto se interessara quando de nossa reunião em fevereiro: reprimir a evasão fiscal empregando pessoas de todos os estratos sociais para registrar as transações no momento em que elas aconteciam.[231] Desde então, nossos planos para uma captura algorítmica de evasões fiscais em larga escala foram totalmente ignorados, descartados com referências zombeteiras a "turistas grampeados".

Naquele mesmo dia, minha ministra-adjunta das Finanças, Nadia Valavani, e eu estávamos trabalhando para finalizar o Projeto de Lei sobre a Crise Humanitária. No cerne dele havia duas medidas: o fornecimento de um cartão de crédito pré-pago para 300 mil famílias que não tinham comida, abrigo ou eletricidade, e um esforço hercúleo para trazer de volta ao rebanho os 40% da população grega que haviam abandonado o sistema tributário por estar em atraso com o Estado. Como? Permitindo que eles pagassem uma pequena quantia, mesmo que fossem só 20 euros, todo mês. Embora milhões de pessoas tivessem ficado tão sem dinheiro por causa da crise que teriam dificuldade em pagar mesmo uma quantia tão pequena, nós tínhamos confiança que fariam tudo o que estivesse a seu alcance para efetuar esse pagamento em troca do direito de reativar seus números de identificação fiscal e assim sair do purgatório da falência oficial. Era um ato de piedade e de bom senso econômico. De fato, um mês após a introdução do sistema, 700 milhões de euros já haviam sido pagos aos cofres públicos por aqueles que estavam se esforçando para retornar à economia formal.[232]

---

231 Ver o capítulo 7, "O Waterloo da Social Democracia".

232 Quando assumi o Ministério das Finanças, as dívidas em atraso para com o Estado eram de 76,08 bilhões de euros. Destes, a administração fiscal estimava que apenas 8,9 bilhões eram potencialmente suscetíveis de serem recolhidos. Quando os pressionei, confessaram que, daqueles 8,9 bilhões, 1,6 era devido por 3,5 milhões de cidadãos que deviam menos de 2 mil euros cada – as pessoas humildes que haviam sido esmagadas pela crise e pela austeridade que se seguiu. Eram essas pessoas humildes que o Projeto de Lei visava resgatar da insolvabilidade oficial. A réplica da *troika* era que os gregos ricos, que haviam falido estrategicamente visando ter suas pendências para com o Estado anuladas, eram deixados de fora das garras de nossa legislação – e eram eles que deviam a maior parte dos 76,08 bilhões. Isso estava correto. Exceto que meu ministério e os tribunais gregos não dispunham dos recursos e mecanismos necessários para identificar os inadimplentes por estratégia e separá-los das pessoas humildes. Levaria anos para que estes mecanismos fossem desenvolvidos, e as pessoas humildes pereceriam nesse meio tempo. Além disso, como eu ficava repetindo para a*troika*, os inadimplentes por estratégia estavam em sua maior parte fora de nosso alcance, pois moravam em Londres, Nova York, Paris e por aí vai. "Vamos liberar as pessoas humildes de sua escravidão por dívidas", lembro-me de dizer a Christine Lagarde, "e então, em alguns meses, estando pronto nosso método

Com o Projeto de Lei sobre a Crise Humanitária quase concluído, eu tinha um telefonema importante por fazer. Minha secretária me informara que o secretário do Tesouro dos Estados Unidos, Jack Lew, queria falar comigo. A conversa começou relativamente bem, com seu pedido para que o atualizasse sobre as negociações. Disse-lhe que, apesar de nossa esperança de que o acordo provisório de 120 dias concluído em 20 de fevereiro levasse a um novo processo que quebraria o impasse, ao longo da última semana as instituições e alguns de seus principais parceiros haviam emitido declarações que aparentemente revogavam o acordo, violavam seu espírito e exigiam que voltássemos ao arranjo anterior, algo que não podíamos e não iríamos fazer. Sua resposta estava mais em sintonia com a linha adotada pelo embaixador dos Estados Unidos na Grécia do que com as declarações públicas feitas pelo presidente Obama: em essência, o Tesouro dos Estados Unidos concordava conosco sobre a questão da austeridade, mas ainda assim nós tínhamos que ceder. Expliquei que não estava muito confiante de conseguir juntar o dinheiro do pagamento devido ao FMI em 18 de março. O secretário Lew respondeu com um comentário no sentido de que deveríamos confiar em nossos credores.

Kemal Dervish, um ex-ministro das Finanças turco que agora trabalhava na Brookings em Washington e com quem eu estava trocando correspondências, advertiu-me a não dar atenção a tal conselho. Na sua opinião, a promoção de Poul Thomsen de chefe da missão do FMI para a Grécia a diretor para a Europa era desastrosa para nós: o antigo programa para a Grécia podia ser um fracasso absoluto, mas era seu bebê. "Não há nada que você ou qualquer outro possa fazer quanto a isso, mas é tanto mais importante encontrar pessoalmente com Christine Lagarde", disse ele. "Eu tenho boas relações com ela e, no fundo, ela é uma mulher bastante razoável. Mas tem tantos incêndios para combater, a começar por aquela bagunça na Ucrânia, que tende a afundar tudo por aqui."[233] Isso não di-

---

algorítmico para pegar fraudes, vamos lidar com eles separadamente". Mas não, a *troika* sabia melhor o que fazer. No momento em que escrevo estas linhas, dois anos depois, as pendências para com o Estado superaram os 90 bilhões de euros.

233 Kemal Dervish também me aconselhou a resistir às queimas de estoque e às privatizações em geral. Isso me deixou intrigado, porque a reputação dele no Ocidente era a de um grande modernizador neoliberal. Mas sua história real é diferente. Tomemos, por

vergia muito de minha avaliação, mas será que havia alguma maneira de chegar a um acordo sensato com Christine que jogasse para escanteio o programa que seu diretor para a Europa estava determinado a defender?

Uma pessoa muito mais provável de conseguir desbloquear as negociações era Angela Merkel. Ela fora a única razão pela qual conseguíramos encontrar um terreno comum no Eurogrupo de 20 de fevereiro. Mas assim que Merkel virou as costas para Schäuble e Dijsselbloem, o *MoU* foi trazido de volta e todo o processo entrou em colapso. Com a próxima reunião do Eurogrupo logo ali na esquina e as negociações ainda estagnadas, sugeri a Alexis que ligasse para Merkel: "Seguramente, se ela quiser evitar que seu bom trabalho de duas semanas atrás seja jogado no lixo, terá de intervir novamente?".

Naquela noite, Alexis conversou com a chanceler por telefone. Ela reagiu calorosa e positivamente. Disse que enviaria Thomas Wieser a Atenas em uma missão para encontrar uma maneira de avançar. Sentimo-nos entusiasmados. Thomas Wieser era exorbitantemente maçante, incrivelmente poderoso e um homem que sabia como andar na corda bamba que ligava Angela Merkel a Wolfgang Schäuble. Ele era ideal.

## Emissário sem uma missiva

A condição sob a qual a chanceler Merkel nos enviou Wieser era confidencialidade absoluta. Nossos ministérios não deveriam ser envolvidos no planejamento de sua visita; não haveria carro oficial para buscá-lo, e a reunião teria de ser realizada em uma residência particular afastada. Decidi que nosso apartamento era ideal. Um carro não oficial foi enviado para buscar Thomas no aeroporto e trazê-lo diretamente até nós. A rua vazia

---

exemplo, o caso da Turkish Airlines. Em 2001, o FMI colocou Kemal sob imensa pressão para privatizar a deficitária Turkish Airlines, mas ele optou por não o fazer. Ao contrário, identificou a causa dos prejuízos: "estúpidos controles de preços, ausência de preços de carga máxima e ingerência política", como ele mesmo me disse. Em vez de entregar a empresa a uma companhia aérea estrangeira, Kemal alterou a lei de aviação e passou a autorizar a prática de preços agressivos de carga máxima. Hoje em dia, a Turkish Airlines é reconhecida como uma das principais companhias aéreas do mundo. Kemal concluiu seu excelente conselho para mim da seguinte maneira: só privatize quando achar que o preço está correto.

em frente a nosso prédio, graças a um dia frio e cinzento, pôs fim a qualquer preocupação de que turistas que estivessem visitando o Novo Museu da Acrópole pudessem reconhecê-lo.

É justo afirmar que Thomas Wieser trouxe com ele para dentro do apartamento o tempo que fazia lá fora. Na nossa festinha de sete pessoas – Dragasakis, Theocarakis, Chouliarakis, Euclides, a secretária de Alexis, Danae e eu –, estávamos ansiosos por receber Wieser calorosamente. Wieser estava igualmente ansioso por manter a distância. Sua primeira frase foi desanimadora: "Estou feliz por estar aqui, embora não saiba o porquê". Certamente, a pessoa que lhe pediu que nos visitasse deve ter explicado o motivo, perguntei. "Não tenho ideia de quem me enviou", respondeu ele. "Simplesmente encontrei um bilhete em meu escritório que me dizia para embarcar num avião para Atenas".

Querendo ir direto ao assunto, explicitei claramente os fatos: estávamos em um impasse, um impasse que somente a intervenção da chanceler Merkel poderia superar. Ela havia se mostrado receptiva a tal intervenção e oferecera enviá-lo informalmente até nós para discutir como reiniciar as negociações.

Inacreditavelmente, Wieser não queria saber de nada daquilo e continuou a negar qualquer conhecimento do envolvimento da chanceler com sua viagem. Em vez disso, ao longo de uma demorada refeição, estabeleceu as regras com o carisma de um oficial de justiça e a delicadeza de um litigante. Descrevendo as semanas e os meses por vir, evitou cuidadosamente falar das negociações em sua substância, ao contrário, recitou-nos capítulo e versículo das regras e limitações do Eurogrupo e do Grupo de Trabalho do Eurogrupo. De sua ladainha em *troikês*, uma coisa de interessante emergiu: nós não deveríamos esperar um abrandamento da crise de liquidez antes do dia 30 de abril – o que foi apresentado como uma consequência natural e apolítica de entraves burocráticos.

Em resposta, disse-lhe que, a menos que recebêssemos um sinal da parte dos credores de que estavam falando sério quanto a chegar a um compromisso sobre a agenda de reformas e sobre uma política fiscal sensata, tornada possível por uma significativa reestruturação da dívida, não chegaríamos até 30 de abril sem um calote no FMI. "Independentemente de nossas preferências e vontade política", acrescentei, "nossa liquidez acabará bem antes disso".

Ele respondeu que poderíamos durar muito mais tempo se pilhássemos as reservas de instituições não governamentais, mas públicas, tais como fundos de pensão, universidades, empresas de serviços públicos e autarquias locais.

"E por que haveríamos de fazer isso?", perguntei. Se os credores não demonstrassem nenhum interesse em negociar de boa-fé, por que é que continuaríamos a arrancar ainda mais carne do corpo esquelético de nossa sociedade para pagar uma dívida com o FMI que até mesmo ele considerava impagável?

Confrontado com essa questão, o treinamento de Wieser entrou em cena. Ele rechaçou o fato de que não tinha mandato para discutir reestruturação da dívida ou austeridade.

Percebendo que essa linha de conversa era uma perda de tempo, eu trouxe à tona os 1,2 bilhão de euros que meus conselheiros jurídicos e financeiros me informaram que a Grécia poderia reivindicar dos credores como sendo seus. Aparentemente, o governo anterior gastara essa soma das reservas do Estado para resgatar alguns dos bancos menores da Grécia, embora tivesse ficado acordado que esse dinheiro deveria ter vindo do segundo empréstimo de resgate depositado no FEFG. Dado que eu não estava disposto a saquear as reservas restantes como ele sugerira, perguntei a Wieser se nós poderíamos usar esse crédito para honrar os pagamentos ao FMI em março, o que nos daria mais algum tempo para negociar. "Parece razoável", respondeu Wieser, aconselhando-me a enviar uma solicitação formal a Jeroen, seu chefe, para ter acesso a esse 1,2 bilhão (Dias depois, quando o fiz, Jeroen pediu que me dirigisse ao presidente do Grupo de Trabalho do Eurogrupo... Thomas Wieser! E qual foi o veredicto de Wieser, agora que ele recebera a autoridade para decidir? Que aquilo que eu estava pedindo era "complicado demais").

Não enxergando nenhum vislumbre de um avanço em potencial, a única coisa útil que restava era tentar estabelecer alguma forma de vínculo humano entre nós – para ao menos trazer alguma humanidade para o processo, nem que fosse só por pura diversão. Euclides, Nicholas Theocarakis, Danae e eu tomamos a iniciativa, mudando de assunto para qualquer coisa que não fosse as negociações: falamos de arte, música, literatura, nossas próprias famílias. Durante seis horas ao todo, comemos uma frugal, mas excelente, comida grega, bebemos uma quantidade considerável de vinho seguido de *raki* de Creta. A resistência de Thomas Wieser era extraordinária. Ele comia, bebia e sorria com frequência, mas o campo de força que ergueu para evitar que qualquer camaradagem se desenvolvesse entre nós provou-se impenetrável.

À medida que a noite se aproximava do fim, Nicholas perguntou a Wieser se ele era parente de Friedrich von Wieser, economista de direita pioneiro e ministro das Finanças austríaco, cujo pensamento moldara as mentes de libertários como Ludwig von Mises e Friedrich von Hayek. Thomas respondeu que sim, era de fato neto do primo dele, mas confessou que não sabia muito sobre sua obra. Indo até nossas estantes de livros, retirei um grosso volume que Nicholas e eu havíamos coescrito em 2011, no qual fizemos referência à influência de Von Wieser em um capítulo apropriadamente intitulado "Impérios de Indiferença".[234] Eu o ofereci a Thomas para que ele o guardasse. Ele aceitou.

Quando ele estava de partida, a caminho de um hotel antes de seu voo de volta a Bruxelas na manhã seguinte, senti saudade de meus dias de acadêmico, quando as divergências eram resolvidas pelo poder da argumentação ao invés da força bruta. Semanas depois, quando a força bruta da *troika* estava alcançando o seu clímax, lembrei-me de uma das frases mais memoráveis de Von Wieser, imaginando se ele ficaria satisfeito ou horrorizado com o papel desempenhado por seu descendente nos males que afligem a zona do euro: "A liberdade tem de ser suplantada por um sistema de ordem".

## Ao Eurogrupo!

A visita de Wieser trouxe para casa uma dura realidade: faltando apenas 24 horas para a próxima reunião do Eurogrupo, Merkel não estava disposta a intervir como fizera anteriormente. Talvez ela nunca tivesse falado

234 Ver Yanis Varoufakis, Joseph Halevi e Nicholas Theocarakis, *Modern Political Economics: Making sense of the post-2008 world* (2011), Routledge, Londres e Nova Iorque, pp. 125-7.

sério sobre chegar a um terreno comum conosco; talvez tivesse perdido a vantagem tática para Wolfgang Schäuble. Não importava. A escolha que tínhamos de enfrentar era a mesma: suspender todos os pagamentos à *troika* enquanto continuassem a nos asfixiar, sinalizar que não haveria negociações com base em seu *MoU*, insistir que a reestruturação da dívida e o fim da austeridade punitiva fossem pré-requisitos rigorosos. Ou nos prepararmos para a rendição.

Antes de voar para Bruxelas, informei Alexis e o gabinete de guerra sobre as exigências que certamente enfrentaríamos no Eurogrupo: primeiro, que sugássemos a vitalidade de nossas instituições públicas não governamentais para continuar pagando o FMI; segundo, que permitíssemos que a *troika* regressasse vitoriosa a Atenas; terceiro, que as negociações fossem confinadas ao modelo do *MoU*. Fiquei alarmado que a segunda exigência tenha sido a que aparentemente mais os irritou, e que sua raiva não parecia se estender à terceira.

Revelou-se que eu tinha bons motivos para me preocupar. Conforme me preparava para a viagem, senti o cheiro de um desdobramento interessante: Chouliarakis reaparecera em Maximos e estava agora comandando uma equipe informal de conselheiros do Syriza trabalhando pelas minhas costas em uma lista de concessões a ser ofertada à *troika*. Ter uma segunda equipe de assessores econômicos para cobrir o Ministério das Finanças não é necessariamente algo ruim para um primeiro-ministro. Dada a gravidade da situação que enfrentávamos, tais freios e contrapesos eram algo prudente, mas essa equipe em particular e a maneira como Alexis a estava utilizando representavam um perigo real.

Eles combinavam o que havia de pior nas fixações do Syriza com as mais desprezíveis obsessões da *troika*, defendendo aumentos no imposto sobre as empresas, por exemplo – uma ótima política de esquerda em circunstâncias normais, mas não quando a atividade empresarial estava sangrando até a morte –, a fim de atender às exigências da *troika* por um superávit primário mais elevado. Essa política econômica que sintetizava o pior de dois mundos prejudicava diretamente minha defesa de uma redução da austeridade como um prelúdio para diminuir as alíquotas tributárias.

Enquanto isso, Spyros Sagias estava elaborando projetos de lei relacionados a questões financeiras que estavam fora de suas competências e atribuições – por exemplo, sobre preços de transferência, que dizem respeito à troca de bens entre duas subsidiárias diferentes de um mesmo conglomerado – e tentando impô-los a mim. Pior ainda, na véspera de minha viagem a Bruxelas para participar do Eurogrupo, nosso ministro da Defesa, o teórico da conspiração e direitista que tivéramos de tolerar para conseguir manter nossa maioria no Parlamento, fez uma declaração tirada diretamente do caderninho de Mefistófeles. A manchete do *Daily Telegraph* de Londres a resumiu: O MINISTRO DA DEFESA GREGO AMEAÇA MANDAR MIGRANTES, INCLUSIVE JIHADISTAS, PARA A EUROPA OCIDENTAL.[235] Era exatamente aquilo que não precisávamos. Pouco a pouco, Maximos estava escrevendo um manual sobre como *não* conduzir uma negociação.

Tive uma última reunião com Alexis antes de pegar meu avião. Avisei-o de que a *troika* iria empacar, culpar-nos pelo atraso, exigir que legislássemos no sentido de saquear todas as nossas reservas remanescentes a fim de continuar pagando o FMI, e então, depois que a Grécia estivesse tão seca quanto uma sultana do Peloponeso, fecharia os bancos para fazer as pessoas se voltarem contra nós. Tínhamos que pôr termo a essa podridão. Se o Eurogrupo que se aproximava fosse realmente a armadilha que eu esperava, nosso único recurso seria um brusco calote no FMI e a ativação paralela de nosso plano de dissuasão.

Conforme lhe entregava cópias de diversos documentos informais que pretendia apresentar em Bruxelas, disse a Alexis: "Vou falar em particular com todos eles, o FMI, Schäuble, Draghi, Moscovici. Serei inacreditavelmente conciliador, pronto para ceder a compromissos tanto quanto for possível, contanto que não comprometa as chances da Grécia de se recuperar. Falarei somente a linguagem da cooperação e da boa vontade. Mas, Alexi, se eles responderem com a mistura habitual de agressão e inversão da verdade, não nos deixando nenhum espaço de manobra, na minha volta teremos de agir de maneira decisiva. Confio que você esteja de acordo".

Alexis concordou. E assim parti para Bruxelas determinado a ser extremamente aberto a compromissos – para me certificar, além de qualquer

---

235 http://www.telegraph.co.uk/news/worldnews/islamic-state/11459675/Greeces-defence-minister-threatens-to-send-migrants-including-jihadists-to-Western-Europe.html

sombra de dúvida, de que os credores da Grécia estavam comprometidos a negar-nos até mesmo um acordo que fosse minimamente racional.

Eu logo tive a prova de que esse era mesmo o caso. E Jeff Sachs, que me acompanhou em todas as reuniões bilaterais que tive, é minha testemunha ocular.[236]

---

236 Visto que já no início de março ficou claro que os credores estavam vazando inverdades para a imprensa sobre o que eu estava dizendo a eles, sobre o que eles estavam me dizendo e sobre o nível de sofisticação de minhas apresentações,certifiquei-me de que houvesse uma testemunha ocular presente nessas reuniões. As relações pessoais de Jeff Sachs com a maioria dos principais atores envolvidos, incluindo Lagarde e Draghi, e o respeito que tinham por ele faziam dele o candidato ideal.

# 11 - O feitiço de Merkel

Às 11h do dia 9 de março, na manhã da reunião do Eurogrupo, encontrei-me com Poul Thomsen no saguão do hotel na presença de Jeff. Poul começou a conversa assegurando-me que o FMI não era "dogmático". Eles haviam perdido a paciência com o programa para a Grécia bem antes de o nosso governo de esquerda ser eleito, disse-me. Poul falou com raiva sobre o governo Samaras. "Perdemos a paciência com eles. Eles fracassaram em entregar quase tudo com o que se comprometeram", afirmou. "Samaras disse aos alemães aquilo que eles queriam ouvir, não fez mais nada, e depois, em vista das eleições, usou o dinheiro que obtivera para derramar isenções fiscais e outros favores sobre o povo".

Nesse momento, eu o interrompi para dizer que, em vista de suas experiências com governos gregos anteriores, ele certamente apreciaria nossa relutância em fazer promessas que não pretendíamos, ou simplesmente não podíamos, cumprir. "Poul", disse-lhe com sinceridade, "saiba apenas que, se você e eu chegarmos a um acordo viável, vou mover o céu e a terra para implementar minha parte do combinado. Mas não conseguiremos fazer isso enquanto estivermos no nevoeiro tóxico da falência permanente. Precisamos de sustentabilidade para a dívida antes de qualquer outra coisa".

"A Grécia precisa de uma redução da dívida antes de poder concordar com qualquer compromisso", acrescentou Jeff. "Primeiro, os credores devem permitir que ela tenha oxigênio para respirar e, em seguida, [eles podem] fazer novas exigências."

Thomsen parecia estar de acordo, a julgar pela forma com que abanava a cabeça e porsua expressão positiva. "Não acho que uma análise razoável da sustentabilidade da dívida seja difícil de fazer ou que seus problemas de liquidez no curto prazo sejam difíceis de superar", disse ele.

Respondi levando o argumento dele a sua conclusão natural: "Sim, Poul, não tenho dúvidas de que seu ótimo pessoal em Washington tenha excelentes análises do porquê de nossa dívida ser absurdamente insustentável. Também não tenho dúvida de que nossas dificuldades de liquidez de curto prazo podem ser resolvidas com um aceno de mão de Mario Draghi ou do FMI. Entretanto, por mais útil que isso seja, essa não é a questão, é? O elefante na sala é a questão da reestruturação da dívida, sem a qual nós permaneceremos insolventes e sem condições de passar por qualquer reforma. Nem a sua análise de que esse é o caso nem um afrouxamento de nossas restrições de liquidez pode mudar isso. Precisamos ter de antemão uma redução da dívida. E vocês, o FMI, são os únicos que podem fazer pressão nesse sentido. Então a bola está com vocês. Vocês vão nos ajudar?".

Thomsen claramente entendeu, mas continuou sem se comprometer, murmurando algo sobre "os europeus" serem muito difíceis de mudar de posição quanto a esse assunto. Insisti: ou eles mudavam ou não haveria acordo, e um acidente bastante caro e bastante evitável aconteceria.

"Os europeus têm seus métodos...", foi o enigmático comentário final de Poul.

A próxima de nossas reuniões bilaterais era com os dois principais faróis do Banco Central cuja pesada bota estava em nossas gargantas.

Jeff e eu entramos em um pequeno escritório para encontrar Mario Draghi e Benoît Coeuré. Mario cumprimentou Jeff como um velho amigo e ficou claramente impressionado por ele estar a meu lado, mas apesar do calor na voz, sua mensagem permanecia inalterada. No espírito de manter a independência apolítica, o BCE não levantaria um dedo sequer, quanto mais a bota, denossa garganta sem um sinal verde do Eurogrupo. Ensaiei novamente meu contra-argumento habitual: de que não havia nada mais político do que reduzir nossa liquidez durante aquelas negociações, dado que o BCE a aumentara durante as negociações com o governo de Samaras no verão de 2012. Draghi tentou dispensar esse meu argumento com base em uma tecnicidade. Jeff interveio para dizer que, onde há boa vontade, há uma maneira de evitar um acidente. Draghi continuou impassível.

Então frisei que, no mínimo, o BCE poderia-nos liberar o lucro de quase 2 bilhões de euros que obtivera com nossos títulos PMTD, que deveriam ter sido pagos à Grécia em 2014. Enquanto eu falava, olhei diretamente para Benoît, que eu sabia concordar com esse argumento. "Se vocês querem que paguemos o FMI durante as próximas semanas, e visto que não temos dinheiro para isso, essa é uma sugestão razoável. Afinal, esse dinheiro é nosso", expus.

Mario respondeu que nos liberar o lucro dos títulos PMTD não estava entre suas competências. Ele era obrigado a passar esse lucro primeiro aos bancos centrais dos países membros da zona do euro, e estes deveriam passá-lo a seus respectivos governos e, finalmente, os governos o passariam à Grécia depois que isso fosse acordado no Eurogrupo.

"Sei de tudo isso, Mario", assenti, "mas mesmo assim esse dinheiro continua sendo nosso." Fossem quais fossem as regras arcanas que o Eurogrupo preparara – sem a aprovação do Parlamento Europeu ou de qualquer órgão legítimo da União Europeia –, eu estava apenas tentando encontrar uma maneira prática de evitar dar calote no FMI nas próximas duas semanas, falei. "A situação é simples: nós devemos a uma parte da *troika*, o FMI, uma soma que não temos. Ao mesmo tempo, uma outra parte da *troika*, o BCE, nos deve uma quantia semelhante. A lógica dita que cancelemos essas duas somas." Não estava pedindo aos credores que confiassem a mim nosso dinheiro, estava simplesmente pedindo que pegassem o dinheiro que a *troika* admitiu que nos devia e o usasse para pagar a si mesma. "Faça com que o dinheiro seja transferido, se necessário for, do BCE aos bancos centrais nacionais, e então aos governos dos Estados-membros e, em seguida, diretamente ao FMI. Esta é uma solução prática, lógica e justa."

"Isso não depende de mim", disse Draghi, "depende do Eurogrupo."

Jeff tentou valentemente mais uma vez. "Mario", disse ele, "estive escutando essa discussão e devo-lhe dizer que estou preocupado. Yanis vem tentando propor uma solução prática para um problema simples de resolver. Você rejeitou essa solução, o que é compreensível caso haja problemas técnicos, mas não ouvi de você nenhuma solução alternativa".

Mario deu de ombros. "Não cabe ao Banco Central oferecer tais soluções. Esse é um assunto para os políticos."

"Espera só para ver o que os políticos fazem quando eu abordo esse assunto com eles", falei para Jeff quando estávamos saindo da sala. "Eles vão me pedir para ir conversarcom o BCE, possivelmente com Poul Thomsen." Jeff balançou a cabeça, incrédulo.

Encontrei-me com Nicholas Theocarakis, que substituíra Chouliarakis como meu adjunto no Eurogrupo, na entrada da sala de reunião. Este seria seu batismo de fogo. Mas quando entramos na sala, quem é que avistei sentado na cadeira ao lado da minha senão George Chouliarakis!

Nicholas e eu o cumprimentamos, e nós três nos sentamos conforme os outros ministros e seus adjunto entravam na sala. Chouliarakis sabia que a cada ministro era permitido ter apenas um único adjunto no Eurogrupo – deixando de lado a exceção feita ao primeiro Eurogrupo denosso governo, quando foi autorizado que Dragasakis participasse – e até hoje eu não consigo imaginar o que Chouliarakis estava pensando. Quando me debrucei para lhe pedir educadamente que nos esperasse com Jeff Sachs no escritório da delegação grega, ele se recusou, explicando que se esquecerade informar formalmente a Wieser que Nicholas o substituíra. "Não se preocupe com isso", disse-lhe. "Eu vou lidar com Wieser".

Nesse meio tempo, Jeroen declarara aberta a reunião. Sentado a seu lado, Wieser tinha percebido a cena que Chouliarakis estava fazendo. Sem nunca perder uma oportunidade para nos criticar, veio até nós para nos dizer que um demeus dois colegas tinha que sair. Arfando e bufando, Chouliarakis finalmente levantou-se e saiu. Mais tarde, descobri que, em vez de esperar emnosso escritório, ele simplesmente foi para o aeroporto e embarcou em um voo de volta a Atenas.

O Eurogrupo de 9 de março foi algo totalmente previsível. Um após o outro, tal qual incendiários observando as chamas que eles mesmos haviam começado e tecendo comentários sobre seu progresso, os líderes da *troika* nos culparam por travar as negociações. Quando chegou minha vez, expliquei com a maior moderação possível as duas causas daquela estagnação: a recusa da *troika* em entrar em negociações genuinamente abrangentes que incluíssem minhas propostas de *swap* da dívida e o afrouxamento da austeridade que estas possibilitariam, e a exigência, do FMI em particular, de que suas assim chamadas missões voltassem a Atenas para fazer "consultas" diretas com nossos ministros. Lembrei aos colegas ministros das Finanças que eu havia escrito a Dijsselbloem pedindo o início das negociações e concluí com um apelo para que acabassem com a obstrução e a asfixia denosso governo usando as propostas práticas que eu já apresentara a Mario Draghi e Benoît Coeuré.

Mais uma vez, Draghi insistiu que o BCE estava operando estritamente dentro de suas regras, evitando decisões que politizassem seu trabalho. Decidi expor sua mentira de forma delicada, mas com firmeza.

> As atuais circunstâncias são semelhantes àquelas do verão de 2012, no sentido de que há um novo governo na Grécia, o programa está suspenso, há discussõessobre as negociações e o Estado grego tem pagamentos urgentes se aproximando. Mas, hoje, o BCE se recusa a se comportar em relação a nosso governo de uma maneira comparável àquela como se comportou em 2012 em relação ao governo anterior. A alegação de Mario de que o BCE está acima da politicagem não é apoiada pelos fatos. Na realidade, a única explicação razoável paraseu comportamento hoje é que o BCE é tendencioso contra um governo do qualos membros de seu Conselho não gostam por razões puramente políticas.

Conforme expunha resumidamente os fatos e números que tornavam essa afirmação irrefutável, pude ver pelo canto do olho que Mario Draghi estava parecendo desconfortável. Wolfgang Schäuble, por outro lado, parecia tudo menos isso. Não querendo deixar o presidente do BCE escapar do gancho, continuei:

> Antes do acordo de 20 de fevereiro, o presidente do BCE me disseraque, uma vez que chegássemos a um acordo provisório com o Eurogrupo, a isenção seria retirada e a liquidez restituída aos bancos gregos. Essa promessa continua sem ser cumprida. E ela não é a única. Quando solicitei o restabelecimento denosso limite de *T-bills*, Mario me disse, em termos inequívocos, que isso aconteceria uma vez que houvesse evidência de demanda por elesda parte declientes que não fossem os bancos gregos. Bem, sei de fonte segura que, cinco dias atrás, um investidor chinês comprou 100 milhões de euros em *T-bills* nossos. Infelizmente, não houve afrouxamento dessa restrição asfixiante. Estou cansando vocês com esses detalhes apenas por um motivo: porque o nosso árduo trabalho para chegar ao acordo de 20 de fevereiro está sendo sabotado de maneiras que vocês podem não ter conhecimento e pelas quais nosso governo não é responsável.

Em vez de se engajar com minha seríssima acusação de que o BCE estava agindo politicamente, Jeroen tentou precipitadamente terminar a discussão. Propôs que emitíssemos uma rápida declaração dizendo que as negociações começariam dali a dois dias com a vinda das instituições a Atenas. Imediatamente respondi que saudava o início das negociações, mas propus que estas fossem realizadas em Bruxelas. Jeroen respondeu que os negociadores talvez precisassem de dados que só poderiam ser encontrados em nossos ministérios. Atestei que ficaríamos felizes em receber em Atenas pessoal técnico das instituições para coletar dados a serem trazidos a Bruxelas e usados pelos negociadores de ambos os lados. Nessa altura, Pierre Moscovici sugeriu, em uma rara intervenção prestativa, que ele e eu trabalhássemos em uma solução ao longo dos próximos dias. Conseguíramos evitar cair na armadilha de aceitar a volta da *troika*.

A julgar pela troca de mensagens de texto que se seguiu à reunião, Alexis estava contente. "Estamos apresentando a reunião como um sucesso: negociações políticas terão início em Bruxelas, na linha do acordo de 20 de fevereiro, visando pôr um fim ao impasse." Ele também tinha um aviso para mim. Aparentemente, Michael Noonan, o ministro das Finanças irlandês, teria dito que eu estava prestes a ser substituído. "Nós negamos essa afirmação", escreveu Alexis. Em uma mensagem separada, acrescentou: "Acho que o irlandês está tentando favorecer o plano dos credores de prejudicar você, porque você é um negociador durão".

Em separado, Alexis me mandou uma mensagem dizendo que Jeroen o contatara diretamente para fazer pressão para que *troika* fosse a Atenas dali a dois dias, em 11 de março: "Ele nos disse que você tinha concordado. Pappas respondeu que não acreditava que Varoufakis tivesse concordado com isso".

Respondi: "Ele ameaçou que tudo estaria acabado caso a *troika* não pudesse voltar. Disse-lhe que as suas ameaças não iriam funcionar".

Alexis enfureceu-se com as táticas baratas de Jeroen: "Jeroen ameaçou cessar as negociações porque estava 'ficando cansado'. Pappas disse a ele para respirar fundo, porque estamos apenas no começo de um processo histórico. Yani, dê um fim a esse assunto hoje mesmo, antes que isso acabe com a gente".

Eu sabia o que ele queria dizer: garanta que as negociações aconteçam em Bruxelas; evite a todo custo o retorno da *troika* a Atenas. "Não se preocupe, Alexi. Vou cortar o mal pela raiz", tranquilizei-o. Para isso, eu precisava falar urgentemente com Moscovici. Mas primeiro tinha dois compromissos a cumprir.

## O choque de Jeff

Após a obrigatória coletiva de imprensa pós-Eurogrupo, na qual Jeroen lamentou as "duas semanas desperdiçadas", claramente insinuando que fôramos nós os responsáveis pelo atraso, passei no escritório denossa delegação para buscar Jeff e seguimos pelo corredor até o escritório da República Federal da Alemanha.

Para um europeísta como eu, há algo de belo naquele corredor, no qual todo país europeu tem um escritório. Reconheço que ele esteja situado em um andar desinteressante de um prédio feio, mas o fato de ele existir deveria ser algo de que se orgulhar imensamente. Assim, fui em direção ao escritório de Wolfgang com Jeff e Nicholas Theocarakis ao meu lado, morrendo de medo do que poderia acontecer, mas com um plano.

Pensando retrospectivamente no que aconteceu na sequência, vem-me à mente a fantástica frase de Mike Tyson quando estava no auge desua tumultuada carreira de boxeador: "Todo mundo tem um plano até tomar o primeiro soco na boca". Meu plano fora inspirado por uma dica que recebi de Pier Carlo Padoan, o ministro das Finanças italiano, quando me encontrei com ele em Roma um pouco mais de um mês antes. Pier Carlo conseguira quebrar o gelo com o ministro das Finanças alemão ao se oferecer para fazer aprovar um projeto de reforma proposto por Wolfgang no Parlamento italiano. Sua passagem bem-sucedida conquistou a confiança de Wolfgang. "Ofereça-lhe algo semelhante", fora o conselho de Pier Carlo.

Wolfgang começou a reunião em sua melhor forma. "Seu primeiro-ministro e seu gabinete conseguiram fazer com que perdêssemos toda a confiança em seu governo", foi sua frase de abertura.

"Mas, Wolfgang", falei genuinamente perplexo, "nós nunca tivemos a confiança de vocês. Somos, pelo amor de Deus, um governo do partido de esquerda radical da Grécia! Como *você* poderia confiar em *nós*?" Wolfgang sorriu com minha franqueza. "Porém", apressei-me em acrescentar, "acredite em mim quando digo que quero *conquistar* sua confiança e seu respeito". Prossegui: "A questão é como? Não vou mentir, Wolfgang, como fizeram outros antes de mim, com promessas que não posso nem pretendo cumprir. Isso nos conduziria a exatamente o contrário. A única maneira que conheço para ganhar sua confiança é fazendo uma promessa que é difícil de cumprir, mas que, em primeiro lugar, quero cumprir e, em segundo lugar, você quer que eu cumpra. Então, eis aqui minha sugestão: por que você não me diz quais são as três ou quatro principais reformas que você acha que devemos implementar na Grécia? Se conseguirmos concordar sobre três ou quatro grandes projetos de lei de reforma, que ambos admitimos ser terapêuticos para a Grécia e que aumentariam as chances de vocês conseguirem seu dinheiro de volta, então tudo o que lhe peço são quatro semanas sem a atual pressão sobre nossa liquidez. Durante essas quatro semanas, farei o melhor para garantir a aprovação desses projetos no Parlamento e para começar a implementá-las. Se for bem-sucedido, então você terá motivos para começar a confiar em mim. Se não for, prossiga com seu plano para nos estrangular".

Eu não tinha informado Jeff sobre meu plano, mas ele pareceu ter gostado, e parecia ansioso para ouvir a resposta de Wolfgang. Suspeito que a resposta de Wolfgang o tenha pego um pouco de surpresa. "Não vou negociar com você. Como lhe disse da última vez, você deve se dirigir às instituições!".

"Mas Wolfgang" respondi, "o tempo está se esgotando. Em uma ou duas semanas, teremos que dar o calote no FMI, com consequências incalculáveis para todos. Você me diz para me dirigir às instituições. Mas as instituições simplesmente carecem do mandato para fazer o que é preciso para evitar um acidente ou para negociar conosco um acordo viável para a Grécia dentro da zona do euro. Estou lhe dizendo tudo isso porque existem forças trabalhando para sabotar todo o processo".

O rosto de Wolfgang passou da apatia ao empenho. Embora eu tivesse aprendido com reuniões anteriores que tais mudanças na expressão de Wolfgang estavam repletas de decepção, naquela ocasião jamais poderia ter previsto sua extraordinária resposta. "Não acho que governo *algum* consiga manter a Grécia na zona do euro", declarou.

"Essa também é a opinião da chanceler?", perguntei.

"Ela tem outras ideias", respondeu ele com desdém.

Se eu ainda tinha qualquer dúvida de que recuperar o dinheiro estava no final da lista de prioridades denossos credores, Wolfgang acabara de pôr fim a ela. Parecia que o ministro das Finanças da Alemanha se resignara à ideia de que seu país não iria receber absolutamente nenhum dinheiro de volta. Pois, se um país como a Grécia fosse deixar o euro, sua nova moeda se desvalorizaria substancialmente, e assim uma dívida em euros que já era insustentável se tornaria ainda mais impagável.

Com aquela bomba, Wolfgang matara a conversa. Qualquer coisa que eu pudesse-lhe dizer sobre encontrarmos uma maneira de a Grécia pagar uma parcela considerável das dívidas era redundante em face desua convicção de que ela não poderia sobreviver no euro, independentemente de como o país fosse governado. Mas qualquer discussão sobre Grexit era impossível também, já que a sra. Merkel tinha "outras ideias". Impasse!

Quando saímos para a próxima reunião, Jeff estava praticamente arrancando os cabelos. "Não posso acreditar no que meus ouvidos acabam de ouvir", disse ele, com o rosto contorcido. "Será que Wolfgang não percebe que está colocando em risco tudo o que construímos ao longo de sessenta anos?"[237] Continuou a expressar exasperação conforme voltávamos para o escritório da delegação grega: "Mesmo se partirmos do princípio que eles não se importam com pessoas em dificuldades, será que esses caras não estão cientes de que, por uma quantia relativamente pequena de dinheiro, estão correndo o risco de irritar um monte de gente muito rica e poderosa?". A pergunta dele ficou suspensa no ar conforme entramos na sala.

Klaus Regling, a quem Wolfgang Schäuble nomeara chefe do fundo de resgate para a zona do euro (inicialmente FEEF, mais tarde MEE), estava esperando por nós. Sendo ele um agente com quase nenhum poder discricionário, faltava-lhe autoridade para poder fazer qualquer diferença à nossa situação. Ainda assim, ele pedira para me ver e, por cortesia, eu con-

237 Jeff estava se referindo aos americanos e europeus no pós-guerra que projetaram e construíram a União Europeia.

cordara. Esperava aproveitar a oportunidade para apresentar-lhe diversas ideias no tocante aos *swaps* de dívida que estava propondo e que entravam no âmbito de seu fundo. Já logo de cara, no entanto, ele se mostrou ainda menos disposto a discutir soluções do que qualquer outra pessoa com a qual eu falara naquele longo, longo dia. A única coisa que parecia fazer questão de dizer era que eu lhe devia 142,6 bilhões de euros.

Como havia muito pouco que eu pudesse responder àquilo, exceto talvez recitar o título da peça de Dario Fo, *Ninguém Paga!,* apresentei-lhe um dilema moral: "Dado que, ao que tudo indica, em uma semana ou duas nós vamos ficar sem dinheiro para pagar o FMI e para pagar salários e aposentadorias, o que você me aconselha a fazer, Klaus? A escolha é entre dar o calote nos velhinhos e nas pessoas frágeis ou dar calote no FMI. O que é obviamente um dilema desnecessário, dado que o nosso Banco Central nos deve uma quantia similar."

Para Klaus, a pergunta era moleza. "Você não deve jamais, em hipótese alguma, dar calote no FMI. Suspender todos os pagamentos das aposentadorias. É isso que você tem que fazer", disse ele com uma convicção impressionante.

Optei por não frisar que, mesmo que deixássemos todos os idosos aposentados morrerem de fome, ainda assim seria impossível reembolsar o FMI e o BCE nos próximos meses, mas disse: "É um dia triste quando o chefe do Mecanismo Europeu de Estabilidade está me aconselhando a fazer algo que vai desestabilizar violentamente nossa sociedade e nossa economia".

No final de um dia agitado, mas árido, pontuado apenas pela declaração de Wolfgang Schäuble de que o Grexit era inevitável, Jeff me recompensou com algo que recebi como um imenso elogio: "Tendo participado desuas reuniões com Thomsen, Draghi, Schäuble e Regling, devo dizer que nunca vi nada parecido em minhas décadas de experiência em reuniões entre governos devedores e credores tais como o FMI, o governo dos Estados Unidos ou o Banco Mundial... Em todas as reuniões você teve uma atitude positiva, transbordando de ideias para soluções práticas. E eles ficaram derrubando as propostas, apesar de serem boas, sem propor uma única sequer que viesse deles. Inacreditável!".

## Enjaulando a *troika*

A diretriz dada por Alexis não deixava lugar a dúvidas: não podíamos permitir que a *troika* voltasse a Atenas como se nada houvesse mudado. Por sua vez, a ameaça de Jeroen também fora muito clara, se a *troika* fosse impedida de retornar a Atenas, ele encerraria todo o processo.

Com um sorriso no rosto, descartei aquelas ameaças. "O que importa agora", disse, "é que as negociações comecem de uma maneira que maximize as chances de chegarmos a um acordo. Tente ser um pouco mais positivo quanto a isso. Em todo caso, não concordamos que o processo e a localização exatos seriam o tema de conversas entre Moscovici e eu?".

"Está bom", concordou ele taciturnamente, "mas quero isso resolvido em 24 horas".

Pierre Moscovici e eu nos encontramos naquela mesma manhã em Bruxelas. Ele era totalmente solidário anossa recusa de um retorno da *troika*. Aliás, repetiu sua opinião de que o processo da *troika* fora uma humilhação não apenas para a Grécia, mas também para a Comissão Europeia, cuja posição fora prejudicada pelo comportamento da *troika*. E, em menos de quinze minutos, entramos em acordo sobre um processo sensato: as negociações políticas sobre a reestruturação da dívida, sobre política fiscal e sobre a agenda de reformas aconteceriam em Bruxelas. Ministros iriam conversar com outros ministros e com Pierre (que, na posição de comissário, era equivalente a um ministro na hierarquia), enquanto nossos representantes deliberariam nas salas adjacentes. Enquanto isso, as instituições teriam permissão para despachar "técnicos" a Atenas, para fins de prospecção de dados e apuramento de fatos *in loco*.

Eles dialogariam apenas com "técnicos" gregos sobre os fatos e os dados que estivessem procurando e se absteriam totalmente de debater ou negociar decisões políticas. Em vez disso, os fatos e dados coletados seriam repassados ao pessoal envolvido nas negociações políticas em Bruxelas. Pierre propôs que o novo processo fosse chamado de Grupo de Bruxelas [ou *Brussels Group*, em inglês] – os Bee Gees, como Nicholas Theocarakis o batizou de brincadeira.

Uma vez que Pierre e eu entráramos em acordo sobre os Bee Gees, discutimos como evitar que membros mal-intencionados da *troika* prejudicassem nosso compromisso. Pierre achou crucial que mantivéssemos o plano em segredo até que Mario Draghi e Christine Lagarde estivessem a bordo. Ele temia que, se certas pessoas ficassem sabendo, encontrariam maneiras de acabar com ele antes mesmo de ele começar. (Embora não tenha mencionado nenhum nome, tenho certeza de que a lista de potenciais estraga prazeres incluía Thomas Wieser, Declan Costello e, claro, Poul Thomsen.) Assim, Pierre pediu para que eu me mantivesse em silêncio sepulcral enquanto ele tentava convencer Mario e Christine. Prometi que contaria apenas a Alexis, e ele prometeu me dar um retorno dentro de 24 horas – antes que expirasse o último prazo dado por Jeroen.

Um dia tenso se seguiu, no qual Pierre e eu trocamos mensagens e rascunhamos um projeto de comunicado conjunto que descrevia o novo processo, mas conseguimos terminá-lo bem dentro do prazo. Os Bee Gees estavam prontos para a ação. Liguei para Nicholas Theocarakis e lhe pedi que reunisse nossas tropas para chegarem a Bruxelas na manhã seguinte, prontas para a batalha. Também liguei para Spyros Sagias, que deveria orquestrar a recepção dos técnicos da *troika* em Atenas.

Sagias temia, e com razão, que, uma vez em Atenas, os *storm troopers* da *troika* tentassem retornar a seu modo habitual de fazer as coisas, embora Alexis fosse inflexível quanto à ordem para que não lhes fosse permitido oacesso irrestrito a nossos ministérios da maneira como estavam acostumados. Assim, o governo reservou um andar inteiro no Hilton de Atenas e toda uma área de conferências no porão do hotel para abrigar o QG técnico da *troika*. A pedido desta, funcionários ministeriais e técnicos denosso campo iriam até o Hilton, carregando arquivos, laptops e discos rígidos necessários para satisfazer sua fome totalmente hipócrita de dados e fatos – dados e fatos que eles conheciam antes mesmo de nós, visto que controlavam os departamentos dos ministérios mais do que nós.

A primeira escaramuça ocorreu menos de doze horas depois de nossos visitantes terem se instalado, quando Christine Lagarde sinalizou para meu gabinete que sua equipe do FMI em Atenas estava desanimada por estar encarcerada no Hilton e que temia por sua segurança. Supostamente, o governo grego não fornecera nenhum pessoal de segurança. Telefonei para Roubatis, o chefe de nosso serviço de inteligência, para obter informações detalhadas e, em seguida, liguei imediatamente para Christine. Ela repetiu a história que lhe contaram – que seu pessoal em Atenas estava angustiado com sua vulnerabilidade. Disse-lhe que cerca de trezentos policiais à paisana e agentes do serviço secreto estavam vigiando o Hilton, como Roubatis acabara de me informar. Nunca antes, falei, tamanha segurança fora organizada para uma missão do FMI em Atenas. Christine foi pega de surpresa e expressou uma preferência pela polícia uniformizada. "Por quê?", perguntei. Não obtive resposta. Será que a razão poderia ter sido que a *troika* queria ser visível? Sem seus comboios escoltados pela polícia com as sirenes ligadas, como o povo grego poderia saber que eles haviam chegado? Talvez fosse mesmo de se esperar que eles precisassem ser vistos em Atenas e no comando.

Desde o primeiro dia, as equipes da *troika* em Atenas se esforçaram para violar a separação entre o que era político e o que era técnico que Pierre e eu combináramos. As perguntas enviadas aos ministérios incluíam: "Como vocês pretendem lidar com os déficits crônicos dos fundos de aposentadoria em vista da demografia da Grécia?". Embora essa fosse uma ótima pergunta, ela se referia a escolhas políticas e não a constatação de fatos ou a avaliação denossa situação. Enquanto isso, suas verdadeiras solicitações de dados eram tão extensas e volumosas que seriam necessárias semanas para que um exército de funcionários públicos as atendesse.

Enquanto isso, no Grupo de Bruxelas, as negociações políticas não estavam indo a lugar nenhum graças a um potente coquetel que incluía a enrolação da zona do euro, a artimanha de Penélope e a rotina do hino nacional sueco. Para ser justo, nosso lado também contribuiu para o fiasco no qual essas negociações estavam se transformando. Nicholas Theocarakis tinha a difícil tarefa de gerenciar uma equipe já bastante heterogênea, e que foi fundamentalmente dividida em duas: entre minha equipe de profissionais, que incluía Elena Panariti, o pessoal da Lazard e Glenn Kim, e Chouliarakis e sua coorte mais jovem do Syriza. Chouliarakis e companhia se recusavam a se coordenar com minha equipe, chegando atrasados para as reuniões, saindo para almoçar e jantar em momentos críticos e, de modo geral, comportando-se com a arrogância daqueles que acreditam ter a atenção do primeiro-ministro. "Às vezes eu me sentia como uma babá", foi como Nicholas expressou sua frustração para mim.

Em contrapartida, embora não tivessem nada de substancial a propor e sua única preocupação fosse evitar qualquer discussão sobre a reestruturação da dívida, o pessoal da *troika* estava presente sempre na hora, em sintonia e no alvo. Nicholas me informou que quando Glenn Kim entrou na sala, Declan Costello protestou novamente: "Não podemos ter alguém na sala que trabalhe com reduções de dívida". Naturalmente, Nicholas reafirmou nosso direito de ter quem quiséssemos em nossa equipe, mas a tática de Costello era reveladora: calorosa e difusa com Chouliarakis e sua gangue, fria e descarada com Glenn, Nicholas e Elena – o clássico dividir para conquistar.

As falhas denosso lado eram visíveis em Atenas também. Os pedidos da *troika* por fatos inexistentes e resmas de dados que eles já possuíam podem até ter sido ridículos, mas também é verdade que nossos ministérios não eram exatamente o que chamaria de competentes em responder. Alguns, especialmente aqueles sob o controle da Plataforma de Esquerda, recusavam-se terminantemente a cooperar alegando que todo o processo era uma farsa. Esse era um argumento justo, mas, para o bem ou para o mal, a política do nosso governo era a de cooperar totalmente dentro do contexto demeu acordo com Pierre Moscovici e no espírito do acordo do Eurogrupo de 20 de fevereiro, que nos obrigava a fazer tudo o que estivesse em nosso alcance para estabelecer um terreno comum com os credores. Enquanto Alexis e o gabinete de guerra estivessem comprometidos em negociar de boa-fé, o fato de os credores estarem violando a parte deles do acordo não justificava a não cooperação. Theocarakis, Sagias e eu passamos horas negociando com alguns de nossos colegas, às vezes implorando-lhes para que respondessem às solicitações de dados com competência e dentro do prazo. Com frequência não conseguíamos convencê-los. Às vezes, precisávamos obter os dados de fontes alternativas de fora do ministério em questão, ou pedir aos funcionários de um ministério que se mostrassem cooperativos para nos fornecer respostas que outro deveria ter fornecido.

Apesar das falhas denosso lado, não há a menor sombra de dúvida de que elas não foram as responsáveis pelo impasse. Mesmo que nossa equipe no Grupo de Bruxelas e os ministérios em casa tivessem atuado de maneira exemplar, o resultado teria sido exatamente o mesmo. Na primavera de 2015, os credores da Grécia não estavam afim de negociar; estavam determinados a restabelecer sua autoridade sobre um território de seu império que se rebelara, e se assegurar de que nenhuma de suas outras posses tivesse uma ideia semelhante. Enquanto comentários no *Wall Street Journal* e no *Financial Times* mostravam Bruxelas e Atenas como os cenários de um grande desentendimento sobre metas fiscais, alíquotas tributárias e reformas administrativas, na realidade o que estava acontecendo era o equivalente à diplomacia das canhoneiras do século XIX usada pelo Império Britânico.

Alexis, Sagias e Pappas pareciam entender isso. Embora pouco a pouco, e para minha grande angústia, estivessem abandonando nosso objetivo de reestruturar a dívida e acabar com a austeridade, nesse estágio ainda estavam preparados para tomar medidas decisivas a fim de evitar a reocupação de nossos ministérios pela *troika*. Sagias trabalhou incansavelmente para manter a equipe técnica da *troika* confinada ao Hilton, enquanto Pappas ameaçava expulsá-los por completo. E no dia 15 de março, quando uma lista ridiculamente longa de perguntas relacionadas às aposentadorias chegou da equipe técnica da *troika*, Alexis exclamou: "Tudo tem limites!".

Ele tinha razão. As perguntas nada tinham a ver com dados ou fatos, elas eram puramente políticas. Na verdade, eram perguntas que nem mesmo Wolfgang Schäuble poderia ter respondido caso lhe perguntassem. O maduro e bem financiado Estado alemão ainda não descobriu como tornar seu sistema de aposentadorias sustentável no longo prazo, dada a difícil demografia de seu país. Como poderia se esperar do governo grego que respondesse a tais perguntas, dado que se formara tão recentemente, que o Estado era insolvente, e que se encontrava em uma situação na qual uma em cada duas famílias não tinha nenhum membro trabalhando de forma remunerada e sobrevivia com uma única pensão? Ao fazer tais perguntas aos já sobrecarregados funcionários públicos denosso departamento de seguridade social, os representantes técnicos da *troika* os estavam incitando a um ato de má-fé: ou se recusavam a responder, caso em que poderiam ser acusados de não cooperar, ou seriam forçados a ir muito além de suas atribuições.

Com uma teleconferência do Grupo de Trabalho do Eurogrupo se aproximando em 17 de março, na qual deveríamos "fazer um balanço" das negociações, Alexis ordenou que eu instruísse Nicholas a deixar claro na teleconferência que a equipe da *troika* em Atenasultrapassaraolimite. Para ter certeza de que não haveria mal-entendidos, sentei-me no gabinete de Alexis para redigir a declaração de Nicholas, para que Alexis a pudesse ler e aprovar primeiro, o que fez no momento em que pôs os olhos nela.

Os procedimentos daquela que acabou sendo uma teleconferência histórica começaram da maneira habitual, com os representantes da *troika* apresentando a sua posição. Declan Costello foi o primeiro a falar, depois Benoît Coeuré, e finalmente Poul Thomsen. Todos os três leram o mesmo *script* previsível.

> Não haverá acordo em abril, a menos que o lado grego acelere... precisamos de uma abordagem abrangente... Há urgência em aumentar a intensidade do trabalho... os gregos precisam compreender a necessidade de respeitar não apenas os compromissos anteriores, mas também as disposições europeias... Seria uma pena se violassem o processo de consultas com o qual se comprometeram... Estamos preocupados com a tentação de Atenas para ações unilaterais... o acordo humanitário e a nova lei de parcelamentos prestações é um assunto que nos preocupa... o processo é extremamente insatisfatório... eles tratam a missão como se fosse um estorvo...

Uma vez que eles haviam terminado e que Thomas Wieser, como presidente da teleconferência, manifestara seu pesar com o fato de a Grécia não estar sendo representada por George Chouliarakis, foi a vez de Nicholas ler o *script* que Alexis me instruíra a escrever e o qual aprovara. Em uma voz inicialmente trêmula, devido à gravidade do que estava prestes a fazer, Nicholas disse o seguinte:

> Lamento informar que o comportamento das equipes técnicas das instituições em Atenas, na opinião de meu governo e do primeiro-ministro, violou o acordo segundo o qual a equipe técnica em Atenas coletaria exclusivamente dados e fatos. Meu primeiro-ministro elevou as negociações ao mais alto nível político. A solução deve agora ser alcançada não no nível técnico, mas no nível político, que está muito acima do nível do Grupo de Trabalho do Eurogrupo. Neste sentido, não creio que esta teleconferência

> sirva a um propósito útil e estou clara e inequivocamente desautorizado a dizer aqui qualquer coisa além disso.

Por alguns segundos houve silêncio. Wieser tentou então seguir em frente como se Nicholas não tivesse falado. Outros se juntaram a ele em um esforço bizarro para fingir que a discussão das negociações com a Grécia poderia prosseguir. Instruído por Alexis e por mim, Nicholas esticou a mão na direção do aparelho de teleconferência e apertou o botão "desligar". Nós olhamos um para o outro. E sorrimos. Foi um momento de orgulho, mas um pelo qual sabíamos que pagaríamos caro. Em poucas horas, vazamentos à imprensa pelas fontes habituais estavam retratando Nicholas, um dos europeus mais simpáticos, cultos, diferenciados, moderados e brilhantemente instruídos que conheço, como um bruto, um imbecil e um espoliador.

Naquele mesmo dia, Declan Costello enviou um e-mail para Nicholas, para ser encaminhado a mim, alertando-nos para não apresentar nosso Projeto de Lei sobre a Crise Humanitária no Parlamento. Ele "nos instou veementemente" a o consultarmos, e igualmente a Thomas Wieser, Poul Thomsen e outros antes de continuarmos. "Não fazer isso seria proceder de maneira unilateral e fragmentada, incompatível com seus compromissos", escreveu ele. Era um presente perfeito – a minha deixa para levar o projeto imediatamente ao Parlamento, ao mesmo tempo que tornava público o e-mail de Costello, expondo assim a oposição da *troika* a nosso plano de fornecer ajuda urgente às famílias gregas que mais estavam sofrendo. O alarido na Grécia e além foi ensurdecedor. Costello deve ter se contorcido. Mas a *troika* aprendeu bem a lição: daquele dia em diante, nunca mais enviaram por e-mail nem colocaram por escrito nada que revelasse suas intenções ou seu caráter – pelo menos até um dia no final de junho, quando estavam prontos para o abate.

Na manhã seguinte, a equipe técnica da *troika* seguiu para o aeroporto. Pela primeira vez em semanas, senti que talvez ainda haviauma chance de unir nosso campo atrás de um plano abrangente para acabar com a crise, escrito para o povo grego porseu próprio governo. Mas, para que tivéssemos sucesso, seria necessária uma vontade coletiva de fazer a Mario Draghi, Angela Merkel e Christine Lagarde o que Nicholas fizera em sua teleconferência inaugural do Grupo de Trabalho do Eurogrupo: apertar o botão de "desligar".

## O feitiço de Merkel

Durante seus anos na oposição, Alexis fizera publicamente comentários depreciativos a respeito da chanceler alemã. Seus gracejos sarcásticos sobre "Frau" ou "Madame" Merkel tinham sido estampados por toda a imprensa, enquanto o Syriza, por sua vez, prometia que, no momento em que chegasse ao poder, rasgaria unilateralmente o *MoU*, anularia a dívida e realizaria outras proezas incríveis, inconsistentes com sua intenção declarada de negociar um novo acordo para a Grécia dentro da zona do euro e da União Europeia. Alexis, em particular, trabalhara sob a ilusão de que forças extraeuropeias, de Rússia e China a Estados Unidos e Irã, viriam em nosso auxílio, enquanto a periferia da Europa ajudaria de alguma forma a conter Berlim de modo geral e a senhora Merkel em particular.

Isso contrariou, por inúmeras vezes, minha opinião declarada de que, de todos os potenciais aliados da Grécia na Europa ou além, a sra. Merkel era a nossa melhor esperança. Naturalmente, esse modo de ver surpreendia aqueles, incluindo Alexis, que esperavam que eu olhasse para países como França, Itália ou Espanha, para os quais Merkel representava o inimigo comum. Mas estava convencido de que nenhum governo de um país deficitário da zona do euro se atreveria a fazer oposição a Berlim, mesmo que desejasse isso no fundo de seu coração. Em vez disso, a chave de nosso sucesso repousava na determinação de Angela Merkel em manter a zona do euro de pé, como resultado do seu conservadorismo com "c" minúsculo e desua aversão a rupturas estruturais.[238]

De 2010 a 2014, fiz minha missão pessoal convencer os políticos gregos de que a única maneira de forçar a chanceler Merkel a intervir para oferecer uma redução da dívida e um acordo razoável para a Grécia seria confrontá-la com uma escolha simples: expulsar-nos da zona do euro arcando ela mesma com o custo político dessa decisão, ou nos livrar do

238 Por exemplo, ver meu artigo "A Europa precisa de uma Alemanha hegemônica", de 24 de julho de 2013, publicado no jornal de finanças alemão, *Handelsblatt*.

reformatório. Estava e ainda estou convencido de que, ao contrário de Wolfgang Schäuble, que teria aproveitado a oportunidade para nos chutar da zona do euro, Angela Merkel evitaria seguir por esse caminho, por mais relutante que estivesse. E desde o dia em que assumi o Ministério das Finanças, fiquei de olho na líder alemã, assegurando-me de que nada do que fizéssemos a impediria, caso quisesse, de apresentar ao Bundestag nossas propostas de *swaps* de dívidas e uma agenda de reformas revisada como sendo a solução dela para a crise grega. Permitir que ela apresentasse essas propostas como se fossem suas era uma condição necessária para chegar a um acordo decente. Mas não era nem de longe suficiente. Para motivá-la a adotar nossas propostas, tínhamos que continuar determinados a permanecer firmes mesmo diante das ameaças coadjuvantes de Wolfgang e seus parceiros sobre um eventual Grexit. Só então a chanceler entraria em cena.

E aí estava a diferença entre Alexis e eu. Ele tinha uma opinião muito negativa de Merkel, vendo-a como um inimigo que jamais cederia a menos que Washington, Moscou ou alguma outra potência a obrigasse. Mas eu via nela uma política pragmática que, uma vez esgotadas todas as outras alternativas, faria a coisa certa. Diferente de muitos gregos, eu não demonizava Merkel, mas também não esperava que ela agisse em nosso favor sem a devida motivação. Assim, quando ela interveio de forma bastante prestativa antes do Eurogrupo de 20 de fevereiro, minhas expectativas se confirmaram: a chanceler *iria* intervir no último momento e como um último recurso *caso temesse que nós não fôssemos ceder*. Da mesma forma, quando algumas semanas depois, prometeu outra intervenção positiva que a visita de Wieser a nosso apartamento acabou por enterrar, minhas expectativas também foram atendidas: a chanceler *jamais* cederia *até que ela tivesse de fazê-lo*.

Mas Alexis enxergava o comportamento de Merkel de modo diferente. Quando ela interveio antes de 20 de fevereiro, suas expectativas negativas resultaram em uma surpresa eufórica. Então, com as expectativas dele infladas, Merkel tinha a liberdade de frustrá-las à vontade, fazendo com que Alexis afundasse nas profundezas do sofrimento. Ela usava essa capacidade para brincar com ele, levantando seu ânimo, deprimindo-o e animando-o novamente conforme lhe convinha. Fiz o melhor para diminuir sua influência sobre meu primeiro-ministro graças aminha própria análise de seu comportamento, defendendo que a única maneira de garantir um acordo decente seria garantindo que ela estivesse constantemente ciente de que não tínhamos medo de apertar o botão "desligar". Mas isso não estava funcionando. Em abril, senti que Alexissucumbiraao feitiço da chanceler.

O leitor estaria enganado se pensasse que Alexis foi uma presa fácil para a sra. Merkel. Não foi. Foi necessário o legado da Guerra Fria para empurrar o jovem primeiro-ministro em sua direção, e, uma vez lá, foi necessária uma espantosa ética profissional para que ela conseguisse subjugá-lo totalmente.

A cataclísmica guerra civil da década de 1940 tinha deixado os gregos amargamente divididos e fascinados por duas potências hegemônicas: a Rússia e os Estados Unidos. Os direitistas olhavam para os Estados Unidos como seu baluarte contra a ursa vermelha, enquanto os esquerdistas esperavam que a União Soviética os apoiasse caso eles um dia conquistassem o governo. É claro que, quando o Syriza finalmente chegou ao poder, a União Soviética já há tempos não existia, ainda assim, uma parte do Syriza continuava vendo Moscou como um amigo potencial na luta contra a *troika* neoliberal. Muitos nutriam até mesmo fantasias sobre petrodólares sendo enviados por Vladimir Putin em apoio a nossa causa.

Embora relativamente pouco suscetível a esse delírio, Alexis parecia, no entanto, convencido de que alguma ajuda viria da Rússia. Quando me disse isso, fiz o melhor para desencorajá-lo. "A Rússia não é a China", lembro-me de ter dito. Mesmo que Putin estivesse disposto a fornecer dinheiro em troca de algum oleoduto ou empresa estatal, disse a Alexis que deveríamos recusar tal ajuda por três razões. Em primeiro lugar, Putin era um amigo pouco seguro, e as empresas russas notoriamente incapazes e pouco inclinadas a fazer investimentos apropriados de longo prazo – diferentemente, por exemplo, dos chineses. Segundo, a Rússia estava em apuros financeiramente, e qualquer promessa de ajuda substancial se revelaria vazia. Em terceiro lugar, Putin e seu regime tinham um abominável histórico no tangente a direitos humanos: será que nós, cujos únicos verdadeiros apoiadores eram os progressistas da Europa, queríamos mesmo estar associados ao Estado russo?

Ao mesmo tempo, nossos problemáticos parceiros de coalizão da extrema direita tinham a ideia diametralmente oposta: que nos atirássemos aos pés dos Estados Unidos de modo a nos livrar das garras de Merkel. Em certa ocasião, durante um intervalo de uma reunião de gabinete, o ministro da Defesa Kammenos veio até mim para dizer que não deveria me preocupar com os alemães. "Posso lhe arranjar bilhões lá do outro lado do Atlântico e um acordo de *swap* com o Fed que tornará indolor sair do euro", disse ele.[239] Sorri e me esforcei para dividir com ele algumas coisas que me vinham à mente.

Ele continuou, sugerindo que me encontrasse com um amigo dele, um greco-americano em Wall Street que já tinha tudo planejado. Alexis estava ouvindo a conversa e disse que eu deveria dar uma olhada naquilo. Como ministro das Finanças de um país financeiramente em apuros, eu tinha a obrigação de não deixar nenhuma possibilidade sem considerar. Embora estivesse convencido de que era um embuste, cumpri meu dever e me encontrei com o dito cavalheiro em meu escritório, e até pedi a Jamie Galbraith para fazer uma visita a seus associados em Nova Iorque. Como eu imaginara, o cordão de segurança feito de dólares que fora proposto era um fantasma.[240] Na época em que eu confirmara e relatado a Alexis que o *swap* do Fed e a cavalaria americana eram uma ilusão, Putin aparentemente também já lhe dissera para não esperar dinheiro ou qualquer tipo de ajuda da Rússia. "Você precisa chegar a um acordo com os alemães", disse ele.[241]

---

239 Um acordo de *swap* entre bancos centrais de diferentes países significa que um banco se compromete a trocar uma certa quantia de sua moeda pela moeda do outro. Um acordo de troca entre o Fed e o Banco Central da Grécia era capaz de nos dar acesso a dólares (após o Grexit) a uma determinada taxa de câmbio com a nova moeda grega.

240 Jamie desperdiçou um dia ou dois viajando para Wall Street para se encontrar com esses cavalheiros. Ele me relatou que eram bons de lábia, haviam reservado escritórios no prédio onde ficava o lendário escritório de Paul Volcker e estavam preparando um mecanismo pelo qual uma linha de *swap* do Fed seria combinada com a Grécia provendo empresas americanas com direitos de exploração de petróleo e gás na bacia do Mediterrâneo Oriental. O grande empecilho, porém, era que ninguém tinha conversado com o Fed. Era um pouco como dizer que seu jornalzinho da escola poderia oferecer uma grande exposição publicitária quando Rupert Murdoch tivesse investido maciçamente nele, mas se esquecer de discutir a ideia com Rupert.

241 Foi assim que Alexis relatou para mim. Depois de uma viagem inicial a Moscou, Alexis voltou só sorrisos, já que conseguira um adiantamento de 5 bilhões de euros de Putin para a construção de um oleoduto. Alexis esperava que eu fosse ficar entusiasma-

Sem esperança de apoio de nenhuma das superpotências da Guerra Fria, Alexis tinha poucas opções a não ser recorrer a Merkel, o que o deixava vulnerável à sua manipulação psicológica e notável diligência.

Na sequência do fiasco infrutífero que foi o Eurogrupo do dia 9 de março, Alexis falou com Angela Merkel ao telefone para pedir uma segunda intervenção. Em resposta, a chanceler solicitou que ele fizesse com que seu pessoal comentasse criteriosamente o *MoU*, anotando todos os pontos exatos de discordância e o que propunham no lugar. Naturalmente, Alexis concordou e me ligou imediatamente depois com um pedido para que eu preparasse o documento. Naquela noite, fiquei sozinho no escritório, mais uma vez batalhando com os quinze parágrafos do *MoU*. Abaixo de cada parágrafo, escrevi um comentário codificado por cores: em verde, expliquei com quais aspectos do parágrafo concordávamos e por quê; em vermelho, listei nossas objeções e as justifiquei; finalmente, em azul, apresentei políticas alternativas para substituir aquelas às quais nos opuséramos. Na manhã seguinte, o documento original de quatro páginas tinha aumentado para 27 páginas.

Em 20 de março, três dias depois da teleconferência do Grupo de Trabalho do Eurogrupo, na qual Theocarakis apertara o botão "desligar", Alexis estava em Bruxelas para uma cúpula da União Europeia. Angela Merkel sugerira que, após o jantar formal, os dois se reunissem para que ele apresentasse o documento e para que discutissem o assunto. Naquela ocasião, o jantar formal se arrastou por mais tempo do que o esperado, quase até a meia-noite, e Alexis pensou que a oportunidade para um *tête-à-tête* fora perdida. Não foi bem assim. A incansável Angela levou-o para

---

do – 5 bilhões, ele pensou, ajudariam bastante –, mas o decepcionei ao responder que, mesmo que o dinheiro estivesse disponível, deveríamos adiar o recebimento o máximo que conseguíssemos. Se nós o aceitássemos, a *troika* simplesmente adiaria as negociações, de modo que toda aquela quantia continuasse sendo usada só para pagar o FMI e o BCE. Felizmente, fomos poupados desse dilema pelos russos. Durante sua segunda visita à Rússia, desta vez a São Petersburgo, Alexis relatou que Putin retiraraa oferta e lhe dissera para ir ter com os alemães. Tive pessoalmente a confirmação disso quando o ministro das Finanças da Rússia me ligou para dizer que as sanções internacionais estavam esvaziando os cofres de Moscou e que, infelizmente, ele não tinha as condições para nos ajudar. Como não esperava nem queria a ajuda deles, não fiquei especialmente desapontado, mas podia prever o impacto negativo que isso teria em Alexis.

uma sala de seminários adjacente e lá passou horas com ele, examinando cada frase, cada palavra, cada nuance do documento. Quando finalmente terminaram, ela o parabenizou pelo texto que ele trouxera – duas vezes, na verdade, como Alexis me contou com um brilho de autossatisfação. Seus parabéns, sua diligência e o seu domínio do programa grego nos mínimos detalhes impressionaram bastante Alexis.[242]

A influência de Merkel sobre ele vinha crescendo constantemente, e quando a chanceler finalmente deu seu *coup de grâce*, visou a solidariedade que existia entre Alexis e eu. Em essência, sua proposta foi a seguinte: dada a profunda antipatia que a maioria dos gregos nutria por Wolfgang Schäuble, sugeriu que eles colocassem de lado seus ministros das Finanças – deixe com que Varoufakis "anule" Schäuble, e Schäuble "anule" Varoufakis, para usar as palavras dela – enquanto ela e Alexis trabalhavam nos bastidores para chegar a um acordo razoável. Para fazer isso, Angela Merkel sugeriu que eles criassem um terceiro nível de negociação, separado do Grupo de Bruxelas e do Eurogrupo e livre de mim e de Schäuble, no qual foram prometidas a Alexis concessões que seriam impossíveis no Eurogrupo.

Alexis amou a ideia. Uma reunião secreta foi então organizada em Frankfurt entre seus enviados, que posteriormente ficariam conhecidos como o Grupo de Frankfurt. Merkel escolheu Martin Selmayr, um funcionário alemão na Comissão Europeia, para representá-la, enquanto Alexis selecionou Nikos Pappas. Juntaram-se a eles Benoît Coeuré, representando Mario Draghi, e o onipresente Poul Thomsen, representando Christine Lagarde. O Grupo de Frankfurt era um microcosmo do Eurogrupo, exceto por três baixas: Wolfgang, eu e Pierre Moscovici, que foi substituído na função de representante do presidente da Comissão Europeia por um outro francês, Luc Tholoniat, que também trabalhava para a comissão.

O Grupo de Frankfurt provou-se em grande medida irrelevante, mas teve seu grande, desejado, efeito: Alexis se convenceu (ou pelo menos foi o que ele disse) que eu estava fazendo uma enorme contribuição para a causa ao "anular" Wolfgang, mas na realidade Angela Merkel conseguira me jogar para escanteio. Foi um estratagema brilhante que conseguiu espalhar

242 Não estando lá para testemunhar nada daquilo, estou baseando essa parte da narrativa na descrição que Alexis me deu na sua volta.

discórdia em nossas fileiras e dar a Alexis uma esperança que ela tinha toda intenção de frustrar.

Com um mês transcorrido desde a formação do Grupo de Frankfurt, o escanteamento conjunto, meu e de Schäuble, tivera um sinistro efeito colateral: na consciência coletiva do gabinete de guerra, Wolfgang e eu estávamos agora na mesma caixinha mental – dois combatentes que se neutralizavam mutuamente. Mas por volta de meados de maio, aquilo que começara como um elogio – que ao me sacrificar eu conseguira eliminar Schäuble – metamorfoseou-se em uma acusação contra mim: a de que eu estava de conluio com Wolfgang Schäuble, tramando com ele pelas costas da chanceler e de meu primeiro-ministro para introduzir controles de capital e trazer a Grécia para fora do euro.

Uma tal insinuação jamais poderia ter sido levada a sério não fosse a assistência generosa vinda de dentro denosso gabinete de guerra. Imagine meu horror quando descobri que a assistência não apenas estava sendo dada, mas que era baseada em, e possivelmente iniciada por, relatórios falsos dos serviços de inteligência da Grécia.

Até hoje as pessoas ainda me perguntam: "Quando é que Alexis se transformou?" Essa é uma pergunta que me recuso a tentar responder, pois sei que nunca poderei fazê-lo de um modo que julgue satisfatório. No entanto, escuto com algum interesse as respostas dadas pelos outros. Dessas, uma me fascinou. No início de 2016, Danae e eu estávamos jantando com outro casal, um diretor de cinema e a esposa. Enquanto nossas parceiras debatiam a questão, o diretor de cinema e eu ficamos em silêncio, até que de repente ele ofereceu uma resposta lacônica: 23 de março de 2015.

Assustado com tamanha precisão e certeza, perguntei por que essa data em particular. Sendo o artista visual que é, pegou um tablet para me mostrar duas fotografias a título de explicação: uma delas era de Alexis entrando na Chancelaria na ocasião de sua primeira visita oficial a Berlim, alguns dias depois de sua reunião tarde da noite com Merkel, em Bruxelas.[243] Nessa foto ele parecia espezinhado. A segunda era uma foto dele

243 Foi durante a reunião tarde da noite em Bruxelas, na madrugada de 21 de março, que Merkel convidou formalmente Alexis para ir a Berlim, outra jogada da parte dela que deu a Alexis a ilusão de uma relação especial entre eles.

partindo, aproximadamente uma hora depois, acompanhado pela chanceler Merkel e com um guarda de honra militar prestando homenagens. Ele parecia exultante.

"Você sabe o que ele está pensando enquanto sai da Chancelaria?", perguntou meu amigo.

"Eu não faço ideia."

"*O que diabos eu vou fazer com o Varoufakis agora?* É isso o que ele está pensando".

# 12 - As coisas certas, frustradas

"Quando é que uma revolução já produziu algo que não fosse desastre?"

Um colega professor da Universidade de East Anglia, onde eu lecionava em meados da década de 1980, certa vez me fez essa pergunta. Para ele, um inglês influenciado pelo pensamento de Edmund Burke, essa era uma pergunta retórica rica em verdade e sabedoria. Para um grego, ela não fazia sentido. Nosso próprio país não existiria se não fosse pela revolução de 1821 – uma insurreição contra o Império Otomano que tinha minúsculas chances de sucesso, e contra a qual uma grande parte da elite grega se opôs na época, por julgá-la inconsequente.

Todos os anos, no dia 25 de março, cada aldeia, vila e cidade do país faz um desfile para comemorar o inconsequente e utópico ato de fé que, quase por acidente, produziu a Grécia moderna. Tenho que admitir que sempre achei esses desfiles um pouco piegas e militaristas, mas em 2015 o espírito da insurgência de 1821 pareceu adquirir um novo significado para a maioria dos gregos. Dessa vez a primavera estava repleta de algo mais que flores silvestres e andorinhas; orgulho e dignidade estavam florescendo novamente em todo o país, assim como em meio à diáspora grega nas Américas e na Austrália. Então, quando Alexis me pediu para representar o governo em um desses desfiles, respondi que sim e pedi para que fosse no desfile em Chania, a cidade cretense onde o maior desfile da ilha estava marcado para acontecer aquele ano.

Tirando alguns antepassados de cada lado da minha família, tenho pouca coisa me conectando à ilha, e no entanto, Creta é especial para mim. Danae está convencida de que tenho uma personalidade cretense, seja lá o que isso signifique, e minha filha nascida na Austrália, que esteve em Creta apenas uma vez, diz a seus amiguinhos em Sydney que ela é cretense. Independentemente do contexto, estava empolgado que Danae e eu fôssemos participar do desfile do Dia da Revolução Grega em Chania. Quando chegou o dia, caminhamos pelo centro de Chania com um grande grupo de autoridades locais, seguindo devagarinho até uma tenda, onde fiquei ao lado do arcebispo de Creta, do prefeito e do chefe de polícia para assistir o cortejo de estudantes locais, unidades policiais, bombeiros, equipes de ambulância, pelotões de homens e mulheres vestidos com apetrechos da época da revolução e, comoventemente, cinco veteranos da Batalha de Creta sentados em cadeiras de rodas que eram empurradas por seus netos.[244] À medida que o desfile passava, os participantes se viravam em minha direção para saudar o representante de seu governo. Isso fez eu me sentir orgulhoso e ridículo ao mesmo tempo, mas confesso que apreciei cada momento, apesar do anarquista em mim estar constantemente tirando sarro. Em seguida, colocamos uma coroa de flores no memorial de guerra e seguimos lentamente nosso caminho através de uma densa multidão rumo à taverna onde o almoço fora servido.

Enquanto caminhávamos, homens e mulheres apertavam minha mão ansiosamente, me abraçavam, falavam palavras de encorajamento, todos transmitindo uma única mensagem: "Não desista! Não se atreva a se render! Não tem volta!". A certa altura, percebi um jornalista que nos filmava. Quando uma senhora de meia-idade repetiu a palavra de ordem "Ruptura agora!", parei, segurei a mão dela e, de olho no repórter, disse: "Tenho certeza de que você entende que isso é algo pelo que devemos nos unir. Não cabe somente a nós. Temos que ficar juntos."

"Estamos com você!", ela insistiu.

"Sim, mas você tem que estar com a gente no dia após a ruptura também!".

Essa cena foi a principal notícia em todos os canais de televisão naquela noite, como eu esperava. Negociações genuínas com nossos credores ainda não haviam começado, e o momento da ruptura ou da rendição estava se aproximando. Milhões de pessoas nos incitavam para a primeira. Alexis

244 A Batalha de Creta começou em 20 de maio de 1941. A Grécia continental já havia sido tomada pelos nazistas quando Hitler ordenou a primeira invasão aérea em massa na história, a fim de capturar a ilha. Creta foi defendida por gregos, britânicos e por aquelas que ainda eram conhecidas como as tropas da Anzac [Australia and New Zealand Army Corps/Forças Armadas da Austrália e Nova Zelândia] em Creta e na Austrália, mas a população civil, incluindo mulheres, homens idosos e crianças, também travou batalhas terríveis contra os invasores alemães usando ferramentas agrícolas e utensílios de cozinha. A ilha foi subjugada em 1º. de junho de 1941, e muitos civis foram executados pelos ocupantes. Até hoje os cretenses andam de cabeça erguida como resultado de sua resistência.

já havia colocado a questão para o gabinete de guerra: "Será que aqueles que hoje pediam a ruptura estariam conosco depois dela? Ou será que nos amaldiçoariam por a ter causado?". Essa era uma pergunta importante, e uma que eu queria abordar publicamente.

Depois que chegamos de volta a Atenas naquela noite, Alexis e eu tivemos uma longa conversa por telefone. "Você realmente disse a uma vovó que era melhor ela estar conosco depois de uma ruptura?", perguntou ele.

"Sim, Alexi, disse isso mesmo. Temos que preparar nosso povo. É indesculpável nos comportarmos como se não houvesse nada com o que se preocupar. Temos que, gradualmente, deixá-los a par da verdadeira situação, se quisermos que estejam denosso lado no caso de um confronto".

Alexis concordou, mas advertiu que deixar as pessoas alarmadas só pioraria a corrida aos bancos. Era um ponto válido, mas tive a sensação de que Alexis estava recuando gradualmente no sentido de um adiamento.

Mudando de assunto, retransmiti a Alexis uma conversa telefônica que acabara de ter com Larry Summers, que ligara com informações e ótimos conselhos: o FMI estava planejando exigir um aperto perverso do parafuso da austeridade. Eles iriam afirmar que nós estávamos enfrentando um enorme déficit primário, algo entre -2% e -5% da renda nacional. Era uma projeção absurda, uma vez que nós estávamos operando com superávit primário na época; de fato, mesmo após os eventos do verão de 2015, o ano fiscal encerrou sem déficit primário.

Alexis ficou aborrecido e expressou certa hostilidade em relação a Summers. Expliquei que Larry não estava pactuando com a posição do FMI; estava nos dizendo que, seja lá o que mais nós admitíssemos, não deveríamos aceitar mais austeridade. Obama, Lew, o FMI, todos os banqueiros de Wall Street e da City, todos entendiam que aquele era um castigo cruel, pouco comum e estúpido. "A mensagem de Larry é simples", eu disse. "Nós não deveríamos ceder neste que é o único ponto em relação ao qual as pessoas mais poderosas do mundo concordam conosco".

Alexis aceitou o argumento e pareceu mais relaxado. Para aliviar a tensão, trocamos uma piada ou duas antes de desligar.

Já era tarde, bem depois das 2h da manhã. Danae e eu sentamos no sofá para um momento de paz e intimidade antes de ir deitar. Ela me perguntou como estava me sentindo. Quando comecei a responder, sacou o telefone e começou a me filmar. "Momentos como este são históricos", explicou ela. Era algo que Danae começaria a fazer com certa frequência daí em diante. A experiência de assistir a esses vídeos têm sido dolorosa o suficiente para me dissuadir de voltar a eles mais do que uma vez. Naquela noite, minha resposta espontânea foi: "Eu me sinto só. Danae. Sento em meu gabinete ministerial, supostamente no comando de 14 mil funcionários públicos. Mas, na realidade, estou por minha conta, enfrentando um exército numeroso e completamente armado, sem ter sequer um pequeno escudo para me proteger... que inferno. Sem ter sequer uma assessoria de imprensa decente para fazer com que o mundo fique sabendo do sólido trabalho de elaboração de políticas públicas que minha minúscula equipe vem fazendo; quanto mais me proteger de mentiras e distorções que deixariam Joseph Goebbels orgulhoso".

Esse sentimento – e as evidências de que ele era justificado – só ficaria mais forte.

## Da melancolia ao sublime ao absurdo

Ao final de março, toda a liquidez excedente do Estado grego fora gasta com pagamentos ao FMI. De acordo com o segundo acordo de empréstimo, estes reembolsos, no valor de cerca de 1,5 bilhão de euros, deveriam ter sido cobertos por meio de desembolsos do fundo de resgate europeu e do FMI, mas estes foram,obviamente, retidos como parte da estratégia para nos forçar a capitular. Os 1,9 bilhão de euros que o BCE nos devia também foram retidos e os 1,5 bilhão que Pequim nos oferecera foram bloqueados.

Foi um milagre que meu ministério tenha conseguido encontrar aqueles 1,5 bilhão de euros para o FMI e cumprir, ao mesmo tempo, nossas obrigações para com os funcionários públicos e pensionistas. Isso era a prova de que, apesar da profunda crise, o Estado grego estava vivendo bem dentro de suas capacidades, e que toda aquela conversa sobre meus exigentes pedidos de empréstimos a outros países europeus para pagar por aposentadorias e salários extravagantes era um absurdo.

Apesar disso, nós chegáramos ao fim da estrada. Déramos aos credores um mês inteiro para testar sua disposição para vir a nosso encontro, para chegar à mesa de negociações com boa-fé e discutir um plano adequado para acabar com a crise grega. Eles falharam propositadamente nesse teste. O Grupo de Bruxelas estava estagnado enquanto a *troika* descartava todas as nossas propostas, sem apresentar ideias próprias. Nem mesmo uma vez sequer recebemos uma única página que fosse contendo qualquer solução prática ou orientação.

E, ainda assim, os principais meios de comunicação, mesmo na Grécia, noticiavam que o governo grego não estava conseguindo apresentar planos com custos calculados à altura das propostas "meticulosamente preparadas" pelas instituições. O gigantesco fosso entre as notícias e a realidade me convenceu de que estávamos caminhando feito sonâmbulos rumo à desgraça. Medidas urgentes eram necessárias. Era hora de se render ou lutar. Chegara a hora de desistir ou inadimplir.

Como um primeiro passo, precisávamos anunciar que não pretendíamos continuar pagando o FMI, e depois o BCE, enquanto o Eurogrupo e as instituições continuassem se recusando a negociar seriamente. No dia 3 de abril, foi convocada uma reunião informal do gabinete interno no escritório do primeiro-ministro. Cheguei cedo em Maximos para confrontar Alexis e convencê-lo de que uma decisão já deveria ter sido tomada há muito tempo: ele tinha de anunciar um calote iminente no FMI ou telefonar para Merkel para pedir os termos denossa rendição. "Você não tem outra opção, Alexi", insisti. "Prolongar a presente paralisia só ajuda a Wolfgang e seus satélites, que estão nos tirando da zona do euro graças a um processo de desgaste".

Alexis não ficou entusiasmado. Visivelmente abatido, deu-me sua fala de costume: daríamos o calote, mas não agora. "Não podemos perder o jogo da culpabilização... Deixe-me falar com a Angela novamente... Não é o momento certo".

Retorqui que já perdêramos o jogo da culpa. "Leia os jornais, Alexi", disse. "Cada dia que passa é noticiado como mais um dia em que fracassamos em apresentar propostas que parem em pé". Esperamos o suficiente, demonstrado nossa disposição para fazer concessões e demosao outro lado a chance de fazer concessões também. Em 20 de fevereiro, alienáramos muitos dos nossos para fazer essas coisas. E qual fora a resposta? Eles renegaram o acordo em poucos dias. "Isso foi há um mês, Alexi. Desde então, eles vêm aumentando a aposta enquanto Angela, apesar de suas palavras amáveis e promessas, não se mostrou capaz de intervir. Se não for agora, quando daremos esse calote?"

A conversa que se seguiu durou algum tempo. Tenazmente, embora com pouco entusiasmo, ele seguiu sua prática habitual de concordar com tudo o que eu disse, mas chegar à conclusão oposta. Falou devagar e de modo letárgico, parecendo cada vez mais desanimado. Por fim, acabamos ficando sem tempo: os ministros estavam se reunindo na sala de conferências em frente ao gabinete de Alexis. Saí de seu gabinete para me juntar a eles, dando a Alexis a oportunidade de descansar um pouco antes de presidir uma reunião cujo objetivo não era apenas informar os principais ministros, mas também levantar sua moral.

Pouco depois de eu ter me sentado à mesa, Alexis entrou na sala parecendo um pouco melhor. Como de costume, deu início à reunião com um resumo da situação, mas, sem ter boas notícias para contar nem qualquer anúncio de iniciativas corajosas, logo apagou. Confinado a uma sombria avaliação de um processo que evidentemente não estava indo a lugar algum, quanto mais ele falava, maior era o desânimo da sala. Quando concluiu, havia uma plúmbea atmosfera de resignação.

Cada um dos ministros que contribuiu para a discussão subsequente falou num tom distinto de melancolia. Uma vez que haviam falado todos aqueles que quiseram falar, Alexis tomou a palavra novamente para encerrar a reunião. Começou de forma muito parecida com aquela pela qual havia terminado o discurso introdutório – lento, subjugado, quase deprimido – relatando quão difícil era a situação e os perigos envolvidos; aos poucos foi ganhando um pouco de velocidade e resiliência.

> Antes de vocês entrarem, estava conversando com Varoufakis em meu gabinete. Ele estava tentando me convencer de que chegou a hora de deixar de pagar o FMI. Estava me dizendo que eles não estão dando sinais de querer fazer concessões de modo que um acordo difícil, mas decente, um que seja economicamente viável e politicamente administrável para nós, possa ser alcançado. Expliquei-lhe ele que este não é o momento certo para um calote. Que isso nos faria perder o jogo da culpa agora que ainda restam três meses da prorrogação que garantimos em 20 de fevereiro. Que

o calote no FMI vai desencadear descumprimentos cruzados, dando assim a Draghi o direito de fechar nossos bancos.[245]

*Aqui vamos nós*, pensei. *Ele está acertando as contas comigo no gabinete sem que eu tenha dito uma palavra!*

Exceto que eu estava redondamente enganado. Depois de uma curta, mas teatral, pausa, ele continuou, sua voz subitamente crescendo em confiança – e não apenas em sua voz; todo o seu corpo começou pouco a pouco a ressoar com energia. Para minha surpresa, eu o ouvi dizer: "Mas querem saber de uma coisa, camaradas? Acho que ele está certo. Tudo tem limite. Temos jogado pelas regras deles. Aceitamos o processo deles. Desdobramo-nos para lhes mostrar que estamos dispostos a fazer concessões. E tudo o que eles fizeram foi nos atrasar e depois nos culpar pelo atraso. A Grécia ainda é um país soberano, e nós, o gabinete, temos o dever de dizer: 'Basta!'". Então, levantando-se da cadeira e com a voz cada vez mais alta, apontou para mim e rugiu: "Não só nós vamos deixar de pagá-los, mas você vai entrar num avião, voar para Washington e dizer àquela senhora em pessoa que vamos dar o calote no FMI!".

A sala irrompeu em aplausos. Colegas se olhavam uns aos outros procurando confirmação do que ouviram, reconhecendo plenamente a natureza histórica do momento. A melancolia e a escuridão desapareceram como se uma cortina tivesse sido arrancada revelando um dia ensolarado. Como todos os outros, porém talvez mais, muito mais, eu me permiti um momento de euforia. Naquele instante, parecia que estávamos sentindo a coisa mais próxima de uma sublime eucaristia que um bando de ateus poderia experimentar.

Quando estava de saída de Maximos, Alexis e eu nos abraçamos em silêncio. Euclides saiu de lá comigo, parecendo tão encantado quanto eu. Como estávamos indo na mesma direção, dei a ele uma carona na garupa da minha moto. A foto de dois ministros gregos em cima de uma Yamaha XJR deu a volta ao mundo. Naquela noite, Euclides me enviou uma men-

245 Seu ponto que estava correto era que o primeiro e o segundo acordos de empréstimo de resgate da Grécia estipulavam especificamente que um calote em um dos três credores poderia ser considerado pelos outros dois como motivo para declarar que a Grécia estava inadimplente também para com eles.

sagem de texto: "Minhas filhas estão com ciúmes. Elas também querem uma carona na sua moto". Esse foi um raro dia de felicidade.

Naquela noite, trabalhei durante horas com Spyros Sagias, preparando a argumentação jurídica que apresentaria a Christine Lagarde. Spyros estava rabiscando em grego em um caderninho jurídico, eu, digitando no laptop, nós dois conseguindo pouco a pouco produzir versões em língua grega e inglesa denossa carta oficial à diretora-geral do FMI. Em essência, o argumento era que, na opinião do governo grego, o FMI não podia esperar que o pagássemos enquanto, em primeiro lugar, a *troika* suspendesse os desembolsos para a Grécia até mesmo de seu próprio dinheiro e, em segundo lugar, o BCE estivesse reduzindo nossa liquidez.[246]

Enquanto isso, minha secretária estava tentando pôr as mãos no escritório de Christine Lagarde. Demorou algum tempo, porque era sexta-feira santa.[247] Alexis queria que eu partisse imediatamente para Washington, DC, o que significava chegar lá no Domingo de Páscoa. Quando conseguimos entrar em contato com o escritório de Christine e explicamos que havia circunstâncias especiais que exigiam uma reunião, disseram-nos que ela interromperia seu feriado de Páscoa mais cedo para me receber em seu escritório no final da tarde do domingo.

No longo voo para Washington via Munique, fui acompanhado por Takis Roumeliotis, ex-representante da Grécia no FMI, que se destacara como um dos primeiros críticos do programa do FMI para a Grécia.[248] Na

---

246 O argumento-chave na minha carta a Christine Lagarde era: "O acordo contratual que vincula as autoridades gregas às instituições implica que... enquanto estivermos renegociando as condicionalidades do contrato de empréstimo, as partes não podem chamar um evento de inadimplência, e uma moratória de pagamento deve ser aplicada. Neste contexto, e com vistas a permitir o 'período de sossego' necessário para chegar à reunião do Eurogrupo de 24 de abril sem que haja 'evento', estamos sugerindo ou uma moratória dos pagamentos da Grécia ao FMI até a referida data ou, alternativamente, a remoção (antes de 8 de abril) das restrições impostas pelo BCE (i.e. a volta da isenção e/ou o fim dos limites impostos aos bancos gregos para que permaneçam dentro das baixíssimas margens de apropriação de *T-bills*)".

247 Em 2015, a Páscoa católica/protestante caiu no dia 5 de abril, enquanto a Páscoa da Igreja ortodoxa grega veio uma semana depois, no dia 12 de abril.

248 Roumeliotis ganhou destaque como funcionário do Pasok e ministro do governo nos anos 1980. Em 2010, apesar de seu passado no Pasok, Roumeliotis logo veio à tona com críticas cáusticas ao primeiro resgate. Sua postura corajosa foi notada e apreciada

mala, eu carregava a carta oficial que acompanharia meu pronunciamento verbal de que meu Ministério não faria o próximo pagamento de 462,5 milhões de euros ao FMI, devido para o dia 9 de abril de 2015, enquanto em minha mente planejava a melhor maneira de usar o calote iminente como uma maneira de libertar a Grécia de seu círculo de destruição.

O longo voo me deu pelo menos algumas horas de isolamento para reescrever o documento que se tornaria, com a ajuda de Jeff Sachs e outros, o construtivo substituto demeu Ministério para o *MoU*. Primeiro dar o calote e depois retornar imediatamente com um plano moderado e sensato para a Grécia – essa era a única maneira de sacudiros credores e assim acabar com o círculo vicioso.

Ao chegar ao Aeroporto Nacional Ronald Reagan, em Washington, descobri que meu visto para os Estados Unidos não era mais válido, apesar de faltar ainda um ano para seu vencimento, uma vez que me demitira da Universidade do Texas para concorrer às eleições parlamentares na Grécia. Obviamente, o fato de eu ser um ministro de Estado aguardado pela chefe do FMI dentro de duas horas e ter compromissos no dia seguinte no Tesouro americano e na Casa Branca não significava nada para os oficiais de imigração dos Estados Unidos. Como qualquer outro estrangeiro, tive que passar pelo processo de fazer um pedido oficial *on-line*, que comecei a fazer no posto de controle de imigração. Mesmo sendo uma inconveniência, havia algo de agradável no igualitarismo da imigração norte-americana.

O tempo extra necessário para cruzar a fronteira fez com que eu demorasse mais para reativar o celular. Em retrospecto, isso me deu uma hora a mais de paz mental, pois quando o reativei, encontrei uma concisa mensagem de texto de Alexis: "Ligue para mim". Naturalmente, eu o fiz imediatamente.

---

por Alexis e outros dentro do Syriza. No momento de minha viagem a Washington em 5 de abril, eu estava em vias de nomear Roumeliotis presidente do conselho do Fundo de Estabilidade Financeira para a Grécia (por incentivo de Dragasakis) – uma nomeação que a *troika*, por meio de Thomas Wieser, acabou bloqueando (No fim das contas, Roumeliotis foi nomeado presidente do conselho do Aeroporto Eleftherios Venizelos de Atenas). Dado o seu conhecimento do FMI, fiquei feliz em tê-lo comigo, especialmente visto que nosso representante no FMI à época, que fora nomeado pelo governo anterior, operava como se trabalhasse para o FMI, e não como nosso representante defendendo o caso da Grécia dentro do FMI.

"Olha, Yani", ele disse, "nós decidimos que não vamos dar o calote, ainda não".

Perplexo, perguntei: "Quem somos 'nós'? Quem decidiu que 'nós' não vamos dar o calote?".

Alexis, soando tímido, disse: "Eu, Sagias, Dragasakis... nós decidimos que não é a ação correta a se tomar bem antes da Páscoa".

"Obrigado por me dizer", respondi, furioso e abatido. Adotando o tom mais calmo e desapaixonado que conseguia, perguntei: "Então, o que faço agora? Pego o mesmo avião e volto? Qual é o sentido de ver Lagarde agora?".

"Não, você tem que manter a reunião. Você deve seguir em frente conforme combinamos. Vá lá e diga à senhora que nós vamos inadimplir".

Aquela era provavelmente a coisa mais absurda que eu já tinha ouvido. Não é possível que eu esteja ouvindo corretamente, disse a mim mesmo. Eu precisava de esclarecimentos. "O que você quer dizer? Dizer a ela que vamos dar o calote, mesmo que você tenha decidido que não vamos?".

"Sim", disse Alexis. "Ameace-a para que ela fique preocupada o suficiente para ligar para Draghi e pressioná-lo para pôr um fim a nossa crise de liquidez. Daí então retribuiremos anunciando que não daremos o calote no FMI".

A adrenalina que percorria meu corpo estava dissolvendo qualquer vestígio de cansaço ou *jet lag*. Mantendo minha indignação sob controle, perguntei: "E se Draghi não afrouxar o aperto de liquidez ao ouvir de Lagarde que eu a ameacei com um calote no FMI? E aí, Alexi?".

"Eles vão ceder, Yani, eles vão!", foi a previsão de otimismo infundado que ouvi como resposta.

"E se eles não cederem? Você não vê que, quando Davi está enfrentando Golias tendo apenas uma pequena funda como arma, é bobagem colocar a funda em risco? Nossa funda é a ameaça de calote. Você só deveria sacá-la do bolso se você pretende usá-la. Pois se você ameaçar usá-la e depois piscar quando o inimigo pagar para ver, nós estaremos perdidos. Eles nunca mais vão ter medo desuas ameaças. Estamos fracos demais para blefar, Alexi. E, como seu ministro das Finanças, não posso deixar que desperdice nossa única arma. E não posso dizer a Lagarde que vamos dar o calote depois de você ter deixado claro para mim que não pretende deixar que eu o faça."

"Você *vai* dizer a ela que nós não vamos pagar. Considere isso uma ordem do primeiro-ministro".

Era a primeira vez que Alexis fazia valer sua posição hierárquica comigo. E ele o fez para desperdiçar nossa única carta na manga. Quando desliguei o celular, a atmosfera parecia de repente insuportavelmente quente e pesada. Ao ver Takis caminhando à minha frente em direção à saída do terminal e ao carro que nos esperava, escoltado pela equipe da embaixada, senti-me separado dele por uma névoa de pesar. Eu o invejava por não saber e estar livre das perguntas que ricocheteavam minha mente.

Dragasakis e Sagias teriam feito a cabeça de Alexis e mudado sua opinião enquanto eu estava em pleno voo? Teria sido o empolgante discurso de Alexis em Maximos, durante o qual abraçara minha proposta de inadimplência, apenas um truque para levantar o ânimo de seu gabinete antes de cinicamente cancelar o calote? Como é que eu poderia servir a um primeiro-ministro que abraçava tão despreocupadamente uma ameaça vazia contra a instituição financeira mais poderosa do mundo?

Enquanto o carro se afastava do meio-fio, eu sabia que precisava encontrar uma maneira de silenciar a cacofonia na minha cabeça. As perguntas sem resposta sobre o que estaria se passando em Maximos tinham que esperar. Christine Lagarde estava me esperando em seu escritório no edifício sede do FMI que, de outro modo, estaria vazio. E eu estava sobas ordens de meu primeiro-ministro para entrar lá e ameaçá-la com algo que eu acreditava que deveríamos fazer, mas que ele dissera que não faria.

### Há uma senhora que sabe...

Dos muitos escritórios que visitei durante minha breve temporada no Ministério, o de Christine Lagarde no FMI era o único que beirava o esteticamente agradável. Ela mesma estava relaxada e calorosa. Mas as instruções absurdas que me foram dadas sobrepujavam todo o resto. Era como se eu tivesse um espinho fincado profundamente no pé: cada passo que dava para dentro daquela sala era doloroso. Havia uma chance, acreditei, de que Christine e eu pudéssemos chegar a algum tipo de consenso, mas a aparição de Poul Thomsen a seu lado erradicou qualquer esperança disso que ainda restava.

Pedi desculpas por ter estragado o seu Domingo de Páscoa, enquanto me agoniava na busca por uma maneira de levar a cabo o ditame de Alexis sem prejudicar nossa credibilidade. "Nenhum de nós quer escrever a história de uma maneira negativa", foi como abordei a questão. Tentei então enfatizar para ela o quão difícil era a posição na qual eles, nossos credores, haviam nos colocado. Eu estava munido de um número impressionante: 14,21%, a proporção da franzina renda nacional da Grécia que meu Ministério tivera de encontrar durante os primeiros três meses de nosso governo apenas para pagar o FMI.[249] Disse a Christine que, dados nossos pagamentos sobre-humanos em março e a teimosia do BCE, "já em 9 de abril estaremos na zona de perigo. Falando sem rodeios, nosso governo será empurrado em direção ao dilema hediondo de ter que escolher entre dar o calote no FMI ou nos seus aposentados e funcionários públicos. Como você compreende, sempre que um governo tem esse dilema...".

Christine me interrompeu prestativamente para dizer: "Sim, a resposta é obvia".

Para seu imenso crédito, a visão da diretora-geral do FMI sobre como lidar com esse dilema era exatamente o oposto daquela de Klaus Regling

249 Desde nossa eleição até aquele dia em abril de 2015, nossos pagamentos ao FMI chegavam a 6% da renda nacional daquele período, ajustada sazonalmente. Além disso, este pico nos pagamentos ao FMI coincidia com a época do ano em que a renda nacional, e, portanto, as receitas tributárias, estavam em seu nível mais baixo – cerca de 0,86% abaixo da média devido à queda nas vendas após o Natal e às baixas receitas do turismo. Acrescente-se a isso o déficit financeiro que herdamos do governo Samaras de 4,9% da renda nacional, e chegamos a 11,76%. Finalmente, adicione o fator da crise de liquidez imposta pelo BCE, que nos obrigou a cavar ainda mais fundo nas reservas estatais, e a porcentagem total da renda nacional que tivemos de saquear para poder honrar os pagamentos ao FMI subiu para 14,21%. Para um governo excluído dos mercados financeiros e com uma crise humanitária nas mãos, extrair tanto dinheiro do povo para transferir a um único credor era algo insuportável. Nós havíamos feito isso, disse a Christine, para mostrar nosso compromisso em cumprir nossas obrigações e negociar de boa-fé. "Mas não podemos continuar fazendo isso quando o BCE está nos espremendo e privando de toda a liquidez e, ainda por cima, Bruxelas e Berlim estão todos se recusando a negociar questões que são de vida ou morte para nós – como uma reestruturação da dívida." Este último ponto tinha a intenção de tocar um nervo exposto do FMI, especialmente dada a confissão que Poul Thomsen me fizera em Paris no início de fevereiro.

quando Jeff e eu o encontramos depois da reunião do Eurogrupo de 9 de março. É claro que, quando forcei um pouquinho mais e perguntei a ela o que faria como ministra das Finanças se fosse confrontada com essa difícil questão, Christine se esquivou, dizendo que teria tentado não se deparar com essa situação.

Chegara a hora de entregar minha mensagem vinda de Atenas. "Deixe-me transmitir um argumento que vem ganhando terreno em Atenas sob aconselhamento jurídico", disse, preparando-me para ler a carta que eu escrevera junto com Sagias. O essencial de nosso caso era simples, expliquei. A Grécia e os seus credores estavam vinculados por um contrato de empréstimo. O contrato de empréstimo determinava, primeiro, um cronograma de pagamentos (da Grécia para os credores), segundo, um cronograma de desembolsos (dos credores para a Grécia) e, terceiro, um conjunto de condicionalidades (o *MoU*) segundo o qual os desembolsos seriam feitos. Desde as eleições gerais, três desenvolvimentos importantes haviam ocorrido: primeiro, os desembolsos cessaram; segundo, a liquidez da Grécia foi reduzida pelo BCE; e, terceiro, as condicionalidades estavam sendo renegociadas no contexto do acordo do Eurogrupo de 20 de fevereiro. *Ergo*, até que essa renegociação resultasse em um novo conjunto de condicionalidades, nossos pagamentos deveriam ser suspensos juntamente com os desembolsos – pelo menos enquanto o BCE exercesse seu poder de reduzir nossa liquidez.[250]

Christine respondeu rapidamente, com astúcia, embora de uma maneira que violava o espírito do acordo de 20 de fevereiro. Se Atenas insistisse em uma moratória dos pagamentos com base no argumento de que as condicionalidades estavam sob renegociação, sua réplica seria que não havia negociações sobre as condicionalidades.[251] Sorrindo, perguntei-lhe

250 As minhas exatas palavras foram: "Dado que os desembolsos que foram estipulados pelo contrato de empréstimo da Grécia cessaram, mas que, ao mesmo tempo, nos termos do acordo do Eurogrupo de 20 de fevereiro, estamos em processo de renegociação das condicionalidades deste mesmo contrato de empréstimo, parece haver um precedente no Direito inglês e americano para uma moratória em nossos pagamentos, bem como para evitarmos chamar isso de um incidente de crédito. Com base nisso, fui autorizado a solicitar que o BCE cumpra seu dever ou teremos de discutir a possibilidade de postergar o pagamento de abril até que haja um acordo definitivo por parte do Eurogrupo".

251 Ela também disse algo que a história desmentiu: que não poderia haver diferimento

sobre que diabos estávamos negociando se não as condicionalidades? Naturalmente, recebi uma resposta nebulosa: "É sobre alinhar o *MoU* com seus compromissos".

Como não estávamos em um tribunal competente para resolver a questão, não havia mais nada a fazer naquele momento além de dizer o que Alexis me ordenara que dissesse: "Não estou autorizado a entrar em uma guerra de palavras com você. Mas estou autorizado a informá-la que, dentro de quatro dias, não efetuaremos o pagamento que está previsto para o FMI, enquanto nossos credores continuarem travando as negociações e o BCE continuar limitando nossa liquidez". E eu teria dito essas palavras com orgulho, mas só se elas fossem respaldadas pela intenção real de aplicá-las na prática. Na ausência dessa intenção, lidei com as coisas de outro modo: tentei conquistar a diretora-geral do FMI com uma exposição honesta da situação.

Nossa conversa durou bastante tempo e cobriu um amplo leque de questões. Foi amigável, construtiva e agradável porque ambos fizemos um esforço para ver o ponto de vista um do outro. Empenhado em evitar os subterfúgios de sempre, expliquei-lhe minha maior preocupação: que todas as discussões do Eurogrupo, incluindo as negociações do Grupo de Bruxelas, estivessem sendo realizadas sob falsos pretextos. Que a recuperação e a sustentabilidade da Grécia na zona do euro não fossem aquilo com o que se importavam aqueles que comandavam o espetáculo. Para deixar claro, compartilhei com Christine minhas conversas com Wolfgang Schäuble, minha oferta a ele de que elaborássemos de modo colaborativo três ou quatro principais projetos de lei de reforma, e como ele descartara essa ideia porque, na sua opinião, nenhum governo grego conseguiria manter a Grécia dentro da zona do euro.

"Então, você vê Christine", insisti, "por que precisamos de alguma evidência de que estamos todosem sintonia? Que todos nós queremos uma

---

de trinta dias após um pagamento não feito para que a Grécia fosse declarada inadimplente. Pois quando em junho nós de fato deixamos de fazer um pagamento para o FMI, o conselho administrativo do FMI empacotou esse pagamento com os pagamentos futuros de maneira unilateral, atrasando assim em quase um mês a declaração de que a Grécia estava inadimplente. Ver o capítulo 15, item "Contagem regressiva para a derrota".

solução abrangente para a Grécia dentro da zona do euro? Não estamos confiantes de que estejamos todos alinhados."

"Você quer dizer politicamente?", perguntou ela com preocupação estampada no rosto.

"Sim, politicamente", respondi. "Nós ansiamos por evidências de que todos os que estão na mesa do Eurogrupo querem evitar um 'acidente'. Espero estar errado, mas a minha opinião é que isso não é de modo algum evidente. A maioria está ansiando por um revés. Nós vamos fazer concessões, mas não pretendemos acabar em uma posição comprometedora no sentido de assinar um *MoU* que acreditamos ser inaplicável e que não ajudaria em nada, mesmo se fosse aplicado."

"O que você quer dizer com não aplicável?"

Expliquei o quão destrutivo seria mais austeridade para um país que já havia quebrado o recorde mundial de austeridade: isso levaria a um aumento igualmente recorde na relação dívida-renda nacional. Mais austeridade e a continuação da negação da necessidade de reestruturar a dívida grega levaria o país, com certeza matemática, a ser finalmente expulso, ou cair fora, da zona do euro.

Com o canto do olho, pude ver que o olhar de Poul Thomsen estava fixo no chão e me lembrei de como, em nosso primeiro encontro em Paris, ele endossara entusiasticamente cada palavra que eu proferira.[252] Lembrando-me também de que Poul e outros agentes da *troika* nos acusaram repetidas vezes de ter "fixações ideológicas", falei sobre as fixações ideológicas da *troika* usando exemplos: "Apenas 9% dos desempregados recebem auxílio desemprego. A Grécia é o sonho ébrio de qualquer libertário. Nós temos 500 mil pessoas que não foram pagas por seis meses. Um terço do trabalho pago não é declarado. O modelo que o FMI leva consigo a todos os países é irrelevante na Grécia. Nosso maior problema não é a falta de flexibilidade do mercado de trabalho. É o trabalho clandestino, o pior caso de flexibilidade informal. Mesmo um impulso no turismo não cria o aumento da demanda agregada necessária. Há pessoas nos seus 60 e poucos anos que estão desempregadas, são inempregáveis eque não têm acesso à

252 Veja-se o capítulo 7, item "Ligações promissoras – 2. O homem da *troika*".

seguridade social, levando a uma pressão para colocá-las no sistema previdenciário. É sobre essas questões que quero falar."

"Nós também queremos falar sobre essas questões", disse Christine de maneira profundamente conciliatória. Só que Poul interveio justamente naquele momento para garantir que não o fizéssemos. Em vez disso, direcionou a conversa para o "processo" das negociações em andamento.

"A questão é o processo", disse ele de maneira previsível. "Levá-lo a uma conclusão é possível. Se você cooperar conosco, consigo ver uma luz no fim do túnel. Diga-nos o que você não gosta no programa".

Relatei como a chanceler Merkel já pedira exatamente esse documento a Alexis. Expliquei como eu produzira um documento de 27 páginas com áreas de concordância e discordância, e com nossas contrapropostas codificadas por cor. Também contei-lhes sobre a reunião tarde da noite durante a qual Alexis e Angela deram suor trabalhando no documento.

"Ela é bastante impressionante", eu disse.

"A chanceler?", perguntou Christine

"Sim, a chanceler", confirmei.

"Todos nós a amamos", foi a reação de Christine.

Ao que respondi: "Isso já é levar as coisas um pouco longe demais!".

Em seguida, entreguei o documento. Thomsen pareceu muito satisfeito com ele. Enquanto o examinava, disse: "Isso aqui é muito útil", acrescentando que o FMI "precisa de um acordo sobre medidas abrangentes".

Isso seria ótimo, retorqui. Eu não queria nada além de sentar com calma e produzir um plano totalmente abrangente e de longo prazo, disse-lhes. Nós não queríamos adiar essas discussões nem por um segundo. "Mas vamos superar o precipício da liquidez", afirmei, "ao mesmo tempo que mostramos ao povo e às instituições que não estamos de brincadeira. Vamos pensar em três projetos de lei para serem apresentados ao Parlamento daqui a duas semanas e dar início a um impulso reformista. E, claro, vamos falar simultaneamente sobre a reestruturação da dívida, sem a qual nenhum acordo pode ser abrangente."

Christine interveio. "Talvez sua abordagem seja a correta, mas estou cética... Não acho que eles [os 'europeus'] vão gostar da ideia de trabalhar em três ou quatro projetos de lei. Você terá deles a reação de Wolfgang. Acho que seria melhor 'visar a abrangência' [aceitar o processo de uma revisão abrangente] e demonstrar que você está determinado".

Sentindo que eu a convencera, embora não tivesse convencido Poul, segui em frente: "Christine, a ideia de que primeiro deveríamos concordar sobre tudo e só então fazer algo tangível sobre reformas que são urgentes, sobre a crise da liquidez, soa para nós como uma falta de interesse em encontrar uma solução... Tenho certeza de que há boas intenções em ambos os lados – nós e o FMI. Mas não tenho a mesma certeza quanto aos outros. Espero ter minha opinião sobre isso alterada. A posição de Wolfgang é inamovível e decepcionante. É com ele que você deveria estar discutindo. Não comigo. É por isso que fomos procurar Merkel. Porque precisamos de clareza nas intenções."

Indicando que estava de fato me fazendo entender, Christine se virou para Poul para lhe perguntar: "Você pode descrever as prioridades do governo [grego] em relação a esses três, quatro ou cinco projetos de lei que eles querem aprovar? Como isso poderia ser feito de acordo com o processo mais abrangente?".

Poul não ficou feliz que Christine estivesse se abrindo à minha proposta e tentou chutar a bola para fora do campo. "O que precisamos é começar a trabalhar em Atenas naquilo que concordo ter sido um processo técnico melhor", disse ele, arrastando-nos para seu assunto favorito: o retorno da *troika* a Atenas.

Foi minha vez de frustrá-lo. "Temo, Poul", disse, "que seu pessoal em Atenas tenha se comportado de maneira pavorosa, tentando construir suas carreiras por meio da imitação daquilo que você vinha fazendo lá desde 2010, como chefe da missão grega do FMI."

Christine interveio, rindo: "Ah não, não, não... Não posso concordar com isso", disse ela, incapaz de conter sua diversão. "Tenho que apoiar o meu time!"

"É claro que você tem que apoiar o seu time", reconheci, rindo também "assim como tenho que apoiar o meu!"

Poul interrompeu nossas risadas em seu costumeiro estilo sem senso de humor: "Eu acho... para voltarmos ao trabalho...".

Só que desta vez foi Christine quem o interrompeu, acrescentando: "De uma maneira acelerada" (querendo dizer um processo de negociação mais rápido).

Então intervim com meu próprio desafio: "Poul, você fala sobre começarmos a trabalhar em um programa abrangente, mas deixe-me dizer a você a terrível verdade: ninguém quer falar conosco sobre a sustentabilidade da Grécia e meter as mãos à obra para fazê-la acontecer."

"Nós queremos falar sobre isso", disse Christine.

"O seu pessoal em Atenas e o seu pessoal no Grupo de Bruxelas não estão interessados em uma discussão séria", apontei.

"Você fala como Keynes agora", ela respondeu.

Não pude deixar de rir novamente. Escolhendo não responder a seu comentário, continuei: "O modo como seu pessoal está conduzindo a conversa é como se estivessem nos empurrando para fora da zona do euro ou querendo nos manter dentro dela na condição de um zumbi. A posição de Angela Merkel é clara. Ela quer uma pseudossolução que avance aos trancos e barrancos, não faça nada para resolver nossa insolvência, mas mantenha a Grécia na zona do euro. A de Wolfgang Schäuble é ainda mais clara. Ele não quer uma solução dentro da zona do euro, quer a Grécia fora. Somos meramente um dano colateral de sua tentativa de disciplinar o restante dos países membros. E isso é um perigo grave para a Europa".

Depois de mais um ou dois minutos de desacordo, Christine acabou reconhecendo meu ponto. "Fazer da Grécia um exemplo não é uma boa ideia", admitiu, justificando meu palpite de que, livre de Thomsen, Schäuble e outros, ela e eu poderíamos ter encontrado um terreno comum.

Em uma tentativa de mostrar meu apreço, eu disse algo que provocou a seguinte troca.

> VAROUFAKIS: Eu ficaria feliz em acelerar o processo, mas precisamos encontrar uma solução para o problema da liquidez... Quando não sei se ficarei inadimplente em quinze dias, é muito difícil sentar à mesa de negociações com uma mente clara o suficiente para fazer planos para 2025. A ideia de que vamos conseguir concluir essa revisão antes que a última gota de liquidez acabe é absurda. Pense no seguinte: não estaríamos aqui hoje se o dinheiro proveniente dos lucros dos títulos PMTD em posse do

BCE tivessem sido repassados a você em nosso nome, como propus. Sem liquidez, sem progresso. É simples assim.[253]

LAGARDE: Você precisa pressionar Mario Draghi quanto a isso. Ele aprecia a aceleração que ocorreu nos últimos dez dias de discussões. Pressione-o quanto a isso.

VAROUFAKIS: O FMI pode pressioná-lo também. Você não pode esperar ter seu dinheiro de volta enquanto Mario está secando nossos cofres.

LAGARDE: Nós conversamos o tempo todo. Mas esta é uma decisão à qual ele deve chegar por si, depois de ouvir a própria equipe.

VAROUFAKIS: Acho que precisa pressioná-lo, Christine, você também. Nós estamos fazendo nossa parte. Mas, visto que temos um reembolso ao FMI se aproximando e que não podemos cumpri-lo sem para isso ter de dar um calote em nosso próprio povo, o FMI precisa decidir: você acha que uma autópsia é mais desejável do que uma moratória? Não é melhor persuadir o BCE a fazer seu trabalho? Temos aqui um descumprimento do dever por parte do BCE.

LAGARDE: Mas eles não são emprestadores de última instância, como lhe dirão.

VAROUFAKIS: Eles foram para o governo Samaras em julho de 2012. Se Mario não quiser pegar a pecha de um presidente politizado do BCE, deve aplicar as mesmas regras. Não estamos pedindo nenhum tratamento especial.

253 Lagarde trouxe o excelente, embora triste, argumento de que não era culpa de Draghi que eu nunca tivesse recebido esses lucros dos títulos PMTD. Era de Wolfgang. Eis o porquê. Os lucros do BCE provenientes de todas as transações de títulos que ele faz são distribuídos aos vários bancos centrais nacionais proporcionalmente ao PIB de cada país. Como o Banco Central do país mais rico da zona do euro (o país com a "maior economia"), o Bundesbank recebe a maior parte. Os bancos centrais nacionais transferem então esse dinheiro a seus respectivos ministérios de Finanças, para serem usados da maneira que quiserem. No caso dos lucros dos títulos gregos que o BCE comprara no âmbito do programa PMTD, o Eurogrupo havia concordado que eles seriam devolvidos a Atenas, mas Schäuble e os outros ministros das Finanças já o haviam depositado nos bancos em 2014. De fato, eles já o haviam gasto. Isso significava que devolvê-lo para nós não era realmente possível, pois teria exigido deles que tirassem o dinheiro de suas receitas fiscais de 2015, algo que Schäuble estava doido para evitar.

Um debate fascinante sobre o que tinha de ser feito para excluir a possibilidade de um calote nosso no FMI estava chegando à sua conclusão natural. Eu tive que tirar proveito dessa oportunidade única para apresentar o cerne do problema ao único interlocutor com o qual conseguia me comunicar adequadamente.

> VAROUFAKIS: Vamos falar sério agora. Vocês – Mario, Angela e você – têm que nos dar um roteiro. Estou deixando Wolfgang de fora porque sabemos onde o roteiro dele nos levaria. Não podemos simplesmente ficar à deriva rumo ao desconhecido com base em boatos de que algo pode acontecer um dia para tornar a Grécia viável. Precisamos ter uma conversa de gente grande com marcadores claros sobre datas, de modo que, por volta de 13 de abril, a torneira da liquidez seja aberta novamente. Não posso voltar a Atenas para dizer a meu gabinete que você e eu concordamos que algo mágico talvez aconteça em algum momento antes de chegarmos à beira do precipício. Não posso energizar meus colegas se não tiver alguém que atenda o telefone e nos dê algumas garantias de que temos um processo que vem com os provisionamentos de liquidez necessários para salvar o andamento da negociação.
> LAGARDE: Mas há uma clara ligação entre as duas coisas.
> VAROUFAKIS: Sim, mas precisamos de mais do que isso. Precisamos de uma indicação de que o processo acontecerá no momento oportuno.

Poul interveio para me colocar de volta no banco dos réus, sem querer, espero, a menos que tivesse interceptado minha última conversa com Alexis. “Não pagar no dia 9 não é a solução”, disse ele, “se é isso o que você vai dizer a seus colegas europeus.”

“Eu nunca disse isso”, protestei.

Christine interveio em meu favor. “Ele não disse isso”, ela confirmou.

“O que *de fato* disse”, esclareci, “foi que, se não obtivermos nenhum provisionamento de liquidez, seremos obrigados a inadimplir independentemente da nossa vontade”.

Voltando a meu pedido por uma “conversa de gente grande”, Christine fez uma contraproposta: “Mas tem de ser uma conversa adulta, sem drama, sem jornalistas me perseguindo, sem joguinhos, sem improvisação

– somos pessoas muito entediantes. Tem de ser muito técnico, aborrecido. Não fomos ainda capazes de ter essa conversa. Ela está começando apenas agora. Estamos preparados para tê-la de dia, de noite, no fim de semana, não importa onde. Nós preferiríamos fazer tudo em Atenas. Mas do ponto de vista da imagem [da perspectiva da percepção do público na Grécia] podemos ter parte dela em Bruxelas. O que você está propondo, um pouco menos superficial do que a sua lista de reformas [se elas fossem desenvolvidas em mais detalhe], é na verdade que sejam cumpridos os objetivos da proposta inicial."

Estávamos no caminho certo. Para alargar esse caminho tanto quanto fosse possível, sugeri que começássemos nossa nova colaboração com um pequeno passo: tanto em Atenas quanto no Grupo de Bruxelas, de agora em diante deveríamos dividir nossas discussões por temas, de modo que um impasse sobre uma determinada questão não impedisse o progresso em outras. Christine gostou muito da ideia, e Poul também parecia feliz com ela. Era um progresso. Estabelecêramos as bases para um consenso, se não das respostas, pelo menos das perguntas.

Pela primeira vez, deparamo-nos com a oportunidade de ter uma discussão séria sobre quais reformas cada um de nós considerava urgentes. Convidei Christine para dar o primeiro golpe.

"Eu posso? Posso mesmo?", perguntou ela animadamente. "Sei que isso é anedótico, e você pode achar até trivial..."

"Os farmacêuticos não, por favor!", a interrompi. "É isso que você ia dizer?".

"Por que não?", respondeu ela. "Acho simplesmente incrível que você tenha defendido os farmacêuticos no *Wall Street Journal*. Pensei, *o Yanis não*! Achei surpreendente você apoiar o monopólio deles de alimentos para bebês e cosméticos – que eu sei que causa problemas, do tempo em que fui ministra das Finanças. E travei minhas batalhas".

Eu sabia da obsessão do FMI com as farmácias gregas. Esses negócios, invariavelmente pequenos e familiares, eram protegidos por uma lei que permitia apenas aos detentores de um diploma em faculdade de Farmácia possuir um estabelecimento, e proibia a venda pelos supermercados de medicamentos não sujeitos a prescrição médica. Mas que, de todos os possíveis assuntos que precisavam ser enfrentados, a diretora-geral do FMI, diante de um país europeu à beira da inadimplência, quisesse discutir esse assunto especificamente? Tive que me beliscar. Expliquei que o monopólio das farmácias sobre a venda de alimentos para bebês e cosméticos já terminara e que aquilo a que me opunha não era o fim do seu monopólio sobre algumas outras mercadorias, mas à proletarização de milhares de farmacêuticos proprietários graças à aquisição do setor farmacêutico por uma ou duas cadeias multinacionais.

Dando-me o benefício da dúvida nesse tema, Christine, em seguida, cobrou-me quanto à medida para o parcelamento de impostos em atraso – parte de meu Projeto de Lei para a Crise Humanitária que visava trazer os 40% de cidadãos gregos de volta para o sistema tributário, ao lhes permitir que pagassem parcelas, mesmo que muito pequenas, a cada mês – o que ela "achava chocante":[254]

> LAGARDE: Não posso acreditar que você introduziria este novo escalonamento dos pagamentos de impostos sem discriminar entre aqueles que não podem pagar e aqueles que se organizam para não pagar.
> VAROUFAKIS: Deixe-me explicar as práticas dos ricos inadimplentes. Quando são cobrados, levam a administração fiscal aos tribunais e conseguem uma audiência para 2022. Enquanto isso, nós não podemos tocá-los. Então, o que estamos fazendo é dar-lhes a oportunidade de começar a pagar aos poucos, enquanto eles organizam procedimentos de regularização extrajudiciais. Nessa altura, podemos forçar as coisas a aparecerem e confiscar os fundos disponíveis de inadimplentes estratégicos.
> LAGARDE: Tudo bem.
> VAROUFAKIS: Mas ouvir que o que fizemos é uma ação unilateral e [ser] ordenados a voltar atrás, quando nós temos 3,6 milhões de pessoas devendo menos de 3 mil euros ao Estado, que eles não podem pagar, sendo queestão morrendo de vontade de voltar a participar da economia formal novamente, por meio do pagamento de pequenas quantias, de pouquinho em pouquinho...
> LAGARDE: Mas você poderia ter verificado a capacidade deles...

254 Ver o capítulo 11.

VAROUFAKIS: Nossas autoridades fiscais não têm os recursos necessários para verificar de 3 a 4 milhões de pessoas em tão pouco tempo. Por isso, o que planejamos fazer é deixá-los entrar no plano de parcelamento – começar a pagar – e então ir atrás dos inadimplentes estratégicos.

Agora era a minha vez de dizer a Christine quais reformas achava que realmente importavam. Estas nem mesmo apareciam na tela de seu radar e, como lhe explicaria, o fato de ela não ter a menor ideia de sua existência estava intimamente ligado à crise de liquidez que nosso governo estava enfrentando. Tudo estava relacionado aos banqueiros corruptos da Grécia. "Tenho certeza de que você não está a par disso, mas a palavra 'reforma' se torna um palavrão no momento em que a *troika* dá tapinhas nas costas de nossos banqueiros corruptos, enquanto aponta sua mira para farmacêuticos e aposentados. Pior ainda, quando o BCE colabora com esses mesmos banqueiros para negar liquidez ao governo que o povo acabou de eleger, para nos forçar a aceitar cortes nas mais insignificantes das pensões, toda a população se volta contra o BCE, contra você, contra todos aqueles que detêm alguma autoridade".

Christine parecia fascinada. Fui em frente e comecei a lhe contar sobre o truque feito pelos banqueiros gregos (lembre-se de Aris, Zorba e sua laia) que os mantinha no controle dos bancos que eles mesmos faliram, tudo com a colaboração ativa do Grupo de Trabalho do Eurogrupo, que dominava o FEFG, cujos fundos mantinham os bancos ativos e os banqueiros impunes. Enquanto eu falava, Poul parecia com um homem prestes a sofrer um infarto. Mas não era só isso. Os banqueiros, expliquei, usaram então a liquidez fornecida pelo BCE e o capital canalizado a eles pelos credores, o que, obviamente, sobrecarregou os contribuintes mais fracos, para financiar veículos de mídia e espalhar propaganda em favor daqueles políticos que estavam no bolso dos banqueiros: o triângulo do pecado.

"Quando o BCE vai para a cama com banqueiros corruptos e corruptores, que estão sabotando a democracia ativamente, consideramos isso uma ação inimiga", eu disse. "Não estou lhe dizendo que Mario sabe disso. Mas alguém em Frankfurt deve saber, se eu sei. O seu pessoal em Atenas é inteligente o suficiente para ter sacado, apesar de eu não duvidar que escondam isso de você. Quando nosso pessoal vê os mesmos personagens, auxiliados e induzidos pela *troika*, manter o controle dos bancos falidos e da mídia falida graças a novas dívidas que sobrecarregam as pessoas comuns contra os interesses dos quais os bancos e a mídia estão constantemente trabalhando, você não pode esperar que eles levem vocês a sério. Ou que nos levem a sério se fizermos o que vocês nos mandam fazer."

"Nós não podemos continuar assim, Christine. Isso é muito difícil para nós. Queremos falar sobre reformas. Mas neste estado de guerra, e com Wolfgang Schäuble me dizendo: 'Eu não vou falar com você', estou soando um sinal de alarme de que esta não é a Europa para a qual nos inscrevemos. Somos vigorosamente pró-europeus. Queremos manter a Grécia no euro. Penso que seria excelente para a Europa oficial demonstrar que a Europa consegue negociar não apenas com os partidos políticos do *establishment* aos quais ela está filiada, mas também com partidos políticos pró-europeus que têm uma visão de mundo diferente, uma que parece estranha a vocês. E mostrar ao povo grego que eles podem fazer parte desse processo. Infelizmente, tudo o que o povo da Grécia vê agora são seus agentes na cama com o triângulo do pecado da nossa oligarquia: bancos falidos, canais de televisão tóxicos, aquisições corruptas..."

Christine parecia preocupada, e acredito que de fato estava.

> LAGARDE: Mas por que você não vai atrás deles, se tem provas de que eles...
> VAROUFAKIS: Eles têm todas as cartas na manga. A imprensa trabalha como seus agentes. O Judiciário é ineficaz e, em alguns casos, corrupto. É claro que nós vamos atrás deles, mesmo que isso signifique nossa queda. Mas é por isso que precisamos de algum espaço para respirar... As emissoras de TV estão nos vituperando por jogar o país nas pedras resistindo à *troika*, enquanto me criticam por vir aqui negociar com você cortes nas aposentadorias. Vamos prevalecer porque estamos nos saindo muito bem com o povo e porque conseguimos criar uma certa desconexão entre a maioria dos gregos e os canais de TV, o que é uma conquista notável – as pessoas não são mais influenciadas por eles. Por quanto tempo eu não sei. O que precisamos é de um pouco de paz e tranquilidade. O que estamos pedindo são noventa dias.
> LAGARDE: Você pode construir isso...
> VAROUFAKIS: Espero que sim.

LAGARDE: Para demonstrar que vocês têm a determinação para tal, vamos fazer tudo o que estiver anosso alcance. Trabalhando com vocês.

Poul então fez questão de dizer que Christine e ele falavam a uma só voz, coisa que eu acabara de testemunhar ser falso. "Qualquer coisa que você ouve de mim, ou de nossa missão em Atenas", afirmou, "tenha certeza de que todos no FMI falam como um só."

Incapaz de resistir, retruquei: "Sim, eu sei. Vocês são como a Igreja católica!". Christine aceitou a brincadeira com bom humor, insistindo que o FMI era a melhor instituição de todas.

A essa altura a noite já caíra. Como estávamos encerrando, Christine estava ansiosa por saber se eu não sairia correndo à imprensa para anunciar um calote iminente. E eu queria muito conseguir fazer com que ela se comprometesse a ajudar a aliviar nossa tortura orçamentária. Nós havíamos entendido um ao outro, mas éramos obrigados a terminar com um último *round* de nossa disputa, um que foi realizado com a maior cortesia.

LAGARDE: Um calote seria terrível para a Grécia.

VAROUFAKIS: Claro, mas seria terrível para o FMI e para a Europa também.

LAGARDE: Sim, sim.

VAROUFAKIS: Um calote em vocês, no FMI, acionaria os descumprimentos cruzados, e então Mario se recusaria a suspender a ELA e, como resultado, os bancos parariam de funcionar.

LAGARDE: Daí viriam os controles de capital...

VAROUFAKIS: Nós não aceitaríamos isso, Christine. Essa é uma decisão política. É um pesadelo, obviamente. Nós não dormimos à noite. Mas não podemos aceitar os controles de capital em uma união monetária. E estamos nos preparando devidamente.

LAGARDE: Isso seria terrível para a Grécia. Pense na inflação.

VAROUFAKIS: Por quê? Você acha que ter controles de capital impostos a nós e vê-los nos transformar em uma espécie de protetorado sem qualquer acesso à liquidez seria melhor?

Disséramos tudo o que havia para ser dito, mas conforme nos levantávamos para sair, Christine me pediu que ficasse um pouco mais para uma palavrinha em privado. Ela estava "perplexa" com o que eu lhe contarasobre o triângulo do pecado e, em particular, sobre nossos banqueiros. "Sou uma advogada e adoraria entender... Sei que essa é uma questão extremamente delicada, mas adoraria entender o que está acontecendo". Dividi com ela meu plano para uma limpeza nos bancos, pelo qual Takis, meu companheiro naquele dia, seria nomeado presidente do FEFG e novos CEOs seriam trazidos aos bancos mais importantes.[255]

Ela acenou com a cabeça, se não para mostrar que concordava, pelo menos para mostrar que tinha uma clara compreensão do que eu estava tramando e propondo. Em voz baixa, me disse então: "Vou falar com o Mario. Não posso garantir o resultado". Foi o melhor que consegui, dada a posição em que chegara à reunião.

Como se para me oferecer algum consolo, o presente de despedida de Christine foi uma promessa de "vasculhar" o histórico e as atividades de gregos que pudessem pôr em risco meu trabalho, e que me procuraria para contar o que porventura descobrisse sobre eles. Mesmo que ela nunca tenha mais me procurado, o que jamais esperei que fizesse, era o pensamento que contava.

"Obrigado mais uma vez por sacrificar seu domingo de Páscoa", foram minhas últimas palavras conforme eu saía.

---

255 Foi assim que narrei meu plano para uma depuração dos bancos. "A última coisa que queremos que nossos parceiros pensem é que o nosso governo de esquerda está raptando os bancos. Ao mesmo tempo, não vamos permitir que os banqueiros governem o país. O que gostaria de fazer é conseguir que Takis seja nomeado presidente do FEFG. Tenho uma boa relação com a presidente do FEFG, embora ela seja próxima de e tenha sido nomeada pelo governo anterior, e acho que, com ela e com Takis, nós podemos fazer um bom trabalho para depurar os bancos. Simultaneamente, deveríamos trazer novos CEOs (de qualquer forma, nós somos os principais acionistas), banqueiros experimentados e com boa reputação vindos do norte da Europa. Algo semelhante ao que aconteceu com o Banco de Chipre, que trouxe Ackerman para liderá-lo. Esta é a única maneira de avançar. Eu não estou pedindo uma opinião a você; estou simplesmente compartilhando isso com você. Não consigo pensar em nenhuma outra solução – para acabar com a síndrome da porta giratória entre o Estado grego e a oligarquia. O nosso partido não tem ligações com o setor bancário grego e, portanto, estamos bem posicionados para acabar com este grupo mafioso ao trazer de fora banqueiros bem-conceituados. Eu estava pensando na Inglaterra, mas depois concluí que os alemães poderiam ser melhores, sinalizando para Berlim a nossa vontade de trabalhar para valer".

# 13 - O mês mais cruel

No dia seguinte, voei de volta à Grécia, sabendo que voltaria a Washington uma semana depois para tentar trazer para nosso lado o pessoal do presidente Obama.[256] Uma semana antes, teria ficado nas nuvens com a perspectiva. Infelizmente, como minha confiança em meus camaradas murchara, toda e qualquer empolgação desse tipo morrera com ela.

Assim, não senti nem um pouco da empolgação, que já sentira outras vezes que voltei para casa, com a ideia de ir até Maximos para falar com Alexis. Conseguia ver a cena em minha mente, a forma com que ele concordaria com tudo que eu dissesse, mas não tomaria medida nenhuma. No entanto, o volume, o conteúdo e a urgência do que eu tinha para lhe dizer eram de tal ordem que decidi que era meu dever colocar meus apontamentos por escrito na forma de uma proposta abrangente de política para recuperar o controle de nosso destino. Ao sair do avião, ela já estava quase completa. Chamei-a de o Plano N+1, com o "N" se referindo ao grande número de reformas que seriam necessárias, mas cujo número total era flexível, e o "1" se referindo à reestruturação da dívida, sem a qual nada mais importava.

Quando vi Alexis, fui seco. "O tempo acabou. Temos quinze dias até Riga [onde a próxima reunião do Eurogrupo seria realizada em 24 de abril]. Minha viagem a Washington é crucial. Ou tomamos a iniciativa apresentando nós mesmos uma proposta abrangente de política", disse, enquanto entregava a ele meu documento, "ou estamos mortos." Os

---

256 Antes de retornar a Atenas, tive duas reuniões de reconhecimento: uma no Tesouro dos Estados Unidos com o subsecretário Nathan Steets (pois Jack Lew não estava em Washington naquele dia), a outra na Casa Branca com Caroline Atkinson, do Conselho de Segurança Nacional. Eles eram tão diferentes como água e vinho. Steets era simpático, enquanto Atkinson soava como um cruzamento entre um reles funcionário do Ministério das Finanças alemão e uma reminiscência do FMI pré-2018. Foi o meu primeiro gostinho de quão contraditórias seriam as mensagens que receberia em Washington.

olhos de Alexis petrificaram quando deu uma olhada no documento, que continha um plano de ação para cada um dos quinze dias que tínhamos pela frente.[257] Ficou claro que Alexis não queria ou não podia se envolver com ele.

Triste mas imperturbável, voltei ao Ministério para trabalhar com minha equipe na análise de sustentabilidade da dívida e nas propostas de *swap* de dívida mais recentes. Quatro dias de incansável labuta mais tarde, o agora aperfeiçoado Plano N+1 estava pronto para ser apresentado ao gabinete em uma reunião convocada para o dia 14 de abril, um dia antes de eu voar de volta a Washington. Na reunião, alertei os colegas ministros que estávamos sem tempo e que o Plano N+1 na frente deles era nossa última chance.

> Se não quisermos nos render, temos de dizer aos credores que este plano é, a partir de agora, a única base para nossas discussões. Para apoiar essa exigência, temos que fazer duas promessas: primeiro, dizer a Draghi que, se ele passar a impor os controles de capital, vamos reestruturar unilateralmente os títulos PMTD e ativar o sistema paralelo de pagamentos; segundo, dizer a Merkel que, se ela sucumbir ao plano de Schäuble de nos expulsar do euro, não iremos implorarnem estaremos prontos para assinar qualquer coisa que ela nos der – recorreremos relutantemente a nosso Plano X, que está sendo concluído no momento em que lhesfalo. A única alternativa a essa estratégia é render-se.

257 O cronograma que propus foi o seguinte. Em 12 de abril, Theocarakis apresentaria o plano N+1 ao grupo de Bruxelas. Nos dois dias seguintes, até 14 de abril, nós o corrigiríamos em resposta ao *feedback* recebido. Em 15 de abril, eu o apresentaria na Brookings Institution, na cidade de Washington, onde fora convidado para proferir uma importante palestra sobre políticas. Enquanto isso, Euclides e Pappas viajariam para Bruxelas para apresentá-lo a Moscovici, e Alexis e Dragasakis abordariam Merkel e Juncker para lhes dizer que, no que dizia respeito ao governo grego, isso seria a base para futuras negociações. Em 17 de abril, eu apresentaria o plano N+1 ao secretário do Tesouro dos Estados Unidos, Jack Lew. Em 19 de abril, Pappas deveria convocar o Grupo de Frankfurt e exigir a aceitação do plano como base para a elaboração da legislação, por meio da qual a revisão final seria concluída. Finalmente, entre 20 e 24 de abril, quando o Eurogrupo de Riga fosse agendado, a elaboração de legislação compatível com o plano seria concluída. "Somente desta maneira e com um cronograma tão apertado", concluí, "poderemos chegar a um acordo com os credores".

No dia seguinte, voei de volta para Washington. Talvez o sinal mais revelador do colapso total na disciplina de nosso governo tenha sido Chouliarakis ter me telefonado para dizer que preferia ir a Bruxelas passar algum tempo com Thomas Wieser & Cia. Insisti que, como presidente do Conselho de Assessores Econômicos, ele deveria me acompanhar, inclusive para participar das reuniões de Primavera do FMI, que aconteciam naquela época. Ele insistiu que estava indo para Bruxelas. Desisti. Era inútil discutir. Além do mais, se eu conseguisse salvar qualquer coisa em Washington, seria apesar de Chouliarakis e Wieser, não por causa deles.

Meu primeiro dia em DC não poderia ter sido mais completo. Começou com uma calorosa visita aos escritórios da Federação Americana do Trabalho e do Congresso de Organizações Industriais, o centro do país para os sindicatos. Rich Trumka, seu presidente, contou que nosso sucesso fortaleceria a voz dos trabalhistas dentro do Partido Democrata, enquanto Damon Silvers, o diretor de políticas públicas, encorajou-me com alguns sábios conselhos: "Eles reclamam que você é insensato até perceberem que não podem comprar, blefar ou intimidar você. Aí então eles negociam para valer, muitas vezes na calada da noite". Rich me mostrou um cartaz sobre a mesa que dizia: NADA JAMAIS FOI REALIZADO POR UMA PESSOA SENSATA.

Em seguida, encontrei um monte de jornalistas amigáveis para transmitir-lhes uma mensagem sombria: o governo grego estava perdendo a guerra de propaganda. A *troika* investira recursos incríveis para denegrir nossa imagem, a minha em particular, então precisávamos de um lobista profissional e uma firma de relações públicas em Bruxelas.

*Mas eu não posso pagar nem mesmo uma assessoria de imprensa decente em Atenas*, pensei comigo mesmo enquanto me dirigia ao prédio do FMI para a próxima reunião – com Christine Lagarde e Poul Thomsen.

No escritório de Christine, fiquei constrangido quando ela se queixou de que nosso lado não tinha se movido com a velocidade que acordáramos uma semana antes. Ela tinha razão, mas como eu poderia admitir a exasperação que estava sentindo com o estado de paralisia em Maximos? Foi uma reunião breve, mas serviu para que uma importante mensagem fosse transmitida: ao contrário de muitos em Berlim e em outros lugares, ela concordava comigo que a Europa não poderia administrar suavemente um eventual Grexit. E falara com Draghi sobre isso e sobre nossa liquidez. Mas, uma vez mais, implorou-nos para que acelerássemos o que quer que estivéssemos fazendo. Quem me dera que isso dependesse de mim.

Minha próxima parada foi a venerável Brookings Institution, onde dei uma palestra de alto nível sobre as causas da crise grega e minhas propostas para acabar com ela. Quis o acaso que, algumas horas antes, Wolfgang Schäuble tivesse dado ali sua própria palestra sobre política fiscal. Após o evento, meus anfitriões foram ousados o suficiente para comparar e contrapor os dois discursos: enquanto minha análise econômica fazia sentido e continha propostas tangíveis, disseram-me, o discurso de Wolfgang foi um exercício de uma hora de negação, que não ofereceu uma única ideia sequer de como reequilibrar a Europa. Talvez, como bons anfitriões, eles estivessem exagerando, mas deixaram claro que haviam dado uma dura recepção a Wolfgang e discordado abertamente dele.

## Não no nosso caso, *Mr. Obama*!

Da Brookings, meus seguranças me levaram até a Casa Branca, onde teria a oportunidade de uma breve conversa com o presidente Obama. Naquele dia, 15 de abril, Obama convidara membros da comunidade greco-americana para comemorar, tardiamente, o dia nacional da Grécia (25 de março). Disseram-me que, se eu comparecesse à recepção, o presidente gostaria de conversar comigo informalmente.

"Temos aqui entre nós o ministro das Finanças grego", disse o presidente em seu discurso de boas-vindas na recepção. "Eu poderia muito bem ir até ele e pedir algum dinheiro emprestado." Apesar da piada decepcionante e das circunstâncias, que estavam longe de ser ideais, nossa breve conversa, que aconteceu enquanto estávamos entre todos os outros convidados, acabou sendo mais substancial do que muitas outras que tive com autoridades em aposentos isolados.

> OBAMA: Eu não lhe invejo nem um pouco. Você tem uma tarefa difícil em circunstâncias penosas. Nós vamos tentar lhe ajudar da melhor maneira que pudermos.

VAROUFAKIS: Obrigado, senhor presidente. Desde sua primeira declaração de apoio logo após nossa eleição, o senhor tem sido uma lufada de ar fresco para nosso povo e para nós.

OBAMA: Sei o que significa herdar uma crise gigantesca logo ao assumir o governo. Tive que lidar com isso em 2009.

VAROUFAKIS: A maior desde 1929, todos nos lembramos. No entanto, a principal diferença, senhor presidente, é que o senhor tinha um banco central o apoiando ao longo de todo o caminho. Nós temos um banco central nos apunhalando pelas costas ao longo de todo o caminho – porque estamos tentando fazer coisas parecidas com o que o senhor fez em 2009!

OBAMA: Entendo. Mas você deve saber que fui forçado a fazer coisas que foram muito difíceis para mim. Coisas que não queria fazer. Coisas que eram verdadeiro politicamente tóxicas. Tive de ir contra minha política para salvar Wall Street. Tive de colaborar com as pessoas que haviam criado o problema.

VAROUFAKIS: Nós compreendemos muito bem, senhor presidente. Acredite, também estamos prontos para colaborar até mesmo com aqueles que causaram a crise. Prontos para assumir o custo político de fazer isso. Contanto que o balanço saia do vermelho, contanto que os benefícios superem as perdas. Tenho certeza de que o senhor sabe que a combinação de uma dívida impagável com austeridade gerou uma crise humanitária.

OBAMA: Eu sei, eu sei. Austeridade é uma merda! Mas você deve aceitar compromissos em suas transações com as instituições, para que um acordo possa ser fechado.

VAROUFAKIS: Senhor presidente, estamos dispostos a nos comprometer, comprometer e comprometer mais um pouco. Mas não estamos dispostos a acabar comprometidos.

Nessa altura Obama sorriu e colocou a mão direita compreensivamente no meu braço esquerdo. Seus seguranças tentavam chamar sua atenção, indicando que estava atrasado para a próxima reunião. Ele apertou a minha mão e começou a se afastar. Mas então mudou de ideia e virou para trás – para o aborrecimento mal disfarçado de um de seus guarda-costas.

OBAMA: Nós vamos ajudar mantendo a pressão sobre os europeus. Mas você precisa encontrá-los na metade do caminho.

VAROUFAKIS: Mais do que na metade do caminho, senhor presidente. Nós já percorremos quatro quintos do caminho em direção a eles, mas eles não estão se mexendo nem um pouco.

OBAMA: Você não tem outra alternativa senão continuar tentando. E nós vamos ajudar.

VAROUFAKIS: Espero que isso se aplique a seu Tesouro também. Devo dizer-lhe que estamos decepcionados que Jack Lew não esteja seguindo a linha de Obama quanto a isso. Em suas declarações oficiais, ele culpa nosso lado pela falta de progresso.

OBAMA: [*rindo*] Você sabe como é. Ministros das Finanças são mais conservadores do que seus líderes.

VAROUFAKIS: [*quase rindo*] Não no nosso caso, senhor presidente... Mas ainda assim, apreciaríamos se seu Tesouro estivesse mais em sintonia com o senhor.

Outro aperto de mão caloroso, outro sorriso amigável e ele se foi.

Eu também tinha que partir. Perto dali, no lendário Cosmos Club, cerca de quinze políticos greco-americanos haviam se reunido para jantar comigo. Isso fora organizado por Jamie Galbraith e Phil Angelides, ex-tesoureiro da Califórnia e presidente da Comissão de Inquérito da Crise Financeira, incumbido pelo presidente Obama de investigar o colapso de Wall Street em 2008.[258] Levou menos de uma hora para dissipar as distorções quanto a meus objetivos e minhas práticas políticas com as quais a imprensa os vinha alimentando, e assim conquistá-los. Ao final, estavam tão entusiasmados que, antes de encerrarmos a noite, formaram um comitê de cinco membros para coordenar o apoio a nosso governo no Congresso americano.[259]

---

258 O relatório final da Comissão de Inquérito da Crise Financeira foi saudado pela *New York Review of Books* como "a mais abrangente denúncia do fracasso financeiro americano que já foi feita" e "o registro histórico definitivo deste período". Ver Jeff Madrick, "The Wall Street Leviathan", *New York Review of Books*, 28 abr. 2011.

259 O comitê era composto por Phil Angelides, Dina Titus (congressista democrata pelo estado de Nevada), John Sarbanes (congressista democrata por Maryland), Niki Tsongas (congressista democrata por Massachusetts) e James Bilirakis (congressista repu-

Quando saí, já era tarde, mas esse longo dia ainda estava longe de terminar. Um telefonema me convocou aos escritórios do FMI para uma breve conversa, a fim de preparar o caminho para as reuniões do dia seguinte. De lá, caminhei sozinho até o bar de hotel onde conheci Larry Summers para um drink e para a longa e esclarecedora conversa com a qual este livro começou.

## Improváveis amigos americanos

Sindicalistas e políticos greco-americanos sempre seriam solidários conosco, mas foram necessários dois americanos que poucos considerariam amigos da Grécia para restaurar minhas exauridas energias. Um deles era Lee Buchheit, um ambicioso advogado de falências de Washington; o outro era David Lipton, número dois do FMI. Encontrei-me com ambos no dia seguinte, entre inúmeras outras reuniões sem substância com pessoas muito mais badaladas.

Fiz uma visita a Lee nos escritórios de sua empresa, acompanhado por Jamie Galbraith. Fui incógnito porque Lee Buchheit é conhecido como a fada madrinha dos ministros das Finanças que buscam uma reestruturação de dívidas. Se a imprensa ficasse sabendo da reunião, ela seria retratada como um movimento unilateral para renegar nossa dívida. Mesmo que isso fosse o que deveríamos ter feito, ainda não era a hora de tais manchetes. Jamie e eu fomos andando até lá e entramos por uma porta lateral.

No caminho, contei a Jamie o que Mario Draghi acabara de me dizer ao longo de uma conversa de uma hora. Mario tinha se esforçado ao máximo para me convencer de que não fazia parte de nenhuma conspiração para derrubar o governo Syriza, mas que suas "mãos estavam atadas". Eu acreditava nele. Apesar das afirmações de independência, nenhum presidente de banco central no Ocidente é mais afetado por discretas maquinações políticas do que o presidente do BCE. "A única coisa fascinante que tirei de Mario agora a pouco", disse eu a Jamie, "foi seu conselho de que eu deveria buscar fechar um acordo com o FMI. Ele concordou com a im-

---

blicano pela Flórida).

portância de uma redução da dívida. *Ergo*, somente um acordo e uma estreita relação de trabalho com o FMI poderiam funcionar para a Grécia".

Lee Buchheit é uma figura intensamente inteligente e cavalheiresca, que parece vir diretamente de uma época passada. Antes de falar sobre o presente, ele queria esclarecer sua antiga associação com outros governos gregos, que, a seu ver, empregaram suas habilidades de uma maneira que malbaratou uma oportunidade fantástica de libertar a Grécia da prisão dos devedores.[260] Ele não teve papas na língua: via em nossa reunião uma chance de se redimir. Quanto ao presente, sua avaliação foi sombria. "Eles estão determinados a demolir vocês com ameaças que podem muito bem ser vazias." Seu conselho era claro e afiado: nós precisávamos sinalizar para Angela Merkel que não seríamos intimidados a nos submetermos com a

260 Lee relatou a história de seu envolvimento em detalhe. Em 2011, quando a administração do Pasok estava em fase de negação sobre a falência da Grécia, ele foi visitado pelo então ministro das Finanças, George Papakonstantinou. Ficou claro para Lee que Papakonstantinou não estava lá por escolha, mas por ordem do FMI. O governo grego de então não queria nem saber de reestruturação da dívida, na verdade ele fazia enormes esforços para difamar pessoas que, como eu, ousavam pronunciar essas palavras. Mas, de acordo com Lee, o FMI já estava surtando com a ideia de que eles haviam emprestado a um governo falido sem antes organizar uma reestruturação de suas dívidas – daí a pressão sobre Papakonstantinou para se encontrar com Lee, a maior autoridade no mundo em matéria de reestruturação de dívidas. "Fizeram pressão sobre ele para que viesse me ver", contou Lee. "Ele estava claramente insatisfeito por estar tendo aquela conversa comigo." De acordo com Lee, Papakonstantinou atrasou uma reestruturação significativa da dívida de tal modo que o FMI queria que ele saísse. Depois que Papakonstantinou foi substituído por outro político do Pasok, Vangelis Venizelos, no verão de 2011, Lee foi procurado novamente. Lee me disse que não conseguia acreditar que o novo ministro não estivesse levando a sério suas advertências contra o tipo de reestruturação da dívida que Berlim estava impondo à Grécia: uma reestruturação maciça da dívida privada combinada com um novo empréstimo enorme dos contribuintes da Europa. Lee estava arrancando os cabelos com o desperdício, por Atenas, de uma oportunidade maravilhosa de reduzir a dívida de modo que não irritasse Berlim. No final, sendo o profissional que é, Lee entregou a reestruturação da dívida que Berlim exigira. Seria a maior reestruturação da história ao mesmo tempo que, extraordinariamente, mantinha a dívida da Grécia completamente impagável. "Foi algo terrível de se fazer com o povo da Grécia, e uma excelente oportunidade para reduzir a dívida foi desperdiçada, com a minha participação", disse ele. "Se houver qualquer coisa que eu possa fazer para ajudar agora, faria sem reservas. A Grécia merece uma pausa".

ameaça de Grexit. Essa era a nossa única chance de um acordo decente dentro do euro. Era como ouvir a mim mesmo.

Lee sugeriu duas ações práticas. Primeiro, na próxima semana, Alexis deveria antecipar-se à ameaça de Grexit, transmitindo a Angela Merkel que as instituições estavam fazendo corpo mole a tal ponto que um acidente parecia cada vez mais inevitável, e que, como líderes responsáveis, eles precisavam se preparar para isso. Alexis deveria então propor a Merkel que enviasse a uma ilha grega três ou quatro técnicos em cuja competência e discrição ela confiasse. Lá eles poderiam trabalhar lado a lado com nossa equipe de técnicos sobre como lidar com o acidente, de maneira silenciosa, profissional e bem longe da opinião pública. Deveriam se reportar apenas a Merkel e Alexis. Para evitar qualquer vazamento, mas também por seu valor simbólico, Lee sugeriu que esta mensagem fosse transmitida por um emissário a Berlim e falada em voz alta à chanceler sem entregar nada por escrito. Nós logo descobriríamos se Merkel estava preparada para se deixar levar pelos esforços de Wolfgang no sentido do Grexit ou se interviria para nos oferecer a reestruturação mínima da dívida, sem a qual não poderíamos viver.

A segunda recomendação de Lee dizia respeito ao Banco Central da Grécia e nossos depósitos em ouro.

> Certifique-se de que os direitos de propriedade sobre o ouro da Grécia não pertençam ao Banco Central da Grécia, mas sejam transferidos ao governo grego. Pois, se houver um confronto com o BCE, Mario Draghi tentará confiscar seu ouro e todos os ativos do Banco Central da Grécia, em lugar dos passivos deste último dentro do sistema europeu de bancos centrais. Se você for forçado a iniciar uma nova moeda, crie um novo banco central para fazê-lo e deixe que o atual desapareça, de modo que todas as reivindicações de Frankfurt sobre ele morram com ele.[261]

---

261 Este era um conselho realmente muito bom, apesar de seu conteúdo alarmante e da sensação de medo que ele incutia. Dois anos depois, no início de 2017, quando o debate sobre se a Itália deveria sair da zona do euro esquentou, Mario Draghi sinalizou para seus colegas italianos que, se a Itália deixasse o euro, o Banco Central italiano teria de pagar centenas de bilhões euros ao BCE. Se algum legislador italiano estiver lendo isso, recomendaria profundamente um papinho com Lee Buchheit.

Com minha cabeça girando devido ao conselho de Lee, dirigi-me até o Tesouro dos Estados Unidos para encontrar Jack Lew. Pelas razões que explicara ao presidente Obama, levei comigo pouca expectativa de qualquer desfecho útil para a conversa. De modo bastante previsível, ele me pressionou para que me submetesse a Berlim, deixando claro que, embora minha análise estivesse correta, os Estados Unidos consideravam a Grécia como estando dentro da esfera de influência econômica de Berlim. A única coisa positiva que tirei de nosso tedioso encontro foi uma admissão, semelhante à de Lagarde, de que "os europeus" estavam delirando se pensavam que poderiam administrar um Grexit.[262]

Após uma longa e igualmente tediosa reunião no FMI, na qual os ministros das Finanças de todo o mundo e seus seguranças se reuniram para uma sucessão de discursos sem sentido, encontrei-me com Jeff Sachs, que trazia más notícias: Wolfgang conseguira deixar a maior parte do *establishment* de Washington contra nós. Jeff estava particularmente preocupado com a animosidade que David Lipton nutria contra nós. "Você precisa vê-lo esta noite", insistiu. Jeff considerava que somente uma aliança com Lipton, que era o elo entre o FMI e a Casa Branca, poderia trazer Mario Draghi para nós e finalmente convencer Angela Merkel a sair de cima do muro e vir para nosso lado, ao invés do de Schäuble. "Organizei para você e David se encontrarem hoje à noite no escritório dele".

Naquela noite, acompanhado por Elena Panariti, que conhecia Lipton de seus dias em Washington, voltei uma vez mais ao FMI para encontrá-lo. Um homem atarracado e irritadiço, Lipton não tentou esconder a hostilidade sobre a qual Jeff me alertara. Foi preciso uma hora de extrema razoabilidade de minha parte para que começasse a se abrandar. Ele então mencionou suas conversas com Jeff Sachs, contando-me que era seu ex-aluno e que por isso ficara bastante impressionado com as palavras gentis que Jeff reservara para mim. Mas apesar da atmosfera mais calorosa, nossa conversa estagnou, com Lipton repetindo *ad nauseam* a fala padrão do FMI de que eles precisavam de uma revisão abrangente baseada no *MoU*, e comigo repetindo *ad nauseam* o porquê de isso ser a receita para um

262 Foi quando eu estava saindo deste encontro com Jack Lew que fui abordado por um funcionário que gentilmente me avisou sobre o iminente assassinato de reputação planejado contra mim. Ver o capítulo 1, item "Teseu antes do labirinto".

indesejado acidente. De repente, Lipton me surpreendeu, interrompendo seu mantra e olhando para mim como se tivera um momento eureka e dizendo "A menos que..." seguido por uma longa pausa.

"A menos quê?", perguntei.

"A menos que vocês adotem a estratégia polonesa", disse ele refletidamente.

Eu não tenho ideia se aquilo foi espontâneo ou se ele o planejara com antecedência. Não importava. Era um enorme avanço. A estratégia polonesa, como ele explicou, era simples. Na década de 1990, quando a Polônia estava sobrecarregada por enormes dívidas da era comunista e o FMI fora convocado para impor austeridade, reformas e um programa de reestruturação da dívida, o governo de Varsóvia se recusou a aceitar o processo do FMI baseado no *MoU*. "Da mesma forma que você está se recusando", contou. O que os polacos fizeram foi elaborar o próprio plano para cobrir a dívida, para a política fiscal e para as reformas, que eles apresentaram ao FMI como base para as negociações. "Que eu saiba, essa foi a única ocasião em que o FMI foi forçado a abandonar o próprio programa e a aceitar o do governo como base para as negociações." Olhando para o teto, Lipton perguntou: "Por que você não tenta a estratégia polonesa? Afinal, Jeff os ajudara a colocá-la de pé".

Uma coisa era insistir, como fiz no dia 20 de fevereiro, em substituir o *MoU* por um novo contrato do qual fôssemos no mínimo coautores. Mas ter o homem dos Estados Unidos no FMI, segundo no comando depois de Christine Lagarde e ex-aluno de Jeff, dizendo-me não apenas que deveríamos escrever nosso próprio plano a partir do zero, mas que havia um precedente na Polônia para que isso fosse adotado pelo FMI era outra totalmente diferente. Este era o avanço mais encorajador que tinha desde 20 de fevereiro. Junto com o conselho de Lee Buchheit, aquilo parecia a base de uma estratégia vencedora. "Este é o melhor conselho que já me deram, David", disse-lhe enquanto apertava sua mão antes de partir. "Jeff está esperando no hotel enquanto falamos", acrescentei. "Vamos pôr as mãos à obra imediatamente." Sorrindo pela primeira vez durante nosso encontro, Lipton me desejou sorte.

De volta ao bar do hotel, encontrei Jeff. Abraçamo-nos e lhe contei o que Lipton sugerira. Jeff ficou contente e se disse pronto para parar tudo o que estava fazendo e trabalhar comigo em nossa própria estratégia polonesa, mas me alertou: "Ainda assim, você têm que estar preparado para o confronto. Eu lhe imploro que traga seu primeiro-ministro a bordo, para que você possa se preparar para os fechamentos de bancos que eles tentarão usar para lhe intimidar. Mesmo que consiga forjar uma aliança com Lipton e Draghi, Schäuble tem o Eurogrupo na manga e está determinado a arrastar você através de negociações com os bancos fechados.

Era exatamente o que eu estivera pensando: para fazer uso do conselho de David Lipton, teríamos que combiná-lo com o de Lee Buchheit. Tínhamos que trabalhar em duas frentes: elaborar nosso abrangente plano anti-*MoU* para a Grécia, ao mesmo tempo que convencíamos Alexis a enviar um emissário a Berlim com a mensagem que Lee ditou para nós. Essa era a única maneira. Mas seria ela uma que meu exausto companheiro em Maximos aprovaria?

## A *troika* em Paris

O dia seguinte, 16 de abril, foi gasto inteiramente em reuniões no FMI. A minha experiência da sessão plenária da manhã se assemelhava àquela de um soldado: tédio prolongado pontuado por súbitos momentos de agitação intensa. Durante grande parte da reunião, fiquei sentado ao lado de Benoît Coeuré, segundo no comando do BCE. Enquanto os intermináveis sermões se arrastavam, nós dois papeávamos como alunos travessos. Sempre amigável, sempre desejoso de se apresentar como nosso amigo no BCE, a aparente preocupação de Benoît não conseguiu disfarçar a ameaça implícita em suas palavras quando, em determinado momento da conversa, ele disse: "Precisamos nos preparar agora para um acidente". Seu conselho era que eu solicitasse a imposição de controles de capital.

"Você está se referindo ao 'acidente' pelo qual o BCE vem trabalhando desde dezembro?", perguntei sarcasticamente.

Sem nenhuma vergonha ele respondeu: "Se houver uma corrida aos bancos e se o BCE não aumentar a liquidez da ELA, então talvez tenhamos que fechar os bancos enquanto continuam as negociações".

Justo quando eu estava lhe dizendo que não seria razoável esperar que cooperássemos com aquela chantagem contra nós mesmos por meio da solicitação dos controles de capital, e que eles estavam fundamentalmente em desacordo com os princípios da união monetária, Michel Sapin, o ministro das Finanças francês, veio ter comigo para perguntar se tinha notícias do Grupo de Bruxelas e de nossas negociações com as instituições. Seguiu-se um breve bate-papo, após o qual Michel retomou o assento do outro lado do salão, ao lado de Wolfgang Schäuble. Benoît e eu retomamos nossa conversa sussurrada quando, de repente, ouvi gritos. Benoît pareceu preocupado.

"O que aconteceu?", perguntei-lhe. Concentrado que estava em minha discussão com Benoît, não percebera o drama que se desenrolava atrás de mim.

"Michel gritou com Wolfgang", ele respondeu.

"Por quê?" Eu estava ciente apenas de que havia vozes elevadas, enquanto Benoît, que estava de frente para mim, vira tudo e talvez também tivesse ouvido o que foi dito.

"Porque Wolfgang disse que quer a *troika* em Paris", disse Benoît com um sorriso amargo.

Fazia todo o sentido. A *troika*, que nascera e crescera em Atenas, estava agora destinada a Paris, porque sua maior missão era controlar o orçamento nacional francês. As duras e fracassadas políticas impostas à Grécia nada tinham a ver com nosso país. A ameaça de fechar os bancos gregos, que Benoît estivera retransmitindo a mim no exato momento em que Michel gritou com Wolfgang não tinha nada que ver com nossos bancos. Ela era um sinal de Wolfgang para Paris: se a França quisesse o euro, deveria abrir mão da soberania sobre seus déficits orçamentários. Havia uma lógica por trás disso tudo – uma lógica perversa talvez, uma lógica do tipo que acabaria por danificar a União Europeia de maneira irreversível, mas uma lógica mesmo assim. Uma coisa permanecia desconcertante, no entanto: a forma pela qual Michel e Benoît estavam sendo coniventes com a submissão do governo francês por meio do papel que desempenhavam na nossa.

No caminho de volta a Atenas, trombei com um outro francês, Pierre Moscovici, no aeroporto de Washington. Com meia hora sobrando antes de embarcar em nossos respectivos aviões, iniciamos uma conversa. "A Alemanha é um problema, e não apenas para vocês", sugeriu ele. Mas acrescentou que um acordo entre nós e nossos credores era possível "apesar de Schäuble". Retruquei que as informações que estava levando comigo de volta para casa, recebidas do FMI e da administração dos Estados Unidos, eram de que um acordo só poderia ser selado com o consentimento conjunto de Washington, do BCE e da Comissão Europeia. Ele concordou. Mencionei minha troca com Benoît e a ameaça de fechamento dos bancos durante as negociações.

"Esse tipo de conversa mole pode ser facilmente interpretada em Atenas como uma ameaça a nossa existência", disse a Pierre.

"Não se preocupe", respondeu o comissário Moscovici. "Benoît é propenso à angústia e, como um dirigente de banco central, sente a necessidade de ter planos de contingência para tudo. Vou falar com ele a seu favor".

Concordamos em nos encontrar na semana seguinte. Pouco convencido por suas palavras tranquilizadoras, despedi-me.

De volta a Atenas, Benoît me ligou para finalizarmos a conversa interrompida pela briga de Michel com Wolfgang. Possivelmente porque Pierre lhe telefonara nesse meio tempo, Benoît foi muito mais reconfortante. Em seguida, critiquei-o quanto à ameaça velada de fechamento dos bancos, lembrando-o de que os bancos seriam fechados não devido a causas naturais ou por algum acidente, mas como resultado de uma decisão puramente política tomada pelo seu BCE.

> COEURÉ: Não diga isso. Os bancos talvez fechem porque ficarão sem garantias elegíveis.
> VAROUFAKIS: Isso é impossível. Na qualidade de ministro das Finanças, a cada duas semanas garanto notas promissórias sem valor nenhum emitidas pelos bancos na ordem das dezenas de bilhões de euros, que são então usadas por eles como garantia junto do Banco da Grécia. A única maneira de ficarem sem garantias é se vocês do BCE proibirem o Banco da Grécia de aceitar as minhas. E isso é uma decisão 100% política, uma vez que todos sabemos que o governo grego nunca teve a capacidade de honrá-las.
> COEURÉ: Você está certo. Mas, como um dirigente de banco central, tenho que estar pronto para uma tal decisão tomada por dois terços do conselho do BCE.[263]

263 A decisão de fechar os bancos de um país (ao recusar-lhes mais liquidez da ELA do seu Banco Central nacional) requer uma maioria de dois terços do conselho do BCE.

VAROUFAKIS: Entendo. Apenas fique sabendo que, se isso acontecer, nosso governo não vai ficar passivo e simplesmente aguardar a "solução" ao estilo cipriota que alguns estão planejando para nós. Não vamos ceder. Em vez disso, vamos criar a nossa própria liquidez denominada em euros com base em IOUs[264] eletrônicos respaldados em impostos, mesmo se vocês fecharem os bancos. É claro que, se vocês nos empurrarem por esse caminho, com calotes no FMI e no BCE, estarão nos empurrando, contra a nossa vontade, a um ponto sem volta.

COEURÉ: Obrigado por me contar tudo isso. É bom que eu saiba. Agora, deixe-me assumir um compromisso com você: se eu sentir que as coisas estão caminhando nessa direção, contra a nossa vontade, prometo-lhe avisar com antecedência para que possa convocar uma cúpula extraordinária do Conselho da União Europeia e exigir uma decisão política no mais alto nível.

VAROUFAKIS: Fico feliz em ouvir isso, Benoît. Essas questões estão fora de nossa alçada.

E estavam mesmo. A decisão recairia sobre Alexis.

## Emboscado em Riga

Dois dias. Foi todo o tempo do qual dispus em Atenas para convencer Alexis a adotar a estratégia que minha viagem a Washington produzira – o Plano para a Grécia na mesma linha da estratégia polonesa que David Lipton sugerira e a carta a Merkel proposta por Lee Buchheit – antes de voar para Riga, na Letônia, para uma reunião do Eurogrupo em 24 de abril, que certamente seria o começo do final do jogo. Coloquei minha proposta por escrito, tomando cuidado para ter certeza de que nenhuma

---

264 N. de E.: Conforme Nota do Autor em *E os fracos*: "IOU (sigla da expressão em inglês coloquial "I owe you" ["Eu lhe devo"]) é um pedaço de papel no qual escrevo: "Eu, Yanis Varoufakis, confirmo que pagarei ao portador deste pedaço de papel a quantia de X euros em tal e tal data. Esse pedaço de papel pode ser transferido sem restrição". Desde que eu seja considerado solvente, esse IOU tem valor de mercado, podendo ser vendido por um portador que prefira receber agora uma quantia inferior a X a esperar até a data especificada para receber os X euros".

cópia pudesse escapar na internet e que a única cópia que Alexis recebesse fosse a impressão que eu mesmo lhe entregaria.

Minha reunião com Alexis se passou exatamente como eu temia. "Eles vão considerar isso como um *casus belli*", disse ele com sua familiar expressão de melancolia em resposta à ideia de que apresentássemos nosso próprio Plano para a Grécia. Quanto à ideia de Buchheit, Alexis nem quis pensar no assunto. Tendo folheado minha proposta por alguns segundos, colocou-a de lado e disse: "Merkel me prometeu que vai intervir. Não vamos contrariá-la agora".

"Ela não vai lhe dar nada", respondi, "a menos que apresentemos nossa própria agenda crível e a respaldemos com nosso próprio ataque preventivo".

"Agora não é o momento. Você vai a Riga amanhã e não cede em ponto nenhum. Não se deixe intimidar. Apenas fique firme lá. Devo conversar novamente com Merkel amanhã à noite para chegarmos a um acordo no nosso nível".

Ficou claro que o feitiço de Merkel tomara conta dele. Tudo o que eu podia fazer era torcer para que, de alguma forma, Alexis a convencesse a fazer algo que ela nem queria nem tinha uma razão convincente para fazer.

O Eurogrupo de 24 de abril fora convocado, sobretudo, como parte das comemorações pela presidência letã da União Europeia. Em teoria, seria relativamente informal, e a reunião inteira estava prevista para durar no máximo duas horas. No dia em que Nicholas Theocarakis e eu voamos para Riga, Alexis nos contatou com palavras de encorajamento: "Esse será um Eurogroup fácil, já que é em grande parte cerimonial e pouca coisa será dita sobre a Grécia. O que quer que vocês façam, mantenham a calma e não cedam uma polegada sequer para eles". A capacidade de Alexis de levantar meu ânimo com algumas poucas palavras bem escolhidas não diminuíra. Apesar das dúvidas que pesavam sobre mim, sua mensagem reconfortante me serviria bem no inferno de Riga.

Fotini, minha secretária, alertou-me para o primeiro sinal de que algo estava errado no momento em que chegamos à capital da Letônia: minha equipe fora alojada em um hotel a uma distância razoável de onde eu estava hospedado, tornando difícil que nos reuníssemos para consultas essenciais. Recusando-me a sucumbir a teorias da conspiração, decidi interpretar aquilo como uma trapalhada logística.

Naquela primeira noite, depois de um jantar de gala sem nenhuma consequência, voltei ao hotel. Incapaz de relaxar, convoquei Nicholas de seu distante hotel para fazer um *brainstorming* sobre o Eurogrupo da manhã seguinte. Com meia hora para gastar antes que Nicholas chegasse, desci para esperá-lo no saguão. Lá eu os vi.

Todos os atores da *troika* estavam no bar: Poul Thomsen, Benoît Coeuré, Thomas Wieser, Jeroen Dijsselbloem, Pierre Moscovici e alguns outros de que não consigo me lembrar. Decidi dar um olá geral. Eles ficaram sem fala e manifestamente desconfortáveis. Para quebrar o gelo, perguntei com ar de brincadeira: "Então, o que temos aqui? Será que peguei vocês no flagra?". Meu alegre comentário não foi correspondido; em vez disso, eles me disseram que estavam tendo uma reunião, mas que eu seria bem-vindo para me juntar a eles um pouco mais tarde. Sorri, desejei-lhes uma boa noite e saí.

Na manhã seguinte, Nicholas e eu estávamos caminhando em direção à sala onde o Eurogrupo seria realizado. Atrás de mim, ouvi Pierre Moscovici me cumprimentar jovialmente. Então caminhamos juntos e fomos batendo um papo. "Estou orgulhoso que tenhamos feito isso", disse ele, referindo-se ao Grupo de Bruxelas. "É mais do que justo que essas negociações aconteçam em Bruxelas, com ministros conversando apenas com ministros e tecnocratas conversando com tecnocratas. Um pouco da honra perdida da Comissão fora recuperada", disse-lhe quando chegamos.

Estranhamente, a sala estava metade vazia. Onde estava todo mundo? Além de Pierre, Nicholas e eu, apenas Jeroen Dijsselbloem, Thomas Wieser e quatro ou cinco outras delegações estavam presentes. Wolfgang Schäuble, Mario Draghi, Poul Thomsen, Michel Sapin e outros ministros-chave não estavam lá. Quando a reunião começou, Nicholas e eu nos entreolhamos, convictos de que algo distintamente desagradável estava fermentando nas redondezas. O primeiro ponto na ordem do dia era uma questão processual que não exigia debate. Depois que isso foi resolvido, Jeroen disse: "Ok, colegas, agora vamos passar para o segundo ponto na ordem do dia, a Grécia". De repente, as portas se abriram e Wolfgang, Mario, Poul, Michel e os outros ministros desaparecidos inundaram a sala.

O primeiro sangue foi derramado pelas mãos de Jeroen. Em sua declaração introdutória, exigiu o retorno da *troika* a Atenas, a fim de acabar com a "ineficiência" do Grupo de Bruxelas. Olhei para Pierre. Será que ele defenderia o processo que tão recentemente enaltecera? Era como se o presidente do Eurogrupo tivesse planejado humilhar o comissário mais uma vez, fazendo com que ele engolisse as próprias palavras, exatamente como fizera na segunda reunião do Eurogrupo em fevereiro.[265] E engoli-las foi o que ele fez. "Discussões técnicas e discussões políticas", concedeu Pierre na última frase de sua fala, "devem ser combinadas e mantidas juntas, no mesmo lugar." No caso de alguém ter alguma dúvida, Poul Thomsen apressou-se em esclarecer que o lugar ao qual ele se referia era Atenas.

Poul realizou então sua própria virada de casaca para rivalizar com a de Pierre. O mesmo homem que me confessara em 1º de fevereiro, durante nosso primeiro encontro em Paris, que a dívida da Grécia era insustentável e que dezenas de bilhões de euros de redução da dívida deveriam ter sido concedidos bem antes de 2015, cantava agora uma melodia radicalmente diferente. Até a eleição do governo do Syriza, argumentou Poul, a dívida da Grécia fora sustentável; foi somente depois de termos chegado ao poder que ela se tornou insustentável; nem a redução da dívida nem dinheiro extra seriam necessários agora, não fosse por nosso governo.[266]

O terreno para o próximo golpe foi preparado por Mario Draghi, que apresentou opinião segundo a qual, ao contrário de corridas aos bancos precedentes, a atual, na Grécia, não estava infectando o resto da zona do euro. Em outras palavras, o Grexit prejudicaria os gregos, mas não os outros países que compartilhavam o euro. Esta foi a deixa para que a brigada de ministros das Finanças *cheerleaders* de Schäuble passasse à ofensiva com a ameaça de Grexit.

Em resposta ao relatório absurdo de Thomsen, de que nossos retrocessos e atrasos nos haviam empurrado mais uma vez para o vermelho, o ministro eslovaco exclamou: "Inacreditável!". E fez um discurso que terminou assim: "Estamos prontos para ajudar a Grécia. Mas se a Grécia

265 Ver o capítulo 9, item "A humilhação do comissário".

266 As palavras exatas de Poul Thomsen foram: "Significa que há seis meses pensávamos que a Grécia poderia voltar aos mercados e que não haveria necessidade de mais dinheiro. Agora haverá necessidade de uma quantia muito significativa de mais dinheiro. Em segundo lugar, até seis meses atrás pensávamos que não haveria necessidade de redução da dívida. Pensamos que as metas seriam realizáveis".

não precisa de ajuda, talvez tenha chegado a hora de falarmos sobre as consequências". Pouco depois, Wolfgang Schäuble deu seu apoio às duras palavras do eslovaco: "Nós nos movemos rapidamente na direção errada... [Rindo. Mais exclamações de "Inacreditável! Inacreditável!"]... Não consigo imaginar como chegaremos a uma solução". A tarefa de pronunciar as palavras inomináveis coube ao ministro esloveno: "Não vai ter jeito de persuadir os eslovenos, que estão mais expostos à Grécia, a fazer um esforço extra para ajudar a Grécia a sair dessa situação. Então, acho que deveríamos falar sobre o Plano B... Sei que nós não queríamos falar sobre o Plano B. Queríamos, a Eslovênia inclusive, resolver isso. Mas agora não vejo como".

Comecei minha resposta abordando fria e moderadamente cada ponto levantado e eliminando cada imprecisão antes de chegar ao busílis: "O Plano B não deveria [nem mesmo] ser mencionado. É alta e imoderadamente antieuropeu até mesmo trazer essa discussão à mesa. O meu querido colega da Eslovênia deveria saber que não é do interesse de seus cidadãos sequer discutirmos isso no momento. Rejeito tal controvérsia. Nosso governo pretende fazer tudo o que for preciso para permanecer dentro da zona do euro de forma sustentável".

Daquele ponto em diante, cada vez que abri a boca para falar era para apresentar propostas construtivas para chegarmos rapidamente a um acordo. Cada vez que o fiz, Jeroen reagiu com agressão, exigindo que eu consentisse com o retorno da *troika* a Atenas, concordasse em não criar legislação sem o consentimento da *troika* e aquiescesse a sua abordagem do tudo ou nada, o que significava abandonar minha proposta de um acordo provisório baseado em três ou quatro projetos de reforma e um plano fiscal viável. Fiel à diretiva de Alexis de não "ceder uma polegada", eu me mantive firme.

## Assassinato de reputação

O ataque da *troika* em Riga foi acompanhado por uma campanha de propaganda bem preparada. Durante a tensa reunião do Eurogrupo, a mídia relatou falsamente que meus colegas ministros haviam me censurado em caráter pessoal. De acordo com um relatório da Bloomberg, "chefes de finanças da zona do euro disseram que o modo como Varoufakis lidou com as negociações foi irresponsável e acusaram-no de ser alguém que desperdiça o tempo, um apostador e um amador, disse uma pessoa familiarizada com as negociações, pedindo para não ser identificada porque as discussões eram privadas".[267]

Na coletiva de imprensa que se seguiu, Jeroen foi perguntado explicitamente se eu fora mesmo chamado dessas coisas. Em vez de dizer simplesmente não, o presidente do Eurogrupo deu credibilidade àquela notícia falsa ao não negá-la e, em vez disso, sorrindo de forma significativa, respondeu: "Foi uma discussão muito crítica e ela revelou um grande senso de urgência na sala".

Naquela noite, depois que minha própria coletiva de imprensa terminara e que o meu trabalho oficial do dia fora feito, fui informado de que os ministros das Finanças haviam sido convidados para um jantar informal na zona rural vizinha, uma viagem de ônibus de 45 minutos. Exausto e querendo preparar meu discurso para a reunião do Ecofin [Conselho de Assuntos Econômicos e Financeiros] na manhã seguinte, decidi não comparecer. Em vez disso, combinei um jantar com Nicholas, Fotini e um outro membro da minha equipe no centro de Riga para que pudéssemos fazer um balanço dos eventos do dia e nos planejarmos com antecedência. Caminhar sozinho pela cidade no frio para encontrá-los prometia me reanimar o suficiente para a longa noite de trabalho que me esperava quando regressasse.

Como foi revigorante! Caminhei por cerca de meia hora, contemplando os prédios antigos banhados pelos raios alaranjados das luzes da rua que trespassavam a bruma congelante, inalando o ar fresco, sentindo-me humano novamente. O jantar com meus colegas em um restaurante de cerveja e salsicha com temática alemã foi tão restaurador quanto esperava e me lembrou como era ter uma vida normal. Na manhã seguinte, a Reuters publicou a seguinte notícia.

---

267 Ver <https://www.bloomberg.com/news/articles/2015–04-24/varoufakis-said-to-take-hammering-from-frustrated-euro-ministers>.

> Enquanto os ônibus levavam os ministros das Finanças da Europa para um jantar de gala na capital da Letônia na noite de sexta-feira, um dos convivas ficou para trás, no hotel, e depois saiu vagando sozinho no crepúsculo. Yanis Varoufakis, da Grécia, tinha outros planos para o jantar, disse ele, depois de um doloroso primeiro dia de reuniões em Riga que ressaltou seu isolamento enquanto ele tenta evitar a bancarrota nacional. Enquanto outros ministros eram festejados por seus séquitos com comida e roupas quentes durante a reunião em Riga, Varoufakis foi visto sozinho em quase todos os momentos, abrindo mão de assessores ou de qualquer detalhe de segurança. "Ele está completamente isolado", disse um alto funcionário da zona do euro à Reuters sob condição de anonimato. "Ele nem mesmo veio ao jantar para representar o seu país".[268]

"Apostador", "amador", "desperdiçador de tempo" e agora "sozinho em quase todos os momentos", "isolado", desrespeitoso com outros ministros e pouco disposto a representar seu país. Era quase exatamente como aquele amistoso funcionário do Tesouro dos Estados Unidos me alertara: que eu enfrentaria uma campanha de assassinato de reputação dentro de uma semana. Ele errou por apenas um dia.

É claro que esse era o segredo, que eu seria visado desta maneira, mais mal guardado em toda Bruxelas e além. No início de fevereiro de 2015, perto das minhas duas primeiras reuniões do Eurogrupo, alguns jornalistas gregos foram informados da mesma coisa por um repórter que tinha conhecimento em primeira mão dessa campanha. Um desses jornalistas gregos relatou a conversa mais tarde.

> "O sr. Varoufakis será capaz de sobreviver à pressão?", perguntou o repórter.
> "Ao menos o sr. Tsipras ainda confia nele", nós [os jornalistas gregos] respondemos.
> "Então, informe às pessoas na Grécia, tanto ao governo quanto ao povo, que elas podem esperar ainda mais ataques", disse ele.

---

268 Ver <http://www.reuters.com/article/us-eurozone-greece-varoufakis-idUSK-BN0NG0EO20150425> .

O vínculo de confiança entre Alexis e eu era o maior obstáculo da *troika*. Eu sabia disso. Evidentemente, eles sabiam também. E como eu estava prestes a descobrir, Alexis também sabia.[269]

## O fio do casaco

No voo de Riga de volta a Atenas, fui informado de que a conversa de Alexis com Angela Merkel, na qual ele apostara tanto, tinha ido mal. Para piorar as coisas, a Chancelaria vazara para a imprensa que a líder alemã não só deu as costas para Alexis, mas que estava descontente com sua tentativa de contornar o Eurogrupo. Foi um extraordinário, embora não surpreendente, ato de má-fé. Tendo prometido a Alexis que os dois encontrariam uma solução nos bastidores, enquanto Varoufakis e Schäuble se anulavam mutuamente, ela agora o abandonava à própria sorte.

Chegando ao aeroporto de Atenas, pedi para ser levado diretamente para Maximos. Uma vez no escritório de Alexis, percebi o quão bela era aquela tarde de primavera. A suave luz do sol de Ática fluía através da larga janela projetada. Alexis e eu nos abraçamos e nos sentamos em duas poltronas junto à janela projetada, longe de sua escrivaninha e da mesa de reuniões onde o gabinete de guerra se reunia, diretamente sob a luz do sol. Fui o primeiro a falar, descrevendo o que acontecera no Eurogrupo, e dei minha opinião segundo a qual os três principais acontecimentos – a renegação de Merkel, a emboscada da *troika* em Riga e a pressão de Benoît para que solicitássemos o controle de capitais com os quais eles nos ameaçavam – combinavam-se para formar uma ofensiva formidável.[270]

---

269 Ver Nikos Sverkos, 'Secrets of the Brussels Media Machine', ThePressProject, 2 maio2015, <https://www.thepressproject.gr/article/76506/Secrets-of-the-Brussels-media-machine>.

270 Naquela manhã, sábado, 25 de abril, antes de voar para Atenas, eu participara da reunião do Ecofin. Sendo uma ocasião bastante cerimonial, cada Estado-membro era representado não apenas por seu ministro das Finanças, mas também pelo presidente de seu banco central. Enquanto estávamos sentados juntos, Stournaras me disse que achava ter chegado a hora de introduzir os controles de capital – exatamente como Benoît Cœuré me dissera uma semana antes, em 16 de abril, em Washington (ver neste capítulo, item "A *troika* em Paris"). Minha resposta a Stournaras foi a mesma que dera a Benoît: nosso governo se opunha aos controles de capital, pois não acreditávamos que fossem

Antes que Alexis tivesse a chance de responder, falei com ele do fundo do coração: “Alexi, me permita te lembrar por que estou aqui. Não deixei meu emprego no Texas porque queria ser ministro. Vim para te ajudar pessoalmente. E fiz isso porque você me disse que concordava com meu plano para acabar com o círculo vicioso da destruição. Mas agora estamos em uma encruzilhada. Eu atraí as flechas, balas e mísseis dos credores. Não me importo com isso nem um pouco, pois esperava ser o para-raios que te protege. No entanto, parece que você desenvolveu ideias diferentes daquelas que tínhamos acordado. Talvez eu esteja agora no teu caminho. Talvez você sinta que um outro ministro das Finanças se adequaria melhor a seus planos, visto que eu ainda acho que o plano original constitui nossa única chance. Se assim for, você deveria me substituir, com meu total apoio público. Lembra-se de por que estou aqui? Para ajudá-lo”.

Alexis me lançou um longo e caloroso olhar camarada e, depois de uma pausa, disse: “Yani, escute. Você e eu somos como um casaco de lã. Se nós os deixarmos agarrar um fio e começar a puxá-lo, mais cedo ou mais tarde o casaco será desfeito. Essa é a estratégia deles. Estão visando lhe desfazer para conseguir me desfazer. Querem pegar você para me pegar. Não vamos deixá-los fazer isso, certo? Vamos ficar juntos. Não quero ouvir novamente sobre esse absurdo. Fique forte. Temos uma guerra para vencer”.

Mais uma vez, foram necessárias apenas algumas palavras de Alexis para me fazer esquecer e perdoar. Combinadas com meu profundo desejo de acreditar no que ele dizia e a genuína oportunidade que tínhamos de tirar nosso país do círculo vicioso, elas reavivaram minhas esperanças e fortaleceram meus nervos.

Alguns minutos depois, aquele senso de propósito recebeu mais um impulso quando Nikos Pappas entrou na sala. Ele sorriu largamente ao me ver e me parabenizou por ter enfrentado a *troika* em Riga, reavivando brevemente o espírito de nossas reuniões anteriores em Psyrri. Pappas tinha algumas notícias: aparentemente, Jeroen Dijsselbloem acabara de enviar um e-mail ao gabinete de Alexis para exigir que eu fosse substituído.

---

compatíveis com uma união monetária.

"Viu", disse Alexis, olhando para mim. "Eles estão fazendo isso! Tentando nos dividir." Virando-se para Pappas, ele disse: "Niko, diga a ele para pular de um penhasco".

Mas Pappas respondeu agressivamente: "É tudo culpa sua, Alexi", falou, acrescentando uma série de adjetivos que prefiro não repetir. "Ao falar diretamente com ele, em vez de encaminhá-lo para Yanis, você deu a Jeroen a impressão de que ele pode ter acesso direto ao primeiro-ministro e contornar o ministro das Finanças que lhe faz frente. Você não pode culpar ninguém a não ser você mesmo" – concluiu ele a plenos pulmões.

Alexis reconheceu seu "erro" e disse: "Vou enviar um e-mail a ele hoje à noite, deixando claro que qualquer coisa que ele queira nos dizer, deve dizer por meio de Varoufakis".

Naquela noite, fui para casa me sentindo esperançoso novamente. "O casaco parece intacto", disse eu a Danae enigmaticamente antes de me explicar.

No dia seguinte, depois de uma reunião do gabinete de guerra, perguntei a Alexis se ele enviara o e-mail a Jeroen. "Não, decidi não fazer isso, Yani", disse ele. "Por que antagonizá-lo desnecessariamente? Deixe-o descobrir da maneira mais difícil que terá que lidar com você." Alarmado com essa decisão, eu ainda assim não consegui reconhecer a amarga verdade: o casaco já estava se desfazendo.

## O dia mais cruel de abril

"Abril é o mês mais cruel", escreveu T. S. Eliot na abertura de *The Waste Land*. Em abril de 2015, segunda-feira 27 foi o dia mais cruel. Nosso gabinete de guerra durou seis horas e quinze minutos. Começou com Alexis anunciando sua decisão de dar à *troika* algo como uma demonstração de boa vontade. Aquele "algo" era a cabeça de meu adjunto, Nicholas Theocarakis, o homem que, por ordem de nosso primeiro-ministro, desligara o telefone na cara de Thomas Wieser e do Grupo de Trabalho do Eurogrupo.

Alexis pareceu quase sensato quando explicou sua decisão. "Falei com Dijsselbloem duas vezes. Ele exigiu a cabeça de Varoufakis. Ele também queria que Chouliarakis nos representasse no Grupo de Trabalho do Eurogrupo. Não posso deixar que ele escolha por nós, mas ao mesmo tempo não podemos dizer não a tudo. Então decidi queimar Theocarakis e restabelecer Chouliarakis".

Spyros Sagias, o secretário de gabinete, foi o primeiro a reagir. Ele falou de uma "negociação equivocada", que estivéramos perseguindo o "processo errado", da necessidade de fechar um acordo rapidamente. Foi um prolongado discurso proferido com baixa intensidade, no qual eu não fui designado pelo nome, mas que colocava a culpa claramente na minha porta. George Stathakis, o ministro da Economia e colega meu de universidade de longa data, foi mais longe: "A dupla Varoufakis-Theocarakis, amo a ambos como irmãos, mas eles não podem nos conduzir a um acordo. Chouliarakis pode".

Se por "acordo" ele quis dizer capitulação às exigências de Wieser e Dijsselbloem, então Stathakis estava perfeitamente correto. Chouliarakis era o homem certo para assinar um documento de rendição. Intervim para dizer isso. Minha breve declaração foi recebida com um silêncio constrangedor.

Então Euclides tomou a palavra. Ele certamente se oporia ao golpe em curso? Não o fez. Em vez disso, sem mencionar nem Chouliarakis nem a mim, declarou que Theocarakis era um excelente intelectual, pensador e camarada, mas não alguém com as habilidades organizacionais necessárias para tais negociações complexas. De forma implícita, ele estava endossando a volta de Chouliarakis.

Nunca senti a menor animosidade em relação a Stathakis. Seus pontos de vista eram claros desde o começo: deveríamos aceitar o que quer que a *troika* nos apresentasse. Foram os meus camaradas que haviam jurado jamais se render que me decepcionaram amargamente. A posição de Euclides me entristeceu imensamente. Ele sabia quem era Chouliarakis e o que ele havia feito. Falara comigo sobre ele numa linguagem mais contundente do que eu jamais teria usado.

Por que Euclides estava arrancando o couro de nosso amigo Theocarakis em apoio à horrenda proposta de Alexis? Por que ele não ficou pelo menos em silêncio como Pappas, que engolira sua bravata de dois dias antes, ou mesmo Dragasakis, que sem dúvida estava feliz com a decisão, mas não sentiu a necessidade de dizer uma única palavra? A resposta chegou minutos depois, quando Alexis anunciou que Euclides coordenaria as negociações do Grupo de Bruxelas com o processo técnico que acontecia em Atenas e minhas batalhas no Eurogrupo.

Durante o restante daquela longa, longa reunião, mantive-me atipicamente silencioso enquanto o resto tramava um rumo de completo alinhamento com o processo do *MoU*, em contraste gritante com o plano que eu trouxera de Washington. A razão do meu silêncio era que, na minha cabeça, estava redigindo uma nova carta de demissão. O fim da estrada chegara. Não havia lugar para mim em um gabinete que se rendera consciente ou inconscientemente.

## Como sangue para um tubarão

Mais tarde naquele dia, visitei Alexis em seu escritório no Parlamento com minha carta de demissão no bolso. Eu não tinha falado com ninguém sobre aquilo, nem mesmo com Danae. Queria dar a Alexis mais uma chance de reconsiderar, e desta vez não me daria por satisfeito com palavras empolgantes que mascaram uma verdade desagradável. Felizmente, não houve nenhuma.

Quando cheguei, Alexis me acolheu, mas me pediu para que esperasse um minuto enquanto ia ao banheiro. Enquanto estava sentado no sofá aguardando seu retorno, avistei algumas páginas A4 na mesinha de centro adjacente. Apanhei-as. Quando Alexis reapareceu, minha expressão sem dúvida transmitiu minha indignação com o que eu lera.

Com as páginas na mão, perguntei: "Estou certo em presumir que você não passou essas concessões por mim porque sabia que eu as vetaria?".

"Sim", confessou ele com um sorriso de culpa.

"Você entende o que são esses números, Alexi? Você percebe o que fez ao concedê-los? Você não percebe que acabou de aceitar uma nova e enorme austeridade?"

O principal número que tinha em mente – que fisgara minha atenção como um prego enferrujado – era 3,5. As páginas eram uma carta assinada pelo primeiro-ministro grego e dirigida à *troika*, comprometendo-se com um orçamento que implicava uma meta de superávit primário de 3,5% da renda nacional. Inacreditavelmente, o mesmo número aparecia ao lado dos anos 2018, 2019... e assim por diante até 2028. Com exceção de Cingapura e da Noruega, rica em petróleo, nenhum país do mundo já registrou um superávit primário de 3,5% do orçamento por dez anos consecutivos. As chances de que uma economia em depressão, sem bancos funcionais e com investimento negativo, pudesse fazê-lo era o mais próximo do teatro do absurdo que a política econômica poderia produzir.

"Como isso aconteceu, Alexi?", exigi saber.

"Chouliarakis acha que precisamos fazer essa concessão para conseguir um acordo", foi sua resposta. Evidentemente, foi isso o que Stathakis quis dizer quando disse que Chouliarakis era o único que podia trazer para casa um acordo rápido: completa capitulação.

Respirei fundo para me recompor. "Aposto que foi também Chouliarakis quem lhe convenceu a enviar essas concessões para Wieser e Dijsselbloem sem perguntar para mim".

"Não", respondeu Alexis, "isso foi ideia minha. Admita, Yani. Você teria se oposto, por boas razões, tenho certeza. Mas Yani, ao negociar, você tem que dar algo para receber algo em troca".

"E o que é que você recebeu em troca? O que Chouliarakis lhe disse que poderia esperar da *troika* em troca de mais uma década perdida de austeridade punitiva para um povo que nos elegeu para que puséssemos fim à pior e mais longa campanha de austeridade na história do capitalismo?".

"Agora eles terão que nos dar algo quanto à redução da dívida", respondeu.

Por um momento fiquei sem palavras. A tolice de seu argumento estava me sufocando. Então, pela primeira vez, falei com ele com irritada condescendência.

"Você está falando sério? Perdeu completamente o juízo? Por que concederiam uma reestruturação da dívida se você lhes oferecer 3,5% de superávits primários para sempre? O seu argumento é como tentar afastar um tubarão derramando sangue no mar. Pense um pouco: ao declarar que está pronto para extrair do que sobrou da economia grega 3,5% da renda nacional a cada ano na forma de um excedente, está declarando implicitamente que pode pagar aos credores 3,5% da renda nacional todos os anos durante dez anos! Quão difícil é ver que, ao dizer isso, está declarando que nós não precisamos realmente de uma redução da dívida? Que gostaríamos de uma, mas que não precisamos realmente dela?"

"Chouliarakis acredita que podemos alcançar a meta de superávit de 3,5% se começarmos a crescer novamente".

Esse era o argumento inepto do regime que tanto lutaramos para substituir.

"Se é assim, Alexi, por que nos esforçamos tanto para conquistar o governo? Pela glória? Não defendemos energicamente contra o governo de Samaras que nossa economia *jamais* se recuperará a menos que acabemos com a austeridade, o que significa derrubar as absurdas metas de superávits e substituí-las por uma de no máximo 1,5%?".

Alexis parecia perturbado e tentou me aplacar. "Nada é definitivo, Yani. Até que haja um acordo abrangente, nenhuma concessão que eu tenha feito está esculpida em pedra – posso sempre voltar atrás".

"*O quê?*", explodi. "Você realmente acha que pode voltar atrás sobre a austeridade maciça que acabou de dar a eles? Você deu ao tubarão um gostinho de seu sangue, a mandíbula dele agarrou seu braço, e agora você acha que pode puxá-lo de volta porque não há acordo até que haja um acordo final? Está nos confundindo com o lado forte nessa negociação?".

Àquela altura meu sangue estava fervendo. Na verdade, estava tão enfurecido durante a maior parte dessa conversa que quase me esqueci de que eu o visitara para oferecer minha renúncia. Quando me lembrei, já lá para o final, decidi não fazer um movimento precipitado com raiva. Precisava sair de lá, me acalmar e refletir sobre as coisas antes de tomar uma decisão final.

Quando voltei a meu escritório, liguei para meu amigo Wassily e lhe contei o que acontecera. Ele respirou fundo e emitiu um som que expressava profundo descontentamento antes de me dizer para esquecer da ideia de me demitir. "Lembre-se das 140 mil pessoas que votaram em você. Eles não querem que renuncie. Querem vê-lo ficar na confusão e mandar esses bastardos para o inferno".

Em casa, sem saber o que Wassily me dissera, Danae defendeu o mesmo ponto. "Pense nas 140 mil pessoas que confiaram em você", disse ela. Passei então uma hora de partir o coração ao telefone explicando a Nicholas Theocarakis que o primeiro-ministro o "queimara" em favor de Chouliarakis.

Eu enfrentava um dilema impiedoso. O *Financial Times*, como Nicholas me informou, já estava noticiando que eu fora substituído por Euclides como negociador-chefe, embora, na realidade, as negociações estivessem claramente sendo conduzidas por George Chouliarakis. Enquanto isso, o gabinete de guerra fora cooptado, com uma grande maioria favorecendo agora a capitulação por atacado e me vendo como o principal empecilho. A dignidade exigia que eu renunciasse. Mas naquela noite, uma vez que me acalmara e refletira sobre as coisas, percebi que não era apenas o dever que me obrigava a ficar.

Sob o erro político, econômico e moral de Alexis em se render à austeridade, jazia um outro erro ainda maior: sua crença de que a *troika* lhe daria um acordo rápido e um terceiro empréstimo de resgate em troca. Sem dúvida, Merkel e Wieser encorajaram Alexis e Chouliarakis a acreditarem nisso. Mas, deixando de lado o fato de que não tínhamos mandato denossos eleitores para um tal acordo, havia duas razões pelas quais nem isso estava em jogo. Primeiro, os credores certamente gostariam de fazer de Alexis – que passara anos na oposição, e alguns meses no governo, criticando-os duramente – um exemplo para dissuadir qualquer outro político, na Espanha, na Itália, em Portugal ou mesmo na França, que pudesse se sentir tentado a confrontá-los.

Para isso, precisariam não apenas de sua capitulação, mas também de sua humilhação pública. Segundo, a *troika* vinha negando há anos que um terceiro empréstimo de resgate ou uma redução significativa da dívida eram necessários. A única maneira de explicarem um terceiro empréstimo de resgate agora era alegar, como Poul Thomsen fizera durante o Eurogrupo de Riga, que a dívida grega fora, na verdade, sustentável até que o Syriza ganhasse o governo, e para provar sua acusação seria necessário fechar os bancos da Grécia, causar novas perdas e falências maciças e então colocar a culpa dos custos no governo de Alexis.

Pouco antes do amanhecer cheguei à conclusão de que quanto mais concessões Alexis fizesse, mais concessões eles pediriam, de que não haveria acordo até que os bancos fossem fechados e que então ele seria forçado a um acordo tão degradante que o Eurogroup poderia mostrá-lo diante das câmeras e dizer a todos os europeus: "Isso é o que vocês ganham se nos contrariarem!".

Essa constatação levava à pergunta sobre como Alexis reagiria. Ele tinha apenas 42 anos de idade, pensei comigo mesmo. Poderia ele cogitar se esconder por décadas depois de aquiescercom tal desgraça? Quando finalmente visse o que a *troika* e Angela Merkel estavam exigindo – sua ignomínia e o esmagamento denosso povo – deveria haver uma forte chance de que ele recusasse. E enquanto houvesse uma chance significativa de isso acontecer, eu tinha o dever de estar lá, pronto para ajudar, fazendo valer nosso Plano para a Grécia e ativando o sistema de pagamentos que nos permitiria continuar funcionando até que Merkel se decidisse: aliar-se a Wolfgang Schäuble no arranque da desintegração da zona euro, começando pelo Grexit, ou aceitar nosso plano como base para um acordo.

Então decidi ficar. E iria me dedicar a manter nosso elemento de dissuasão vivo para o momento que Alexis precisasse dele, e a terminar nosso Plano para a Grécia juntamente com Jeff Sachs e Nicholas Theocarakis – a quem também dissuadi de renunciar naquela noite –, e ajudado por apoiadores, incluindo Norman Lamont, Larry Summers, Thomas Mayer, assim como minha equipe imediata. Era um caminho difícil e ingrato. Eu sabia desde o início que a *troika* me via como seu principal obstáculo, mas agora tinha consciência de que nosso próprio gabinete de guerra pensava o mesmo. O único fio de esperança que me fazia seguir em frente era que Alexis, no momento de sua iminente humilhação, viria até mim e finalmente diria: "Vamos nessa!".

## Grampeado

Amigos me repreendem por minha tolerância. Acham que fui ingênuo em manter a fé de que Alexis poderia se recuperar, apesar de todas as evidências. Espero que os dois episódios a seguir ajudem a transmitir um pouco da pressão sob a qual trabalhávamos e a escala do que enfrentávamos.

Quando cheguei em casa voltando de Maximos naquela noite, Danae me bombardeou com perguntas, filmando minhas respostas com o celular. Enquanto fazia isso, meu celular tocou. Era Jeff Sachs. Relutante em transmitir meu desespero por uma linha desprotegida, optei por compartilhar com ele a única boa notícia do dia: com quase um mês de atraso, estávamos finalmente prontos para dar o calote no FMI. Apesar de Sagias, Dragasakis e Chouliarakis terem se oposto, Alexis, Pappas e Euclides uniram-se a mim nessa. Os cofres estavam vazios.

Se o FMI quisesse seu dinheiro, era hora de o restante da *troika* liberar alguma liquidez. "Os dados foram lançados", disse a Jeff. "Acho que

Alexis está falando sério desta vez. O próximo pagamento ao FMI não será efetuado."

Jeff ficou eufórico. "Já estava na hora", comentou, antes de oferecer conselhos sobre como lidar com as consequências de um calote.

Meia hora depois, meu telefone tocou novamente. Era Jeff, que ria incontrolavelmente. "Você não vai acreditar nisso, Yanis", disse. "Cinco minutos depois de desligarmos, recebi um telefonema do Conselho de Segurança Nacional [dos Estados Unidos] [NSC, na sigla em inglês]. Perguntaram-me se eu achava que você estava falando sério ao dizer o que disse! Disse-lhes que você está falando extremamente sério, e que, se eles quiserem evitar um calote no FMI, é melhor enfiarem algum juízo nos europeus".

Já esperava mesmo que meu celular estivesse grampeado, mas duas coisas faziam das notícias de Jeff algo notável. Primeiro, os bisbilhoteiros não apenas tinham a capacidade de reconhecer que o que eu dissera era de real importância, mas também tinham provavelmente uma linha direta com o NSC. Em segundo lugar, não tinham nenhum pudor em revelar que estavam grampeando meu telefone!

Já era por volta das 3h da manhã, mas liguei para Alexis para informá-lo. Apesar do colapso de nossa frente unida, apesar de nosso vínculo despedaçado, tais momentos me lembravam que estávamos, no fim das contas, lutando contra um inimigo comum.

## A proeza de Danae

O outro episódio aconteceu na noite seguinte, quando decidira permitir a mim mesmo um raro momento de prazer: um jantar com Danae e um amigo de visita da Austrália em nosso restaurante favorito em Exárchia.

Exárchia é onde morava quando conheci Danae. Foi em meu apartamento nesse bairro que minha filha Xenia deu seus primeiros passos; na verdade, o bairro decadente do centro da cidade foi onde dei meus primeiros passos de adolescente na década de 1970. Sendo um bairro no lado mais desarranjado de Atenas, ele é conhecido por suas excêntricas lojas de vinis, livrarias, bares e, por último, mas não menos importante, pela poderosa presença dos mais variados grupos anarquistas da Grécia. Em suma,

Exárchia era, e até certo ponto continua sendo, meu bairro, embora não more mais lá desde 2005.

Danae e nosso amigo chegaram primeiro. Fui direto de uma reunião com Dragasakis e sua equipe, estacionei minha moto do lado de fora do restaurante e me juntei a eles numa mesa em um canto do adorável jardim murado na rua Valtetsiou. Já era quase maio, e os arbustos de jasmim espalhavam seu perfume hipnótico pela noite quente de primavera. Depois de um dia emocionalmente desgastante, sentar naquele jardim bebericando vinho e relaxando com companheiros próximos era um tônico muito necessário.

Eu os ouvi antes mesmo de os ver. Cerca de uma hora depois, quando estávamos prestes a pedir a sobremesa, três homens encapuzados entraram no jardim gritando palavrões. Em um primeiro momento, não percebi que eu era o alvo deles, mas então jogaram algumas garrafas que se espatifaram no chão de tijolos bem em frente a nossa mesa, com cacos de vidro atingindo meus pés. Dizendo aos outros fregueses para sair, os agressores se aproximaram denossa mesa, empunhando garrafas de cerveja quebradas e continuando a gritar palavrões. Levantei-me e caminhei em direção a eles, a fim de proteger meus companheiros, mas não tinha levado em conta a determinação e a velocidade de Danae.

Danae pulou entre os atacantes e eu, me abraçando, de costas para eles, suas mãos cobrindo o topo deminha cabeça. Ela literalmente se transformou em um escudo humano. Tentei empurrá-la para um lugar seguro, mas seu aperto era tão forte que percebi que não seria capaz de afastá-la sem machucá-la. Enquanto isso, com a lateral desua cabeça prensadafirmemente contra meu rosto para protegê-lo, ela gritou para eles, "Vocês vão ter que passar por mim primeiro!".

Os homens encapuzados tentaram me atingir com as garrafas quebradas, mas o abraço de Danae era poderoso demais e seu corpo me cobria tão completamente que eles não conseguiriam fazê-lo sem atingir ela também. Frustrados, largaram as garrafas e acertaram alguns golpes com as mãos e punhos em nós dois. Como Danae recebia mais golpes do que eu, s cederam, sem dúvida relutantes em bater em uma mulher, e partiram pelo mesmo caminho por onde tinham vindo, berrando maldições e ameaças.

Atordoados, nos sentamos novamente à nossa mesa, nosso amigo australiano tremia.

No entanto, a noite ainda era uma criança. Nossos agressores devem ter chamado reforços, pois dentro de meia hora mais de sessenta deles estavam enfileirados do lado de fora do restaurante, agora vazio, exceto por nós, os clientes de uma outra mesa que pareciam não estar perturbados, e os funcionários, que estavam preocupados e pediam desculpas. Insisti para que não chamassem a polícia: caso ela chegasse em grande número, haveria quase certamente derramamento de sangue. Na verdade, talvez tenha sido melhor que não tivesse uma escolta policial comigo.[271]

"O que você vai fazer?", perguntou nosso amigo. O dono do restaurante se ofereceu para nos acolher no restaurante para passar a noite.

"Vou simplesmente sair e começar uma conversa com eles. Se quiserem me bater, então vão me bater". Nosso amigo achou que eu estava louco.

Danae disse: "Ok, vamos lá". Dissemos a nosso amigo para ficar protegido até que a gangue fosse embora, e então nós dois, Danae e eu, saímos na calçada.

Sessenta jovens encapuzados gritando e xingando em uma estreita rua ateniense é um espetáculo e tanto. Meu coração estava batendo rápido, mas não esperava que eles nos batessem novamente. Danae os impressionara, e eu tinha certeza de que eles apreciariam o fato de que não tínhamos chamado a polícia nem ficado escondidos no restaurante. Também me deu coragem o fato de que não tinham danificado minha motocicleta, o que poderiam facilmente ter feito, em vez disso, permaneceram a uns dez metros de distância. Se estivessem planejando nos atacar novamente, pensei comigo, teriam ficado apinhados em volta da moto.

Então Danae e eu caminhamos direto em direção minha motocicleta, segurando nossos capacetes, mas sem colocá-los. A turba continuou a gritar ofensas contra nós, mas não fez nenhum movimento. Depois que destranquei a moto, Danae sentou-se nela e lentamente começou a colocar o capacete, mas decidi que não seria expulso de Exárchia, meu próprio bairro. Então deixei meu capacete em cima da moto e caminhei na

---

271 Em dezembro de 2008, um policial havia atirado e matado um jovem em Exárchia, alegando que se sentiraameaçado. O resultado não foi apenas a morte de um adolescente, mas dez dias de fogo e violência.

direção deles. "Estou aqui. Digam porque querem me bater. Sou todo ouvidos", disse.

O chefe do bando me advertiu: "Se chegar mais perto, vai se arrepender".

"Quero saber o que fiz para irritá-los. Se isso significa que vão me bater, que seja", disse, tomando coragem do fato de eles ainda não terem me atacado.

Assim, um diálogo improvável e barulhento começou. Em um primeiro momento, estavam relutantes em explicar sua raiva e simplesmente continuaram xingando e ameaçando. Por fim, depois de muita incitação, acusaram a polícia em Exárchia de estar em conluio com traficantes de heroína. Disse-lhes que não ficaria surpreso se esse fosse o caso. "Mas por que tanta raiva de mim?", perguntei.

"Não seja idiota", disse-me um deles. Não de mim, pessoalmente, que eles estavam com raiva, mas do "terror de Estado e de seus representantes. Você é um deles. Um ministro. Cai fora daqui. Exárchia é nossa zona livre. Vá para qualquer outro lugar que você quiser. Mas não aqui. Deixe a gente em paz".

Recém-saído demeu confronto com Alexis e com o gabinete de guerra e perfeitamente ciente de que a Grécia e o alto *establishment* da Europa estavam tentando me pulverizar, decidi dividir um segredo com eles.

"Entendo o ponto de vocês", falei. "Consigo aceitar que vocês me odeiem porque represento o poder do Estado. Mas saibam de uma coisa: o mesmo *establishment* que vocês detestam me detesta. Sou um espinho no traseiro deles e, acredite, eles estão prestes a me descartar. Me vomitar. Só para que vocês saibam...".

Milagrosamente a raiva se dissipou. Seguiu-se uma pausa, depois da qual o líder falou pela primeira vez com uma voz calma, quase amigável: "Já chega. Sobe na sua moto e vai pra casa".

Fiz o caminho de volta até a motocicleta e Danae, mas antes de colocar o capacete e subir na moto, virei-me e disse: "Estive perambulando por Exárchia décadas antes de vocês nascerem. Vocês estão me dizendo agora que não posso voltar aqui? Estão me banindo demeu bairro?".

Ele pensou sobre o assunto por alguns segundos antes de responder: "Você é bem-vindo para voltar quando não for mais um ministro".

"Então, vejo vocês em breve", respondi.

Quando partimos na motocicleta, olhei no retrovisor. Os cerca de sessenta jovens, de repente, aparentavam mais ser guardas garantindo nossa saída com segurança do que com agressores. Quando chegamos em casa e eu estava colocando a moto na vaga, Danae me abraçou. Eu a abracei de volta, ambos tremendo um pouco. Na manhã seguinte, um jornalista que costumava me criticar bastante, escreveu: "Na noite de ontem, os arruaceiros anarcofascistas de Exárchia sofreram sua maior derrota em trinta anos pelas mãos de uma mulher: Danae Stratou".

Mas agora um tipo mais sinistro de violência estava vindo a nosso encontro.

# PARTE III

# FINAL DE PARTIDA

# 14 - Contagem regressiva para a derrota

Depois daquela noite em Exárchia, levou 66 dias para o final de partida se desenrolar. Uma tirinha política do artista Yannis Ioannou os resume vividamente. Nela, a Grécia aparece de joelhos, com os braços amarrados atrás das costas, lutando para escapar. Uma figura ameaçadora representando a União Europeia, empunhando um machado de carrasco, castiga-a por se recusar a ficar parada e colocar a cabeça obedientemente sobre o cepo: "Será que você pode *finalmente* mostrar um mínimo de responsabilidade?".

Minha própria experiência daqueles dias é melhor resumida por uma outra referência cultural: a peça *Fim de Partida*, de Samuel Beckett – que também pode servir como *leitmotiv* do *establishment* europeu desde que a calamidade financeira de 2008 deixou-o desprovido de ideias sobre como suster nossas sociedades, mas ainda assim incapaz de renunciar a seu domínio sobre elas – retrata um autoritário cego ladrando ordens a seu servo, Clov, a quem acolheu quando criança, em uma triturante repetição de comportamentos sem sentido, aproximando-se cada vez mais de um fim que é tanto inevitável como elusivo, simultaneamente amaldiçoado e desejado.

Pois durante todo o mês de maio e junho, eu não tinha a menor ilusão de que o jogo que Alexis e o gabinete de guerra escolheram jogar não estivesse perdido. Estávamos apenas indo de movimento em movimento que conduziam a um incontornável xeque-mate. A única ilusão que restava era a minha tênue crença de que Alexis acabaria por se esquivar da humilhação que a *troika* estava planejando para ele e, no último momento, optaria por jogar outro jogo – aquele que planejáramos desde o início. Essa crença enfraquecia a cada dia que passava, mas, enquanto durasse, por mais fraca que fosse, eu ficaria a postos. Se nada mais, eu pelo menos não facilitaria aos credores a substituição do ministro das Finanças, de cuja assinatura eles precisavam para renovar a sentença de prisão da Grécia por tempo indefinido.

Dediquei a energia que sobrava a quatro tarefas: a campanha contra fraudes fiscais e máquinas de aposta, preparar minhas apresentações para o Eurogrupo para que ficassem o mais impecáveis possível, desenvolver o sistema paralelo de pagamentos, incluindo o Plano X, e, no topo da lista, elaborar o Plano para a Grécia. Jeff Sachs e eu já estávamos trabalhando nesse último e, além das contribuições de Norman Lamont, Larry Summers e Thomas Mayer, contamos com a ajuda de Jamie Galbraith e da colega economista Mariana Mazzucato.

No dia 7 de maio, eu faria um discurso programático em Bruxelas. Seria uma oportunidade para testar sua aceitação com um rascunho inicial do plano antes de apresentá-lo no próximo Eurogrupo, que estava marcado para 11 de maio, momento em que Jeff começaria a angariar apoio para ele no FMI e em outros lugares em Washington. Não imaginei por um segundo que ele pudesse ser recebido de braços abertos por Wolfgang e seu pessoal, qualquer que fosse seu calibre, mas havia uma chance de que um plano convincente levasse outros ministros, menos hostis, a romper as fileiras em seu apoio. Antes do discurso em Bruxelas, decidi voar para Paris e Roma, e depois do discurso para Madri, para ver se meu plano tinha alguma influência por lá.

## Com inimigos como esses, quem precisa de amigos?

Tendo pouco a perder e sabendo que o atual impasse preocupava também franceses, italianos e espanhóis, resolvi ser franco e pedir-lhes que respondessem diretamente a uma sugestão ousada. Propus que o primeiro-ministro grego convencesse a chanceler alemã de que a única maneira de avançar era se eles levassem uma proposta conjunta greco-alemã às instituições.

Isto incluiria, em primeiro lugar, um pacote de reformas a ser aprovado pelo Parlamento grego até final de maio (incluindo um plano fiscal revisado, uma simplificação do imposto sobre valor adicionado – IVA, uma enorme reorganização da administração fiscal, limitações severas à aposentadoria antecipada etc.), que se tornariam as novas "condicionalidades comuns" para a conclusão do atual programa grego; e, em segundo lugar, um contrato de recuperação de longo prazo para a Grécia, entre União Europeia e Grécia (nosso Plano para a Grécia), que compreenderia os *swaps* de dívida que vinha propondo, uma grande iniciativa de investimento, um "mau banco" público para lidar com os empréstimos improdutivos dos bancos, muitas reformas extremamente necessárias na administração pública e nos mercados de produtos e um programa para combater a crise humanitária.[272]

Argumentei que abordar Merkel com esse plano era nossa única chance. Era uma proposta moderada, que continha tudo o que a Grécia precisava imediatamente e no longo prazo, enquanto maximizava as chances dos credores de reaver seu dinheiro; mas, acima de tudo, essa estratégia permitiria à chanceler apresentar a ideia como sendo sua. Se ela recusasse, argumentei, então nenhuma solução sustentável seria possível. Nesse caso, disse, deixe que o destino se encarregue.

Em Paris, no dia 5 de maio, encontrei Michel Sapin e Pierre Moscovici. Eles me contraditavam oferecendo as habituais promessas vazias de apoio e nenhuma ideia própria, e, quando se tratou da questão estratégica – se seria uma boa ideia abordar Merkel dessa maneira –,não foram nem a favor nem contra. Mas havia outro político francês com quem me encontrei naquele dia que realmente se envolveu com o plano, disse-me que era bom e me encorajou a dar sequência nele: Emmanuel Macron.

Em Roma, no dia 6 de maio, Pier Carlo Padoan tinha uma grande surpresa reservada para mim. No Eurogrupo, ele era fielmente conformista e tinha um olho fortemente treinado para ler Wolfgang em busca de sua aprovação. Em seu próprio gabinete, no entanto, revelou o que eu supus serem suas verdadeiras cores. "Você deve ir em frente com isso, sem a menor sombra de dúvida", falou. "Não há tempo a perder. Seu primeiro-ministro tem que ligar para Merkel agora, ou no máximo até amanhã, e pressioná-la sobre isso. *Não* espere até segunda-feira [11 de maio, dia do Eurogrupo]. Até lá, se não houver uma ação da parte de Angela, Wolfgang terá a vantagem".

272 Juntamente com os *swaps* de dívida, haveria um acordo que permitiria à Grécia entrar no programa de flexibilização quantitativa do BCE, reduzindo assim nossa dependência do dinheiro dos contribuintes europeus. A iniciativa de investimento consistiria em envolver o Banco Europeu de Investimento e a criação de um banco de desenvolvimento utilizando o patrimônio público remanescente da nação.

Fiquei boquiaberto. Mas isso não era tudo. Para reforçar nosso argumento de que não deveria haver dois conjuntos de condições para aderirmos – o que teria significado não iniciar nosso novo acordo até que tivéssemos satisfeito as condições do atual programa –, mas condicionalidades comuns que cobriam a ambos, Pier Carlo nos aconselhou a defender a tese segundo a qual os dois programas anteriores da *troika* – aqueles rejeitados pelo povo grego ao nos eleger – baseavam-se na lógica do FMI, ao passo que qualquer novo arranjo deveria se afastar da lógica do FMI e se aproximar da lógica desenvolvimentista do Banco Mundial.

A única crítica feita por Pier Carlo foi a de que era um erro fazer referência a uma "crise humanitária". "Eles não gostam de ser criticados por terem causado uma coisa dessas", contou. Sugeriu, então, que usássemos o termo "campanha antipobreza" no lugar, conselho que adotei instantaneamente. Ao deixar seu gabinete rumo ao aeroporto de Fiumicino, fiquei ao mesmo tempo contente e consternado: contente por constatar haver vida intelectual e honestidade em pelo menos um dos centros de poder da Europa; consternado com o fato de a Europa ter conspirado para garantir que nenhum dos dois jamais desse as caras em nossas instituições comuns, especialmente no Eurogrupo.

Após proferir meu discurso em Bruxelas no dia 7 de maio, cheguei a Madri em 8 de maio e fui recebido pelo meu vizinho na mesa do Eurogrupo, Luis de Guindos. Como ministro das Finanças de um governo espanhol conservador, inimigo jurado do partido irmão do Syriza na Espanha, o Podemos, Luis jamais perdeu uma oportunidade de se aliar a Wolfgang contra mim no Eurogrupo, mas eu já percebera que isso poderia ser devido a um expediente tático, e não por convicção.

Naquele dia em seu gabinete, ele confirmou minha suspeita. Ao longo de uma simples, mas fabulosa refeição consistindo de *paella*, com uma taça de um excelente vinho tinto para complementá-la, seguiu-se uma conversa de uma afabilidade desarmante. Luis não somente foi rápido a endossar minha ideia para acabar com o impasse, mas, quando lhe contei sobre a reação semelhante de Pier Carlo, balançou a cabeça de forma elogiosa e disse: "Vocês, os italianos e nós devemos nos unir".

Intrigado, encorajei-o a se explicar. "Você está me dizendo, Luis, que não está mais interessado em derrubar nosso governo? Não era esse seu não tão secreto desejo?".

Luis pensou sobre aquilo por um momento. "Não mais", disse com um sorriso malicioso.

"O que mudou?", perguntei. "Eu estava com a impressão de que você tinha se juntado a Wolfgang na busca pelo Grexit."

"O que mudou," respondeu Luis pensativamente, "é que o Podemos não representa mais uma ameaça para nós da forma que representava há alguns meses. E, também, agora tenho mais medo do Grexit do que tinha antes. Não tenho mais certeza de que poderíamos contê-lo".

A minirrecuperação da Espanha alimentada por crédito era de fato muito frágil e incapaz de sobreviver aos choques que o Grexit causaria, e era bem verdade que a ascensão do Podemos estagnara devido a divisões internas. Mesmo que ele jamais fosse vir a público para dizer isso, um pacto entre Grécia, Itália e Espanha que evitasse o Grexit e acalmasse os mercados fazia sentido de seu ponto de vista.[273]

No voo de Madri de volta para casa, fui atormentado pela ideia de perder a oportunidade que agora tínhamos diante de nós. O ministro da economia francês e os ministros das Finanças da Itália e da Espanha haviam concordado sem reservas que Alexis deveria ligar imediatamente para a chanceler alemã sobre minha proposta. Eles nunca tomariam a dianteira eles mesmos, é óbvio, mas se Alexis o fizesse, nos apoiariam, pelo menos nos bastidores.

Quando desembarquei em Atenas, o Plano para a Grécia fora finalizado. Jeff Sachs editara lindamente o rascunho que eu lhe enviara alguns dias antes; Norman Lamont acrescentara algumas importantes notas; o pessoal da Lazard refinara as propostas de *swap* de dívidas; e Larry Summers dera seu aval. Também houve outras contribuições, incluindo um trabalho excepcional de análise de sustentabilidade da dívida e uma política para os maus bancos.

273 Havia um outro fator, mais pessoal, que pode ter influenciado. No verão de 2015, o mandato da presidência do Eurogrupo expiraria. Luis tinha a ambição de substituir Jeroen e estava claramente angariando os votos dos ministros das Finanças naquele momento.

Jeff sugeriu que o título do documento deveria fazê-lo parecer chato e modesto, do jeito que o FMI gostava, e, consequentemente, ele se tornou *Um Quadro Político para Consolidação Fiscal, Recuperação e Crescimento da Grécia*. Coassinado por formuladores de políticas que combinavam *pedigrees* excepcionais com a experiência dos mais altos níveis de governança de todo o espectro político, era uma arma poderosa.[274]

Naquele sábado de manhã, dois dias antes de voar de volta a Bruxelas para o Eurogrupo de 11 de maio, fiz meu gabinete imprimir cópias do *Quadro Político*, coloquei algumas na mochila, subi na moto e fui até Maximos para ver Alexis. Lá contei-lhe sobre a encorajadora recepção que minha proposição recebera em Paris, Roma e Madri e lhe entreguei cópias do *Quadro Político* com o firme conselho de que aquela era a única arma que restava, se não para ganhar a guerra, pelo menos para impedir nossa aniquilação.

Sem ao menos fingir que tinha a intenção de lê-lo, Alexis colocou o *Quadro Político* de lado. "Este não é o momento de antagonizá-la", disse referindo-se a Merkel.

As palavras me escaparam. Ao recusar a oportunidade de adotar este documento e proclamá-lo o anti-*MoU* de nosso governo, ele estava desperdiçando a chance de apresentar um plano para a recuperação da Grécia elaborado pelo governo grego para o povo grego com a competente assistência de alguns dos mais brilhantes e mais experientes formuladores de políticas do mundo. Tendo-lhe sido negado o selo de aprovação do primeiro-ministro, a *Quadro Político* era daí em diante nada mais que um *green paper*[275] do Ministério das Finanças, dando aos credores uma licença para ignorá-lo completamente.

---

274 Os cossignatários, como apareciam na capa, eram: James K. Galbraith (Universidade do Texas em Austin), Jeff Sachs (Universidade Columbia, conselheiro especial do secretário geral das Nações Unidas), Lord (Norman) Lamont (ex-chanceler do Tesouro britânico), Mariana Mazzucato (Universidade de Sussex e autora de *O Estado Empreendedor*), Thomas Mayer (diretor da Flossbach von Storch, ex-economista-chefe do Deutsche Bank) e Larry Summers (Universidade Harvard, ex-secretário do Tesouro dos Estados Unidos).

275 N. de R. T.: Termo utilizado na União Europeia, no Reino Unido e nos Estados Unidos para indicar um documento produzido por um gabinete oficial que traz propostas para resolver determinado problema, a fim de que sejam discutidas e debatidas, mas

O único ato de resistência de Alexis continuava sendo sua ameaça de calote ao FMI (enquanto sinalizava para Merkel nos bastidores sua disposição de rolar a dívida). O próximo pagamento ao FMI, no valor de 765 milhões de euros, estava previsto para terça-feira, 12 de maio, no dia seguinte à reunião do Eurogrupo. Mas no domingo, 10 de maio, pouco antes de mais uma reunião do gabinete de guerra, Yannis Stournaras, presidente do Banco Central grego, ligou para relatar que 650 milhões de euros haviam sido milagrosamente descobertos dando sopa por aí em alguma conta esquecida que por acaso estava recheada com fundos que podíamos usar para reembolsar o FMI. Não havia como justificar o não pagamento dos 115 milhões de euros restantes. "Bastardos! Eles decidiram pagar a si mesmos para impedir o calote", foi como Alexis colocou.

"O fato de que eles estão pagando a si mesmos, em vez de anunciar um calote da Grécia, deve lhe dar força e coragem, Alexi", disse-lhe. "Isso mostra o tipo de poder que você tem."

Minha tentativa de reavivar seu ânimo passou despercebida e, durante as horas seguintes, enquanto o gabinete de guerra discutia novas maneiras de sucumbir ao antigo programa, permaneci quieto. Só lá para o final da reunião perguntei: "Amanhã tenho que viajar a Bruxelas para participar de outro Eurogrupo. Quais são minhas instruções?". A resposta que recebi foi para repelir Wolfgang e suas tropas na esperança de que Merkel viesse em nosso socorro.

## A jogada de Wolfgang

Mantendo meus amigos perto, mas meus inimigos ainda mais perto, organizei uma visita a Wolfgang, junto com Theocarakis e Chouliarakis, no escritório da delegação alemã em Bruxelas uma hora antes do início do Eurogrupo.[276] Ele nos recebeu com seus dois adjuntos a seu lado. Deixan-

---

sem qualquer comprometimento de que se transformem em ação.

276 Pouco antes disso, Wolfgang e eu estivemos em uma reunião de ministros das Finanças discutindo a possibilidade de instaurar um imposto sobre as transações financeiras (ITF), em um subgrupo de Estados-membros da União Europeia. Naquela reunião, nós dois conseguimos estar de acordo para variar um pouco, votando juntos contra as objeções de outros Estados-membros ao ITF. Quando aquela reunião terminou, Wolf-

do de lado as preliminares de costume, foi direto ao ponto. "Olhe", disse ele, "é um erro acreditar em qualquer coisa que a comissão disser a você. O que eles podem lhe oferecer? Eles falam, falam e falam, mas tudo é apenas conversinha. Não lhes dê atenção".

Na experiência passada, ele estava certo. O que eu não esperava, e que descobria agora, era que seu conselho para ignorar a Comissão Europeia se aplicava igualmente a sua própria chanceler. "Sei que seu primeiro-ministro fala com ela o tempo todo", disse ele. Ficando visivelmente cada vez mais agitado, ele perguntou: "*Por que* ele fala com ela o tempo todo? Para quê? O que ele espera dela? Não há *nada* que ela possa dar a ele!".

Talvez percebendo que ultrapassara os limites do decoro, deu um passo atrás: "Fiquei muito feliz em ouvir seu primeiro-ministro mencionar a possibilidade de um plebiscito[277], porque isso seria *fantástico*! Mas vocês têm que ter muito cuidado. Devem deixar muito claro – *muito*, *muito* claro – para o povo grego qual é a escolha deles. Pesquisas de opinião apontam que eles querem o euro. Vocês têm de lhes dizer que, se quiserem o euro, têm de aceitar o *MoU*. Se não quiserem o *MoU*, tudo bem, sigam em frente. Apenas sigam em frente".

Retruquei que a adesão à zona do euro dificilmente poderia ser condicionada ao consentimento a políticas fracassadas que tornassem insustentável a permanência do país dentro dessa mesma zona do euro.

Ele imediatamente descartou meu argumento: "O *MoU*, o *MoU* tal como está, sem alterações. Ou a dracma. Vocês têm que aceitar o *MoU* se quiserem o euro. Se vocês não querem o euro, é outra história. O povo da

---

gang se retirou para seu escritório, onde o visitei com meus adjuntos.

277 N. de E.: A Constituição Grega, em seu art. 44, dispõe sobre a *consulta popular* (δημοψηφισμα, isto é, *demopsifisma*), o que no direito constitucional brasileiro, contudo, é um instituto jurídico que comporta duas espécies, quais sejam, o *referendo*, consulta a posteriori, e o *plebiscito*, consulta a priori. Ou seja, o primeiro ocorre quando um dispositivo legal ou medida são submetidos à aprovação popular para assim poder valer; enquanto no segundo não há dispositivo ou medida anterior para ser rejeitada ou aprovada, mas sim apenas a deliberação, mediante sufrágio universal, sobre como os poderes públicos deverão agir diante de determinado fato relevante, no exercício mais direto de soberania popular que a democracia moderna admite – hipótese essa que se coaduna com o ocorrido nesta passagem. Em inglês, contudo, o processo referido nesta passagem é descrito como *referendum*, o que, sem embargo, é um falso cognato em português.

Grécia deve decidir essa questão. É por isso que fiquei feliz em ouvir seu primeiro-ministro falar de um plebiscito. Vocês deveriam preparar esse plebiscito. E, você sabe, se for levar seis meses para que o povo grego tenha tempo de sobra para se decidir, tudo bem. Nós vamos financiar vocês *completamente* por seis meses".

Aí estava. Toda aquela história sobre o BCE estar apenas seguindo suas regras ao nos negar liquidez era conversa fiada. Se eles quisessem, para fins políticos, financiariam "completamente" as obrigações de dívida da Grécia. E não apenas durante as duas ou três semanas que estávamos pedindo, mas por seis meses inteiros – o que equivaleria a 11 bilhões de euros!

"Mas Wolfgang", respondi, ainda me recuperando de suas palavras, "como líderes responsáveis e europeus, deveríamos fazer tudo o que estiver a nosso alcance para evitar o Grexit e oferecer aos nossos povos uma visão clara de uma vida decente dentro da zona do euro. Forçá-los a escolher entre uma política fiscal catastrófica *dentro* da zona do euro e uma saída catastrófica *da* zona do euro não é a marca de uma liderança política esclarecida. Você não vê que o problema com o *MoU* é que ele não oferece esperança alguma de um futuro decente?".

É claro que ele conseguia ver, ele admitiu. "O *MoU* é ruim para seu povo. Não permitirá que vocês se recuperem. Não é bom para o crescimento. É por isso que vocês precisam do plebiscito. Para deixar isso *claro*".

Chocado com a facilidade com a qual ele parecia disposto a endossar a desintegração da zona do euro, eu disse: "Deixando a Grécia de lado por um momento, você realmente acha que pode controlar as forças demoníacas que um Grexit desencadearia? Isso é pura loucura. Ninguém pode controlá-las. Seria um erro de proporções históricas".

"Então não chamem de Grexit", disse Wolfgang. "Vocês não precisam pensar nisso como Grexit. Pensem nisso como uma pausa. Da maneira que eu entendo, vocês saem por um tempo, se recuperam muito rapidamente, assim ganham competitividade novamente graças à desvalorização. E então, depois de mais ou menos um ano, quando recuperarem uma grande parte da competitividade perdida, poderão voltar".

Eu mal sabia por onde começar. "Wolfgang, não posso coadunar a saída da Grécia de uma moeda na qual, deve-se admitir, jamais deveríamos ter entrado. Visto que leva até um ano para criar uma nova moeda antes de poder desvalorizá-la, isso é o mesmo que anunciar uma desvalorização da moeda com um ano de antecedência. Os custos de curto a médio prazo seriam imensos. Embora tema menos esses custos do que os custos de permanecer *ad infinitum* no euro sob um *MoU* destrutivo, insisto que nos colocar no dilema '*MoU* ou dracma' não é consistente com os interesses da Europa. Mesmo que você não se importe com a Grécia, o Grexit – ou um intervalo grego, ou seja lá a forma que você quiser chamá-lo – vai acabar com a aura de inevitabilidade do euro. Isso vai atingir a Itália e a Espanha em cheio e imediatamente, antes de os efeitos secundários chegarem a Paris. E não há nada que Mario Draghi possa fazer para amenizar esse dano, mesmo que ele imprima pirâmides de euros. A união monetária será descosturada em tudo o que é lugar por forças que você não será capaz de controlar".

Wolfgang discordava, mas expressou sua discordância por meio de uma curiosa sobreposição de nossas opiniões. "No Eurogrupo você é provavelmente aquele que entende que a zona do euro é insustentável", disse ele. "A zona do euro é construída de forma errada. Nós deveríamos ter uma união política, não há dúvida quanto a isso".

"Sempre soube que você era um fervoroso federalista", interrompi. "Eu me lembro de seu desentendimento com seus colegas no início dos anos 1990. Tenho certeza de que a senhora Merkel não conseguiu ver tão bem quanto você a importância de uma estrutura política federal que acompanhasse a união monetária".

Ele pareceu satisfeito por um momento. "E os franceses também", acrescentou. "Eles se opuseram a mim".

"Eu sei", afirmei. "Quiseram usar o marco alemão, mas sem compartilhar a soberania!".

Wolfgang concordou com entusiasmo. "Sim, é isso mesmo. E não vou aceitar. Então, você vê", continuou ele, "a única maneira de eu manter essa coisa em pé, a única maneira de eu fazer essa coisa não desandar, é por meio de uma maior disciplina. Qualquer um que queira o euro deve aceitar a disciplina. E será uma zona do euro muito mais forte se ela for disciplinada pelo Grexit".

De canto de olho, pude ver Chouliarakis empalidecer. Theocarakis, por outro lado, parecia impressionado, mas não surpreso com a visão do ministro das Finanças da Alemanha sendo disparada por todos os lados. Aproveitando minha chance, disse: "Você *não* será capaz de controlar o processo caótico que um Grexit desencadeará. Pode esquecer uma pausa temporária. Uma vez que se está fora, se está fora, e o resto vai começar a cair também. Você está planejando uma dinâmica que não será capaz de controlar".

"Não concordo com você", respondeu ele, balançando a cabeça e olhando para o chão. "Nós podemos proteger o euro muito melhor depois que vocês saírem, com uma *enorme* ajuda nossa, e então vocês podem voltar".

Era evidentemente inútil desafiar a fé dele em sua capacidade de controlar uma perigosa força da natureza e, quando o ministro das Finanças alemão oferece uma "enorme ajuda" a seu maltratado país, você tem o dever, como ministro das Finanças, de pedir esclarecimentos. Então lhe perguntei: "Ok, quando você diz 'com uma enorme ajuda', o que quer dizer com 'enorme'? A propósito, Wolfgang, você informou a chanceler sobre isso?".

Olhando para mim intensamente e com um sorriso expressivo, asseverou: "Se eu responder a essa pergunta e você vazar isso, mato você com minhas próprias mãos!".

"Wolfgang", indaguei, "eu alguma vez já vazei qualquer coisa sobre a qual falamos em nossas reuniões? Você já, mas, como sabe, eu não!".

Ele riu e disse: "Sim, você está certo, você está certo. Ela sabe e eu vou convencê-la de que é uma boa ideia".

Como eu suspeitava, a chanceler sabia do plano de Wolfgang, mas não o tinha aprovado. Naquele momento me ocorreu que ele e eu tínhamos algo importante em comum. Discordávamos em tudo, inclusive sobre um Grexit, mas havia uma coisa que compartilhávamos: ambos tínhamos um líder que avançava aos trancos e barrancos.

"A partir do que você está me dizendo", sondei, "essa é uma conversa que não tem mandato para ter comigo".

"Sim, você precisa de um mandato de seu primeiro-ministro para termos essa conversa e eu preciso de um mandato da chanceler".

"Ok", retruquei. "Vou ligar para você mais tarde". Trocamos números de telefone e concordamos em conversar novamente mais tarde.

Nesse meio tempo, tínhamos a reunião do Eurogrupo para participar. De dentro do Eurogrupo, mandei uma mensagem para Alexis com as notícias de Wolfgang. Seguiu-se a seguinte troca rápida.

VAROUFAKIS: [*16.21*] Wolfgang fez piruetas incríveis hoje durante a nossa reunião.
TSIPRAS: [*16.22*] Quer dizer?
VAROUFAKIS: [*16.25*] Ele está lhe enviando uma mensagem sobre uma pausa...
TSIPRAS: [*16.26*] Ele está propondo sair ou adotar uma moeda paralela?
VAROUFAKIS: [*16.27*] O primeiro, por meio do segundo; em pleno conhecimento de que o *MoU* está nos estrangulando.
TSIPRAS: [*16.30*] Nesse caso, diga-lhe que, se ele estiver falando sério, vamos discutir como isso poderia acontecer nas melhores condições. Financiamento, consenso e assistência mútua sem inadimplência.
VAROUFAKIS: [*16.35*] Ele está oferecendo uma enorme ajuda para a transição.

Nesse momento, Jeroen me pediu para responder às acusações habituais contra o governo grego: sobre ele estar causando atrasos, não estar disposto a oferecer propostas críveis e assim por diante. Depois de pronunciar minha réplica padrão e um apelo urgente por um comunicado equilibrado, retomei minha troca com Alexis.

TSIPRAS: [*17.50*] Estou curioso para descobrir o que diabos ele tem em mente. Conte-lhe sobre aquela outra proposta também, para ver o que ele pensa sobre ela.[278]
VAROUFAKIS: [*17.51*] Ok. Então tenho o seu sinal verde para conversar com ele em estrita confidencialidade sobre todos esses assuntos?

---

278 A "outra proposta" à qual ele se referia era a de uma empresa alemã de consultores financeiros e de investimentos, a Goetzpartners, cujas propostas eram consistentes com minha ideia de um banco de desenvolvimento que utilizasse patrimônio público como garantia. Nas semanas que se seguiram, colaborei com os representantes da Goetzpartners para melhorar meu *Quadro Político*.

TSIPRAS: [*17.53*] Sim, mas certifique-se de não lhe dar a impressão de que concorda. E tome cuidado para que ele não vaze a conversa.
VAROUFAKIS: [*17.53*] Ok. Nossa posição é: 1. Que estou simplesmente falando com ele para explorar a proposta, sem qualquer compromisso com ela. 2. Se ele vazar, vamos negar.

À medida que o Eurogrupo passou da discussão sobre a Grécia para outros tópicos, Wolfgang fez sinal para que eu fosse até seu lado da enorme mesa de conferência. Andei até ele e me ajoelhei a seu lado.

SCHÄUBLE: Estive pensando sobre o que estávamos conversando.
VAROUFAKIS: Eu também. E fico feliz em informar que já tenho um mandato de meu primeiro-ministro para discutir sua ideia, sem qualquer acordo ou compromisso com ela.
SCHÄUBLE: Escute, não é suficiente que nós tenhamos o mandato para conversar. É importante que *eles* conversem sobre isso primeiro.

Eu compreendia seus motivos: seria muito fácil para nós dois entrarmos em apuros, acusados de agir sozinhos em um assunto tão crucial.

VAROUFAKIS: Entendo. Então, como deveríamos proceder? De qualquer forma, você recebeu seu mandato da chanceler desde a hora que nos falamos?
SCHÄUBLE: Vou falar com ela amanhã de manhã. Mas ela concordar não é o suficiente. Ela e Tsipras têm que ter essa discussão primeiro. Por que o seu primeiro-ministro não menciona isso em uma das muitas conversas entre eles?
VAROUFAKIS: [*sorrindo*] Ora, ora, Wolfgang. Você não espera que ele cometa um erro desses? Se mencionar isso, no momento seguinte, o *Financial Times* ou o *Der Spiegel* estarão noticiando que o governo grego está colocando o Grexit na mesa! Tenho uma ideia melhor: por que, em vez disso, a chanceler não menciona essa ideia para Tsipras ela mesma?
SCHÄUBLE: [*sorrindo*] Porque senão vocês vão vazar que a chanceler está empurrando a Grécia para fora da zona do euro.
VAROUFAKIS: Isso parece um beco sem saída, Wolfgang, não parece?

Wolfgang franziu a testa em pensamentos profundos e então, alguns segundos depois, compartilhou uma nova ideia comigo: "Por que Tsipras, quando eles forem conversar, não pergunta agressivamente a ela: 'Que ideia é essa que o Schäuble vem empurrando para o Varoufakis sobre uma pausa?'. Se ele disser isso como se fosse uma acusação, ninguém vai poder vazar isso como se Tsipras ou você estivessem endossando minha proposta. Mas, ao mesmo tempo, a chanceler terá a chance de dizer: 'Essa pode não ser uma má ideia, vamos discutir sobre ela'. Se eles o fizerem, então você e eu poderemos ter nossa discussão sobre o que uma 'enorme ajuda' significa".

Concordei e, ao retornar a Atenas, relatei fielmente toda nossa troca a Alexis. Um pouco perplexo, ele mesmo assim prometeu que faria a Merkel a pergunta agressiva que Wolfgang bolara.

## Euros derretidos, corações naufragados

Quase um mês depois, em 8 de junho de 2015, eu estava em Berlim. Acompanhado por Jamie Galbraith, encontrei-me com Wolfgang em seu escritório pela última vez. Schäuble me recebeu calorosamente, embora não conseguisse resistir a uma piada ácida. Uma vez que nos sentamos, puxou uma pilha de moedas de euro feitas de chocolate ao leite. "Elas foram dadas a mim por estudantes alemães, mas eu lhes disse que iria entregá-las a meu colega grego, porque ele precisaria delas para acalmar seus nervos." Eu as peguei com um sorriso, ofereci-lhe uma (que ele rejeitou) descasquei o papelzinho de alumínio de uma outra e a comi.

"Muito boa para os nervos", confirmei, antes de enervá-lo com más notícias. "Wolfgang, ao que parece você definitivamente não possui um mandato para aquela conversa que iniciou um mês atrás em Bruxelas."

Genuinamente intrigado, ele pediu para saber mais, então lhe disse o que Alexis me transmitira. Ele conversara com Angela Merkel. Como aconselhado, ele a confrontou com a pergunta: "O que diabos Schäuble está dizendo a Varoufakis sobre uma pausa?". Ela ficou irritada e disse a Alexis que aquilo não era algo que ela desejasse contemplar, acrescentando, portentosamente: "Se ele [Schäuble] abordar você novamente, me avise!".[279]

279 Essa foi a cena que Alexis descreveu para mim. É claro que eu não estava presente

Wolfgang tinha a aparência de alguém que acaba de perder o fôlego. O fato de ele nem sequer tentar contestar o relato de Alexis sugeria que este estava em sintonia com o seu entendimento da atitude de Merkel. Seu sorriso desapareceu, seus ombros caíram, sua alegria evaporou-se. Deu de ombros diversas vezes e me disse que, dado esse último desenvolvimento, estava sem ideias. Parecia sem palavras. Repetiu de novo e de novo que não tinha ideia de como resolver o impasse, que não tinha autoridade para discutir um acordo dentro da zona do euro por trás das costas das instituições. Pela primeira vez reconheci não uma falta de interesse ou algum estratagema cínico, mas sim um genuíno desamparo, então tentei reavivar um pouco o seu ânimo.

"As pessoas lá fora, Wolfgang", eu disse, apontando para fora da janela, "não olham para Mario [Draghi] ou para Christine [Lagarde] esperando que eles façam o que é certo, que evitem o desastre e encontrem soluções. Eles nunca votaram nessas pessoas. Eles votaram em você e em mim, para nos reunirmos e forjarmos um acordo. Eles nos deram um mandato para encontrar uma solução e vão nos culpar se não o fizermos."

Ele se recusou a me olhar nos olhos. De fato, ele não parecia bem.

"Nosso enigma", continuei, "nossa tarefa é encontrar uma solução que minimize a dor mantendo-se as duas restrições que você e eu concordamos serem obrigatórias: primeiro, o *MoU* não oferece uma solução viável para a Grécia e, segundo, nem você nem eu temos um mandato para discutir Grexit, pausas e afins. Então, vamos encontrar a melhor solução dentro de nosso conjunto atual de restrições. É isso o que políticos eleitos devem fazer".

"O que poderia ser essa solução?", perguntou ele, deixando a porta entreaberta para eu propor uma alternativa. Era minha chance de me conectar com ele sobre uma resolução prática.

Expliquei como era possível fazer um *swap* da dívida de uma maneira que ele pudesse vendê-la ao Bundestag, como a Grécia não precisaria de dinheiro novo, como poderíamos garantir que Atenas nunca mais cairia de novo na ignomínia de um déficit primário, como poderíamos instituir

---

e por isso não posso corroborar o relato de Alexis sobre o que foi dito exatamente e de que forma.

reformas de longo alcance sobre as quais ele e eu conseguíssemos concordar e um banco de desenvolvimento nos moldes das propostas que eu desenvolvera em conjunto com consultores alemães próximos tanto da Chancelaria quanto de seu próprio Ministério.

Em poucas palavras, fiz para ele um resumo da versão reformulada do documento sobre um *Quadro Político*, no qual estivéramos trabalhando ao longo do mês anterior e que agora continha novas ideias e um novo título: *Acabando com a crise grega: reformas estruturais, crescimento induzido pelo investimento & gestão da dívida.*[280]

Se bem me lembro, Wolfgang não encontrou nada o que criticar em minha proposição. Mais tarde, buscando uma segunda opinião sobre sua reação, pedi a Jamie Galbraith que escrevesse suas impressões. Eis aqui como ele descreveu a reação de Wolfgang.

> Schäuble ouviu a apresentação em seus pormenores, com muita atenção e uma linguagem corporal que não sugeriu nenhuma discordância sobre qualquer ponto da argumentação. Varoufakis afirmou repetidamente que uma solução deveria ser definitiva e não um fundamento para fracassos futuros e contínuos resgates... O fato mais importante sobre a reação de Schäuble foi que ele disse, repetidas vezes e com um encolher de ombros, que "não tinha ideia" de como resolver esse assunto.

Pressionei-o por algum tipo de resposta. "Aqui estou eu, pedindo a você, o ministro das Finanças do país mais rico e mais poderoso da Europa, para me dizer o que devo fazer. Você rejeita minhas ideias; a sua própria proposta foi rejeitada pela sua chanceler e, nesse meio tempo, as negociações

---

280 Este novo documento diferia do *Quadro Político* anterior de duas maneiras principais. A primeira era que eu incorporara, apesar de minhas reservas, as metas fiscais que Alexis tinha aceitado. Como membro leal de seu governo e seu ministro das Finanças, tinha que aceitar a responsabilidade coletiva pelas deploráveis concessões que ele fizera ao tentar salvar o que restava. A segunda mudança era uma grande melhoria na concepção do banco de desenvolvimento proposto. Isso iria, de uma só vez, acabar com a queima de estoque de patrimônio público sobre a qual a *troika* insistia, ao mesmo tempo que poria fim à sua subutilização pelo Estado grego. Esta iniciativa de política foi desenvolvida em associação com a empresa alemã de consultoria Goetzpartners, uma organização com relações estreitas tanto com a Chancelaria quanto com o Ministério das Finanças federal.

entre a equipe demeu primeiro-ministro e a *troika* no Grupo de Bruxelas estão avançando em uma direção que é o oposto de uma solução. O que devo fazer, Wolfgang?".

Ele levantou os olhos pela primeira vez em algum tempo e disse sem nenhum entusiasmo: "Assine o *MoU*". O círculo se fechara.

"Ok", respondi. "Vamos supor que eu faça isso. Vamos imaginar que eu assine o maldito documento. Diga-me: nós não vamos estar na mesma situação de novo daqui a seis ou doze meses? Com outra crise de financiamento alimentando manchetes do tipo A GRÉCIA NO LIMITE NOVAMENTE, mais recessão e um retrocesso político no Eurogrupo?".

Se reanimando um pouco, Wolfgang concordou e disse: "É por isso que lhe falei para convencer seu primeiro-ministro a considerar uma pausa".

"Exceto que sua chanceler pôs fim a essa discussão."

"Bem, isso lhe deixa com o *MoU*", disse ele, caindo mais uma vez na mesma não solução.

Só mesmo uma jogada que fosse além da razão e da retórica poderia quebrar o círculo vicioso, pensei, um gesto de humanidade. "Você me faz um favor, Wolfgang?", perguntei humildemente. Ele assentiu cordialmente. "Você vem fazendo isso há quarenta anos", eu disse, "Eu só comecei a fazer isso há cinco meses. Você sabe, de nossas reuniões anteriores, que venho acompanhando com interesse seus artigos e discursos desde o final dos anos 1980. Preciso pedir que esqueça por alguns minutos que somos ministros. Quero lhe pedir um *conselho*. Não para que me diga o que fazer. Para me aconselhar, em vez disso. Você faria isso por mim?".

Sob o olhar atento de seus assistentes, ele assentiu novamente. Tomando ânimo, eu o agradeci e procurei sua resposta como um estadista mais experiente, não um coator. "Você assinaria o *MoU* se estivesse em meu lugar?" Eu estava esperando que ele fosse me dar a resposta previsível – de que sob aquelas circunstâncias, não havia alternativa – junto com todos os outros argumentos sem sentido de costume. Ele não o fez. Ao contrário, olhou pela janela. Pelos padrões de Berlim, aquele era um dia quente e ensolarado. Então se virou e me atordoou com sua resposta. "Como um patriota, não. Ele é ruim para o povo".

Uma fenda aparecera. Naturalmente, tentei arrombá-la. Disse que, visto que nós agora concordávamos que o *MoU* era "ruim" e que Grexit estava fora de questão, um acordo como aquele que eu estava propondo era a única solução consistente com nosso mandato e com nosso dever para com nosso povo – os alemães e os gregos. Mas àquela altura, Wolfgang parecia um homem acabado.

Os cínicos diriam que o dr. Schäuble estava jogando um jogo maior – que, assim como ele dissera na conferência do FMI, causando o acesso de raiva de Michel Sapin, e como me dissera antes do Eurogrupo em 11 de maio, para ele o Grexit era um instrumento com o qual poderia perseguir sua visão de uma menor e mais disciplinada zona do euro, com a *troika* firmemente entrincheirada em Paris. Os cínicos estariam quase certos.[281]

Exceto que essa não seria toda a história. Quando parti naquele dia, não estava deixando para trás um ditador maquiavélico; deixava para trás um coração naufragado, um homem ostensivamente mais poderoso do que quase qualquer outro na Europa que, não obstante, sentia-se totalmente impotente para fazer o que sabia ser o certo. Como os grandes autores de tragédias nos ensinaram, nada causa mais miséria que a combinação de autoridade suprema e total impotência.

Antes de sair de seu escritório, peguei os euros de chocolate e os coloquei no bolso interno da minha jaqueta. Despedimo-nos. Peguei o elevador até o térreo e saí na rua para o mais ensolarado dos dias. Conforme entrava no carro que nos aguardava, olhei para cima, na direção do escritório de Wolfgang, surpreso por sentir uma estranha tristeza com a lembrança de seu naufragado ânimo. Mais tarde eu faria um discurso na catedral de Berlim. Quem, em meio à entusiasmada multidão que me recebeu naquela noite, teria acreditado que me sentia assim?[282] Quando cheguei à catedral,

---

281 Na verdade, meses depois, construí minha interpretação da visão de Schäuble em um artigo publicado no *Die Zeit* intitulado “O Plano do Dr. Schäuble”: <http://www.zeit.de/2015/29/schuldenkrise-europa-wolfgang-schaeuble-yanis -varoufakis>. Para uma versão em inglês, consulte <https://www.yanisvaroufakis.eu/2015/07/17/dr-schaubles--plan-for-europe-do-europeans-approve-english-version-of-my-article-in-die-zeit/>.

282 Em um *op-ed* com o qual contribuí para o jornal de finanças alemão, *Handelsblatt*, em 24 de julho de 2013 (“A Europa precisa de uma Alemanha hegemônica”), surpreendi a muitos ao argumentar a favor de uma Alemanha forte como a melhor maneira de tirar a Europa de suas dificuldades. Naquele contexto, não deveria ter sido surpreendente que quisesse um Schäuble robusto cantando em uníssono com uma Merkel energizada e fazendo a coisa certa. Pelo menos em minha cabeça, esse desejo era perfeitamente com-

o calor derretera as moedas de euro. A carta não datada de renúncia que fiz questão de guardar no mesmo bolso estava agora borrada de chocolate.

## A guerra dos modelos

"Um Gosto de Armagedon", episódio 23 da primeiríssima série de televisão *Jornada nas Estrelas*, exibida pela primeira vez em 1967, conta a história de uma guerra de cinco séculos entre dois planetas, Eminiar e Vendikar. A fim de reduzir os custos econômicos da guerra, os combatentes chegaram a um acordo interessante.

Em vez de disparar mísseis de verdade uns contra os outros, concordaram em continuar oconflito no ambiente puramente digital de um modelo de computador no qual os ataques um contra o outro eramsimulados, com mísseis baseados em modelos computacionais lançados contra cidades baseadas em modelos computacionais um dooutro. Mas embora nenhum dano material fossefeito, as baixas erambastante reais. Pois o acordo também obrigava cada lado a enviar para câmaras de desintegração criadas especialmente para tal o número de pessoas que, segundo o modelo, teriam morrido caso os ataques tivessem sido reais.

Durante as negociações com a *troika*, uma "guerra dos modelos" semelhante ocorreu, com baixas reais entre o povo grego. Por exemplo, sempre que eu defendia que, em uma economia em dificuldades marcada pela pobreza e pela evasão fiscal, a melhor maneira de aumentar as receitas do Estado provenientes do IVA ou do imposto sobre empresas era *reduzir* asalíquotas, a *troika* retrucava que seus modelos de computador mostravam o contrário: apenas *aumentando* as alíquotas do IVA e do imposto sobre as sociedades as receitas fiscais aumentariam.

E o Conselho de Assessores Econômicos do Ministério, sob George Chouliarakis, estava usando os mesmos modelos para produzir os mesmos argumentos em favor da austeridade. Um dia, enfurecido e incrédulo, pedi para que me deixassem dar uma olhada nos modelos. Recebi como resposta que tais modelos eram complexos, insinuando que eu não con-

---

patível com a determinação de ir à guerra contra eles caso eles insistissem em fazer a coisa errada pela Europa ao exigir nossa rendição.

seguiria entendê-los, mas insisti: em uma vida anterior, eu fora econometrista, respondi.

Quando me mostraram seus modelos, percebi por que estavam relutantes em fazê-lo. Lá dentro estava o pesadelo de um economista escrupuloso: uma suposição intrínseca e francamente ridícula de que aumentos nos preços como aqueles produzidos pelos aumentos de IVA *nunca* reduzem as vendas, e a de que aumentos nas alíquotas do imposto sobre as empresas*sempre* conduzem a mais impostos pagos pelas empresas. Eles omitiram quaisquer "elasticidades de preço" em seus modelos – para usar o termo técnico para essa asneira. Que eu saiba, nenhum economista jamais assume que um aumento de preço, *não importa o quanto*, deixe as vendas inalteradas.

Ou, inversamente, que uma queda nos preços *nunca* estimulará as vendas. Ou que o aumento das alíquotas do imposto sobre as empresas *sempre* levará as empresas a pagar mais impostos ao Estado. No entanto, a *troika*, meu Conselho de Assessores Econômicos e a respeitada imprensa financeira – mesmo aqueles dentro dela que se recusavam a endossar alíquotas de impostos mais altas para a Grécia – endossavam implicitamente exatamente essa idiotice econômica toda vez que defendiam esses modelos contra meus argumentos.

Para demonstrar a falha, realizei um exercício simples: pedi ao modelo da *troika* que simulasse o impacto sobre as receitas do governo de elevar a alíquota do IVA de 23% para 223%. Todos sabemos o que aconteceria no mundo real após um aumento de impostos estapafúrdio como esse: as vendas entrariam em colapso e o mesmo aconteceria com as receitas do governo.

Mas não no modelo da *troika*, que produziu um aumento maciço nas receitas. Como em qualquer modelo, suposições descabidas geram previsões descabidas. Mesmo assim, da mesma forma que em "Um Gosto de Armagedon", as baixas seriam bastante reais: pobres aposentados se empobreceriam ainda mais, empresas seriam empurradas para o precipício, toda uma economia social ficaria no limite.

Para combater os modelos da *troika*, eu precisava urgentemente deumpróprio, cientificamente superior e socialmente humano. Normalmente, isso caberia ao Conselho de Assessores Econômicos fornecer, exceto que

Chouliarakis não possuía a expertise e, mais importante, a vontade. Ele parecia perfeitamente satisfeito em aderir aos modelos da *troika,* cujos resultados fortaleciam a mão de Wieser e Costello. Mas como agora ele tinha o total apoio de Maximos, não adiantava discutir com ele. Em vez disso, pedi à minha própria equipe, sob o comando de Elena Panaritis, que criasse um modelo decente do zero.

Sem os recursos dos setenta membros do Conselho de Assessores Econômicos, sem mesmo um escritório adequado onde trabalhar, essa equipe minúscula se saiu magnificamente. Juntos, elaboramos a econometria, incorporamos estimativas decentes da reatividade de diferentes mercados a mudanças nos preços e impostos e concluímos a programação. Em menos de duas semanas, até mesmo os técnicos da *troika* em Atenas admitiram que nosso modelo era superior ao deles. O problema, claro, era que esse não era um jogo acadêmico no qual o modelo mais preciso vencia, era uma guerra de modelos em que o lado mais poderoso saía vitorioso. Isso pode ser ilustrado por um episódio envolvendo Poul Thomsen do FMI.

Certa noite, em Bruxelas, Poul estava me cansando com sua diatribe padrão sobre nosso sistema de IVA e como ele deveria ser simplificado: "É ridículo ter seis alíquotas diferentes de IVA", trovejou. "Isso torna o sistema suscetível à arbitrariedade e à fraude".[283]

Minha resposta foi que o verdadeiro problema do IVA na Grécia não era sua complexidade, mas o fato de que 23% era uma alíquota alta demais para uma economia que passava por uma má fase e uma sociedade tão atolada na pobreza que milhões não podiam pagá-la. Precisávamos oferecer ao povo grego um novo contrato social: o governo reduziria as alíquotas e, em troca, as pessoas realmente pagariam o imposto. Além disso, defendi que precisávamos digitalizar as transações para desencorajar a evasão fiscal.

283 Na realidade, como muitos outros países europeus, a Grécia tinha três alíquotas de IVA: 6%, 11% e 23%. Mas, desde a década de 1940, as ilhas do mar Egeu receberam um desconto de 30% sobre o IVA, porque o transporte era muito difícil e, como resultado, o custo de fazer negócios ou morar lá era maior. Thomsen contou as alíquotas com desconto das ilhas como três extras, somando seis taxas em todo o país. O fato de outros países, como a Espanha, que inclui as Ilhas Canárias, terem acordos semelhantes, era irrelevante para ele.

Poul estava inflexível: alíquotas demais eram o problema, repetia ele sem parar. "Você precisa chegar a apenas duas alíquotas", insistia.

Aquele foi um longo dia e eu estava cansado, então decidi ir direto ao ponto: "Ok, Poul. O negócio é o seguinte. Vou adotar sua ideia de apenas duas alíquotas de IVA em todo o país, desde que você concorde que elas serão 6% e 15%, além de um extra de 3% sobre as transações envolvendo dinheiro ao invés de cartões de débito. O que você me diz?"

Poul olhou para mim. "Você está falando sério?", perguntou, evidentemente contente com minha sugestão.

"Sim, estou", respondi. "Vamos apertar as mãos para selar isso." Ele me deu a mão, eu dei a minha a ele, e nós as apertamos.

De volta a Atenas, foi necessário um enorme esforço para convencer o pessoal de Alexis e o gabinete a endossar a nova política. Meu argumento era que ela daria às pessoas e às empresas um enorme espaço de manobra, ajudaria a estabelecer uma nova relação entre a população e o governo, e seria a primeira vez que estaríamos de acordo com o FMI sobre uma importante reforma. Embora eu tenha recebido o sinal verde, ficou claro que muitos não estavam contentes. Chouliarakis ficou aborrecido porque seu modelo proveniente da *troika* fora posto de lado, assim como ficaram outros para quem a própria existência de minha equipe era o verdadeiro problema.

Em 18 de maio, uma entrevista minha seria transmitida ao vivo pela televisão grega. De antemão, pedi permissão a Alexis para mencionar a nova política de IVA como um sinal de progresso nas negociações e de nossos planos para trazer um alívio à tributação excessiva. Ele concordou, e assim o fiz. No dia seguinte à entrevista, setores da imprensa atacaram a proposta de IVA como sendo "inviável" e "uma fantasia da imaginação de Varoufakis". Meu assessor de imprensa e Wassily relataram que o gabinete do vice-primeiro-ministro e Chouliarakis estavam falando aos jornalistas contra a política anunciada. Disse-lhes que eu não podia mais me incomodar com as punhaladas pelas costas vindas de meus companheiros: "Tenho um acordo com Thomsen e Alexis, e isso é bom o suficiente para mim".

Dois dias depois, recebi um telefonema de um dos nossos representantes no Grupo de Bruxelas. Ele ficara muito feliz com o acordo que Poul e eu seláramos e estava ansioso para conseguir selá-lo no nível do Grupo de Bruxelas. Agora, parecia enfurecido. "O FMI voltou atrás no acordo. O chefe da missão deles de fato mencionou que Thomsen e você haviam concordado sobre duas taxas, mas reivindica que a maior delas deveria passar dos atuais 23% não para 15%, mas para 24%. É isso o que o modelo deles está dizendo". As palavras de cautela que Jeff Sachs certa vez compartilhou comigo soaram verdadeiras: "Essas pessoas mentem. Não confie nelas". Ainda assim eu mal podia acreditar que Poul poderia ter sido tão descarado.

A próxima vez que o vi, estávamos passando um pelo outro em um corredor em Bruxelas. Ele tinha os olhos fixos no chão, claramente empenhado em evitar uma conversa. Parei-o. "Poul", disse, "o que aconteceu com nosso acordo sobre duas alíquotas de IVA, uma a 6% e outra a 15%, mais uma sobretaxa sobre transações em dinheiro? Que história é essa de uma alíquota máxima de 24% que o meu pessoal está reportando?" Ele murmurou algo incompreensível sobre as receitas não serem altas o suficiente. "Nós tínhamos um acordo, Poul", insisti.

Com um largo e malicioso sorriso, ele disse: "Você vai me dar as reformas trabalhistas?".[284]

Isso não era maneira de negociar, pensei. Sem dizer nada, afastei-me.

Apesar da ridicularização pela imprensa grega, não cedi. Durante todo o mês de junho, minha equipe e eu demonstramos diversas vezes a precisão superior de nosso modelo e perseveramos em nossos argumentos. A situação era verdadeiramente absurda: um ministro das Finanças de esquerda representando o Syriza, a Coligação da Esquerda Radical, estava argumentando como um republicano reaganista a favor de alíquotas menores, inclusive para os negócios, contra agentes supostamente neoliberais que insistiam em aumentá-las. Era um sinal claro de que essa negociação não tinha base alguma em economia.

Certo dia em Maximos Alexis me parabenizou. "Seu modelo venceu", disse ele em aprovação. "Bruxelas admitiu que ele é melhor que o deles." E então acrescentou: "Mas, Yanis, eles ainda insistem nas mesmas reformas paramétricas [nas alíquotas de impostos], e nós decidimos deixá-los

---

284 As reformas trabalhistas que Thomsen queria eram um compromisso de nosso lado de não reintroduzir o direito dos sindicatos à negociação coletiva e de liberar grandes empresas, principalmente bancos e supermercados, da restrição legal às demissões em massa.

tê-las".[285] Ele me lembrou Anan 7, o líder de Eminiar em "Um Gosto de Armagedon", que exigiu que seu próprio povo entrasse voluntariamente nas câmaras de desintegração porque era isso que exigia o modelo com o qual ele concordara com o inimigo.

## Clara ruptura

Dos muitos atos vergonhosos que o governo anterior tinha perpetrado, dois diziam respeito às artes e a nosso meio cultural mais amplo. Uma delas foi o fechamento da ERT, a emissora estatal de rádio e televisão – nosso equivalente da BBC. A outra foi a remoção ilegal da direção do Museu Nacional de Artes Contemporâneas de Atenas [EMST na sigla em grego] de Anna Kafetsi, uma curadora que fizera de sua criação, conclusão e sucesso o trabalho de sua vida.[286] Quando ainda era oposição, o Syriza se comprometera a reverter esses ultrajes.

Apesar de suas origens diferentes, Sagias, um produto do *ancien régime*, e Pappas, que gostava de apresentar a si mesmo como o alter ego radical de Alexis e o fiador de nossa rebeldia, eram um componente crucial da maioria no gabinete de guerra que defendia o acordo original. A primeira vez que senti no ar que Pappas e Sagias estavam passando para o outro lado foi quando recuaram dos compromissos referentes a ERT e o EMST. Durante aquele cruel mês de abril, Sagias soltou uma bomba. Em resposta a uma pergunta supérflua sobre quem seria nomeado CEO da ERT quando esta

285 Os parâmetros de um modelo são suas constantes – suas suposições intrínsecas – ao contrário de suas variáveis. A alíquota de imposto em nossos modelos era uma constante, enquanto a receita proveniente delas era uma variável que dependia de uma miríade de outros fatores. Uma reforma paramétrica seria, portanto, uma mudança nas suposições do modelo – neste caso, a alíquota do imposto.

286 Kafetsi fora a diretora inaugural do museu, em 2000. Por mais de uma década, lutou, na maior parte do tempo sozinha, para encontrar um edifício no centro de Atenas dedicado ao museu. Por fim, conseguiu garantir uma antiga cervejaria para o propósito e convertê-la adequadamente, mas, apenas algumas semanas antes da data de inauguração, o governo Samaras tirou-a de sua posição. Um ano mais tarde, depois de termos vencido a eleição, o EMST continuava fechado. Minhas fontes me informaram que um banqueiro estava bloqueando sua abertura a fim de impedir que uma carta de crédito que oferecera ao museu fosse cobrada.

fosse reaberta, mencionou Labis Tagmatarchis, o ex-CEO que supervisionara minha inclusão na lista negra da ERT em 2011.[287]

"É essa a nova era que estamos planejando para a ERT?", perguntei. "Lutamos para reabri-la apenas para reintroduzir Labis? Estamos querendo voltar aos maus velhos tempos do controle direto do governo sobre uma emissora pública popular?".

Sagias deu de ombros. "É isso o que eu ouvi", disse ele. "Não castigue a mim. Vá falar com Pappas."

No dia seguinte, nos bastidores de uma reunião ordinária do gabinete de guerra, confrontei Pappas, que era o ministro de Estado responsável pelos meios de comunicação. "Você está pensando seriamente em reinstituir Labis no trono da ERT?"

"Não seja ridículo", ele respondeu. "Como se eu fosse escolhê-lo!"

Tranquilizado, perguntei-lhe quem ele tinha em mente. Pappas mencionou George Avgeropoulos, um brilhante jovem documentarista e ex--correspondente de guerra. Ele me pareceu uma excelente escolha. Naquela noite, disse a Danae que me sentia mal por ter duvidado de Pappas – um arrependimento equivocado, no fim das contas.

Enquanto isso, toda vez que topava com nosso ministro da Cultura, perguntava-lhe sobre a volta de Ana Kafetsi ao EMST. "Quando você acha que vamos conseguir tê-la de volta?".

"O mais rápido possível" era a sua resposta padrão, ocasionalmente temperada com declarações encorajadoras do tipo "Ela é a única pessoa que pode abrir o museu da maneira correta e que tem o que é preciso para torná-lo importante em nível mundial". Exatamente o que eu também achava, pensei.

Em um curto espaço de tempo, dois anúncios destruíram minhas ilusões: Pappas divulgou um comunicado de imprensa no qual dizia que Labis Tagmatarchis seria o CEO da ERT reaberta, e o Ministério da Cultura anunciou que o diretor interino do EMST, que substituíra Anna Kafetsi por um decreto do governo Samaras, continuaria em sua posição por tempo indefinido. Inúmeras pessoas entraram em contato comigo, indignadas com o fato de termos renegado dois compromissos para com os milhares

287 Ver o capítulo 2, item "Na lista negra".

que fizeram barricadas para exigir uma ERT diferente e para com aqueles ao redor do mundo que protestaram contra a remoção de Anna.

Eu estava ainda mais enfurecido do que o público, porque estava ciente de coisas que talvez não fossem amplamente conhecidas. A diretora interina do EMST era a companheira de Labis, enquanto o próprio Sagias me contara sobre sua longa amizade com Labis. Pappas estava ficando cada vez mais próximo de Sagias ao renomear Labis CEO da ERT, e era conhecido por todos os ministros – incluindo pelo ministro da Cultura – como aquele que tinha acesso aos ouvidos do primeiro-ministro. Mesmo que essas nomeações tenham sido por mérito, pareciam-me um aviso de que o nepotismo rastejava em nossas fileiras e de que existia um aconchego com o regime que havíamos jurado substituir.

Também não fora coincidência, pensei, que elas tivessem acontecido ao mesmo tempo em que se dava uma mudança crucial dentro do gabinete de guerra, com Pappas e Sagias claramente se afastando de nosso acordo. E com eles se afastando, a maioria de quatro contra dois que sustentara o plano de batalha original – com Alexis dando o quinto voto a seu favor ao final de cada reunião – tornou-se uma minoria de dois contra quatro, comigo e Euclides cada vez mais isolados.

## Informações falsas

Pappas e Sagias não eram os únicos colegas cuja reorientação no sentido da *troika* foi sinalizada por escolhas aparentemente inconsequentes sobre o pessoal. Numa tarde de março, Yannis Roubatis, chefe da agência nacional de inteligência da Grécia, abordou-me em Maximos com um pedido. Ele queria, como me explicou, falar bem do homem que estivera presidindo a Comissão Helênica de Jogos, a autoridade reguladora que supervisionava os jogos de azar. "Ele é muito próximo do regime anterior", admitiu Roubatis, "mas acredito que tenha encontrado uma maneira de manter esse capcioso setor relativamente limpo. Seria um erro removê-lo só porque não é um dos nossos." Eu estava determinado a manter a continuidade sempre que possível, e a palavra de Roubatis normalmente teria sido o suficiente, especialmente considerando nosso bom relacionamento e a considerável estima que tinha por ele.

No entanto, no Ministério, minha equipe não quis saber daquilo. "Se existe *alguma* pessoa que você tem que remover, essa pessoa é ele", diziam sobre o homem cujos serviços Roubatis queria que eu mantivesse. Depois de pesquisar sobre as alegações de minha equipe e avaliar a situação, de fato o removi. Isso deu início a uma campanha pessoal por parte da companhia nacional lotérica privatizada, contra mim e contra as pessoas que indiquei para a nova Comissão Helênica de Jogos.[288] Isso também coincidiu, talvez por acaso, com a cessação dos úteis relatórios que Roubatis vinha me dando até então.

Enquanto isso, o comportamento de Pappas e Sagias em relação a mim deteriorou-se acentuadamente. A decisão de Alexis em 27 de abril de acatar as exigências de Dijsselbloem ao dispensar Theocarakis marcou uma degradação significativa, e eles foram se tornando cada vez mais descorteses. Dentro de um mês, seus modos em relação a mim evoluíram para absoluta grosseria e agressividade. Um dia, nos bastidores de uma reunião do gabinete de guerra, perguntei a Alexis se ele percebera. Indiferente, respondeu que sim. E quando lhe perguntei se sabia o porquê, ele me chocou com sua resposta.

> TSIPRAS: Sagias está convencido de que você está em conluio com Schäuble para nos tirar do euro. E acho que ele convenceu Pappas também.
> VAROUFAKIS: Você acredita nisso, Alexi?
> TSIPRAS: Não, mas *eles* estão convencidos.
> VAROUFAKIS: Por quê? Como? Com base em quê? Se eu conseguialguma coisa, foi bloquear, em seu nome, os esforços de Schäuble pelo Grexit.
> TSIPRAS: Roubatis forneceu a eles informações em sentido contrário.

Enquanto o resto do gabinete de guerra continuava sua discussão, eu tentava dar algum sentido em minha cabeça àquela informação atordoante. *Roubatis está dizendo a eles que estou em conluio com Schäuble? Se for assim, o chefe de nosso serviço de inteligência está vendendo mentiras descaradas,* pensei. *Evidentemente, alguém influenciou dois dos meus colegas do gabinete de guerra, que por sua vez influenciaram Alexis. Mas fiquei sabendo de tudo*

288 Ver o capítulo 6, item "Frente interna".

*isso pelo próprio Alexis. Como pode? Se Alexis acredita que sou um fantoche de Schäuble, por que está me contando? Ele não usaria essa informação para me fisgar antes de se livrar de mim? Por outro lado, se Alexis* não *acredita nisso, por que não está comigo contra Sagias e Pappas? Será possível que Alexis esteja mentindo e que Roubatis* não *tenha me acusado de colaborar com Schäuble?* Eu precisava descobrir a verdade.

Tive minha oportunidade na noite anterior à reunião do Eurogrupo de 11 de maio. O gabinete de guerra decidira a estratégia que eu deveria levar comigo para a reunião e estava prestes a interromper a reunião. Roubatis, por acaso, se juntaraa nós para os últimos quinze minutos de discussão. Conforme nos levantávamos para sair, Alexis se virou para mim e disse na frente de todos: "Fique calmo amanhã. Não perca a cabeça".

Sorri e, com uma voz calma, disse: "Sou *sempre* muito calmo durante as reuniões do Eurogrupo". Olhando para Roubatis, perguntei a Alexis: "Você foi informado do contrário, Alexi?".

Alexis deu uma olhadela para Roubatis, mas não disse nada.

"Você *perdeu sim* a calma em Riga, Yani", disse Roubatis.

"Não, não perdi. Nem por um momento sequer perdi a calma. Se você tem dito a meus colegas o contrário", disse a Roubatis apontando para os demais na sala, "ou foi mal informado porseus agentes ou está mentindo".

De volta ao meu escritório, baixei do celular para o meu computador a gravação do Eurogrupo de Riga. Copiei em um *pendrive* e entreguei para minha secretária com instruções para que fosse recopiado e entregue pessoalmente aos membros do gabinete de guerra, com um bilhete meu: "Eis aqui o que realmente aconteceu". Curiosamente, nenhum deles jamais o mencionou para mim. Até hoje não sei se se deram ao trabalho de ouvi-lo.

## Contagem regressiva para a derrota

Com pouco apoio dos principais departamentos de meu Ministério, como a administração fiscal e o Conselho de Assessores Econômicos, eu estava agora totalmente dependente de uma pequena equipe de conselheiros. A força de seus modelos e sua tenacidade eram, no entanto, uma grande fonte de aborrecimento para aqueles que trabalharam em harmonia com a *troika* desde o início, bem como para aqueles que escolheram, no meio do percurso, o caminho da rendição. Um desses conselheiros era Elena Panaritis.

No início de maio informei ao FMI que Elena assumiria o papel de representante da Grécia no FMI. Fiz isso com a permissão de Alexis e com o total apoio de Takis Roumeliotis, nosso ex-representante no FMI, bem como denosso ministro da Economia, George Stathakis. Sua nomeação foi aprovada alguns dias depois. Em meados de maio, no entanto, Alexis me pediu para me livrar dela porque "o partido não pode tolerar alguém que tenha assinado um *MoU*". Verdade seja dita, Elena tinha um histórico conspicuamente neoliberal, participava de reuniões de políticos e economistas neoliberais e dirigia-se à mídia à maneira de um ex-parlamentar, o que ela de fato era, e não no estilo mais cerimonioso de um conselheiro ministerial – que o grego não fosse sua primeira língua pode não ter ajudado também. Mas a única coisa que importava para mim era que ela representava a mim e a nosso governo de maneira brilhante em fóruns internacionais e estava absolutamente comprometida com a missão de tirar a Grécia do perigo. Ela era de longe a melhor pessoa para o trabalho.

Em resposta a Alexis, expliquei que era precisamente por causa da coragem intelectual e moral com a qual ela se voltara contra a lógica do *MoU* que confiava nela, certamente muito mais do que confiava em militantes do Syriza sem preparo, que não sabiam com quem estavam lidando. Alexis sorriu de meu raciocínio, mas repetiu que nós tínhamos um problema. Bati o pé. Esta nomeação era prerrogativa do ministro das Finanças. Ponto final. No entanto, para ajudá-lo a afastar a pressão das fileiras do partido, propus que passássemos por um processo de recrutamento aberto, com Dragasakis, Stathakis, Euclides e eu no comitê de decisão, para avaliar a adequação de Elena em comparação com outros candidatos. Alexis concordou. Uma vez mais, Elena foi considerada a candidata certa e foi nomeada.[289] Uma nova carta foi enviada ao FMI, reconfirmando sua nomeação.

Quatro dias depois, um jornal noticiou que Sagias não podia tolerar sua nomeação, chamando Elena de uma "escolha do *MoU*". O fato de ele estar naquele exato momento tentando arrastar Alexis por um caminho

289 Em 26 de maio, Euclides votou contra Elena; Stathakis e eu votamos a favor, e Dragasakis se absteve porque, como explicou, Elena era claramente a candidata mais adequada, mas, ao mesmo tempo, o partido não a queria.

que levava de volta ao *MoU* era irônico para dizer o mínimo. Mas em 1 de junho, sob nova e imensa pressão de Alexis, Elena renunciara.

Seria um erro pensar que tais episódios eram sem importância. A *troika* deixara claro que um acordo só seria possível se nós adiássemos a redução da dívida e aumentássemos as alíquotas tributárias, por isso o Plano para a Grécia teve que ser sacrificado, porque a redução da dívida estava no seu cerne, e os modelos de tributação nos quais minha equipe e eu estivéramos trabalhando tinham que desaparecer. A remoção de Elena foi de grande ajuda para a campanha de Sagias e Chouliarakis, apoiada por Pappas e Dragasakis, para afastar o governo Syriza da busca por uma redução da dívida.

Durante uma reunião do gabinete de guerra, Pappas – que tinha se aproximado de mim em 2012, por causa de minha dedicação à reestruturação da dívida, e insistira em me tornar ministro das Finanças em 2015 – acusou-me desdenhosamente de estar "obcecado" com a dívida grega.

"Pode apostar que estou", respondi. "Quando se está em um campo de prisioneiros, alguém tem o dever de ser obcecado com a fuga".

Sagias correu ao socorro de Pappas, usando o inacreditável argumento de que a dívida não era um problema enquanto a *troika* estivesse financiando seu pagamento. Assistir Alexis deixar de responder a essa negação de literalmente tudo o que vínhamos dizendo desde 2010 foi mortificante. Submeter-se ao processo do *MoU* da *troika* e transformar nosso governo em uma versão mais branda do governo Samaras era agora o objetivo deles. Lembro-me de passear com Euclides em Maximos enquanto esperávamos que a reunião do gabinete de guerra começasse, ao mesmo tempo que Sagias e Chouliarakis, em uma sala adjacente e com Dragasakis rondando para lhes dar apoio, escreviam e reescreviam o assim chamado Acordo do Staff da *troika* [SLA, na sigla em inglês].[290] Este era efetivamente um novo *MoU*, idêntico ao antigo, exceto por alguns artifícios e uma boa dose a *menos* de sustentabilidade fiscal. O horror de tudo aquilo era excruciante.

290 N. de R. T.: A expressão em inglês é *Staff Level Agreement* (SLA) e nomeia um documento que expressa um acordo existente entre o *staff* do governo que está negociando e as autoridades dos organismos que estão envolvidos na negociação. No caso em tela, trata-se do acordo entre o *staff* do governo grego e as autoridades da *troika* – FMI, BCE e Comissão Europeia.

Certo dia, disse a Alexis que ele não seria capaz de vender o SLA de Sagias nem para si mesmo, muito menos para o partido no Parlamento. Desconcertantemente, ele concordou e pareceu ainda mais deprimido. Enquanto isso, Jeff Sachs me enviava alertas urgentes: "Eles primeiro exigem um SLA, com a promessa de conversas sobre redução da dívida e coisas do tipo mais tarde. Mas mentem! Assim que você lhes der o SLA, vão negar que tenham prometido alguma coisa. Não caia nessa!". Como eu poderia dizer a Jeff que eu não tinha mais os ouvidos de Alexis? Que ele parecia compelido a ir inexoravelmente por esse caminho?

Ao final de maio, Alexis parecia deprimido demais para controlar as reuniões do gabinete de guerra. Elas agora eram dominados por Sagias, que, com o consentimento de Dragasakis e Pappas, estava decidido a adotar a linguagem e o conteúdo do SLA da *troika*. Estávamos aceitando tudo – metas fiscais que exigiam austeridade, modelos fiscais e aumentos de alíquotas dos credores, privatizações sem limite – e não recebendo nada em troca. Sempre que chamava a atenção para o fato de que estávamos assumindo compromissos impossíveis de cumprir, deparava-me com respostas que eram mais ou menos uma reprise dos argumentos do governo Samaras: que os compromissos futuros eram irrelevantes desde que recebêssemos novos empréstimos nesse meio tempo; que a dívida não era um problema porque, mais cedo ou mais tarde, seria reestruturada.

Em uma tentativa desesperada de redirecionar a atenção de Alexis, compilei, com a ajuda de Glenn Kim, mais uma versão, ainda mais branda e mais moderada, de nossas propostas de *swap* da dívida e sugeri que Alexis a apresentasse emsua próxima reunião tripartite informal com a chanceler alemã e o presidente Hollande, defendendo que qualquer acordo baseado no SLA de Sagias seria um veneno político na Grécia se não incluísse pelo menos algum tipo de reestruturação da dívida. Alexis fez o que sugeri e me ligou mais tarde com as "boas notícias". A reunião transcorrera bastante bem, contou-me. "Angela disse que estava preparada para estudar nossas propostas para a dívida e me pediu para enviar alguém para discuti-las com Wieser".

Mas o relatório separado de Euclides de Bruxelas contava uma história diferente: "A reunião tripartite transcorrera mal, por isso vamos ceder mais!".

"Alexi", eu disse, "ela lhe reenviou a nosso coveiro, Thomas Wieser, que claramente não tem mandato para discutir a redução da dívida conosco, e você está me dizendo que essa é uma boa notícia?".

Apesar disso, fiquei feliz em mandar Glenn Kim para Bruxelas para encontrar Wieser, por via das dúvidas. Glenn foi brilhante como sempre em demonstrar a Wieser o quão simples e eficazes seriam os *swaps* de dívida que estávamos propondo, e que eles viriam com um custo político mínimo para a chanceler. Wieser foi forçado a admitir que nossas propostas tinham mérito, mas o fato de que não havia mais uma ameaça crível de nossa parte significava que o sucesso de Glenn não levaria a nada.

Em uma reunião do gabinete de guerra em 30 de maio, quando Sagias e Chouliarakis sugeriram a Alexis que fosse marcada outra reunião com Wieser, eu fiz uma intervenção, pesando minhas palavras cuidadosamente: "Não me importo que falemos com Wieser novamente, se vocês quiserem, mas saibam que isso não vai dar em nada. Nossa única chance de retomar o controle sobre nosso destino é se o primeiro-ministro, no máximo até quarta ou quinta-feira, apresentar para o escrutínio público e colocar em debate nosso próprio anti-*MoU* – nossa proposta final tanto para terminar com o atual programa quanto para um novo contrato com a União Europeia. Em vez de conversar com base no SLA deles, discutir com base em nosso Plano para a Grécia. Venho dizendo isso há dois meses e tenho trabalhado em um texto adequado para esse propósito...".

Sagias, que estava sentado ao meu lado, repetia sarcasticamente: "Uma proposta de ruptura, uma proposta de ruptura, uma proposta de ruptura... É isso o que você está fazendo. Propondo uma altercação".

Eu chegara ao limite da paciência. Bati minha mão na mesa e disse: "Olhe aqui! Você não vai me interromper novamente. Nem vai colocar palavras na minha boca para distorcer o que quero dizer. A *troika* e seus meios de comunicação estão fazendo um excelente trabalho nesse sentido. Mas aqui não. Se você não concordar, vai esperar chegar sua vez e então pode apresentar seus pontos de vista".

"Agora você me assustou!", disse Sagias com uma condescendência agressiva.

"Spyro tome cuidado. Você está descendo para o domínio do vandalismo político".

Sagias gritou comigo: "Eu tenho quarenta anos de luta neste país, ao contrário de alguns que viram a oportunidade de voltar do exterior para fazer carreira por aqui".

"Fico feliz que as máscaras estejam caindo, para que todos possamos ver com clareza quem esteve sabotando internamente o ministro das Finanças", respondi.

Mais tarde, conversando com Elena Panaritis na presença de Danae, descrevi a situação desagradável e a confusão que se seguiu a essa raivosa discussão: "Mais uma vez, estive a centímetros de me demitir hoje. Mas não vou fazer-lhes esse favor. Alexis tentou me defender, mas o fez de maneira desajeitada".

"Eles o enfeitiçaram", disse Elena.

"Não, não é isso", respondi. "Ele se rendeu interiormente. Está cansado e perdeu o ânimo. Mas ele é a nossa última esperança. Devo ficar até que essa esperança desapareça por completo".

# 15 - Adultos na sala

A esperança continuou a se dissipar no mês seguinte, ao mesmo tempo que o noticiário sobre nosso declínio se acelerou.

No dia 1º de junho, George Soros tenta entrar em contato com Alexis através dos meus canais. Durante anos fui falsamente retratado pelo *establishment* pró-*troika* e pela direita antissemita como um fantoche de Soros na Grécia. Por isso sua mensagem ao primeiro-ministro veio como uma defesa minha, perversa. "Demita Varoufakis! A Europa não pode se dar ao luxo de ter duas feridas abertas ao mesmo tempo – a Grécia e a Ucrânia [onde estavam ocorrendo violentos conflitos]. Atenas deve capitular para a Alemanha agora para que a Europa possa se dedicar à resolução da crise na Ucrânia. Para isso, Varoufakis têm de ser removido". Meses depois, uma nova e amarga justificação chega quando a União Europeia e o FMI anunciam que os mesmos *swaps* de dívida e títulos indexadas à renda nominal que eu propus para a Grécia seriam usados para reestruturar a dívida pública da Ucrânia.

No dia 2 de junho, Euclides me enviou uma mensagem de texto a partir de Bruxelas: "Estamos sendo derrotados em todas as frentes!".

No dia 3 de junho, a *troika* anuncia que, pela primeira vez, eles vão nos apresentar suas propostas. Temendo que as vazemos, convocam Chouliarakis para uma sala de seminários em um horário esquecido por Deus para apresentar suas exigências em um PowerPoint, com George tomando notas. Depois de ler suas notas, envio a Alexis minha interpretação: "Esta proposta foi escrita pelo FMI com a intenção de forçá-lo a rejeitá-la. A estratégia deles é clara: exigir tanta austeridade e perda de soberania que ou Berlim irá ceder a uma redução da dívida ou a Grécia vai quebrar".

Em 4 de junho, pergunto a Euclides: "Nós apresentamos nosso plano à *troika*? Ou deixamos que eles batam em nossas cabeças com o SLA deles?". Euclides digitou de volta: "Não há prêmios para quem adivinhar!".

Em 5 de junho, nossas tentativas de calote no FMI falharam novamente. Desta vez, em lugar de descobrir uma pilha de dinheiro escondida, o FMI adiou nosso pagamento até o final do mês, para ser empacotado com parcelas posteriores, algo que Christine Lagarde me disse ser impossível em seu escritório em Washington dois meses antes.[291]

No dia 6 de junho, informo a Alexis sobre reuniões curiosas que ocorrem entre um membro de nosso gabinete de guerra e um funcionário de meu ministério, as quais vêm pondo em causa meu método algorítmico de identificação de sonegadores de impostos. Naquele mesmo dia, Pappas explica aos jornalistas, por meio de mensagem de texto, que tenho de ser removido porque sou a "âncora" que vem nos impedindo de chegar a um acordo com a *troika*.

Entre 7 e 9 de junho, estou em Berlim, onde tenho a reunião com Wolfgang Schäuble na qual ele me surpreende com seu desamparo. Também encontro com parlamentares do Verde e do SPD e faço meu discurso na catedral de Berlim. Nele, reproduzo o Discurso de Esperança do Secretário de Estado dos Estados Unidos, James F. Byrnes, de 1946, que desencadeou a reabilitação e a reindustrialização da Alemanha, e convido Angela Merkel a fazer seu próprio Discurso de Esperança para a Grécia.

Em resposta, entre 10 e 15 de junho, Gesine Schwan, duas vezes candidata pelo SPD à presidência federal alemã, impressionada por meu discurso em Berlim e pelo Plano para a Grécia que compartilhei com ela, tenta convencer o vice-chanceler alemão Sigmar Gabriel a fazer negócio comigo. Seu gabinete reage positivamente à versão mais recente demeu plano, sinalizando que ele é uma boa base para um acordo. Um diálogo promissor evolui até o dia 15 de junho, quando Gabriel diz ao tabloide alemão *Bild*: "Os teóricos dos jogos do governo grego estão em vias de jogar fora o futuro de seu país... A Europa e a Alemanha não se deixarão chantagear. E nós não deixaremos que as promessas eleitorais exageradas de um governo parcialmente comunista sejam pagas pelos trabalhadores alemães e suas famílias". Gesine fica horrorizada. Ela me manda um e-mail para dizer que sente vergonha por Gabriel. Naquela mesma tarde, viajo

291 Ver capítulo 13.

para Heracliāo, a capital de Creta, onde falo para milhares de pessoas na praça principal.

No dia 16 de junho, uma reunião de parlamentares do Syriza acontece na antiga Sala do Senado, no Parlamento. Todos os assentos no auditório já estão ocupados quando chego lá, mas em vez de aceitar um convite para ocupar uma cadeira ministerial ao lado da tribuna, escolho sentar-me em um degrau perto das cabines, ao lado de um amigo e ex-colega acadêmico que não vejo há algum tempo.

No dia 17 de junho, os jornais publicam uma imagem minha sentado no degrau sob a manchete NO CHÃO! e me acusam de falta de respeito pelo Parlamento. Ao ver uma foto minha na primeira página do *Financial Times*, Norman Lamont me envia um e-mail: "Querido Yanis, vejo que você continua sangrando, mas sem se curvar. Você tinha o ar cansado, mas absolutamente determinado... E com razão, vamos torcer por um pouco de luz e razoabilidade logo". Nesse mesmo dia, contato Ángel Gurría, secretário-geral da OCDE, buscando mais ajuda com minha versão da agenda de reformas. Ángel responde que a OCDE e sua equipe estão à minha disposição.

No dia seguinte, 18 de junho, o Eurogrupo se reúne. É o ataque final da *troika*.

## Adultos se comportando mal

Christine Lagarde chegou à reunião do Eurogrupo de 18 de junho soltando fumaça pelas ventas. Na reunião dos membros de nosso partido com assento no Parlamento, em 16 de junho, na qual eu me sentara no chão, Alexis afirmara que o FMI tinha "responsabilidade criminal" pela situação na Grécia. "Oi, a criminosa-chefe chegou", disse Christine sarcasticamente ao me cumprimentar. Minha expressão pareceu acalmá-la. "Não estou lhe responsabilizando", disse ela graciosamente.

O vale-tudo contra nós foi liderado por Mario Draghi. Sua fala foi menos um discurso e mais um recital da quantidade de euros que os depositantes gregos retiraram das contas durante a semana anterior: "segunda-feira, 358 milhões. Terça-feira, 563 milhões. Quarta-feira, 856 milhões. Quinta-feira, 1.080 milhões".

Luis de Guindos perguntou mais tarde: "Os bancos abrirão amanhã?". A resposta de Benoît Coeuré, vice de Draghi, foi: "Sim, eles abrirão amanhã. Mas e segunda-feira?".

Nada acelera uma corrida aos bancos de maneira mais eficaz do que um presidente de Banco Central narrando seu desenrolar, enquanto seu vice sinaliza sua intenção de não intervir, exceto, talvez, fechando os bancos três dias depois.

Meses depois, um delator de dentro do BCE informou que em 18 de junho, exatamente o mesmo dia da reunião do Eurogrupo, Mario Draghi encomendou um parecer jurídico independente de um escritório de advocacia externo. A pergunta que fez foi se o fechamento dos bancos da Grécia era legal ou não. O BCE tem um departamento legal próprio, que é grande, competente e caro. O fato de Mario optar por contorná-lo e procurar um escritório privado sugere um certo mal-estar quanto ao que estava prestes a fazer – fechar os bancos da Grécia.[292]

Enquanto isso, as *cheerleaders* do Eurogroup de Wolfgang estavam dando tiros certeiros, não na Grécia desta vez, mas na *troika* – por ser clemente demais conosco. O ministro das Finanças da Eslovênia criticou duramente Lagarde e Moscovici por terem atenuado o *MoU* original, uma crítica que Christine e Pierre sem dúvida saudaram como prova de sua imparcialidade em relação a nós. Nesse ínterim, Wolfgang reprisava uma de suas rotinas favoritas, exigindo que ninguém lhe enviasse quaisquer emendas ao *MoU* por escrito, porque nesse caso ele seria obrigado a levá-las ao Bundestag.

Quando chegou minha vez, além de minha habitual avaliação das questões candentes – reformas, *swaps* de dívidas, a necessidade de metas credíveis, um plano de gestão para investimentos e empréstimos improdutivos, as razões pelas quais as propostas de PowerPoint das instituições não faziam sentido econômico ou político –, apresentei uma nova pro-

292 Um mês depois de os bancos terem sido fechados, um membro alemão do Parlamento Europeu, Fabio De Masi, escreveu a Mario solicitando uma cópia desse parecer jurídico. Mario respondeu que a "confidencialidade" não lhe permitia compartilhar seu conteúdo. Mais tarde, Fabio e eu lançamos uma campanha, Libere #TheGreekFiles, envolvendo políticos, acadêmicos, especialistas em direito e cidadãos, para que esse parecer jurídico fosse divulgado.

posta. "Em vez de brigar sobre os detalhes das alíquotas de impostos com base em modelos inseguros", falei, "que tal uma reforma mais profunda, mais abrangente e permanente? Um freio automatizado para o déficit, que fosse legislado e monitorado por um conselho fiscal independente sobre o qual nós e as instituições já concordamos... Considerem isso como uma proposta firme que nosso governo implementará imediatamente após um acordo."[293]

Se eles tivessem *qualquer* interesse em chegar a um acordo conosco, deveriam ter agarrado minha proposta. Michel Sapin fez alguns ruídos encorajadores. "As instituições têm de levar a proposta de Yanis a sério. Yanis está certo em relação a isso. Ele estava certo em relação aos investimentos também... Os especialistas não podem resolver tudo. O Eurogrupo é um fórum político. Ele deveria fazer sua contribuição política – mesmo que o assunto seja elevado a um nível político mais alto." Mas, de todos os demais, eu recebi o tratamento do hino nacional sueco[294].

Quando, mais tarde, na reunião, expressei meu espanto pelo fato de uma proposta dessa magnitude ter sido ignorada, Jeroen matou a discus-

---

293 Também argumentei: "O conselho fiscal, conforme este acordo, monitorará a execução do orçamento do Estado semanalmente, emitirá alertas se uma meta de superávit primário mínimo parecer que será violada no futuro previsível e, em algum momento, desencadeará reduções horizontais generalizadas e automatizadas em todas as despesas, a fim de evitar uma escorregada abaixo do limiar pré-acordado. Dessa forma, estará em vigor um sistema à prova de falhas para assegurar a solvência do Estado grego e seu superávit primário, enquanto o governo grego mantém a margem de manobra para criar políticas das quais precisa para permanecer soberano e capaz de governar dentro de um contexto democrático". Propus o freio de déficit como alternativa à austeridade preventiva. Na prática, estava dizendo aos credores: "Vocês me deixam reduzir as alíquotas de impostos e manter as pensões mínimas, e, se eu não conseguir aumentar a renda e as receitas, o freio automatizado do déficit irá aumentar as alíquotas de impostos e reduzir as pensões mínimas". Tendo ignorado esta proposta, um ano após minha demissão, meu sucessor foi forçado a introduzir tanto uma nova austeridade preventiva como um freio de déficit em cima dela, ou seja, uma meta elevada de superávit com cortes nas aposentadorias e aumentos nas alíquotas tributárias, mais uma avalanche de austeridade automatizada e pré-acordada, incluindo cortes nas aposentadorias ainda mais profundos e aumentos nas alíquotas tributárias ainda mais acentuados, que deveriam entrar em vigor no caso de suas metas absurdas não serem cumpridas.

294 N. de E.: Isto é, Varoufakis não foi ouvido, pois a Suécia não tem hino nacional *de jure*, apenas *de facto*.

são com majestosa autoridade: "Quaisquer novas propostas trazidas hoje devem ser analisadas pelas instituições. Não cabe ao Eurogrupo avaliá-las". No momento oportuno, minha proposta sobre um freio para a dívida foi descartada por Chouliarakis e Sagias, de modo a apaziguar Wieser e o Grupo de Trabalho do Eurogrupo.

Na coletiva de imprensa pós-Eurogrupo, uma jornalista grega perguntou a Christine Lagarde se ela estava feliz pelo fato de o resto do Eurogrupo ter anulado o apoio do FMI à ideia de uma redução da dívida grega. Christine ignorou deliberadamente o conteúdo da pergunta e preferiu em vez disso desabafar sua raiva: "No momento, estamos sem um diálogo; a principal emergência é restaurar o diálogo com os adultos na sala, para que possamos ter uma conversa de gente grande".

Ela estava certa, é claro. Precisávamos de gente grande no Eurogroup, gente grande em Berlim e gente grande em Maximos. O problema era que havia escassez de gente grande nos três. No entanto, a mídia relatou as palavras de Lagarde como um ataque a mim, fornecendo mais um item à longa lista de epítetos que já haviam usado para me descrever até aqui – "adolescente". A próxima vez que vi Christine, disse-lhe: "A imprensa está noticiando que seu comentário de que precisamos de uma conversa de gente grande se referia a mim".

"Bobagem", respondeu ela amigavelmente.

No dia seguinte, 19 de junho, recebi uma mensagem de Gesine Schwan: "Fiquei comovida com seu discurso no Eurogrupo". Àquela altura, eu aprendera a lição: para contornar as distorções da mídia e afastar futuras declarações falsas sobre minhas contribuições no Eurogrupo, estava postando meus discursos em meu site palavra por palavra. "Gabriel e o SPD devem estar loucos para não ver o mérito naquilo que você propôs", disse ela. Em meu diário, escrevi: "Se ao menos Alexis tivesse ficado comovido também". Sobre Gabriel e o SPD, relembrando meu jantar não tão secreto com Jörg Asmussen e Jeromin Zettelmeyer no início de fevereiro em Berlim, rabisquei: "Eles não estão bravos. Simplesmente parecem compartilhar a estratégia da senhora Merkel de não tocar na questão da reestruturação da dívida".

Naquela noite, de volta a Atenas, Danae e eu fizemos uma pausa para jantar com um amigo e a esposa. Olga disse algo que me atingiu um nervo: "Você parece ter perdido essa batalha. Pelo que está me contando, Alexis quer se render. Encoraje-o a fazer isso com alguma dignidade. Diga ao povo que esta batalha foi perdida".

No dia 20 de junho, conforme Sagias e Chouliarakis continuavam suas cômicas tentativas de redigir o SLA final em nome da *troika*, encontrei-me com Alexis em Maximos e lhe ofereci um pequeno conselho que era muito diferente de qualquer coisa que eu já me aventuraraa dizer antes. Disse-lhe que agora estava claro para mim que ele tomara uma decisão – a de se render – e que apesar de discordar de sua decisão com cada nervo do meu corpo, como ele bem sabia, era ele o primeiro-ministro e deveria ser ele a decidir. "No entanto, o que quer que você decida, pelo amor de Deus, não engane nosso povo. Não os leve às ruas e os incendei, apenas para enganá-los depois. De vez em quando escuto você falar sobre um plebiscito. Não faça isso, a menos que queira reviver nosso plano de batalha original. Se quiser se render, renda-se. Mas o faça da seguinte maneira..." Entreguei-lhe uma única página com um rascunho de um pequeno discurso, um discurso à nação a ser lido na televisão.

> Companheiros gregos. lutamos bravamente contra uma implacável *troika* de credores. Demos tudo. Infelizmente, é difícil argumentar com credores que não querem ter o dinheiro de volta. Enfrentamos as instituições mais fortes do mundo, a oligarquia local, poderes muito maiores do que os nossos. Não recebemos ajuda de ninguém. Alguns, como o presidente Obama, tiveram palavras amáveis para nós. Outros, como a China, nos olharam com simpatia. Mas ninguém se apresentou para oferecer qualquer ajuda tangível contra aqueles que estão determinados a nos esmagar. Não estamos desistindo. Hoje estou sinalizando a vocês que optamos por viver para lutar um outro dia. Amanhã de manhã vou aceder às exigências da *troika*, mas apenas porque esta guerra ainda tem muitas batalhas pela frente. A partir de amanhã, e depois de eu ceder aos termos da *troika*, meus ministros e eu embarcaremos em uma excursão pan-europeia para informar os povos da Europa sobre o que aconteceu, para energizá-los e para convidá-los para uma luta comum para acabar com a podridão e reivindicar os princípios e tradições democráticas da Europa.

Depois de lê-lo, Alexis disse em sua agora já familiar maneira desanimada: "Não posso admitir ao povo que vou me render". O significado disso era claro: ele de fato decidira se render; simplesmente não conseguia dizer isso ao povo.

Uma cúpula especial da zona do euro fora marcada para segunda-feira, 22 de junho, em Bruxelas. Em nossa reunião de gabinete, na véspera, falei aos colegas que estávamos diante de uma escolha histórica entre duas claras opções. Uma era a rendição, e lhes contei sobre o discurso que sugeri que Alexis fizesse à nação. A outra era continuar lutando. Mas caso escolhessêmos esta última, eu os avisei,

> A partir de terça-feira, o BCE tentará fechar os bancos e instituir os controles de capital. Só faz sentido seguirmos por esse caminho se pretendermos responder à ameaça deles com outras nossas: afirmar que responderemos à ação agressiva do BCE adiando unilateralmente o resgate dos 27 bilhões de euros em títulos PMTD do governo grego pertencentes ao BCE para alguma data distante no futuro; e que iremos ativar o sistema paralelo de pagamentos que lhes apresentei em fevereiro passado. Se *não* estivermos preparados para responder desta forma, deveríamos nos render amanhã.

Antes da cúpula da zona do euro, uma reunião do Eurogrupo foi realizada como preparação. Em meu discurso, analisei e defendi as concessões que Alexis fizera, sem mencionar minha forte discordância com elas, e acrescentei uma proposta concreta que ajudaria a reduzir os novos empréstimos que seriam exigidos do Eurogrupo no caso de elas serem aceitas.[295] Olhan-

---

295 Falei: "As condicionalidades sobre as quais concordamos deveriam ser a base para completar a atual – a quinta – revisão. E ao mesmo tempo, deveríamos ter um novo acordo com o MEE, usando as mesmas condicionalidades, permitindo-nos realizar uma reaquisição de PMTD do BCE, com os lucros do PMTD, que serão de cerca de 9 bilhões de euros, a serem desembolsados em parcelas, com revisões a cada vez, de modo que a implementação do *MoU* seja supervisionada adequadamente. Além disso, podemos acordar que a participação da Grécia na flexibilização quantitativa do BCE também esteja sujeita à conclusão bem-sucedida dessas revisões do novo *MoU*. A única razão pela qual estou cansando vocês com tudo isso é que precisamos responder à pergunta: como podemos garantir que o *MoU* pelo qual estamos trabalhando – o conjunto de condicionalidades – torne-se não apenas politicamente viável, mas [seja] combinado com um arranjo finan-

do para trás, fico espantado com minha lealdade a uma causa que considerava tanto perdida como errada. Mas suponho que permaneci leal não apenas porque tinha o dever de fazê-lo, mas porque sabia que a *troika* não estava interessada nas concessões de Alexis. Eles estavam determinados a fechar os bancos para fazer de Alexis um exemplo – altura em que havia uma pequena chance, pensei, de que ele se libertasse de sua aquiescência e se reerguesse.

A reunião do Eurogrupo, que não fosse isso teria sido inútil, apresentou dois embates interessantes. Em dado momento, Wolfgang Schäuble atacou Pierre Moscovici por ousar fazer comentários positivos sobre as concessões de Alexis antes de receber sinal verde para fazê-lo, por parte do FMI ou, na verdade, de Berlim. Quando Pierre tentou negá-lo, sugerindo que o FMI demorara em dar seu consentimento, Wolfgang rodou a baiana. "Houve comentários positivos por parte da comissão... Nós não somos idiotas! Você pode fazer qualquer coisa para colocar a culpa no FMI. Sem o pleno envolvimento do FMI, não tem como...".

Intimidado, Pierre implorou por misericórdia. "Jamais, jamais, jamais passou pela cabeça da comissão colocar a culpa no FMI", suplicou. "Talvez tenhamos reagido mais rápido, mas nós trabalhamos juntos".

A segunda troca foi entre Schäuble e Mario Draghi. Wolfgang exigiu saber por quanto tempo mais o BCE forneceria assistência de liquidez de emergência (ELA) aos bancos da Grécia. Visivelmente irritado, Mario respondeu: "Entendo que haja um interesse em saber por quanto tempo forneceremos ELA. Reconheço seu interesse em saber isso. Mas compreenda você também que nossa independência é ainda mais importante. Portanto, como gostaria de lhe fazer perguntas sobre política fiscal e estou me contendo, esperaria a mesma moderação da parte do senhor". Durante o resto da reunião, Wolfgang e Mario estavam claramente zangados um com o outro.

Posteriormente, Alexis e eu nos encontramos com Donald Tusk, o presidente polonês do Conselho da União Europeia. Sua mensagem foi dura: não deveria haver nenhuma menção a uma redução da dívida dali em

---

ceiro que nos permita respirar... para que este Eurogrupo não seja sobrecarregado mais uma vez, dentro de alguns meses, com mais reuniões difíceis como esta".

diante, em qualquer reunião. Conforme saíamos, disse a Alexis: "É seu dever não mencionar nada mais, a menos que pretenda se dobrar – nesse caso, faça-o rapidamente, para acabar logo com essa agonia". Sua expressão deixou claro que era isso que queria.

Segundo Euclides, que o acompanhou à cúpula da zona do euro naquela noite, Alexis fez tudo o que podia para se render, mas, como eu temia, Merkel não permitiria que ele o fizesse. Suas concessões foram rejeitadas como sendo insuficientes e lhe disseram para que retornasse à *troika*, concluísse um novo acordo com eles e depois o passasse através de outro Eurogrupo, dentro de dois dias.

Em 23 de junho, Sagias e Chouliarakis continuavam com sua lamentável reformulação do SLA da *troika*, convencidos de que concessões maiores garantiriam um acordo na manhã seguinte, e que seria formalmente acordado na reunião do Eurogrupo naquela mesma tarde. Era como se Fausto estivesse se preparando para vender sua alma a Mefistófeles, sem perceber que Mefistófeles não tinha interesse em comprá-la. Naquela ocasião, não houve acordo. Tudo o que essas concessões trouxeram a Alexis foi uma proposta da parte da *troika* para uma prorrogação de três meses do contrato de empréstimo da Grécia, após oqual os credores voltariam atrás de mais – muito mais.

No Eurogrupo subsequente, os ministros das Finanças ali reunidos estavam justificadamente aborrecidos por terem sido convocados sem nenhum propósito. Jeroen Dijsselbloem conseguiu abaixar ainda mais seus já baixos padrões ao se recusar a distribuir o SLA revisado que Alexis apresentara, distribuindo apenas o SLA proposto pela *troika*. Aproveitando o cansaço de todos, sugeri que o Eurogrupo como um todo merecia uma pausa da Grécia e que a prorrogação proposta fosse aumentada por mais seis meses, pelo menos, até março de 2016, de modo a poupar os envolvidos naquelas incessantes reuniões. Quase todos pareciam simpatizantes à proposta, o que foi uma experiência rara para mim, mas no final ninguém se atreveu a apoiá-la. Duas horas depois, suspendemos a reunião até o dia seguinte, na esperança, que eu não acalentava, de que a equipe de Alexis e a *troika* chegassem a um acordo da noite para o dia.

De volta ao hotel, Alexis, Sagias, Dragasakis, Euclides, Pappas, Chouliarakis com alguns membros de sua equipe e eu nos reunimos em uma sala de reuniões. Eu não tinha nada a dizer. Todos eles sabiam qual era minha posição. Aqueles que estavam certos de que concessões significativas levariam a algum tipo de acordo estavam desanimados. Em vez disso, o Eurogrupo terminara com um acordo de que todos nós nos reuniríamos às 6h da manhã para retomar os trabalhos em nossas concessões. Precisávamos de liderança. Era hora de Alexis mostrar sua força, mas ele se esquivou, anunciando que estava cansado e que jantaria com Kammenos, nosso ministro da Defesa, que era de direita.

Quando saiu da sala, Euclides e Dragasakis irromperam numa enorme briga por razões que não captei, o que terminou com Euclides saindo da sala num rompante. Dragasakis e Sagias então desapareceram, deixando-me para trás com Chouliarakis e dois de seus auxiliares. Talvez fosse a inércia pura que os levou a continuar trabalhando no SLA. Seja qual fosse o motivo, estavam ocupados escrevendo ainda mais concessões. Dei uma olhada no que faziam. "Não tem a menor chance de nossos parlamentares votarem pela eliminação do pequeno benefício 'solidário' para aposentados para menos de 200 euros por mês", disse-lhes.

"Há deputados de outros partidos que o fariam", respondeu um deles.

Como eu esperava: já estávamos contando com o recrutamento de parlamentares pró-*troika* da oposição. A operação *Rachar o Syriza* estava em curso.

Euclides não atenderia o telefone nem abriria a porta. Uma hora depois, enviou-me uma mensagem pedindo desculpas, dizendo que não podia mais suportar "a frivolidade deles" e precisara dar vazão a sua frustração. Pouco depois da meia-noite, enviou-me uma nova mensagem: "E é desnecessário dizer que a frivolidade não vale para nós dois".

Emminha resposta, disse: "Acho que o melhor serviço que podemos oferecer a Alexis agora é nos abstermos. Ficar no hotel. Talvez ele se dê conta de que precisa repensar seu *modus operandi*".

Obviamente envergonhado, Euclides respondeu que eles se encontravam todos naquele momento na Comissão Europeia, sendo pressionados pela *troika*. "Presumi que você estivesse em um dos outros carros", escreveu. Disse-lhe que o ministro das Finanças não fora convidado. Euclides respondeu: "Vou insistir para que tragam você aqui", ao que retorqui: "Não precisa, Euclides. Eu não vou. Está claro que sou meramente decorativo. Não posso mais legitimar isso ou eles".

Na manhã seguinte bem cedo, Euclides me ligou para dizer que as conversas tarde da noite foram outro desastre, mas que estávamos prestes a encontrá-los novamente. "É importante que você venha. Nosso lado é muito fraco". Naquela noite, eu escrevera algo que era, tenho a impressão, um sexto rascunho deminha carta de demissão. Eu planejava representar a Grécia na reunião do Eurogrupo daquele dia e então renunciar ao final da coletiva de imprensa, citando o abandono do projeto de reestruturação da dívida pormeu governo, que para mim era o A e o Z denosso mandato, como o motivo para deixar o cargo. Mas, enquanto continuasse sendo o ministro das Finanças, resolvi que poderia também participar da reunião pré-Eurogrupo, como Euclides sugerira.

Quando chegamos à comissão, não fui convidado a me juntar a Alexis, Dragasakis, Pappas e Chouliarakis na reunião com Lagarde, Draghi, Juncker, Wieser e Dijsselbloem, mas, alguns minutos depois, Alexis apareceu para me buscar. Enquanto caminhávamos para a sala de conferências, ele me contou: "Euclides insistiu que você viesse. Concordei, mesmo que Dijsselbloem fique irritado em ver você". Aparentemente, Jeroen foi quem vetou minha presença.

Eu fiquei horrorizado com a dinâmica na sala. A versão mais recente do SLA que a *troika* estava propondo parecia ter sido elaborada para garantir que Alexis fosse linchado assim que chegasse a Atenas, caso o aceitasse. Exigia, por exemplo, que o IVA sobre os hotéis saltasse de 4% para 23%; nos resorts turcos na costa oposta às ilhas balneárias de Lesbos, Kos e Rhodes, ele era de 7%. Chouliarakis falou pouco. Quando o fez, soou estranhamente como Wieser. Dragasakis ficou em silêncio. Pappas, por outro lado, jorrou inanidades adolescentes. Sobrou para Alexis dirigir-se à *troika* como um suplicante.

Christine e Mario, enquanto isso, safaram-se com declarações que não paravam em pé, enquanto Jeroen conduziu habilmente a reunião rumo a outro impasse. Fiz duas intervenções que expuseram a incoerência da fórmula de financiamento da *troika*, mas, apesar de Christine e Mario terem dado alguma atenção, ficou claro para todos que meu papel era de fato decorativo. Alguns meses depois, Alexis disse a um jornalista referindo-se a essa reunião em particular: "Yanis foi bem e disse coisas úteis, mas estava claro que não tinha credibilidade naquela sala".

Agora que o ministro das Finanças grego fora derrotado, meus colegas na reunião do Eurogrupo de 25 de junho deveriam ter se sentido invencíveis, mas as coisas não ocorreram bem assim. Naquela tarde, entrei na reunião convencido de que era minha última, com minha carta de demissão no bolso, revisada prontinha. Talvez a sensação de alívio que ela conferia, ou talvez porque eu não tivesse mais nada a perder (a definição de liberdade de Janis Joplin e Nikos Kazantzakis), produziu o que acabou sendo uma performance bastante eficaz de minha parte, criando um fosso entre as instituições da *troika*.[296]

Os procedimentos começaram com Jeroen nos informando que nenhum acordo fora alcançado. Ele então distribuiu a oferta final da *troika* sob a forma de três documentos: um Acordo de Staff (SLA) completo que incluía a mais severa austeridade imaginável, privatizações queima de estoque completas e outras perdas de soberania nacional sobre áreas-chave de política pública e propriedade; uma proposta de financiamento que nos levaria apenas até novembro de 2015, o que significava que em breve seria necessária uma nova rodada de reuniões do Eurogrupo para a ampliá-lo ainda mais; e uma análise de sustentabilidade da dívida. Extraordinariamente, o FMI estava se recusando a endossar este último documento. Além disso, pela primeira vez, Mario Draghi se absteve de dizer uma única palavra sobre financiamento. Senti que havia discórdia entre e possivelmente dentro das instituições. E não era de admirar: os dois últimos documentos foram claramente construídos sobre a areia e estavam prontos para serem derrubados ao menor toque.

Pela primeira vez na minha carreira no Eurogrupo, decidi concentrar minha atenção não nas reformas sendo propostas, mas nas questões de financiamento e de sustentabilidade da dívida.

> Suponho que as instituições queiram que aprovemos as medidas de austeridade e reforma. Estas são decisões difíceis para uma economia em recessão. O que vocês estão nos oferecendo em troca? Preveem que suas reformas e

---

296 O epitáfio de Nikos Kazantzakis diz: "Não espero nada. Não temo nada. Sou livre". Ver também o primeiro verso de "Me and Bobby McGee", de Janis Joplin.

> propostas de financiamento abrirão um caminho claro para sair do ciclo dívida-recessão? Existe um caminho no qual se possa acreditar para ficar livre do perigo? Não posso apresentar ao Parlamento medidas prévias, da mesma forma que você não pode, Wolfgang, apresentá-las ao Bundestag, sem ser capaz de responder à pergunta: isso é sustentável? Colegas, ninguém nesta sala teve a coragem de se levantar e dizer que o que as instituições estão propondo tornará a Grécia sustentável no médio prazo. Isto deveria ser motivo de grande preocupação para todos nós – como europeus. Nós temos aqui, depois de muitas reuniões e meses de negociações, uma proposta por parte das instituições que levanta grandes preocupações sobre a forma como estamos administrando nossa união monetária. Não deveríamos estar em uma posição na qual levantamos as mãos para o céu e declaramos não saber como estabilizar um país como a Grécia no médio prazo.

Christine Lagarde e Mario Draghi não pareciam muito felizes. Wolfgang Schäuble parecia furioso. Mas eu tinha apenas começado. Apontei, então, dois problemas técnicos. O primeiro era que a proposta de financiamento da *troika* ia só até novembro de 2015, "mas o programa do FMI continua até março de 2016. O que significa que é ilegal para o FMI continuar com seu programa visto que existe um déficit de financiamento entre novembro de 2015 e março 2016". As regras do FMI são claras sobre este ponto: ele não pode emprestar para e participar da reforma de um país cujas necessidades de financiamento não estejam totalmente cobertas durante o período de seu contrato com o FMI.

O segundo erro técnico também dizia respeito à proposta de financiamento: "Pelo que estou vendo aqui, propõe-se que os reembolsos dos títulos PMTD em julho e agosto, no montante total de 6,7 bilhões de euros, sejam retirados da vaquinha de 10,9 bilhões de euros do FEFG... Digo-lhes, colegas, que isso não é algo que Wolfgang possa apresentar ao Bundesbank". Sentindo a tensão na sala, comecei a explicar por quê.

> Lembro-lhes que a vaquinha de 10,9 bilhões de euros do FEFG foi aprovada como parte do segundo acordo de resgate com o objetivo de recapitalizar os bancos fracos da Grécia. Suponhamos que todos nós fizéssemos vista grossa para isso e concordássemos em canibalizar essa vaquinha para

pagar o BCE neste verão, como propõem as instituições. O que acontece amanhã ou nos próximos meses se o BCE, no seu papel de supervisor de nossos bancos, considerar que os bancos da Grécia precisam de mais capital? Com a vaquinha do FEFG tendo desaparecido, não haverá dinheiro para fazer isso. Quando perguntei a Benoît Coeuré sobre isto, ele respondeu que, se chegasse a tal ponto, então a vaquinha do FEFG seria reabastecida por novos empréstimos do MEE – de seus contribuintes, quer dizer. E aqui está o problema: para que isso aconteça, o Parlamento de Wolfgang e outros parlamentos precisarão aprovar um terceiro resgate, um terceiro programa para a Grécia. Mas todo o objetivo da proposta das instituições era estender o segundo resgate, um segundo programa, a fim de *evitar* um terceiro resgate, um terceiro programa. Mas ao canibalizar a vaquinha do FEFG para pagar o BCE, vocês estão incorporando um terceiro programa no segundo. Isso é tanto ilegal como ilógico. E a única alternativa é reembolsar o BCE permitindo que os bancos gregos comprem mais 7 bilhões de euros em *T-bills* do governo grego. Não posso propor isso a meu Parlamento. Você pode, Wolfgang? E lembrem-se, colegas, que devemos responder a essas perguntas agora. Não temos o direito de não chegar a um acordo hoje mesmo.

Após a descoberta da noite anterior, de que a equipe de Chouliarakis estava tramando uma aliança com a oposição, eu me recusara a tê-lo a meu lado no Eurogrupo. Euclides, que entrara para substituí-lo, agora sussurrava em meu ouvido: "Impecável!". A intervenção de Wolfgang em resposta foi um presente para mim e um duro golpe para a *troika*.

Estão nos pedindo para concordar que a Grécia financie suas obrigações por meio da emissão de *T-bills* em novembro, para substituir os recursos do FEEF, o fundo que deveria servir justamente como amortizador (*buffer*)? Isso é uma piada? Substituir o *buffer* do FEEF por *T-bills*? Por favor!... Olhando para a análise da sustentabilidade da dívida, não dá para encontrar nenhum parecer rígido para um programa de três anos. Tenho que me repetir: não vejo uma saída para o problema do PMTD em 2015... E teria de pedir que todas essas mudanças fossem aprovadas pelo Parlamento. Vocês imaginam isso funcionando?... Eu não consigo me imaginar convencendo meu Parlamento.

Quando Wolfgang disse à *troika* que sua oferta final para nós era imprestável, que era uma que ele não poderia levar a seu Parlamento, sussurrei para Euclides: "É por isso que gosto desse cara", plenamente consciente de que nosso serviço de inteligência provavelmente retransmitiria isso a Maximos como mais uma prova de que eu era o fantoche de Wolfgang.

O ministro esloveno, não entendendo a relevância da intervenção de Wolfgang, continuou como se nada tivesse acontecido: "A única coisa que poderíamos fazer hoje", afirmou, "é dizer à Grécia: 'é pegar ou largar'". O representante de Malta dividiu sua preocupação de que as concessões que a *troika* estava oferecendo à Grécia fossem tão brandas a ponto de pôr em dúvida a credibilidade do Eurogrupo. Alguns outros falaram também, mas com Wolfgang se opondo à comissão e com Jeroen e Draghi calados, nossos adversários ficaram encurralados.

Solicitando novamente a palavra, voltei-me para Christine Lagarde e perguntei: "O FMI considera que a dívida da Grécia seja sustentável nos termos do acordo proposto?". Quando chegou sua vez de falar, Christine tentou evitar a questão, mas no final admitiu que a dívida pública da Grécia "tinha de ser examinada novamente". Intervim para dizer que, em meu entender, aquilo significava que o SLA que estava sendo pressionado a aceitar não contava com o selo de aprovação do FMI. Não somente era insuficientemente abrangente, mas também era insustentável. Não somente seria impossível para Wolfgang fazê-lo ser aprovado pelo Bundestag, como também estava em contradição com as diretrizes internas do FMI.

Christine parecia abatida. Revelou-se mais tarde que, na noite anterior, o FMI fora pressionado a ocultar sua última análise de sustentabilidade da dívida da Grécia. Sem dúvida, a razão foi que, como o *New York Times* relatou, "tendo feito as contas, o fundo agora aceitava o argumento central do senhor Varoufakis: a Grécia estava falida e precisava de uma redução da dívida com a Europa para sobreviver".[297] Como descobri um pouco mais

297 Ver "The Greek Debt Deal's Missing Piece", 15 ago. 2015, por Landon Thomas Junior: <https://www.nytimes.com/2015/08/16/business/international/the-greek-debt--deals-missing-piece.html>.

tarde, o silêncio do FMI durante o Eurogrupo de 25 de junho causou uma rebelião em sua sede em Washington. Pessoas que conheço e que trabalham no fundo confirmaram que "as coisas chegaram ao limite", e a liderança de Christine parecia vacilante.

Antes que Christine tivesse a chance de responder, Wolfgang se jogou mais uma vez. "O documento das instituições não é aceitável para nós", afirmou. "Não pode haver dinheiro novo... Não queremos prorrogar nem por um mês... Não pode haver qualquer novo financiamento, então eles devem basear-se em mais crescimento".

Apesar da clara posição de Wolfgang, Jeroen continuou a me pressionar para aceitar as propostas das instituições. Era como se ele não tivesse escutado uma só palavra de Wolfgang. Admito que estava quase me divertindo quando perguntei a Jeroen: "Quer dizer que ou aceitamos o documento das instituições ou...? É, como disse um colega, 'pegar ou largar'? Estou perguntando porque preciso transmitir isso a meu governo".

Parecendo em frangalhos, Jeroen respondeu à sua maneira: "É preciso que haja um acordo. E se você quiser uma abordagem do tipo 'pegar ou largar', isso também é possível. Você pode simplesmente dizer sim. Isso também é uma opção. Sério". Talvez vendo que não estava chegando a lugar algum, Jeroen chamou um breve intervalo.

"Ele vai usá-lo para aprontar algo contra nós", eu disse a Euclides, que concordou.

Durante o intervalo, quando voltei à sala, Wolfgang fez um gesto para que me juntasse a ele. "Sente-se", disse, oferecendo-me a cadeira de seu adjunto. Nossa conversa durou 25 minutos. Jeroen, que queria reiniciar a reunião, não se atreveu a fazê-lo enquanto Wolfgang estava falando comigo. Nosso papo foi uma extensão direta das nossas conversas anteriores.

SCHÄUBLE: Estou muito preocupado.

VAROUFAKIS: Eu também.

SCHÄUBLE: Eu sei. A Europa não está indo bem.

VAROUFAKIS: Evidentemente.

SCHÄUBLE: Não consigo ver um acordo emergindo aqui.

VAROUFAKIS: Nem eu. Mas não é isso o que você quer?

SCHÄUBLE: Não, eu quero uma solução. Não quero um acordo que torne as coisas piores no futuro.

VAROUFAKIS: É por isso que fomos eleitos, porque é isso que esses *MoUs* e empréstimos fizeram. Eles prorrogaram a crise para o futuro, fingindo que a resolviam.

SCHÄUBLE: Eu sei, sim.

VAROUFAKIS: Diga-me, Wolfgang, uma coisa: se você fosse eu, levaria a seu Parlamento isso que as instituições estão fazendo pressão para que eu leve? Aumentar o IVA dos hotéis em Samos, Lesbos, Kos e Chios para 23% quando a alíquota turca, a um bater de asas do outro lado do mar, é de 7%? O turismo é o único setor que continua de pé. *Você* faria isso?

SCHÄUBLE: Se você fizer isso, terá que responder ao seu povo!

VAROUFAKIS: É por isso que não irei fazê-lo.

SCHÄUBLE: Você está fazendo a coisa certa. Precisa convencer seu primeiro-ministro quanto às coisas sobre as quais conversamos da última vez.

VAROUFAKIS: Nós já falamos sobre isso, Wolfgang. Você não pode me pedir para dizer aquilo. Não só porque não acho que seja a melhor solução, mas principalmente por causa de uma certa falta de mandato desua parte.

Eu estava me referindo, é claro, ao fato de que a chanceler Merkel contivera explicitamente a ideia de Wolfgang de que a Grécia tirasse uma "pausa" da zona do euro.

Seja lá o que Jeroen porventura estivesse planejando durante o intervalo, assistir a Wolfgang e a mim conversando amigavelmente por tanto tempo deve ter frustrado seus planos. Após um encerramento neutro, a reunião foi declarada finalizada. Mais tarde, o comunicado divulgado por Jeroen terminava com a frase: "Os ministros convidaram as autoridades gregas a aceitar a proposta das instituições". Nada poderia estar mais longe da verdade. A única maneira de Jeroen ter se safado com uma declaração tão falsa seria que ele tivesse o apoio de alguém mais poderoso do que Schäuble, Draghi e Lagarde. Essa pessoa só poderia ser a chanceler Merkel.

## Saída de emergência

Na manhã seguinte cedinho, sexta-feira, 26 de junho, Alexis reuniu todos nós no último andar do hotel, que dava para o centro de Bruxelas. Junto comigo estavam Dragasakis, Sagias, Euclides, Pappas, Stathakis, Chouliarakis e talvez um ou dois auxiliares. Maiores precauções do que o normal foram tomadas para evitar a espionagem antes que Alexis explicasse o que aconteceria então. Sem margem para chegar a um acordo, todos, à exceção de mim e de Euclides, que teríamos de participar em outro Eurogrupo no dia seguinte, e Chouliarakis, que poderia ser solicitado para um Grupo de Trabalho do Eurogrupo, voltariam a Atenas. Naquela noite, Alexis convocaria o gabinete e proporia que o ultimato das instituições fosse submetido a um plebiscito, que deveria acontecer pouco mais de uma semana mais tarde, no domingo, 5 de julho, e para o qual aconselharíamos nosso povo a votar não.

"Quero deixar isso bem claro para todos vocês", disse ele. "Exijo silêncio absoluto. É crucial que ninguém descubra até anunciarmos formalmente o plebiscito em Atenas após a reunião do gabinete. Não falem com ninguém – jornalistas, esposas ao telefone e, especialmente, a qualquer um da *troika*. Ok?".

Houve pouca discussão. Todos nós reconhecíamos a enormidade do que fora decidido. Fiz apenas uma pergunta: "Estamos convocando esse plebiscito para vencê-lo ou para perdê-lo?".

A única resposta que recebi, e acredito que foi honesta, veio de Dragasakis: "Precisamos de uma saída de emergência".

Como ele, eu estava convencido de que perderíamos o plebiscito. Em janeiro, os votos pró-governo somados foram de apenas 40%, e agora estávamos diante de uma semana inteira de bancos fechados e histórias assustadoras na mídia até o 5 de julho. Mas, diferentemente de mim, Dragasakis queria perder para legitimar nossa aceitação dos termos da *troika*.

Quando todos estavam saindo, abordei Chouliarakis para entregar um recado bem direto: "Você ouviu o que disse o primeiro-ministro. Sei que para você é difícil ficar longe de seus amiguinhos da *troika*. Se eu descobrir que você andou conversando com Wieser ou com Costello, vou cuidar de você pessoalmente. Ok?". Chouliarakis fez sinal de que entendera.

Quando cheguei de volta a meu quarto, peguei a carta de demissão que estava planejando enviar a Alexis naquele dia, rasguei-a e coloquei os pedaços no lixo. Agora tínhamos um plebiscito pelo qual lutar. Se necessário, eu prepararia outra carta em pouco mais de uma semana. Em seguida, comecei a preparar meu discurso para a reunião do Eurogrupo no dia seguinte e a elaborar uma carta oficial solicitando uma prorrogação de um mês denosso acordo de empréstimo, para permitir a realização do plebiscito.

Depois de várias horas, olhei pela janela e me dei conta de que havia escurecera. Decidi sair para respirar um pouco de ar fresco e buscar algo para comer. No saguão do hotel, dei de cara com Glenn Kim, ligeiramente surpreso por ele ainda estar em Bruxelas. Sempre feliz em ver Glenn, convidei-o para se juntar a mim. Senti imediatamente uma relutância. "Tenho que ir a uma reunião", disse ele.

"Sério?", respondi. "Com quem?".

"Com Chouliarakis, Wieser e Costello".

Durante as últimas semanas, apesar da resistência inicial de alguns dentro do Syriza com o envolvimento de Glenn em minha equipe, Sagias reconhecera sua habilidade e pedira sua ajuda para redigir as concessões à *troika*. Por embaraçosa que fosse a resposta de Glenn, para nós dois, foi a presença de Wieser e Costello nessa reunião que realmente me perturbou. Desejei-lhe boa noite, não disse mais nada e saí para a rua.

Então liguei para Chouliarakis e lhe perguntei calmamente qual era o tema da reunião e se eu não conseguira me fazer claro mais cedo naquele dia.

"Não é nada demais", respondeu. "Estamos apenas nos encontrando para trocar ideias".

Sem mais uma palavra, desliguei e disquei para o número de Alexis. Sua secretária atendeu e me disse que ele estava prestes a iniciar a reunião do gabinete. "É imperativo que eu fale com ele", insisti. Quando Alexis chegou ao telefone, contei-lhe como Chouliarakis estava desrespeitando sua instrução explícita para evitar qualquer contato com a *troika*.

Pela primeira vez, Alexis levantou a voz comigo. "Já tive o bastante desua animosidade em relação a Chouliarakis", falou. "Se você continuar, vou ter que desligar o telefone na sua cara".

De saco cheio e exasperado, respondi: "Vá em frente! Desligue o telefone na minha cara, Alexi!".

Ele o fez. Dois minutos depois, ligou-me de volta para pedir desculpas, pondo a culpa porsua reação no estresse. "Quanto ao Chouliarakis, isso já não importa mais", acrescentou. "Em breve estarei anunciando o plebiscito".

Durante meu jantar solitário, fiquei pensando nas coisas. Por mais que quisesse escapar dessa fossa, tinha dois trabalhos a fazer: primeiro, passar pelo Eurogrupo do dia seguinte e, segundo, voltar a Atenas para garantir que a campanha pelo não recebesse o melhor apoio possível no plebiscito. Alexis estava chamando às armas. Pela primeira vez, seria dada ao povo grego a oportunidade de manifestar sua vontade. Não era hora de introversão ou de querelas.

Na manhã de sábado, 27 de junho, pouco antes do Eurogrupo, Euclides e eu nos encontramos com Dijsselbloem, Wieser e Michel Sapin. Inquietos com o anúncio do plebiscito, eles me pressionaram para cancelá-lo. Expliquei a razão subjacente à decisão: nós não sentíamos que tínhamos um mandato do povo grego nem para entrar em conflito com nossos parceiros europeus nem para assinar um acordo que não fazia sentido, não apenas para nós, mas também para o ministro das Finanças alemão, para outros cinco ministros das Finanças e também para o pessoal do FMI. Então Jeroen me criticou por causa da recomendação que estaríamos fazendo ao povo grego quando fossem exercer seus votos.

DIJSSELBLOEM: Vocês recomendam que eles digam não.

VAROUFAKIS: O poder soberano é o eleitorado. Não o governo, não o ministro. Recebemos nossas ordens do eleitorado.

DIJSSELBLOEM: Partidos políticos fazem campanha...

VAROUFAKIS: É claro. E isso não é o tema desta discussão. Pelo que vamos fazer campanha é assunto nosso. O que você precisa saber...

DIJSSELBLOEM: Mas isso mostra suas intenções.

VAROUFAKIS: Sua opinião sobre nossas intenções como políticos, Jeroen, não importa. Assim como minhas opiniões sobre suas intenções como um político não interessam. Isso é entre você e seu eleitorado.

Nesse momento, Sapin objetou que nós estaríamos pedindo aos gregos que votassem contra as partes mais duras do acordo, como a austeridade, sem reconhecer suas vantagens. Perguntei a que vantagens ele estava se referindo. "As medidas sobre a dívida, ajuda ao investimento e assim por diante", respondeu Sapin. Euclides apontou para o fato de que estas jamais estiveram sobre a mesa, já que nossos credores haviam se recusado obstinadamente a colocá-las lá, e Jeroen interveio novamente.

> DIJSSELBLOEM: Vamos dar uma olhada na viabilidade política. Conquiste a confiança e então, depois do verão, até mesmo os ministros mais durões estarão preparados para discutir essas coisas. Se eles ganharem alguma confiança de que o programa estará de volta aos trilhos.
>
> VAROUFAKIS: Aceito. Entendo. Mas você percebe que a confiança é um processo de mão dupla? Que a população grega não tem confiança no Eurogrupo para entregar isso? E que o Eurogrupo não tem confiança nos governos gregos? A confiança quebrou em ambos os lados da equação, Jeroen. Vocês precisam de algo vinculante na mesa, e nós também.

A conversa que se seguiu não nos levou muito além, por isso sugeri que deixássemos as coisas assim por ora e retomássemos nossas discussões no Eurogrupo daí a alguns minutos, com todos os presentes.

## O Eurogrupo não existe!

A reunião do Eurogrupo de sábado, 27 de junho de 2015, não será lembrada como um momento de orgulho na história da Europa. Nosso pedido para que fosse dado ao povo grego uma breve janela para decidir se aceitaria ou rejeitaria as propostas das instituições foi negado. Como a prorrogação do acordo de empréstimo, que eu garantira em 20 de fevereiro, expirava em 30 de junho, a rejeição de nosso pedido por uma nova prorrogação significava que o BCE estaria no seu direito de recusar mais liquidez aos bancos gregos por meio da ELA do Banco Central da Grécia. Em outras palavras, os bancos gregos não reabririam na segunda-feira.

Curiosamente, a ideia de que um governo deveria consultar seu povo sobre uma proposta problemática apresentada a ele pelas instituições se deparou com a incompreensão e foi tratada com um desdém que beirava o desprezo. Como poderíamos esperar que pessoas normais compreendessem tais questões complexas, perguntou-me o italiano Pier Carlo Padoan.

"Temos uma forte crença na capacidade das pessoas, dos eleitores, de serem cidadãos ativos", respondi. "E de fazer uma análise ponderada e tomar decisões sobre o futuro do país de forma responsável. É isso em que consiste a democracia".

O fato de eu ter tido que frisar esse ponto e a reação negativa a ele de quase todos os presentes na sala refletiu mal para a democracia europeia e suas instituições.

Após nosso pedido ter sido rejeitado, o presidente do Eurogrupo rompeu com a tradição da União Europeia ao fazer dois anúncios extraordinários. O primeiro era de que ele emitiria um comunicado sem o consentimento da Grécia, violando a convenção do Eurogrupo (e da União Europeia) de que a unanimidade era necessária. O segundo era que, mais tarde naquele dia, ele reuniria o Eurogrupo sem convidar o representante da Grécia, a fim de discutir os "próximos passos".

Nessa altura, perguntei ao secretariado, que sentava à mesa que ficava atrás de Dijsselbloem e Wieser: "O presidente do Eurogrupo têm liberdade para emitir comunicados quando não há unanimidade e também para excluir, como ele bem quiser, um ministro das Finanças das reuniões?". Houve uma breve suspensão da reunião, durante a qual alguns davam telefonemas e outros consultavam grossos volumes.

Depois de algum tempo, Jeroen nos chamou de volta à ordem e um membro do secretariado dirigiu-se a mim: "Ministro, o Eurogrupo não têm existência jurídica, pois não faz parte de nenhum dos tratados da União Europeia. É um grupo informal de ministros das Finanças dos países membros da zona do euro. Sendo assim, não há regras escritas sobre o modo como deve conduzir suas atividades e, portanto, seu presidente não está juridicamente vinculado".

Ao sair, enquanto esperava pelo elevador, topei com um Mario Draghi inesperadamente amistoso e de ar preocupado. "O que diabos Jeroen está fazendo?", disse ele.

"Prejudicando a Europa, Mario. Prejudicando a Europa", respondi.

Ele assentiu, parecendo ainda mais preocupado. Pegamos o elevador até o térreo e depois nos separamos em silêncio.

# 16 - Leões liderados por asnos

De volta a Maximos naquela noite, o gabinete de guerra se reuniu. Assim que Euclides e eu entramos na sala, lembrei a todos do acordo que diversas vezes haviam jurado manter: se o BCE fosse fechar nossos bancos, responderíamos reestruturando os títulos PMTD de propriedade do BCE, ativando o sistema paralelo de pagamentos denominado em euro e anunciando nossa intenção de devolver o controle total do Banco Central da Grécia ao Parlamento grego. Disse a Alexis que agora o momento chegara; na segunda-feira os bancos seriam fechados. Será que agora implementaríamos as contramedidas que sempre dissemos que faríamos?

"Não precisamos nos apressar para implementá-las", continuei. "Apenas sinalize-as hoje. Minha proposta é que anunciemos hoje que adiaremos os pagamentos de julho e agosto dos PMTD de Draghi por alguns anos. Além disso, podemos anunciar que ativaremos o sistema paralelo de pagamentos na semana após o plebiscito. E a mudança na lei relativa ao Banco Central para o mês que vem. Desse modo, sinalizamos que não estamos rolando a dívida, mas que estamos querendo deixar uma abertura para eles voltarem em breve com uma proposta decente".

Dragasakis pronunciou-se contra minha proposta com energia e velocidade pouco características. Ele descartou-a como sendo uma bravata perigosa, usando uma palavra grega que denota o rugido de um leão. "Eu veto isso", asseverou, "proponho que não antagonizemos Draghi, mas sigamos consensualmente com ele".

Ninguém mais falou. Estava todo mundo olhando para Alexis. Ele caminhou até a janela projetada; estava fumando um charuto – um hábito relativamente recente. Depois de alguns instantes, virou-se para mim, parou por mais um momento e disse: "Nós vamos com Dragasakis, Yani".

Olhei ao redor da sala para ver que apenas Euclides estava do meu lado. Eu estava em uma minoria de dois.

A discussão prosseguiu então para a gestão do maior pesadelo que um ministro das Finanças pode enfrentar em tempos de paz: o fechamento por tempo indefinido dos bancos de seu país. Defendi que era essencial que deixássemos claro quem eram os responsáveis por essa calamidade. Desde nossa eleição, fizéramos de tudo, inclusive aceitado concessões que sabíamos serem impossíveis de implementar, para manter os bancos abertos; Stournaras e Draghi, em contraste, fizeram tudo o que estava a seu alcance para criar e alimentar a corrida aos bancos que precipitara o fechamento. Não deveríamos fazer-lhes o favor, argumentei, de deixar que nos retratem como o governo que escolheu negar a seus cidadãos o acesso a seus depósitos. Portanto, propus que deixássemos os bancos abrirem na segunda-feira de manhã, como de costume, de modo que quando os guichês ficassem sem dinheiro, os gerentes seriam forçados a fechar eles mesmos suas filiais. Nessa altura, deveríamos estar na rua, protestando com o povo contra a *troika*.

Ingenuamente, eu previra que os outros concordariam. Desta vez, nem mesmo Euclides estava do meu lado. Se os bancos abrissem apenas para ficar sem dinheiro, argumentaram, arriscávamos uma desordem civil dentro e fora das agências. Havia algum fundamento nesse argumento, mas o risco, pensei, era grosseiramente exagerado e várias medidas poderiam ser tomadas para mitigá-lo, ao passo que não protestar publicamente contra o fechamento dos bancos e, em vez disso, permitir que este fosse apresentado como ideia nossa era um erro político catastrófico. Disse-lhes que fechar os bancos por decreto governamental significaria perder o jogo da culpabilização em casa, o que significava uma derrota no plebiscito.

Foi quando estávamos partindo de Maximos que a constatação me atingiu com força: esta era, na verdade, a intenção deles. Mas não seriam eles que levariam a culpa; seria eu.

Conforme saíamos, Dragasakis veio até mim parecendo surpreendentemente amigável. "Amanhã você tem de convocar o Conselho para Estabilidade Sistêmica", disse ele. "Não vou poder participar, mas tenho certeza de que você consegue dar conta do recado". O Conselho para Estabilidade Sistêmica é um órgão que nenhum ministro das Finanças deseja convocar. Ele só se reúne quando os bancos têm de ser fechados em caso de emergência. Desde o primeiro dia de nosso governo, o gabinete de

Dragasakis emitira uma série de decretos que removiam todos os poderes sobre a regulamentação dos bancos das mãos do Ministério das Finanças e os colocavam sob seu controle enquanto vice-primeiro-ministro. Agora que o gabinete de guerra decidira, a pedido dele e contra minha opinião expressa, que o governo deveria convocar o Conselho para Estabilidade Sistêmica a fim de fechar os bancos, ele nem sequer compareceria à reunião, quanto mais a presidiria. Estava confiante de que eu iria engolir o veneno que me entregou, porque minha única alternativa, sendo minoria dentro do gabinete de guerra, teria sido renunciar ao cargo de ministro das Finanças, e ele sabia que eu não cogitaria fazer isso por medo de causar um racha entre aqueles que apoiavam a campanha pelo não. Indescritivelmente covarde que era, a estratégia de me fazer convocar o Conselho apesar da minha apaixonada oposição à ideia funcionou. Até hoje, setores da imprensa grega se referem a mim como o homem que fechou os bancos.

Além dos meus próprios adjuntos, os membros do Conselho de Estabilidade Sistêmica incluíam Stournaras, seu representante no Banco da Grécia e os presidentes dos bancos comerciais da Grécia. Comecei a reunião com uma explicação de como chegáramosà situação atual. Em meu discurso, deixei claro que Stournaras era uma das forças motrizes por trás da calamidade. Stournaras pareceu não se importar nem um pouco. Na verdade, ele irradiava felicidade e foi extremamente amigável comigo.

Naquela noite, assim que a reunião terminou, minha equipe e eu embarcamos na gigantesca tarefa de elaborar uma fórmula para determinar quanto dinheiro os caixas eletrônicos deveriam liberar, resolvendo o que fazer para os 85% dos aposentados que não possuíam cartões de débito ou crédito e, ainda, decidindo quais importações financiar com o pouco de liquidez que sobrara no Banco Central. Tal como as cabeças da Hidra, novos problemas surgiam onde quer que um outro fosse resolvido. À 1h40 da manhã daquela segunda-feira recebi uma mensagem de texto de Stournaras: "Querido Yani, obrigado pela extraordinária colaboração". Conhecendo-o bem, acho que a gratidão que ele transmitiu foi tão genuína quanto sua evidente alegria com o sucesso de seu projeto de sabotar nosso governo, desde que Samaras o nomeara para o cargo de presidente do banco doze meses antes.

Quanto a mim, a adrenalina que percorria meu sangue me ajudou a afastar o desespero e a trabalhar incessantemente com minha equipe até 9h da manhã. Normalmente, esse era o horário em que os bancos abriam; em vez disso, nossas telas de televisão mostravam filas intermináveis em caixas eletrônicos, enquanto o povo grego tentava retirar os 60euros que calculamos ser o máximo que cada correntista poderia retirar se era para sobrevivermos até a manhã seguinte ao plebiscito de 5 de julho. Foi nesse momento que fui informado que, durante o fim de semana, antes que o decreto impondo limites aos saques fosse anunciado, parlamentares esvaziaram os caixas eletrônicos localizados no Parlamento cinco vezes. Fiquei escandalizado que os representantes do povo abusassem de seu acesso aos caixas eletrônicos do Parlamento, que eram evidentemente reabastecidos mais diligentemente do que todos os outros. Assim, quando um correspondente da Bloomberg me perguntou se eu fizera fila para sacar algum dinheiro em um caixa eletrônico, respondi que não tinha tido tempo, mas que, de qualquer forma, não achava aquilo apropriado. Logo foi noticiado na imprensa que eu, o homem que fechara os bancos, achava-me importante demais para fazer fila com o resto da população.

Mais tarde naquela semana, fui entrevistado para a revista *New Yorker* por um jornalista a quem concedi acesso especial, inclusive a nosso apartamento e a membros da minha família. Durante um jantar com amigos em que o jornalista estava presente, descrevi a ironia e a enorme dor de ter de fechar os bancos em nome de um gabinete de guerra que se voltara contra minha estratégia para mantê-los abertos. "Não desejo esse destino nem para meu pior inimigo", disse. Percebendo que lançara uma nuvem de tristeza sobre a festa, tentei animar um pouquinho o ambiente e brinquei, com uma leve autocompaixão, que um roteirista cruel que quisesse dramatizar esses acontecimentos, teria feito eu dizer a Danae: "Querida, fechei os bancos" – uma referência ao filme de Hollywood *Querida, encolhi as crianças*. A matéria da *New Yorker* usou essa referência, à qual a mídia grega deu sua própria versão especial: "Varoufakis comemorou enquanto fechava os bancos, dizendo a Danae: 'Querida, fechei os bancos!'".

Minha imagem e as distorções que tinham por objetivo destruí-la não têm importância em si mesmas, exceto que, ao me manchar, meus inimigos estavam prejudicando a campanha pelo não, bem como as pessoas corajosas que chamaram para si a responsabilidade de salvar nossa dignidade coletiva apoiando-a. Elas eram de fato leões liderados por asnos. E os asnos vinham em uma grande variedade de cores. Lembro-me de ter sido abordado no Parlamento por um legislador do Syriza, um membro da Plataforma de Esquerda pró-Grexit, que estava descontente comigo. Isso não era muito surpreendente, uma vez que ele passara meses me criticando por não implementar os controles de capital e por não nos tirar da zona do euro. O que surpreendeu foi o motivo de sua raiva agora que os controles de capital estavam em vigor: devido às restrições ao envio de dinheiro para o exterior, ele agora estava impossibilitado de pagar a hipoteca de sua casa em Londres. "Mas você era a favor do dracma e dos controles de capital", exclamei. "Se eu tivesse feito o que você estava me implorando para fazer, como você estaria pagando a sua hipoteca de Londres? Em dracmas?" Esse não era o tipo de liderança que nosso povo merecia.

De volta a Maximos, sugeri que os ministros viajassem a todas as grandes cidades e ilhas da Grécia para fazer campanha pelo voto "não". Apesar das garantias de que isso seria feito, nada aconteceu. Em vez disso, o gabinete de Pappas e Dragasakis estava vazando histórias falsas sobre mim para a imprensa, enquanto Wassily me mostrava evidências de que o Conselho de Assessores Econômicos de meu próprio Ministério, ainda presidido por Chouliarakis, estava fazendo campanha abertamente pelo sim.

Minha maior preocupação, no entanto, era que a orientação do gabinete de guerra me proibisse de explicar ao eleitorado o que o voto pelo não de fato significava. Era essencial, pensei, deixar claro que um voto pelo não seria uma instrução para que o governo não deixasse a zona do euro, mas para que se mantivesse firme de modo a negociar um novo acordo dentro dela – um que nos libertasse da prisão dos devedores, recuperasse nossa dignidade e acabasse com a espiral descendente. Se Mario Draghi e Angela Merkel nos recusassem isso, o voto pelo não significaria reestruturar os títulos gregos detidos pelo BCE e, assim, dar início a um sistema paralelo de pagamentos denominado em euros que daria aos credores e a nós algum tempo e uma margem de manobra para sair da beira do Grexit. E se a estratégia de Wolfgang para o Grexit prevalecesse, o sistema paralelo de pagamentos denominado em euros poderia potencialmente se transformar nas bases de uma nova moeda nacional.

Se falássemos abertamente aos eleitores e explicássemos a estratégia na íntegra, tinha certeza de que nossa posição seria fortalecida, porque Draghi e Merkel seriam forçados a nos dar atenção, e um compromisso adequado seria certamente encontrado. Pois como confessou o vice-presidente do BCE, Vítor Constâncio, no outono de 2015, o BCE *jamais* cumpriria a ameaça de Grexit. Mas a opinião majoritária no gabinete de guerra me proibia de dizer essas coisas. O melhor que eu podia fazer era proclamar nossa determinação de não brincar com o Grexit, mas também de não o temer nem ceder quando ameaçados, e deixar o resto para os eleitores inferirem.

Reforços ocasionais para meu ânimo vinham do exterior. No dia em que os bancos fecharam, um bom amigo americano enviou mais uma carta a Christine Lagarde, que seu escritório copiou para mim. "Na minha opinião", escreveu Bernie Sanders, "os gregos têm todo o direito de votar não no plebiscito. Ao ameaçar forçar a Grécia a sair do euro, a chanceler alemã Angela Merkel, o presidente francês François Hollande e o primeiro-ministro italiano Mateo Renzi estão jogando um jogo perigoso com a estabilidade do sistema financeiro global, bem como com o próprio tecido da democracia europeia".

Naquele mesmo dia, numa reunião em Maximos para discutir a grave situação dos aposentados gregos, muitos dos quais não confiavam na tecnologia e preferiam visitar pessoalmente os bancos – agora fechados – para retirar suas aposentadorias, Alexis me olhou alegremente. "Juncker ligou para dizer que aceita suas propostas de *swap* de dívida. Seu malandrinho, você conseguiu aquilo que vem repetindo há anos. Conseguiu sua reestruturação da dívida. Mas o preço que Juncker está pedindo é que eles nos trucidem em questões sociais: IVA, ilhas, farmácias, relações trabalhistas, privatização –estão exigindo tudo." Mostrou-me o documento informal de Juncker e perguntou: "Isso aqui é uma base suficiente para reabrir as negociações?"

Eu o li rapidamente. "Sim, é", respondi. "Isso abre uma nova janela para um futuro sustentável e coloca o segundo resgate no passado".

Essa foi a última vez que ouvi falar da proposta de Juncker. Se ela foi morta diretamente por Merkel, que agora podia ver que capituláramos, ou indiretamente por Dragasakis, Sagias e Chouliarakis, que haviam desistido da reestruturação da dívida já muito tempo antes, nunca saberei. O que sabia era que, se nos tivéssemos atido à estratégia com a qual concordáramos originalmente, Bruxelas teria vindo a nosso encontro.

Mas de todas as ações tomadas por políticos que buscavam salvar a honra da Europa durante aquela semana, a mais interessante e genuína veio na forma de uma mensagem de texto no Domingo Negro, um dia antes do fechamento dos bancos

## O gesto de Macron

Emmanuel Macron, ministro da Economia da França, me mandou uma mensagem por volta das 18h, no domingo, 28 de junho, para informar que estava tentando convencer o presidente Hollande e Sigmar Gabriel, o vice-chanceler social-democrata da Alemanha, a encontrarem uma solução. "Não quero que minha geração seja a responsável pela saída da Grécia da Europa", disse ele.

Menos de um minuto depois, respondi: "Mas é claro. Só saiba que precisamos de um acordo que ofereça uma trégua de longo prazo e uma perspectiva de que essa situação não se repetirá dentro de alguns meses".

Emmanuel concordou. Ele falaria com seu presidente e depois me retornaria. "Uma solução sustentável é fundamental, concordo com você", disse ele, propondo viajar a Atenas no dia seguinte, incógnito, para jantar me e com Alexis e confeccionar um acordo entre Atenas, Berlim e Paris.

Depois da meia-noite, enquanto estávamos no meio dos preparativos para o fechamento dos bancos, Emmanuel me escreveu novamente para informar que o presidente Hollande estava planejando emitir uma declaração mais tarde naquela manhã anunciando a reabertura das negociações. "Será que Alexis concordaria em ir a Paris na segunda-feira à noite ou na terça de manhã?", perguntou. Implorei-lhe que viesse a Atenas em vez disso. Com a situação na Grécia tão volátil, Alexis não podia deixar o país para negociações de duração indeterminada.

"Ok", disse Emmanuel. "Estou pronto e tenho certeza de que Alexis, você e eu podemos encontrar um acordo... Vou convencer o presidente amanhã. Temos que conseguir!".

Profundamente grato, respondi: "Sempre senti que você e eu poderíamos olhar olho no olho. A dificuldade será encontrar uma solução que seja viável para nós e aceitável para Wolfgang".

Na segunda-feira, 29 de junho, dia em que estava previsto que ele viesse a Atenas, Emmanuel telefonou, pedindo um favor: se Alexis poderia contatar o presidente Hollande para dizer-lhe que estava pronto e disposto a receber Emmanuel em Atenas como emissário do presidente francês. Liguei para Alexis, expliquei a oportunidade que estava nos sendo apresentada e ele concordou. Uma hora depois, no entanto, Alexis me ligou de volta, compreensivelmente zangado. "O que está acontecendo? O gabinete de Hollande respondeu que eles não fazem ideia sobre uma possível missão de Macron a Atenas. E nos encaminharam para Michel Sapin. Ele está gozando da sua cara?".

Quando retransmiti essa conversa para Emmanuel, sua explicação me chocou. "As pessoas no entorno de Hollande não querem que eu vá a Atenas. Elas são mais próximas da Chancelaria de Berlim do que de nosso governo. Claramente bloquearam a aproximação de Alexis. Mas me dê o número de celular pessoal dele. Irei pessoalmente ao Eliseu em uma hora para falar com ele [Hollande] e pedir-lhe que ligue diretamente para Alexis".

Passaram-se algumas horas, mas Hollande não ligou para Alexis. Então escrevi para Emmanuel: "Devo entender que não houve progresso? E que sua viagem foi cancelada?".

Um desalentado Macron confirmou que fora bloqueado pelo presidente e seu séquito. "Vou fazer pressão de novo para lhe ajudar, Yanis, acredite em mim", prometeu. Eu acreditava nele e, claro, entendia exatamente como se sentia.

Três meses após minha renúncia, em outubro, Emmanuel me convidou para visitá-lo em seu gabinete ministerial, embora eu não estivesse mais no governo. Disse-me que, em uma reunião de cúpula antes desua tentativa fracassada de fazer a mediação com Alexis, usara minha fala de que o acordo da *troika* para a Grécia era uma versão moderna do Tratado de Versalhes. Merkel o escutara e, segundo Emmanuel, ordenaraa Hollande que mantivesse Macron de fora das negociações com os gregos. O feitiço de Merkel era realmente tão poderoso quanto eu imaginara que fosse.

## Uma farsa bem grega

É absurdo, assim como letal, que um Ministério das Finanças não tenha o apoio de seu Banco Central. Um dos absurdos daquela semana horrível, enquanto lutávamos para fazer com que o pouquinho de liquidez durasse o máximo de tempo possível, era que eu nem mesmo sabia quanta liquidez havia no sistema. Mas o fato de o Banco da Grécia estar sendo dirigido pelo presidente que iniciara a corrida aos bancos e que estava manifestamente em êxtase na noite em que os bancos fecharam me fazia suspeitar que a quantidade de dinheiro disponível estava sendo subnotificada.

Depois de realizar algumas pesquisas, nas quais Jeff Sachs contribuiu, descobri uma informação interessante, embora inutilizável: não só havia mais liquidez no sistema do que o Banco da Grécia estava declarando, como havia também 16 bilhões de euros em dinheiro do BCE escondidos nos cofres de suas agências por todo o país. Eles estavam lá como consequência da crise de capital anterior, que acontecera no verão de 2012, quando o BCE organizou centenas de voos de carga até Atenas a partir de Frankfurt, a fim de manter os caixas eletrônicos da Grécia abastecidos com notas. Para evitar a necessidade de mais um transporte aéreo, o BCE estivera acumulando reservas de dinheiro na Grécia, só por precaução.

Naquele dia, em minha visita diária a Maximos, encontrei Alexis em seu escritório entretendo Alekos Flabouraris, um ministro sem pasta no governo e uma espécie de figura paterna para ele. Como de costume, informei o primeiro-ministro sobre tudo de importante que acontecera naquele dia, principalmente o ritmo no qual o dinheiro estava vazando dos caixas eletrônicos. Também mencionei a reserva de 16 bilhões de euros.

Os olhos de Alexis se iluminaram. "O quê? Há 16 bilhões de euros em dinheiro dando sopa por aí e nós não os estamos usando para abastecer os caixas eletrônicos e fazê-los funcionar normalmente?".

Expliquei que não podíamos tocar no dinheiro. Confiscá-lo seria roubo. "Mas, Yani", protestou Alexis, "se meu filho está morrendo de fome e eu não tenho dinheiro, tenho o direito moral de roubar uma caixa de leite. Não é a mesma coisa aqui?". "Desde quando o roubo se tornou parte do arsenal da esquerda?", perguntei.

Flabouraris pulou em defesa de seu protegido. "Nós temos *todo* o direito", vociferou ele, "de pegar esse dinheiro para pôr fim ao sofrimento das pessoas."

Enquanto a conversa se desenrolava, um outro ministro se juntou a nós, Panagiotis Lafazanis, o líder da Plataforma da Esquerda, um inimigo declarado da zona do euro e um apaixonado partidário do Grexit. Ele perguntou o que estava acontecendo.

Alexis e Flabouraris o informaram que eu descobrira 16 bilhões de euros em dinheiro. Flabouraris disse a Lafazanis que ele e Alexis, diferente de mim, acreditavam que a situação justificava que puséssemos as mãos nesse dinheiro, que estava atualmente definhando em cofres do Estado. Tentei acalmá-los e, em vista da posição pró-Grexit de Lafazanis, explicar quais eram nossas reais opções.

Se quiséssemos permanecer na zona do euro, disse-lhes, não podíamos confiscar o dinheiro do BCE de jeito nenhum. Se, por outro lado, quiséssemos o Grexit, então havia sim algo útil que poderíamos fazer com o dinheiro sem sermos taxados de ladrões: poderíamos nacionalizar os 16 bilhões, carimbar as notas com uma tinta especial para invalidá-las como euros e rebatizá-las como dracmas novos, colocá-las nos caixas eletrônicos e usá-las como uma nova moeda.

Teríamos de pedir desculpas a Mario Draghi, explicar que estávamos em uma emergência nacional e pedir que ele nos dissesse qual era o valor do papel utilizado na fabricação dos seus 16 bilhões de euros, para que pudéssemos compensá-lo.

Também reiterei minha opinião, que era a de que não deveríamos fazer nada disso, e sim ativar o sistema eletrônico paralelo de pagamentos que eu vinha preparando. Isso ampliaria nosso espaço fiscal dentro do euro mesmo se, no fim das contas, chegássemos a um bom acordo com a *troika*; e, se não houvesse acordo, isso nos daria algum tempo ou, no cenário mais extremo de um Grexit, serviria de base para uma nova moeda nacional digital.

Naturalmente, Lafazanis gostou da ideia de usar os 16 bilhões de euros de Draghi como base para um novo dracma e concordou, caso o fizéssemos, que o BCE deveria ser compensado pelos custos de produção das notas. Mas como ele não tinha o poder de persuadir Alexis a perseguir o

Grexit, a ideia era teórica. Quanto a Alexis, ele logo esqueceu os 16 bilhões, mas continuou bloqueando a ativação de meu sistema paralelo de pagamentos, mantendo o veto de Dragasakis de alguns dias antes.

Meses depois, um jornal conservador pró-*troika* publicou como fato o boato falso e difamatório de que Lafazanis planejara invadir os cofres do Banco da Grécia, prender Stournaras e roubar o dinheiro. Algumas reportagens até mesmo me retrataram como um partícipe dessa conspiração. Seu objetivo era claro: caluniar qualquer um que houvesse sinceramente apoiado a campanha pelo não, a fim de apresentar Alexis, em contraste, como um homem sensato que, no último instante, vira a luz e salvara a Grécia de safados de seu próprio partido. O fato de que fora Alexis e Flabouraris que, por um momento, brincaram com a ideia de invadir os cofres do Banco da Grécia jamais chegou à atenção do público.

## Contemplando o abismo: camaradas em retrospecto

"Se você olhar longamente para um abismo, o abismo também olhará para dentro de você". O ditado perturbador de Nietzsche capta como era perscrutar as almas demeus camaradas. Depois de uma carreira acadêmica na qual o sucesso dependia em grande parte de meus próprios esforços, encontrei-me na linha de frente de uma guerra, dependendo de companheiros para proteger meus flancos e retaguarda. Decifrar o raciocínio deles para avaliar se tinham minhas costas cobertas ou não foi a coisa mais difícil que tive que fazer.

Amigos e opositores me criticam por ter visto em Alexis coisas que não estavam lá. Penso que estão errados. Seu desejo de libertar a Grécia de seu ciclo vicioso estava lá. Sua inteligência e sua capacidade para aprender rapidamente eram patentes. Seu entusiasmo pelo elemento dissuasor que eu propora e pela redução da dívida que eu estava priorizando era real. Seu apreço pelo que eu trouxera para a equipe era genuíno. Quando me instruiu, em frente ao gabinete, a voar até Washington para dizer a Christine Lagarde que íamos dar o calote, o entusiasmo fora autêntico. A razão pela qual eu vira todas essas coisas nele era que elas estavam mesmo lá.

Meu erro foi não ter visto outras coisas que se misturaram a elas: seu plano de emergência, que inevitavelmente anularia o meu trabalho; sua frivolidade; sua tendência à melancolia; e finalmente seu desejo intenso de provar a um mundo cético que ele não era uma estrela cadente. Quando me instruiu, em nosso primeiro dia no cargo, a permanecer pronto para entregar as chaves denossos escritórios à oposição em vez de capitular, não estava mentindo. A parte dele que me dizia aquilo estava falando a verdade. É por isso que fui levado às lágrimas por suas palavras. É por isso que acreditei nele.

Também acreditei nele, apesar das reviravoltas angustiantes, por causa da pressão desumana à qual ele estava sujeito. Durante aquela primeira semana de julho, com os bancos fechados e enquanto dava tudo de mim na campanha pelo voto do não, apresentei-lhe a versão final do Plano X – o plano de contingência que ele me pedira para elaborar no caso em que nos forçassem ao Grexit. Quando eu o estava entregando, ele me perguntou: "É factível?".

Respondi honestamente: "Leia e chore". A transição para um novo dracma seria tão dolorosa a ponto de ser debilitante. O Plano X delineava a dor, golpe a golpe. Enquanto ele afundava no assento, lembrei-o que o Plano X estava lá para que o tivéssemos, mas não para que o usássemos, a menos que Schäuble conseguisse o que queria com Merkel.

Mas recomendei que ativássemos imediatamente o sistema paralelo de pagamentos denominado em euros, que era o oposto do Plano X: um sistema que nos permitiria, no caso de um voto pelo não no plebiscito, permanecer na zona do euro tempo suficiente para que Merkel e Draghi tivessem a chance de vir até nós – como Juncker já fizera – com um acordo que incluísse nossas exigências mínimas de redução da dívida e o fim da austeridade que se autorreforçava.

Alexis olhou serenamente para mim e perguntou: "Quais as chances de que eles venham até nós com algo decente, Yani?".

Naquela crítica conjuntura da história de nosso país, eu era obrigado a responder com a maior precisão possível. Eu lhe disse que a probabilidade de que o fizessem era de 100%, *se agissem racionalmente*. Mas, avisei, como Dan Ellsberg, o grande economista estadunidense e estrategista do Pentágono, que se tornara um denunciante pacifista, dissera-me em um e-mail algumas semanas antes, "Tenha em mente que a classe dominante pode ser autodestrutivamente louca; não só fingindo!".

"Líderes europeus poderosos têm um histórico de serem ruins em servir seus interesses, de serem vítimas de impulsos irracionais", falei. E, considerando que a irracionalidade gera imprevisibilidade, estimei que uma probabilidade mais sensata – de que a chanceler Merkel optaria pelo dano mútuo assegurado do Grexit, em vez de um acordo mutuamente vantajoso – seria de cerca de cinquenta e cinquenta.[298]

Vê-lo ceder sob a pressão dessa probabilidade me fez querer perdoar, legitimar e racionalizar seus imperdoáveis, antiéticos e irracionais deslizes. Havia muitos deles, mas dois acima de todos: seu recuo de nosso firme acordo, no qual havíamos baseado nossa estratégia original, de que uma continuação da insolvência do país por meio de um novo resgate seria pior do que o Grexit, por mais doloroso que o Grexit pudesse ser; e sua rejeição demeu pedido para que ele se dirigisse à nação com o digno discurso de rendição que eu preparara para ele, em vez de organizar um plebiscito que secretamente esperava perder.

Durante a campanha do plebiscito, emiti uma declaração à imprensa dizendo que, no caso de o sim vencer, eu renunciaria. "Como democrata", disse, "vou respeitar a escolha do povo de que o governo deve aceitar os termos dos credores. Mas, ao mesmo tempo, não tenho obrigação de assinar e implementar eu mesmo esse acordo. Se o sim vencer, vou renunciar e deixar que meu sucessor o faça".

O fato de nenhum de meus colegas no governo, incluindo Alexis e Euclides, terem se comprometido a fazer o mesmo, me dizia tudo o que precisava saber. Em essência, a diferença entre meus companheiros do Syriza e eu era que eu concentrava toda minha estratégia na *troika*. Em contraste, depois daquele dia cruel, 27 de abril, quando Alexis decidiu queimar Theocarakis e me colocar de lado, mesmo enquanto eu tentava persuadi-lo de que neutralizar seu ministro das Finanças em face do impiedoso Eurogrupo e das formidáveis forças de Merkel-Schäuble era contraproducente, ele estava ocupado planejando a melhor forma de me sacrificar.

---

298 Lorde Adair Turner, ex-chefe da Autoridade de Serviços Financeiros da Grã-Bretanha, também havia compartilhado comigo, em uma reunião em Paris, seu medo de que Berlim escolhesse o Grexit, mesmo que isso fosse uma catástrofe para a Europa. "Eles se convenceram de que podem contê-lo", disse ele.

Se havia insensibilidade em Alexis, não a percebi. Acho que a aparente ausência dela era devida a sua capacidade de fazer algo que acredito que o resto de seu séquito não conseguia: refletir sobre si mesmo. Lembro uma tarde de maio, quando estávamos em seu escritório no Parlamento, muito depois de ele e eu termos brigado por causa das concessões que ele estava fazendo à *troika*.

Antes que eu tivesse a chance de questioná-lo sobre qualquer que fosse a tática condenada ao fracasso que ele estava propondo naquele momento, ele me disse: "Estava lendo um artigo do Stavros Lygeros [um comentarista político] agorinha há pouco. O safado me avaliou direitinho. Comparou minha situação à pesca do peixe-espada. Fisguei o anzol, mas sou forte demais para eles conseguirem me tirar da água. Então eles ficam aguardando o momento propício. Eles me puxam por um tempo e depois me dão mais linha. Daí, me puxam de novo. E continuarão a fazer isso até que eu esteja exausto. Uma vez que sintam minha fraqueza, vão me puxar para fora da água com um movimento violento".

Os outros, como Dragasakis e Chouliarakis, jamais poderiam ter me enganado. Nunca teria acreditado em seus subterfúgios nem participado de nenhuma causa que eles defendessem. Com Alexis era diferente. Ele tinha que se convencer a cruzar suas próprias linhas vermelhas, o que é o oposto de nunca ter tido a intenção de respeitá-las. Posso imaginar Alexis dizendo a si mesmo, como Ricardo III de Shakespeare, "E assim, já que não posso mostrar-me como amante / para entreter estes belos dias de galanteria/ resolvi portar-me como vilão", exceto que ao invés de "amante" seria "insurgente" e ao invés de "vilão", "de dentro" (do sistema). As ações de Alexis não eram banais, para adotar o sentido da palavra dado por Hannah Arendt; ele lutava muito para se reconciliar com elas e encontrar paz. Estou convencido de que aquela sua voz interior era tanto sua força quanto sua perdição, tanto a usurpadora de nosso projeto comum quanto a razão pela qual eu acreditei nele quase até o amargo fim.

A perplexidade que a voz interior de Alexis me causava era agravada por meu amigo Euclides – um raro híbrido: um acadêmico de um meio próximo ao meu, mas também um *apparatchik* do partido. Euclides e eu nos conhecemos na língua inglesa, para pegar emprestada outra das frases de Arendt.[299] Compartilhávamos as mesmas piadas, as mesmas referências culturais, o mesmo europeísmo radical, a mesma compreensão de "Blighty".[300] Ele gostava de fazer de conta que estava politicamente à minha esquerda, atuando como minha consciência de esquerda, cujo trabalho era me colocar na linha e impedir que me perdesse em tendências burguesas e amizades suspeitas, como com Norman Lamont, algo que eu gostava de deixá-lo fazer. Sua antipatia e seu desprezo por Alexis e Pappas, que eram recíprocas, junto com o fato de que eu tinha lutado muito para incluí-lo no gabinete, faziam me sentir seguro em sua companhia.

Quando Alexis rompeu comigo no dia 27 de abril, sob a pressão de Merkel e de Dijsselbloem, disse ao mundo que Euclides era o recém-nomeado coordenador da equipe de negociação. A mídia transmitiu a notícia ao redor do mundo e anunciou Euclides como nosso negociador-chefe. É claro que nem ele nem eu tínhamos qualquer influência real sobre o cronograma de concessões que Alexis estava fazendo. Quando Euclides descobriu sobre a rendição de Alexis a mais austeridade – a aceitação de uma década de metas de superávits primários de 3,5% – ficou tão chocado e furioso quanto eu. Até o fim, frequentemente nos encontrávamos em Maximos ou em alguma sala de Bruxelas, olhando um para o outro, cheios de perplexidade, enquanto Sagias e Chouliarakis editavam projetos do SLA, perguntando-nos qual seria nosso papel. Uma espécie de humor negro se desenvolveu entre nós: eu lhe perguntava que diabos estava acon-

---

299 Arendt costumava dizer que conheceu Martin Heidegger em alemão.

300 N. de E.: É um corruptela do urdu *bilāyatī*, palavra que designa "estrangeiro" na língua de onde hoje ficam o Paquistão e a Índia, e era usada pelos soldados e demais administradores coloniais britânicos para se referirem à sua terra natal na condição de metrópole. O uso do termo em vez de *englishness*, diz respeito tanto ao fato de que Varoufakis supõe que ele e Euclides tenham um vínculo tão profundo com o Reino Unido, para além de terem vivido e estudado lá, que de certa forma ao estarem na Grécia, estariam de certa forma no estrangeiro em missão – há uma profunda e antiga relação entre Grécia e Reino Unido, forjada na independência grega no século XIX, vide o fato de Lord Byron ser herói nacional grego, e, depois, nas duas guerras mundiais quando os países se mantiveram alinhados contra turcos e alemães. O intercâmbio da esquerda grega bem como de intelectuais e artistas gregos na Ilha nos anos posteriores constituem esse laço comum e antigo, que é mais um peculiar senso de cosmopolitismo do que um sentimento colonial.

tecendo, e ele respondia: "Você está me confundindo com alguém que está sabendo das coisas?".

No entanto, diferíamos em um aspecto crucial: Euclides era um funcionário do Syriza, e eu não. Ao aparentar desempenhar seu papel de negociador-chefe e, assim, permitir que o mundo pensasse que algum tipo de negociação estava de fato ocorrendo, ele deu legitimidade ao hediondo processo de negociação. Agarrei-me à esperança de que, após uma ruptura, Alexis solicitaria minha expertise com o sistema paralelo de pagamentos e a reestruturação da dívida; ao mesmo tempo, eu estava decidido a renunciar no momento em que se tornasse claro que me pediriam para assinar um acordo insustentável. Embalado pela suposição de que Euclides e eu pensávamos igual, que éramos de algum modo intercambiáveis, falhei em prever exatamente aquilo a que o "ser intercambiável" levaria – que Euclides acabaria se tornando a pessoa usada pelo *establishment* para assinar o contrato de empréstimo, que eles sabiam que eu jamais assinaria.

Até o plebiscito, não vi que isso poderia acontecer, embora tivesse notado duas incongruências que deveriam ter me alertado. A *primeira* era que, quando só nós dois estávamos conversando, Euclides era magnificamente espirituoso e certeiro em seu menosprezo pelo resto do gabinete de guerra, Chouliarakis e Alexis em particular, mas durante as reuniões do gabinete de guerra suas intervenções eram mansas, verborrágicas e irreconhecíveis como pontos de vista que apoiavam o meu. Com frequência, não me apoiava em absoluto. A *segunda* era que, em nossas conversas particulares, ele habitualmente concordava com minha avaliação dos acontecimentos do dia, mas quando eu propunha que reagíssemos antes que fosse tarde demais, aconselhava-me a esperar o momento oportuno e me alertava contra o desenvolvimento de uma mentalidade de casamata. Um dia cansei. "Quando em uma casamata", eu disse enfaticamente, "uma mentalidade de casamata pode ser útil. Dado que eles *estão* tentando me pegar, *não* é paranoia pensar que estão tentando me pegar!".

Depois que tudo terminou, levei algum tempo para diagnosticar a causa de minha incapacidade de ler meus dois camaradas: o diálogo interno de Alexis e o hibridismo de Euclides bloquearam meus sensores de maneira muito eficaz. Foi preciso o resultado do plebiscito e a súbita metamorfose deles para desbloqueá-los. Foi uma transformação retratada pelos ideólogos do Syriza como sendo a de dois verdadeiros radicais se comportando de maneira verdadeiramente responsável, mas para mim ela é mais bem resumida pelo final do livro de George Orwell, *1984*.

> Já não corria nem dava vivas... Estava na tribuna dos réus, confessando tudo, implicando todos... Por fim penetrava-lhe o crânio a bala tão esperada... Oh, mal-entendido cruel e desnecessário! Oh, teimoso e voluntário exílio do peito amantíssimo! Duas lágrimas cheirando a gim escorreram de cada lado do nariz. Mas agora estava tudo em paz, tudo ótimo, acabada a luta. Finalmente lograra a vitória sobre si mesmo. Amava o Grande Irmão.

## Praça de esperança e glória

Na tarde de sexta-feira, 3 de julho, conforme a jornada de trabalho chegava ao fim, dei um suspiro de alívio. A semana de bancos fechados estava quase no fim. Apesar das longas filas nos caixas eletrônicos e da incerteza do que nos esperava na segunda-feira seguinte, não houve violência, não houve pânico, não houve agitação social. Os gregos se provaram um povo sensato.

Os meios de comunicação, no entanto, conseguiram despencar muito abaixo de seus já absurdamente degradados padrões, competindo uns com os outros para encontrar as formas mais inovadoras de afugentar o público do voto pelo não. Boa parte da cobertura dos eventos sobre aqueles que apoiavam e patrocinavam o não seria considerada, em outros países, como incitamento à violência. As pesquisas de opinião previam sistematicamente uma vitória do sim por mais de 60% dos votos, enquanto os colunistas espumavam pela boca com a audácia do governo em realizar um plebiscito contra o desejo dos credores. Enquanto isso, a oposição parlamentar conseguira persuadir seus partidários a ir às ruas em certa quantidade, agitando bandeiras da União Europeia e cartazes que proclamavam, NÓS VAMOS FICAR NA EUROPA![301]

301 O primeiro comício pró-*troika* aconteceu na Praça Sintagma no dia 18 de junho, enquanto eu estava em Bruxelas numa das muitas reuniões do Eurogrupo. Cerca de 10 a 15 mil pessoas se reuniram, fazendo Alexis e o resto de nós nos sentirmos inquietos.

Posteriormente naquela tarde de sexta-feira, recebi um e-mail de Klaus Regling, diretor-gerente do Mecanismo Europeu de Estabilidade, o fundo de resgate da zona do euro. Era um lembrete de que ele tinha o direito legal de exigir de mim o pagamento integral e imediato dos 146,3 bilhões de euros emprestados à Grécia como parte dos dois primeiros resgates. Ele estava redigido de modo a sugerir que eu era pessoalmente responsável, até porque, enquanto ministro das Finanças, meu nome estava no contrato de empréstimo. Era uma oportunidade boa demais para deixá-la passar. Instruí meu gabinete a responder a nosso principal credor – ao homem que me aconselharaa dar calote em meus aposentados em vez de no FMI – com duas palavras da Antiguidade. Estas foram a desafiadora resposta do rei de Esparta, líder dos trezentos homens que tentaram resistir ao exército persa inteiro na lendária batalha das Termópilas em 480 a.C., quando instruído pelo inimigo a entregar suas armas: "Μολών λαβέ" – "Venham buscá-las!".

Naquela noite ocorreram duas manifestações, uma em favor do sim, do lado de fora do antigo estádio olímpico, onde os primeiros Jogos Olímpicos dos tempos modernos foram disputados em 1896, e um na Praça Sintagma pela campanha do não. A manifestação pelo sim foi realizada no final da tarde, e foi grande e agradável, mas a manifestação pelo não na Sintagma foi algo para ficar na história. Desde menino, assistia a algumas manifestações magníficas e transformadoras na Praça Sintagma, mas aquela na qual Danae e eu participamos naquela noite foi sem precedentes.

Caminhamos para Sintagma desde Maximos com Alexis e outros membros do gabinete, suas parceiras e auxiliares. No caminho, fomos cercados por apoiadores em êxtase. Conforme nos aproximamos da praça, a energia da multidão explodiu. Um mar de 500 mil corpos nos consumiu. Fomos puxados para dentro de suas profundezas por uma floresta de braços: homens com cara de durão, mas de olhos úmidos, mulheres de meia-idade com determinação escrita na cara, meninos e meninas com energia ilimitada, pessoas mais velhas doidas para nos abraçar e cobrir de bons votos. Por duas horas, lutando para segurar as mãos e não sermos separados, Danae e eu fomos absorvidos por um corpo único de pessoas que simplesmente estavam fartas.

Pessoas de diferentes gerações viram suas batalhas distintas se aglutinarem naquela noite em uma gigantesca celebração por libertarem-se do medo. Um partidário idoso da Segunda Guerra Mundial enfiou em meu bolso um cravo e um pedaço de papel com a frase "A resistência nunca é fútil!". Estudantes forçados a emigrar por causa da crise e que retornaram para votar me imploraram para que não desistisse. Um aposentado me prometeu que ele e sua esposa doente não se importavam em perder suas pensões contanto que recuperassem sua dignidade. E todos, sem uma única exceção, gritaram para mim: "Sem rendição, seja qual for o preço!".

Acreditei que falavam sério. Os bancos já estavam fechados há uma semana. O sofrimento imposto pelos credores era claramente visível. E, no entanto, aqui estavam elas, essas pessoas magníficas dizendo em uma palavra tudo o que tinha de ser dito: "Não!". Não porque eles fossem recalcitrantes ou eurocéticos. Eles ansiavam pela oportunidade de dizer um grande e gordo sim à Europa. Mas sim a uma Europa *para* seu povo, em vez de uma Europa determinada a esmagá-los.

Naquela noite, quando Danae e eu finalmente nos vimos subindo os degraus de mármore que levavam ao Parlamento, a frase que eu estivera procurando para descrever do que se tratava tudo aquilo finalmente veio a mim: desobediência construtiva. Era isso o que eu vinha tentando praticar no Eurogrupo desde o começo: apresentando propostas brandas, moderadas e sensatas, mas quando o *establishment* profundo recusou-se até mesmo a entrar em negociações, desobedecendo suas ordens e dizendo não. O gabinete de guerra jamais entendera isso, mas o corpo de humanidade que enchia a Praça Sintagma naquela noite certamente entendia.

## Um para os que acreditavam de verdade

Naquela noite, os meses de frustração, cada momento terrível em Maximos, cada decepção ao longo do caminho, toda a sordidez e o estresse foram apagados, deixando nada além de contentamento, e ainda assim, eu não estava convencido de que a campanha do não venceria o plebiscito. A manifestação sugeria que o apoio à causa tinha crescido, mas com os bancos fechados e a mídia berrando sua indignação no ouvido de qualquer um que sequer pensasse em votar não, o sucesso parecia pouco provável.

Durante um jantar com Danae, Jamie e alguns outros amigos em um restaurante ao ar livre no bairro de Plaka, perguntaram-me se Alexis e Euclides se demitiriam caso o sim vencesse. "Alexis vai formar um governo de coalizão com a oposição", previ, "depois que a maioria dos fiéis de verdade se demitirem ou forem demitidos. E até lá eu estarei bem longe", respondi. Mas Jamie insistiu que eu estava errado. O não iria ganhar, ele acreditava, e minha influência com Alexis dispararia, já que eu desempenhara um papel importante na concretização desse resultado. Não convencido, ainda assim levantei minha taça para brindar ao otimismo de Jamie. "*¡Hasta la victoria siempre*!", disse ele com um olhar intenso e comprometido – "Até a vitória, sempre!".

No dia do plebiscito, fui a Palaio Faliro, o subúrbio ateniense ao sul, onde cresci e onde meu pai ainda vive. Juntos, seguimos para a seção eleitoral. Lá dentro, a maioria dos eleitores ficava entusiasmada quando me via, exceto por um ou dois que protestavam furiosamente comigo por eu ter fechado os bancos. Com as câmeras de televisão gravando, disse a um homem irritado que a *troika* nos dera um ultimato e que aceitá-lo moldaria o futuro dele e de seus filhos. O que fizemos foi dar a ele a oportunidade de votar a favor ou contra. "Vote sim se acha que é um acordo viável. Nós somos o único governo que respeitou seu direito de decidir. O fato de a *troika* ter decidido fechar os bancos antes que você tivesse a oportunidade de se expressar é algo que só você mesmo pode interpretar".

Depois de votar, enquanto ajudava meu pai a voltar para o carro, uma mulher idosa se aproximou de mim, cercada pelas habituais câmeras de televisão. Ela me perguntou com severidade se eu sabia onde ela morava. Admiti que não. "Durmo em um orfanato aqui em Palaio Faliro. E você sabe por que eles deixam que eu durma lá? Porque sua mãe trabalhou incansavelmente para permitir que andarilhos como eu tivessem um abrigo permanente". Eu a agradeci por aquela lembrança espontânea e maravilhosa deminha mãe.[302] Mas ela não havia terminado. "Eu a abençoo todos os dias. Mas será que esses bastardos sabem disso?", disse ela apontando

302 Minha mãe, Eleni Tsaggaraki-Varoufakis, serviu como conselheira local e vice-prefeita do município de Palaio Faliro por mais ou menos vinte anos. Ela realmente tinha sido responsável pela gestão das instalações locais, incluindo orfanatos, os quais foram convertidos em abrigos para jovens e idosos.

para as câmeras e as equipes de TV. "Aposto que não, e que eles nem se importam".

"Não importa", assegurei-lhe. Mesmo que eles não soubessem, era suficiente que ela soubesse. Ainda assim, fiquei chateado quando no noticiário da noite nosso comovente encontro foi apresentado como eu sendo abordado por uma mulher sem teto que me culpava porsua indigência.

Foi só lá pelo final daquela tarde que comecei a sentir que uma vitória histórica era possível. Em meu escritório, redigi um texto em inglês para o meu blog. "Em 1967", escrevi, "potências estrangeiras, em conluio com lacaios locais, usaram tanques para derrubar a democracia grega. Em 2015, potências estrangeiras tentaram fazer o mesmo usando os bancos. Mas eles se depararam com um povo insanamente corajoso que se recusou a se submeter ao medo. Por cinco meses, nosso governo se enfureceu contra o apagar das luzes. Hoje, pedimos a todos os europeus que se enfureçam conosco para que a luz bruxuleante não se apague, de Atenas a Dublin, de Helsinque a Lisboa".

Lá pelas 20h eu pude ver pelos ombros caídos e expressões taciturnas dos apresentadores de TV que vencêramos. O que eu ainda não sabia era a extensão de nossa vitória. Meu receio era que uma vitória apertada desse a Alexis a desculpa para dizer que tínhamos uma nação dividida e, portanto, apoio insuficiente para uma ruptura com a *troika*. Eu disse aminha equipe que o número mágico era 55%. Se os votos para o não fossem em maior número, Alexis teria de honrar o resultado. Pensei cuidadosamente no que diria aos jornalistas reunidos na sala de imprensa de meu Ministério a fim de dar-lhe o incentivo necessário para fazê-lo. Às 9h da noite, eu já havia escrito meu discurso. Tradicionalmente, os ministros esperam que o primeiro-ministro faça sua declaração antes de emitir a sua, por isso esperei em meu gabinete que Alexis se dirigisse à imprensa em Maximos.

Às 21h30 comecei a sentir que havia algo errado. Os resultados eram mais ou menos definitivos, indicando que a marca de 55% tinha sido alcançada, mas Alexis ainda estava enfiado em seu gabinete. Meu chefe de pessoal estava me pressionando para ir até nossa sala de imprensa, pois os jornalistas estavam ficando agitados e começavam a twittar que algo sinistro estava em curso. Esperei até depois das 22h e liguei para Alexis. Ele não atendeu, e nem uma secretária. Wassily entrou para me informar que outros ministros estavam começando a falar com a mídia, emitindo declarações mornas em resposta a algo que na realidade era um resultado que fazia a terra tremer. Eu não podia permitir que aquilo continuasse. Nossos eleitores mereciam uma resposta adequada.

Então, por volta das 22h30, dirigi-me à sala de imprensa para fazer minha declaração, com a intenção de ir até Maximos logo depois para descobrir o que estava acontecendo por lá. Conforme lia minha declaração preparada, tive a forte sensação de que ela seria minha última como ministro. Essa sensação, combinada à memória da Praça Sintagma duas noites antes, fez com que eu a lesse de maneira desafiadora, descarada até.

> Em 25 de janeiro, a dignidade foi restituída ao povo da Grécia. Nos cinco meses que transcorreram desde então, tornamo-nos o primeiro governo a se atrever a levantar a voz, falando em nome do povo, dizendo não à danosa irracionalidade de nosso programa de resgate, que só prorroga e fazdeconta. Confinamos a *troika* em seu covil em Bruxelas; articulamos, pela primeira vez no Eurogrupo, uma sofisticada argumentação econômica para a qual não houve uma resposta crível; internacionalizamos a crise humanitária da Grécia e suas raízes em políticas intencionalmente recessivas; espalhamos a esperança para além das fronteiras da Grécia de que a democracia pode respirar dentro de uma união monetária até então dominada pelo medo. Acabar com a interminável austeridade autodestrutiva e reestruturar a dívida pública da Grécia foram nossas duas metas. Mas estes também eram os alvos de nossos credores. Desde o momento em que nossa eleição parecia provável, os poderosos iniciaram uma corrida aos bancos e planejaram, eventualmente, fechá-los. Seu objetivo? Humilhar nosso governo, forçando-nos a sucumbir a uma austeridade severa. E arrastar-nos para um acordo que não oferece nenhum compromisso firme para uma reestruturação da dívida que seja sensata e bem definida. O ultimato do dia 25 de junho foi o meio pelo qual planejavam atingir esses objetivos. Hoje, o povo da Grécia devolveu esse ultimato a seus remetentes, apesar da disseminação do medo que os oligárquicos meios de comunicação internos transmitiram dia e noite para dentro de suas casas. O nosso não é um grande e majestoso sim para uma Europa democrática. Ele é um não à visão distópica de uma zona do euro que funciona como

uma gaiola de ferro para seus povos. Mas é um sonoro sim à visão de uma zona do euro que ofereça a perspectiva de justiça social com prosperidade compartilhada para todos os europeus.

Quando saí rumo a Praça Sintagma, vi prazer nos rostos à minha volta. Justiça fora feita para um povo orgulhoso que agora celebrava, e com razão. O ar da noite estava repleto de expectativa e confiança. O silêncio de Alexis me encheu de apreensão, mas eu me recusava a acreditar que Maximos estava isolado daquele contagiante ar de rebeldia. Certamente, pensei, ele encontrara um caminho através de alguma rachadura nas paredes ou dos corações das pessoas que lá trabalhavam, e que também haviam aprendido a fazer política na Praça Sintagma. Porém, quando entrei, Maximos estava tão frio quanto um necrotério, tão alegre quanto um cemitério.

## A derrubada de um povo

Em Maximos, os ministros e funcionários que encontrei pareciam entorpecidos, desconfortáveis com minha presença, como se tivessem acabado de sofrer uma enorme derrota eleitoral. Alexis estava com o presidente no palácio presidencial adjacente e me veria mais tarde, informou-me sua secretária, então esperei na sala de conferências com outros ministros, assistindo os últimos resultados serem declarados na televisão. Quando o número final apareceu na tela, 61,31% a favor do não, e uma participação de 62,5%, pulei e dei um soco no ar, apenas para perceber que era o único na sala que estava comemorando.[303]

Enquanto estava sentado esperando Alexis, vi uma mensagem de Norman Lamont no telefone: "Querido Yanis, parabéns. Uma notável vitória. Eles com certeza vão ouvir agora. Boa sorte!". Eles escutariam, pensei, mas somente se estivéssemos preparados para nos fazer ouvir. Sentado ali, comecei a notar coisas sobre as pessoas a meu redor que antes tinham me escapado. Os homens haviam se livrado da aparência áspera do Syriza e agora pareciam contadores. As mulheres estavam vestidas como se fossem para uma festa de gala. Quando Danae se juntou a mim, percebi que éra-

303 62,5% era um comparecimento muito alto, dado que nenhuma votação por correio ou remota foi permitida.

mos não somente as únicas pessoas felizes no lugar, mas também os únicos de jeans e camiseta. Era um pouco como estar em um daqueles filmes de ficção científica em que alienígenas usurpadores de corpos silenciosamente assumem o controle.

Por fim, Alexis chegou e, meia hora depois, dirigiu-se à nação pela televisão. Duas frases-chave em seu discurso abriram o cofre de suas intenções. Uma descartou uma ruptura com a *troika*; a outra foi o anúncio de que ele acabara de pedir ao presidente que convocasse imediatamente um conselho de líderes políticos. Na manhã seguinte à sua derrota decisiva, os líderes pró-*troika* do *ancien régime* estavam sendo convocados para se juntarem a ele na mesa de discussão. "Ele está dividindo o Syriza e preparando uma coalizão com a oposição para tentar impor o novo resgate da *troika*", eu disse a Danae. Esperei mais uma hora e meia enquanto ele se reunia em separado com Sagias e Roubatis antes de me receber.

Já passava das 1h30 da manhã quando entrei em seu gabinete. Alexis me encarou e disse que tínhamos ferrado tudo.[304]

"Não vejo dessa forma", respondi categoricamente. "Houve inúmeros erros, mas, na noite de um triunfo dessa ordem, temos o dever de nos alegrar e honrar o resultado".

Alexis me perguntou se eu me importava com a presença de Dimitris Tzanakopoulos, o consultor jurídico de Maximos, que estava sentado em nossa reunião.

"Claro que não", respondi. "Na verdade, eu o quero aqui como testemunha." Isso não seria apenas mais um papo.

Alexis perguntou se os bancos abririam em breve. Essa era uma armadilha. Ele estava buscando justificar sua decisão de capitular. Fingi que não tinha entendido, dizendo que, para honrar a votação do não, tínhamos que começar imediatamente a emitir IOUs eletrônicos respaldados em tributos futuros e reestruturar os títulos PMTD de Draghi. "Sem essas ações para reforçar seu poder de barganha", afirmei, "os 61,3% serão pulverizados pelos quatro ventos. Mas se anunciarmos isso hoje à noite, com 61,3% dos votantes nos apoiando, posso lhe garantir que Draghi e Merkel virão muito rapidamente à mesa de negociação com um acordo decente.

---

304 Suas palavras exatas foram tão ofensivas que não as reproduzo aqui.

Então, os bancos vão abrir no dia seguinte. Se você *não* fizer esse anúncio, eles vão lhe demolir". Expliquei que precisava de apenas alguns dias para ativar esse sistema usando o site da administração fiscal.

Ele fingiu estar impressionado, então continuei.

"Esse resultado de 61,3% é um ativo de capital que você tem de usar bem. Deve gerenciá-lo com maior respeito às pessoas que estão lá fora do que mostrou antes do plebiscito. Também precisa respeitar mais a si mesmo. Depois desta noite, você tem uma escolha simples. Ou reativa nosso plano, dando-me as ferramentas das quais preciso, ou se rende".

Conversamos por bastante tempo. Reexaminamos os meses, semanas e dias anteriores. Fui direto aos pontos, fornecendo uma lista de seus erros, apontando as maneiras pelas quais membros do gabinete de guerra tinham prejudicado nossa luta, muitas vezes em colaboração com a *troika* e seus agentes. Compartilhei com ele evidências de que um desses membros se comportara de uma maneira que beirava a corrupção.

Parecendo surpreso, Alexis perguntou a Dimitris se a pessoa à qual eu me referira era um problema tão grande assim? Dimitris respondeu: "Sim, até mais do que isso".

A conversa era sinuosa, então decidi colocar as coisas de forma direta: ele honraria o voto do não, perguntei, voltando nosso combinado original, ou estava prestes a jogar a toalha?

Sua resposta foi elíptica, mas não havia dúvidas sobre a direção tomaria: rumo à rendição incondicional. A primeira vez nessa conversa que ele falou de forma decisiva foi quando disse: "Olhe, Yani, você é o único cujas previsões foram confirmadas. Mas eis aqui o problema: se qualquer outro governo tivesse dado a eles o que eu dei, a *troika* teria selado o acordo a essa altura. Dei-lhes mais do que Samaras jamais daria, e ainda assim eles querem me punir, como você disse que fariam. Mas – sejamos realistas – não querem dar um acordo nem para você nem para mim. Sejamos honestos. Querem nos derrubar. No entanto, com os 61,3%, eles não podem tocar em mim agora. Mas podem destruir você".

"Não se preocupe comigo, Alexi", disse. "Se preocupe em honrar as pessoas que estão comemorando esta noite enquanto você planeja desistir. Se nos mantivermos juntos, ativarmos nosso elemento dissuasor e mostrarmos a eles que estamos unidos, não vão tocar nem em você nem em mim. Nós poderíamos propor-lhes um acordo que possam embrulhar de forma crível como se fosse ideia deles, seu próprio triunfo".

Nesse ponto, Alexis confessou algo que eu não previra. Contou-me que tinha medo que um destino como o de "Goudi" nos aguardasse caso perseverássemos – uma referência à execução de seis líderes políticos e militares em 1922.[305] Dei risada, dizendo que se eles nos executassem depois de termos ganho 61,3% do total de votos, nosso lugar na história estaria garantido. Alexis começou então a insinuar que algo como um golpe de Estado poderia acontecer, contando-me que o presidente da república, Stournaras, os serviços de inteligência e membros de nosso governo estavam em "estado em alerta". Mais uma vez o repeli: "Deixe que façam seu pior! Você se dá conta do que 61,3% significam?".

Alexis me contou que Dragasakis estivera tentando persuadi-lo a se livrar de mim, de todos os membros da Plataforma de Esquerda e dos Gregos Independentes de Kammenos, e em vez disso forjar um governo de coalizão com o Nova Democracia, o Pasok e o Potami. Dragasakis garantira que, assim que o acordo com a *troika* fosse assinado, Alexis poderia se livrar deles e me trazer de volta. Disse-lhe que era a ideia mais idiota que já tinha ouvido.

Ele sorriu, parecendo concordar, e usou uma expressão para Dragasakis que não é reproduzível aqui. "Mas há algo na ideia de proceder de duas maneiras distintas, uma pública e outra oculta. Publicamente, podemos abordar os credores de maneira direitista, envolvendo um rearranjo que diz: 'Somos bons meninos agora', mas, ao mesmo tempo, escondidos da opinião pública, podemos preparar um contra-ataque".

"Esse é um raciocínio ruim, Alexi", afirmei. "Olha, esta noite as pessoas votaram. Elas não votaram não para você transformá-lo em um sim." Disse-lhe que ele tinha que ir lá fora e dizer o que eu disse em minha decla-

---

305 Os homens executados foram responsabilizados pela derrota do exército grego e pelo saque de cidades, aldeias e comunidades étnicas gregas pelo exército de Kemal Atatürk e por clandestinos turcos, erradicando todos os gregos da Ásia Menor, onde viviam desde os tempos de Homero. Centenas de milhares de pessoas morreram e ainda mais pessoas inundaram a Grécia continental na condição de refugiados. Um golpe de Estado seguiu-se na Grécia, e um tribunal militar foi convocado no qual líderes políticos e militares da desastrosa campanha foram julgados culpados de alta traição.

ração à imprensa mais cedo: que o voto pelo não lhe dera o mandato que precisava para trazer uma solução em cooperação com nossos parceiros europeus. "Adicione algumas palavras corteses para a comissão, o FMI, e mesmo para o BCE, para ilustrar que estamos falando sério quando dizemos que queremos uma solução cooperativa, mas projete força ao mesmo tempo. Nada desses disparates sobre se preparar para uma guerra subterrânea nas catacumbas." Falei que, o que quer que fizéssemos agora, tínhamos que fazê-lo abertamente. Tínhamos que afirmar claramente que estávamos preparando nossa própria liquidez, como era nosso dever de fazer visto que o BCE estava mantendo nossos bancos fechados. E precisávamos afirmar claramente que os títulos PMTD do BCE seriam reestruturados de acordo com o Direito grego, o Direito sob o qual eles foram criados.

"Será muito difícil que nos deem uma solução, Yani", disse ele.

"Você continua cometendo o erro de pensar a solução como sendo algo que eles nos dão", respondi. "Essa não é a forma certa de pensar sobre ela. Eles precisam de uma solução tanto quanto nós. Não é algo que eles distribuem. Temos de extraí-la deles. Mas isso requer que tenhamos uma ameaça crível. A reestruturação dos PMTD e termos nossa própria liquidez é exatamente isso!".

Estávamos andando em círculos, nossos corpos e mentes destruídos pelo cansaço, então lhe disse que, já que tinha decidido se render de uma maneira ou de outra, era melhor simplesmente me contar naquele momento o que decidira fazer. Ele respondeuque estava pensando em reformular o gabinete de modo a impedir que a *troika*, os credores e a mídia me tomassem por alvo. E me perguntou quem eu achava que deveria me substituir no Ministério das Finanças. Ele claramente já tinha decidido quem seria, mas decidi jogar o jogo, sugerindo a pessoa que tinha certeza que já concordara em me substituir — meu bom amigo Euclides. Até mesmo me ofereci para tentar convencer Euclides a aceitar (E quando de fato o fiz, Euclides fingiu que precisava pensar no caso).

"Gostaria de lhe pedir para assumir o Ministério da Economia, para formar um time com Euclides novamente", disse Alexis.

"E quanto a Stathakis?", perguntei.

"Ficarei feliz em não vê-lo novamente na minha frente. Deixe que suma na amálgama dos parlamentares sem pasta".

"Não, Alexi, não estou interessado", refutei. "Você me conheceu anos atrás porque transformei a dívida grega no dragão a ser abatido, e por causa de minhas propostas de como matá-lo. Vivo, respiro, penso e sonho com a reestruturação da dívida, com a redução das metas desuperávits, com fim da austeridade, redução das alíquotas tributárias e redistribuição de riqueza e renda. Nada mais me interessa. Assumir o Ministério da Economia para gerir os folhetos dos fundos estruturais da União Europeia, apenas para continuar a ser ministro, não é algo que queira fazer. Lembra-se de por que me mudei de volta dos Estados Unidos? Porque você me pediu para lhe ajudar a libertar a Grécia financeiramente. Candidatei-me ao Parlamento não porque estivesse morrendo de vontade de ser parlamentar, mas porque não queria ser um tecnocrata, um ministro das Finanças não eleito. Pensei que dessa forma seria mais útil para a causa. Agora, dado o seu abandono dessa causa, não tenho razão para ser ministro. Está tudo bem. Deixe que outro o faça. Estarei no Parlamento, onde vou ajudar da melhor maneira que puder".

"Você pode ficar com outro ministério – talvez o da Cultura, sobre a qual você e Danae sabem tanto?", disse ele rindo. "Em todo caso, haverá muitos cargos no futuro nos quais você poderá ajudar".

"Você está novamente me confundindo com alguém que se preocupa com posições, Alexi. Há apenas uma coisa com a qual me importo e você sabe qual é!".

"Vamos dormir sobre esse assunto, vamos pensar sobre ele".

"Não há nada para se pensar", asseverei. "Não há tempo. Você tem muito a fazer".

Quando vi Danae mais tarde, ela me perguntou o que tinha acontecido. "Esta noite tivemos o curioso fenômeno de um governo derrubando seu povo", respondi.

## Não mais ministro

De volta ao apartamento, narrei minha conversa com Alexis para Danae e sua câmera e dormi por algumas horas antes de escrever minha sétima e última carta de demissão. Depois de revisá-la algumas vezes, a publiquei em meu blog com o título "Não mais ministro". Foi um dos textos em prosa mais difíceis que já tive de redigir.

Por um lado, tinha o dever de alertar as pessoas, o *demos* grego, de que seu mandato estava prestes a ser jogado no lixo. Por outro lado, sentia a obrigação de preservar o que quer que houvesse de um impulso progressista em nosso governo e dentro do Syriza. Naquela altura, ainda acreditava firmemente que camaradas como Euclides, com uma influência no partido que me faltava, não assinariam o documento de rendição que Alexis e Dragasakis estavam preparando. Perder um segundo ministro das Finanças em um mês ou dois, caso Euclides se recusasse a ser cúmplice em outro resgate severo e sem esperança, talvez causasse uma ruptura dentro do governo e do partido. Isso, por sua vez, poderia levar a novas eleições, o que talvez minasse ainda mais as chances de honrarmos os desejos dos 61,3%. Precisava sinalizar tanto meu compromisso de resistência a favor do voto não, quanto emitir um apelo à unidade. O resultado foi o seguinte texto.

> Como todas as lutas por direitos democráticos, também essa rejeição histórica do ultimato do Eurogrupo de 25 de junho vem acompanhada de um preço alto. É essencial, portanto, que o grande capital outorgado a nosso governo pelo esplêndido voto a favor do não seja imediatamente investido em um sim a uma resolução adequada – a um acordo que envolva reestruturação da dívida, menos austeridade, redistribuição em favor dos necessitados e reformas reais. Logo após o anúncio dos resultados do plebiscito, tomei conhecimento de uma certa preferência por parte de alguns participantes do Eurogrupo, e de vários "parceiros", pela minha... "ausência" de suas reuniões; uma ideia que o primeiro-ministro julgou ser potencialmente útil para que ele consiga chegar a um acordo. Por esta razão, estou deixando o Ministério das Finanças hoje. Considero ser meu dever ajudar Alexis Tsipras a explorar, como ele achar melhor, o capital que o povo grego nos concedeu por meiodo plebiscito de ontem. E vou vestir a repugnância aos credores com orgulho. Nós, da esquerda, sabemos como agir coletivamente sem nos preocuparmos com os privilégios do poder. Vou dar total apoio ao primeiro-ministro Tsipras, ao novo ministro das Finanças e ao nosso governo. O esforço sobre-humano para honrar o

bravo povo grego, e o célebre "não" que eles concederam aos democratas em todo o mundo, está apenas começando.

Em retrospecto, eu deveria ter soado um alarme muito mais forte sobre as intenções de Alexis. O fato de não o ter feito reflete minha confiança descabida em muitas pessoas no governo – em Euclides principalmente – para realizar a tarefa de impedir uma reprise do governo Samaras. Mas não tenho certeza se um alerta mais claro teria feito muita diferença. Todos aqueles com quem falei desde aquela manhã entenderam muito bem o que acontecera no momento em que ouviram que renunciei na noite denosso triunfo.

Da mesma forma que os credores e suas tietes, havia mais uma pessoa que ficou incondicionalmente feliz com minha decisão. Ao ouvir a notícia de que eu renunciara, minha filha Xenia, que viera da Austrália duas semanas antes para me ver, mas que mal pudera colocar os olhos em mim, lançou-me um olhar sonolento e disse: "Graças aos céus, papai. Por que demorou tanto?".

## Você fez isso, não fez?

Nos dias que se seguiram, assisti a rendição de Alexis evoluir a um ritmo de tirar o fôlego. Não querendo ser uma força divisória dentro de um partido e de um governo que ainda poderiam se rebelar contra a própria anulação, permaneci calado por algumas semanas, mas não houve rebelião. Preparando o caminho para o terceiro resgate, em uma reunião de cúpula da zona do euro em 13 de julho, Alexis acedeu às exigências da *troika* assinando sua versão do Tratado de Versalhes, que condenou como um golpe contra a democracia, ao mesmo tempo que prometia honrá-lo. Durante os dias que se seguiram, quanto mais ele demonstrava a sua determinação em fazer o que os credores prescreviam, mais duros se tornavam os ataques contra mim.

Durante semanas fui ridicularizado por entrar em choque com a *troika* sem ter um elemento dissuasor confiável, mas quando, como descrevi no capítulo 4, "Um sistema paralelo de pagamentos", eventualmente acabei deixando claro que tinha, de fato, um elemento dissuasor bem planejado, que Alexis me impedira de ativar, de repente aqueles que haviam rido de minha tolice me acusaram, então, de traição.[306] A acusação de traidor da nação, lançada contra mim em 2010 pela primeira vez, transformou-se em uma campanha completa para convocar um tribunal especial para me julgar por alta traição.[307]

No momento em que escrevo, ainda estou sendo acusado de ter atrasado intencionalmente um acordo com a *troika* a fim de provocar o fechamento dos bancos, para que, em conluio com Wolfgang Schäuble, pudesse projetar uma moeda paralela que levasse à saída da Grécia do euro. Imagine se os soldados que retornaram de Dunquerque em junho de 1940 tivessem sido recebidos na Grã-Bretanha com a acusação de que eram os responsáveis pela Segunda Guerra Mundial, enquanto Berlim era celebrada por sua racional restauração da ordem.[308] Era uma reviravolta cômica: acusações de traição para mim, adulação e respeito para aqueles que fizeram seu melhor para fechar os bancos da Grécia e nos levar à beira do Grexit.

As motivações da *troika* e da oligarquia interna da Grécia são óbvias. A dívida é o poder do credor, e dívida insustentável dá aos credores poder exorbitante. A Primavera Grega desafiou o direito dos credores e seus agentes domésticos de governar uma nação devedora. Os 61,3% que votaram pelo "não" tinham de ser desacreditados como um povo que se deixou levar por oportunistas e, já que Alexis se arrependera, eu sobrava na mira da *troika*.

Agentes da *troika*, como Klaus Regling e Yannis Stournaras, defendem seriamente que eu custei à economia grega cerca de 100 bilhões de euros. Estas são as mesmas pessoas responsáveis por acumular tanta dívida na

---

306 Em resposta ao frenesi midiático que se seguiu a minha revelação, publiquei uma explicação do pensamento por trás de meu sistema paralelo de pagamentos no *Financial Times*: "Há algo de podre no reino da zona do euro", 28 jul. 2015: <https://www.ft.com/content/27db9c44-3483-11e5-bdbb-35e55cbae175>.

307 Ver o capítulo 2, item "Traidor da Nação", para entender as origens de uma acusação singular.

308 Esta comparação não é minha. Eu a devo a alguém que apareceu em um programa de debates da BBC na televisão e comentou: "Dizer que Varoufakis é responsável pelas desgraças econômicas da Grécia é como dizer que Dunquerque foi responsável pela Segunda Guerra Mundial".

Grécia falida com os empréstimos de resgate de 2010 e 2012 que, até 2015, a única solução era reestruturar a dívida em 100 bilhões. Afirmei isso explicitamente ao povo grego e eles nos elegeram justamente para fazê-lo. Mas a *troika* não estava disposta a admitir sua culpa, então esmagaram nosso governo a fim de renovar a dívida.

A história foi a mesma dentro da Grécia. Os mesmos partidos políticos, banqueiros e proprietários de meios de comunicação que exigiram que eu assinasse o acordo da *troika* protestaram contra os aumentos de impostos que o acordo acarretou. As mesmas pessoas que orquestraram a corrida aos bancos me culparam pela corrida aos bancos. Os jornalistas que me ridicularizaram por ter sido removido das negociações em abril me culparam pela paralisação das negociações em maio e junho. As mesmas pessoas que querem me ver no banco dos réus por acusações de alta traição por jogar com o lugar da Grécia na zona do euro são cheias de admiração por Mario Draghi e Wolfgang Schäuble, os dois homens que arriscaram a integridade de toda a zona do euro ao fechar os bancos da Grécia. Amigos perguntam a Danae e a mim como lidamos com o opróbrio, especialmente de dentro da Grécia. Minha resposta é que só posso considerar uma honra ter a antipatia desse tipo de pessoa.

Tendo dito tudo isso, é hora de uma confissão. Embora esteja imune às pedras e flechas da *troika*, que mais do que esperava, ter ex-colegas – meus camaradas parlamentares que permaneceram no governo e concordaram com o terceiro resgate – fazendo o mesmo é doloroso.

Tudo começou com o silêncio. Quando parlamentares da oposição proferiam inflamados discursos me condenando por ter deixado o país de joelhos, os parlamentares do Syriza olhavam fixamente para o teto e nada diziam. Então alguns deles começaram a se juntar ao coro, confessando que fora um grande erro ter confiado o Ministério das Finanças a mim. Então, antigos colegas de gabinete começaram a contar histórias incríveis que contradiziam umas às outras. Em um dos relatos, eu estava ansioso para forçar Alexis a se render à *troika* em fevereiro de 2015, enquanto em outro eu era responsável por um confronto fútil com os credores naquele mesmo mês. Em seguida, alguns até chegaram ao ponto de endossar o apelo para que eu fosse julgado por um tribunal especial. Na maior parte das vezes, Alexis e Euclides deixavam essas alegações correr por algum tempo, antes de intervir, de forma suspeitosamente tardia, para descartar as acusações contra mim, comprometendo-me com fracos elogios. O que quer que eu tivesse feito, diziam eles, pelo menos não era um vigarista: "seria absurdo colocar a culpa de tudo em Varoufakis", insistiam eles.

Uma explicação para esse comportamento é que esses mesmos parlamentares e ministros estavam votando a favor de projetos de lei que sabiam serem calamitosos e cuja aprovação anulava tudo o que vinham defendendo desde que entraram na política. Quando uma pessoa acredita em uma coisa, mas escolhe ou é forçada a defender seu oposto, o resultado é dissonância cognitiva. Cedo ou tarde, para suportar o conflito interno, a pessoa é forçada, como Winston Smith, de Orwell, a mudar de opinião. Mas as consequências emocionais de um tal estresse devem ser de alguma forma expelidas; alguém tem de levar a culpa. Já que eu tinha sido escolhido para desempenhar o papel de bode expiatório pelo trino vitorioso, também era a escolha óbvia para meus derrotados camaradas.

Mas é claro que essa não é a história completa. Lembro-me de algo que meu pai me disse quando percebeu que, desde tenra idade, eu estava me entusiasmando com a política de esquerda. "Quando estava no campo de concentração como comunista", contou, "sabia que, se nosso lado tivesse vencido a guerra civil, eu estaria no mesmo campo, apenas com guardas diferentes". Desde minha renúncia, quando testemunhei a vileza e as inverdades descaradas de meus antigos camaradas, lembrei a presciência de meu pai.

Redigir um balanço final para a Primavera Grega de 2015 pode parecer uma tarefa difícil. Não é. Na quinta-feira, 23 de julho de 2015, tive duas experiências que colocam a história deste livro em seu justo contexto.

Naquele dia, tinha dois compromissos a honrar no final da manhã com a mídia internacional. O primeiro, no meio da manhã, aconteceu em um escritório em um velho fliperama em ruínas perto da Praça Sintagma. Quando saí, havia câmeras esperando no andar de baixo do fliperama e jornalistas pedindo uma declaração. Enquanto eu falava, um homem de meia-idade começou a me insultar, acusando-me de ter destruído seu negócio ao fechar os bancos. Tentei começar uma conversa com ele, mas ele só estava interessado em gritar ofensas, então me despedi e me dirigi para a saída, onde minha moto estava estacionada. O homem me seguiu até lá econtinuando a me insultar. Os noticiários naquela noite estavam repletos dessa história: "Varoufakis perseguido por um homem de negócios irado cuja vida o ex-ministro destruiu".

Um pouco mais tarde tive um segundo compromisso no Jardim Nacional de Atenas, logo atrás do Parlamento – para uma sessão de fotos com uma revista alemã que estava prestes a publicar uma importante entrevista comigo sobre o Eurogrupo e sobre o estado da Europa. A certa distância de onde a sessão de fotos estava acontecendo, dois garotos estavam brincando. Reparei em suas roupas modestas e no fato de que estavam sem supervisão. O menino mais novo, que parecia ter cerca de 5 anos de idade, lembrava de ter me visto na televisão, mas não conseguia lembrar meu nome. Pediu ao irmão mais velho, que parecia ter cerca de 8 anos, para perguntar quem eu era.

O menino mais velho me reconheceu imediatamente e se aproximou. Surpreendentemente, era para me agradecer. "Você sabe quem é esse cara?", perguntou ele ao irmão enquanto apontava para mim. "Ele é o cara que deu pra mamãe o cartão de plástico dela. Que deixa ela comprar coisas do supermercado. Duzentos euros por mês!", disse ele, orgulhoso por ter se lembrado do número. Virando-se para mim novamente, perguntou: "Você fez isso, não fez? Fez mesmo?".

"Nós tentamos nosso melhor", respondi e abracei o menino. Ninguém estava lá para testemunhar esta cena, exceto o fotógrafo alemão, que não entendeu nossa conversa em grego, o que tornou a coisa toda muito mais gratificante.

Naquela mesma noite, estava em casa conversando com Danae e um amigo jornalista, com a TV ligada ao fundo. Quando a filmagem do afligido empresário me atacando foi reproduzida, nosso amigo apontou para algo interessante. "Você percebeu que a câmera filmando a cena está parada, mas quando vocês dois se afastam dela, a sua voz vai sumindo e a do empresário não?" Respondi que parecia isso mesmo. "Você não vê? O empresário estava portando microfones. Armaram para você!".

"Não pela primeira vez", repliquei, de certa forma aliviado.

Quando nosso amigo foi embora e Danae foi para a cama, dei uma olhada em meus e-mails e me deparei com um enviado pela jornalista espanhola que trouxera Lambros, o tradutor sem-teto, para nosso apartamento pouco antes deminha eleição em janeiro de 2015. Nele ela contava que Lambros usara o projeto de lei que eu fizera aprovar para obter ajuda com o aluguel. Este era o mesmo projeto que dera à mãe dos meninos o seu cartão e o mesmo projeto que Declan Costello e seus comparsas da *troika* estavam tão aborrecidos e tão ansiosos para matar. O e-mail da jornalista espanhola terminava assim: "Lambros quer que eu lhe diga que está se mudando para um novo apartamento amanhã, e que está muito orgulhoso de você e que você tem o apoio dele mais do que nunca".

Quando tudo foi dito e feito, como poderia considerar a mim mesmo outra coisa senão imerecidamente privilegiado?

# Epílogo

Em meados de agosto de 2015, Alexis e Euclides trouxeram o terceiro acordo de empréstimo de resgate e seu respectivo *MoU* ao Parlamento. Reunimo-nos às 21h e recebemos mais de mil páginas – que pareciam ter sido traduzidas do inglês da *troika* para o grego por algo como o Google Tradutor – para filtrarmos da noite para o dia antes da votação marcada para cedo na manhã seguinte. Sentado no Parlamento naquela longa noite –uma noite que pareceu mais uma vigília do que um debate – estudei o *MoU*.

Todo o horror ficou evidente desde a primeira página, na qual as autoridades gregas comprometiam-se a concordar com tudo o que os credores exigissem, sem compromisso recíproco por parte da *troika* – um juramento de absoluta subserviência que nenhum tribunal jamais reconheceria como vinculante. Enfurecido, trabalhei a noite toda para produzir uma versão comentada do *MoU*.[309] Às 9h da manhã, 118 parlamentares do Syriza e 114 parlamentares da oposição pró-*troika* aceitaram nossa nova sentença à prisão dos devedores. Fui um dos 32 parlamentares do Syriza que votaram não, enquanto outros onze se abstiveram.

Previsivelmente, as repercussões foram devastadoras. Todos os impostos aumentaram vertiginosamente. O IVA aumentou em todas as categorias: alimentos, hotéis, livros, produtos farmacêuticos, contas de serviços públicos. As empresas de pequeno, médio e grande porte viram seus impostos e contribuições para a previdência social aumentarem e, assombrosamente, foram obrigadas a pagar antecipadamente e de imediato 100% dos impostos estimados para o ano seguinte. A pequena quantia paga aos pensionistas que recebiam menos do que os 300 euros padrão por mês foi suprimida, enquanto a maioria dos benefícios foi reduzida. Todo o

309 Essa versão comentada do *MoU* de agosto de 2015 pode ser consultada em: <https://www.yanisvaroufakis.eu/wp-content/uploads/2015/08/mou-annotated-by-yv.pdf>.

patrimônio remanescente do Estado foi colocado à venda como parte de um novo fundo que seria controlado diretamente pela *troika*. O catálogo de horrores não tinha fim. Eram o tipo de medida que você impõe a uma economia debilitada se quiser esmagá-la.

Alguns meses depois, em uma conferência na Itália, Jens Spahn, o adjunto de Wolfgang Schäuble, repreendeu-me por dizer que o terceiro resgate era um exemplo de diplomacia de canhoneira hodierna. "Mas seu Parlamento votou a favor dele com uma ampla maioria, não votou?", apontou ele. Claro que sim, respondi. Exceto que o consentimento sem a liberdade para dizer não é uma forma de escravidão, como nos ensinaram feministas e ativistas de direitos civis há muito tempo.

Pouco depois de minha renúncia, recebi dois telefonemas desalentadores. Um veio de Panagiotis Danis, com quem montamos a equipe de intocáveis do Ministério das Finanças encarregada da caça algorítmica por fraudes fiscais. "Eles estão prestes a desligar as máquinas", contou-me, "logo agora que estávamos prestes a pôr as mãos em centenas de milhares de evasores fiscais em larga escala, arrecadando bilhões para o Estado". Olhei no *MoU*. Enterrado em sua verborreia lá estava: uma provisão para que a administração fiscal dominada pela *troika* absorvesse a equipe de Danis e, assim, a neutralizasse. Exercendo minha prerrogativa como membro do Parlamento, fiz um discurso alertando contra essa farsa. "Criamos uma oportunidade fantástica de atacar no âmago da evasão fiscal, arrecadar enormes quantias e dar ao povo um sentimento de justiça. Não sacrifiquem-na no altar do *MoU*", falei. Euclides, das bancadas ministeriais, escutou em silêncio. Meus colegas parlamentares do Syriza me olhavam como se eu fosse o idiota do vilarejo, incapaz de me calar sobre verdades inconvenientes. Nada foi relatado na imprensa. Chegado o outono, Danis renunciara, depois de apresentar seu relatório a Alexis. A oligarquia evasora de impostos, ajudada por sua melhor amiga, a *troika*, escapara impune.

O outro telefonema veio de Antonis Stergiotis, meu indicado para o órgão regulador que supervisiona a indústria de jogos – cuja nomeação coincidira com meu distanciamento de Roubatis. Ele contou uma história parecida: o *lobby* do setor, em colaboração com o gabinete do vice-primeiro-ministro e com a aquiescência do Ministério das Finanças, o estava tirando de seu cargo de modo a rescindir as medidas que implementamos para deter a propagação de milhares de terminais lotéricos de vídeo. Ao final do ano, Stergiotis estava fora, assim como as restrições que impuséramos àqueles que tentavam lucrar com o desespero de nossa empobrecida população.

## *Establishment* liberal?

Apesar do orgulho que guardo por ter desempenhado um papel na Primavera Grega e do real, ainda que breve, susto que ela deu nos irresponsáveis e desumanos credores da Grécia, nossa derrota veio com um grande custo. A fatura dessa derrota foi paga, é claro, pelos mais fracos e necessitados da Grécia. Seu preço político, por sua vez, foi pago por progressistas ao redor do mundo, cujos corações naufragaram quando viram o Syriza sucumbir ao dogma do TINA – *There Is No Alternative* [O "Não Há Alternativa" de Margaret Thatcher] – com o mesmo entusiasmo que Winston Smith de Orwell percebeu que amava o Grande Irmão. Mas uma derrota é sempre mais fácil de suportar se for possível reconhecê-la como sendo apenas um episódio de uma luta maior.

"Observar as tentativas da União Europeia de lidar com a crise parece um pouco com assistir a *Otelo* – a gente se pergunta como nossos governantes podem ser tão iludidos... Nesta batalha titânica pela integridade e pela alma da Europa, as forças da razão e do humanismo terão de enfrentar o crescente autoritarismo". Proferi estas palavras em 2013 em um discurso intitulado *A Guerra Suja pela Integridade e pela Alma da Europa*.[310] Pouco menos de um ano depois deminha renúncia, o povo da Grã-Bretanha votou a favor de deixar a União Europeia. Então, em novembro de 2016, Donald Trump ganhou a Casa Branca com um pé nas costas. Eurocéticos xenofóbicos estavam aparecendo em todos os lugares – França,

---

310 Esta foi a palestra inaugural sobre a Europa da Universidade de Western Sydney, que proferi em 23 de outubro de 2013 na Biblioteca Estadual de New South Wales, em Sydney. O texto na integra pode ser lido em: <https://www.yanisvaroufakis.eu/2013/10/25/the-dirty-war-for-europes-integrity-and-soul-europe-inaugural-public-lecture-uws-state-library-of-new/>.Uma gravação em áudio feita pelo programa Big Ideas da ABC Radio pode ser escutada em: <http://www.abc.net.au/radionational/programs/bigideas/the-dirty-war-for-europee28099s-integrity-and-soul/6261534>.

Alemanha, Holanda, Itália, Hungria, Polônia. O tratamento vergonhoso dado aos refugiados que chegavam às praias da Grécia era um sintoma da mesma mudança. Enquanto isso, comentaristas e aqueles investidos de autoridade começaram a se preocupar com esse inesperado desafio ao *establishment* liberal.

Tendo acabado de sair de um intenso envolvimento com esse mesmo *establishment*, posso dizer que "liberal" é o último adjetivo que usaria para descrevê-lo. Foi-se o tempo em que o projeto liberal tinha a ver com a prontidão para "pagar qualquer preço, suportar qualquer fardo, enfrentar qualquer dificuldade, apoiar qualquer amigo, opor-se a qualquer inimigo, a fim de assegurar a sobrevivência e o sucesso da liberdade com esperança e justiça", para usar as palavras comoventes de JFK. Um *establishment* que usava a inversão da verdade de maneira tão fortuita para anular um mandato democrático e impor políticas que seus agente sabiam que fracassariam não pode ser descrito como liberal. Empobrecer Jill para manter Jack em seu lugar é o oposto do liberalismo.[311] Algo diferente do liberalismo, ou mesmo do neoliberalismo, assumira o controle do *establishment* sem que ninguém percebesse.

O terceiro *MoU* que li e comentei naquela noite no Parlamento começa com as palavras "A Grécia solicitou o apoio de seus parceiros europeus para restabelecer o crescimento sustentável, criar empregos, reduzir as desigualdades e enfrentar os riscos para sua própria estabilidade financeira,bem como para a estabilidade financeira da zona do euro. Este Memorando de Entendimento (*MoU*) foi preparado em resposta a um pedido de 8 de julho de 2015 pela República Helênica...".

A vítima estava sendo forçada a fingir que pedira sua punição e que os credores estavam apenas respondendo generosamente a esse pedido. Assim como um oficial norte-americano não identificado na Guerra do Vietnã alegara que determinada cidade tinha de ser destruída para ser salva dos vietcongues, o *waterboarding* fiscal de nosso país foi celebrado como uma maneira sensata de trazer um povo perdido de volta ao redil. De certa forma, a Grécia experimentou coletivamente o mesmo tratamento que os

---

311 N. de T.: os nomes Jack e Jill vêm de uma canção de ninar do folclore inglês que remonta ao século XVIII. https://en.wikipedia.org/wiki/Jack_and_Jill_(nursery_rhyme).

pobres da Grã-Bretanha recebem quando vão reivindicar seus benefícios nos agências de emprego, onde devem consentir com sua humilhação, adotando frases de "afirmação" do tipo: "Minhas únicas limitações são aquelas que estabeleço para mim mesmo".[312]

Na fogueira de ilusões que se seguiu à crise financeira de 2008 e à subsequente crise do euro, o alto *establishment*europeu perdeu todo o senso de autocontrole. Testemunhei em primeira mão o que só posso descrever como uma guerra de classes nua e crua que visava os fracos e favorecia escandalosamente a classe dominante. Chegou a meu conhecimento, por exemplo, que alguns dos funcionários de meu Ministério, especificamente o presidente, o CEO e os membros do conselho de administração do Fundo de Estabilidade Financeira para a Grécia (FEFG), estavam recebendo o que eu considerava serem salários escandalosamente altos.

Para economizar, mas também para restabelecer a equidade, usei os poderes dos quais a lei me investia para anunciar um corte salarial de 40% para esses cargos, refletindo a redução média dos salários em toda a Grécia desde o início da crise, em 2010. O CEO, que recebera 180 mil euros em um país onde um juiz da Suprema Corte não ganha mais do que 60 mil euros e o primeiro-ministro 105 mil, receberia agora 129 mil euros – uma quantia ainda bastante elevada para os padrões de uma Grécia mergulhada na crise. Será que nossos credores, geralmente tão interessados em reduzir os gastos de meu Ministério com salários e pensões, abraçaram minha decisão com entusiasmo? Não, não foi o que aconteceu. Em vez disso, Thomas Wieser escreveu-me diversas vezes em nome da *troika* para exigir que eu revertesse a decisão. Por quê? Porque esses salários iam para funcionários que a *troika* considerava como sendo seus. Depois que saí do Ministério, esses salários foram aumentados em até 71%, com o salário do CEO sendo elevado a 220 mil euros.

Isso é o que acontece quando aqueles com poder injustificado perdem legitimidade e autoconfiança: eles se tornam feios. Não mais interessado em ganhar o argumento intelectual ou ideológico, o *establishment* recorreu ao assassinato de reputações e a medidas punitivas que sabia que resulta-

---

312 Veja-se "Afeto positivo como estratégia coercitiva" por Lynne Friedli e Robert Stearn: <http://mh.bmj.com/content/41/1/40>.

riam em menos prosperidade e menos liberdade. Empregou a força bruta para impor políticas que nem mesmo Ronald Reagan e Margaret Thatcher teriam endossado. E uma vez tendo estrangulado a rebelião contra si mesmo, impôs aos derrotados feitiços performativos, como o terceiro *MoU*, fechando qualquer espaço no qual debate ou investigação crítica pudessem acontecer. Em resumo, tornou-se um *establishment* altamente não liberal.

Durante minhas discussões com os credores, frequentemente os advertia de que nos esmagar não era do interesse deles. Se nosso desafio democrático, europeísta e progressista fosse estrangulado, a crise cada vez mais profunda produziria uma internacional nacionalista, xenofóbica, não liberal e anti-europeia. Foi exatamente isso que aconteceu depois do esmagamento da Primavera Grega. Como o assim chamado *establishment* liberal reagiu ao retrocesso nacionalista e preconceituoso que seu obscuro e perigoso antiliberalismo provocou? Um pouco como o parricida, que se entrega à misericórdia do tribunal, pedindo clemência porque agora é órfão.

## Justificação indesejada

Antes da crise, na condição de professor universitárioescrevendo obscuros artigos acadêmicos e amando cada minuto disso, esforçava-me para evitar dois tipos de pessoas: seguidores e inimigos. Depois deminha passagem pelo governo, tenho agora muitos de ambos, mas não tenho pessoas dispostas o suficiente para me ouvir de modo crítico antes de concordar ou discordar. Isso eu lamento. Entretanto, não lamento a decisão de entrar no governo para me opor à irracionalidade em escala continental. Mas "não é idiota colocar seu emprego em risco para erradicar a idiotice?", perguntou-me certa vez um jornalista americano. "Não se você não se importar com seu cargo, exceto como uma alavanca contra a idiotice", respondi.

Acusações do tipo "Você apostou com seu país e perdeu" não têm qualquer consistência. Era meu princípio básico que, como ministro das Finanças de um país falido, não tinha o direito de fazer apostas com seu futuro. E eu não o fiz. Não é uma aposta quando se adota uma posição ótima, independentemente de como seu oponente opte por responder.

Resistir ao terceiro resgate era a coisa certa a se fazer, tanto se os credores concordassem com um conjunto sustentável de políticas como se preferissem nos expulsar da zona do euro. Embora tivéssemos uma forte preferência pela primeira opção, a segunda era melhor que a capitulação. As denúncias por ter resistido aos credores por tempo demais também não são pertinentes, uma vez que até mesmo Wolfgang Schäuble me disse que teria se recusado a assinar o terceiro acordo de resgate caso estivesse em meu lugar.

Certa noite, em março de 2016, passei algumas horas na embaixada do Equador em Londres com Julian Assange, escutando uma gravação de uma conversa telefônica entre Poul Thomsen, do FMI, e seu chefe da missão grega. Com uma amarga satisfação, ouvi Poul confirmar tudo aquilo que eu vinha dizendo sobre a insustentabilidade do terceiro acordo de resgate. Também o ouvi insistir veementemente que os alvos fiscais corretos eram os que eu vinha propondo – e que ele, curiosamente, vinha rejeitando no Eurogrupo.[313] A justificação na derrota pode ser vazia, mas pelo menos fortalece os nervos diante da caça às bruxas que se seguiu, cujo propósito tem sido o de proteger da culpabilização aqueles que abandonaram nosso plano no meio do caminho e, em primeiro lugar, absolver o *establishment* não liberal da responsabilidade por nos ter imposto tal plano.

## Nenhum país é uma ilha

> Nenhum homem é uma ilha, completamente isolado. Cada homem é um pedaço do continente, uma parte do todo. Se um torrão for levado pelo mar, a Europa ficará menor...
>
> John Donne, *Devotions Upon Emergent Occasions*, "Meditation XVII".[314]

---

313 A transcrição completa está disponível no site da Wikileaks: https://wikileaks.org/imf-internal-20160319/

314 N. de E.: Donne (1572-1639) foi um dos maiores poetas metafísicos ingleses e a obra referida se trata de uma série de reflexões e orações sobre saúde, dor e doença publicadas em formato de livro em 1624, o qual é a origem, muitas vezes ignorada, de conhecidas frases como *for whom the bell tolls* (por quem os sinos dobram) e pela declaração *no man is an island* (nenhum homem é uma ilha).

No verão de 2015, com o povo derrotado, mas ainda sem se curvar, eu estava sob pressão para fundar um novo partido político e manter viva a Primavera Grega. A ideia falhara em acender uma chama em mim. Então, certo dia em agosto, Danae e eu nos encontrávamos em uma reunião política na França rural. Eu tinha sido convidado a falar. Para minha surpresa, uma grande multidão se reunira. Eu suspeitava que estivessem lá não tanto para mostrar solidariedade comigo ou com meu derrotado país, mas por outro motivo qualquer, e testei minha suspeita dizendo-lhes o seguinte.

> Estou aqui porque nossa Primavera de Atenas foi esmagada, da mesma forma que a Primavera de Praga antes dela. Mas não vim aqui hoje para angariar apoio à arrasada democracia da Grécia. Vim para trazer o apoio e a solidariedade do povo grego à democracia da França. Pois é isso que está em jogo. A democracia francesa. A democracia espanhola. A democracia britânica. A democracia italiana. A democracia em toda a Europa. A Grécia foi, e infelizmente continua a ser, um laboratório onde os poderes destrutivos dos empréstimos "prorroga e faz de conta" e da austeridade autodestrutiva foram experimentados e testados. A Grécia é um campo de batalha sobre o qual uma guerra contra a democracia europeia, contra a democracia francesa, é experimentada e testada. A Grécia nunca foi um problema para a *troika* e seus asseclas. *Vocês são*! É por isso que estou aqui. Estou aqui porque o que aconteceu conosco está começando a acontecer com vocês.

A julgar pelo clamor de aprovação que essa fala recebeu, eu sabia que tinha atingido um nervo. Eles haviam se reunido porque podiam sentir que aquilo que fora feito à Grécia os aguardava. Estavam plenamente cientes do desejo de Wolfgang Schäuble de ver a *troika* em Paris. Naquele campo na França, vi o que tinha de ser feito. Experiências semelhantes em reuniões em prefeituras alemãs reforçaram minha convicção: precisávamos nos unir, independentemente da nacionalidade, e transcender a divisão entre países devedores e credores. A única maneira prática de se opor tanto ao alto *establishment* quanto à internacional nacionalista que ele gerou era formar um movimento humanista, pan-europeu e democrático, cuja finalidade é ter sucesso lá onde a geração de 1929 fracassou: ir além das fronteiras e divisões políticas de modo a conter a descida rumo a um 1930 pós-moderno.

Alguns meses depois, em 9 de fevereiro de 2016, esse movimento nasceu. Escolhemos o famoso teatro Volksbühne em Berlim para inaugurar o DiEM25, o Movimento Democracia na Europa. A energia que falhara em surgir dentro de mim com a ideia de começar um novo partido na Grécia transbordou em resposta à ânsia em toda a Europa pelo espírito da Primavera Grega. Um dia, espero que em breve, esse espírito transplantado pode tornar-se forte o suficiente para voltar para casa, para inflamar novamente nosso imoderadamente corajoso e virtuoso povo. Quando esse dia chegar, os gregos poderão se dirigir ao resto da Europa parafraseando o poeta George Seferis: "Nós, que nada possuíamos, ensinamos a vocês a tranquilidade".[315]

Durante o inverno e a primavera de 2016, deixei muitos amigos no Reino Unido intrigados com minha campanha contra o Brexit. "Como você pode nos dizer para ficar na União Europeia depois da maneira como a Grécia foi tratada?", protestavam. "Queremos nosso país de volta!", era sua exigência totalmente legítima. "Nós também", eu respondia. Mas para reaver nossos países, explicava, precisamos reivindicar o decoro e restabelecer o bom senso em toda a Europa. Assim como nenhum país pode enfrentar sozinho a mudança climática, a tarefa que temos pela frente não pode ser realizada por nações solitárias.

"Será que os fracos na Inglaterra sofreriam menos depois do Brexit?", eu perguntava. "Será que os fracos na Europa estariam melhor?" Ou será que fronteiras reforçadas e a desintegração da Europa favoreceriam o *establishment* profundo e os monstros políticos a que seus fracassos deram origem?

Alguns estavam convencidos, outros permaneciam céticos. A ideia da Europa foi ferida de maneira tão profunda, e principalmente pelos acontecimentos de 2015, que pessoas boas estão se afastando dela. Mesmo alguns que simpatizam com o pan-europeísmo do DiEM25 consideram isso utópico. Mas permita-me, caro leitor, compartilhar uma crença pro-

315 "Deixem que as cabeças das vítimas se voltem para Erebus [a escuridão profunda]: / Nós que nada possuímos ensinaremos a eles a tranquilidade./ Não deixe que eles nos esqueçam." Extraído de um poema intitulado "Mythistorima" em George Seferis, *Poems* (1989), Ikaros, Atenas.

fundamente arraigada como minha mensagem de despedida: nosso movimento pode até ser utópico, mas sua política de *desobediência construtiva* dentro da União Europeia, de estar tanto *dentro* como *contra* esta Europa não liberal e antidemocrática, é a única alternativa prática para a distopia que se desdobra à medida que a Europa se desintegra. Essa era minha posição como ministro das Finanças da Grécia. Ela permanece minha posição hoje.

É claro que posso estar errado. Mesmo assim, acredito que essa seja uma causa que vale a pena perseguir. O perigo não é mirarmos alto demais e errarmos; o verdadeiro perigo é que mantenhamos os olhos no chão e que lá terminemos. Minutos após a inauguração do DiEM25 em Berlim, cheios de adrenalina e esperança, meus colegas e eu nos deparamos com um ativista alemão mais velho que parecia não estar impressionado. "Esse movimento está condenado", disse-nos ele sombriamente.

"Então, que diabos você está fazendo aqui?", perguntou um colega levemente irritado.

"Quero ficar por perto das pessoas que terão que recolher os pedaços quando o edifício todo desmoronar", ele respondeu.

Essa é uma razão boa o suficiente para manter viva, em toda a Europa, a pequena chama acesa pelo povo da Grécia durante a primavera de 2015.

# Agradecimentos

Agradecer a todos aqueles que merecem gratidão por um livro desta natureza exigiria ainda mais páginas do que este robusto volume já contém. Confiante de que eles sabem a extensão deminha gratidão, vou me limitar a agradecer apenas duas pessoas: Will Hammond, meu editor, cujas perseverança, habilidades e tolerância explorei descaradamente, e Christine Lagarde, a quem devo o título deste livro.

# APÊNDICES

# Apêndice 1
# Falsas alvoradas em tempos de deflação

Há uma série de dados que apoiam a perspectiva do *establishment* de que em 2014 houve, sim, um aumento na renda nacional da Grécia. Esta série é derivada da assim chamada renda nacional real, ou dados reais do PIB (produto interno bruto) – exceto que, durante períodos de deflação (inflação negativa), o termo econômico "real" significa exatamente seu oposto. Essa fascinante miragem estatística, na qual uma depressão parece desejável, funciona da maneira que passamos a descrever.

Se lhe perguntassem se está em melhor situação hoje em comparação com um ano atrás, você responderia na afirmativa caso sua renda (seu valor em dólares, libras, euros ou ienes) tivesse aumentado durante os últimos doze meses. Mas talvez acrescentasse à resposta a razoável ressalva de que o custo de vida também aumentara. Para compensar a lacuna entre sua renda monetária e a capacidade dela de comprar coisas, os economistas concentram-se no poder de compra de sua renda – também conhecido como renda real ou rendimento real – que é a renda ajustada para os preços médios.

O mesmo acontece com a mensuração do rendimento agregado de uma nação. Os economistas começam por totalizar os rendimentos de todo mundo para derivar o produto interno bruto nominal – ou, por simplicidade, a renda nacional total (N). Então, ajustam este número N para dar conta da existência de mudanças nos preços médios (P), dividindo N por P. A razão resultante (R) é usada como medida do rendimento nacional real (R = N / P).

Durante os períodos inflacionários, a utilidade do número do rendimento nacional real é que ele nos impede de ficar excitados demais quando ouvimos que a renda aumentou substancialmente. Por exemplo, em uma época em que os preços estão subindo, digamos, 8%, um aumento de 9% na renda traduz-se em um crescimento de apenas 1% na renda real. Então, claramente, em tempos de inflação, o número da renda nacional real é aquele para o qual se deve olhar antes de se regozijar com o crescimento da economia. Somente quando R aumenta fortemente, temos bons motivos para acreditar que a atividade econômica está aumentando.

No entanto, em períodos de deflação (quando os preços estão caindo), R pode ser muito, muito enganoso. Considere o exemplo fictício na tabela abaixo, que descreve uma economia deflacionária.

| | ANO 1 | ANO 2 | ANO 3 |
|---|---|---|---|
| RENDA NACIONAL TOTAL (N) | 100 | 98 | 96 |
| ÍNDICE DE PREÇO MÉDIO (P) | 100 | 99 | 93 |
| RENDA NACIONAL REAL (R = N / P) | 1 | 98/99 | 96/93 |
| CRESCIMENTO DE N | | -2% | -2.04 |
| TAXA DE INFLAÇÃO | | -1% | -6.06 |
| CRESCIMENTO DE R | | -1.01% | +4.28% |

Do Ano 1 ao Ano 2, a renda monetária nacional (N) encolheu 2% (de 100 para 98), enquanto o índice de preços médios caiu 1% (de 100 para 99). No ano seguinte (Ano 3), a recessão se aprofundou, com uma queda adicional de 2,04% na renda nacional (de 98 para 96) e uma queda ainda maior nos preços, já que a deflação atingiu 6,06%. É com isso que se parece uma economia deslizando da recessão rumo a algo que lembra uma depressão: rendimentos em queda, mas um declínio ainda mais rápido nos preços.

Mas deem uma olhada na última linha: a renda nacional real parece ter se recuperado de forma enfática no Ano 3, em relação ao Ano 2, por uma saudável taxa de 4,28%. Como isso é possível? Bem, isso é uma miragem causada pela queda dos preços. Em outras palavras, em economias deflacionárias nas quais tanto as pessoas como o Estado têm dívidas significativas, apenas aumentos na renda (em oposição à chamada renda real) são motivo de comemoração.

Pode-se replicar que o aumento do número "real" é sempre uma boa notícia, mesmo que as rendas estejam diminuindo. Ora, se os preços estão caindo mais rapidamente do que as rendas, isso certamente significa que conseguimos comprar mais com menos dinheiro? Isso não é algo bom? Sim, é, caso não haja a costumeira pedra nas engrenagens: dívida. Pois quando as pessoas e os governos estão afundados em dívidas, e enquanto pagarem juros positivos sobre essa dívida, a diminuição da renda nacional é uma receita para a insolvência coletiva.

Por fim, e para que fique registrado, em 2014, a renda nacional nominal total da Grécia registrou -1,569%, quando a inflação era de - 2,21%. Se você *subtrair* - 2,21% de - 1,569%, obtém um número positivo para o crescimento real – uma miragem estatística que encobre uma depressão (queda do rendimento, queda dos preços, aumento da taxa de endividamento). Em contraste, esse não foi o caso em 2013, quando o PIB nominal caiu - 5,66% e os preços - 2,54%: subtraia - 2,54 de - 5,66 e o resultado ainda é um número negativo.

# Apêndice 2
# O erro motivado do FMI

O erro de cálculo do FMI quanto ao impacto que o programa de resgate teria sobre a economia da Grécia certamente se qualifica como o pior, mas também o mais lucrativo da história da previsão econômica. Na época do primeiro resgate, o FMI previu que, em 2011, o investimento seria reduzido em 11,8%. A queda real no nível de investimento em 2011 foi de 19,4%. Para 2012, o FMI previu um aumento de 0,8%, mas na realidade ele caiu novamente 19,4%. E para 2013, o FMI previra um aumento do investimento de 4,8%, mas ele caiu novamente, desta vez em 13,2%. No que diz respeito à inflação dos preços, o FMI estava prevendo: - 0,5% para 2011, 1% para 2012, 0,7% para 2013, 1% para 2014 e 1,1% para 2015. A inflação real dos preços foi de 1% em 2011, - 0,3% em 2012, - 2,1% em 2013 e - 2,6% em 2014.

No centro dos cálculos do FMI, havia um erro grave. Para fingir que até 2022 a dívida da Grécia seria reduzida, para acabar com a falência do país, os autores do programa grego calcularam:

- Quanto superávit o Estado deveria gerar ao longo do período 2015-22, a fim de reembolsar seus credores. Vamos chamar isso de S (superávit).
- Quanto tinha que crescer a renda nacional, ou PIB, para que esse resultado positivo fosse possível, dados os impostos. Vamos chamar isso de C (crescimento).
- O nível geral de tributação que o governo deveria extrair da economia para pagar seus credores e administrar o Estado. Vamos chamar isso de T (tributos).

Uma vez de possedesses números, eles os anunciavam como metas. Eles fizeram os ministros das Finanças e primeiros-ministros gregos assinarem declarações (também chamados de memorandos de entendimento – *MoU*) que diziam coisas como: "As autoridades gregas comprometem-se a se esforçar por uma taxa de crescimento de C que permitirá que os tributos T sejam coletados e deixar, ao final de cada ano, um superávit igual a S. Como S será suficiente para honrar os pagamentos da dívida da Grécia aos credores, a dívida da Grécia é sustentável".

Isso tudo soava ótimo, exceto por um pequeno problema: os três valores (S, C e T) eram calculados de trás para frente, começando pelo que era necessário em 2022 para pagar a dívida grega (em termos de superávit acumulado S) e terminando com a taxa de crescimento C que deveria entrar em jogo no início – a partir de 2015. Mas o anúncio de que o governo estaria taxando negócios e famílias na ordem de T (a soma extraordinária necessária para gerar S) foi suficiente para fazer parar os investimentos nas empresas e o consumo das famílias em 2015. Simplificando, os números T e S necessários para fazer o programa funcionar, para fazer os números baterem (como os funcionários do FMI sempre dizem), não eram apenas inconsistentes, mas fundamentalmente em contradição com a taxa de crescimento C, que era necessária para fazê-los acontecer.

Apesar de seu espetacular erro preditivo, a Grécia provou ser uma boa fonte de renda para o FMI. Até o momento em que pedi demissão, o Estado falido pagara mais de 3,5 bilhões de euros em juros e taxas ao FMI, consistindo em média em 37% do lucro líquido total da instituição e cobrindo 79% de suas despesas internas totais. Desde que a Grécia entrou na prisão dos devedores, o FMI teve um lucro operacional médio de 63%, muito maior do que o da Goldman Sachs ou da J.P. Morgan. E de onde vieram os lucros do FMI? Dos contribuintes europeus, é claro. Em certo sentido, agentes com base em Bruxelas e Berlim que parecem desconcertados toda vez que o FMI pede-lhes para concederem uma redução da dívida a Atenas têm razão em um ponto: o Fundo Monetário Internacional quer que os credores europeus da Grécia, que lhe forneceram imensos lucros, reestruturem a dívida do país para com eles, mas não para consigo mesmo. E assim, a Grécia está presa entre o FMI, que propõe com razão uma redução da dívida, apesar de ter lucrado com o fato desta ter sido negada à Grécia, e a União Europeia, que usou o FMI para negar à Grécia a redução da dívida.

# Apêndice 3
# Por que eu descartara a ideia de um blefe

Um dos cursos que ministrei durante os anos de 2012-14 na Escola Lyndon B. Johnson de Assuntos Públicos da Universidade do Texas foi sobre a crise financeira e econômica da Europa. Como parte do curso, bolei um jogo para demonstrar aos estudantes como a simples análise da teoria dos jogos pode elucidar uma interação estratégica complexa. O que segue foi copiado deminhas anotações para os alunos.

> No dia seguinte à vitória de um governo Syriza nas eleições, com um mandato para desafiar a lógica dos acordos de resgate que mantinha a Grécia em permanente estado de abandono, os credores oficiais da União Europeia e do FMI (vamos chamá-los de *troika*) terão uma escolha:
>
> **A primeira escolha da *troika***
>
> Ser complacente com novo governo, levando a um acordo viável (Resultado 1). (Fim de jogo)
>
> Adotar uma postura agressiva em relação ao novo governo, incluindo fomentar uma corrida aos bancos, preparar fechamentos bancários e ameaçar a Grécia com o Grexit caso o Syriza não assine o novo resgate. (vez do Syriza de jogar).
>
> No caso de 2. acima, o Syriza tem duas opções:
>
> **Escolha do Syriza**
>
> Se render e aceitar o terceiro resgate (Resultado 2). (Fim de jogo)
>
> Revidar. (vez da *troika* de jogar)
>
> No caso de 4. acima, a *troika* tem duas opções:

**A segunda escolha da *troika***

Aquiescer a um acordo viável (Resultado 3). (Fim de jogo)

Tirar a Grécia da zona do euro (Resultado 4). (Fim de jogo)

Como se desenrolará esse confronto? A resposta depende das hierarquizações de preferência de cada um dos lados. A Figura 3 examina o que acontecerá se os dois lados forem racionais no sentido neoclássico, comportando-se de maneira a melhor satisfazer suas preferências, dadas as crenças logicamente defensáveis do que o outro lado fará, assumindo suas preferências conhecidas.

Os seguintes dados são de conhecimento comum. A *troika* prefere o Resultado 2 ao 1 e o Resultado 1 ao 3 – em símbolos {2,1} e {1,3}. Usando palavras simples, ela prefere uma rendição do Syriza a oferecer-lhe um acordo já logo de início, mas também prefere oferecê-lo já logo no início do que fazê-lo após uma luta. O governo Syriza prefere um compromisso rápido sobre um acordo justo, o Resultado 1, a um acordo justo após uma luta – {1,3} e {3,2}.

O que determinará o resultado depende da hierarquização do Grexit feita pelo Syriza (Resultado 4) em relação à rendição (Resultado 2) e da hierarquização do Grexit feita pela *troika* (Resultado 4) em relação a um acordo justo uma vez iniciada a luta (Resultado 3).

Existem quatro casos possíveis, descritos abaixo:

1. O Syriza prefere a rendição e um terceiro resgate (Resultado 2) ao Grexit (Resultado 4), enquanto a *troika* prefere o Grexit a qualquer outro compromisso. Nesse caso, a *troika* será agressiva, prevendo que o Syriza se renderá, uma previsão que será confirmada. Assim, Resultado 2.

2. O Syriza prefere o Grexit (Resultado 4) à rendição (Resultado 2), enquanto a *troika* também prefere o Grexit (Resultado 4) a um compromisso após o Syriza ter lutado (Resultado 3). Neste caso, o Grexit está garantido, mesmo que tanto a *troika* como o Syriza prefiram um acordo justo e rápido. Assim, Resultado 4.

3. O Syriza prefere a rendição e um terceiro resgate (Resultado 2) ao Grexit (Resultado 4), e a *troika* também é avessa ao Grexit, preferindo o Resultado 3 ao Resultado 4. Assim, Resultado 1.

4. O Syriza prefere o Grexit (Resultado 4) à rendição (Resultado 2), mas a *troika* é avessa ao Grexit, preferindo o Resultado 3 ao Grexit (Resultado 4). Neste caso, ela irá prever que o Syriza lutará caso seja provocado e, por isso, preferirá se acertar imediatamente – optar pelo Resultado 1 escolhendo a não agressão. Assim, Resultado 1.

O acima exposto pressupõe que cada lado conhece as preferências do outro. Se esse não for o caso, uma *troika* avessa ao Grexit pode testar o governo Syriza com uma agressão inicial ou, de maneira equivalente, um Syriza avesso a Grexit pode testar a *troika* lutando após a agressão inicial desta.

Ler essas anotações de aulas anos depois, após os eventos narrados neste livro, devem explicar claramente por que, na época, descartei os blefes e concentrei todas as minhas energias em convencer meus colegas que, a menos que temêssemos o Grexit menos do que temíamos a rendição, não fazia sentido sermos eleitos; de fato, a única maneira de manter a Grécia dentro da zona do euro de forma sustentável era temer o Grexit menos do que temíamos um terceiro resgate.

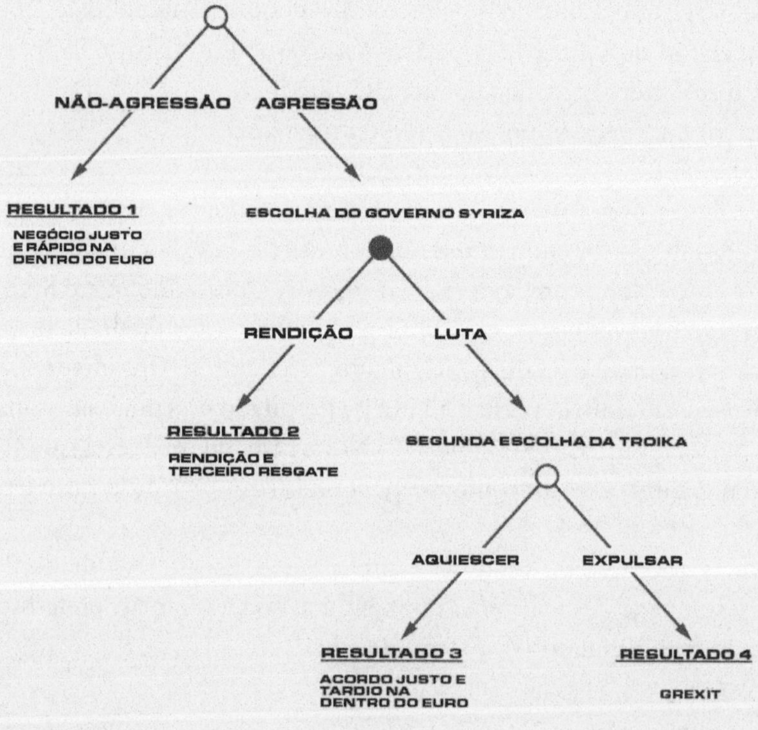

| RESULTADOS DE UMA NEGOCIAÇÃO RACIONAL | | | |
|---|---|---|---|
| HIERARQUIZAÇÕES FIXAS<br>TROIKA: (2,1) & (1,3)<br>GOVERNO SYRIZA: (1,3) & (3,2) | | RANKING DO GOVERNO SYRIZA | |
| | | AVESSO AO GREXIT<br>(2,4) | AVESSO À RENDIÇÃO<br>(4,2) |
| RANKINGS DA TROIKA | AVESSO AO COMPROMISSO<br>(4,3) | (I) RESULTADO 3<br>RENDIÇÃO E TERCEIRO RESGATE | (II) RESULTADO 4<br>LUTA E GREXIT |
| | AVESSO AO GREXIT<br>(3,4) | (III) RESULTADO 1<br>NÃO-AGRESSÃO E POSSÍVEL ACORDO VIÁVEL DENTRO DO EURO | (IV) RESULTADO 1<br>NÃO-AGRESSÃO E POSSÍVEL ACORDO VIÁVEL DENTRO DO EURO |

TABELA 3: RESULTADOS DEPENDENDO DA HIERARQUIZAÇÃO DE PREFERÊNCIA DA TROIKA E DO SYRIZA

NB (X,Y) DENOTA A PREFERÊNCIA PELO RESULTADO X SOBRE O RESULTADO Y

# Apêndice 4
# Opções para a gestão de passivos da dívida grega

A proposta de reestruturação da dívida exposta no meu documento informal continha três seções correspondendo a três diferentes fatias da dívida pública grega e se baseava em trabalhos anteriores que eu fizera quando ainda estava em Austin, com informações adicionais da Lazard.

## 1. TÍTULOS PERPÉTUOS EM TROCA DOS TÍTULOS PMTD DO BCE

Os credores já tinham mencionado a possibilidade de alongar os vencimentos e reduzir a conta de juros cobrada da Grécia. Esta ideia deveria ser levada a seu limite lógico no caso dos títulos PMTD em posse do BCE e que teriam sido reestruturados maciçamente se o BCE não os tivesse comprado. Nossa proposta é que essa fatia da dívida grega, que chega atualmente a 27 bilhões de euros, seja permutada (*swapped*) por um novo título perpétuo, de modo a evitar qualquer amortização. O *swap* proposto dos títulos do PMTD para um novo título perpétuo não reduziria a dívida nominal, mas essa é uma questão secundária se comparada aos benefícios de renunciar às amortização.

## 2. TÍTULOS INDEXADOS AO PIB A SEREM PERMUTADOS PELA DÍVIDA DO PRIMEIRO EMPRÉSTIMO GREGO

A dívida pendente do primeiro programa grego (também conhecida como o dispositivo de empréstimo para a Grécia) pode ser permutada por *títulos indexadas ao PIB* e/ou *títulos lastreados em ativos.*[316] Dessa forma, a Grécia poderia compartilhar com seus credores oficiais os benefícios da recuperação. Como salientado em uma nota do instituto alemão DWI, o mérito dos títulos indexados ao PIB é introduzir a contraciclicidade por meio da vinculação do serviço da dívida ao desempenho do crescimento do país. No entanto, dado o elevado nível dos juros já concedidos sobre a dívida, a indexação poderia vincular-se ao montante do resgate da dívida principal. As garantias lastreadas em ativos poderiam também ser permutadas em troca da dívida com o FEEF (Fundo Europeu de Estabilização Financeira). No caso específico de ações de bancos atualmente em posse da sucursal grega da FEEF, a Grécia poderia permutar esses ativos por títulos do FEEF, beneficiando-se assim da nova capacidade concedida ao Mecanismo Europeu de Estabilidade de diretamente possuir ativos bancários.

## 3. DECOMPONDO A DÍVIDA FEEF DO SEGUNDO EMPRÉSTIMO GREGO EM DUAS PARTES

A dívida para com o FEEF do segundo programa grego ainda pendente também pode ser permutada por títulos indexados ao PIB e/ou *títulos lastreados em ativos.* Além disso, uma operação de divisão das obrigações de dívida da Grécia para com o FEEF em dois instrumentos também poderia ajudar: metade disso se transformaria em um instrumento remunerado a juros de 5%, e a outra metade em uma série de instrumentos não remunerados a juros (títulos de cupom zero), reembolsando-se esses outros 50% do principal no vencimento. Esta ideia segue a observação feita por Klaus Regling, diretor-geral do Mecanismo Europeu de Estabilidade, em 2013, que afirmou que o verdadeiro fardo econômico da dívida não é corretamente capturado pelas análises de DSA (análise de sustentabilidade da dívida) realizadas pelo FMI. Os parâmetros da dívida são tão importantes

316 N. de R. T: O original em inglês do termo é *asset-backed securities* (ABS) e refere-se a títulos de dívida que têm como lastro outros tipos de ativos e que podem ser negociados em mercados secundários. Os ABS ficaram muito famosos na época da crise internacional de 2008, pois havia enorme quantidade de ABSs lastreados nas hipotecas americanas *subprime.*

para avaliar sua sustentabilidade quanto o próprio nível nominal da dívida: os empréstimos do FEEF são de longuíssimo prazo, com taxas de juros bastante subsidiadas reduzidas ao custo de financiamento do FEEF. O mérito de tornar explícito o caráter subsidiado da dívida é permitir uma gama mais ampla de opções. O exercício de gestão de passivo poderia assim colocar seu foco no ativo não remunerado por juros. Na opção mais simples, os credores poderiam cancelar a parte que não possui cupom. Em termos econômicos reais, eles perderiam pouca coisa, apenas o valor de mercado dos títulos não remunerados por juros, e ainda embolsariam o montante de juros originalmente devido. No entanto, o impacto do cancelamento da dívida de metade da reivindicação do FEEF teria consequências negativas diretas sobre o próprio FEEF e, subsequentemente, sobre as contas públicas dos Estados-membros. Um dos principais objetivos da próxima discussão com os credores europeus, e possivelmente com o BCE, poderia ser a estruturação de um mecanismo que trouxesse à Grécia os benefícios do cancelamento da dívida, enquanto espalha no tempo, de maneira faseada, o impacto financeiro direto nas contas públicas dos credores. Em uma outra opção, a Grécia poderia oferecer a permuta do ativo não remunerado por juros por outros instrumentos, tais como os títulos lastreados em ativos ou os títulos indexados ao PIB anteriormente mencionados. Em uma terceira opção, o governo poderia vender diretamente alguns de seus ativos para extinguir, a preço de mercado, o instrumento não remunerado por juros em posse do FEEF. O FEEF poderia, então, usar esses recursos para comprar no mercado instrumentos de cupão zero para corresponder a seu balanço. A dívida da Grécia seria nominalmente reduzida pela metade em um esquema como esse.

# SOBRE O AUTOR

Yanis Varoufakis é um economista, acadêmico e blogueiro greco-australiano que participou como Ministro das Finanças no governo Tsipras até este trair a vitória do "não" na famosa consulta popular sobre o pagamento da dívida grega à Troika. Atualmente articula a construção do Democracy in Europe Movement 2025, o DiEM (diem25.org/), uma iniciativa pan-europeia, horizontal e em rede que visa democratizar o continente ao longo dos próximos dez anos, lutando ao lado dos movimentos sociais contra a extrema-direita nacionalista e a tecnocracia da atual União Europeia.

# DO MESMO AUTOR

## O MINOTAURO GLOBAL
### A verdadeira origem da crise financeira e o futuro da economia

Neste livro excepcional, o ex-ministro grego das Finanças no governo do Syriza, Yanis Varoufakis, um dos maiores expoentes antiausteridade na Europa, destrói o mito de que a regulamentação dos bancos é ruim para a saúde econômica. Com rigor e profundidade, ele demonstra como a ganância global do setor financeiro foi a principal causa da última crise econômica. Para ilustrar, Varoufakis recorre à imagem mitológica do Minotauro: uma monstruosidade financeira que não deveria existir e, por tal motivo, vive reclusa em um labirinto, exigindo periódicos sacrifícios dos humanos. Após a bulimia que causou o colapso de 2008 – uma crise pior que a Grande Depressão de 1929 e mais dramática internacionalmente que a crise do petróleo nos anos 1970 –, a besta se reergue levantando junto novas dúvidas: como os principais responsáveis pela crise saíram ainda mais poderosos? O que levou os Estados a torrarem suas reservas e comprometerem seus orçamentos para salvá-los? Varoufakis explica com clareza a falência deste complexo sistema que nos jogou na presente crise. E mais do que identificar o caminho deste processo kafkiano, aponta as saídas para reintroduzir a racionalidade numa ordem econômica altamente irracional, jogando luzes neste labirinto histórico no qual se encontram não apenas os gregos, mas também todo mundo, inclusive os brasileiros.

Os economistas heterodoxos estão em moda. Primeiro o Pikkety, sobre a desigualdade, e agora é o Varoufakis, com um relato alternativo sobre a crise econômica.

## E OS FRACOS SOFREM O QUE DEVEM?

### Os bastidores da crise europeia

Este não é um livro qualquer sobre a Europa e sua crise econômica. Trata-se de um livro que nos convida a partilhar da perspectiva de quem esteve nos bastidores dos acontecimentos históricos e, ao mesmo tempo, tem envergadura intelectual capaz de nos surpreender a cada novo argumento. Implacável em suas críticas e extremamente consistente em sua argumentação, Yanis Varoufakis nos conduz através da história rumo às origens e às contradições do sistema monetário europeu para então descortinar a natureza da crise atual e as suas possíveis soluções. Nesse passeio retroativo, o autor mostra como as decisões dos líderes políticos repetem erros do passado e criam condições sociais que hoje ameaçam as democracias europeias.

Não obstante, este livro é também uma denúncia contra a ideologia dominante que despolitiza as decisões econômicas e serve de apoio às estruturas de poder. Dogmas como a austeridade são endossados como virtude moral e seus benefícios são tidos como axiomas, imunes às evidências. E quem enfrenta esses dogmas – como o fez o autor deste livro nos altos círculos do poder – é imediatamente desqualificado, de tal forma que para ter "credibilidade" nos dias atuais é preciso adotar ideias econômicas fracassadas.

Ao caracterizar o potencial destrutivo das políticas econômicas, esse livro é também um alerta sobre o autoritarismo. O contexto atual – de desemprego, de quebra dos laços de solidariedade, de desigualdade, de xenofobia e de desintegração institucional – subverte a democracia e cria as condições para uma escalada autoritária. Em meio a esse cenário sombrio, cada vez mais refratário à razão, esse livro traz reflexões fundamentais para entender a Europa e o destino do capitalismo internacional.

Este livro foi composto em Adobe Garamond Pro
e Eurostile.